Lehr- und Handbücher der Politikwissenschaft

Herausgegeben von
Dr. Arno Mohr

Bisher erschienene Werke:

Barrios · Stefes, Einführung in die Comparative Politics

Bellers, Politische Kultur und Außenpolitik im Vergleich

Bellers · Benner · Gerke (Hrg.), Handbuch der Außenpolitik

Bellers · Frey · Rosenthal, Einführung in die Kommunalpolitik

Bellers · Kipke, Einführung in die Politikwissenschaft, 4. Auflage

Benz, Der moderne Staat

Bierling, Die Außenpolitik der Bundesrepublik Deutschland, 2. A.

Braun · Fuchs · Lemke ·Töns, Feministische Perspektiven der Politikwissenschaft

Deichmann, Lehrbuch Politikdidaktik

Gabriel · Holtmann, Handbuch Politisches System der Bundesrepublik Deutschland, 3. Auflage

Glöckler-Fuchs, Institutionalisierung der europäischen Außenpolitik

Jäger · Welz, Regierungssystem der USA, 2. Auflage

Kempf, Chinas Außenpolitik

Krumm · Noetzel, Das Regierungssystem Großbritanniens

Lehmkuhl, Theorien Internationaler Politik, 3. Auflage

Lemke, Internationale Beziehungen

Lenz · Ruchlak, Kleines Politik-Lexikon

Lietzmann · Bleek, Politikwissenschaft – Geschichte und Entwicklung

Maier · Rattinger, Methoden der sozialwissenschaftlichen Datenanalyse

Mohr (Hrg. mit Claußen, Falter, Prätorius, Schiller, Schmidt, Waschkuhn, Winkler, Woyke), Grundzüge der Politikwissenschaft, 2. Auflage

Naßmacher, Politikwissenschaft, 5. Auflage

Pilz · Ortwein, Das politische System Deutschlands, 3. Auflage

Rupp, Politische Geschichte der Bundesrepublik Deutschland, 3. Auflage

Reese-Schäfer, Politische Theorie heute

Reese-Schäfer, Politische Theorie der Gegenwart in fünfzehn Modellen

Riescher · Ruß · Haas (Hrg.), Zweite Kammern

Schmid, Verbände

Schubert · Bandelow (Hrg.), Lehrbuch der Politikfeldanalyse

Schumann, Repräsentative Umfrage, 4. Auflage

Schumann, Persönlichkeitsbedingte Einstellungen zu Parteien

Schwinger, Angewandte Ethik – Naturrecht · Menschenrechte

Sommer, Institutionelle Verantwortung

Tömmel, Das politische System der EU, 2. Auflage

Wagschal, Statistik für Politikwissenschaftler

Waschkuhn, Grundlegung der Politikwissenschaft

Waschkuhn, Demokratietheorien

Waschkuhn, Kritischer Rationalismus

Waschkuhn, Kritische Theorie

Waschkuhn, Pragmatismus

Waschkuhn, Politische Utopien

Waschkuhn · Thumfart, Politik in Ostdeutschland

von Westphalen (Hrg.), Deutsches Regierungssystem

Wilhelm, Außenpolitik

Woyke, Europäische Union

Xuewu Gu, Theorien der internationalen Beziehungen · Einführung

Lehr- und Handbücher der Politikwissenschaft

Herausgegeben von
Dr. Arno Mohr

Bisher erschienene Werke:

Barrios · Stefes, Einführung in die Comparative Politics

Bellers, Politische Kultur und Außenpolitik im Vergleich

Bellers · Benner · Gerke (Hrg.), Handbuch der Außenpolitik

Bellers · Frey · Rosenthal, Einführung in die Kommunalpolitik

Bellers · Kipke, Einführung in die Politikwissenschaft, 4. Auflage

Benz, Der moderne Staat

Bierling, Die Außenpolitik der Bundesrepublik Deutschland, 2. A.

Braun · Fuchs · Lemke ·Töns, Feministische Perspektiven der Politikwissenschaft

Deichmann, Lehrbuch Politikdidaktik

Gabriel · Holtmann, Handbuch Politisches System der Bundesrepublik Deutschland, 3. Auflage

Glöckler-Fuchs, Institutionalisierung der europäischen Außenpolitik

Jäger · Welz, Regierungssystem der USA, 2. Auflage

Kempf, Chinas Außenpolitik

Krumm · Noetzel, Das Regierungssystem Großbritanniens

Lehmkuhl, Theorien Internationaler Politik, 3. Auflage

Lemke, Internationale Beziehungen

Lenz · Ruchlak, Kleines Politik-Lexikon

Lietzmann · Bleek, Politikwissenschaft – Geschichte und Entwicklung

Maier · Rattinger, Methoden der sozialwissenschaftlichen Datenanalyse

Mohr (Hrg. mit Claußen, Falter, Prätorius, Schiller, Schmidt, Waschkuhn, Winkler, Woyke), Grundzüge der Politikwissenschaft, 2. Auflage

Naßmacher, Politikwissenschaft, 5. Auflage

Pilz · Ortwein, Das politische System Deutschlands, 3. Auflage

Rupp, Politische Geschichte der Bundesrepublik Deutschland, 3. Auflage

Reese-Schäfer, Politische Theorie heute

Reese-Schäfer, Politische Theorie der Gegenwart in fünfzehn Modellen

Riescher · Ruß · Haas (Hrg.), Zweite Kammern

Schmid, Verbände

Schubert · Bandelow (Hrg.), Lehrbuch der Politikfeldanalyse

Schumann, Repräsentative Umfrage, 4. Auflage

Schumann, Persönlichkeitsbedingte Einstellungen zu Parteien

Schwinger, Angewandte Ethik – Naturrecht · Menschenrechte

Sommer, Institutionelle Verantwortung

Tömmel, Das politische System der EU, 2. Auflage

Wagschal, Statistik für Politikwissenschaftler

Waschkuhn, Grundlegung der Politikwissenschaft

Waschkuhn, Demokratietheorien

Waschkuhn, Kritischer Rationalismus

Waschkuhn, Kritische Theorie

Waschkuhn, Pragmatismus

Waschkuhn, Politische Utopien

Waschkuhn · Thumfart, Politik in Ostdeutschland

von Westphalen (Hrg.), Deutsches Regierungssystem

Wilhelm, Außenpolitik

Woyke, Europäische Union

Xuewu Gu, Theorien der internationalen Beziehungen · Einführung

Einführung in die Comparative Politics

Herausgegeben von
Dr. habil. Harald Barrios
Christoph H. Stefes, Ph. D.

Mit Beiträgen von
Dr. habil. Harald Barrios; Dr. habil. Martin Beck;
Dr. Susanne Blancke; Dr. habil. Volker Dreier;
Dokt. Patricia Graf; Maria Josua; M. A. Roy Karadag;
Steffen Mohrenberg; Dr. Oliver Schlumberger;
Timothy D. Sisk, Ph. D.; Thorsten Spehn, ABD;
Dr. Petra Speier-Werner; Christoph H. Stefes, Ph. D.;
Dr. Wolfgang Wagner; Florian Warweg

Redaktion: M. A. Katharina Stefes

R. Oldenbourg Verlag München Wien

Bibliografische Information Der Deutschen Bibliothek

Die Deutsche Bibliothek verzeichnet diese Publikation in der Deutschen
Nationalbibliografie; detaillierte bibliografische Daten sind im Internet
über <http://dnb.ddb.de> abrufbar.

© 2006 Oldenbourg Wissenschaftsverlag GmbH
Rosenheimer Straße 145, D-81671 München
Telefon: (089) 45051-0
oldenbourg.de

Gedruckt auf säure- und chlorfreiem Papier
Gesamtherstellung: Druckhaus „Thomas Müntzer" GmbH, Bad Langensalza

ISBN   3-486-58125-2
ISBN 978-3-486-58125-6

INHALTSVERZEICHNIS

VORWORT

Einführung in die *Comparative Politics* – gibt es denn nicht schon genügend Anglizismen im deutschen Sprachgebrauch? Warum nicht einfach Einführung in die *Vergleichende Politikwissenschaft*? Wir haben diesen Titel aus zwei Gründen gewählt. Zum einen hat die US-amerikanische Comparative Politics (CP) einen bedeutenden Einfluss auf die theoretischen und methodologischen Entwicklungen der deutschen Vergleichenden Politikwissenschaft gehabt und hat diesen auch heute noch. Der vorliegende Band wird deshalb den methodologischen und theoretischen Strömungen der CP besondere Aufmerksamkeit schenken.

Zum anderen ist dieser Band das Produkt einer jahrelangen produktiven Kooperation zwischen Politikwissenschaftlern/innen zweier amerikanischer Universitäten – der University of Denver (Graduate School of International Studies) und der University of Colorado at Denver (Department of Political Science) – sowie der Universität Tübingen (Institut für Politikwissenschaft). Der deutsch-amerikanische Titel ist eine Reflektion dieser transatlantischen Zusammenarbeit.

Dieses Buch richtet sich vor allem an Studenten/innen der Politikwissenschaft, die sich im Grundstudium befinden oder den Bachelor (BA)-Studiengang gewählt haben. Wir versuchen in diesem Band – der, wie der Titel bereits impliziert, als Einführung dienen soll – dem/der Studienanfänger/in einen möglichst umfassenden Überblick über die Methoden und Theorien der Vergleichenden Politikwissenschaft zu bieten. Wir werden deshalb keine der hier vorgestellten Theorien und Methoden detailliert vorstellen können. Die umfassenden Literaturangaben am Ende der Hauptkapitel sollen den interessierten Studenten/innen jedoch die Möglichkeit geben, sich tiefer in bestimmte Themengebiete einzuarbeiten.

Dieser Band ist in vier Themengebiete untergliedert, die (idealerweise) in jedem Einführungsseminar der Vergleichenden Politikwissenschaft abgedeckt werden. Das erste Kapitel stellt die wichtigsten methodologischen und theoretischen Entwicklungen in der amerikanischen (Beitrag von Christoph H. Stefes) und deutschen (Harald Barrios) Vergleichenden Politikwissenschaft dar. Dabei gehen wir davon aus, dass sich die Besonderheiten der verschiedenen Methoden und theoretischen Ansätze – ihre Stärken und Schwächen – erst aus ihrer Genese erschließen. So mutet die in der amerikanischen CP gefeierte Rückkehr des Staats für Politikwissenschaftler/innen auf dieser Seite des Atlantiks merkwürdig an, hatte der Staat doch in der deutschen Politikwissenschaft schon seit jeher eine zentrale Rolle eingenommen. Da jedoch die CP in den USA den Staat als unabhängige Variable lange Zeit weitgehend ignoriert hatte, stellte die Rückkehr des Staats tatsächlich eine wichtige theoretische Erneuerung in der amerikanischen Politikwissenschaft dar.

Das zweite Kapitel beschäftigt sich mit den Methoden der Vergleichenden Politikwissenschaft. In dem einführenden Beitrag beantwortet Harald Barrios die beiden wichtigsten Aspekte: **Warum** und **wie** vergleichen wir? Barrios betont dabei, dass wir im Alltag regelmäßig implizit vergleichen. In den Sozialwissenschaften, die selten auf Experimente zurückgreifen können und deshalb auf den Vergleich angewiesen sind, ist der Vergleich Methode und sollte deshalb explizit und sorgfältig angewandt werden. Ferner evaluiert Barrios im Überblick die verschiedenen Herangehensweisen des Vergleichs, angefangen bei den Einzelfallstudien bis hin zu den **large-N** quantitativen Analysen. Besondere Aufmerksamkeit widmet er dabei den eingehenden Untersuchungen einiger weniger Fälle. Die nachfolgenden Beiträge befassen sich dann detailliert mit den einzelnen Methoden. Petra Speier-Werner erörtert in ihrem Beitrag die Vor- und Nachteile von Einzelfallstudien (**single case studies**). Maria Josua befasst sich mit der **Qualitative Comparative Analysis (QCA)** und insbesondere mit Charles Ragins **Fuzzy Set QCA**, mit der er versucht, eine Brücke zwischen qualitativer und quantitativer Analyse zu schlagen. Volker Dreier skizziert schließlich die grundlegenden Forschungs-schritte quantitativer Studien.

Im dritten Kapitel stellen wir die zurzeit prominentesten theoretischen Ansätze innerhalb der Vergleichenden Politikwissenschaft vor. Theoretische Ansätze sind keine Theorien, denn sie erklären keine politischen Ereignisse. Stattdessen lenken sie die Aufmerksamkeit der Politik-wissenschaftler/innen auf bestimmte Aspekte (Variablen), die politische Prozesse und Ergebnisse erklären *könnten*. Sie funktionieren deshalb als Filter, die bestimmte Teilaspekte der Politik unter Vernachlässigung anderer Faktoren betonen. Sie können damit zur Entwick-lung von Theorien führen, sind selbst aber keine. Wir vermeiden es in diesem Buch, einen bestimmten theoretischen Ansatz zu favorisieren, denn obwohl die einzelnen Autoren/innen sicherlich ihre Präferenzen haben, sind wir uns doch alle einig, dass die politische Realität zu komplex ist, um von nur einem Filter hinreichend erfasst werden zu können. Im Gegenteil argumentieren wir, dass je nach Fragestellung und Forschungsgegenstand eine Kombination verschiedener theoretischer Ansätze zu den besten Erklärungen führt und die Suche nach der einen Theorie, die alle politischen Prozesse und Ereignisse erklären könnte, vergeblich ist. Stattdessen favorisieren wir Theorien mittlerer Reichweite (**middle range theories**), die die Politik einer bestimmten Region, eines bestimmten Bereichs (z. B. Umwelt oder Außenhan-delspolitik etc.) und/oder eines bestimmten Zeitraums erklären können. Gerade für die Entwicklung solcher Theorien sollten Politikwissenschaftler/innen das breite Repertoire theoretischer Ansätze kennen und nutzen.

Das dritte Kapitel beginnt mit Martin Becks Beitrag, der den theoretischen Ansatz des **Rational Choice** vorstellt. Dieser Ansatz schlägt vor, dass politische Prozesse am besten unter Berücksichtigung der Interessen rationaler Akteure verstanden werden können. Da dieser Ansatz den Fokus auf die Ebene individueller Akteure lenkt, operiert er auf der **Mikroebene**. Diesem steht der Politische Kulturansatz gegenüber, der auf der gesellschaftli-chen Ebene, der so genannten **Makroebene**, angesiedelt ist. Wie Steffen Mohrenberg in seinem Beitrag darlegt, handelt es sich bei der Politischen Kultur um die Gesamtheit aller politischen Werte, Anschauungen und Überzeugungen einer Gesellschaft. Die Anhänger dieses Ansatzes argumentieren, dass individuelle Interessen nicht spontan gebildet werden, sondern tief in den kulturellen Strukturen einer Gesellschaft verwurzelt sind. Politisches Verhalten ist deshalb selten rational, sondern kulturgebunden und findet daher innerhalb bestimmter Grenzen statt, die je nach Gesellschaft unterschiedlich gesteckt sind.

Alle weiteren Beiträge in diesem Kapitel stellen Ansätze vor, die zwischen diesen beiden Analyseebenen operieren, also auf der **Mesoebene** angesiedelt sind. Patricia Graf stellt verschiedene gruppentheoretische Ansätze vor, die das Verhältnis und die Interaktionsmuster zwischen organisierten Interessen und Staat beschreiben, wobei politischen Gruppen und Verbänden besondere Aufmerksamkeit geschenkt wird. In Christoph Stefes' Beitrag dreht es sich ebenfalls um das Verhältnis zwischen Staat und Gesellschaft. Da er jedoch staatszentrier-te Ansätze vorstellt, wird in seinem Beitrag dem Staat eine vorherrschende Stellung in der Politik unterstellt. Florian Warwegs Beitrag thematisiert weniger den Gegensatz *Staat-Gesellschaft,* sondern die Dichotomie *Elite-Masse.* Eliten sind sowohl in der Gesellschaft als auch im Staat anzufinden und schließen so die Lücke zwischen Staat und Gesellschaft. Da Eliten qua definitionem eine herausragende Rolle in der Politik einnehmen, erscheint ein Überblick über den Eliteansatz in diesem Band sinnvoll. In Thorsten Spehns Beitrag geht es weniger um politische Akteure, seien es Individuen, Gruppen oder Organisationen, sondern um die formellen und informellen Regeln und Normen, die die Interaktionen zwischen diesen Akteuren strukturieren. Der Neoinstitutionalismus ist dabei sowohl vom Rational Choice als auch vom Politischen Kulturansatz geprägt worden und bildet somit eine Brücke zwischen diesen beiden Ansätzen (insbesondere der Ansatz des Historischen Institutionalismus). Im letzten Beitrag des dritten Kapitels fasst Susanne Blancke jene theoretischen Ansätze zusammen, die zur Erklärung verschiedener Interaktionsmuster zwischen Staat und Gesellschaft auf der einen und der Wirtschaft auf der anderen Seite herangezogen werden.

Im letzten Kapitel dieses Bands zeigen wir an drei Beispielen, wie Methoden und theoretische Ansätze in den verschiedenen Forschungsbereichen der Vergleichenden Politikwissenschaft zum Einsatz kommen. In dem einführenden Beitrag des vierten Kapitels stellen Oliver Schlumberger und Roy Karadag verschiedene Theorien vor, die politische (insbesondere demokratische) Transitionsprozesse erklären. Die Vergleichende Demokratisierungsforschung hat sich mittlerweile innerhalb der Vergleichenden Politikwissenschaft zu einer Art *Königsdisziplin* entwickelt und soll deshalb in einem einführenden Band nicht vernachlässigt werden. Der nachfolgende Beitrag von Wolfgang Wagner behandelt theoretische Ansätze, die zur Analyse von Außenpolitiken herangezogen werden. Die Außenpolitikanalyse ist kein klassisches Forschungsgebiet der Vergleichenden Politikwissenschaft, da Außenpolitik üblicherweise dem Fachbereich *Internationale Beziehungen* zugeordnet wird. Hinzu kommt, dass Theorien zwischenstaatlicher Beziehungen oft zur Erklärung von Außenpolitiken bemüht werden. Allerdings nehmen in den Entscheidungsfindungsprozessen staatlicher Außenpolitik auch innerstaatliche Faktoren eine erhebliche Rolle ein, und die wiederum sind Forschungsgegenstand der Vergleichenden Politikwissenschaft. Es soll an dieser Stelle deshalb festgehalten werden, dass durch die immer größer werdenden Interdependenzen zwischen Staaten (Stichwort: Globalisierung), die klassische Unterscheidung zwischen Innen- und Außenpolitik sowie zwischen dem innerstaatlichen und dem internationalen System theoretisch immer schwieriger zu rechtfertigen ist. Der vorliegende Band schließt mit Tim Sisks Beitrag über verschiedene Power Sharing Modelle. Dieser Beitrag greift insbesondere auf den theoretischen Ansatz des Neoinstitutionalismus zurück, da es sich bei Power Sharing um Regelwerke handelt, die verfeindeten ethnischen Gruppen Anreize bieten sollen, ihre Konflikte friedlich am Verhandlungstisch zu lösen. Dieser Beitrag soll auch deutlich machen, dass Politikwissenschaftler/innen sehr konkrete Beiträge zur Formulierung und Gestaltung besserer Politiken leisten können.

Wir möchten uns an dieser Stelle bei unseren Mitautoren/innen für ihr Engagement bedanken und bei Katharina Stefes, die den redaktionellen Teil dieses Projekts betreut hat. Außerdem danken wir Arno Mohr für seine Unterstützung.

Christoph H. Stefes
Harald Barrios

KAPITEL I: ÜBERBLICK

DIE ENTWICKLUNG DER VERGLEICHENDEN POLITIKWISSEN-SCHAFT IN DEN USA SEIT 1945

Christoph H. Stefes

Gliederung

1. Einleitung

2. Theoretische und methodologische Entwicklungen: 1945-2005
    2.1 Die *goldenen Jahre* (50er- und 60er-Jahre)
    2.2 Marxistische und liberale Kritik
    2.3 Theoretische Vielfalt und Theorien mittlerer Reichweite (70er- und 80er-Jahre)

3. Der *Messy Eclectic Center*

4. Fazit und Ausblick

---

1. EINLEITUNG

Der vorliegende Beitrag stellt die grundlegenden theoretischen und methodologischen Entwicklungen der letzten sechzig Jahre in der US-amerikanischen Vergleichenden Politik-wissenschaft (**Comparative Politics**, hiernach: CP) dar. Diese zeitliche Beschränkung läuft unweigerlich Gefahr, den Einfluss wichtiger sozialwissenschaftlicher Werke des 18. und 19. Jahrhunderts auf die CP zu vernachlässigen und gleichzeitig nicht stringent genug zu sein, um **alle** wesentlichen theoretischen und methodologischen Strömungen der Nachkriegs-CP in einem Kapitel zusammenfassen zu können. Dieses Kapitel kann deshalb nur als Grundlage für weitere Studien dienen.

Es ist jedoch nicht nur aus praktischen Gründen sinnvoll, diesen Überblick auf die letzten sechzig Jahre zu beschränken, denn streng genommen muss die Gründung des Fachbereichs *CP* innerhalb der amerikanischen Politikwissenschaft auf eine Zeit nach dem Zweiten Weltkrieg datiert werden. Die Analyse ausländischer – d. h. nicht-amerikanischer – Regierungen war vor 1945 nämlich nur in Ansätzen **comparative** (vergleichend) und ignorierte weitgehend **politics**[1]. Die Vorläuferin der amerikanischen CP beschränkte sich auf die Beschreibung formaler Regierungsstrukturen ausländischer, vor allem westeuropäischer Staaten, ohne dass die Ursprünge oder Konsequenzen dieser Strukturen systematisch kontras-tiert wurden.

Nach dem Zweiten Weltkrieg stieß diese Form der kontext- und theorielosen Regierungslehre zunehmend auf den Widerstand amerikanischer Politikwissenschaftler/innen. Unter dem Einfluss dieser (Selbst-)Kritik gewann die CP in den 50er-Jahren vermehrt an Bedeutung und fungierte schließlich als das Zugpferd der amerikanischen Politikwissenschaft in den 60er-Jahren. Dieser erstaunliche Aufstieg war eng verbunden mit der Entwicklung verschiedener theoretischer Modelle und Ansätze, die in diesem Kapitel behandelt werden. Sie erlaubten es, politische Prozesse in einer Weise zu konzeptionalisieren und zu verallgemeinern, die umfassende vergleichende Studien verschiedener politischer Systeme ermöglichten. Diese Studien konnten dann im letzten Schritt zur Theoriebildung eingesetzt werden. Gleichzeitig

---

[1] **Politics** sind die politischen Prozesse in Abgrenzung zu den **polities**, politischen Normen und Institutionen und den **policies**, Politikinhalten.

näherte man sich methodologisch an andere Sozial- und Naturwissenschaften an, indem man z. B. verstärkt auf quantitative Analysen zurückgriff. Die CP erreichte damit, den wissenschaftlichen Anspruch der amerikanischen Politikwissenschaft zu verteidigen und zu unterstreichen.

Da diese theoretischen und methodologischen Innovationen der 50er- und 60er-Jahre oft mit verschiedenen **Modernisierungstheorien** verknüpft wurden, kam es unglücklicherweise zu einem Dogmatismus der bisherigen Forschungsansätze. Damit handelte sich der wissenschaftliche Mainstream der CP den Ruf ein, das wirtschaftliche und politische System der Vereinigten Staaten (USA) zu propagieren. Dies widersprach dem eigenen Anspruch auf Objektivität und erschien in Hinsicht auf die Entwicklungen Ende der 60er-Jahre und Anfang der 70er-Jahre – gemeint sind das amerikanische Debakel in Vietnam, der Niedergang der amerikanischen Wirtschaft und die Rassenunruhen im eigenen Land – als unangebracht. Hinzu kam, dass die CP eine Ebene der Abstraktion erreicht hatte, die theoretische Modelle und Ansätze von empirischen Befunden isolierte und damit die Entwicklung und Überprüfung von Hypothesen behinderte.

Diese von marxistischen und teilweise auch von liberalen Politikwissenschaftler/innen geäußerte Kritik demoralisierte den neu gefundenen Optimismus und die theoretisch-methodologische Einheit in der CP. Die goldenen Jahre der CP hatten damit Mitte der 70er-Jahre (zunächst) ein Ende gefunden. Die Reaktion auf diese Kritik war vielfältig und umfasste sowohl theoretische als auch methodologische Innovationen. Die wohl wichtigste Neuerung war eine Abkehr von abstrakten Universaltheorien zu Gunsten von Theorien mittlerer Reichweite (**middle range theories**). Diese zeichneten sich durch zeitliche und räumliche Begrenzungen bei der Auswahl der Fallstudien aus und konnten damit auf umfassende quantitative Analysen verzichten. Hinzu kamen ein Interesse an neuen Theorieansätzen und eine geografische und thematische Neurorientierung. Während sich die CP in den 50er- und 60er-Jahren vornehmlich mit allgemeinen politischen und wirtschaftlichen Entwicklungen in den Entwicklungsländern befasst hatte, galt das Forschungsinteresse nun zunehmend konkreten Politikinhalten in den Industrienationen, insbesondere der Wirtschafts- und Sozialpolitik. Dieser Forschungszweig betonte den Einfluss des Staats, gesellschaftlicher Institutionen und internationaler Faktoren auf politische Prozesse und lenkte damit Aufmerksamkeit auf Variablen, die in der CP während der 50er- und 60er-Jahre ignoriert worden waren.

Während sich diese Forschungsrichtung spätestens in den 80er-Jahren als eigenständiges Gebiet innerhalb der CP etabliert hatte (Vergleichende Policy-Analyse), führten die dramatischen Ereignisse der späten 80er-Jahre[2] zu einer Renaissance früherer Forschungsinteressen und theoretischer Ansätze. So baute z. B. die Demokratisierungsforschung auf Theorien auf, die die politische Entwicklungsforschung während der 60er-Jahre entwickelt hatte. Zudem belebten Fortschritte in der Computertechnologie und der Datenerfassung die Nutzung quantitativer Analysen.

Was wir derzeit nach sechzig Jahren dynamischer Entwicklung innerhalb der amerikanischen CP vorfinden ist, wie es Peter Evans (vgl. Kohli u. a. 1995: 2) treffend nennt, ein *messy eclectic center*. Dieser *regellose und vielseitige Mainstream* (vgl. ebd.) der CP zeichnet sich durch eine Bandbreite verschiedenster Forschungsinteressen, theoretischer Ansätze und Methoden aus. Diese Vielfalt hat zu einer Fragmentierung der CP in spezifische geografische (**area studies***)* und theoretische Gruppen geführt, die sich in den verschiedenen Fachzeitschriften, Konferenzen und professionellen Vereinigungen widerspiegelt. Diese Aufsplitterung kommt dem Trend hin zu Theorien mittlerer Reichweiten entgegen. Dass diese Fragmentierung zu einer Abschottung führt und damit die weitere Theorieentwicklung der CP

---

[2] Ende des Kalten Kriegs, Ausbruch ethnischer Kriege und Demokratisierung in Lateinamerika, Asien und Osteuropa.

erschweren könnte, ist eher unwahrscheinlich, da sich die derzeitige Forschung vor allem durch Flexibilität auszeichnet. Politikwissenschaftler/innen in der CP sind heute weniger dogmatisch als in den 50er- und 60er-Jahren und bereit, neue methodologische und theoretische Wege zu gehen, um Antworten auf konkrete Fragen zu finden.

2. THEORETISCHE UND METHODOLOGISCHE ENTWICKLUNGEN: 1945-2005

Der Zweite Weltkrieg, seine Ursachen und Folgen hatten einen wichtigen Einfluss auf die amerikanische Politikwissenschaft und damit auf die CP. Der Siegeszug des Faschismus führte zu einem Flüchtlingsstrom, der viele namhafte Sozialwissenschaftler/innen und mit ihnen neues Wissen an amerikanische Universitäten brachte (z. B. Hannah Arendt, Ernst Fraenkel und Joseph Schumpeter). Des Weiteren entwickelte sich aus dem Faschismus und Kommunismus eine neue Regierungsform, der Totalitarismus, welchen die amerikanische Politikwissenschaft bis dahin als Alternative zur Demokratie nicht in Erwägung gezogen hatte. Auf der politischen Ebene hatte der Zweite Weltkrieg die USA endgültig aus der internationalen Isolation gerissen und das Land avancierte zur Weltmacht. Allerdings teilte sie diese Weltmachtstellung mit der Sowjetunion, die sich schon wenige Jahre nach dem Ende des Zweiten Weltkriegs als aggressiver Gegner auf fast allen Kontinenten herausstellen sollte. Es bestand also ein enormer Bedarf an Wissen über die politischen und wirtschaftlichen Verhältnisse in den nicht-westlichen Staaten. Die Politikwissenschaft hatte in dieser Hinsicht Anfang der 50er-Jahre kaum Brauchbares anzubieten.

Diese politischen Ereignisse stimulierten die amerikanische Politikwissenschaft und dienten als *Geburtshelfer* für die CP. So traf sich 1952 eine Gruppe der renommiertesten Kollegen/innen an der Northwestern University in Chicago zu einem von dem **Social Science Research Council** (SSRC) gesponserten vierwöchigen Forschungsseminar, um den Stand der Vergleichenden Regierungslehre kritisch zu beurteilen und ihr eine neue Richtung zu geben. Dieses Treffen führte wenig später zur Gründung des **Committee on Comparative Politics** unter der Federführung des SSRC (**SSRC/CCP**). Dieses Komitee sollte für die nächsten Jahre *die intellektuelle Richtung vorgeben* und Forschungsmittel bereitstellen (vgl. Eckstein 1998: 510). Zu den Mitgliedern des SSRC/CCP gehörten Politikwissenschaftler/innen, die bis in die 70er-Jahre die methodischen und theoretischen Entwicklungen der CP entscheidend mitbestimmen sollten, so z. B. Gabriel Almond, Leonard Binder, James Coleman, Joseph LaPalombara, Lucian Pye und Sidney Verba.

Die Kritik an der bisherigen Arbeit im Bereich der CP war scharf und umfasste eine Reihe von Empfehlungen, die die nachfolgende Entwicklung der CP maßgeblich beeinflussen sollten. Die Ergebnisse des Seminars an der Northwestern University wurden 1953 als Seminarbericht im American Political Science Review (vgl. Macridis/Cox 1953) und zwei Jahre später in Buchform (vgl. Macridis 1955) veröffentlicht. So argumentierte Roy C. Macridis (1955: 7-12), dass sich die Forschung vor 1945 hauptsächlich auf die Beschreibung westeuropäischer Staaten beschränkt und dabei weder Erklärungen geliefert noch explizit den Vergleich als Methode angewandt hätte. Insgesamt sei die bisherige Arbeit relativ statisch gewesen, da der Schwerpunkt auf der Beschreibung formeller Institutionen (Gerichte, Regierungen, Verfassungen und Gesetze) lag und somit die Politik als dynamischen Prozess ignorierte.[3] Diese Form der formal-legalistischen Regierungslehre habe somit das eigentliche

---

[3] Diese Kritik war nur teilweise angebracht, hatten doch Sozialwissenschaftler wie Lasswell, Michels, Mosca und Schumpeter schon Anfang des 20. Jahrhunderts begonnen, politische Prozesse und informelle Beziehungen zwischen politischen Akteuren zu thematisieren. Allerdings stellt Harry Eckstein (1998: 507) richtig fest, dass die Arbeiten dieser Kollegen bis in die 50er-Jahre ignoriert und sie selbst als undemokratische Pessimisten und Anhänger des Faschismus kritisiert wurden.

Ziel der vergleichenden Analyse verfehlt, nämlich „Gemeinsamkeiten und Unterschiede zu identifizieren und zu erklären" (vgl. Macridis 1955: 1; eigene Übersetzung, C.S.). Um zu einer Erklärung zu gelangen, benötige man „die Entwicklung von Theorien, die Gemeinsamkeiten und Unterschiede sozusagen ins Leben erwecken" (vgl. Macridis 1955: 1; eigene Übersetzung, C.S.). Die bisherige Forschung war jedoch atheoretisch und hatte kaum Gemeinsamkeiten oder Unterschiede zwischen Staaten aufgezeigt, geschweige denn versucht, diese zu erklären.

Macridis schlug stattdessen folgende analytische Schritte für eine theoriegeleitete CP vor (vgl. Macridis 1955: 4):

1. Sammlung und Beschreibung von Fakten auf der Basis von klassifikatorischen Modellen

2. Entdeckung und Beschreibung von Gemeinsamkeiten und Unterschieden

3. Formulierung von Beziehungen zwischen Teilen der politischen Prozesse und anderer sozialer Phänomene in Form von vorläufigen Hypothesen

4. Nachfolgende Prüfung der Hypothesen durch rigorose empirische Beobachtung mit dem Ziel, die vorläufigen Hypothesen zu erweitern und letztendlich zu bestätigen

5. Schrittweise Ansammlung von *akzeptierten* Grundannahmen (mit dem Ziel der Theorieentwicklung)

Diese Handlungsanweisung für die vergleichende Analyse von Staaten stand bereits unter dem Einfluss des Behavioralismus, der seit den 50er-Jahren begonnen hatte, die Sozialwissenschaften in den USA zu bestimmen. Dieser theoriegeleitete Empirismus nimmt an, dass das menschliche Verhalten bestimmte Regelmäßigkeiten aufweist, dass diese Gleichförmigkeiten durch empirische Tests und vor allem durch quantitative Methoden entdeckt und beschrieben werden können, und dass das eigentliche Ziel der Forschung ein systematisches Verständnis menschlichen Handelns sein muss. Dieses Verständnis sollte dann in generelle Theorien eingebettet werden und nachfolgende Forschungen anleiten. Die theoretischen Modelle und Methoden, die von David Easton, Almond und anderen SSRC/CCP Kollegen/innen entwickelt wurden, sollten nachfolgend helfen, den Behavioralismus in der CP zu verankern (vgl. Falter 1989: 73-78).

2.1 Die *goldenen Jahre* (50er- und 60er-Jahre)

Wie schon erwähnt, hatte der Aufstieg der USA zur globalen Weltmacht ein starkes Interesse an Staaten der Dritten Welt geweckt. Hinzu kam, dass die Dekolonialisierung die Anzahl der zu untersuchenden Staaten mehr als verdoppelt hatte und somit die Nutzung quantitativer Analysen, die Anfang der 50er-Jahre populär geworden waren, zuließ. Ferner bedeuteten technische Fortschritte in der zivilen Luftfahrt für immer mehr Politikwissenschaftler/innen, dass sie diese Länder bereisen konnten. Direkte Erfahrungen wurden dann oft mit Erkenntnissen kombiniert, die Soziologen/innen und Anthropologen/innen seit dem frühen 20. Jahrhundert zusammengetragen hatten. Um es kurz zu sagen, es herrschte Aufbruchsstimmung unter den Kollegen/innen der CP.

Unglücklicherweise sah man sich jedoch weder theoretisch noch methodologisch in der Lage, diese dramatische geografische und thematische Erweiterung des Forschungsinteresses zu verarbeiten. Es gab keine Theorien oder Modelle, die den systematischen Vergleich politischer Prozesse in verschiedenen Regierungssystemen ermöglicht hätten. Bisherige Studien hatten ihr Augenmerk auf formelle Institutionen gelenkt, aber es wurde recht schnell deutlich, dass gleichnamige Institutionen wenig gemein hatten. So spielten z. B. Gewerkschaften in den kommunistischen Staaten eine ganz andere politische Rolle als in den westlichen Industrienationen. Eckstein formuliert diesen Mangel so: „Wir sehnten uns nach der Entwicklung einer wissenschaftlichen Theorie. Wir waren eifersüchtig auf Forschungsgebiete wie die Soziologie [...], zu einer Zeit als Metatheorien, im Sinne von allgemeinen Gerüsten für die Theoriebildung, sehr ernst genommen wurden." (Vgl. Eckstein 1998: 509; eigene Übersetzung, C.S.) Eastons theoretisches Modell des **Politischen Systems**, ergänzt durch Almonds **Funktionalismus,** trug dazu bei, theoretische Defizite in der CP zu überwinden.

Easton (1953, 1957) schlug vor, politisches Leben als ein System zusammenhängender Aktivitäten zu verstehen. Um politisches Leben als System konzeptionalisieren zu können, postulierte Easton eine Reihe von Grundannahmen. Da ein System per definitionem beschreibbare Grenzen hat, müssen politische von anderen sozialen Aktivitäten getrennt werden können. Easton nahm ferner an, dass das politische System – wie jedes andere System auch – aus verschiedenen Teilen bzw. Akteuren besteht, die sich gegenseitig beeinflussen. Und schließlich existiert ein politisches System nicht in Isolation, sondern interagiert mit seiner Umwelt, die wiederum aus einer Reihe von anderen Systemen besteht (internationales System, Wirtschaftssystem etc.). Was das System in Bewegung hält sind Umweltreize, so genannte **inputs**, die durch das politische System verarbeitet werden und bestimmte Reaktionen hervorrufen, auch **outputs** genannt. Diese Outputs wiederum beeinflussen die Umwelt, die mit erneuten Inputs reagiert. Easton nennt diesen Rückkoppelungseffekt **feedback.** Das politische System ist somit in der Lage, flexibel auf wechselnde Umwelteinflüsse zu reagieren und sich im Gleichgewicht zu halten.

Auf der Input-Seite unterscheidet Easton zwischen gesellschaftlicher Unterstützung (**support** wie z. B. Steuerzahlungen, Wahlbeteiligung, etc.) und gesellschaftlichen Forderungen (**demands**: Sicherheit, Wohlfahrt usw.). Das politische System reagiert mit bestimmten Politikentscheidungen (Wirtschaftspolitik, Steuerpolitik etc.) auf diese Forderungen, die es unter Nutzung der gesellschaftlichen Unterstützung umsetzen kann. Der Feedback-Mechanismus garantiert, dass gesellschaftliche Akteure von den Outputs erfahren (z. B. durch die Medien) und entsprechend darauf reagieren können (z. B. durch neue Forderungen und mehr oder weniger Unterstützung für das politische System). Bei der Formulierung gesellschaftlicher Inputs spielte für Easton das kulturelle Umfeld eine besondere Rolle, funktionieren gesellschaftliche Normen und Werte doch als Vermittler zwischen objektiven Zuständen und den subjektiven Bedürfnissen und Anforderungen der Gesellschaft. Dies erklärt, warum unter denselben Umständen die Inputs von System zu System verschieden sein können. So ist die Toleranz gegenüber Einkommensunterschieden in den USA um einiges höher als zum Beispiel in Schweden oder Norwegen. Der Ruf nach staatlicher Umverteilung ist entsprechend viel weniger laut in den Vereinigten Staaten als in den skandinavischen Ländern (vgl. Lipset 1996).

Abbildung 1: David Easton: Das Politische System

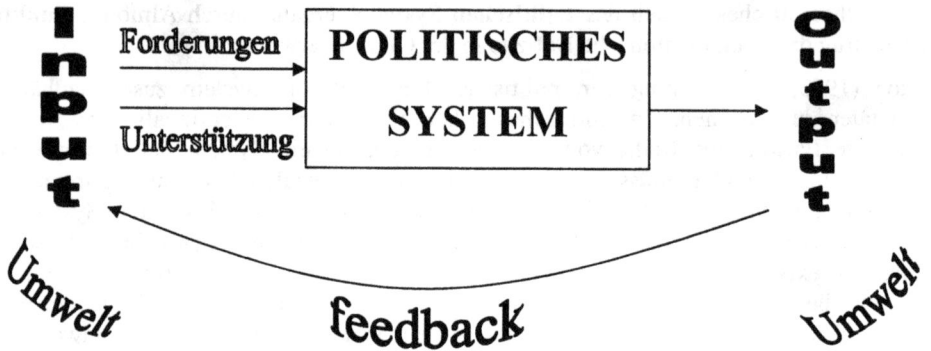

Almond und seine Kollegen/innen haben Eastons theoretisches Modell weiterentwickelt und in ihren theoretischen Ansatz des strukturellen Funktionalismus eingearbeitet (vgl. Almond/Coleman 1960; Almond/Powell 1966). Sie definieren politische Systeme als Mittel, mit deren Hilfe Gesellschaften gemeinsame Ziele formulieren und im In- und Ausland verfolgen. Politische Systeme bestehen zum einen aus Strukturen, die als Gesamtheit der regelmäßigen Interaktionen zwischen politischen Akteuren verstanden werden (und nicht nur aus formellen Institutionen, die die Regierungslehre vor 1950 betont hatten) können. Zum anderen bestehen sie aus Kultur, die als psychologisches Element des politischen Systems verstanden und als Summe aller in einer Gesellschaft verankerten Werte, Einstellungen und Überzeugungen, die individuelles Handeln bestimmen, definiert wird. Anhänger/innen des Funktionalismus argumentieren, dass jedes politische System – unabhängig von seinem Entwicklungsstand – bestimmte Funktionen erfüllen muss, um überlebensfähig zu sein. Auf der Input-Seite sind das politische Sozialisation und Rekrutierung, Interessenartikulation und -aggregation und politische Kommunikation. Auf der Output-Seite steht die Formulierung von allgemeinen Regeln und Gesetzen sowie deren Umsetzung und Beurteilung. Obwohl diese Funktionen von allen politischen Systemen erfüllt werden müssen, können von System zu System verschiedene Strukturen hierfür verantwortlich sein. Die gleichen Strukturen erfüllen teilweise verschiedene Funktionen und die gleichen Funktionen werden oft von verschiedenen Strukturen ausgeübt.

Mit der Entwicklung dieses flexiblen analytischen und konzeptionellen Rahmens eröffneten die Systemtheorie und der Funktionalismus die Möglichkeit, verschiedenste Staaten und Gesellschaften systematisch zu vergleichen. Statt zum Beispiel anzunehmen, dass Gewerkschaften in allen Staaten automatisch die Input-Funktion für die Arbeitnehmerschaft übernehmen, fordert der Funktionalismus dazu auf, diese Annahme kritisch zu überprüfen und andere formelle oder informelle Strukturen (Institutionen) in Betracht zu ziehen.

Zugleich argumentierten Almond, Easton und ihre Kollegen/innen, dass sich die politischen Systeme der Entwicklungsländer über kurz oder lang an die Systeme der westlichen Welt annähern würden. Aufbauend auf Modernisierungstheorien in der Soziologie (vgl. Parsons 1951; Lerner 1958; Lipset 1960; Deutsch 1963) und der Ökonomie (vgl. Rostow 1965) ging man davon aus, dass die Entwicklungsländer nicht nur gesellschaftlich und wirtschaftlich die westlichen Industrienationen kopieren, sondern auch die gleichen politischen Entwicklungsstadien durchlaufen würden. Für Almond und Bingham Powell (1966) bedeutete politische

ellen und kulturellen Wandel eines politischen Systems, der durch
ierung und Differenzierung (Spezialisierung der oben genannten
ist. Diese politische Entwicklung erhöht die Kapazität des politi-
auf die steigenden Anforderungen zu reagieren, die aus der
…cht-politischer Systeme resultieren. Obwohl Almond und Powell
…ss politische Evolution nicht notwendigerweise wirtschaftliche und soziale
Entwicklung zur Folge haben und sich politische Systeme auch ohne sozioökonomische
Modernisierung wandeln, ging man in der CP der 60er-Jahre doch generell davon aus, dass
diese Entwicklungen mehr oder weniger gleichzeitig verlaufen, sich gegenseitig verstärken
und somit ein **Entwicklungs-** oder **Modernisierungssyndrom** bilden würden.

Aus der vorherigen Darstellung wird deutlich, dass die kulturellen Dimensionen der Politik in
der Systemtheorie, im Funktionalismus und in den Entwicklungstheorien eine große Rolle
spielten. Damit galt die Untersuchung der politischen Kulturen verschiedener Gesellschaften
als unentbehrlich, um die Funktionsweisen politischer Systeme und deren Entwicklungsstufen
zu verstehen. Tatsächlich waren viele Anhänger/innen der Systemtheorie und des Funktionalismus auch Autoren/innen zahlreicher Studien über den Einfluss politischer Werte und
Überzeugungen auf politische Entwicklungen und Prozesse (vgl. Almond/Verba 1963;
Banfield 1958; Pye/Verba 1965). **Political culture** wurde zu dieser Zeit als theoretischer
Ansatz in die CP eingeführt und überlebte den Niedergang der Systemtheorie und des
Funktionalismus fast unbeschadet (siehe den Beitrag von Steffen Mohrenberg in diesem
Band). Obwohl letztere die CP der Nachkriegsjahre weitgehend dominierten, wurden während
dieser Zeit noch weitere Theorieansätze entwickelt, die zunächst aber nur in der Analyse des
amerikanischen Politiksystems eine Rolle spielten und erst später in vergleichende Studien
Eingang fanden. Gemeint sind verschiedene Elite- und Gruppentheorien (vgl. Bentley 1967;
Dahl 1961; Domhoff 1967; Mills 1959; Truman 1951; siehe die Beiträge von Patricia Graf
und Florian Warweg in diesem Band), die auf frühere Werke von Mosco, Michels und Weber
aufbauen sowie der **Rational-Choice-Ansatz** (vgl. Downs 1957; Olson 1965; siehe den
Beitrag von Martin Beck in diesem Band).

Bevor wir im nächsten Abschnitt die Kritik an den theoretischen Strömungen der CP der 50er-
und 60er-Jahre besprechen, erscheint es an dieser Stelle angebracht, die Errungenschaften
dieser Ansätze und Modelle zu würdigen. Die CP der *Gründerjahre* hatte zunächst den
theoretischen und geografischen Horizont der Politikwissenschaft deutlich erweitert, indem
sie das Forschungsinteresse auf Staaten außerhalb Europas lenkte. Die CP hatte ferner
gesellschaftliche und informelle Einflüsse auf die Politik in den Mittelpunkt gerückt und
dadurch den ausschließlichen Fokus auf formelle Institutionen überwunden. Indem politische
Systeme als dynamische Gebilde verstanden wurden, die geschichtlich geprägt sind und die
sich, auf äußere Einflüsse reagierend, schrittweise weiterentwickeln, gelang es der CP die
statische, ja fast sterile Beschreibung staatlicher Organe hinter sich zu lassen.

Darüber hinaus hatte die CP den wissenschaftlichen Anspruch der amerikanischen Politikwissenschaft dadurch verstärkt, dass sie die Methoden (z. B. quantitative Analysen) und Konzepte (z. B. politisches *System*) der Naturwissenschaften, die als *echte* Wissenschaften betrachtet
wurden, übernehmen und zur Theoriebildung einsetzen konnte. Und schließlich sollte man
nicht vergessen, dass viele Konzepte, Modelle und Theorien der frühen CP wesentlichen und
nachhaltigen Einfluss auf spätere Theorieentwicklung in der Politikwissenschaft gehabt haben
und auch heute noch politikwissenschaftlich relevant sind. Es ist deshalb nicht verwunderlich,
dass viele Kollegen/innen die 50er- und 60er-Jahre als *die goldenen Jahre* der CP bezeichne-
ten. Allerdings sollte sich schon Ende der 60er-Jahre herausstellen, dass die eigenen wissenschaftlichen Ansprüche zu ehrgeizig waren und kaum erfüllt werden konnten. Des Weiteren
sah man sich der leidenschaftlichen Kritik der politischen Linken ausgesetzt, die, von dem
sozialen, politischen und vor allem moralischen Niedergang der USA empört, einen Feldzug

gegen die politische und sozialwissenschaftliche Elite in Gang gesetzt hatte. Die 70
erschütterten entsprechend die Einheit der CP und das Selbstbewusstsein der Kollegen
und führten zu einer theoretischen und methodologischen Neuorientierung und Pluralisierun

2.2 Marxistische und liberale Kritik

Ende der 60er- und Anfang der 70er-Jahre befand sich die USA in einer tiefen Krise. In
Vietnam bahnte sich ein Debakel für die amerikanischen Streitkräfte an, in Washington trat
Nixon nach einem Skandal vom Amt des Präsidenten zurück, Vietnam und die Ölkrise
zwangen die Wirtschaft in die Knie, und die Gesellschaft zeigte sich angesichts massiver
Bürgerrechtsprotesten, Demonstrationen an den Universitäten und Rassenunruhen in den
Großstädten als zutiefst zerrüttet. Unter diesen Umständen erschienen die amerikanische
Politikwissenschaft und insbesondere die CP seltsam fehl am Platz und entbehrlich zu sein.
Sie hatten keine Erklärungen für die dramatischen gesellschaftlichen, politischen und
wirtschaftlichen Veränderungen anzubieten und schon gar keine Lösungsvorschläge. Dieser
Realitätsverlust war eine direkte Folge des in der amerikanischen Politikwissenschaft
dominanten Behavioralismus, der das Streben nach Objektivität, Wertefreiheit und Grundla-
genorientierung postulierte.[4] Mit anderen Worten: Die Politikwissenschaftler/innen hatten im
Zuge der Formulierung abstrakter Theorien den Praxisbezug verloren.

Schlimmer noch wog der Vorwurf, der vor allem von der politischen Linken vorgebracht
wurde, dass die Politikwissenschaft – insbesondere die CP – alles andere als objektiv und
wertefrei sei. Tatsächlich betonten die Anhänger/innen der Systemtheorie und des Funktionalismus politische Stabilität und verwarfen die Möglichkeit radikaler Veränderungen. Sie
erschienen somit als Verteidiger des politischen und gesellschaftlichen Status quo. Eine
ähnliche Kritik wurde gegenüber den verschiedenen Modernisierungs- und politischen
Entwicklungstheorien laut. Die zentrale Annahme dieser Theorien, dass alle Gesellschaften
dem Entwicklungspfad westlicher Nationen folgen würden (und sollten), wurde von den
Kritikern als ethnozentristisch eingestuft.[5] Neo-marxistische Sozialwissenschaftler/innen
gingen noch einen Schritt weiter, indem sie argumentierten, dass die westlichen Industrienationen die Gesellschaften der Dritten Welt ausbeuteten und damit zur Unterentwicklung dieser
Gesellschaften beitrugen – diese also gar nicht in der Lage seien, dem westlichen Entwicklungspfad zu folgen, selbst wenn sie dies wollten (vgl. Cardoso/Faletto 1979; Frank 1966,
Wallerstein 1979). Obwohl diese Kritik angesichts der wirtschaftlichen Erfolge ehemaliger
Entwicklungsländer in Asien und Lateinamerika erhebliche Schwächen aufweist, ist doch
nicht von der Hand zu weisen, dass die CP der 50er- und 60er-Jahre internationalen und
wirtschaftlichen Faktoren relativ wenig Aufmerksamkeit geschenkt hatte. Der neomarxistischen Kritik gebührt das Lob, den Einfluss internationaler Macht- und Wirtschafts-
strukturen auf inländische Politik- und Wirtschaftsentscheidungen überhaupt erst thematisiert
zu haben.

Neben der Kritik neo-marxistischer Kollegen/innen erklang lautstarke Selbstkritik aus den
eigenen Reihen. So beklagten selbst Mitglieder des SSRC/CPP, dass die bisherige Forschung
in eine theoretische und methodologische Sackgasse gelangt sei. Joseph LaPalombara (1968)
monierte zum Beispiel, dass die Entwicklung allgemeiner Theorien in keiner Weise die
Brücke zwischen abstrakter Formulierung und konkreten Theorien geschlagen hätte. Diese

---

[4] Grundlagenorientierung meint, dass eine Anwendung wissenschaftlicher Erkenntnisse für die Verwirklichung
gesellschaftlicher Ziele erst dann möglich ist, wenn genügend Grundlagenwissen vorhanden ist (vgl. Falter
1989: 77). Anfang der 70er-Jahre ging man in der amerikanischen Politikwissenschaft jedoch nicht davon aus,
dass hinreichend Grundlagenwissen vorhanden sei.

[5] „Unter Ethnozentrismus wird in der entwicklungstheoretischen Diskussion der Vorrang der Werte und
Überzeugungen, vor allem der abendländischen (Eurozentrismus), in der Beurteilung sozialer, wirtschaftlicher
und politischer Verhältnisse und Prozesse in Ländern anderer Kulturbereiche verstanden." (Nohlen 1989: 214)

allgemeinen Theorien hätten eine Reihe von unüberprüfbaren Hypothesen generiert und es somit unmöglich gemacht, empirische Befunde zur Überarbeitung bisheriger Theorien einzusetzen. Die bisherige Forschung sei zu abstrakt und zu wenig problemorientiert gewesen. Statt den Output politischer Systeme zu analysieren, hätte man sich zu sehr auf den Input konzentriert und damit das politische System fast ausschließlich als abhängige Variable verstanden.

Anhänger/innen des Funktionalismus „haben Politik aus der Politikwissenschaft herausgenommen und die entscheidende Tatsache verschleiert, dass politische Institutionen und politische Führer selbst unabhängige Faktoren darstellen, die nicht nur in der Lage sind ihre Umwelt [...], sondern auch den Arbeitsablauf und die Entwicklung des politischen Systems (oder von dessen Teilen) zu gestalten" (vgl. LaPalombara 1968: 59; eigene Übersetzung, C.S.).

In ähnlicher Weise kritisierte Charles Tilly (1975, 1984), dass die Systemtheorie und der Funktionalismus zu abstrakt seien und die unabhängige und gestaltende Rolle des Staats in der Politik heruntergespielt hätten. Und schließlich beanstandete Samuel Huntington (1968), dass die Annahme eines Entwicklungssyndroms irreführend sei, da rasante wirtschaftliche und gesellschaftliche Entwicklungen oft zu einer Überlastung politischer Institutionen führen würden. Die Folge sei Chaos und politische Instabilität, also das Gegenteil von dem, was die meisten seiner Kollegen/innen postulierten. Huntington unterstrich mit seiner Kritik noch einmal die Rolle formeller, politischer Institutionen, die in der Diskussion um politische Strukturen und Systeme untergegangen seien. All diese Kritikpunkte gaben der CP in den 70er- und 80er-Jahren neue Impulse, sodass nun die Aufmerksamkeit auf bislang vernachlässigte Variablen gerichtet und der Entwicklung von Theorien mittlerer Reichweite Vorrang eingeräumt werden konnte.

2.3 Theoretische Vielfalt und Theorien mittlerer Reichweite (70er- und 80er-Jahre)

Die CP der 70er- und 80er-Jahre ist vor allem durch vier Trends gekennzeichnet. Erstens hatte die Kritik an dem überhöhten Abstraktionslevel bisheriger Theorien zur Folge, dass die Kollegen/innen der Formulierung spekulativer Universaltheorien zunehmend den Rücken kehrten. Anstatt z. B. die politische Entwicklung der gesamten Dritten Welt der letzten 200 Jahre theoretisch aufzuarbeiten, richtete sich das Interesse auf die Beantwortung konkreter Fragen, die man versuchte durch eine sowohl zeitlich als auch geografisch begrenzte Analyse zu beantworten. Um nur ein Beispiel zu nennen: Robert Bates (1981) analysierte die Bedingungen, unter denen Bauern im südlichen Afrika der 60er- und 70er-Jahre politischen Einfluss gewannen und die Konsequenzen, die dieser Einfluss auf bestimmte Regierungspolitiken (z. B. die Steuerpolitik) hatte. Diese und ähnliche Studien untersuchten nur wenige Fälle und verzichteten auf umfangreiche quantitative Analysen.

Diese Entwicklung hin zur Formulierung von Theorien mittlerer Reichweite – also Theorien mit geografischer, thematischer und zeitlicher Begrenzung – und der Verzicht auf quantitative Analysen spiegelte sich auch deutlich im zweiten Trend wider, nämlich in dem wachsenden Interesse an den politischen Prozessen in westlichen Industrienationen. Peter Gourevitch (1986) untersuchte beispielsweise die politischen Folgen von drei wirtschaftlichen Rezessionen in fünf großen Industrienationen. Zahlreiche andere Studien dieser Zeit beschäftigten sich mit den Ursachen und Folgen verschiedenartiger Wirtschafts- und Sozialpolitiken (vgl. Berger 1981; Hall 1986; Katzenstein 1985; Zysman 1983).

Die teilweise Abkehr vom Behavioralismus (vgl. Falter 1989: 73-78) stellt den dritten Trend dar. Obwohl weder Wertefreiheit noch Empirismus grundsätzlich aufgegeben wurden, fühlte man sich nun zunehmend verpflichtet, Politikwissenschaft relevant für Gesellschaft, Politik und Wirtschaft zu machen. Mit anderen Worten fühlten sich die Kollegen/innen in der CP verantwortlich, ihr Wissen zur Lösung bestimmter Probleme (z. B. Arbeitslosigkeit, Inflation, Menschenrechtsverletzungen etc.) einzusetzen.

Alle drei Entwicklungen haben ohne Zweifel den vierten Trend, nämlich die Expansion und Weiterentwicklung theoretischer Ansätze, forciert. Die bisherige Konzeptionalisierung politischer Prozesse war schlichtweg zu abstrakt, um fruchtbar zur Analyse konkreter Probleme eingesetzt zu werden. So erschien es als wenig aussagekräftig, politische Kultur als Erklärung für bestimmte Wirtschafts- und Finanzpolitiken heranzuziehen. Hinzu kam, dass die Systemtheorie in bewusster Abgrenzung von der formalen Regierungslehre bestimmte Variablen ignoriert hatte. So wurden u. a. der Staat und seine Institutionen konzeptionell unter dem politischen System zusammengefasst und damit der politikwissenschaftlichen Analyse entzogen. So war die Wiederentdeckung des Staats sowie bestimmter gesellschaftlicher, politischer und wirtschaftlicher Institutionen als analytische Variablen ein wichtiger Beitrag für die Theorieentwicklung in der CP dieser Zeit.

Verschiedene theoretische Strömungen beanspruchten für sich, den Staat als unabhängigen politischen Akteur wiederentdeckt zu haben. In Abgrenzung zum orthodoxen Marxismus, der den Staat vor allem als Organ der Kapitalisten versteht, räumten Neo-Marxisten dem Staat eine gewisse Handlungsautonomie ein (vgl. Miliband 1969; Poulantzas 1978). In ähnlicher Weise postulierten die Anhänger/innen verschiedener Korporatismustheorien, dass der Staat selten einfach nur passiver Erfüller gesellschaftlicher Ansprüche sei. Tatsächlich verfolgten staatliche Vertreter/innen oft eigene Interessen und behaupteten sich gegenüber verschiedenen Interessengruppen. Im Extremfall kooptierten sie gesellschaftliche Gruppen durch Ausbildung klientelistischer Netzwerke, um ihre Ziele (z. B. Machterhalt, wirtschaftliche Entwicklung, persönliche Bereicherung) zu erreichen (vgl. Wiarda 1977, 1981; Pempel 1982; Schmitter/Lehmbruch 1979).

Obwohl beide Theorien dem Staat eine wichtigere Rolle in der Formulierung und vor allem Umsetzung politischer Ziele einräumen, wurde der Staat erst in den 80er-Jahren in den theoretischen Mittelpunkt gestellt. Das wichtigste Buch in dieser Hinsicht ist sicherlich Evans/Rueschemeyer/Skocpols Arbeit (1985) mit dem treffenden Titel *Bringing the State Back In*. Dieser Band baut teilweise auf früheren Abhandlungen in der CP auf, die bislang wenig Beachtung gefunden hatten (vgl. Huntington 1968; Nettl 1968; Tilly 1975). Außerdem auf Außenpolitikanalysen, die nicht zum klassischen Bereich der CP gehören (vgl. Krasner 1976, 1978) und auf eigenen Arbeiten, hier vor allem Skocpols *States and Social Revolutions* (1979). Einen umfassenden Überblick über die Entwicklung der Variablen *Staat* in der CP bietet der Beitrag *Der Staat in der Vergleichenden Politikwissenschaft* im vorliegenden Band.

Die Rückkehr formeller Institutionen ist eng mit Samuel Huntington (1968) verbunden, der gegen den Trend schon früh darauf hingewiesen hatte, dass staatliche Institutionen eine wichtige Rolle bei der Entwicklung politischer Systeme übernehmen. Huntingtons wegweisende Arbeit blieb jedoch bis in die 80er-Jahre ohne nennenswerten Einfluss auf die Theorieentwicklung in der CP. Von 1984 bis 1993 erschien dann jedoch eine Reihe von wichtigen Werken, die den *neuen* Institutionalismus in der CP begründeten (vgl. Hall 1986; Knight 1992; March/Olsen 1984, 1989; Steinmo/Thelen/Longstreth 1992; Weaver/Rockman 1993). Dieser Institutionalismus ist insofern neu, als er Institutionen nicht nur beschreibt, wie in der formal-legalistischen Tradition vor dem Zweiten Weltkrieg, sondern deren Ursprünge und Entwicklungen erklärt und den institutionellen Einfluss auf politische Prozesse beurteilt. Es bleibt jedoch umstritten, in welchem Ausmaß Institutionen beständig und unabhängig sind: Formen Institutionen ihre Umwelt und das Handeln politischer Akteure, oder werden sie hauptsächlich von ihrer Umwelt und den strategischen Interessen der Akteure geprägt? Konsens besteht auch nicht darüber, ob nur formelle Regelwerke (Gesetze, Verfassungen etc.)

oder auch informelle Regeln und Normen (z. B. Klientelismus) als Institutionen gelten sollen (siehe den Beitrag von Thorsten Spehn in diesem Band).

Zwei weitere wichtige Entwicklungen in der CP in den 70er- und 80er-Jahren waren zum einen die zunehmende Berücksichtigung internationaler Faktoren und zum anderen die vermehrte Thematisierung des Zusammenspiels von Politik und Wirtschaft. Bezüglich des Einflusses internationaler Faktoren hatte Peter Gourevitch (1978) in einem grundlegenden Aufsatz argumentiert, dass in der gleichen Weise wie innenpolitische Faktoren staatliche Außenpolitik beeinflussen, außenpolitische und internationale Faktoren die Innenpolitik der Staaten gestalten würden. Die CP früherer Jahre hingegen hatte den Einfluss internationaler Faktoren sträflich vernachlässigt. Allerdings hatten bereits schon vor Gourevitchs' Aufsatz Perry Anderson (1974) und Charles Tilly (1975) den Einfluss zwischenstaatlicher Konflikte auf die Formation staatlicher Strukturen untersucht. Spätere Studien analysierten die Wirkung von Handelsbeziehungen und Exportabhängigkeit auf das Wachstum des öffentlichen Sektors (vgl. Cameron 1978), auf Wahlsysteme (vgl. Rogowski 1989) und auf die Kooperationsstrukturen zwischen Staat, Gewerkschaften und Arbeitgeberverbänden (vgl. Katzenstein 1985).

Der zweite Trend bestand im Wesentlichen aus einer Verdrängung soziologischer Ansätze, die Politik als abhängige Variable gesellschaftlicher Faktoren verstanden (z. B. politische Kultur), zugunsten ökonomisch-theoretischer Ansätze, deren Anhänger/innen argumentierten, dass politische Entscheidungen das Ergebnis wirtschaftlicher Faktoren seien. Die neue politische Ökonomie analysierte allerdings auch den Einfluss der Politik auf wirtschaftliche Entwicklungen (siehe den Beitrag von Susanne Blancke in diesem Band). Diese Umkehrung von abhängiger und unabhängiger Variable entsprach dem Wandel in der CP, politische Prozesse und Systeme nicht nur als Ergebnis bestimmter Umweltfaktoren zu sehen, sondern die unabhängige Rolle der Politik in der Ausgestaltung von Wirtschaft und Gesellschaft zu betonen (vgl. Gourevitch 1986; Hall 1986; Katzenstein 1978, 1985; Zysman 1983). Die Neuorientierung war jedoch alles andere als vollständig, erschienen doch gerade in diesen Jahren bahnbrechende Werke von Autoren/innen, die den politischen Kultur-Ansatz am Leben hielten und diesem in den 90er-Jahren zu erneuter Prominenz verhelfen sollten (vgl. Eckstein 1988; Inglehart 1977, 1988). Hierzu zählten auch anspruchsvolle Studien über Nationalismus und ethnische Konflikte (vgl. Horowitz 1985; Laitin 1986; Young 1976). Grundsätzlich sollte festgehalten werden, dass der *Richtungsstreit* in der CP spätestens seit dem Fall des Funktionalismus und der Systemtheorie eine geringe Intensität aufwies. Verbunden mit der geografischen und thematischen Spezialisierung innerhalb der CP hatte der Verzicht auf die Entwicklung einer Universaltheorie zur Folge, dass sich neue theoretische Ansätze und Methoden entwickeln und auf Dauer behaupten konnten. Diese theoretische und methodologische Pluralisierung erhielt Ende der 80er-Jahre und in den 90er-Jahren als Reaktion auf umfassende weltpolitische Veränderungen weiteren Auftrieb.

3. DER *MESSY ECLECTIC CENTER*

Zu den dramatischsten weltpolitischen Ereignissen der letzten zwanzig Jahre gehören das Scheitern der sozialistischen Systeme in Mittel- und Osteuropa und der damit verbundene Zusammenbruch der Sowjetunion, die Entladung ethnischer Konflikte in blutige Bürgerkriege in Osteuropa und in Afrika (vor allem im früheren Jugoslawien, im Südkaukasus und in Ruanda) sowie die weltweite Verbreitung des islamischen Extremismus, der seinen bisher erschreckendsten Ausdruck in den Terroranschlägen vom 11. September 2001 fand. Diese Ereignisse haben sich alle in der theoretischen und methodologischen Entwicklung der CP niedergeschlagen.

Der Zusammenbruch des Kommunismus stellte den bisherigen Höhepunkt der *dritten Demokratisierungswelle* dar, mit der der Zusammenbruch autoritärer Regime in Südeuropa in den 70er-Jahren und später in Lateinamerika, Asien, Osteuropa und teilweise sogar in Afrika bezeichnet wird (vgl. Huntington 1991). Zunächst beflügelte die rasche Ausbreitung nicht-autoritärer Regime die Entwicklung von Theorien, die politische Eliten und Institutionen in den Mittelpunkt der Analyse stellten. Diese Konzentration auf Akteure basierte auf der Annahme, dass Demokratisierung keine strukturellen Voraussetzungen (z. B. eine starke Mittelklasse, Wirtschaftswachstum etc.) benötige, wie dies noch von den politischen Entwicklungstheorien der 60er-Jahre behauptet worden war (vgl. Di Palma 1990; O'Donnell/Schmitter 1986; Przeworski 1991). Allerdings stellte sich schon bald heraus, dass der Zusammenbruch autoritärer Regime nur selten zur Herausbildung stabiler und demokratischer Systeme führen sollte. Stattdessen hat die letzte Demokratisierungswelle viele Staaten hinterlassen, die zwar demokratische Institutionen aufweisen, aber ansonsten von Regierungen geführt werden, die entweder unwillens oder unfähig sind, die Rechte und Freiheiten ihrer Bürger/innen zu garantieren. Entsprechend haben verschiedene Studien darauf hingewiesen, dass unter Abwesenheit bestimmter gesellschaftlicher und wirtschaftlicher Bedingungen eine demokratische Konsolidierung eher unwahrscheinlich ist (vgl. Diamond 1992; Lipset 1994; Ruhl 1996). Hierbei wurde insbesondere die Notwendigkeit einer demokratischen, politischen Kultur hervorgehoben (vgl. Inglehart 1988; Lipset 1994; Putnam 1993). Die Renaissance des Erklärungsmodells *politische Kultur* wurde ferner durch Arbeiten über ethnische und kulturelle Konflikte beflügelt (vgl. Horowitz 1991; Huntington 1996).

Die weltweite Zunahme ethnischer Konflikte und demokratischer Transitionen hat auch die Methodologie beeinflusst. Der rasche Anstieg an Daten und die Leichtigkeit, mit der Wissenschaftler/innen an diese Daten gelangen (vor allem durch das Internet) und diese durch desktopgestützte Statistikprogramme verarbeiten können, hat die Rückkehr zu quantitativen Methoden gefördert. Quantitative Analysen haben u. a. zu überzeugenden Ergebnissen in der Demokratisierungs- und Konfliktforschung geführt (vgl. Collier 2000; Fearon/Laitin 1996; Przeworski/Alvarez/Cheibub/Limongi 2000).

Kurzum, im Unterschied zur Vergleichenden Regierungslehre vor 1945 und selbst im Vergleich mit der CP der frühen Nachkriegsjahre ist die heutige CP in vielerlei Hinsicht globaler, was die geografische Reichweite angeht. Sie ist auch vielfältiger, zeichnet sie sich doch durch einen einmaligen theoretischen und methodologischen Pluralismus aus. So hat Evans (vgl. Kohli u. a. 1995: 2) den derzeitigen Mainstream der CP treffend als *messy eclectic center* bezeichnet. Dieser *regellose und vielseitige Mainstream* umfasst eine Vielzahl von Methoden, angefangen mit detaillierten Einzelfallstudien über den systematischen Vergleich einiger weniger Länder bis hin zu statistischen Mehrvariablenanalysen.

Auf der theoretischen Seite reicht das Repertoire von institutionellen Analysen über Gruppen- und Elitentheorien bis hin zu *Political Culture* als analytischen Variablen. Was die Politikwissenschaftler/innen in diesem Mainstream verbindet, sind vor allem zwei Dinge. Einerseits sind ihre Arbeiten problemorientiert – d. h., die Kollegen/innen sind weniger an der Bestätigung genereller Theorien als vielmehr an der Beantwortung spezieller Fragen interessiert (Induktion).[6] Evans (vgl. Kohli u. a. 1995: 4) hat die Rolle der Theorie im Mainstream der CP so umschrieben:

> „Es ist Arbeit, die generelle Theorien heranzieht, wann immer dies möglich ist. Sie interessiert sich allerdings auch sehr für spezielle historische Ereignisse. Sie benutzt spezielle Fälle als Bausteine für generelle Theorien und Theorien als Linsen, um zu identifizieren, was interessant und wichtig an speziellen Fällen ist." (vgl. Kohli u. a. 1995: 4; eigene Übersetzung, C.S.)

---

[6] „Als induktives Schließen bezeichnet man den Schluss von besonderen Sätzen oder Fällen einer Klasse auf allgemeine Sätze, Hypothesen oder auf alle Fälle in dieser Klasse." (Weihe 1989: 360)

Andererseits ist man bereit, zur Erklärung spezieller Fälle und Ereignisse verschiedene Methoden und Theorien heranzuziehen. Adam Przeworski (vgl. Kohli u. a. 1995: 16), einer der produktivsten Politikwissenschaftler im heutigen CP-Mainstream, hat dies am amüsantesten auf den Punkt gebracht:

> „Ich bin ein methodologischer Opportunist, der daran glaubt, dass zu tun oder zu benutzen, was funktioniert. Falls Spieltheorie geht, benutze ich sie. Wenn das funktioniert, was historische Darstellung genannt wird, mache ich das auch. Und falls Dekonstruktion gebraucht wird, versuche ich sogar Dekonstruktion. Mit anderen Worten, ich habe keine Prinzipien." (Vgl. Kohli u. a. 1995: 4; eigene Übersetzung, C.S.)

Wenn man sich die Veröffentlichungen der letzten zwanzig Jahre anschaut, wird deutlich, dass der Mainstream die wissenschaftliche Debatte dominiert. Allerdings ist der Mainstream nicht ohne Herausforderer. Eine steigende Anzahl von Politikwissenschaftler/innen halten an der Relevanz bestimmter Universaltheorien fest, durch die politische Prozesse und Ergebnisse erklärt werden (Deduktion).[7] Diese Universaltheorien sind entweder auf der systemischen (Makro-)Ebene angesiedelt (Funktionalismus, Marxismus) oder auf der individuellen (Mikro-)Ebene (rationale Akteurstheorien, **Rational-Choice**). Rationale Akteurstheorien postulieren, dass es theoretisch sinnvoll erscheint, alle Menschen als rationale Akteure zu verstehen, und dass über diese Annahme politische Prozesse verstanden und erklärt werden können (siehe den Beitrag von Martin Beck in diesem Band).

Deduktive Mikro- und Makrotheorien gehen davon aus, dass menschliches Handeln regelmäßig, also vorhersehbar und damit theoretisch erfassbar ist. Der Mainstream folgt nur teilweise dieser Annahme (vgl. Almond/Genco 1977) und widerspricht der Behauptung, dass Politik über eine Universaltheorie beschrieben und erklärt werden könne. Noch weiter gehen verschiedene postmoderne *Theorien*, die postulieren, dass menschliches Handeln so unberechenbar sei, dass politisches Leben überhaupt nicht wissenschaftlich erfasst werden könne. Sie argumentieren deshalb, dass die Politikwissenschaft sich ähnlich wie die Anthropologie auf das Beschreiben sozialer Strukturen und gesellschaftlicher Kulturen beschränken solle. Die theoretischen Dimensionen der heutigen CP lassen sich entsprechend so zusammenfassen:

Abbildung 2: Dimensionen theoretischer Wissenschaft in der CP (vgl. Kohli u. a. 1995: 48)

	Deduktiv	**Induktiv**
Makro	struktureller Funktionalismus Marxismus	Mainstream: Einzelfall- oder vergleichende Studien, empirischer Fokus auf politische Institutionen und soziale Gruppen
Mikro	Rational Choice	anthropologisch-inspirierte, lokal-politische Studien; sozial-struktureller oder kultureller Fokus

Da sich sowohl mikro- als auch makro-deduktive Universaltheorien schwer damit tun, konkrete Antworten auf spezielle Probleme zu geben, wird der Mainstream sich gegen andere theoretische und methodologische Strömungen in der CP auf Dauer behaupten. Tatsächlich absorbiert der Mainstream theoretische und methodologische Einsichten der Herausforderer.

---

[7] „Die Deduktion ist eine der Formen des logischen Schließens und bedeutet in seiner allgemeinen Bestimmung die Methode der Ableitung von besonderen, komplizierten Sätzen aus allgemeinen, basalen Sätzen oder Grundannahmen." (Weihe 1989: 122)

So baut ein theoretischer Strang des Neo-Institutionalismus auf den Rational-Choice-Ansatz auf. Gleichfalls sind theoretische Annahmen des Neo-Marxismus in den Mainstream eingeflossen. Wenn wir entsprechend feststellen können, dass der Mainstream insgesamt fest in der CP verankert ist, erhebt sich die Frage, was wir von der CP im Hinblick auf die Gesamtdisziplin erwarten können.

4. FAZIT UND AUSBLICK

Die bisherige Zusammenfassung der CP der letzten sechzig Jahre verdeutlicht, dass die CP ihr zentrales Paradigma, welches sie in den 60er-Jahren besaß, verloren hat. Dies ist sicherlich ein Nachteil, wenn es darum geht, wissenschaftlich rigoros zu arbeiten und allgemein anerkannte Modelle und Konzepte zu entwickeln. Das Fehlen eines zentralen Paradigmas erschwert, neue Einsichten mit alten Erkenntnissen zu verbinden, um so Theorien zu verbessern. Auf der anderen Seite spricht vieles für die theoretische und methodologische Vielfalt in der heutigen CP. Sie ist ein sicheres Zeichen dafür, dass zumindest dieser Teil der amerikanischen Politikwissenschaft noch nicht erstarrt ist. Sie verhindert auch, dass eine kleine Gruppe von Politikwissenschaftler/innen das Feld theoretisch (aber auch finanziell, was die Verteilung von Forschungsgeldern angeht) dominieren könnte, wie dies z. B. in den 60er-Jahren durch das SSRC-CCP geschehen ist und in Deutschland immer noch der Fall ist. Die CP bleibt so gegenüber neuen Ansichten und unorthodoxen Ideen offen. Sie sollte es auch sein, wenn man bedenkt, wie komplex politische Phänomene sind und mit welch diversen Ländern und Themengebieten sich die Kollegen/innen beschäftigen. Für Politikwissenschaftler/innen, die gerade am Anfang der Karriere stehen, ist die CP damit sicherlich ein Forschungsgebiet, in dem man sich entwickeln und neues (theoretisches, methodologisches und geografisches) Territorium beschreiten kann.

Natürlich heißt Vielfalt auch theoretische und geografische Aufsplitterung, die sich in den verschiedenen Fachjournalen, Konferenzen und professionellen Organisationen widerspiegelt. Diese Aufteilung könnte sich dann nachteilig auswirken, wenn sie so rigide wäre, dass ein Austausch zwischen den verschiedenen **area studies** und theoretischen Gruppen nicht stattfinden würde. Dies ist jedoch bislang nicht der Fall. Tatsächlich sind es gerade die prominenteren Kollegen/innen, die sich oft auf neuen theoretischen und/oder geografischen Pfaden bewegen, so z. B. Suzanne Berger, Peter Katzenstein, Juan Linz, Adam Przeworski, Robert Putnam, Phillipe Schmitter, Theda Skocpol und Alfred Stepan.

Das Problem liegt also nicht in der Vielfalt der verschiedenen Theorien und Methoden, die in der CP zum Einsatz kommen. Die Schwierigkeit entsteht vielmehr aus der Tatsache, dass die Definitionen von Konzepten und Problemen oft umstritten bleiben. Hinzu kommt, dass die Forschungsgegenstände oft unklar umrissen sind und die Suche nach einer thematischen Nische teilweise skurrile Ausmaße angenommen hat. Wenn Politikwissenschaftler/innen die gleichen Probleme mit verschiedenen Methoden und Theorien angehen, ist das Resultat oft ein konstruktiver, intellektueller Austausch. Wenn allerdings die Fragen, die gestellt werden, so verschieden sind, dass nur wenige Kollegen/innen zum Dialog beitragen können, bleibt der fruchtbare Austausch oft auf der Strecke. Dies ist z. B. der Fall in der Vergleichenden Demokratisierungsforschung, in der sich die Kollegen/innen selbst bei zentralen Begriffen bislang nicht auf allgemein gültige Definitionen einigen konnten. So haben David Collier und Steven Levitsky (1997) über fünfhundert Demokratiedefinitionen in der zeitgenössischen CP-Literatur ausfindig gemacht. Viel weniger werden es kaum für andere zentrale Konzepte sein wie *demokratische Konsolidierung* und *Zivilgesellschaft*. Dies könnte an der Breite dieser Forschungsrichtung liegen, denn exaktere Forschungsgebiete wie z. B. die Vergleichende Konfliktforschung waren in der Lage, ihre zentralen Begriffe deutlicher zu definieren.

Um es kurz zu sagen, die heutige CP unterscheidet sich deutlich von der CP der Gründerjahre. Ob man diese Entwicklung für einen Fort- oder Rückschritt hält, hängt von den Erwartungen ab, die man an die Politikwissenschaft stellt. Meiner Ansicht nach, ist es jedoch unrealistisch, dass die Politikwissenschaft in der Lage sein könnte, eine Universaltheorie politischer Prozesse zu entwickeln, um damit politische Ergebnisse vorhersagbar zu machen. Deshalb sollte man die theoretische und methodologische Pluralisierung der CP begrüßen. Die CP bleibt damit eines der innovativsten Forschungsfelder innerhalb der Politikwissenschaft.

DIE ENTWICKLUNG DER VERGLEICHENDEN POLITIKWISSEN-SCHAFT IN DEUTSCHLAND SEIT 1945

Harald Barrios

Gliederung

1. **Von der Wiedergründung der deutschen Politikwissenschaft bis zum Aufstieg der Politikfeldanalyse**

2. **Die Institutionalisierung der Vergleichenden Politikwissenschaft**

3. **Von der Vergleichenden Regierungslehre zum Systemvergleich**

4. **Die Etablierung der Area Studies**

5. **Der Aufstieg der Vergleichenden Systemwechselforschung**

6. **Weitere Trends in der deutschen Vergleichenden Politikwissenschaft**

---

1. VON DER WIEDERGRÜNDUNG DER DEUTSCHEN POLITIKWIS-SENSCHAFT BIS ZUM AUFSTIEG DER POLITIKFELDANALYSE

Bei der Wiedergründung der deutschen Politikwissenschaft 1945-49 (vgl. Bleek 2001) kam der vergleichenden Arbeit zunächst keine Priorität zu. Anfangs ging es nämlich in erster Linie darum, das Fach an den Hochschulen institutionell zu etablieren und den Anspruch auf eine eigenständige Verankerung durchzusetzen. Dazu musste man sich nicht zuletzt gegenüber konkurrierenden Nachbarfächern wie Jura, Wirtschaftswissenschaften, Geschichte und der Soziologie abgrenzen. Die Frage, ob das politikwissenschaftliche Studium einen generalistischen Zuschnitt haben und sich an Hörer aller Fachrichtungen im Sinne einer staatsbürgerlichen Allgemeinbildung richten sollte (in der Tradition der Berliner Hochschule für Politik der Weimarer Zeit), oder ob ein stärker fachwissenschaftliches Profil anzustreben sei, wurde dabei zu Gunsten letzterer Position entschieden (vgl. Münkler/Krause 2003: 40).

Die erste heftigere Kontroverse innerhalb der jungen Universitätsdisziplin entzündete sich an einer stärker empirischen Ausrichtung der *Wissenschaft von der Politik*, die sich Anfang der 1960er-Jahre abzuzeichnen begann. Eine Reihe von Vertretern der Gründergeneration stemmte sich dieser Tendenz entgegen und beharrte auf einer normativen Ausrichtung von politikwissenschaftlicher Forschung und Lehre. Zu den aus dem US-Exil heimgekehrten oder jedenfalls in den Nachkriegsjahren stark rezipierten älteren deutschen Fachvertretern/innen wie **Hannah Arendt, Ernst Fraenkel, Carl Joachim Friedrich** und **Eric Voegelin** traten dabei in Deutschland gebliebene Persönlichkeiten wie **Dolf Sternberger** und **Theodor Eschenburg** (kompakte, gut lesbare Kurzbiographien dieser Persönlichkeiten hat Riescher 2004 zusammengestellt). Sie alle fühlten sich einer normativen Herangehensweise oder zumindest einer Verbindung empirischer Forschung mit normativen Fragestellungen verpflichtet, die ihre Wurzel gerade auch in ihren persönlichen Erfahrungen hatte. Besonders die aus den Vereinigten Staaten zurückgekehrten Emigranten hielten Distanz zur zeitgenössischen empirischen Forschung, hatten sie doch bereits in ihrer Zeit des Exils an den US-amerikanischen Universitäten für eine „Gegenposition zum **Mainstream** der amerikanischen **Political Science**" (Münkler/ Krause 2003: 36) gestanden.

Die 1960er-Jahre brachten mit der tendenziellen Öffnung der Universitäten für alle sozialen Schichten, dem Hochschulausbau und der Studentenrevolte eine Expansionsphase für das *neue* Universitätsfach. Einige jüngere Fachvertreter sahen ein Theorie- und Modernitätsdefizit der bundesdeutschen Politikwissenschaft, die bis dahin im Wesentlichen auf die Lehrerausbildung beschränkt geblieben war und politische Bildung als ihren Hauptauftrag gesehen hatte.

Aus dem Blickwinkel einer aus den USA verspätet übernommenen szientistischen Orientierung sah man sie geradezu als *unwissenschaftlich* an, da sie ihren Rückhalt eher in der historisch-geisteswissenschaftlichen und philosophischen Tradition hatte. Der US-amerikanische Behavioralismus sowie die verschiedenen Spielarten der Systemtheorie wurden nun nachholend rezipiert, übrigens zeitgleich mit der aus ganz anderen Quellen stammenden Verbreitung neo-marxistischer Ansätze.

Dies führte zu ersten Zerreißproben für die junge akademische Disziplin, denen zudem ein Generationenkonflikt zwischen Lehrer- und erster Nachwuchsgeneration entsprach. Diese Schülergeneration war überdies, wie bereits angedeutet, in eine empirisch-sozialwissenschaftliche und eine neo-marxistisch-kritische Linie gespalten. Aus dieser Situation entstand die berühmte metatheoretische Trias der bundesdeutschen Politikwissenschaft, die über die 1970er-Jahre hinweg Gültigkeit behalten sollte, also ihre Gliederung in eine normativ-hermeneutische (*Freiburger Schule*), empirisch-analytische (*Mannheimer Schule*) und kritisch-dialektische Richtung (*Frankfurter Schule*) (vgl. Mols u. a. 2001: 34f.). Die Schulenbildung (dazu auch Münkler/Krause 2003: 41) war in ihrer Struktur mit Instituten, Lehrstühlen und Publikationsorganen allerdings noch wesentlich feingliedriger, als es diese (gleichwohl sinnvolle) Trias suggeriert. Im Zusammenspiel mit der jeweiligen bildungspolitischen Linie der für die Hochschulen zuständigen Bundesländer und im Kontext des raschen Hochschulausbaus sowie der Studentenrevolte in den Jahren um 1968, die eine weitere Demokratisierung der Institutionen forderte, ergaben sich dabei vielfältige und wechselnde Konfrontationen und Koalitionen. Der permanente Spannungszustand schlug sich in unzähligen kleinen Konflikten um die Besetzung von Lehrstühlen und die Mittelverteilung nieder. Zugleich erwies er sich aber auch als inhaltlich fruchtbar und brachte einen enormen Produktivitäts- und Qualitätsschub mit sich. Den Zeitgenossen erschien diese Phase freilich als Krise, welche mitunter die Existenz des gesamten Fachs vermeintlich in Frage stellte (vgl. Lietzmann 1996: 47).

Das Konkurrenzverhältnis zwischen den Vertretern der drei politikwissenschaftlichen metatheoretischen Positionen und der verschiedenen Schulen sowie die dann irgendwann notwendigen, mühsamen Annäherungsprozesse absorbierten dabei allerdings auch enorme Energien. Die empirische Kleinarbeit und damit auch der diszipliniert durchgeführte Vergleich standen demgegenüber nicht im Rampenlicht, konnten sich aber Schritt für Schritt auf der Ebene von Abschlussarbeiten, Dissertationen und Habilitationen Terrain sichern. Noch dominierten freilich große wissenschaftstheoretische Kontroversen, wie z. B. die Debatte Habermas/Luhmann (1971).

Der rasante Aufschwung der **Policy**-Forschung in ihrer deutschen Version als *Politikfeldanalyse* vollzog sich dabei im Windschatten dieser Meta-Kontroversen. Die Untersuchung von materiellen *Bindestrich-Politiken*, wie Arbeitsmarkt- oder Gesundheitspolitik unter funktionalistisch-systemtheoretischer Perspektive, erlaubte eine gewisse Distanz zu den teilweise stark emotional geführten Auseinandersetzungen der Zeit. Die **Policy**-Forschung bot sich somit in den späten 1970er- und frühen 1980er-Jahren den erschöpften Kombattanten als eine auf den ersten Blick metatheoretisch unverdächtige, pragmatische Alternative an. Der vermeintlich *technische* Charakter der Politikfeldanalysen konnte dann in den 1980er-Jahren zur Basis der Bemühungen der politikwissenschaftlichen Zunft um neue Respektabilität und Professionalisierung werden, an deren relativem Erfolg auch die kontraproduktive Spaltung des Fachverbandes in Deutsche Vereinigung für Politikwissenschaft (DVPW und Deutsche Gesellschaft für Politikwissenschaft (DGfP)) 1983 kaum etwas änderte. Nicht zuletzt versprach sie, veritable Experten/innen hervorzubringen, die von der Öffentlichkeit auch als solche akzeptiert wurden.

Zentrale Konzepte wie Politikarena, Politikzyklus und Netzwerke wurden dabei aus den USA übernommen (vgl. Hartmann 2003: 176). Recht bald gerieten in den Politikfeldanalysen die

Strukturen des **Policy-making** in den Blickpunkt und dies prägte sich im deutschen Kontext als besonderes Interesse für die Verwaltungsstrukturen und die administrativen Eliten aus (ebd.: 176f.). Die Besonderheiten des deutschen, unitarischen Bundesstaates standen dabei im Zentrum. In der Debatte um die umstrittene These von einer die Staatstätigkeit hemmenden *Politikverflechtungsfalle*, mit der Fritz Scharpf (1976) versucht hatte, die Besonderheiten des Regierens in der Bundesrepublik auf den Punkt zu bringen, drohte mitunter der international vergleichende Impetus verloren zu gehen.

Fortschreitend und weitgehend unhinterfragt setzte sich zudem eine Forschungsperspektive durch, die vor allem nach Ressourcen staatlichen Handelns fragte und bemüht war, mögliche Entscheidungs- und Implementierungsblockaden aufzuspüren und zu eliminieren. Auch wenn man ursprünglich aus einer ganz anderen Richtung gekommen war als die Ende der 1970er-Jahre formulierte konservative Diagnose von dem Mangel an *Regierbarkeit* im modernen Sozialstaat (vgl. Hennis 1977/79): Der Hauptstrom der **Policy**-Forschung mündete letztlich in ein ähnliches Fahrwasser. Anders als in den USA, in der die gesellschaftliche Perspektive dominant blieb, ging die deutsche Forschung den **Policy**-Zyklus mit Vorliebe aus dem Blickwinkel staatlicher Steuerung an (vgl. z. B. Schmidt 1992). Überspitzt lässt sich sagen, dass das Überhandnehmen der Zielvorstellung staatlicher Effizienz die deutschen Kameral- und Policeywissenschaften des 18. und 19. Jahrhunderts mit ihrer Lehre von der Staatsklugheit (vgl. Bleek 2001: 86f.) in neuem Gewand wiederauferstehen ließ.

2. DIE INSTITUTIONALISIERUNG DER VERGLEICHENDEN POLITIKWISSENSCHAFT

Anders als in den USA, kam es in der Bundesrepublik nach der Wiedergründung der Politikwissenschaft zunächst nicht zu einer bipolaren Entwicklung, in der die **Comparative Politics** als zweite Säule neben den **International Relations** gesehen worden wäre. Mit **Ernst Fraenkels** Lehrstuhl für *Vergleichende Lehre der Herrschaftssysteme* an der Freien Universität Berlin gab es in den 1950er-Jahren nur eine einzige Professur in der Bundesrepublik, die ausdrücklich dem politikwissenschaftlichen Vergleich gewidmet war. Die Studienorganisation an den bundesdeutschen politikwissenschaftlichen Instituten richtete sich ansonsten an einer Dreiteilung von politischer Theorie, Innen- und Außenpolitik aus. Im Zuge der Entwicklung des Fachs zu einer selbstständigen Sozialwissenschaft mit einem zunehmenden Methodenbewusstsein, begann in den 1960er-Jahren seine fortschreitende Untergliederung und Auffächerung.

Dies entsprach einer Bildung von Abteilungen in den politikwissenschaftlichen Instituten. Als Teilfächer traten nun Systemlehre, Politische Wirtschaftslehre, Politische Soziologie sowie Friedens- und Konfliktforschung auf. Organisatorisch wurde somit das vergleichende Arbeiten von Anfang an auf eine Vielzahl von Bereichen verteilt. Im zentralen Fachbereich *Politische Systeme* waren Lehre wie Studium an den meisten politikwissenschaftlichen Instituten durch eine Aneinanderreihung von Einzelländerstudien gekennzeichnet, in denen mal mehr, mal weniger theoriegeleitet das systemtheoretische Instrumentarium eingesetzt wurde.

Der politikwissenschaftliche Vergleich blieb also sowohl institutionell-wissenschaftsorganisatorisch als auch von der Weiterentwicklung des Fachs her in die Gesamtdisziplin eingebettet. Dies erschwerte eine rigorosere methodologische Reflexion, sodass eine souveräne Konstituierung einer Vergleichenden Politikwissenschaft mit hohem Methodenbewusstsein und theoriegestützten Forschungsfragen auf sich warten ließ. Erst in den 1970er- und 1980er-Jahren wurde der Ertrag methodologisch soliden Vergleichens für die empirische Forschung in der Politikwissenschaft in ganzem Umfang deutlich (vgl. dazu die Arbeiten Nohlens 1978 und von Beymes 1982). Als unentbehrliche Ressource für die politikwissenschaftliche Theorieentwicklung wird die vergleichende Analyse erst in jüngster Zeit auch in einführenden Werken hinreichend gewürdigt (vgl. Mohr 1995, Berg-Schlosser/Müller-Rommel 1997). Damit wird keineswegs behauptet, dass es in den Jahrzehnten zuvor eine vergleichende politikwissenschaftliche Forschung nicht gegeben hätte. Sie verfügte aber über wenig eigenständige methodologische Reflexion, war institutionell nicht abgesichert und trat in der Forschungs- und Publikationslandschaft nicht gebündelt in Erscheinung.

3. VON DER VERGLEICHENDEN REGIERUNGSLEHRE ZUM SYSTEMVERGLEICH

In der Anfangsphase nach dem II. Weltkrieg bis Mitte der 1960er-Jahre beschränkte sich das vergleichende Arbeiten in der bundesdeutschen Politikwissenschaft auf die Vergleichende Regierungslehre, die an die aristotelische Suche nach der besten Ordnung anknüpfte. Schwerpunkt war zunächst – entsprechend dem Selbstverständnis des Fachs als *Demokratiewissenschaft* im Sinne politischer Bildung – der Vergleich zwischen demokratischen und totalitären Ordnungen zum Zwecke der Legitimierung und Festigung der demokratischen Verfassungsstaaten (vgl. z. B. Karl-Dietrich Bracher, Hannah Arendt, Dolf Sternberger). Man verband also eine normative Grundausrichtung mit einem empirischen Interesse. Bei dem Vergleich der demokratischen Verfassungs**ordnungen** untereinander (z. B. Carl Joachim Friedrichs *Verfassungsstaat* 1953, Karl Loewensteins Verfassungslehre 1959) wurde aber bald schon der Verfassungs**wirklichkeit** besonderes Augenmerk zuteil.

Die Forschung blieb dabei zumeist auf der Ebene der **Polity**. Beim Vergleich realer Makrostrukturen mit abstrakten Idealtypen *guter* Ordnung oder deren Vergleich mit denjenigen anderer (vorwiegend europäischer) Länder ging es um die Identifizierung von Mängeln und deren Behebung (so etwa die Debatte um Mehrheitswahl statt Verhältniswahl in den 1960er-Jahren). Dies geschah oft unter Rückgriff auf hergebrachte Konzepte wie z. B. Gewaltenteilung. Nicht selten stand dabei die klassifikatorische und typologisierende Arbeit im Vordergrund und weniger das Erzielen empirisch fundierter Forschungsergebnisse. Mit der Zeit verschob sich dann dieser Schwerpunkt: Im Anschluss an die Unterscheidung von Konkordanzdemokratie und Konkurrenzdemokratie durch Gerhard Lehmbruch (Tübingen 1967, parallel zu den Forschungen Arend Lijpharts in den Niederlanden) wurde allmählich deutlicher, wie Typologien und Modellvorstellungen für die empirische Forschung fruchtbar zu machen sind. Vergleichende Untersuchungen zu den parlamentarischen Regierungssystemen (die Schule Dolf Sternbergers in Heidelberg) bzw. zum Gegensatz von parlamentarischen und präsidentiellen Regierungssystemen (Steffani 1979) sowie die entstehende Parteiensystemforschung (von Beyme 1975) im Anschluss an die Arbeiten Maurice Duvergers (1959) und später Giovanni Sartoris (1976) standen auf einer zunehmend soliden empirischen Basis und reproduzierten nicht schematisch Modellvorstellungen, sondern stellten diese vermehrt in Frage. Aus den USA wurden die Untersuchungen zur politischen Kultur rezipiert und im deutschen Kontext in erster Linie im Bereich der empirischen Erforschung des Wählerverhaltens fruchtbar gemacht.

Von großer Bedeutung war die allmähliche Durchsetzung eines sozialwissenschaftlichen Methodenbewusstseins. In der Breite trug hierzu die *Einführung in die politische Wissenschaft* von Frieder Naschold bei, 1969 zum ersten Mal erschienen. Pionierarbeit leistete aber bereits der 1952 in Heidelberg bei Dolf Sternberger promovierte Rudolf Wildenmann (1963), der dann bei Ferdinand A. Hermens in Köln habilitierte. Er begründete 1964 an der Universität Mannheim eine szientistisch-quantitative Politikwissenschaft, die sich später vor allem mit den Analysen der *Forschungsgruppe Wahlen* um Manfred Berger, Wolfgang Gibowski und Dieter Roth einen Namen machte. Seit 1972 ist diese weiterhin führende Wahlforschungsgruppe, die u. a. dem ZDF zuarbeitet, unabhängig von der Universität.

Der in den 1950er-Jahren normativ grundierte idealtypische Vergleich zwischen Demokratie und Totalitarismus (vgl. z. B. Friedrich/Brezezinski 1956) nahm im Laufe der Zeit immer mehr den Charakter einer Gegenüberstellung westlich-kapitalistischer und real-sozialistischer Länder an (vgl. z. B. Fraenkel 1969). Im Laufe der 1960er-Jahre ergab sich hieraus jedoch eine neue Dynamik in Richtung eines stärker empirischen Systemvergleichs, z. B. an der Freien Universität Berlin, wo der innerdeutsche Vergleich in die empirisch-analytische Richtung gebracht wurde. An der Universität Mannheim richtete Hermann Weber 1968 seinen Lehrstuhl auf das Gebiet Geschichte und Politik der DDR aus (vgl. Bleek 2001: 326). Die Vertreter der These von der Konvergenz kapitalistischer und sozialistischer Industriegesellschaften bedienten sich stärker systemtheoretischer Begriffe. Ein immer präziseres empirisches Arbeiten erlaubte nun, genauer zwischen der Praxis staatlichen Handelns der verschiedenen real-sozialistischen Länder zu differenzieren (vgl. z. B. von Beyme 1975). So vollzog sich auf mehreren Ebenen und hinsichtlich verschiedener Themenfelder eine allmähliche Abkehr von der Vergleichenden Regierungslehre geisteswissenschaftlicher Herkunft hin zu einem sozialwissenschaftlich ausgerichteten Systemvergleich. Dieser blieb freilich weiterhin vorzugsweise an Makrostrukturen interessiert und arbeitete mit nicht-quantitativen Methoden, jeweils kleinen Fallzahlen und auf der Grundlage von Typologien oder Modellvorstellungen.

4. DIE ETABLIERUNG DER *AREA STUDIES*

In der Entwicklungsländerforschung verlangten die oft auf einer schmalen empirischen Basis generierten antagonistischen Makrotheorien der Modernisierung und der Dependencia (vgl. Boeckh 1985, 1993) geradezu nach empirischer Überprüfung auf den unterschiedlichsten Ebenen. Empirisch-vergleichend generierte Erkenntnisse ließen dann freilich die großen Paradigmen fortschreitend an Überzeugungskraft einbüßen und spätestens Ende der 1980er-Jahre auch an forschungsleitender und -prägender Wirkung.

Mit dem Entstehen einer Vielzahl neuer Staaten im Zuge der beschleunigten Vollendung des Dekolonisierungsprozesses bis Anfang der 1960er-Jahre hatte sich, wie in den USA auch, in der Bundesrepublik allein schon durch die große Zahl neuer, zumindest potenzieller Untersuchungsfälle ein Dynamisierungsschub für die Vergleichende Politikwissenschaft ergeben. Die Datenbasis war freilich gerade in den Anfangsjahren der Dritte-Welt-Forschung alles andere als einfach zu sichern (vgl. Berg-Schlosser/Müller-Rommel 1997: 16; Schmidt 2003: 202). Nicht zuletzt die Schaffung des Bundesministeriums für wirtschaftliche Zusammenarbeit (BMZ) 1961 förderte die Einrichtung von Regionalstudien zu Lateinamerika, zum Vorderen Orient, zu Asien und Afrika. Für die beginnende Entwicklungszusammenarbeit der Bundesrepublik mit Entwicklungsländern war es notwendig, die politischen Bedingungen in den Empfängerländern besser kennen zu lernen und zu verstehen. 1962 wurde das Hamburger Übersee-Institut mit seinen Teilinstituten gegründet. Der (institutionell bis heute dominierende) regionalistische Zuschnitt von Lehrstühlen und Abteilungen an deutschen Forschungseinrichtungen ließ freilich gleich neue Barrieren entstehen, welche die neuen Vergleichsmöglichkeiten von Beginn an wieder einschränkten. Der Vergleich von Fällen jeweils einer Großregion (Lateinamerika, Südostasien, später Osteuropa) wurde stillschweigend und unhinterfragt zur bevorzugten Herangehensweise, eine an der jeweiligen Fragestellung orientierte, reflektiertere Fallauswahl blieb die Ausnahme.

5. DER AUFSTIEG DER VERGLEICHENDEN SYSTEMWECHSEL-FORSCHUNG

Für die Vergleichende Politikwissenschaft bedeuteten somit die Entwicklungen der 1960er- und 1970er-Jahre einen enormen Modernisierungsschub. Die organisatorische Zersplitterung der Vergleichenden Politikwissenschaft in unterschiedlichste Fachbereiche und die mangelnde. Institutionalisierung blieb freilich bestehen. Daran änderte auch der von der Kultusminister-konferenz 1985 etablierte neue Kanon zunächst wenig, in dem *Analyse und Vergleich unterschiedlicher Systeme* als eines von sechs Teilfächern der Politikwissenschaft ausdrücklich erwähnt wird (vgl. Lietzmann 1996: 47). Eine Reihe neuer Lehrbücher, die der Vergleichenden Politikwissenschaft gewidmet sind (z. B. Lauth 2002, Berg-Schlosser/Müller-Rommel 1997) oder welche ihr eine herausgehobene Stellung einräumen, haben aber die Wahrnehmung der Teildisziplin verbessert und ihr Selbstbewusstsein weiter gestärkt.

Mit der deutschen Einheit wurde nach der raschen *Abwicklung* des Marxismus-Leninismus als Universitätsdizplin (die bereits im Dezember 1989 begann) die im westlichen Deutschland seit 1945 entwickelte Politikwissenschaft auf die Universitäten der neuen Bundesländer übertragen. Dies geschah zum geringeren Teil durch nachholende Rezeption seitens ostdeutscher Sozialwissenschaftler/innen und durch anfängliche Gastdozenturen westlicher Politologen/innen, sondern zum überwiegenden Teil durch personellen Neuaufbau und durch Übernahme des im Westen etablierten Lehrkanons. Zu diesem gehörte mittlerweile als Teilfach neben Politischer Theorie/Ideengeschichte, Regierungssystem der Bundesrepublik Deutschland, Internationaler Politik/deutscher Außenpolitik eben auch die Vergleichende Politikwissenschaft. Entsprechend waren die **Comparative Politics** beim Neuanfang der Politikwissenschaft im östlichen Teil Deutschlands von Anfang an präsent.

Welche Impulse ergaben sich aus dem Zusammenbruch der SED-Herrschaft und der übrigen real-sozialistischen Regime Ostmittel- und Osteuropas sowie der Auflösung Jugoslawiens und der Sowjetunion in inhaltlicher Hinsicht für die Vergleichende Politikwissenschaft? In erster Linie verliehen sie der vergleichenden Forschung über die Demokratisierungsprozesse der „dritten Welle" (Huntington 1991), die Mitte der 1970er-Jahre in Portugal, Griechenland und Spanien begonnen und kurz darauf auf Lateinamerika übergegriffen hatte, einen zusätzlichen Dynamisierungsschub. Die einschlägige internationale Forschung (vgl. Linz 1974; O'Donnell/Schmitter/Whitehead 1986; Przeworski 1991) war in den 1980er-Jahren durch Dieter Nohlen kritisch rezipiert und durch seine Beiträge sowie die Arbeiten seiner von ihm geleiteten Heidelberger Forschungsgruppe bereichert worden (vgl. Nohlen 1988; Nohlen/Barrios 1989; Thibaut 1996). Auch Manfred Mols (1985) und Detlef Nolte (1996) legten grundlegende Publikationen zu dieser Thematik vor.

Regionaler Schwerpunkt dieser Studien war Lateinamerika, auch wenn immer wieder die südeuropäischen Vergleichsfälle herangezogen wurden (vgl. Huneeus 1985; Barrios 1999b). In den 1990er-Jahren bezogen Manfred Mols und seine Mainzer Forschungsgruppe verstärkt Fälle des asiatisch-pazifischen Raums in die vergleichenden Analysen mit ein (vgl. Dosch/Faust 2000), was sich als außerordentlich fruchtbar erwies. Des Weiteren traten die sich in der Region Vorderer Orient mit den dortigen Systemwechseln beschäftigenden Forscher/innen in einen zunehmend intensiven Austausch mit den Kollegen/innen mit anderen Regionalschwerpunkten (Beck, Schlumberger). Mit dem Systemwechsel in Ostmittel- und Osteuropa entstand eine Vielzahl neuer zu berücksichtigender Fälle (vgl. von Beyme 1994). Die Demokratisierungs- und Systemwechselforschung wuchs schon allein deswegen aus ihrem bisherigen institutionellen Kontext der **Area Studies** heraus und suchte, sich als Forschungszweig aus eigenem Recht zu etablieren.

Anfänglich war in der Systemwechselforschung vor allem nach den Ursachen der Demokrati-sierung bzw. der Demokratisierungsversuche gefragt worden sowie nach der Rolle, welche

Akteure und institutionelle Arrangements für Verlauf und Ausgang der Transitionsprozesse spielten. Das Erkenntnisinteresse verlagerte sich aber spätestens Mitte der 1990er-Jahre auf die Frage nach der Sicherung des Fortbestands der neuen Demokratien und nach ihrer qualitativen Weiterentwicklung (vgl. Barrios 1999a). Dabei trat bei einem Teil der vergleichenden Forschung die Sorge um einen unvollständig bleibenden Demokratisierungsprozess in den Vordergrund. Neben dem Potenzial der entstehenden Zivilgesellschaften, einer solchen frühzeitigen Verfestigung (noch) nicht vollgültig demokratischer Strukturen entgegenzuwirken (vgl. Bendel/Kropp 1996), knüpfte die Debatte um die *defekten Demokratien* an die ältere Debatte um *Demokratien mit Adjektiven* an (vgl. Merkel 1999).

Die neue DVPW-Sektion *Systemwechsel* brachte seit 1994 unter der Ägide Wolfgang Merkels eine Reihe vergleichender Arbeiten hervor. Die Systemwechsel-Forschung wurde dergestalt zur eigentlichen Wachstumsbranche der deutschen Vergleichenden Politikwissenschaft.

6. WEITERE TRENDS IN DER DEUTSCHEN VERGLEICHENDEN POLITIKWISSENSCHAFT

Es entstanden zudem neue Querverbindungen zu den in den 1990er-Jahren verstärkt rezipierten Ansätzen der **Rational Choice** und der Neuen Politischen Ökonomie (vgl. Voigt 2002; siehe dazu auch die Kapitel von Martin Beck und Susanne Blancke in diesem Band). **Rent-seeking** gesellschaftlicher Machtgruppen, Einschränkungen der Autonomie des Staats, klientelistische Netzwerke – es ergab sich hieraus eine Fülle von Fragestellungen, die das Wissen und die Erkenntnisse um die Systemtransformationen weiter voranbrachten (vgl. z. B. Nohlen/Sangmeister 2004). Anknüpfungspunkte und Schnittstellen wurden dabei (u. a. durch das Konzept der Pfadabhängigkeit) auch zur Vergleichenden Wohlfahrtsstaatsforschung (vgl. Schmid 2001) entdeckt sowie zu der mit dem analytischen Konzept der systemischen Wettbewerbsfähigkeit arbeitenden Duisburger Forschungsgruppe (vgl. Eßer u. a. 1994). Konsens war dabei, dass die politischen Bedingungen ökonomischer Leistungsfähigkeit und die ökonomischen Bedingungen politischer Handlungsfähigkeit gerade auch für neue, instabile Demokratien von zentraler Relevanz sind. Seit längerem bereits gab es einen fruchtbaren Austausch mit der Vergleichenden Föderalismusforschung (vgl. z. B. Schultze 1999; Sturm 2001) über Themen der politischen Dezentralisierung in Systemwechselsituationen (vgl. Nohlen 1991).

Den zweiten Wachstumspol der Vergleichenden Politikwissenschaft stellte die Forschung über die Europäische Union dar. Der Schwerpunkt auf der Analyse institutioneller Entwicklungen und materieller Politiken im Mehrebenensystem der EU und der Focus auf Fragen des *Regierens* (vgl. Jachtenfuchs/Kohler-Koch 1996; Grande/Jachtenfuchs 2000) ließen dabei freilich die vergleichende Herangehensweise zugunsten einer immer eingehenderen Analyse der EU als eines Politischen Systems sui generis oder eines „Staates im Werden" (Hartmann 2001) zurücktreten. Trotzdem wurde institutionell die EU-Forschung weiterhin im Bereich der Vergleichenden Politikwissenschaft verortet. Die Vorgaben des Bologna-Prozesses seit 1999, mittels dessen die europäischen Hochschulpolitiken vereinheitlicht werden sollten, legten dabei eine inhaltliche Schwerpunktsetzung auch kleiner politikwissenschaftlicher Institute zu Gunsten *europäischer Themen* (und damit der EU) nahe. Dies ging in den Jahren nach der Jahrtausendwende vor allem zu Lasten der **Area Studies**, deren Lehrstühle sich zu einem großen Teil den jeweiligen thematischen Präferenzen ihrer bisherigen Inhaber verdankten und nicht etwa institutionell abgesichert waren. Bei Neuausschreibungen gab es somit Umwidmungen zu Gunsten der EU-Forschung, die der in den vergangenen Jahren florierenden Systemwechselforschung nun durch empfindliche Einschnitte bei den *Area Studies* die materielle Grundlage wieder zu entziehen drohten.

LITERATUR: ÜBERBLICK

Almond, Gabriel A./Coleman James S. (Hrsg.) (1960): The Politics of Developing Areas. Princeton.

Almond, Gabriel A./Verba, Sidney (1963): The Civic Culture. Political Attitudes and Democracy in Five Nations. Princeton.

Almond, Gabriel A./Powell, Bingham G., Jr. (1966): Comparative Politics. A Developmental Approach. Boston.

Almond, Gabriel/Genco, Stephen (1977): Clouds, Clocks, and the Study of Politics. In: World Politics, Jg. 29, Nr. 4, S. 489-522.

Anderson, Perry (1974): Passages from Antiquity to Feudalism. London.

Arendt, Hannah (1951): The Origins of Totalitarianism. New York.

Banfield, Edward C. (1958): The Moral Basis of a Backward Society. New York.

Barrios, Harald (1999a): Konsolidierung der Demokratie – Substanz eines strapazierten Konzeptes. In: Bodemer, Klaus u. a. (Hrsg.): Lateinamerika Jahrbuch 1999. Frankfurt a. M., S. 9-32.

Barrios, Harald (1999b): Negotiated Political Decentralization in Spain. A Framework for Centre-Periphery Conflict Accommodation. In: Delmartino, Frank/Pongsapich, Amara/Hrbek, Rudolf (Hrsg.): Regional Pluralism and Good Governance. Problems and Solutions in ASEAN and EU-countries. Baden-Baden, S. 151-159.

Bates, Robert H. (1981): Markets and States in Tropical Africa: The Political Basis of Agricultural Policies. Berkeley.

Bendel, Petra/Kropp, Sabine (Hrsg.) (2002): Zivilgesellschaften und Transitionsprozesse im interregionalen Vergleich Lateinamerika – Osteuropa. Ein empirisch-analytischer Beitrag. Erlangen.

Bendix, Reinhard (1967): Tradition and Modernity Reconsidered. In: Comparative Studies in Society and History, Jg. 9, Nr. 3, S. 292-346.

Bentley, Arthur F. (1967): The Process of Government. Cambridge.

Berg-Schlosser, Dirk/Müller-Rommel, Ferdinand (Hrsg.) (1997): Vergleichende Politikwissenschaft. Ein einführendes Studienhandbuch. Opladen.

Berger, Suzanne (Hrsg.) (1981): Organizing Interests in Western Europe: Pluralisms, Corporatism, and the Transformation of Politics. Cambridge.

Beyme, Klaus von (1975): Ökonomie und Politik im Sozialismus. München.

Beyme, Klaus von (1982): Parteien in westlichen Demokratien. München.

Beyme, Klaus von (1994): Systemwechsel in Osteuropa. Frankfurt a. M.

Binder, Leonard u. a. (1971): Crises and Sequences in Political Development. Princeton.

Bleek, Wilhelm (2001): Geschichte der Politikwissenschaft in Deutschland. München.

Boeckh, Andreas (1985): Dependencia und kapitalistisches Weltsystem oder: Die Grenzen globaler Entwicklungstheorien. In: Nuscheler, Franz (Hrsg.): Dritte-Welt-Forschung (PVS-Sonderheft 16), S. 56-74.

Boeckh, Andreas (1993): Entwicklungstheorien. Eine Rückschau. In: Nohlen, Dieter/Nuscheler, Franz (Hrsg.): Handbuch der Dritten Welt. Bd. 1. Bonn, S. 110-130.

Bracher, Karl Dietrich (1976): Zeitgeschichtliche Kontroversen um Faschismus, Totalitarismus, Demokratie. München.

Cameron, David (1978): The Expansion of the Public Economy: A Comparative Analysis. In: American Political Science Review, Jg. 72, Nr. 4, S. 1243-1261.

Cantori, Louis J. (1988): Post-Behavioral Political Science and the Study of Comparative Politics. In: Cantori, Louis J./Ziegler, Andrew H., Jr. (Hrsg.): Comparative Politics in the Post-Behavioral Era. Boulder.

Cardoso, Fernando Henrique/Faletto, Enzo (1979): Dependency and Development in Latin America. Berkeley.

Collier, David/Levitsky, Steven (1997): Democracy with Adjectives: Conceptual Innovation in Comparative Research. In: World Politics, Jg. 49, Nr. 2, S. 430-51.

Collier, Paul (2000): Economic Causes of Civil Conflict and their Implications for Policy. Washington.

Dahl, Robert Alan (1961): Who Governs? Democracy and Power in an American City. New Haven.

Deutsch, Karl W. (1963): The Nerves of Government: Models of Political Communication and Control. London.

Diamond, Larry (1992): Economic Development and Democracy Reconsidered. In: Diamond, Larry/Marks, Garry (Hrsg.): Reexamining Democracy: Essays in Honor of Seymour Martin Lipset. London, S. 93-139.

Di Palma, Giuseppe (1990): To Craft Democracies: An Essay on Democratic Transitions. Berkeley.

Domhoff, G. William (1967): Who Rules America? Englewood Cliffs.

Dosch, Jörn/Faust, Jörg (Hrsg.) (2000): Die ökonomische Dynamik politischer Herrschaft. Das pazifische Asien und Lateinamerika. Opladen.

Downs, Anthony (1957): An Economic Theory of Democracy. New York.

Duverger, Maurice (1959): Die politischen Parteien. Tübingen.

Easton, David (1953): The Political System. New York.

Easton, David (1957): An Approach to the Analysis of Political Systems. In: World Politics, Jg. 9, Nr. 3, S. 383-400.

Eckstein, Harry (1963): A Perspective on Comparative Politics. In: Harry Eckstein/David E. Apter (Hrsg.): Comparative Politics: A Reader. New York, S. 3-34.

Eckstein, Harry (1988): A Culturalist Theory of Political Change. In: American Political Science Review, Jg. 82, Nr. 3, S. 789-804.

Eckstein, Harry (1998): Unfinished Business: Reflections on the Scope of Comparative Politics. In: Comparative Political Studies, Jg. 31, Nr. 4, S. 505-534.

Eschenburg, Theodor (1955): Staatsautorität und Gruppenegoismus. Düsseldorf.

Eßer, Klaus/Hillebrand, Wolfgang/Messner, Dirk/Meyer-Stamer, Jörg (1994): Systemische Wettbewerbsfähigkeit. Internationale Wettbewerbsfähigkeit der Unternehmen und Anforderungen an die Politik. Berlin.

Evans, Peter B./Rueschemeyer, Dietrich/Skocpol, Theda (Hrsg.) (1985): Bringing the State Back In. Cambridge.

Falter, Jürgen W. (1989): Eintrag „Behavioralism". In: Nohlen, Dieter (Hrsg.) (1989): Pipers Wörterbuch zur Politik. Bd. 1: Politikwissenschaft, Theorien – Methoden – Begriffe. München/Zürich, S. 73-78.

Fearon, James D./Laitin, David D. (1996): Explaining Interethnic Conflict. In: American Political Science Review, Jg. 90, Nr. 4, S. 715-732.

Fraenkel, Ernst (1969): Strukturanalyse der modernen Demokratie. In: ApuZ, Jg. 59, S. 3-27.

Frank, Andre Gunder (1966): The Development of Underdevelopment. Boston.

Friedrich, Carl Joachim (1953): Der Verfassungsstaat der Neuzeit. Berlin.

Friedrich, Carl Joachim/Brzezinski, Zbigniew (1956): Totalitarian Dictatorship and Autocracy. Cambridge.

Gourevitch, Peter A. (1978): The Second Image Reversed: The International Sources of Domestic Politics. In: International Organization, Jg. 32, Nr. 4, S. 881-912.

Gourevitch, Peter A. (1986): Politics in Hard Times: Comparative Responses to International Economic Crises. Ithaca.

Grande, Edgar/Jachtenfuchs, Markus (2000): Wie problemlösungsfähig ist die EU? Regieren im europäischen Mehrebenensystem. Baden-Baden.

Habermas, Jürgen/Luhmann, Niklas (1971): Theorie und Gesellschaft oder Sozialtechnologie – Was leistet die Systemforschung? Frankfurt a. M.

Hall, Peter A. (1986): Governing the Economy: The Politics of State Intervention in Britain and France. New York.

Hartmann, Jürgen (2001): Das politische System der Europäischen Union. Eine Einführung. Frankfurt a. M.

Hartmann, Jürgen (2003): Geschichte der Politikwissenschaft. Opladen.

Hennis, Wilhelm u. a. (1977/79): Regierbarkeit. 2 Bde. Stuttgart.

Horowitz, Donald L. (1985): Ethnic Groups in Conflict. Berkeley.

Horowitz, Donald L. (1991): A Democratic South Africa? Constitutional Engineering in a Divided Society. Berkeley.

Huntington, Samuel P. (1968): Political Order in Changing Societies. New Haven.

Huneeus, Carlos (1985): La Unión de Centro Democrático y la transición a la democracia en España. Madrid.

Huntington, Samuel P. (1991): The Third Wave: Democratization in the Late Twentieth Century. Norman.

Huntington, Samuel P. (1996): The Clash of Civilizations and the Remaking of World Order. New York.

Inglehart, Ronald (1977): The Silent Revolution: Changing Values and Political Styles among Western Publics. Princeton.

Inglehart, Ronald (1988): The Renaissance of Political Culture. In: American Political Science Review, Jg. 82, Nr. 4, S. 1203-1230.

Jachtenfuchs, Martin/Kohler-Koch, Beate (1996): Regieren im dynamischen Mehrebenensystem. In: Jachtenfuchs, Martin/Kohler-Koch, Beate (Hrsg.): Europäische Integration. Opladen, S. 15-44.

Katzenstein, Peter J. (Hrsg.) (1978): Between Power and Plenty: Foreign Economic Policies of Advanced Industrial States. Madison.

Katzenstein, Peter J. (1985): Small States in World Markets. Ithaca.

Knight, Jack (1992): Institutions and Social Conflict. New York.

Kohli, Atul u. a. (1995): The Role of Theory in Comparative Politics. A Symposium. In: World Politics, Jg. 48, Nr. 1, S. 1-49.

Krasner, Stephen D. (1976): State Power and the Structure of International Trade. In: World Politics, Jg. 28, Nr. 2, S. 317-347.

Krasner, Stephen D. (1978): Defending the National Interest: Raw Materials Investments and U.S. Foreign Policy. Princeton.

Laitin, David (1986): Hegemony and Culture: Politics and Religious Change among the Yoruba. London.

LaPalombara, Joseph (1968): Marcotheories and Microapplications in Comparative Politics: A Widening Chasm. In: Comparative Politics, Jg. 1, Nr. 1, S. 52-78.

Lauth, Hans-Joachim (Hrsg.) (2002): Vergleichende Regierungslehre. Opladen.

Lehmbruch, Gerhard (1967): Proporzdemokratie. Politisches System und politische Kultur in der Schweiz und in Österreich. Tübingen.

Lerner, Daniel (1958): The Passing of Traditional Society: Modernizing the Middle East. Glencoe.

Lietzmann, Hans J. (1996): Politikwissenschaft in der Bundesrepublik Deutschland. Entwicklung, Stand und Perspektiven. In: Lietzmann, Hans J./Bleek, Wilhelm (Hrsg.): Politikwissenschaft. Geschichte und Entwicklung in Deutschland und Europa. München/Wien, S. 38-76.

Lietzmann, Hans J./Bleek, Wilhelm (1996): Politikwissenschaft. Geschichte und Entwicklung. Opladen.

Lijphart, Arend (1968): Democracy in Plural Societies. New Haven/London.

Linz, Juan J. (1978): The Breakdown of Democratic Regimes. Crisis, Breakdown and Reequilibration. Baltimore/London.

Lipset, Seymour Martin (1960): Political Man: The Social Bases of Politics. Garden City.

Lipset, Seymour Martin (1994): The Social Requisites of Democracy Revisited. In: American Sociology Review, Jg. 59, Nr. 1, S. 1-22.

Lipset, Seymour Martin (1996): American Exceptionalism. A Double-Edged Sword. London.

Loewenstein, Karl (1959): Verfassungslehre. Tübingen.

Macridis, Roy C. (1955): The Study of Comparative Government. Garden City, New York.

Macridis, Roy C./Cox, Richard (1953): Research in Comparative Politics. In: The American Political Science Review, Jg. 47, Nr. 3, S. 641-657.

March, James G./Olsen, Johan P. (1984): The New Institutionalism: Organizational Factors in Political Life. In: American Political Science Review, Jg. 78, Nr. 3, S. 734-749.

March, James G./Olsen, Johan P. (1989): Rediscovering Institutions: The Organizational Basis of Politics. New York.

Merkel, Wolfgang (1996): Struktur oder Akteur, System oder Handlung: Gibt es einen Königsweg in der sozialwissenschaftlichen Transformationsforschung? In: Ders. (Hrsg.): Systemwechsel 1. Theorien, Ansätze und Konzeptionen. Opladen.

Merkel, Wolfgang (1999): Defekte Demokratien. In: Merkel, Wolfgang/Busch, Andreas (Hrsg.): Demokratie in Ost und West. Festschrift für Klaus von Beyme. Frankfurt a. M., S. 361-381.

Merkel, Wolfgang (1999a): Systemtransformation. Eine Einführung in die Theorie und Empirie der Transformationsforschung. Opladen.

Messner, Dirk (1995): Die Netzwerkgesellschaft. Köln.

Migdal, Joel S. (1983): Studying the Politics of Development and Change: The State of the Art. In: Finifter, Ada W. (Hrsg.): Political Science: The State of the Discipline. Washington, D.C., S. 309-338.

Miliband, Ralph (1969): The State in Capitalist Society: An Analysis of the Western System of Power. New York.

Mohr, Arno (1997): Grundzüge der Politikwissenschaft. Opladen.

Mols, Manfred (1985): Demokratie in Lateinamerika, Stuttgart.

Mols, Manfred/Lauth, Hans-Joachim/Wagner, Christian (Hrsg.) (2001): Politikwissenschaft. Eine Einführung. Paderborn.

Münkler, Herfried/Krause, Skadi (2003): Geschichte und Selbstverständnis der Politikwissenschaft in Deutschland. In: Münkler, Herfried (Hrsg.): Politikwissenschaft. Ein Grundkurs. Reinbek bei Hamburg, S. 13-54.

Naschold, Frieder (1971) (erste Auflage: 1969): Politische Wissenschaft. Freiburg/München.

Nettl, J. P. (1968): The State as a Conceptual Variable. In: World Politics, Jg. 20, Nr. 4, S. 559-592.

Nohlen, Dieter (1978): Wahlsysteme der Welt. München.

Nohlen, Dieter (1982): Regimewechsel in Lateinamerika. Überlegungen zur Demokratisierung autoritärer Regime. In: Lindenberg, Klaus (Hrsg.): Lateinamerika: Herrschaft, Gewalt und internationale Abhängigkeit. Bonn, S. 63-86.

Nohlen, Dieter (1989): Ethnozentrismus. In: Nohlen, Dieter/Schultze, Rainer-Olaf (Hrsg.): Pipers Wörterbuch zur Politik. Bd. 1: Politikwissenschaft. Theorien – Methoden – Begriffe. München/Zürich, S. 214-215.

Nohlen, Dieter (Hrsg.) (1991): Descentralización Política y Consolidación Democrática. Europa – América del Sur. Caracas.

Nohlen, Dieter/Barrios, Harald (1989): Redemokratisierung in Südamerika. In: ApuZ, Jg. 4, S. 3-25.

Nohlen, Dieter/Sangmeister, Hartmut (Hrsg.) (2004): Macht, Markt, Meinungen. Demokratie, Wirtschaft und Gesellschaft in Lateinamerika, Wiesbaden.

Nolte, Detlef (Hrsg.) (1996): Vergangenheitsbewältigung in Lateinamerika. Frankfurt a. M.

O'Donnell, Guillermo/Schmitter, Philippe C./Whitehead, Laurence (Hrsg.) (1986): Transitions from Authoritarian Rule: Tentative Conclusions about Uncertain Democracies. London/Baltimore.

Olson, Mancur (1965): The Logic of Collective Action. Cambridge.

Parsons, Talcott (1951): The Social System. New York.

Pempel, T. J. (1982): Policy and Politics in Japan: Creative Conservatism. Philadelphia.

Poulantzas, Nicos (1978): State, Power, and Socialism. London.

Przeworski, Adam (1990): Democracy and the Market: Political and Economic Reforms in Eastern Europe and Latin America. New York.

Przeworski, Adam (1991): Democracy and the Market. Political and Economic Reforms in Eastern Europe and Latin America. Cambridge.

Przeworski, Adam/Alvarez, Michael E./Cheibub, Jose Antonio/Limongi, Fernando (2000): Democracy and Development: Political Institutions and Material Well-Being in the World, 1950-1990. Cambridge.

Putnam, Robert D. (1993): Making Democracy Work. Civic Traditions in Modern Italy. Princeton.

Pye, Lucian/Verba, Sidney (1965): Political Culture and Political Development. Princeton.

Riescher, Gisela (Hrsg.) (2004): Politische Theorie der Gegenwart in Einzeldarstellungen. Von Adorno bis Young. Stuttgart.

Rogowski, Ronald (1989): Commerce and Coalitions. Princeton.

Rokkan, Stein (Hrsg.) (1968): Comparative Research across Cultures and Nations. Paris.

Rostow, Walt W. (1965): The Stages of Economic Growth: A Non-Communist Manifesto. New York.

Roth, Dieter (1998): Empirische Wahlforschung. Ursprung, Theorien, Instrumente und Methoden. Opladen.

Ruhl, Mark J. (1996): Unlikely Candidates for Democracy: The Role of Structural Context in Democratic Consolidation. In: Studies in Comparative International Development, Jg. 31, Nr. 1, S. 3-23.

Sartori, Giovanni (1976): Parties and Party Systems. A Framework for Analysis. Cambridge.

Scharpf, Fritz (1976): Politikverflechtung. Theorie und Empirie des kooperativen Föderalismus. Königstein.

Schmid, Josef (2001): Wohlfahrtsstaaten im Vergleich. Opladen.

Schmidt, Manfred G. (1992): Regieren in der Bundesrepublik Deutschland. Opladen.

Schmidt, Manfred G. (2003): Vergleichende Analyse politischer Systeme. In: Münkler, Herfried (Hrsg.): Politikwissenschaft. Ein Grundkurs. Reinbek bei Hamburg, S. 172-207.

Schmitter, Philippe C./Lehmbruch, Gerhard (Hrsg.) (1979): Trends toward Corporatist Intermediation. Beverly Hills.

Schultze, Rainer-Olaf (1999): Föderalismusreform in Deutschland. In: ZfP, Jg. 46, S. 173-194.

Skocpol, Theda (1979): States and Social Revolutions: A Comparative Analysis of France, Russia, and China. Cambridge.

Steffani, Winfried (1979): Parlamentarische und präsidentielle Demokratie. Opladen.

Steinmo, Sven/Thelen, Kathleen/Longstreth, Frank (Hrsg.) (1992): Structuring Politics: Historical Institutionalism in Comparative Analysis. New York.

Sternberger, Dolf (1978): Drei Wurzeln der Politik. Frankfurt a. M.

Sturm, Roland (2001): Föderalismus in Deutschland. Opladen.

Thibaut, Bernhard (1996): Präsidentialismus und Demokratie in Lateinamerika. Opladen.

Tilly, Charles (Hrsg.) (1975): The Formation of National States in Western Europe. Princeton.

Tilly, Charles (1984): Big structures, Large Processes, Huge Comparisons. New York.

Truman, David B. (1951): The Governmental Process. New York.

Voegelin, Eric (1936): Der autoritäre Staat. Wien.

Voigt, Stefan (2002): Institutionenökonomik. München.

Wallerstein, Immanuel M. (1979): The Capitalist World-Economy: Essays, New York.

Ward, Robert E./Rustow, Dankwart A. (1964): Political Modernization in Japan and Turkey. Princeton.

Weaver, R. Kent/Rockman Bert A. (Hrsg.) (1993): Do Institutions Matter? Government Capabilities in the United States and Abroad. Washington, D.C.

Weihe, Ulrich (1989): Deduktion/Deduktive Methode. In: Nohlen, Dieter/Schultze, Rainer-Olaf (Hrsg.): Pipers Wörterbuch zur Politik. Bd. 1: Politikwissenschaft. Theorien – Methoden – Begriffe. München/Zürich, S. 122-123.

Weihe, Ulrich (1989): Induktion. In: Nohlen, Dieter/Schultze, Rainer-Olaf (Hrsg.): Pipers Wörterbuch zur Politik. Bd. 1: Politikwissenschaft. Theorien – Methoden – Begriffe. München/Zürich, S. 360.

Wiarda, Howard J. (1977): Corporatism and Development: The Portuguese Experience. Amherst.

Wildenmann, Rudolf (1963): Macht und Konsens als Problem der Innen- und Außenpolitik. Frankfurt a. M./Bonn.

Young, Crawford (1976): The Politics of Cultural Pluralism. Madison.

Zysman, John (1983): Governments, Markets, and Growth: Financial Systems and the Politics of Industrial Change. Ithaca.

KAPITEL II: METHODEN

QUALITATIVE METHODEN DES VERGLEICHS IN DER POLITIK-WISSENSCHAFT

Harald Barrios

---

1. EINLEITUNG

„Das kann man doch überhaupt nicht vergleichen!" Wie oft hören wir im Alltag diesen Satz. Und doch wird ständig und immer wieder verglichen. „Diesmal haben wir einen verregneten Sommer gehabt!" Eine solche Feststellung beinhaltet bereits einen Vergleich. Nämlich mit mindestens einem weiteren Sommer, z. B. dem des vorangegangenen Jahres. Oder den mit einem Standard-Sommer, der – etwa auf der Basis von Mittelwerten – das darstellt, was wir unter einem normalen Sommer verstehen.

Jemand hat seinen Beruf gewechselt und vergleicht nun seine jetzigen mit seinen früheren Erfahrungen. „Mir gefällt das Arbeitsklima in meinem neuen Team wesentlich besser als in meinem früheren." Immer wieder gibt es Gesprächspartner, die den Fortlauf dieser Überlegungen abblocken mit der Bemerkung, dass man etwas (die neue berufliche Situation) nicht mit etwas anderem (der früheren beruflichen Situation) vergleichen könne. Manchmal wird dies auch bildhaft ergänzt durch den bekannten Einwand: „Äpfel und Birnen lassen sich nun mal nicht miteinander vergleichen." Aber: Woher wissen wir, dass wir diese beiden Obstsorten nicht vergleichen können? Der autoritativ formulierten Beendigung der vergleichenden Debatte geht eigentlich ein unausgesprochener Vergleich voraus, der zum Ergebnis gekommen ist, dass Äpfel und Birnen unähnlich sind. Das Missverständnis ist nämlich weit verbreitet, beim **Vergleichen** gehe es vor allem um das **Gleich**setzen. Ein Vergleich kann aber durchaus zum Ergebnis haben, dass die verglichenen Phänomene, Gegenstände, Personen etc.

verschieden sind. Ohne den Vergleich wäre es sogar unmöglich festzustellen, ob und inwiefern zwei verglichene Objekte sich voneinander unterscheiden.

2. WARUM VERGLEICHEN WIR?

Wenden wir uns also zunächst der Frage zu, warum wir überhaupt vergleichen – und zwar im Alltag ebenso wie in der Wissenschaft.

2.1 Der Vergleich als Grundform der Erkenntnismehrung

Das Vergleichen ist eine Grundform des menschlichen Denkens und des Austauschs zwischen Menschen, beispielsweise im Gespräch. Selbst wenn wir es immer wieder untersagt bekommen, mit der Bemerkung, etwas ließe sich eben einfach nicht mit etwas anderem vergleichen, fangen wir immer wieder damit an. Auf Reisen in ein Land oder in eine Region, die wir bisher noch nie besucht haben, kommt uns einiges bekannt vor, anderes ist uns gänzlich fremd. Wir fahren durch die Rocky Mountains und sagen: „Das erinnert mich jetzt aber wirklich an meinen letzten Urlaub in der Schweiz." Und an der nächsten Straßenbiegung sagen wir: „Das sieht aber völlig anders aus als in den Alpen." Der von unseren Mitreisenden daraufhin vielleicht formulierte Einwand zielt dann darauf ab, die Einzigartigkeit der Rocky Mountains (oder der Alpen) hervorzuheben. Aber auch die Postulierung eines Phänomens bzw. Objekts als einzigartig setzt ja einen Vergleich voraus.

Dem Vergleich entkommen wir also nicht. Als eines der Grundverfahren des menschlichen Bewusstseins dient das Vergleichen im Alltag oft dem Ziel, uns Unbekanntes von dem her zu erschließen, was uns bekannt ist (vgl. Nohlen 2005: 1081). Der Vergleich reduziert so die Menge an neu aufzunehmenden Informationen und prüft, ob diese in ein Raster von Begriffen und Kategorien eingeordnet werden können, die auf unseren bisherigen Erfahrungen beruhen. Es handelt sich somit um einen Sonderfall des Lernens, den wir aus Gründen der Effizienz anwenden. Dies geschieht freilich zumeist auf improvisierte und intuitive Weise. Viele Fehler können sich dabei einschleichen. So erinnern wir uns möglicherweise nicht mehr genau an das Referenzobjekt (den früheren Sommer, die frühere Reise), mit dem wir die neuen Eindrücke zu vergleichen versuchen. Oder wir beobachten die neuen Phänomene vielleicht nicht eingehend und offen genug. Unsere Datenaufnahme ist mit Irrtümern behaftet, nicht zuletzt, weil wir uns von unserem Vorwissen und vielleicht auch von unseren Vorurteilen leiten lassen. Oder weil unsere früheren Erfahrungen uns so sehr geprägt haben, dass wir nun gar nicht in der Lage sind, uns unvoreingenommen neuen Eindrücken zu stellen. Diese hermeneutische Befangenheit stellt ein Problem nicht nur im Alltag, sondern auch in der Wissenschaft dar (vgl. Gadamer 1960). Die Messinstrumente und Vorgehensweise, mit denen wir versuchen, die Wirklichkeit zu untersuchen, können diese Wirklichkeit selbst in ungewollter Weise so verändern, dass wir nur das aufnehmen, was unseren Möglichkeiten zur Aufnahme entspricht. Dann beeinflussen unsere Herangehensweisen unseren Forschungsgegenstand.

Im alltäglichen, improvisierten Vergleich allerdings stellt sich die Problematik in besonderem Maße. Wir gehen zumeist von ungenauen Beobachtungen aus, die wir im Regelfall gar nicht aufgezeichnet haben und die wir nicht systematisch auswerten. Der wissenschaftliche Vergleich versucht demgegenüber, eben dieses Manko durch vorher festgelegte Verfahren und systematisches Vorgehen auszugleichen und auf diese Weise den situativen und subjektiven Anteil am Ergebnis des Vergleichs zu minimieren. Vollständig ausschließen und kontrollieren lässt sich dieser subjektive Faktor jedoch nicht; wie geeignet eine Methode ist, bemisst sich u. a. danach, ob es ihr gelingen kann, ihn auf einen vertretbaren Rest zu begrenzen.

Erst durch standardisierte Verfahren (gegenüber dem alltäglichen Vergleich) verbesserte Möglichkeiten führen dazu, dass wir den Vergleich über rein beschreibende Zwecke hinaus zur Erforschung von Kausalbeziehungen, also des Zusammenhangs von Ursache und

Wirkung nutzen können. Denn wenn beispielsweise eine vermutete Ursache für ein beobachtetes Phänomen in einem Vergleichsfall nicht auftritt, das Phänomen jedoch auch dort vorzufinden ist, dann ist anzunehmen, dass die vermutete Ursache nicht die tatsächliche ist. Wenn beispielsweise die Arbeitslosigkeit in einem Land hoch ist, in dem die Staatsquote hoch ist, dann könnten wir die These aufstellen, dass diese für die Arbeitslosigkeit verantwortlich ist. Finden wir in einem zweiten Land aber ebenfalls eine hohe Arbeitslosigkeit vor, obwohl die Staatsquote besonders niedrig ist, dann wird diese Annahme bereits weit weniger plausibel.

Ebenso gilt, dass der unterstellte Ursache-Wirkungs-Mechanismus dann nicht greift, wenn wir in (mindestens) zwei Fällen für die gleiche Ursache zwei verschiedene Wirkungen vorfinden. Oder präziser gesagt: wenn der vermutete Zusammenhang zwischen einer bestimmten, in den Blick genommenen Ursache sich nur in einem Fall bestätigt, aber in einem zweiten oder sogar in mehreren weiteren Fällen so nicht gegeben ist. Wenn wir beispielsweise annehmen, dass ein System relativer Mehrheitswahl die Ursache für ein Zweiparteiensystem ist, etwa in den USA, so ist diese Annahme dann kaum plausibel, wenn wir in einem anderen Fall mit relativer Mehrheitswahl feststellen, dass es durchaus mehrere relevante Parteien gibt, so beispielsweise im heutigen Großbritannien.

2.2 Die Kausalanalyse als Ziel des Vergleichs

Der Vergleich stellt also eine Möglichkeit dar, beobachtete Phänomene auf ihre Ursachen zurückzuführen bzw. umgekehrt Entscheidungen, Ereignisse, Handlungen etc. auf ihre Folgen hin zu untersuchen. Diese Möglichkeit des Vergleichs hat gerade in der Politikwissenschaft ganz besondere Bedeutung, da es in dieser wissenschaftlichen Disziplin an weiteren Möglichkeiten der Überprüfung oder Erforschung des Zusammenhangs von Ursache und Wirkung fehlt. Anders als etwa in den Naturwissenschaften (und in eingeschränktem Maße auch in anderen Sozialwissenschaften, z. B. in der Psychologie) bestehen in der Politikwissenschaft nämlich kaum Möglichkeiten, angenommene Ursache-Wirkungs-Mechanismen im Experiment zu überprüfen und wiederholbar zu machen (vgl. Peters 1998: 212). Laborbedingungen sind nur in eng begrenzten Forschungsgebieten der Politikwissenschaft herstellbar (vgl. Green/Gerber 2002). Wenn man beispielsweise annimmt, dass bestimmte Veränderungen der Eigentumsstrukturen eine Demokratisierung eines politischen Systems begünstigen, so sind entsprechende Umverteilungsmaßnahmen wohl schwerlich durchsetzbar, die auf die Überprüfung einer wissenschaftlichen Hypothese abzielen. Die politische Kultur eines Landes kann auch nicht über Nacht mit einer postmateriellen Werteorientierung versehen werden, um zu überprüfen, ob dies die Wählerneigung zu Gunsten grün-alternativer Parteien steigert. Die Kette der absurden Vorschläge ließe sich verlängern. Eines dürfte klar geworden sein: Von der normativen Position einer verantwortungsbewussten Wissenschaft her betrachtet müssen wir sagen, dass wir zum Glück nicht in der Lage sind, politikwissenschaftlich zu experimentieren. Der Vergleich hat deshalb in der Politikwissenschaft die Aufgabe, diesen Mangel an Überprüfungsmöglichkeiten wettzumachen – entsprechend hoch sind die Anforderungen an ihn und als entsprechend überfordert stellt er sich immer wieder dar.

Nicht nur für die Überprüfung vorab formulierter Hypothesen – nach dem Muster: je höher das Pro-Kopf-Einkommen, desto wahrscheinlicher wird die Einführung einer stabilen Demokratie –, sondern auch zur Erforschung von Ursache-Wirkungs-Zusammenhängen mit einer offenen Forschungsfrage taugt der Vergleich: Wenn wir beispielsweise untersuchen, ob die Reduzierung politischer Bildung in mehreren untersuchten Regionen zur politischen Radikalisierung von Jugendlichen beiträgt, so lässt sich dies bei einem Bejahen dieser Frage in einer entsprechenden Wenn-dann-Hypothese formulieren. Und wenn wir mehrere Länder daraufhin untersuchen, ob eine Veränderung in der Struktur der Außenministerien sich auch inhaltlich in einem gewissen Wandel der Außenpolitik niederschlägt, dann wird ein positiver

Befund uns vielleicht zu einer Thesenbildung anregen. Wenn wir dann weitere Fälle und Daten in unsere Forschungen einbeziehen, sind wir vielleicht sogar eines Tages in der Lage, eine Theorie des außenpolitischen Strukturwandels zu formulieren.

Es handelt sich bei dem zuletzt beschriebenen Weg um eine induktive Vorgehensweise, im Gegensatz zu der zuerst skizzierten deduktiven. Beide Verfahren schließen sich insofern nicht aus, als eine solche Theorie des außenpolitischen Wandels, um bei unserem Beispiel zu bleiben, nun wiederum deduktiv anhand weiterer Testfälle überprüft werden könnte. Beide Möglichkeiten, also Thesen zu testen und Thesen hervorzubringen, dienen letztlich der Theorieentwicklung unserer Disziplin, indem sie neue Einsichten erbringen, welche dazu zwingen, die Theorien zu verfeinern, zu präzisieren oder möglicherweise auch ganz zu verwerfen oder indem sie zur Entstehung völlig neuer Theorien beitragen.

Beide, die induktive wie die deduktive Vorgehensweise, sind letztlich einem bestimmten Erkenntnisinteresse verpflichtet, das als **nomothetisch** bezeichnet wird. Damit ist nichts anderes gemeint als das uns auch aus anderen Wissenschaften, insbesondere Naturwissenschaften, bekannte Streben danach, Aussagen nach Möglichkeit zu verallgemeinern und so etwas wie Gesetzmäßigkeiten festzustellen. Also nicht allein danach zu fragen, ob das US-amerikanische Mehrheitswahlsystem ein Zweiparteiensystem hervorgebracht hat, sondern diese konkrete Fallanalyse nur als Teil des weiter gefassten Forschungsziels zu verstehen, einen gesetzmäßigen Zusammenhang zwischen Mehrheitswahl und Zweiparteiensystem aufzuspüren – oder eben einen solchen zu verwerfen, womit dem Erkenntnisfortschritt (mindestens) ebenso gedient wäre.

Ob nun Ursache-Wirkungs-Zusammenhänge dieser Art durch ein konkretes Projekt bestätigt oder verworfen werden, das nomothetische Forschungsprogramm beschäftigt sich mit generellen Aussagen und nicht mit solchen, die nur für einen Spezialfall formuliert werden. Ein solches, an der Einzigartigkeit eines Sonderfalls orientiertes Erkenntnisinteresse nennt man **idiografisch**. Es geht dabei nicht in erster Linie darum, bestimmte Phänomene zu erklären, sondern darum, sie zu verstehen, im Sinne von: nachzuvollziehen (vgl. Welzel 2001: 406f.). Oft sind Forschende, die sich einem solchen Forschungsprogramm verschrieben haben, skeptisch gegenüber den Möglichkeiten einer Sozialwissenschaft, überhaupt zu Gesetzmäßigkeiten zu gelangen (vgl. MacIntyre, zitiert nach Peters 1998: 9). Zu komplex und unübersichtlich sei die Materie, mit denen sich Sozialwissenschaften beschäftigten, als dass Vereinfachungen dieser Art zulässig wären. Zumal wir stets unsere eigenen, oftmals nicht reflektierten Vorannahmen in den Forschungsgegenstand hineintragen und bereits die Auswahl einiger weniger Faktoren die Forschungsergebnisse so stark vorherbestimmen, dass die Generalisierung zwangsläufig fehlerhaft werde (vgl. Welzel 2001: 399).

Es liegt auf der Hand, dass die vergleichende Arbeit in erster Linie der nomothetischen Forschung dient und von dieser weiterentwickelt wird. Aber auch die idiographische Forschung kann auf das Vergleichen nicht völlig verzichten. Die dichte Beschreibung etwa politisch relevanter sozialer Netzwerke in der italienischen Stadt Bologna kommt möglicherweise zu falschen Einschätzungen, wenn sie keinen Blick auf Netzwerkbildung in anderen Städten wirft. So könnte eine solche Analyse dazu neigen, der Tatsache, dass Bologna über eine traditionsreiche Universität verfügt, die seit dem Mittelalter zu den führenden Europas gehört, ein allzu großes Gewicht beizumessen, wenn nicht überprüft wird, ob in anderen oberitalienischen Städten, die über keine solche Institution verfügen, nicht vielleicht ähnliche Netzwerkstrukturen zu finden sind. Der Vergleich hat also auch bei einem vorrangig am Einzelfall orientierten Interesse eine Kontrollfunktion (vgl. Peters 1998: 3f.).

3. WIE VERGLEICHEN WIR?

Wie aber gehen wir beim Vergleichen konkret vor? Welche Möglichkeiten bieten sich uns, was müssen wir beachten? Hiermit beschäftigt sich der nun folgende Abschnitt.

3.1 Die Bedeutung von Theorien

Bleiben wir noch einen Moment bei unserem Beispiel einer Untersuchung sozialer Netzwerke in Bologna: Eine solche Beschreibung städtischer Netzwerke täte zweifellos gut daran, sich mit der Theorie des Sozialkapitals (vgl. Putnam 1993; Putnam 1995) auseinanderzusetzen, die zu diesem Forschungsgegenstand passt. Eine solche Gegenüberstellung bereits geleisteter Arbeit, wie sie in einer Theorie aufgehoben ist, mit neuen empirischen Erkenntnissen bereichert die Ergebnisse und führt insgesamt zu einem Fortschritt der Disziplin, während ansonsten das Rad immer wieder neu erfunden würde. Die Verwendung bereits vorliegender Theorien bringt einen Effizienzgewinn, denn wir können auf dieser gleichsam *kondensierten* Arbeit früheren Vergleichens aufbauen. Dies ist allerdings nicht so zu verstehen, als müssten wir versuchen, die theoretischen Vorarbeiten anderer durch die vergleichende Analyse konkreter Fälle zu bestätigen. Im Gegenteil: Einen wesentlich rascheren Erkenntnisfortschritt verspricht der Versuch, bereits formulierte theoretische Aussagen durch den Vergleich zu widerlegen, wie dies etwa im obigen Beispiel der Zweiparteiensysteme nahe liegt. Die Konfrontation etablierter theoretischer Sätze mit neuen Erkenntnissen, die sich aus der vergleichenden Arbeit ergeben, ist einer der wichtigsten Motoren der Theoriebildung und Theorieweiterentwicklung. Denn sehen sich Theorien mit konträrer empirischer Evidenz konfrontiert, so müssen sie darauf reagieren – durch entsprechende Modifizierung und Verfeinerung ihrer Aussagen. Möglicherweise verdichten sich die neuen Erkenntnisse des Vergleichs auch zu einer neuen, alternativen Theorie, die geeignet ist, die ältere Theorie zu ersetzen. In beiden Fällen erhalten wir eine bessere Theorie – im dem Sinne, dass ihr Realitätsbezug stärker geworden ist.

Aber wir **müssen nicht** so vorgehen, dass wir eine bestehende Theorie durch unsere vergleichende Untersuchung gezielt in Frage stellen, also deduktiv verfahren. Wir können auch eine möglichst präzise Forschungsfrage formulieren, die wir dann durch einen Vergleich zu beantworten versuchen. Wichtig ist hierbei, dass es sich um eine echte Frage handelt, also eine, deren Beantwortung für uns selbst offen ist. Je mehr wir bereits ahnen, wie die Antwort lauten könnte, oder schlimmer, je mehr wir wünschen, dass ein gewisses Ergebnis eintreten möge, desto problematischer ist dies für die gesamte Forschungsarbeit, die wir uns vorgenommen haben. Wir kommen dann nämlich unter Umständen in Versuchung, die gesamte Studie bereits auf die vermutete Antwort hin auszurichten. Im Extremfall werden dann Befunde unterdrückt, die quer zu unseren Annahmen liegen und bereits die Datenerhebung erhält einen **Bias**, also eine starke Tendenz in eine bestimmte Richtung. Eine rhetorische, sozusagen *gespielte* Fragestellung führt dann im Extremfall zu einem Forschungsartefakt, dessen wissenschaftlicher Wert bestenfalls zweifelhaft ist. Wir sollten also darauf achten, dass unsere Forschungsfrage ein echtes Rätsel, vor dem wir stehen, formuliert, etwas, das wir unbedingt herausfinden wollen, also eben noch nicht wissen.

Diese Forschungsfrage kann durchaus durch theoretisches Vorwissen informiert sein. Auch hier bauen wir also auf bereits geleisteter vergleichender Arbeit auf, die in Form einer Theorie *kondensiert* ist. Wir fragen beispielsweise: „Trifft es zu, dass eine gleichmäßigere Einkommensverteilung den Übergang von einem autoritären Regime zu einer Demokratie fördert?" Somit greifen wir auf die Theorie von Seymour Martin Lipset (1959) über den Zusammenhang von Wohlstand und Demokratie zurück. Aber wir unternehmen trotzdem eine eigenständige Untersuchung, denn welche Länder und Zeiträume wir für unseren Vergleich auswählen, wie wir unsere Forschungsfrage genau formulieren, das ist nicht vorgegeben. Unsere Ergebnisse können dann durchaus so ausfallen, dass sie eine Überarbeitung der bestehenden Theorie nahe legen. Beispielsweise können sie eine deterministisch formulierte Theorie zweifelhaft werden lassen, also eine Theorie, die behauptet, eine bestimmte Ursache führe überall und zu jeder Zeit zu einer ganz bestimmten Folge. Stattdessen ließe sich dann eine probabilistische Theorie formulieren, die angibt unter welchen Bedingungen es zu der behaupteten Ursache-Folge-Verkettung kommen **kann**. Auch hier wird die Theoriebildung also durch neue Erkenntnisse vorangetrieben, ihr Realitätsbezug wird gestärkt.

Theorien lenken also unseren Blick auf bestimmte Untersuchungsgegenstände und die Formulierung von Forschungsfragen macht unsere Analyseanstrengungen zielgerichteter. Wir haben eine Vorstellung davon, worauf wir besonders achten sollten, wenn wir uns an die konkrete vergleichende Arbeit machen. Dies ist ein enormer Vorteil, denn wir würden leicht die Orientierung in der komplexen Welt des Politischen verlieren, wenn wir uns ohne leitende Fragen oder Hypothesen an den Vergleich ganzer Systeme wagen würden. Denn die politische Wirklichkeit ist durch eine unübersichtliche Vielfalt von Faktoren gekennzeichnet, die als Ursachen für erklärungsbedürftige Phänomene in Frage kommen. Wenn wir versuchen, sie alle gleichzeitig zu untersuchen, laufen wir Gefahr, vor lauter Bäumen den Wald nicht mehr zu sehen. Sinnvoll ist es daher, einzelne Faktoren auszuwählen und diese vergleichend zu analysieren.

Dabei gilt: Die Anlage unserer vergleichenden Untersuchung **kann** sich von bestehenden Theorien leiten lassen. Dies ist aber nicht zwingend. Denn möglicherweise wagen wir uns ja mit unserem Vergleich auf Forschungsgebiete vor, zu denen noch keine Theorien vorliegen, oder die bisher vorhandenen Theorien erscheinen uns als wenig brauchbar. Wenn wir beispielsweise den raschen Zusammenbruch aller staatlichen Strukturen vergleichend untersuchen wollen, wie er in einigen afrikanischen Ländern vorgekommen ist, dann können wir im Moment noch auf keine generelle Theorie des Staatsverfalls zurückgreifen. Dann werden wir unsere eigenen theoretischen Vorüberlegungen anstellen und/oder versuchen, unsere leitende Forschungsfrage möglichst präzise zu fassen, d. h. die darin verwendeten Begriffe zu definieren (hierin ist übrigens bereits eine gewisse theoretische Leistung zu sehen).

Unvermeidlich stoßen wir dabei auf ein Dilemma, das Giovanni Sartori als Spannung zwischen Intension und Extension beschrieben hat (vgl. Sartori 1970). Wenn wir über Demokratie sprechen, ist es dann möglich, ganz unterschiedliche Realitäten wie die Brasiliens, der USA, Indiens oder der Bundesrepublik Deutschland damit abzudecken? Wahrscheinlich wird ein gewisses Maß an Realitätsgehalt verloren gehen, wenn wir alle diese Systeme einfach als Demokratien betrachten. Andererseits schafft erst der abstraktere, gemeinsame Begriff überhaupt die Möglichkeit, diese Länder mit anderen, autoritär regierten zu vergleichen und dabei kategoriale Unterschiede festzustellen. Wir befinden uns hier also in einem Dilemma: Wenn wir für jedes der genannten Länder einen eigenen Begriff für sein politisches System benutzen, dann wird der Vergleich erschwert; wenn wir mit dem allgemeineren Begriff arbeiten, dann erleichtern wir den Vergleich, aber verlieren etwas von der Einzigartigkeit jedes Landes. Wir kommen nicht darum herum, beide Ziele gegeneinander abzuwägen und eine Entscheidung zu treffen: für den extensiven Begriff, der möglichst viele Fälle einbezieht, aber ungenauer ist; oder für den intensiveren Begriff, der für wenige Fälle, vielleicht nur für einen einzigen Fall gilt, aber genauer und gehaltvoller ist.

3.2 Variablen und Konstanten

Ob durch Theorien geleitet oder durch von uns eigenständig formulierte Fragen gelenkt, wenn wir an den Vergleichsgegenstand mit einem bestimmten Untersuchungsauftrag herangehen (der, wie gesagt, von uns selbst stammen kann), dann verfügen wir über den Vorteil zu wissen, wonach wir Ausschau halten sollen. Wir können die vermuteten Ursachen für die von uns als erklärungsbedürftig angesehenen Phänomene in den Blick nehmen. Dabei stoßen wir allerdings auf eine Hürde: Wie untersuchen wir diese ausgewählten Faktoren konkret? Wenn wir danach fragen, ob die Wohlstandsverteilung zu mehr Demokratie führt, dann müssen wir uns darüber Gedanken machen, woran wir ablesen können, wie Wohlstand verteilt ist, und woher wir eigentlich wissen wollen (vgl. Schmid 2002), ob in einem bestimmten Land mehr Demokratie vorhanden ist als in einem anderen Land. Es genügt also nicht, die von uns verwendeten Begriffe zu definieren, wir müssen sie darüber hinaus untersuchbar und messbar werden lassen.

Wie übersetzen wir die in unserer Forschungsfrage oder leitenden Hypothese enthaltenen Begriffe in empirisch überprüfbare Untersuchungseinheiten? Zunächst geht es darum, die von uns anvisierten möglichen Ursachen und ihre angenommenen Folgen von den übrigen Beobachtungen, die wir bei der genaueren Untersuchung eines Landes oder mehrerer Länder machen, zu unterscheiden. Wir isolieren also die von uns für wahrscheinlich gehaltenen verursachenden Faktoren und versuchen, sie zu dem oder den von für erklärungsbedürftig gehaltenen Phänomen/en in Beziehung zu bringen. Dabei ist Folgendes bedeutsam: Diese Faktoren sollten so beschaffen sein, dass die in Frage kommenden Ursachen den möglichen Folgen zeitlich voran gehen (vgl. Welzel 2001: 419). Dieser *chronologische Imperativ* ist eine denkbar einfache Grundregel, wird aber immer wieder missachtet, da bei weiter zurückliegenden Ereignissen, die zu einem Vergleich immer wieder herangezogen werden, ein entsprechender Irrtum durch genaue Recherche nicht immer so leicht auszuschließen ist. Um nur zwei Beispiele zu nennen: Ging die argentinisch-brasilianische Annäherung dem Ende der Militärdiktaturen in beiden Ländern voraus oder war es umgekehrt? Wurde die europäische Währungsunion vor oder nach der deutschen Einheit beschlossen?

Zum zweiten sollten wir sicher gehen, dass die in Betracht genommenen Faktoren in ihren Ausprägungen variieren, denn sonst kommen sie als Erklärung nicht in Frage. Dies ist einleuchtend, wenn wir uns klar machen, dass ein über lange Zeit hinweg konstanter Faktor logischerweise keinen plötzlichen Wandel – und zumeist handelt es sich bei erklärungsbedürftigen Phänomenen darum – zu erklären vermag. Wenn es beispielsweise in einem Land über Jahrzehnte eine relativ hohe Inflationsrate gibt, so lässt sich ein dann plötzlich stattfindender Staatsstreich, der in eine Militärdiktatur mündet, eben nicht mit dem Faktor *Inflation* erklären. Ein mit einem Mal einsetzendes hohes Wirtschaftswachstum in einem Land kann nicht mit dem Einfluss der Religion erklärt werden, wenn sich hinsichtlich dieses Faktors über einen langen Zeitraum hinweg gar nichts geändert hat. Die hinsichtlich eines angenommenen Ursache-Wirkungs-Verhältnisses in einem Vergleich zu untersuchenden Faktoren sollten demnach Variablen sein, d. h. in ihren Merkmalsausprägungen variieren (vgl. Peters 1998: 31). Und zwar entweder im Zeitablauf oder indem die Varianz durch die ausgewählten unterschiedlichen Fälle erzeugt wird oder durch beides. So ist es z. B. bei der Frage, ob eine große Einkommenspolarisierung, also ein großer Unterschied zwischen Arm und Reich, die Stabilität von Demokratien unterminiert, durchaus möglich, Fälle mit einzubeziehen, in denen weder die Einkommensstruktur, noch der politische Systemtyp variieren. Die Varianz lässt sich dann dadurch *erzeugen*, dass konträre Fälle in den Vergleich einbezogen werden. Also: Wenn ein Land berücksichtigt wird, in dem die Kluft zwischen Arm und Reich seit langem groß ist, es sich aber gleichwohl seit langem um eine Demokratie handelt, so entsteht Varianz, wenn konträre Fälle in die Untersuchung aufgenommen werden. So z. B. Länder, die eine relativ egalitäre Einkommensstruktur aufweisen und keine demokratischen Regierungsformen aufweisen.

Vergleiche können also sowohl im historischen Längsschnitt vorgenommen werden und die Varianz im Zeitablauf untersuchen (diachroner Vergleich), als auch als Querschnitt über verschiedene Fälle hinweg (synchroner Vergleich), sodass die Varianz durch die Fallauswahl entsteht. Beide Vergleichsformen lassen sich natürlich miteinander kombinieren und tatsächlich ist eine solche Kombination als Struktur einer vergleichenden Analyse oft ratsam.

Im Regelfall handelt es sich bei den auf ihre Eigenschaft als Ursachen für bestimmte Folgen analysierten Faktoren also um Variablen. Inflationsraten und Wirtschaftswachstum fallen einmal höher und einmal niedriger aus, ebenso die Wahlbeteiligung, die Zahl der in Parteien organisierten Bürger/innen, die Quote der Arbeitslosen an der aktiven Bevölkerung usw. Diese hier genannten Variablen haben den Vorteil, dass sie quantitativ abgebildet werden können, und darüber hinaus, dass ihre Intervalle auch ihren rechnerischen Größen entsprechen. In der Fachterminologie sagt man, dass diese Variablen *metrisch skaliert* sind. Angenommen, die durch die verschiedenen nationalen Erhebungsmethoden entstandenen Unterschiede (Arbeitslosigkeit wird etwa in Deutschland, den USA und Spanien jeweils nach ganz unterschiedlichen Verfahren gemessen, sodass die Prozentzahlen inhaltlich nicht dasselbe aussagen) ließen sich beheben, dann könnte man mit den Arbeitslosenquoten der verschiedenen Länder ohne weitere Umstände *rechnen*. Ein großer Vorteil, denn weitere (möglicherweise umstrittene) Operationen entfallen.

Leider ist dieser Vorteil aber längst nicht bei allen sozialwissenschaftlich interessanten Variablen gegeben, obwohl sie durchaus Abstufungen hinsichtlich ihrer Merkmalsausprägungen aufweisen. Dies lässt sich am besten durch Beispiele veranschaulichen: Viele politisch Interessierte werden der Beobachtung zustimmen, dass die Regime mancher Länder demokratischer sind als andere und dass manche gar nicht demokratisch, sondern autoritär sind. Dieses Mehr oder Weniger lässt sich aber nicht ohne weiteres in rechnerische Größen übertragen. Um wie viel demokratischer ist Indien als Paraguay? Ähnliches gilt für Variablen wie z. B. ein (mehr oder weniger) kriegerisches Verhalten von Staaten oder eine mehr oder minder liberale Außenhandelspolitik. Das Mehr oder Weniger bestimmt sich bei diesen Variablen anhand der Vergleichsfälle, aber nicht anhand eines festen Maßstabs. Ist etwa die Außenhandelspolitik Chiles doppelt so liberal wie die Brasiliens? In der konkreten vergleichenden Arbeit aber kommen wir um solche oder ähnliche Abstufungen nicht herum, wenn wir uns mit diesen, den *ordinal skalierten* Variablen beschäftigen.

Eine dritte Kategorie von Variablen, die in der sozialwissenschaftlich untersuchten Welt eine große Rolle spielten, sind die *nominal skalierten* Variablen. Bei diesen lässt sich allein ihr Vorhandensein abprüfen, nicht aber eine sinnvolle Abstufung im Sinne von Mehr oder Weniger vornehmen. Die Untersuchung folgt einem binären Code von 1 und 0, beantwortet also lediglich die Frage: ist dies im Fall a gegeben oder nicht? Beispiele hierfür gibt es zahllose: Zugang zum Meer, Unabhängigkeit der Zentralbank, allgemeine Wehrpflicht, Nuklearbewaffnung, Zweisprachigkeit. Selbstverständlich kann man mit einiger Mühe sogar einige dieser Variablen in eine ordinale Skala zu bringen versuchen, aber dies wird bei den meisten Fragestellungen weder sinnvoll noch notwendig sein.

Häufig wird auch mit dichotomen Variablen gearbeitet, bei denen der/die betreffende Forscher/in der Einfachheit halber bzw. aus inhaltlichen Gründen zwei Ausprägungen von Variablen gegenüberstellt: Demokratie oder Diktatur; Präsidentialismus oder Parlamentarismus. Etwas Drittes gibt es nicht! Was natürlich nicht heißt, dass es nichts Drittes geben **kann** (etwa einen Semipräsidentialismus), sondern lediglich, dass dies in der Sichtweise des betreffenden Forschenden für die betreffende Untersuchung so festgelegt wird. Wie auch bei einigen der nominal skalierten Variablen lässt sich hier ersehen, dass es wissenschaftlich begründete **Entscheidungen** sind, die zur Variablenbildung und -isolierung führen. Zwar wird es relativ unstrittig sein, ob in einem konkreten Fall ein Zugang zum Meer vorhanden ist, aber die Existenz einer demokratischen politischen Kultur nachzuweisen, das hängt nicht zuletzt von der Definition der verwendeten Begriffe *Demokratie* und *politische Kultur* und von dem angewandten Messungsverfahren ab. Die Forschenden müssen solche Entscheidungen durch Argumente jeweils plausibel machen. Sie werden in den seltensten Fällen unumstritten sein und trotzdem fördern sie den wissenschaftlichen Erkenntnisprozess. Hierin – in der Offenlegung, Reflexion und Begründung der eigenen arbiträren Entscheidungen hinsichtlich der Kategorienbildung und der darauf beruhenden Datenerhebung – ist ein Kernbestand qualitativ vergleichenden Arbeitens zu sehen.

3.3 Die Operationalisierung der Variablen

Die Bildung der Variablen und ihre Begründung ist freilich nur der erste Schritt. Um konkret Daten erheben und vergleichen zu können, muss ich festlegen, wie ich die empirischen Beobachtungen messen will, die während meiner Untersuchung anfallen. Dieser Vorgang wird Operationalisierung genannt. Beispielsweise könnte die Wohlstandsverteilung metrisch aufgefasst werden und man könnte sie z. B. über das Pro-Kopf-Einkommen sowie den Anteil einzelner Bevölkerungsgruppen am Gesamtvermögen einer Volkswirtschaft messbar zu machen versuchen. Erscheint dies als noch relativ einfach, so stellt die Operationalisierung von Demokratie eine echte Herausforderung dar. Die Wahlbeteiligung zu messen, würde wohl kaum einem weiter gefassten Demokratiebegriff gerecht werden. Tatsächlich ist es schwer, für zentrale politikwissenschaftliche Begriffe wie Demokratie, Frieden, Machtverteilung usw. allgemein akzeptierte Operationalisierungen vorzunehmen. Die pragmatisch für eine bestimmte Untersuchung erstellte Operationalisierung wird stets umstritten sein. Qualitativ vergleichende Forschung hat aus Gründen, auf die wir noch zu sprechen kommen, aber durchaus Spielräume, die eigenen Operationalisierungsentscheidungen zu begründen, Einwände aufzunehmen und zudem *Messbarkeit* nicht zu eng zu interpretieren. Sie kann wegen der geringeren Zahl an zu untersuchenden Fällen mit so genannten Master-Variablen oder Schlüsselvariablen arbeiten (vgl. Rokkan 1999), die aus mehreren quantitativen und qualitativen Messgrößen zusammengesetzt sind. Entsprechend steht und fällt dann nicht die gesamte vergleichende Studie mit einer umstrittenen Operationalisierungsentscheidung.

Trotzdem geht bei der Operationalisierung auch in qualitativen Studien immer etwas an theoretischem Gehalt verloren und zudem geht mit der anschließenden Datenerhebung, bei der der durch die Operationalisierung gewonnene Maßstab eingesetzt wird, unweigerlich ein gewisser Verlust an Komplexität einher. Die Wirklichkeit ist stets reichhaltiger als die von uns mit Hilfe unserer Messinstrumente erhobenen Daten.

Die Verminderung der Unüberschaubarkeit, von der wir oben gesprochen haben, fordert also einen Preis. Wie weit dürfen wir bei dieser für den Vergleich notwendigen Vereinfachung der komplexen Wirklichkeit gehen? Hierfür kann es schwerlich eine allgemein verbindliche Richtlinie geben, denn es handelt sich um eine Frage des Abwägens. Vielen Politologen/innen geht beispielsweise der Komplexitätsverlust zu weit, der eintritt, wenn die Hypothese „Je mehr genereller Wohlstand, desto wahrscheinlicher wird Demokratie" so operationalisiert wird, dass sie anhand des Pro-Kopf-Einkommens und des Vorhandenseins freier Wahlen abprüfbar werden soll. Letztlich muss jede Forscherin, jeder Forscher den eingetretenen Komplexitätsverlust ihrer/seiner Operationalisierungsentscheidungen rechtfertigen und überlegen, ob die gewonnene Überprüfbarkeit diesen Verlust aufwiegt. Auch hier haben wir es mit einem grundsätzlichen Dilemma des Forschens zu tun, das mit dem oben ausgeführten verwandt ist. Es lässt sich nicht grundsätzlich und ein für allemal lösen, sondern es kann letzten Endes nur darum gehen, einen angemessenen Umgang damit zu entwickeln.

3.4 Drittvariablen und ihre Kontrolle

Somit ist die erste (folgenreiche) Etappe bei der Untersuchung von Kausalverhältnissen mittels Vergleich diejenige, die entscheidenden Variablen zu finden bzw. auszuwählen, die ich für den Ursache-Wirkungs-Zusammenhang, der mich interessiert, für bedeutsam halte. Damit isoliere ich diese Variablen von der übrigen komplexen Wirklichkeit der ausgewählten

Untersuchungsfälle, denn ich untersuche sie gesondert und zwar vor allem auf die Wirkung einer Variablen auf die andere. Die verursachende Variable nennen wir dabei die unabhängige Variable (denn in unserer Betrachtungsweise unterstellen wir, dass sie von der anderen ausgewählten Variablen nicht beeinflusst wird) oder X-Variable, die Variable, die sich aufgrund des Einflusses der anderen verändert, deren Varianz also durch die Varianz der anderen Variablen erklärt wird, nennen wir abhängige Variable oder Y-Variable.

Woher aber wissen wir bereits am Anfang unserer Untersuchung, dass die veränderlichen Ausprägungen *unserer* X-Variable die Ausprägungen unserer Y-Variable tatsächlich verursachen, nach sich ziehen, verändern, beeinflussen? Die Antwort hierauf lautet schlicht: Wir wissen es (noch) nicht, sondern wir vermuten es, gehen zunächst davon aus und untersuchen es probehalber. Wenn von *der* unabhängigen Variablen die Rede ist, so ist dies zumeist eine verkürzte Redeweise für die Variable, von der wir zunächst annehmen, dass sie die unabhängige ist. Wir würden unsere Untersuchung fehlerhaft im Sinne der geforderten Ergebnisoffenheit anlegen (siehe oben), wenn wir nach der Auswahl der Variablen auf Biegen und Brechen versuchen würden, diese unterstellte Kausalbeziehung zu belegen und an ihr festhielten, obwohl sich im Laufe der Untersuchung starke Hinweise ergeben, dass die Verhältnisse von Ursache und Wirkung anders gelagert sind. Vielmehr geht es ganz im Gegenteil darum, auszuloten, wie robust die unterstellte Variablenbeziehung tatsächlich ist. Trägt sie auch dann, wenn wir andere potenzielle unabhängige Variablen ins Spiel bringen? Untersucht wird dabei zum einen die Validität (Gültigkeit) der angenommenen Ursache-Wirkungs-Beziehung. Ziehen also Veränderungen der Ausprägung der Variable X tatsächlich Veränderungen der Variable Y nach sich? Und darüber hinaus: Entsprechen sich diese Veränderungen auch jeweils proportional, korrespondiert also die Varianz der X-Variablen mit derjenigen der Y-Variablen? Anders gesagt: Besteht eine Kovarianz? Wenn dies der Fall ist, so ist ihre Reliabilität zu testen, d. h. es ist weiter zu fragen, ob diese Variablenbeziehung auch verlässlich ist. Stellt sich die Kovarianz erneut ein, wenn wir die Beobachtung wiederholen oder sie zu anderer Zeit und an einem anderen Ort überprüfen? Hierfür stellt selbstverständlich wieder ein Vergleich das adäquate Mittel dar.

Im Laufe eines solchen Vorgehens kann es sich durchaus ergeben, dass sich neben der von uns anfangs ausgewählten Variablen X und Y eine dritte Variable (und möglicherweise noch weitere) als bedeutsam erweisen. Dies ist sogar wahrscheinlich. Denn in der komplexen sozialen Welt, die unser Forschungsgegenstand ist, kann es aufgrund der aufgezeigten Schwierigkeiten, Variablen zu isolieren und zu operationalisieren, kaum je gelingen, einen einzigen verursachenden Faktor trennscharf zu identifizieren. Stellt dies bereits in einigen Naturwissenschaften, etwa in der Medizin, eine große Herausforderung dar, so gilt dies in den Geistes- und Sozialwissenschaften wegen der bereits ausgeführten hermeneutischen Problematik in verstärktem Maße. Das Auftreten zumindest einer weiteren Variablen ist in vergleichenden Analysen daher die Regel und nicht die Ausnahme.

Eine solche dritte Variable (obwohl es sich um mehrere Variablen handeln kann, wird vereinfachend von *Drittvariablen* gesprochen) kann das Kausalverhältnis beeinflussen, ohne es völlig aufzuheben. So kann es beispielsweise sein, dass ein bestimmtes Wahlsystem, das die Proportionalität der Repräsentation dahin gehend verzerrt, dass ländliche Wahlkreise gegenüber städtischen bevorzugt werden, zu einer regelmäßigen Begünstigung konservativer Parteien führt. Dies allerdings nur dann, wenn weitere Variablen, z. B. ein stark ausgeprägter Stadt-Land-Gegensatz hinsichtlich sozioökonomischer Entwicklung oder hinsichtlich religiöser Einstellungen, hinzutreten. Diese *Drittvariablen* können aus der Betrachtung nicht einfach ausgeblendet werden, denn sie betreffen die Reliabilität der Forschungsergebnisse bezüglich der untersuchten Kausalbeziehung zwischen Wahlsystem und Begünstigung konservativer Parteien. Wenn wir diese Kausalbeziehung in einem anderen Land untersuchen, in dem die beschriebenen Drittvariablen nicht auftreten, wird sie sich nicht bestätigen.

Eine Drittvariable kann demnach eine intervenierende Variable sein, also das Kausalverhältnis von X und Y beeinflussen. Es können sich aber auch eine Reihe anderer Möglichkeiten der Variablenanordnung ergeben. Besonders eine spezielle Konstellation, bei der eine Variable Z als gemeinsame Ursache von X und Y auftritt, ist sowohl folgenreich, als auch schwer zu entdecken (vgl. Peters 1998: 30). Denn die Kovarianz von X und Y ist ja im Normalfall ein deutlicher Hinweis auf Kausalität. Gibt man sich damit zufrieden, dann übersieht man leicht die dritte Variable im Hintergrund. Dies aber ist fatal, da dann die Validität der Forschungsergebnisse nicht gegeben ist. So ist es beispielsweise möglich, dass sowohl die Funktionsweise des Föderalismus, als auch bestehende Reformblockaden in einigen Politikfeldern von der politischen Kultur des Landes geprägt werden, die konfliktscheu und konsensual ausgerichtet ist. Ein Kausalverhältnis von Föderalismus und Reformblockaden zu behaupten, griffe in einem solchen Fall zu kurz.

Es liegt auf der Hand, dass es bei der Vielzahl möglicher verursachender Variablen bei der Kausalanalyse entscheidend darauf ankommt, Drittvariablen zu kontrollieren oder, wenn möglich, sogar zu eliminieren. Wir können uns nicht damit begnügen, dass die Welt der Politik aus einer unüberschaubaren Menge an Variablen besteht. Der Sinn von Analyse liegt ja gerade auch in einer Verminderung der Komplexität mit einem entsprechenden Zugewinn an Übersichtlichkeit und Klarheit. Und Aufschlüsse über Ursache und Wirkung, welche die Basis verallgemeinerbarer Erkenntnisse bilden, erhalten wir letztlich nur dann, wenn wir die Fülle möglicher und denkbarer Ursachen reduzieren. Je länger die Liste der für relevant gehaltenen verursachenden Faktoren im Laufe einer Forschungsarbeit wird, desto mehr entfernen wir uns letzten Endes von dem ursprünglich angestrebten Ziel, ein bestimmtes Phänomen zu erklären. Wenn wir beispielsweise den Zusammenbruch eines bestimmten politischen Regimes erklären wollen, dann wird uns eine wachsende Zahl von in Frage kommenden unabhängigen Variablen irgendwann nicht mehr weiterhelfen. Deshalb gilt es die Zahl der potenziellen Ursachen zu verringern, um zu den eigentlichen Ursachen vorzudringen. Diese Eliminierung potenzieller Ursachen aber muss auf eine begründete Art und Weise geschehen und sollte nicht das Produkt von Zufällen oder allein von pragmatischen Erwägungen sein (wie etwa dem relativ leichten Zugang zu Datenmaterial u. Ä.). In der quantitativ orientierten vergleichenden Forschung, die mit hohen Fallzahlen arbeitet, gibt es für diese Drittvariablen-Eliminierung bestimmte statistische Verfahren (siehe das Kapitel von Volker Dreier in diesem Band). In der qualitativ orientierten Forschung, die Vergleiche mit nur wenigen Fällen durchführt, ist die Anwendung dieser Instrumente nicht möglich. Deswegen muss hier auf andere Strategien zurückgegriffen werden.

4. WAS VERGLEICHEN WIR?

Nun gelangen wir also zu der Frage, was wir in unseren Forschungsarbeiten miteinander vergleichen. Wie wählen wir die Untersuchungsfälle aus und welche Bedeutung hat die Fallauswahl für den weiteren Verlauf unserer Forschungsarbeit?

4.1 Angestrebte Äquivalenz von Vergleich und Experiment

Mit der Eliminierung oder zumindest der Kontrolle der Drittvariablen muss die Vergleichende Politikwissenschaft versuchen, ein Problem in den Griff zu bekommen, das in den meisten Naturwissenschaften über das Experiment gelöst wird. In der naturwissenschaftlichen Experimentalsituation werden die Drittvariablen dadurch ausgeschlossen, dass sie künstlich konstant gehalten werden (z. B. die Raumtemperatur, die Lichtverhältnisse, die Luftfeuchtigkeit etc.), streng genommen also gar keine Variablen mehr sind, sondern Konstanten. Die Varianz der isolierten unabhängigen Variablen X wird dann manipuliert, um festzustellen, ob sich der angenommene Effekt einstellt. Beides, das künstliche Konstanthalten der möglichen Drittvariablen und die Manipulation der ausgewählten unabhängigen Variablen sind in der

Politikwissenschaft (zum Glück) nicht möglich. Stattdessen sind wir darauf angewiesen, sorgfältig zu überlegen, wie wir vergleichen und was wir vergleichen. Eine mindestens ebenso wichtige Entscheidung wie die Isolierung und Operationalisierung der zu untersuchenden Variablen ist nämlich die Auswahl der Untersuchungsfälle für unsere vergleichende Analyse.

4.2 Was ist ein Fall?

Ein *Fall* ist dabei die kleinste Untersuchungseinheit, in der wir das Zusammenspiel der unabhängigen und der abhängigen Variablen prüfen. Je nach Untersuchungszeitraum kann diese Untersuchungseinheit eine Merkmalsänderung der unabhängigen Variablen sein, die eine Merkmalsänderung der abhängigen Variablen nach sich zieht, oder es können mehrere solche gemeinsamen Merkmalsänderungen sein. Häufig bewegen sich politikwissenschaftliche Fragestellungen auf der Makroebene des politischen Systems, dann werden als Fälle also Nationalstaaten miteinander verglichen. Welche Variablen beeinflussen die Parteibindung der Bürger/innen? Verhalten sich demokratische Regime friedlicher als autoritäre? Welche Auswirkungen hat die Globalisierung auf korporatistische Strukturen? In allen diesen klassischen Fragestellungen der Politikwissenschaft stellen Länder die geradezu *natürliche* Untersuchungseinheit dar. Dies ist aber keineswegs zwingend: In einem diachronen Vergleich etwa sind die gemessenen Zeitpunkte oder Untersuchungsphasen der Vergangenheit ein und desselben Landes als Fälle zu betrachten.

4.3 Kontrolle der Drittvariablen durch die Fallauswahl

Die Auswahl der Fälle richtet sich in erster Linie nach der Forschungsfrage, die uns aufgegeben ist. Wir stellen also eine Kombination von Untersuchungsfällen zusammen, die geeignet sein könnte, das von uns beobachtete Phänomen mit Blick auf eine mögliche Generalisierung zu erklären. Darüber hinaus können wir aber durch die Beachtung einiger Regeln auch das Problem der Drittvariablenkontrolle durch die Fallauswahl angehen. Denn die Übereinstimmungen und Unterschiede der Fälle untereinander können zur Kontrolle dieser Variablen oder gar zu ihrer Eliminierung beitragen.

4.3.1 Most Similar vs. Most Dissimilar Systems Design

Der politische Denker John Stuart Mill (1806-1873) hat zwei dieser Möglichkeiten zum ersten Mal systematisch entwickelt und beschrieben (vgl. Mill 1846). Przeworski und Teune (1970) griffen diese wieder auf und diskutierten ihre Vorzüge und Nachteile. Bei der Methode des **most similar systems/different outcome** wählt man die Fälle so aus, dass sie sich hinsichtlich der Ausprägung der abhängigen Variablen, also des erklärungsbedürftigen Phänomens, deutlich unterscheiden (**different outcome**), sich aber ansonsten, sofern wir das im Voraus abschätzen können, in möglichst vielen Aspekten ähneln (**most similar**). Jetzt wäre es diesen Autoren zufolge ratsam, nach der Differenzmethode vorzugehen, d. h. wir sollten nun versuchen, die Unterschiedlichkeit des beobachteten Phänomens in den verschiedenen Fällen (also die unterschiedliche Ausprägung der Y-Variablen) durch das Aufspüren einer Variablen zu erklären, die eben nicht in allen Fällen auftritt bzw. die sich nicht in allen Fällen gleich verhält. Da ansonsten alle anderen als X in Frage kommenden Variablen in allen Fällen gleich sind, muss die einzige differente Variable unsere Erklärungsvariable sein. Drittvariablen sind somit erfolgreich ausgeschlossen worden.

Die Spiegelung dieses Verfahrens ist die Methode des **most dissimilar systems/same outcome**. Hierbei werden Fälle miteinander verglichen, deren Ausprägung mit der abhängigen Variablen übereinstimmen, die sich aber in fast allen anderen Aspekten unähnlich sind (soweit wir das auf den ersten Blick beurteilen können). Nun sollten wir, Mill folgend, nach der Konkordanzmethode verfahren, d. h. wir sollten unter den vielen ungleichen Variablen diejenige ausmachen, die in allen Fällen auftritt bzw. die in allen Fällen dieselbe Ausprägung aufweist. Diese muss dann unsere erklärende Variable sein, da ja die übrigen, sich von Fall zu Fall unterscheidenden Variablen nicht für dasselbe **Outcome** bzw. dasselbe Phänomen verantwortlich sein können.

Die Problematik dieser beiden Vorgehensweisen liegt auf der Hand: Es wird in der Realität sehr schwierig, ja schlechterdings unmöglich sein, Fälle zu finden, die sich in allen bis auf einen Aspekt gleichen, bzw. sich in allen bis auf einen Aspekt unterscheiden. Wenn es uns aber nicht gelingt, Fälle zu finden, die zu unserer Fragestellung passen und sich hinsichtlich fast aller Variablen gleichen (**similar**) bzw. unterscheiden (**dissimilar**), dann lösen wir das Problem der Drittvariablenreduktion eben auch nur annäherungsweise. Wir müssen dann doch mit mehreren Variablen arbeiten, und *die* X-Variable hebt sich zudem nicht deutlich von den anderen ab. Hinzu kommt noch, dass es in nicht unerheblichem Maße von unserer Operationalisierung der Variablen abhängt, wie ähnlich oder unähnlich sie sich sind.

Überdies müssen wir uns stark von unserem Vorwissen leiten lassen, um ähnliche oder unähnliche Fälle zu finden. Dieses Vorwissen kann durchaus auch auf Vorurteilen oder oberflächlichen Einschätzungen beruhen, sodass die Entscheidung für vermeintlich ähnliche (bzw. unähnliche) Fälle der empirischen Überprüfung nicht standhält. Beispielsweise könnte man davon ausgehen, dass die Nachbarländer Argentinien und Uruguay, die beide über präsidentielle Regierungssysteme verfügen, sich hinsichtlich ihrer politischen Systemstrukturen und ihres sozialen Kontextes ähneln. Das Gegenteil ist der Fall: Sowohl die Funktionsweise des Präsidentialismus ist eine andere, da sich Wahl- und Parteiensysteme deutlich unterscheiden, als auch die Sozialstaatlichkeit, weil Uruguay über eine lange Tradition staatlicher Umverteilungspolitik verfügt.

Die methodologischen Ratschläge von Mill, die u. a. von Arend Lijphart (1971: 687) wieder aufgegriffen wurden, können also eher als relativ grobe Orientierung bzw. als eine Art Richtschnur begriffen werden und nicht als ein Rezept. In der konkreten Forschungsarbeit werden wir die Millschen Empfehlungen immer nur annäherungsweise und mehr oder weniger genau umsetzen können. Przeworski und Teune stimmen Mill im Übrigen darin zu, dass die beiden Verfahren **most similar** und **most dissimilar** trotz ihrer übereinstimmenden formallogischen Grundstruktur hinsichtlich des von ihnen zu erwartenden wissenschaftlichen Ertrags unterschiedlich zu werten seien. Denn es sei in der realen Welt wahrscheinlich, dass sich sogar noch die ähnlichsten Fälle deutlich genug voneinander unterschieden, sodass beim **most similar systems design** bzw. der Differenzmethode stets ein gewisser Überhang an potenziellen Erklärungsvariablen bestehen bleibt.

Beim **most dissimilar systems design** dagegen bestehe eher die Möglichkeit, die zu vergleichenden Fälle so geschickt auszuwählen, dass die Konkordanzmethode erfolgreich angewandt werden kann. Wenn wir Fälle finden, die zu unserer Fragestellung passen und sich zugleich in einer Fülle von Aspekten unterscheiden, dann können wir nach den wenigen verbleibenden (im Idealfall nach der einzigen) ähnlichen Variablen als potenziellen Erklärungsvariablen Ausschau halten. Wenn wir z. B. untersuchen wollen, weshalb die Wahlbeteiligung in ganz unterschiedlichen Fällen relativ hoch ist *(same outcome)*, bietet eine heterogene Fallauswahl, z. B. die Bundesrepublik Deutschland, Spanien, Chile und Japan die Gewähr, dass wir bereits im Vorfeld der Untersuchung eine ganze Reihe von Variablen eliminieren können, eben weil sie durch ihre Unterschiedlichkeit nicht als Erklärungsvariablen in Frage kommen (z. B. Parteiensystem, politische Traditionen, föderalistische Struktur etc.).

Gleichwohl ist auch hier Vorsicht angebracht: Denn es ist durchaus möglich, dass sich unter der Oberfläche der Verschiedenheit doch eine unerwartete Ähnlichkeit mehrerer Variablen ergibt. Möglicherweise gibt es ja ausgerechnet in diesen Fällen Strukturähnlichkeiten im Verhältnis von Staat und Gesellschaft, die etwa zu ungeahnten Übereinstimmungen in der politischen Kultur führen. Gerade weil diese Ähnlichkeiten verdeckt sind und wir sie dadurch vorschnell aus dem Feld der Erklärungsvariablen eliminieren, können auch im **most dissimilar systems design** unsere Ergebnisse verzerrt werden.

Wenn wir nach Ähnlichkeiten oder Differenzen suchen, so gilt es ferner, den von den Systemtheorien entwickelten Grundsatz der funktionalen Äquivalenz zu beachten. Danach können Systemelemente durchaus unterschiedliche Formen aufweisen oder in einzelnen Fällen sogar ganz fehlen. Dennoch werden die ihnen zugeschriebenen Funktionen erfüllt, da sie von anderen Systemelementen übernommen werden. Umgekehrt gilt, dass Systemelemente sich manchmal auf den ersten Blick gleichen, bei genauerem Hinsehen aber bemerkt man, dass sie jeweils unterschiedliche Funktionen im System erfüllen, was mit dem Systemzusammenhang, also dem genauen Zusammenspiel der Systemkomponenten in jedem einzelnen Fall zusammenhängt. Kurzum: Bei der Suche nach Ähnlichkeiten und Unterschieden dürfen wir uns die Sache nicht zu einfach machen, sondern müssen den gesamten Kontext eines jeden Falls im Blick haben.

4.3.2 Fallauswahl nach übereinstimmender abhängiger Variablen

Eine immer wieder genutzte Verfahrensweise zur Reduzierung der so genannten Drittvariablen liegt darin, die Fälle einfach nach einer Übereinstimmung der abhängigen Variablen oder des **Outcomes**, also des beobachteten und zu erklärenden Phänomens auszusuchen (vgl. Peters 1998: 71). Anders als von Mill sowie Przeworski und Teune vorgeschlagen, wird dann allerdings nicht strikt nach größtmöglicher Differenz zwischen den ausgesuchten Fällen vorgegangen. Vielmehr sortiert man die Fälle nicht nach Ähnlichkeit oder Unähnlichkeit vor. Diese Vorgehensweise ist letzten Endes nur geeignet, notwendige Bedingungen zu identifizieren und nicht, die Kausalverhältnisse als solche anzugehen (vgl. Ebbinghaus 2005: 145). Eine notwendige Bedingung bedeutet, nur wenn X vorhanden ist, folgt Y, aber nicht immer, wenn X vorhanden ist, folgt automatisch auch Y. Beispiel: Damit es schneit, ist die Temperatur die notwendige, aber keine hinreichende Bedingung. Die Niederschlagsneigung muss als hinreichende Bedingung hinzutreten, damit tatsächlich Schnee fällt. Wenn wir die Fälle nach der abhängigen Variablen aussuchen, dann kommen die Variablen, die nicht in allen Fällen präsent sind, nicht als notwendige Bedingungen für das erklärungsbedürftige **Outcome** in Frage. Sie können daher aus der weiteren Analyse eliminiert werden. Als notwendige Bedingungen stehen somit nur die Variablen zur Debatte, die in allen Fällen vorhanden sind.

Das Herausfinden von notwendigen Bedingungen auf dem Weg des **same outcome design** bedarf allerdings erheblicher, theoriegeleiteter Interpretationen (die wir im Übrigen auch bei **most similar** und **most dissimilar** benötigen und zwar, um Ähnlichkeiten und Unähnlichkeiten zu begründen). Es ist nämlich alles andere als unwahrscheinlich, dass es auf diesem Wege zu einem Überhang an möglichen notwendigen Bedingungen kommt, d. h. an Variablen, die in allen Fällen präsent sind. Die Identifikation notwendiger Bedingungen wäre freilich für sich genommen schon ein bedeutsamer Erfolg, allerdings ist sie eben auf diesem Wege alles andere als gesichert. Immerhin können einige nicht-notwendige Bedingungen ausgeschlossen werden. Dabei bleibt aber unklar, ob es sich nicht möglicherweise um hinreichende Bedingungen handelt, die ja für die Kausalverhältnisse von großer Bedeutung sind.

4.4 Zu wenige Fälle, zu viele Variablen

Die Erforschung von Kausalverhältnissen wird also dadurch erschwert, dass wir mit einer Fülle von Variablen konfrontiert sind, die Erklärungspotenzial besitzen. Je weniger Fälle wir vergleichend untersuchen, desto mehr Variablen werden dabei im Spiel gehalten. Denn wir können dann nicht entscheiden, ob das erklärungsbedürftige **Outcome** gleich bliebe, wenn wir eine oder mehrere der zahlreichen Variablen entfernen. Es handelt sich hier um das berüchtigte **Small-N-Problem** (N steht für natürliche Zahl der Fälle) der Vergleichenden Politikwissenschaft (vgl. Lijphart 1971: 686).

4.4.1 Erhöhung der Fallzahl

Mit steigender Fallzahl wird es leichter, Variablen zu eliminieren, z. B. weil sie nicht in allen Fällen präsent sind oder weil ihre Varianz nicht mit der Varianz der abhängigen Variablen einhergeht. Bei einer sehr hohen Fallzahl können verschiedene statistische Operationen diese Variablenverhältnisse zu klären helfen, indem ihr jeweiliger Anteil an der Erklärung der Y-Variablen berechnet werden kann. Dies ist das Feld der quantitativ orientierten Forschung in der Vergleichenden Politikwissenschaft (siehe das Kapitel von Volker Dreier in diesem Band), die sich aufgrund dieser Möglichkeiten der Erforschung einer probabilistischen Kausalität widmen kann. Dabei wird das erklärungsbedürftige **Outcome** nicht wie bei der deterministischen Kausalität auf eine unabhängige Variable nach dem Muster von *ganz oder gar nicht* zurückgeführt, sondern verschiedene unabhängige Variablen bedingen ihn mit einer jeweiligen Wahrscheinlichkeit.

Allerdings gilt es dabei stets zu beachten, dass Korrelation streng genommen nicht gleichbedeutend mit Kausalität, sondern lediglich ein deutlicher Hinweis auf Kausalität ist. Wenn in einer großen Zahl von Untersuchungsfällen, z. B. allen Ländern, in denen Wahlen stattfinden, der Urbanisierungsgrad der Wahlberechtigten und ihre Neigung, zur Wahl zu gehen, korrelieren, so wird diese Korrelation erst dann zur Kausalität, wenn wir plausibel machen können, weshalb dies so ist. Dafür benötigen wir theoretische Überlegungen, die auf guten Kenntnissen der gesamten Thematik von Wahlbeteiligung, Wahlalter sowie Wahlorganisation beruhen. Unweigerlich werden dabei auch Variablen der einzelnen Fälle zur Sprache kommen, die wir vorher ausgeblendet hatten, z. B. politische Sozialisation oder politische Kultur oder Stadt-Land-Gegensatz. Der Bedarf an theoretischer Erläuterung in quantitativen Studien ergibt sich daraus, dass wir über jeden der Fälle weniger erfahren und die Variablenbeziehung als solche im Mittelpunkt der Betrachtung steht, d. h. wir müssen nach unserer Forschungsarbeit den Kontext rekonstruieren, der uns durch das quantitative Vorgehen zunächst verloren gegangen ist.

Zum einen also beseitigt eine einfache Erhöhung der Fallzahl nicht alle unsere Schwierigkeiten. Zum anderen aber ist es gar nicht immer ohne weiteres möglich, die Fallzahl zu erhöhen. Denn es ist in der Politikwissenschaft häufig so, dass uns Phänomene besonders interessieren, die nur in einer relativ geringen Zahl von Fällen überhaupt aufgetreten sind. So ist etwa die Zahl der humanitären Interventionen zur Beendigung eines Bürgerkrieges mit anschließender Vermittlung eines Friedensabkommens (siehe das Kapitel von Timothy Sisk in diesem Band) bislang relativ gering. Wir können die uns hierbei interessierenden Kausalbeziehungen (etwa das Verhalten lokaler politischer Eliten in einer solchen Situation) daher nur in einer begrenzten Zahl von Fällen studieren. Eine Erhöhung der Fallzahl wäre nur möglich, wenn wir die Konzepte im Sinne von Sartoris *Leiter der Generalisierung* (Sartori 1970) weniger intensiv fassen, sondern extensiver gestalten würden. Wenn wir also statt humanitärer Interventionen jegliche militärische Intervention als Untersuchungsfall zuließen. Dies aber würde das gesamte Aussagespektrum unserer Analyse modifizieren.

Die Isolierung von Variablen in der variablengeleiteten, quantitativen Forschung stößt ihrerseits auf die Schwierigkeit, dass die Variablen in der realen Welt der Fälle oft in Bündeln vorliegen, d. h. mehrere von ihnen treten in einer begrenzten Zahl von Fällen gemeinsam auf, ohne dass wir Einsicht in ihre kausale Beziehung untereinander haben. So verfügen z. B. alle skandinavischen Länder über eine relativ geringe Bevölkerungszahl, ausgebaute Sozialstaaten, exportorientierte Ökonomien und einen dominanten Protestantismus (vgl. Ebbinghaus 2005: 148). Ein rein variablenorientiertes Design müsste jetzt von dieser Beobachtung abstrahieren und Variablen isolieren, um sie mit einer großen Zahl von Fällen zu vergleichen.

Gerade in der Bündelung der Variablen aber besteht ja an sich schon ein erklärungsbedürftiges Phänomen, bzw. drängen sich hier Forschungsfragen auf, die sich genau auf dieses begrenzte Set von Fällen beziehen.

Auch die variablenorientierte Strategie des Umgangs mit dem Small N-Problem kann freilich nicht auf eine beliebige Erhöhung der Fallzahl setzen: denn wir sind hinsichtlich vieler Forschungsfragen immer wieder mit „begrenzter Diversität" (Ragin 1997) konfrontiert, d. h. nicht alle logisch möglichen Konfigurationen unserer in den Blick genommenen Variablen sind bislang auch tatsächlich vorgekommen. Deshalb können wir die alternativen Konfigurationen nicht immer anhand des Vergleichs mit realen Fällen testen (vgl. Ebbinghaus 2005: 148). Wie wir es drehen und wenden: das Problem der relativ niedrigen Zahl von Fällen bleibt bei vielen interessanten Forschungsfragen der Politikwissenschaft bestehen.

4.4.2 Reduzierung der Zahl der Variablen

Wenn wir in der Politikwissenschaft des Öfteren nicht die Möglichkeit haben, unsere relativ geringe Zahl von Untersuchungsfällen zu erhöhen, ist die andere Möglichkeit, um dennoch zu Aussagen über Kausalverhältnisse zu gelangen und beobachtete Phänomene zu erklären, diejenige, die Zahl der in Frage kommenden Variablen zu verringern. Einige der dem qualitativen Vergleich zur Verfügung stehenden Verfahren zur Eliminierung von Drittvariablen haben wir bereits vorgestellt. Neben diesen Methoden lässt sich die große Zahl potenziell relevanter Variablen im Vorfeld einer vergleichenden Untersuchung auch durch die Anwendung von Theorien reduzieren.

Die Anwendung theoretischer Ansätze zur Eliminierung von Variablen

Wie wir bereits gesehen haben (siehe oben, 2.1), stellen Theorien in vergleichenden Forschungsdesigns ein wichtiges Instrument dar. In deduktiven Studien liefern sie die theoretische Aussage, die mittels des Vergleichs getestet werden soll. In induktiven Studien beeinflussen sie die Formulierung der Fragestellung durch die verwendeten Konzepte und leiten die vergleichende Forschung an. Sie lenken den Blick dabei auf ganz bestimmte Variablen, während andere für weniger relevant erklärt und aus der Betrachtung ausgeblendet werden.

Theorien sind aber mitunter zu komplex und großformatig, um sie ohne weiteres in vergleichenden Designs anzuwenden. Sie müssen erst für den Vergleich tauglich gemacht werden, indem wir sie auf ihre Kernthesen zurückführen, die dann als Variablenkonstellationen abgebildet werden können. Nach einer Operationalisierung lassen diese sich dann in einem Vergleich untersuchen – wobei wir hier die Problematik der Operationalisierung im Auge behalten sollten, weshalb Theoretiker nicht immer mit der jeweiligen Operationalisierung ihrer theoretischen Aussagen einverstanden sind.

Diese für vergleichende Analysen *fit* gemachten Theorien nennen wir theoretische Ansätze, um deutlich zu machen, dass sie bereits auf ihre Verwendung in der empirischen Arbeit hin angelegt sind. Je nachdem, wie abstrakt und komplex die verwendeten Theorien sind, werden dabei mehr oder weniger Variablen eliminiert. Schlanke Theorien (**parsimonious theories**), wie z. B. **Rational Choice** (vgl. Levi 1997; siehe ausführlich das Kapitel von Martin Beck in diesem Band), konzentrieren sich auf einige wenige Variablen, während gehaltvolle Theorien, wie z. B. **Dependencia**, wesentlich mehr Variablen in ihre Aussagen einbauen (vgl. Boeckh 1997), damit auch komplexer und unübersichtlicher werden und dementsprechend ihre Reduktionsleistung in Bezug auf den Variablenüberhang vermindern. Aber selbst im letzteren Fall wird der ansonsten kaum zu durchdringende Variablen-Dschungel der realen Fälle durch die Theorie etwas gelichtet. Unsere vergleichende Untersuchung hat nun gegenüber einem nicht theoriegeleiteten Vorgehen den Vorzug, sich auf die durch den theoretischen Ansatz nahe gelegten Variablen beschränken zu können.

Wenn wir die von uns zu untersuchenden Variablen durch die Theorie auswählen lassen, besteht dann nicht trotzdem die Gefahr, dass wir Variablen ausblenden, die für den von uns untersuchten Kausalzusammenhang relevant sind? Diese Gefahr besteht zweifellos, denn keine Theorie kann so perfekt sein, für alle möglichen Anwendungsfälle die *richtige* Variablenauswahl getroffen zu haben. Da Theorien stets einen gewissen Generalisierungsgrad aufweisen, können sie nicht auf alle spezifischen Fälle gleich gut *passen*. Viele sind allerdings in dieser Hinsicht verbesserungsfähig und gerade deshalb ist der Vergleich vonnöten, der die Realitätsnähe und den Objektbezug der Theorien zu stärken hilft. Idealerweise kommt es zu einem fortwährenden Austausch zwischen der Ebene der Theoriebildung bzw. Theorieweiterentwicklung und der Ebene der empirisch vergleichenden Arbeit. Vergleich und Theoriebildung sind dann eine interaktiv zu bewältigende Aufgabe in einem offenen Prozess, der als **grounded theory**, als eine in der Empirie wurzelnde, gewissermaßen *geerdete* Theorieentwicklung, bezeichnet wird (vgl. Strauss/Corbin 1990; Strübing 2004). Gleichwohl: Ein Restrisiko, dass gerade auch im theoriegeleiteten Design eine wichtige Variable übersehen wird, lässt sich zwar minimieren, nicht aber komplett ausschalten.

Überdies ist es von einem theorienpluralistischen Standpunkt her ohnehin fraglich, ob es ratsam ist, sich auf nur **eine** theoretische Perspektive zu beschränken, selbst wenn diese hinsichtlich der Qualitätsmerkmale Objektbezug, Realitätsnähe und Plausibilität überzeugt. Stellen wir unseren Forschungsgegenstand in den Mittelpunkt und nicht die Theorie als solche, so werden wir ein instrumentelles Theorieverständnis haben und nicht Theorie als *l'art pour l'art* betreiben. Dementsprechend ist in einem adäquaten Forschungsprogramm zum einen stets zu prüfen, ob nicht rivalisierende Theorien leistungsfähiger in Bezug auf den Forschungsgegenstand sind, als diejenige, auf die ich mich zunächst eingelassen habe. Zum anderen sind komplementäre theoretische Perspektiven miteinander zu kombinieren. Diese Triangulation von Theorien (vgl. Flick 2004; Peters 1998) in Verbindung mit der zeitlichen Parallelität und wechselseitigen Abhängigkeit von Analyse und Theoriebildung im Sinne der **grounded theory** (vgl. Strauss/Corbin 1990; Strübing 2004; Zima 2004) verspricht den besten Ertrag hinsichtlich unserer Forschungsfragen.

Single Case

Aus der zentralen Bedeutung von Theorien bzw. theoretischen Ansätzen für die qualitative vergleichende Forschung erklärt sich auch das scheinbare Paradox, dass einerseits zwar das Small-N-Problem beklagt wird, andererseits aber die Mehrzahl der methodologisch reflektierenden Autoren (z. B. van Evera 1997; Peters 1998; Ebbinghaus 2005) darin übereinstimmen, dass selbst eine Einzelfallanalyse einen bedeutenden Beitrag zur vergleichenden Forschung darstellen kann. Eine vertiefte Studie eines Falles **kann** nämlich ein Baustein in einem großformatigeren Forschungsvorhaben sein, an dem mehrere Forschende mitarbeiten. Eine bloß narrative, nicht weiter theoriegeleitete Darstellung eines Falls wird allerdings dabei kaum weiterhelfen, selbst wenn sie noch so kenntnisreich ist. Denn die nicht nach Variablenkonfigurationen fragende und Kausalverhältnisse kaum thematisierende Deskription bietet zu wenig Anschlussmöglichkeiten für einen Vergleich mit weiteren Fällen und bewirkt einen Überhang an Variablen, sodass an den Fall herangetragene Fragen letztlich nicht beantwortbar sind. Voraussetzung für eine Verwendungsfähigkeit einer Einzelfallanalyse für die vergleichende Forschung ist daher ihre Einbindung in einen theoretischen Bezugsrahmen (siehe den Beitrag von Petra Speier-Werner in diesem Band).

Im Grunde handelt es sich dabei um die extreme Zuspitzung der gerade ausgeführten Reduzierung der Variablen durch eine Theorie, kombiniert mit der Logik des **most dissimilar systems design**. Wenn ich einen Testfall finde, der sich für die durch die Aussagen der Theorie bzw. des theoretischen Ansatzes vorgegebenen Variablenkonfigurationen als besonders schwierig darstellt, dann kann ich aus der Konfrontation meines einzigen Falls mit der Theorie einiges an Erkenntnis gewinnen. Im Idealfall lässt sich eine Theorie durch nur einen einzigen konträren Fall sogar falsifizieren, vorausgesetzt, die Kausalitätsannahme der Theorie ist deterministischer Art (vgl. Welzel 2001: 411).

Eine solche Falsifikation, also die Widerlegung einer Theorie aufgrund empirischer Evidenz, ist sogar ein bedeutender Beitrag zur Forschung (vgl. Popper 1935; zur Bedeutung in qualitativen und quantitativen Vergleichen siehe Caporaso 1995: 458). Denn als erledigt abgehakte Theorien müssen nicht immer weiter *mitgeschleppt* und in den Forschungsprozess eingebracht werden. Analog zur Eliminierung von Drittvariablen ist die fortschreitende Eliminierung von Theorien durch Falsifikation ein Weg, besseren Erklärungen näher zu kommen. Leider ist die Falsifikation einer Theorie ein seltener Glücksfall, der zudem deshalb kaum unangefochten bleiben wird, weil die Art und Weise, wie wir die Variablen für den Theorietest operationalisiert haben, eine Rolle bei dem Erfolg oder Misserfolg des Widerlegungsversuchs spielt. Und wie wir gesehen haben, gibt es hier durchaus Ermessensspielräume, sodass umstritten sein kann, ob der/die falsifizierungswillige Forscher/in tatsächlich fair mit der Theorie umgegangen ist.

Sozialwissenschaftliche Theorien ziehen sich zudem oft auf probabilistische Aussagen zurück, die durch Einzelfallanalysen nicht getestet werden können. Nicht selten ist die Streitfrage hinsichtlich eines Falsifizierungsversuchs gerade diejenige, wie deterministisch oder probabilistisch die Kausalitätsannahmen zu verstehen sind, so z. B. bei der berühmten Lipsetschen These, dass wirtschaftlicher Wohlstand die Demokratieentwicklung bedingt. Folge dessen ist, dass wir, analog zum Überhang an möglichen Erklärungsvariablen, in der Politikwissenschaft einen Überhang an Theorien haben – gemessen an dem insgesamt zu geringen unumstrittenen Erklärungsertrag.

Die übrigen Probleme, die sich bei der Einzelfallanalyse stellen, sind zunächst ganz ähnlicher Natur wie die der Fallauswahl beim **most similar** bzw. **most dissimilar systems design**. Zur Erinnerung: Bei diesen stellte sich die Frage, woher wir eigentlich wissen, welche Fälle am ähnlichsten oder unähnlichsten sind? Bei der theoriegeleiteten **single case study** lautet die entscheidende Frage: Woher wissen wir denn, dass wir tatsächlich den **crucial case** (vgl. Eckstein 1975a) ausgewählt haben? Die schwierigsten Testbedingungen in einem realen Fall für eine generalisierte, relativ abstrakte Theorie zu finden, ist alles andere als einfach. Die Auswahl meines Einzelfalls basiert zum einen auf einem Vorwissen über den zu untersuchenden Fall. Aber eigentlich müsste ich natürlich ein solches Vorwissen über eine Vielzahl an Fällen haben, um meine Entscheidung für den **single case** plausibel zu begründen. Zum anderen basiert sie auf theoretischen Herleitungen und Überlegungen und zwar solchen, die gerade der Theorie entspringen, die ich zu widerlegen versuche. Gewisse Gefahren der Überdeterminierung (oder unhöflich gesagt: Manipulation) meines Forschungsdesigns sind hier nicht von der Hand zu weisen. Wenn ein solches größeres oder kleineres *Hinbiegen* des Designs unterbleibt (was es tunlichst sollte), dann weiß ich letztlich nur bei einer gelungenen Falsifikation, dass ich den **crucial case** *erwischt* habe.

Die **single case study** kann also allein im unwahrscheinlichen Erfolgsfall der gelungenen Falsifikation ex post hieb- und stichfest gerechtfertigt und lässt sie daher für die Forschenden als Projekt eher unattraktiv werden. Freilich müsste eigentlich auch ein in Ehren gescheitertes Forschungsvorhaben in einem offenen und intersubjektiv fairen Forschungskontext seine Meriten haben – aber im Unterschied zu den Naturwissenschaften sind wir hiervon in der Politikwissenschaft noch weit entfernt. Die nach wie vor übliche einseitige Prämierung des *Erfolgs* von vergleichenden Untersuchungen (im Sinne einer Bestätigung der ursprünglichen Annahmen bzw. dem Gelingen des Falsifikationsversuchs), die im Grunde auf nicht-wissenschaftliche Evaluierungskriterien zurückgeht, hemmt letztlich den wissenschaftlichen Fortschritt, weil es die Forschenden zur Risikovermeidung anhält und zu vielen kleinen, teils auch unbewussten, Manipulationen einlädt, für die angesichts der Spielräume bei Operationalisierung und Fallauswahl ja durchaus Möglichkeiten bestehen.

4.4.3 Ein dritter Weg?

Gibt es zum Umgang mit dem Small-N-Problem neben der Erhöhung der Fallzahl und der Reduzierung der Variablen noch eine dritte Option? Charles Ragin (1997) brachte hierzu einen Vorschlag in die Debatte ein, den er *Qualitative Comparative Analysis (QCA)* nannte. Dieses Analyseverfahren beruht im Kern darauf, gar nicht zu versuchen, die Drittvariablen zu eliminieren, sondern sie kontrolliert im Spiel zu lassen. Dem liegt die Überlegung zu Grunde, dass die Kausalverhältnisse im Gegenstandsbereich der Politikwissenschaft zu komplex sind, um sie über die Korrelation zweier isolierter Variablen in den Griff zu bekommen. Gerade die wechselseitigen Abhängigkeitsverhältnisse der erklärenden Variablen untereinander bestimmten das jeweilige **Outcome** in den realen Fällen. Statt beispielsweise nach der Rolle der politischen Kultur **oder** der ökonomischen Entwicklung im Hinblick auf das **Outcome** der Demokratisierung zu fragen, gelte es, das Zusammenwirken von politischer Kultur **und** ökonomischer Entwicklung (**und** Bildung **und** Urbanisierung **und** Typ des vorherigen autoritären Regimes etc.) zu untersuchen. Dabei wird über die Abbildungsform der Booleschen Algebra nach der Präsenz einer relativ hohen Zahl von Variablen in einer mittleren Zahl von Fällen gefragt. Über die unterschiedliche Präsenz der Variablen in den verschiedenen Fällen lassen sich dann in mehreren Arbeitsschritten die notwendigen Bedingungen eines erklärungsbedürftigen **Outcomes** erschließen (siehe dazu ausführlich das Kapitel von Maria Josua in diesem Band).

Dieser neue Zugang zur Kausalitätsproblematik fasziniert zunächst allein schon deshalb, weil es der Erfahrung vieler qualitativ arbeitenden Forschenden entspricht, dass das hergebrachte Kausalitätsdenken von Ursache und Wirkung den komplexen Wechselbeziehungen zwischen den untersuchten Variablen, die man in den realen Fällen vorfindet, nicht gerecht wird. Die Eliminierung von so genannten Drittvariablen erfolgt doch immer mit mehr oder weniger starken Bauchschmerzen. Bei näherem Hinsehen aber wird deutlich, dass wir den Stein der Weisen der Vergleichenden Politikwissenschaft leider (noch?) nicht gefunden haben. Zum einen garantiert selbst eine mittlere Fallzahl von beispielsweise zwanzig Fällen keineswegs, dass es keinen **selection bias** gibt. Wenn wir nur einen Fall hinzunehmen, kann sich u. U. bereits die in den Booleschen Arbeitsschritten herauskristallisierte Variablenkonfiguration der notwendigen Bedingungen verändern. Auch hier sind wir also bei der Fallauswahl auf Vorannahmen und theoretische Überlegungen angewiesen, die immer mit gewissen Irrtums-wahrscheinlichkeiten behaftet sind. Die Vorteile gegenüber der klassischen **Small-N-Studie** im **most similar** oder **most dissimilar** Verfahren sind diesbezüglich ernüchternd gering.

Wenn QCA kaum eine Verbesserung in Bezug auf das Problem der Fallauswahl bringt, ist dann wenigstens der Ertrag hinsichtlich der Erforschung von Variablenkonfigurationen überzeugend? Hier ist die Bilanz gemischt bzw. nicht eindeutig. Das Abklären einer größeren Zahl von Variablen, ohne sie eliminieren zu müssen, ist zweifellos verdienstvoll. Allerdings verschiebt sich bei QCA der in klassischen Studien problematische Ermessensspielraum bei der Variablenauswahl hin zu einer Steigerung der Problematik der Variablen-Operationalisierung. Damit ist also wenig gewonnen: Der Zwang zur Dichotomie (Variable in einem Fall vorhanden oder nicht vorhanden) und damit zur nicht inhaltlich begründeten, sondern rein formalen Polarisierung der Messdaten führt zu einem hohen Maß an Voluntaris-mus, der die Forschungsergebnisse über Gebühr prägt. Im Unterschied zur herkömmlichen qualitativen Studie bleibt dieser erhebliche Verzerrungseffekt zudem durch die vermeintliche Präzision der Booleschen Formel verdeckt.

Da Ragin selbst mittlerweile mehrfach deutliche Verbesserungen seines Verfahrens gerade in diesem Aspekt vorgenommen hat, wäre ein abschließendes Urteil hierzu allerdings verfrüht. Fairerweise muss man zugestehen, dass QCA nicht besser, aber auch nicht schlechter abschneidet als die klassischen Verfahren, sondern bislang lediglich nicht die großen Erwartungen zu erfüllen vermochte, die Ragin zu Beginn geweckt hatte. Überdies hält der nach wie vor offene Prozess der Verbesserungen dieses Verfahrens die Möglichkeit eines tatsächlichen Durchbruchs durchaus noch offen. Letztlich müssen sich QCA und seine verbesserten Varianten in einer größeren Zahl konkreter Anwendungen bewähren.

5. DIE VORZÜGE DES QUALITATIVEN VERGLEICHS

Durch den hinderlichen Überhang an Variablen bei der Klärung von Kausalverhältnissen und die daraus resultierende Fixierung auf die Eliminierung der Drittvariablen in der vergleichenden Forschung kann leicht der Eindruck entstehen, der qualitative Vergleich mit wenigen Fällen sei eine subsidiäre Verfahrensweise. Oder anders gesagt: Wann immer die Möglichkeit dazu bestehe, solle quantitativ verfahren werden. Nur aushilfsweise solle man auf qualitative Verfahren zurückgreifen. Nach unserem Dafürhalten ist jedoch eine ebenbürtige Arbeitsteilung zwischen quantitativer und qualitativer Forschung den Anforderungen der Vergleichenden Politikwissenschaft wesentlich angemessener. Die einseitige Favorisierung quantitativer Verfahrensweisen hat dagegen langfristige Folgen, die für die gesamte Disziplin problematisch sind. Für diese Arbeitsteilung gibt es eine Reihe von Argumenten, die sich nach folgenden Gesichtspunkten ordnen lassen:

a) Die geringe Fallzahl ist bezüglich einer Reihe von politikwissenschaftlich relevanten Forschungsgegenständen unvermeidlich:

Wie bereits ausgeführt, liegt die geringe Fallzahl in den Eigenheiten des Gegenstandsbereichs der politikwissenschaftlichen Forschung begründet. Zum einen ist die Staatenwelt einfach begrenzt. Selbst wenn wir synchrone mit diachronen Vergleichen verknüpfen oder Regionen mit einbeziehen, ist die Zahl möglicher Fälle bereits von vornherein kleiner als bei den meisten Naturwissenschaften. Zusätzlich aber wird die potenzielle Fallzahl dadurch eingeschränkt, dass wir in unseren Fragestellungen oder zu testenden Hypothesen mit Konzepten arbeiten, die zwar abstrakt sind, denen aber trotzdem inhaltlich Spezifisches der Fälle anhaftet, von denen sie ursprünglich hergeleitet worden sind.

Diese Konzepte beziehen sich also ihrer Definition nach auf Phänomene, die nicht häufig auftreten, aber gleichwohl in besonderem Maß erklärungswürdig sind. Wer Militärregime oder Revolutionen vergleichend untersuchen will, wird ein begrenztes Universum möglicher Fälle vorfinden (vgl. Skocpol 1979). Sollten wir allen Ernstes diese Konzepte auf der Leiter der Generalisierung (vgl. Sartori 1970; dazu auch Collier/Mahon 1993) von der Intension zur Extension hinaufschieben und etwa immer von autoritären Regimen und politischem Wandel sprechen statt auch von Militärregimen und Revolutionen, weil wir dann mehr Untersuchungsfälle erhalten? Politikwissenschaftliche Fragestellungen machen sich nun mal immer wieder an solchen spezifischeren Konzepten fest (vgl. Laitin 2002: 632). Deren Relevanz stammt nicht zuletzt aus der lebensweltlichen Erfahrung politikinteressierter Nichtwissenschaftler/innen, von der die Politologen/innen nicht routinemäßig im Interesse der Handlichkeit der Daten abstrahieren sollten. Das Lamento über das Small-N-Problem ist fruchtlos. Letztlich kommt es auf einen reflektierten und methodisch geschulten Umgang damit an.

Unter anderem ist dabei die Abstraktionshöhe der durch den Vergleich gedeckten Schlussfolgerungen richtig abzuschätzen (vgl. Nohlen 2005: 1088), die man mit der eigenen Fragestellung und Fallauswahl anstrebt bzw. bestenfalls erreichen kann. Mit einem Vergleich von vier oder fünf Fällen kann nur durch einen Glücksfall in der Fallauswahl und mit einer besonders gelungenen theoretischen Anleitung ein Generalisierungsniveau der Schlussfolgerungen erreicht werden, das wesentlich über dieses Set von Fällen hinausreicht. Anders gesagt: Wenn ich meine Aussagen auf die untersuchten Fälle beschränke und die Fallauswahl zudem noch heterogen ist, habe ich einen Gutteil der Small-N-Problematik entschärft (vgl. Ebbinghaus 2005: 144).

Ähnlich heilsam könnte auch die bescheidenere Zielsetzung wirken, sich auf die Identifizierung von notwendigen Bedingungen zu beschränken, statt immer den Nachweis von Kausalität schlechthin führen zu wollen (vgl. Goertz/Starr 2003). Als Beitrag zur Milderung der Small-N-Problematik ist auch wenig dagegen einzuwenden, QCA und seine Nachfolgeversionen breiter als bisher auf ihre Tauglichkeit zu prüfen. Auch die verstärkte Nutzung von Triangulation (vgl. Tarrow 1995: 474), verbunden mit dem ständigen Austausch zwischen Empirie und Theorie im Sinne der **grounded theory** (vgl. Glaser 1965; Strauss/Corbin 1990; Zima 2004), bietet Perspektiven im Umgang mit **Small-N**, die noch nicht ausgelotet sind.

b) Die neben der Small-N-Problematik bestehenden Schwierigkeiten und Dilemmata der vergleichenden Forschung betreffen qualitative und quantitative Forschung gleichermaßen:

Ebensowenig wie das **Small-N-Problem** können die übrigen Herausforderungen der Vergleichenden Politikwissenschaft eine Nachrangigkeit der qualitativen Richtung begründen, denn sie betreffen die quantitativ orientierte Forschung mindestens genauso stark. Dies gilt insbesondere für die schwierigen und tendenziell umstrittenen Operationalisierungsentscheidungen, mit denen theoretische Ansätze in Variablenkonfigurationen und Messgrößen übersetzt werden. Die qualitative Forschung verfügt hier wegen der geringen Fallzahl sogar über mehr Spielräume, die Operationalisierungsentscheidungen zu erläutern und transparent zu machen und die jeweilige Fallgerechtigkeit zu diskutieren.

Die historische Kontingenz zu meistern, ist eine der zentralen Herausforderungen nicht nur der Vergleichenden Politikwissenschaft, sondern jeder Sozialwissenschaft. Sich einseitig auf strukturelle Faktoren zu konzentrieren, würde zu stark von der politischen Wirklichkeit abstrahieren. Zufälle und Launen der Geschichte spielen eine wichtige Rolle in der Gestaltung der fallspezifischen Kontexte (vgl. Collier/Collier 1991) und damit für die konkrete Form, in der die Variablenkonfigurationen vorliegen. Gerade in der Analyse des Wechselspiels zwischen Strukturgegebenheiten einerseits und kontingenten Faktoren andererseits, die im Laufe der Zeit dann ihrerseits strukturellen Charakter gewinnen können, um sich neuen Kontingenzen gegenüber zu sehen, liegt eine reizvolle Aufgabe.

Die Kontingenzen des **Nation-Building** beeinflussen über die Formung des Universums von Fällen, aus denen wir für unsere vergleichenden Untersuchungen auswählen können (vgl. Ebbinghaus 2005: 134), mittelbar unsere Forschungsergebnisse. Wenn Katalonien ein unabhängiger Staat wäre oder zwischen England und Schottland keine Union bestünde oder sich die tschechische Republik und die Slowakei nicht getrennt hätten, dann würden die Fallzahlen verschiedener vergleichender Untersuchungen anders aussehen. Es liegt auf der Hand, dass nicht nur die qualitative Forschung mit geringen Fallzahlen dies stets im Hinterkopf behalten sollte, sondern gerade auch die auf die Exaktheit probabilistischer Zusammenhänge zielende quantitative Forschung, für die die Häufigkeit der Bestätigung einer Kausalitätsannahme eines der wichtigsten Kriterien ihrer Erhärtung ist (vgl. ebd.: 139).

Einen Sonderfall der Kontingenzthematik stellt das Prinzip der Pfadabhängigkeit der Fälle dar. Da über die Zeit systemische Selbstverstärkereffekte die Variablenkonfigurationen der Fälle gleichsam *tiefer eingraben*, bestehen diese als solche fort, auch wenn sich der Impuls durch die ursprüngliche Verursachung des beobachteten Effekts abgeschwächt hat. Erst wenn ein Pfadwechsel erfolgt, wird ein neuer Impuls gesetzt. Qualitative Untersuchungen mit wenigen Fällen können das Augenmerk auf diese Besonderheit richten und die Pfadabhängigkeit der Fälle eingehend würdigen, wobei hier auch quasi-narrative Formen ihre Berechtigung haben, wie die klassische Studie zu Demokratie und Diktatur von Barrington Moore (1966) und die in dieser Tradition stehende von Rueschemeyer et al. (1992) belegen.

Ähnliches gilt für das so genannte Galtonsche Problem: Hiermit ist die Schwierigkeit gemeint, Diffusionseffekte von *echten* Ursachen zu unterscheiden (vgl. Peters 1998: 42).

Beispielsweise können Imitations- und Anpassungsprozesse im Zuge der Globalisierung den Kontext eines Falls prägen und auch die möglichen X-Variablen, die dann keine autonomen erklärenden Variablen darstellten. Fraglich ist an dieser Stelle, ob es sinnvoll ist, den Kausalitätsbegriff noch weiter zu befrachten, indem man nun zusätzlich versucht, eine *Eigenständigkeit* der Ursachen zum Kriterium zu erheben. Nur wenn ich Häufigkeit in quantitativen Designs als Dreh- und Angelpunkt meines Versuchs sehe, Gesetzmäßigkeiten zu etablieren, kann ich über die Tatsache von Diffusion beunruhigt sein. Dann müsste ich allerdings extrem alarmiert sein, denn es gibt in den die Sozialwissenschaften interessierenden Lebensbereichen kaum etwas, was nicht diffundiert. Es ist in der Politik ein bereits jahrhundertealter Vorgang, institutionelle Arrangements, politische Ideen und Strukturelemente zu kopieren. Die Aneignung römischer Verwaltungsstrukturen in Gallien durch die Merowinger, die Übernahme französischer und britischer Aufklärungsideen durch die nordamerikanischen Siedler des 18. Jahrhunderts oder die Einführung präsidentieller Systeme in Lateinamerika nach dem Vorbild der USA – die Liste der Beispiele ließe sich lange fortsetzen. Eine Forderung nach autonomen Ursachen ist m. E. unhistorisch. Es ist eine altbekannte Beobachtung der Politikwissenschaft, dass externe Impulse in interne Faktoren umgewandelt werden können. Somit kann es letztlich nur darum gehen, die jeweils jüngsten Diffusionseffekte von solchen älteren Datums zu unterscheiden. Nimmt man sich aber nun tatsächlich dies zum Ziel vor, so ist ein qualitatives Design mit wenigen Fällen erneut deswegen nicht ungeeignet, weil jede einzelne der untersuchten Variablen in jedem der Fälle eingehend betrachtet werden kann.

c) Die qualitative vergleichende Forschung hat eigenständige Vorteile gegenüber der quantitativen vergleichenden Forschung zu bieten:

Zusammenfassend lässt sich festhalten, dass die Dilemmata der Vergleichenden Politikwissenschaft, die quantitative wie qualitative Forschung gleichermaßen betreffen, nicht ein- für allemal gelöst und ad acta gelegt werden können. Sie sind vielmehr als Zielkonflikte zu verstehen, die einen pragmatischen und reflektierten Umgang in jeder einzelnen Studie erfordern. Schematische Strategien helfen dabei nicht weiter. Deshalb gilt es, aus der Not von Small-N eine Tugend zu machen und sich darauf zu besinnen, welche Vorteile mit dieser ohnehin unvermeidlichen Situation verbunden sein können.

Im Mittelpunkt steht dabei die Chance, die fallspezifischen Kontexte angemessen zu würdigen. Durch die überschaubare Zahl von Fällen schließt sich nämlich die konzentrierte Untersuchung einiger weniger Variablen und die Betrachtung ihrer jeweiligen fallspezifischen Einbettung nicht aus. Der Verlust an Information und Realitätsnähe, der mit der Formalisierung und Operationalisierung der Variablen einhergeht, kann auf diese Weise etwas ausgeglichen werden.

Da es sich bei den Bemühungen um den Kontext der Fälle nicht um formalisierte, effektive Verfahren handelt, sondern um eine arbeitsreiche Vertiefung in die konkreten Fälle, um das Zusammentragen von Kenntnissen und Erfahrungen, wird dies nur in einem Design mit einer begrenzten Fallzahl möglich sein. Nicht selten wird unterschätzt (vgl. King/Keohane/Verba 1994), dass gerade diese Vorgehensweise die Chancen bietet, den komplexeren Wechselbeziehungen zwischen den Variablen auf die Spur zu kommen (vgl. Ragin 1987). Die verdeckten Einflüsse von Drittvariablen sind durch den ganzheitlicheren Ansatz der Fallorientierung (vgl. ebd.) besser zu eruieren, als durch eine rigorose Variablenisolierung, die Gefahr läuft, über die Fälle *hinweg zu rechnen*. Ähnliches gilt für die Pfadentwicklung der Fälle, die bei ganzheitlicher Auffassung besser berücksichtigt werden kann. Putnams bereits erwähnte Studie *Making Democracy Work*, die italienische Regionen miteinander vergleicht, ist ein Beispiel, wie mitunter erst Interpretationen, die auf vertieften historischen Kenntnissen der Fälle beruhen, das quantitative Material zum Sprechen bringen (vgl. Putnam 1993; Tarrow 1995: 471).

Der durch die niedrigere Fallzahl höhere Spielraum für Reflexion und Begründung ist für den Umgang mit den Dilemmata der Vergleichenden Politikwissenschaft, von der Operationalisierung der Variablen bis hin zur Diskussion von Diffusionseffekten, von unschätzbarem Wert. Der Forschungsprozess selbst wird auf diese Weise transparenter, der Austausch mit der theoretischen Ebene kann im Sinne von **grounded theory** interaktiv und offen gestaltet werden. Im Übrigen ist letztlich das Erkenntnisinteresse der qualitativen Vergleichenden Politikwissenschaft einfach etwas anders nuanciert als das der quantitativen Forschung. Sicherlich streben auch die meisten qualitativ Forschenden nach generalisierbaren Aussagen. Zugleich aber, und das macht die qualitative Forschung für an Politik interessierte Nicht-Politologen/innen besonders attraktiv, geht es eben auch um die Fälle, über die wir mittels des Vergleichs mehr und vertiefte Kenntnisse gewinnen.

DIE EINZELFALLSTUDIE

Petra Speier-Werner

Gliederung

1. Einleitung

2. Theoretische und methodologische Grundlagen
    2.1 Die Einzelfallstudie in der Vergleichenden Politikwissenschaft
    2.2 Strukturierung der Einzelfallstudie nach unterschiedlichen Zielsetzungen

3. Schwächen und Stärken der Einzelfallstudie
    3.1 Schwächen der Einzelfallstudie
    3.2 Stärken der Einzelfallstudie

4. Fazit und Ausblick

---

1. EINLEITUNG

Die Einzelfallstudie ist in der Literatur über die *Politikwissenschaftliche Methodologie* eine entweder vernachlässigte oder heftig kritisierte Methode in der Politikwissenschaft (vgl. van Evera 1997: 49). Paradoxerweise findet sie jedoch weltweit intensive Anwendung[1] und spielt somit eine zentrale Rolle in der Politikwissenschaft. Ziel dieses Beitrags ist es, dieses Paradoxon zu erklären und Antworten auf folgende Fragen zu geben:

- Was ist eine Einzelfallstudie? Welche Ziele werden mit der Einzelfallstudie in ihren unterschiedlichen Ausprägungen verfolgt?

- Warum wird die Einzelfallstudie kritisiert? Ist die Kritik wirklich gerechtfertigt?

- Welchen Nutzen hat die Einzelfallstudie für den politikwissenschaftlich Forschenden?

Damit steht nicht nur eine theoretische Auseinandersetzung mit Zielsetzung, Stärken und Schwächen der Einzelfallstudie im Zentrum der Betrachtung. Es werden abschließend auch praktische Hilfestellungen für den politikwissenschaftlich Forschenden gegeben. Die drei Fragenkomplexe entsprechen demnach dem Aufbau dieses Beitrags.

Auf den einleitenden Teil (Abschnitt 1) folgt eine Einführung in die Besonderheiten der Einzelfallstudie in der Politikwissenschaft (Abschnitt 2). Neben dem Versuch einer Definition der Einzelfallstudie und ihren Zielsetzungen wird erläutert, warum die Einzelfallstudie, die per definitionem nur einen einzelnen Fall beleuchtet, als Methode der Vergleichenden Politikwissenschaft verstanden wird. Ausgehend von diesem Grundverständnis über Definition und Relevanz der Einzelfallstudie in der Politikwissenschaft werden die Stärken und Schwächen dieser skizziert (Abschnitt 3). Die wesentlichen Ergebnisse dieses Beitrags werden in einem Schlussteil zusammengefasst, der durch praktische Hinweise zur Durchführung von Einzelfallstudien ergänzt wird (Abschnitt 4).

---

[1] In Fachzeitschriften der Vergleichenden Politikwissenschaft (z. B. Comparative Politics) sind weitaus mehr Einzelfallstudien als vergleichende Analysen anzutreffen.

2. THEORETISCHE UND METHODOLOGISCHE GRUNDLAGEN DER EINZELFALLSTUDIE

Es gibt kein einheitliches Verständnis über Gegenstand und Sinn von Einzelfallstudien (vgl. Ragin/Becker 1992: 1-16). Dies liegt in den unterschiedlichen Zielsetzungen, die von den Nutzern der Einzelfallstudien verfolgt werden, und in teilweise mangelnder Auseinandersetzung der Kritiker mit Einzelfallstudien begründet. Befürworter der Einzelfallstudie definieren diese beispielsweise als eine Methode, die der Zusammenstellung von Informationen und Sammlung von Daten oder aber weitergehend der Theoriebildung und Theorieverifizierung bzw. -falsifizierung dient. Kritiker sehen in Einzelfallstudien lediglich ein Genre, mittels dem kaum oder wenig fundierte gedankliche Konstrukte aufgezeigt werden. Objektivere Definitionen sehen in jeder Studie eine Fallstudie, weil es sich bei jeder Studie um einen bestimmten Fall, um ein bestimmtes Phänomen, das zeitlich und örtlich spezifisch ist, handelt, unabhängig von der Zielsetzung. Im Hinblick auf die praktische Anwendung von Einzelfallstudien ist eine objektive Definition wegen mangelnder Spezifikation nicht angeraten. Eine kritische Definition ignoriert die Chancen und Möglichkeiten von Einzelfallstudien.

Aufgrund der handlungsleitenden Zielsetzung des Beitrags soll ein Versuch einer pragmatischen Definition der Einzelfallstudie unternommen werden. Dies erfordert vorab eine Einordnung der Einzelfallstudie in die Politikwissenschaft und eine Strukturierung der Einzelfallstudie nach unterschiedlichen Zielsetzungen.

2.1 Die Einzelfallstudie in der Vergleichenden Politikwissenschaft

Die Einzelfallstudie ist eine Fallstudie, die in der Vergleichenden Politikwissenschaft Anwendung findet. Die Vergleichende Politikwissenschaft – als die einzige sozialwissenschaftliche Disziplin, die im Namen bereits ihr methodisches Programm verrät – umfasst das gesamte politische System mit all seinen strukturellen und prozessualen Elementen, einschließlich der gesellschaftlichen, ökonomischen und kulturellen Voraussetzungen und Bedingungen. Sie bildet somit das Zusammenspiel der klassischen Vergleichenden Regierungslehre, die sich auf Institutionenbetrachtungen konzentrierte, der früheren Vergleichenden Politischen Systemforschung, die inputorientiert angelegt war, und der frühen Politikfeldforschung, die die Outputs politischer Systeme analysierte. Kurz gesagt, die Vergleichende Politikwissenschaft beschäftigt sich mit allen Aspekten der politischen Realität im Vergleich. Die Vergleichende Politikwissenschaft unterscheidet zwischen Experimenten auf der einen Seite und Fallstudien auf der anderen Seite, wobei bei letzteren wieder zwischen Einzelfallstudien und vergleichenden Studien differenziert wird:

Abb. 1: Methoden der Vergleichenden Politikwissenschaft

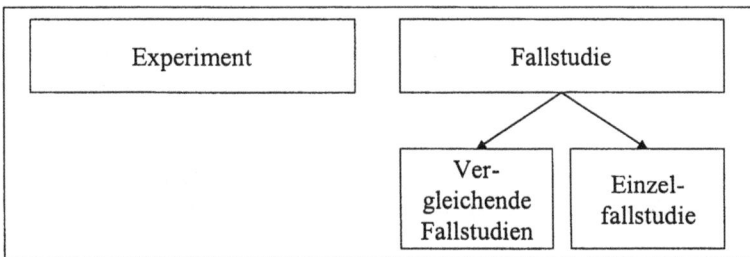

Die wesentlichen Unterschiede zwischen Experimenten und Fallstudien liegen in der Zielsetzung, der Forschungsmethode und der Aufbereitung der Ergebnisse begründet:

Während das Experiment als Zielsetzung die Verallgemeinerung von Wissen bzw. den Beweis theoretischer Propositionen verfolgt, zielen Fallstudien im Allgemeinen auf die

Darstellung des *Besonderen und Einzigartigen* ab. Methodisch unterscheiden sich beide Vorgehensweisen darin, dass beim Experiment eine Vielzahl von Versuchsobjekten mit wenigen zu untersuchenden Variablen dominieren, während dies bei der Fallstudie genau umgekehrt ist: eine oder wenige intensive Fälle und viele zu untersuchende Variablen bestimmen hier die Analyse. Das Experiment soll eindeutige Zahlenreihen generieren, während die Fallstudie das Verständnis für ein komplexes Phänomen ermöglichen und empirische Relationen zwischen Variablen aufdecken soll. Die Ergebnisaufbereitung ist demnach bei Experimenten quantitativer, bei Fallstudien überwiegend qualitativer Natur.

2.2 Strukturierung der Einzelfallstudie nach unterschiedlichen Zielsetzungen

Warum wird die Einzelfallstudie der Vergleichenden Politikwissenschaft zugeordnet? Die Beantwortung dieser Frage führt an die Zielsetzung von Einzelfallstudien (vgl. hierzu Lijphart 1971: 691-193):

- a) Zusammenstellung von Informationen und Sammlung von Daten (Atheoretical Case Study)
- b) Anwendung etablierter theoretischer Propositionen mit dem Ziel, damit den Einzelfall zu erklären (Interpretative Case Study)
- c) Generierung von Hypothesen (Hypothesis-generating Case Study)
- d) Testen von Theorien (Theory-confirming bzw. infirming Case Study)

a) Atheoretical Case Study:

Die Atheoretical Case Study ist eine in sich geschlossene, erkenntnisgeleitete Fallstudie mit einem theoretischen Vakuum. Es besteht primär Interesse am Einzelfall, an einem interessanten Phänomen per se, ohne theoretischen Anspruch. Dennoch kann diese Art von Einzelfallstudie sehr wohl Grundlage für weitere Forschungszwecke sein. Die Atheoretical Case Studies werden auch als Configurative-Idiographic Case-Study bezeichnet, als zusammenstellende und das Singuläre beschreibende Studien: konfigurativ, zusammenstellend, weil der Fokus dieser Art von Einzelfallstudien auf einer intensiven Daten- und Faktenzusammenstellung beruht. Das Singuläre beschreibend, weil überwiegend Persönlichkeiten oder Gruppenverhalten beleuchtet wird (zur Configurative-Idiographic Case-Study vgl. Eckstein 1975: 96-99). Das Subjekt der Betrachtung wird nicht nur durch intensive Daten- und Faktenanalyse, sondern auch durch lebendige Beschreibungen dargestellt. Ein Beitrag zu verlässlichen, validierten Behauptungen über gewisse Regelmäßigkeiten kann diese Art von Fallstudie jedoch nicht leisten. Die konfigurativ-idiographische Einzelfallstudie war lange Zeit die dominierende in der Politikwissenschaft und wird deshalb auch als die traditionelle Einzelfallstudie bezeichnet.

b) Interpretative Case Study:

Die Interpretative Case Study sieht die Interpretation von Beobachtungen mittels bereits etablierter Theorien vor. Ein Beispiel für diese Art von Einzelfallstudie ist die Magister- oder Diplomarbeit, die bestehende Theorien auf bestimmte Sachverhalte anwendet. Die Interpretative Case Study wird auch als Disciplined-Configurative Case Study bezeichnet, da sie zwingend eine theoretische Basis für die Einzelfallstudie vorschreibt.

c) Hypotheses-generating Case Study:

Ziel der Hyptheses-generating Case Study ist es, wie der Name schon suggeriert, Hypothesen zu formulieren. Eine Hypothese ist ein *mentales Konstrukt*, eine Schlussfolgerung, die erst noch einer mehrmaligen Überprüfung bedarf. Auf analytischem Weg oder durch die Erhebung empirischer Daten werden Hypothesen entwickelt. Diese Vorgehensweise wird auch als

Heuristic Case Study definiert, um die Erkenntnisgewinnung durch Hypothesenbildung hervorzuheben. Berücksichtigt werden muss jedoch, dass die durch einen einzigen Fall generierten Hypothesen sehr vage Hypothesen sind. Weitere Fallstudien müssen folgen, um die Hypothesen zu konkretisieren und zu bestärken. Da die Durchführung weiterer Fallstudien aber oft mit hohen Ressourcen (finanzieller, personeller, fachlicher (z. B. Fremdsprachenkenntnisse) und zeitlicher Dimension) verbunden ist, ist die Hypothesenbildung ein Kompromiss zwischen *Glauben* und intensiven Tests.

d) Theory-confirming bzw. infirming Case Study:

Theorien zu bestärken oder aber zu schwächen, kann Ziel einer Einzelfallstudie sein (vgl. hierzu van Evera 1997: 54). Wird eine Theorie durch eine Einzelfallstudie geschwächt oder sogar falsifiziert, so spricht man auch von einer Deviant Case Study. Wird die Gültigkeit einer These durch die Einzelfallstudie eingeschränkt, so ist nach den intervenierenden Variablen zu suchen, die diese Einschränkung erklären.

Eine Konfrontation einer Theorie mit einem Fall, der aufgrund von Vorwissen als *most hardest test case* dieser Theorie gelten kann, kann zu ihrer Bestärkung beitragen. Denn wenn die Theorie hier nicht scheitert, so spricht viel für sie. In anderen Fällen wird sie voraussichtlich leichter bestehen können (vgl. Peters 1998: 61-65). Eine endgültige Verifizierung ist aber auch in diesem Fall nicht möglich, da wissenschaftliche Sätze laut Popper nie endgültig verifiziert werden können.

Befürworter sehen in dieser Art von Einzelfallstudie die Möglichkeit, Grenzen von Theorien aufzuzeigen bzw. im besonderen Maße bestehende Theorien zu festigen. Kritiker stellen die Frage nach dem Mehrwert einer Bestärkung oder Falsifizierung, wenn die Validität der zu prüfenden Theorie schon oft im Vorfeld bestätigt worden ist.

Warum wird nun die Einzelfallstudie der Vergleichenden Politikwissenschaft zugeordnet? Eine Einzelfallstudie kann implizit komparativer Natur sein, indem sie Theorien, die aus anderen Studien resultieren, zu bestärken oder zu entkräften versucht oder indem sie Hypothesen bildet, die später durch vergleichende Fälle bestärkt oder geschwächt werden. In allen anderen Fällen hat die Einzelfallstudie lediglich beschreibenden Charakter. Durch Beobachtungen im Zeitverlauf wird jedoch automatisch jeder Einzelfall zu einem vergleichenden Fall. Die unterschiedlichen Zielsetzungen der Einzelfallstudie sind zusammenfassend in der folgenden Abbildung dargestellt:

Abb. 2: Strukturierungsmöglichkeiten von Einzelfallstudien

Ziele von Einzelfallstudien / Bereiche der Politikwissenschaft		Atheoretical Case Study	Interpretative Case Study	Hypothesis-generating Case Study	Theorie-confirming/ infirming Case Study
Polity	theoretisch			x	
	empirisch	x	x	x	x
Politics	theoretisch			x	
	empirisch	x	x	x	x
Policy	theoretisch			x	
	empirisch	x	x	x	x

Die Abbildung sieht neben einer Unterscheidung in den Zielsetzungen zwei weitere Betrachtungsebenen vor. Es kann zwischen Einzelfallstudien auf der Mikroebene und der Makroebene differenziert werden. Während auf der Mikroebene Fallstudien über politische Persönlichkeiten oder kleinere *Führungsgruppen* (z. B. amerikanische Präsidentschaft, der UN-Sicherheitsrat) durchgeführt werden, dominieren aus makropolitischer Perspektive Analysen über politische Gruppierungen (z. B. politische Parteien), einzelne Politikbereiche (z. B. politische Programme, Innenpolitiken) und transnationale Phänomene (z. B. Integrationsprozesse, Krisen in internationalen Beziehungen). Damit wird das Spektrum der Politikwissenschaft mit seinen drei Bereichen polity (politische Strukturen und Institutionen), politics (politische Prozesse) und policy (Inhalte der Politik) genährt.

Eine weitere Ebene unterscheidet zwischen einem theoretischen und einem empirischen Einzelfall. Theoriegeleitet sind einzig und allein die Einzelfallstudien, die zum Ziel die Hypothesengenerierung haben. Die Interpretative und die Theorie-confirming/-infirming Case Study benutzen bereits bestehende Theorien mit unterschiedlichen Zielsetzungen. Die Atheoretical Case Study hat lediglich die Zusammenstellung von einzelnen Daten und Fakten zum Ziel.

3. SCHWÄCHEN UND STÄRKEN DER EINZELFALLSTUDIE

Um sich eine abschließende Meinung über den Nutzen von Einzelfallstudien in der Vergleichenden Politikwissenschaft bilden zu können, werden einige der bereits angedeuteten Schwächen und Stärken erläutert und um weitere ergänzt.

3.1 Schwächen der Einzelfallstudie

a) Die Einzelfallstudie ist kein expliziter Vergleich und bietet somit nicht die Möglichkeit, grundlegende Theorien herzuleiten.

Ein direkter Vergleich sieht eine systematische Untersuchung einer optimalen Fallzahl mit einer sorgfältig eingegrenzten Reihe von Variablen vor. Dies kann eine Einzelfallstudie nicht leisten. Ergebnisse von einer Einzelfallstudie können somit auch nicht verallgemeinert werden. Dadurch dass die Einzelfallstudie keine direkten Vergleiche zulässt, sind zwangsläufig auch keine statistischen Methoden wie Hochrechnungen, Teilkorrelationen oder Wahrscheinlichkeitsrechnungen möglich. Hauptkritik ist die, dass jede Beobachtung, die durch eine Einzelfallstudie vorgenommen wird, ohne Bedeutung ist, wenn man sie nicht mit anderen Beobachtungen vergleichen kann. Begründet wird dies erkenntnistheoretisch, denn der Mensch bildet sich seine eigene Vorstellungswelt durch Vergleiche.

b) Die Einzelfallstudie ist zu unsystematisch.

Kritisiert wird die mangelnde Ausarbeitung konzeptioneller Kategorien, da die Einzelfallstudie sich auf die Beschreibung von Phänomenen beschränkt. Die Auswahl des Untersuchungsgegenstandes ist, selbst wenn explizite theoretische Vorüberlegungen angestellt worden sind, oft willkürlich. Anstelle eines a priori feststehenden Untersuchungsplans wird die Informationsaufnahme in hohem Maße von der Forschungssituation bestimmt, indem erst vor Ort Entscheidungen über die Verarbeitung greifbarer Informationen getroffen und für die dann nachträglich Kategorien entwickelt werden. Die Datenaufbereitung muss außerdem schon allein aufgrund der Heterogenität des gewonnenen Materials selektiv sein.

Allgemeine Klassifikationsschemata, die eine anspruchsvolle politikwissenschaftliche Forschung vorsieht, kann die Einzelfallstudie nicht bieten. Nicht die Heranziehung aller relevanten und verfügbaren Variablen in einem einzelnen Fall, sondern die Betrachtung aller relevanten und verfügbaren Fälle unter Heranziehung jeweils einer Variablen ist vom wissenschaftlichen Anspruch her gesehen notwendig. Nur so können Standardbeobachtungen von den Extremen differenziert, allgemeine Klassifikationsschemata entworfen, quantifiziertes Tabellenmaterial präsentiert und multivariate Zusammenhangsprüfungen ermöglicht werden.

c) Die Einzelfallstudie kann mit den politischen, wirtschaftspolitischen und gesellschaftspolitischen Entwicklungen der letzten Jahre nicht Schritt halten.

Das Forschungsinteresse war lange Zeit geografisch auf das eigene Land bzw. innerhalb Europas auf Westeuropa beschränkt. Angesichts globaler ökologischer, sozialer und ökonomischer Krisenphänomene ist es mehr als je zuvor notwendig, in globalen Kategorien zu denken und weltweite Zusammenhänge zu erfassen.

Die weltweit stattfindende Regionalisierung, einfachere Informationsgewinnung durch das Internet oder schnellere und kostengünstigere Reisemöglichkeiten ermöglichen die Analyse von Experimenten und Fallstudien weltweit. Eine Zunahme an internationalen Studiengängen fordert vom Fachpersonal und den Studenten einen Blick über Deutschland hinaus, sodass auch die Bearbeitung von Fallstudien zunehmend internationaler geworden ist. Kritiker sprechen vom Aussterben der Einzelfallstudie. Es wird jedoch oft übersehen, dass sich Fallstudien nicht ausschließlich auf Länder beziehen.

3.2 Stärken der Einzelfallstudie

a) Die Einzelfallstudie ermöglicht sehr detaillierte Analysen und ist somit eine Methode, um Theorien zu testen.

Eine Fallmaximierung geht unvermeidlich zu Lasten kontextueller Erklärungen. Da die Welt zunehmend komplexer wird, kann dieser Komplexität in Einzelfallstudien Rechnung getragen werden. Es gibt so verschiedenartige, scheinbar einzigartige Phänomene, dass ein Vergleich überhaupt nicht möglich ist. Die Politikwissenschaft ist keine *exakte* Naturwissenschaft.

Während Experimente oder vergleichende Fallstudien primär Wenn-dann-Beziehungen erklären, kann mittels Einzelfallstudien, da diese weitaus tiefer in die Materie eindringen, das *Warum* erklärt werden (vgl. van Evera 1997: 55). Begründungen der Auswirkungen der unabhängigen auf die abhängige Variable sind einfacher mit Einzelfallstudien zu erreichen. Intensive Untersuchungen sind selbst bei limitierten Forschungsressourcen möglich. Vergleichende Forschungen sind im Allgemeinen arbeits- und zeitintensiver. Somit ist die Einzelfallstudie eine ressourcenschonende Methode, mittels der durch wenige Ressourcen oft sehr viel erreicht werden kann.

b) Die Einzelfallstudie trägt zur Theoriebildung bei.

Phänomene wie beispielsweise Parteiensysteme oder politische Kulturen sind so komplex, dass man sie erst einmal verstehen muss, bevor man vergleichend arbeiten kann und sollte. Fakt ist, dass in diesen Fällen erst durch Einzelfallstudien vergleichende Studien ermöglicht werden. Im Anfangsstadium der Forschung müssen Informationen über den Objektbereich gewonnen werden. Der Gegenstandsbereich kann abgesteckt, methodische Erfahrungen können gesammelt und Problembereiche ermittelt werden.

Die aus der Aufbereitung von Zahlen und Fakten und der qualitativen Beschreibung von Phänomenen resultierenden Hypothesenbildungen können sehr wohl zur Theoriebildung beitragen. Einzelfallstudien bieten Grundmaterial für breit angelegte Vergleichsvorhaben. Darüber hinaus sind Einzelfallstudien so einzigartig, dass sie leicht Theorien bestärken oder entkräften können.

c) Die Einzelfallstudie ist den Rahmenbedingungen der Politikwissenschaft angepasst.

Generelles Problem der Vergleichenden Politikwissenschaft ist die relativ kleine Anzahl von Fällen (meistens Staaten) und die sehr große Anzahl möglicherweise für eine vergleichende

Analyse in Frage kommenden Variablen (vgl. Hartmann 1995a: 152). Ergebnis ist, dass die Ergebnisse der Vergleiche keine statistische Relevanz erlangen können. Dies trifft vor allem auf makropolitischer Ebene zu.

4. FAZIT UND AUSBLICK

Die Ausführungen über theoretische und methodologische Grundlagen der Einzelfallstudie haben gezeigt, dass mit Einzelfallstudien ganz unterschiedliche Ziele verfolgt werden können. Erweitert man den Blick von der Einzelfallstudie auf die Vergleichende Fallstudie, so lässt auch dieser Blickwinkel erkennen, dass es bei der Einzelfallstudie um andere Zielsetzungen als bei der Vergleichenden Fallstudie geht. Daher darf die zentrale Frage bei der Auseinandersetzung mit Einzelfallstudien nicht länger die nach dem wissenschaftlichen Forschungsgehalt sein, sondern die Frage nach der Zielsetzung des einzelnen Forschenden.

Möchte der Forschende der Wissenschaft einen fundierten Einblick in ein unbekanntes, äußerst komplexes Phänomen geben, so ist die Durchführung einer Einzelfallstudie angeraten bzw. die einzige Möglichkeit der Ergebniserzielung.

Möchte der wissenschaftlich Forschende eine grundlegende Theorie herleiten, so ist er verpflichtet, vergleichend zu arbeiten. Vermutet der Forschende hingegen, dass eine bestehende Theorie in einem ganz bestimmten Fall scheitern könnte, kann die Durchführung einer Einzelfallstudie zur Falsifizierung einer bestehenden Theorie beitragen.

Möchte der Forschende bestehende Theorien testen und Näheres zum *Warum* des bereits erforschten Tatbestandes erhalten, so ist die Einzelfallstudie als erklärende Studie angebracht. Oft werden erst durch Einzelfallstudien diejenigen Fälle oder Länder beleuchtet, die aufgrund fehlender Daten bei vergleichenden, quantitativ angelegten Analysen ausgeklammert worden sind, da man in der Regel bei Vergleichen die einfacheren, offensichtlicheren Fälle fokussiert. Masse geht häufig zu Lasten von Klasse.

Pragmatisch definiert, ist die Einzelfallstudie eine Studie, mittels der bestehende Theorien überprüft und qualitativ bereichert, bestehende Theorien auf bestimmte Sachverhalte angewendet werden oder ein noch nicht durch gefestigte Theorien erforschtes Phänomen beschrieben werden kann. Letzteres hat als Ziel die Hypothesenformulierung, die in weiteren Schritten der mehrmaligen Überprüfung bedarf, sodass diese Form der Einzelfallstudie eine Vorstufe zur vergleichenden Studie ist.

Generell kann man dem Neuling auf dem Gebiet der Einzelfallstudie folgende Ratschläge mit auf den Weg geben. Ist das Forschungsinteresse nicht primär die Theoriebildung, so ist dem Forschenden zu empfehlen, die skizzierten Stärken der Einzelfallstudie zu nutzen. Ist das Forschungsinteresse die Theoriebildung und sind die Möglichkeiten, vergleichend – aufgrund einer hohen Anzahl zu berücksichtigender Variablen – zu forschen, begrenzt, so ist in einem ersten Schritt das singuläre Phänomen zu beschreiben. Gegebenenfalls kann durch Einbeziehung historischer Fälle oder durch Ausdifferenzierung von Subsystemen wie regionale oder lokale Einheiten sowie Verringerung der Zahl der Variablen (z. B. Kombination von Schlüsselvariablen oder Kombination dieser) ein Vergleich in einem zweiten Schritt ermöglicht werden. Führt die intensive Beschäftigung mit einem einzigen Case zu bestimmten Vermutungen, Hypothesen, so sollte die Zahl der Fälle ausgedehnt werden. Oft ist in diesem Schritt nicht der gleiche Aufwand wie bei der Bearbeitung des ersten Falls vonnöten.

Ist eine Verringerung der Zahl von Variablen, also die Konzentration auf Schlüsselvariablen unmöglich, so sollte der Forschende dies akzeptieren und Johann Wolfgang Goethe folgen:

"Das schönste Glück des denkenden Menschen ist, das Erforschliche erforscht zu haben und das Unerforschliche ruhig zu verehren."

QUALITATIVE COMPARATIVE ANALYSIS (QCA) – EINE EINFÜHRUNG

Maria Josua

1. EINLEITUNG[1]

Wie bereits in dem einführenden Kapitel dieses Abschnitts ausgeführt, ist das wichtigste Ziel des Vergleichs in der empirisch-analytischen Politikwissenschaft die Erforschung von Kausalzusammenhängen. Welche beobachteten Phänomene des politischen Lebens lassen sich auf welche Ursachen zurückführen? Wie lassen sich bestimmte Phänomene der Politik, die uns auf den ersten Blick Rätsel aufgeben, erklären? Der Versuch, vermutete Ursachen und beobachtete Wirkungen in einen Zusammenhang zu bringen, dient sowohl der Formulierung von Hypothesen (induktiver Weg) als auch der Überprüfung von Hypothesen (deduktiver Weg).

Das zentrale Problem besteht bei beiden Wegen in der hohen Zahl möglicher Ursachen. Die Annäherung an eine optimale Erklärung erfolgt daher normalerweise auf dem Weg, mögliche unabhängige Variablen auszuschließen (Ausschluss von Drittvariablen). Je geringer die Fallzahl, desto mehr unabhängige Variablen kommen für die Erklärung in Frage. Die qualitative Vorgehensweise hat hierbei also mehr Schwierigkeiten als die quantitative, das bereits erwähnte Small N-Problem tritt auf: Eine geringe Fallzahl erlaubt keinen statistischen Test, der Drittvariablen bei Nichtkorrelation ausschließen kann, wie dies bei der quantitativen Vorgehensweise mit hohen Fallzahlen dagegen möglich ist. Hier besteht die Schwierigkeit allerdings darin, plausibel zu begründen, warum die beobachteten Korrelationen zugleich auch Kausalzusammenhänge sind.

Wie wir die Aufgabe auch angehen, wir stehen immer wieder vor einem Dilemma! Lässt sich denn dann überhaupt vergleichend forschen? Wenn die wichtigste Funktion des Vergleichs die Erkundung von Ursache-Wirkungs-Zusammenhängen ist, diese aber auf unüberwindbare Hindernisse stößt, was bleibt uns dann an sinnvoller Tätigkeit? Hier ist mit einem weit verbreiteten Missverständnis aufzuräumen: Die besagten Schwierigkeiten der vergleichenden Arbeit können nicht vollständig behoben, die Dilemmata nicht vermieden werden. Es geht darum, die bestmögliche (und nicht die perfekte) Lösung des Dilemmas anzustreben. Dieser

---

[1] Die Autorin dankt Harald Barrios für wertvolle Hinweise und Mitarbeit beim Einleitungsteil sowie Prof. Josef Schmid für weitere Anregungen.

pragmatische Grundgedanke des vergleichenden Forschens wird an späterer Stelle noch eine wichtige Rolle spielen, wir werden also auf ihn zurückkommen.

In dem Bemühen, die auftretenden methodologischen Probleme zu lösen, kann man natürlich ad hoc vorgehen. Das heißt, in einem Forschungsprojekt versucht man die an einem bestimmten Punkt auftretende Schwierigkeit zu beheben und zu begründen, warum man sich in dieser oder jener Weise entschieden hat. Dieses Improvisieren findet seine Grenze darin, dies dann jeweils auch der übrigen Wissenschaftswelt zu vermitteln. Die einzelnen Forschenden im Laufe ihrer Arbeit nicht zu stark damit zu belasten, ist mit ein Grund, auch generelle Strategien zu entwickeln, welche die bekannten Schwierigkeiten der vergleichenden Forschung erleichtern sollen. Dadurch soll nicht zuletzt das Improvisieren in geordnete Bahnen gelenkt und wissenschaftlich nachvollziehbar gemacht werden. Auch diese Strategien stellen freilich keine *Königswege* des Vergleichens dar, sondern haben jeweils ihre Vorzüge und Nachteile.

Der US-Politikwissenschaftler Charles Ragin schlägt eine Vergleichsmethode vor, welche die Vorzüge qualitativer und quantitativer Vorgehensweisen miteinander zu verbinden und die bei beiden auftretenden Probleme so zu minimieren sucht. Die neue Technik, genannt **Qualitative Comparative Analysis (QCA)**, ist insofern eher unkonventionell, als anstatt des Drittvariablenausschlusses eine Art Drittvariablenkontrolle angestrebt wird. Man bezieht nämlich eine vergleichsweise große Anzahl von potenziellen unabhängigen Variablen in die Untersuchung ein, wobei deren Kombinationen untereinander im Mittelpunkt stehen. Erst im Verlauf der Analyse werden diese allein durch logische Verfahren vereinfacht. Dadurch soll bei QCA der Komplexität der sozialen Wirklichkeit besser Rechnung getragen werden. Dies geschieht in Abgrenzung zu quantitativen Methoden, die anhand einer möglichst geringen Anzahl von Variablen einen Kausalzusammenhang darstellen. Jedoch übernimmt Ragin von den quantitativen Vorgehensweisen eine formalisierte Darstellungsweise. Er möchte also das Small-N-Problem lösen, indem er qualitative Denkweise mit logisch-quantitativer Darstellung kombiniert.

Durch die Verbindung von qualitativen und quantitativen Prinzipien, sollen Untersuchungen mit mittleren Fallzahlen in der Forschung besser fassbar gemacht werden. Aufgrund der natürlich begrenzten Fallzahl etwa von Staaten in vergleichenden politikwissenschaftlichen Fragestellungen, strebt unsere Disziplin an, Theorien mittlerer Reichweite zu bilden. Jedoch führt der Gegensatz zwischen qualitativen und quantitativen Ansätzen tendenziell dazu, dass die jeweiligen Vertreter Untersuchungen mit sehr vielen oder sehr wenigen Fällen vornehmen, der interessante mittlere Bereich aber vernachlässigt wird. Für qualitativ ausgerichtete Wissenschaftler wie zum Beispiel Länderspezialisten ist es methodologisch schwierig, sich mit einer Fallzahl zwischen fünf und 50 intensiv zu beschäftigen. Den meist relativ kleinen Forschergruppen mangelt es zudem häufig an Ressourcen finanzieller und zeitlicher Art, was das Sammeln großer Datenmengen erschwert. Ebenso wenig vermögen quantitative Forscher bei einer mittleren Fallzahl statistisch signifikante Ergebnisse zu erzeugen. Ragin sieht bei diesen beiden Strömungen jedoch mehr Ergänzung als Widerspruch. Seine der komparativen Methode verpflichtete Technik stellt keineswegs den Königsweg, wohl aber einen gelungenen Versuch dar, die Mitte zwischen umfassenden, komplexen und generellen Erklärungen auszuloten.[2]

QCA lässt sich natürlich auch auf andere Gebiete als die Politikwissenschaft anwenden, jedoch bietet sich das Verfahren hier besonders an als eine Möglichkeit, mit dem Small-N-Dilemma konstruktiv umzugehen. Zu diesem Zweck verwendet man die Boolesche Algebra, ein System der Aussagenlogik, auf das unten weiter eingegangen wird. Mathematische oder statistische Vorkenntnisse sind für das Arbeiten mit QCA nicht erforderlich. Für die Anwen-

---

[2] In vielen Punkten stellt QCA die formalisierte Umsetzung von Prinzipien dar, die Arend Lijphart zuvor für die komparative Methode gefordert hat (vgl. Lijphart 1971: 686ff.).

dung steht ein Computerprogramm zur Verfügung, wobei die derzeitige Software bis zu 12 unabhängige Variablen untersuchen kann.

Grundsätzlich vereint Qualitative Comparative Analysis insgesamt Elemente qualitativer und quantitativer Verfahren, wie der Name jedoch bereits nahe legt, überwiegen erstere bei den grundlegenden Prinzipien. Demnach werden Fälle nicht in ihre einzelnen Bestandteile, also Variablen, zerlegt, bis dass kein Zusammenhang zwischen ihnen mehr feststellbar ist und der Fall selbst in seiner Gesamtheit aus dem Blick gerät. Vielmehr gelten Fälle als Zusammensetzungen verschiedener kausaler Variablen, in Ragins Terminologie Konfigurationen. Eine wichtige Erkenntnis liegt in der Komplexität der sozialen Realität begründet, nämlich dass es keine Monokausalität gibt. Vielmehr wirken grundsätzlich mehrere verschiedene Variablen zusammen, die ein **Outcome** bewirken. Dies nennt Ragin die *konjunkturale* Verkettung von Ursachen, die bereits auf J.S. Mills Methode der chemischen Verkettung beruht (vgl. Mill 1885/1968).

Zudem haben unabhängige Variablen in verschiedenen Kontexten unterschiedliche Effekte: Im einen Fall ziehen sie das Outcome mit sich, in einem anderen Fall hat ihre Anwesenheit nicht diese Folge.[3] Auf der anderen Seite können ganz unterschiedliche Konfigurationen von Variablen dasselbe Outcome verursachen. Ein weiterer Aspekt dieser Sichtweise ist die Grundannahme, dass bereits geringfügige Veränderungen einzelner Variablen, die in der quantitativen Forschung als graduelle Abweichung klassifiziert werden, qualitative Veränderungen im Outcome bewirken können.

Dieses Kapitel kann es angesichts des begrenzten Raums nicht leisten, die Leser zu eigenständigen Untersuchungen mit QCA zu befähigen.[4] Das Ziel ist vielmehr, die Vor- und Nachteile eines einzelnen Verfahrens im Rahmen von Comparative Politics näher zu beleuchten und Anwendungen in der Literatur nachvollziehbar zu machen. Abschließend soll noch auf interessante Weiterentwicklungen der Technik wie die Verwendung von Fuzzy Sets sowie Kritik an dem Ansatz eingegangen werden.

2. VERFAHRENSWEISE

Nach diesem kurzen Überblick über die Prinzipien, die QCA zugrunde liegen, erfolgt nun eine Einführung in die Verfahrensweise, wobei eher auf die grundsätzliche Logik als auf technische Einzelheiten eingegangen wird.

2.1 Boolesche Logik

Die Grundlage des Verfahrens von QCA ist die **Boolesche Algebra**. Auf dieser formalen Logik basieren alle heute verwendeten Computersprachen. Die Prämisse der Booleschen Algebra besagt, dass Fälle sich entweder in oder außerhalb einer bestimmten Kategorie befinden. Es ist offenkundig, dass solche Kategorien nicht von Natur aus bestehen, sondern sie beruhen auf (wissenschaftlichen) Definitionen. So gehört beispielsweise Frankreich in die Kategorie der zentralistischen Staaten, Deutschland hingegen nicht. Man arbeitet demzufolge mit zweiwertigen, **dichotomen Variablen**. Es wird also jede Variable in zwei Ausprägungen kodiert, in der Form 1 = wahr und 0 = falsch. Diese logischen Aussagen sind gleichsam Antworten auf Fragen nach dem Inhalt einer Kategorie, die auf unterschiedliche Weise gestellt werden können, sodass die konkrete Antwort sich variieren lässt, beispielsweise als 1 = ja; 0 = nein oder etwa 1 = hoch; 0 = niedrig. Auch Dynamik lässt sich erfassen durch 1 = Zunahme, 0 = Abnahme. Die Variablen sind dabei in jedem Fall verbal skaliert.

---

[3] Diese beiden Möglichkeiten gehen auf den "most similar with different outcome" bzw. "most different with same outcome" -Ansatz von Przeworski/Teune (1970) zurück.

[4] Interessierte seien auf die einführenden Publikationen von Ragin (1987; 1994) verwiesen.

Auch Variablen sind bekanntermaßen nicht einfach *da*, schon gar nicht bezogen auf eine bestimmte Untersuchung. Für QCA wie für jedes andere Verfahren ist die Konzeptualisierung und Operationalisierung zentral für die Qualität der Ergebnisse. Es ist von entscheidender Bedeutung, die Variablen *richtig* auszuwählen und dann angemessen zu kodieren. Hier erfordert die Zweiwertigkeit der Variablen, dass der Forschende einen Schwellenwert festlegt, der 1 von 0 trennt. Dies geschieht aufgrund eigener theoretischer Vorüberlegungen. So wird z. B. eine Einteilung von *reichen* und *armen* Ländern, gemessen anhand des Bruttoinlandsprodukts, wie sie sich gemäß der Fallauswahl der durchgeführten Untersuchung unterscheiden, je nachdem, ob eine Regionalstudie über OECD-Staaten oder Lateinamerika bearbeitet wird.

2.2 Die Wahrheitstafel

Hat man die Variablen ausgewählt und Werte zugeteilt, werden die Daten in einer Rohdaten-Matrix, der so genannten **Wahrheitstafel**, dargestellt. Horizontal werden die Werte der einzelnen Variablen sowie der untersuchten Outcome-Variablen und die Anzahl der beobachteten Fälle mit dieser Konfiguration abgetragen (nach der empirischen Feststellung, ob das Outcome vorhanden ist: 1 = ja, 0 = nein), vertikal alle denkbar möglichen Kombinationen daraus, dem binären Zahlensystem folgend.[5]

Zur Illustration dient die QCA-Anwendung von Maryjane Osa und Cristina Corduneanu-Huci (2003), in der die Autorinnen die Vorbedingungen für soziopolitische Mobilisierung in autoritären Regimen auf der ganzen Welt untersuchen.[6] Das Outcome hier ist *soziale Mobilisierung (*S), definiert als „nachhaltige kollektive Aktion von unterdrückten oder nicht der Elite angehörenden Teilen der Gesellschaft, die sich gegen staatliche Politik richtet" (vgl. Osa/Corduneanu-Huci 2003; eigene Übersetzung, M.J.)[7]. 1 bedeutet in diesem Fall, dass soziopolitische Mobilisierung zu verzeichnen ist, 0 das Gegenteil. Als unabhängige Variablen entnehmen die Forscherinnen aus der bestehenden Forschung folgende: Dynamik der staatlichen Repression (R), freier Zugang zu Medien (M), einflussreiche Verbündete (V) und Spaltungen innerhalb der staatlichen Eliten (E). Daneben möchten sie den Einfluss sozialer Netzwerke (N) untersuchen, wie es einzelne Studien vorschlagen (vgl. Osa/Corduneanu-Huci 2003). Bei der ersten erklärenden Variablen entscheidet Zunahme (1) beziehungsweise Abnahme (0) der Repression über die Kodierung, bei den restlichen An- oder Abwesenheit.[8]

---

[5] Aus Platzgründen werden hier nur die beobachteten Kombinationen aufgeführt, da eine vollständige Wahrheitstafel hier 2^5 Reihen, also 25 Zeilen, in Anspruch nehmen würde.

[6] Osa/Corduneanu-Huci wollen durch diese Fragestellung u. a. dem von ihnen beobachteten Bias in der Demokratisierungsforschung entgegensteuern, der dazu führt, dass hauptsächlich *erfolgreiche* Fälle von Mobilisierung im Gegensatz zu weiter bestehenden autoritären Systemen untersucht werden. Genauere Ausführungen zu diesem Thema finden sich in dem Beitrag von Oliver Schlumberger und Roy Karadag in diesem Band.

[7] Alle Übersetzungen aus dem Englischen stammen von der Autorin.

[8] Die für die Kodierung notwendigen Daten werden aus der Literatur von zumeist Länderspezialisten übernommen.

Tabelle 1

R	M	V	E	N	S	Empirische Fallzahl	Ausgewählte Beispiele
0	0	1	0	0	0	1	Polen 1960-1965
0	0	1	0	1	1	1	Brasilien 1977-1978
0	0	1	1	1	1	1	Iran 1979-1981
0	1	0	1	0	1	1	DDR 1953-54
						0	1	Chile 1983-87[9]
0	1	0	1	1	1	1	Polen 1955-1958
0	1	1	1	1	1	6	China 1989
1	0	0	0	0	0	4	Spanien 1952-55
1	0	0	0	1	1	1	Rumänien 1986-89
1	0	1	0	1	1	1	Chile 1973-76
1	0	1	1	1	1	3	Portugal 1958
1	1	0	0	0	1	1	Burma 1988
1	1	0	0	1	1	2	Südafrika 1976-77

Man erhält somit eine beispielhafte Tabelle binärer Werte, in der jede logische Kombination von Variablen eine Reihe einnimmt. Der Begriff *Wahrheitstafel* ist so zu verstehen, dass für die dargestellten Variablenkonfigurationen der ebenfalls angegebene Wert des Outcomes (0 oder 1) wahr ist, z. B. die Aussage *10001 hat das Outcome 1* ist wahr, wie der Fall Rumänien zeigt.

Die einzelnen Reihen entsprechen den Fallgruppen mit identischen Variablenkonfigurationen, wobei für manche Konstellationen sicherlich keine empirischen Fälle vorliegen werden, angezeigt durch das Symbol „-" in der Outcome-Spalte. Dies rührt daher, dass manche Phänomene besonders oft im Kontext anderer Variablen auftreten, die womöglich selbst als unabhängige Variablen im Blick sind. Aus der Sicht der Variablenkontrolle erscheint diese Interdependenz zwischen möglichen unabhängigen Variablen problematisch. Doch anstatt wie quantitative Methoden *den einen* oder einen *besten* verantwortlichen Faktor zu isolieren, liegt bei QCA das Erkenntnisinteresse darauf, die Gesamtheit eines Phänomens zu erfassen. Daher wird eine mögliche Interdependenz unter den Variablen explizit benannt und in die Untersuchung integriert.

---

[9] Bei dieser Kombination tritt ein Widerspruch auf: sowohl das negative als auch das positive Outcome wurden festgestellt. Bei der Reduktion wurde diese Kombination daher nicht weiter beachtet.

2.3 Boolesche Operatoren

Um logische Aussagen über die Konfigurationen von Variablen – und damit letztlich über die Fälle selbst – zu treffen, stellt die Boolesche Algebra weitere so genannte Operatoren zur Verfügung, durch die man Variablen verschiedenartig miteinander verknüpfen kann.

- Ein wichtiges Prinzip von QCA basiert auf dem Grundsatz der kombinatorischen Logik, dass 0 und 1 gleich relevant sind: Die Abwesenheit eines möglichen kausalen Faktors, die **Negation**, ist ebenso bedeutsam wie seine Anwesenheit. Dies ist ein Aspekt des holistischen Blickwinkels des Booleschen Ansatzes, der „(...) Fälle nicht isoliert betrachtet, sondern immer im Kontext der An- und Abwesenheit anderer kausal relevanter Bedingungen" (vgl. Ragin 1987: 93; eigene Übersetzung, M.J.). Daher formuliert man Kombinationen aus an- **und** abwesenden Variablen, eben aus 0 und 1. Die aus der Wahrheitstafel gewonnenen binären Zahlen werden durch Buchstaben ausgedrückt, wobei ein Großbuchstabe die Existenz einer Variablen darstellt, ein Kleinbuchstabe deren Abwesenheit bedeutet (z. B. S: soziale Mobilisierung ist vorhanden, s: sie ist nicht vorhanden).

- Und-Verknüpfungen werden durch **Boolesche Multiplikation** (x) ausgedrückt. Jede Reihe der Wahrheitstafel lässt sich dadurch darstellen. Der Hintergrund dabei ist, dass das beobachtete Outcome nur vorliegt, wenn eben diese verschiedenen Variablen zusammenwirken – dies kann, wie bereits bemerkt, in An- oder Abwesenheit geschehen. Die Reihe 10001 kann, wie gerade gezeigt, als R x m x v x e x N, oder kürzer RmveN, dargestellt werden. Dieser Ausdruck steht somit für die Gruppe von Fällen, in denen R und N beide vorhanden, m, v und e gleichzeitig abwesend ist.

- Die **Boolesche Addition** (+) hingegen ist eine Oder-Verknüpfung, die kausale Alternativen aufzeigt. Sie reiht unterschiedliche Ausdrücke aneinander, die mit dem Outcome zusammen auftreten können (z. B. RmveN + RmVeN). In Bezug auf die Wahrheitstafel ausgedrückt, sind dies dann deren verschiedene Reihen.

2.4 Logische Reduktion

Der nächste Schritt ist es, die Reihen bzw. Ausdrücke, für die das Outcome 1 ist, gesondert von den anderen zu betrachten, sofern das Erkenntnisinteresse dieser Untersuchung sich auf die Fälle mit positivem Outcome richtet, was die Regel sein dürfte, da ansonsten die Ausgangsfrage anders gestellt würde. Im vorliegenden Beispiel lautet der gesamte Term für S = 1 rmVeN + rmVEN + rMvEN + rMVEN + RmveN + RmVeN + RmVEN + RMven + RMveN. Es liegt auf der Hand, dass dieses vollständige, aber sehr komplexe und unübersichtliche Ergebnis vereinfacht werden muss. Dies ist auch notwendig, damit man überhaupt Schlüsse aus der Untersuchung ziehen und Generalisierungen aufstellen kann. Nun erfolgt die Boolesche **Minimierung**, deren Grundregel lautet:

> Wenn zwei Boolesche Ausdrücke sich nur in einer kausalen Bedingung unterscheiden, jedoch dasselbe Outcome produzieren, so kann diejenige Variable, die die beiden unterscheidet, als irrelevant angesehen und fallen gelassen werden, um einen kombinierten, einfacheren Ausdruck zu schaffen. (Vgl. Ragin 1987: 93)

Mithilfe der Buchstaben ausgedrückt, entspricht das folgendem Beispiel:

Wenn bei rMvEN und rMVEN dasselbe Outcome zu beobachten ist, so hat V in diesem Kontext offensichtlich keinen verändernden Einfluss auf das Outcome. Die Variable V wird dann für diese Kombinationen außer Acht gelassen, was zu dem vereinfachten Term rMEN führt. In anderen Variablenkombinationen bleibt V hingegen erhalten, wenn die Minimierungsregel nicht zur Anwendung kommt. Durch paarweisen Vergleich nach diesem Beispiel untersucht man alle einzelnen Reihen der Wahrheitstafel und reduziert so die Ausdrücke. Dies wird solange durchgeführt, bis keine weitere Vereinfachung mehr möglich ist, wobei auch die bereits reduzierten Terme nach diesem Schema weiter minimiert werden. So können Variablen ausgeschaltet werden (symbolisiert durch -), jedoch nur für die jeweils beteiligten Terme. In den anderen Ausdrücken bleibt diese Variable erhalten, dafür können andere wegfallen, je nach vorhandenen Konstellationen und Outcomes. Durch Zahlen ausgedrückt sieht dieser Schritt etwa wie folgt aus: Reduktion für Outcome *soziale Mobilisierung* $S = 1$:[10]

01011 + 01111 → 01-11

Danach findet eine Abgleichung der reduzierten Terme untereinander statt, wobei die bereits in anderen Ausdrücken enthaltenen Variablenkonfigurationen als überflüssig identifiziert und aus der endgültigen Gleichung herausgenommen werden. Die simpleren, umfassenden Terme werden als *prime implicants* bezeichnet.

Tabelle 2

	00101	00111	01011	01111	10001	10101	10111	11000	11001
01-11			x	x					
-01-1	x	x				x	x		
1100-								x	x
1-001					x				x
10-01					x	x			

Die endgültige Gleichung, die knapp die alternativen Kombinationen darstellt, bei denen im Rahmen dieser Untersuchung das Outcome auftritt, lautet:

S = rMEN + RmeN + RMvn + RveN + mVN

Dieser Term zeigt, dass keine der untersuchten Variablen völlig ausgeschlossen wurde, je nach Kontext kann eine andere Kombination von Bedingungen das Outcome bewirken. Bei der Untersuchung von Variablen kann weiter unterschieden werden zwischen **hinreichenden und notwendigen Bedingungen**. Eine Bedingung ist dann hinreichend, wenn sie alleine genügt, um das Outcome zu erzeugen. Sie muss allerdings nicht notwendige Bedingung sein, wenn andere Variablen das gleiche Outcome erzielen. Eine notwendige Bedingung muss, wie der Name bereits andeutet, auf jeden Fall vorhanden sein, damit das Outcome eintritt. Eine notwendige Bedingung muss aber nicht hinreichend sein, wenn noch andere Variablen oder Variabel-Kombinationen präsent sein müssen, um ein bestimmtes Outcome zu erzielen.

Die Erkenntnis der kausalen Komplexität bei den Prinzipien von QCA impliziert bereits, dass in der Empirie einzeln auftretende hinreichende und notwendige Bedingungen nicht die Regel sein werden. Es ist jedoch vonnöten und möglich, gemäß dem Prinzip der kausalen Verkettung, sowohl jede einzelne Variable als auch alle Kombinationen daraus dementsprechend zu testen. Hinreichende und notwendige Gründe lassen sich durch die fertigen Ausdrücke relativ einfach erkennen: Erscheint eine Variable in jedem einzelnen Ausdruck des Endergebnisses, so ist sie notwendig; erscheint eine Variable in reduzierter Form für sich alleine, ist sie hinreichend. In diesem Beispiel gibt es keine Variable, die in jedem reduzierten Term auftritt, es existiert also keine einzelne notwendige Bedingung. Jedoch können die alternativen

---

[10] Dasselbe Verfahren kann man natürlich auch für s = 0 anwenden, dies entspricht aber nicht der Fragestellung der Untersuchung.

minimierten Ausdrücke als jeweils hinreichend angesehen werden: wenn diese Gründe gebündelt auftreten, so ist auch das Outcome zu beobachten.[11]

Bei der Darstellung der Ergebnisse besteht die Möglichkeit der **Faktorisierung**. Diese kann, wie aus der Schulmathematik bekannt, Alternativen von kausalen Variablen verdeutlichen. Dies führt zu mehr Übersichtlichkeit und kann auch hilfreich für die Interpretation der Ergebnisse sein. So lassen sich die beiden Ergebnissätze RveN und RmeN als ReN(v+m) darstellen. Dies verdeutlicht die verschiedenen Bedingungen, unter denen es zur Mobilisierung der Massen kommt, wenn die Unterdrückung durch die einheitlich herrschende Elite zunimmt und soziale Netzwerke bestehen. Entweder die Abwesenheit eines einflussreichen Verbündeten oder unfreie Medien (oder beides) können dann als Auslöser für das Outcome angesehen werden.

Gerade an dieser Stelle ist es jedoch wichtig, keine Kausalität zu unterstellen! Angemessen und teilweise auch üblich ist es, bei QCA die möglichen unabhängigen Variablen *nur* als Bedingungen oder Begleiterscheinungen des Outcomes zu bezeichnen, da man anhand einer rein formalen Operation die wirklichen Ursachen nicht zurückverfolgen kann. Dies kann nur in qualitativen Studien geschehen beziehungsweise muss in den verwendeten Konzepten begründet sein.

3. EINORDNUNG UND KRITIK

Was die erwähnte Verbindung qualitativer und quantitativer Elemente bei QCA anbelangt, so hat sich gezeigt, dass der Ansatz einerseits „halb verbal-konzeptuell" als auch „halb mathematisch-analytisch" ist (vgl. Ragin 2000: 4; eigene Übersetzung, M.J.). So weist QCA formale Ähnlichkeit mit variablenorientierten Methoden auf, die Wahrheitstafel beispielsweise ist eine Art Datenmatrix. Von den analytischen Fähigkeiten her entspricht es tatsächlich quantitativen Methoden, so besitzt es die „Stärke (…) multipler Regression" (Peters 1998: 165). Im Gegensatz zu herkömmlichen Verfahren steht jedoch bei QCA nicht Häufigkeit, sondern Vielfalt im Mittelpunkt – es sollen alle *Ausreißer* Beachtung finden, denn abweichende Fälle werden ähnlich wie in qualitativen Methoden als hilfreich betrachtet: „gegenteilige Hinweise werden typischerweise als Grundlage für die Verfeinerung, nicht Ablehnung einer Theorie verwendet" (vgl. Ragin 2000: 167; eigene Übersetzung, M.J.). Die Denkweise bleibt also qualitativ. Dennoch ist QCA keineswegs holistisch im klassischen Sinne, denn Fälle mit derselben Konfiguration von Bedingungen werden als de facto identisch behandelt.

Zu den Nachteilen ist zunächst zu bemerken, dass das Verfahren an sich nicht mehr Erkenntnisse liefern kann als die zuvor geleistete empirische Analyse. Daher müssen einer Untersuchung mit QCA sehr klare Konzepte und Theorien zugrunde liegen. Es ist also nicht möglich, einfach nach simplen Endergebnissen zu suchen. Beim Umgang mit Anwendungen wie der oben vorgestellten, bezieht sich die erste Frage des kritischen Lesers darauf, ob die *richtigen* Variablen in der Analyse enthalten sind oder ob wichtige vergessen wurden. Die Variablen- und Fallauswahl stellt wie in jedem Design die größte Herausforderung dar.

Ein großes Defizit ist, dass keine Gewichtung der einzelnen Variablen und somit keine Hierarchisierung von Ursachen möglich ist (vgl. Schneider/Wagemann 2002). Man kann letztendlich nur erfahren, ob Variablen eine Rolle spielen, jedoch nicht welche. Leider ist QCA wie viele andere Modelle auch relativ statisch. QCA nimmt jedoch nicht für sich in Anspruch, diese Probleme eher grundsätzlicher Art, die bei vielen anderen Verfahren ebenfalls auftreten, zu lösen.

---

[11] In einem weiteren Reduktionsschritt, der hier nicht weiter ausgeführt werden kann, identifizierten Osa/Corduneanu-Huci die Variablen *Zugang zu Medien (M)* und *soziale Netzwerke (N)* als einzelne hinreichende Bedingungen (vgl. Osa/Corduneanu-Huci 2003). Dies leuchtet unmittelbar ein, betrachtet man den endgültigen Term: in jedem Ausdruck ist eine der beiden Variablen vorhanden.

Die elegante Darstellung ist auf den ersten Blick ein großer Vorteil, allerdings sollte diese Besonderheit auch kritisch betrachtet werden. Der Ergebnisterm erscheint so, als wäre er aus reiner Logik gewonnen und somit *richtig* und vollständig.[12] Doch das Ergebnis kann, wie bereits erwähnt, nie besser sein als die verarbeiteten Daten und zugrunde liegenden Theorien, die der Forschende verwendet. QCA generiert keineswegs von sich aus wissenschaftlich fundierte Ergebnisse, jedoch erweckt die Erscheinungsform den Eindruck von Verlässlichkeit, der unter Umständen über schwache Inhalte oder triviale Erkenntnisse hinwegtäuschen kann. Dies gilt es zu bedenken, wenn man Untersuchungen mit diesem Verfahren nachvollziehen oder selbst durchführen will.

Ein für QCA spezifisches Problem taucht auf, wenn Widersprüche innerhalb der Wahrheitstafel bestehen, also wenn in einer Reihe sowohl Fälle mit positivem als auch mit negativem Outcome vorliegen. Eine bestimmte Kombination von Bedingungen bringt dann kein eindeutiges Outcome mit sich (vgl. Ragin 1987: 113ff.). Die Wahrscheinlichkeit, dass ein solches Phänomen auftaucht, steigt vor allem mit einer größeren Anzahl untersuchter Fälle.

Große Aufmerksamkeit wird dem Problem der begrenzten Vielfalt (*limited diversity*) beigemessen. Dies bezeichnet die Tatsache, dass meistens gar nicht alle logisch möglichen Kombinationen der Wahrheitstafel in der Realität vorkommen. Um durch Reduktion zu den angestrebten kürzestmöglichen Aussagen zu gelangen, sind jedoch viele Konfigurationen notwendig, die sich nur in einer Variablen unterscheiden. Deswegen bietet es sich manchmal an, vereinfachende Annahmen zu treffen, indem man empirisch nicht vorhandene Fälle in die Gleichungen mit einbezieht, wenn dadurch kürzere Gleichungen möglich werden. Für diese hypothetischen Fälle nimmt man an, dass ihr Outcome dem übergeordneten Prinzip nicht widersprechen würde, wenn es real feststellbar wäre. Bei letzterem handelt es sich jedoch um das Ergebnis, das durch dieses Vorgehen erst erzeugt werden soll! Insofern ist dies mit Blick auf die externe Validität des Endergebnisses mit Vorsicht anzuwenden. Je weniger vereinfachende Annahmen einem kausalen Ausdruck zugrunde liegen, umso glaubwürdiger kann man ihn betrachten, da er empirisch unterfüttert ist (vgl. Ragin 2000: 303). Die Praxis, Fälle einfach zu *erfinden* und deren Outcome vorherzusagen, entspricht jedenfalls nicht der Logik von QCA, die ja stets vom höchstmöglichen Maß an sozialer Komplexität ausgeht. Diese beiden größeren Komplexe von Schwierigkeiten sind im Gegensatz zu den anderen dargestellten Problemen typisch für QCA. Es gibt dafür jeweils zahlreiche verschiedene Lösungsvorschläge, nicht zuletzt von Ragin selbst, die hier jedoch nicht vorgestellt werden.

Methodenimmanent ist außerdem das Problem, dass alle Variablen nur zwei Ausprägungen aufweisen. Diese Vereinfachung der Daten ist entscheidend für die Qualität der Untersuchung, denn der Forscher muss zum einen bei graduellen Variablen selbst den Punkt festlegen, der 0 von 1 trennt, außerdem muss eine Operationalisierung für nominal skalierte Variablen gefunden werden, die mehr als zwei Werte aufweisen können.[13] Bei der Festlegung des Schwellenwerts besteht immer die Gefahr, dass der Wissenschaftler seine Setzungen so definiert, wie es seiner Vorannahme entspricht, wenn er eine These überprüfen will. Eine andere Festlegung der Werte liefert dann womöglich ein anderes Ergebnis, sodass dieses nicht mehr intersubjektiv nachvollziehbar ist. Auf keinen Fall kann man den beträchtlichen Informationsverlust vermeiden, der bei der Dichotomie erfolgt. Obwohl die Komplexität der Fälle im Vordergrund der Untersuchung steht, werden die einzelnen Variablen wiederum verhältnismäßig simpel kodiert (vgl. Peters 1998: 169).

---

[12] Weitergehende Fundamentalkritik würde sich dahingehend äußern, dass mit logischen Prinzipien die komplexe soziale Wirklichkeit gar nicht erfasst werden kann. Dieser wissenschaftstheoretische Einwand würde komparative Forschung in letzter Konsequenz unmöglich machen.

[13] Ragin schlägt vor, solche Kategorien durch mehrere dichotome Variablen auszudrücken. Eher einleuchtend ist die Variante von Lasse Cronqvist.

4. WEITERENTWICKLUNGEN

Das zuletzt genannte Defizit, die Dichotomie von QCA, ist einer der maßgeblichen Ausgangspunkte, an denen Verbesserungen der Methode ansetzen. Zu nennen sind hierbei die Veröffentlichung *Fuzzy Set Social Science* von Ragin (2000) – inzwischen fast zum Standard avanciert – sowie das beachtenswerte Multiple Value QCA (vgl. Cronqvist 2003).

4.1 Fuzzy Set QCA

Die Weiterentwicklung Fuzzy Set/QCA von Ragin selbst basiert auf so genannten *Fuzzy-Werten* im Dezimalbereich zwischen 0 und 1. Der Inhalt des Begriffs *Fuzzy* lässt sich im Gegensatz zur binären Booleschen Algebra wie folgt beschreiben: „Objekte können zu unterschiedlichen Graden an einem Set teilhaben" (vgl. Ragin 2000: 3; eigene Übersetzung, M.J.). Es geht hier also nicht mehr wie beim herkömmlichen QCA um rein dichotome Variablen, bei denen ein Fall entweder *vollständig im Set* oder *außerhalb des Sets* ist, sondern die Fuzzy-Variablen sollen gerade auch Zwischenwerte annehmen. Das oben dargestellte QCA könnte die Frage, ob es morgen regnen wird oder nicht, nur mit ja oder nein beantworten. Fuzzy wäre demgegenüber die Abstufung zwischen Nieselschauern, einem Wolkenbruch etc.[14] Für unpräzise Kategorien oder sehr komplexe Konzepte wie das Wetter und viele politische Phänomene ist diese Herangehensweise also relevant, zum Beispiel gibt es wiederum unzählige Abstufungen auf einem Kontinuum zwischen *wohlhabenden* und *armen* Ländern.

Für die Skalierung kann man zwischen verschiedenen mehrstufigen Intervallskalen auswählen, je nachdem, wie präzise die zur Verfügung stehenden Werte sind. Entweder es wird nur der Zwischenwert 0,5 eingefügt oder beliebig viele weitere Abstufungen (z. B. insgesamt sieben Stufen mit zusätzlich 0,16; 0,33; 0,5; 0,66; 0,84). Darüber hinaus kann mit völlig freien Skalen gearbeitet werden, wobei die Werte 0 und 1 wiederum sinnvoll festgelegt werden müssen. Dem Schwellenwert zwischen 0 und 1 bei QCA entspricht hier methodisch der Wert 0,5. Das zuvor angeführte Beispiel der Festsetzung des BIP verdeutlicht wiederum die Möglichkeiten des Verfahrens: Steht eine wirtschaftspolitische Fragestellung im Vordergrund, so wird eine sehr feine Skalierung gewählt werden; geht es hingegen nur um grobe Tendenzen, genügen wenige Abstufungen.

Da bei Fuzzy Sets der Bereich der Booleschen Algebra verlassen wird, unterscheidet sich die Technik hier vom herkömmlichen QCA. Die Negation erhält man, indem man den Fuzzy-Wert von 1,0 subtrahiert, also folgendermaßen: ~A = 1-A. Anstelle der Booleschen Multiplikation nimmt man von zwei Ausdrücken 0,16A und 0,33A den niedrigeren, also 0,16A. Für die Boolesche Addition hingegen wird der jeweils höhere Wert verwendet. Weiterhin gibt es Operationsmöglichkeiten, die hier nicht vorgestellt werden; besonders das Errechnen von hinreichenden und notwendigen Bedingungen hat einen hohen Stellenwert, wobei Ragin teilweise wieder auf herkömmliche statistische Verfahren zurückgreift.

---

[14] Dies gilt zumindest für Ragin, ist aber eine gewisse Abweichung vom herkömmlichen *Fuzzy*-Begriff, der in der Mathematik und den Naturwissenschaften bereits seit Jahrzehnten gebräuchlich ist. Bei dem ursprünglichen Verständnis steht die Unsicherheit viel mehr im Vordergrund, also die Frage, ob es überhaupt regnen wird.

4.2 Tools for Small-N Analysis (TOSMANA)

Eine andere Verfeinerung von QCA ist das Konzept des *Multiple Value QCA (MVQCA)* von Lasse Cronqvist sowie seine *Tools for Small-N Analysis (TOSMANA)* (vgl. Cronqvist 2003). Er geht das Problem der Dichotomie von Variablen nicht mit graduellen Werten an wie bei Fuzzy Sets, sondern bietet eine andere Lösung sowie weitere Hilfsmittel für das Arbeiten mit QCA.

Der Begriff *Multiple Value* deutet bereits darauf hin, dass Cronqvist mehrfache Werte zulässt. Nominal skalierte Variablen, die nur äußerst unzureichend vom traditionellen QCA erfasst werden können und bei denen auch Zwischenwerte keinen Sinn ergeben – wie z. B. *Nord, Süd, Ost, West, Zentrum* – stellt er schlicht mit weiteren ganzen Zahlen dar, also Nord = 1, Süd = 2, Ost = 3, West = 4, Zentrum = 5. Für die Darstellung der logischen Terme ergeben sich dann leichte Änderungen,[15] doch die Verfahrensweise von QCA wird hier beibehalten. Diese *Treue* zum Original ist insofern zu begrüßen, als es bei der Verwendung von Fuzzy Sets zunächst nicht möglich ist.

Unter der Abkürzung TOSMANA sind Visualisierungshilfen für QCA-Nutzer zusammengefasst. Ein sehr hilfreiches davon ist der *thresholdsetter*, der es erleichtern soll, bei der Operationalisierung der Variablen den wichtigen Schwellenwert zwischen 0 und 1 sinnvoll festzulegen. Mit Clustern lassen sich die empirischen Werte grafisch darstellen. Somit wird deutlich sichtbar, wo Abweichungen in den Werten sich nicht nur graduell, sondern als *differences in kind* niederschlagen.

5. SCHLUSSBEMERKUNG

Wenn man die Besonderheiten von QCA auf den Punkt bringt, so ist die Herangehensweise an das Small-N-Problem zu betonen. Erst nach der Betrachtung zahlreicher potenzieller Variablen findet der Ausschluss von Faktoren statt, die in der speziellen Untersuchung im Kontext bestimmter anderer Variablen keinen erkennbaren Einfluss auf das Outcome haben. So bleibt, ausgehend von der größtmöglichen kausalen Komplexität, trotz einer mittleren Fallzahl letztendlich eine relativ mäßige Anzahl von Variablen übrig. Der große Vorteil des Ansatzes ist es, trotz der analytischen Vorgehensweise, Fälle nicht in einzelne Variablen zu zerlegen, sondern als Konfigurationen von Charakteristika zu betrachten. Zusammengefasst kann das Verfahren „die untersuchten Fälle im Hinblick auf die abhängige Variable („outcome") in der kürzestmöglichen widerspruchsfreien Weise beschreiben bzw. bestehende Widersprüche hinsichtlich der untersuchten Fälle aufdecken" (Berg-Schlosser 2003: 117). Die logische Darstellung ermöglicht sogar eine Differenzierung zwischen notwendigen und hinreichenden Bedingungen, was in der Empirie gleichwohl mehr Probleme bereitet.

Boolesche Algebra eignet sich besonders dazu, Theorien und auch ältere Studien aus der Literatur zu überprüfen, also zur deduktiven Verwendung.[16] Auch wenn die Frage nach der Kausalität nicht geklärt werden kann, ermöglichen die Konfigurationen es doch, Strukturmuster herauszuarbeiten (vgl. Tyrkkö 1999: 153). Wenn man die endgültigen logischen Aussagen auf die empirischen Fälle zurück bezieht, so lassen sich Typologien bilden, die für die Modellbildung nützlich sein können (vgl. Tyrkkö 1999: 123 ff.). QCA wohnt also auch ein großes induktives Potenzial inne, denn indem die Fälle in Typologien je nach Variablenkonfiguration eingeteilt werden, tritt die Vergleichbarkeit von Fällen deutlich zutage. Innerhalb dieser Typen sind dann Generalisierungen möglich. Somit liefert die Methode ein Fundament für weitergehende fallorientierte Arbeiten. Darüber hinaus lassen sich mit Hilfe von Fuzzy

---

[15] Statt Groß- und Kleinschreibung der Variablen-Buchstaben: A(1) bzw. A(3) etc.
[16] Ein Beispiel dafür ist die Untersuchung klassischer Demokratietheorien von Berg-Schlosser/De Meur (1994).

Sets Idealtypen konstruieren, mit denen man empirische Fälle vergleichen kann, um so deren Nähe zu verschiedenen Idealtypen zu erforschen.[17]

Die Mängel des dichotomen QCA lassen sich zu weiten Teilen durch die Verwendung von Fuzzy Sets oder anderen Verfeinerungen minimieren, je nach Erkenntnisinteresse und verfügbaren Daten bietet sich eine Untersuchung mit oder ohne Fuzzy Sets an. Gerade Forschern, die in Mathematik nicht bewandert sind, gibt Ragin ein einfaches, aber effektives Hilfsmittel an die Hand. Anspruchsvollere Berechnungen lassen sich mit der letzten Neuerung Ragins (2005) anstellen, wobei die ursprüngliche Vorgehensweise mit Wahrheitstafeln auch auf Fuzzy Sets angewandt wird und weitere Zugewinne verspricht.

Die größten Hindernisse für fundierte Ergebnisse liegen nicht in der Methode an sich begründet. Vielmehr ist QCA besonders für die Untersuchung einer mittleren Fallzahl, die mit anderen Techniken kaum fassbar ist, eine angemessene und wirksame Verfahrensweise. Auf relativ simplem Wege können bis zu 50 Fälle verglichen werden, ohne dass dabei die jeweiligen Besonderheiten aus dem Blickfeld geraten. Generalisierungen mittlerer Reichweite sind somit ebenfalls begrenzt möglich. Die Ergebnisse sind zwar nur für die jeweils verwendete Fallauswahl gültig. Für diese Forschungsresultate bietet QCA jedoch eine denkbar knappe sowie elegante Darstellungsweise, die in logischer Form komplexe Zusammenhänge veranschaulichen kann.

---

[17] So untersucht Jon Kvist die Nähe von Wohlfahrtsstaaten zum nordeuropäischen Modell, indem er mit Fuzzy-Werten Idealtypen modelliert und die empirischen Fälle damit vergleicht (vgl. Kvist 2003). Eine weitere Verfeinerung von Ragin (2004) bietet die methodische Grundlage für diese Vorgehensweise.

DAS QUANTITATIVE FORSCHUNGSMODELL IN DER VERGLEI-CHENDEN POLITIKWISSENSCHAFT

Volker Dreier

1. EINLEITUNG

Ein klassisches Beispiel

In seiner auch für die Grundlagen vergleichender Politikwissenschaft zum Klassiker avancierten Politik, klassifiziert und diskutiert Aristoteles die Staatsverfassungen der Stadt-Staaten im antiken Griechenland. Aus seinen Beobachtungen und theoretischen Überlegungen extrahiert er zunächst sechs Arten von Staatsverfassungen, die er in drei richtige (gute) und in drei (korrupte) Abweichungen von diesen differenziert (vgl. Aristoteles 1989: 3. Buch, 1279b, 4.Buch, 1289a): Die Monarchie (Königsherrschaft) und die Tyrannis, die Aristokratie und die Oligarchie sowie die Politie und die Demokratie. Jedes dieser drei Paare ist unter dem Gesichtspunkt *Anzahl der Herrschenden* weiter charakterisiert: In der Monarchie und der Tyrannis herrscht **einer**, in der Aristokratie und der Oligarchie **wenige** und in der Politie und Demokratie **viele**. Unter typologischen Gesichtspunkten betrachtet, sind die sechs Typen von Staatsverfassungen folglich das Ergebnis des kartesischen Produkts der Variablen *Form der Herrschaft* mit den Merkmalsausprägungen *gut* und *korrupt* sowie *Anzahl der Herrschenden* mit den Merkmalsausprägungen *einer*, *wenige* und *viele*.

Typologie der Staatsverfassungen nach Aristoteles

Anzahl der Herrschenden, Form der Herrschaft	Einer	Wenige	Viele
Gut	Monarchie (Königsherrschaft)	Aristokratie	Politie
Korrupt	Tyrannis	Oligarchie	Demokratie

Im Anschluss dieser Unterteilung bringt Aristoteles u. a. die drei Abweichungen Tyrannis, Oligarchie und Demokratie in eine Rangordnung, wobei er von dem schlechtesten ausgeht. Aristoteles zufolge ist die Tyrannis die schlechteste, die Oligarchie die zweitschlechteste und die

Demokratie die drittschlechteste der korrupten Staatsverfassungen. Die hier nur kursorisch und sehr verkürzt referierten Ausführungen von Aristoteles enthalten bereits Grundelemente des konzeptionellen Rahmens der empirisch-quantitativen Methode(n) einer modernen vergleichenden Politikwissenschaft.

Variablen und ihre Eigenschaften

Die Untersuchungseinheiten von Aristoteles stellen die griechischen Stadt-Staaten dar, deren Verfassungen er unter den Gesichtspunkten *Form der Herrschaft* und *Anzahl der Herrschenden* in sechs Typen klassifiziert. Beide Gesichtspunkte repräsentieren Variablen, das heißt Begriffe mit mindestens zwei Merkmalsausprägungen. Die Variable *Form der Herrschaft* stellt eine nominal-skalierte Variable dar, die ihren Gegenstandsbereich vollständig in zwei oder mehrere sich gegenseitig ausschließende Klassen einteilt. Die Variable *Anzahl der Herrschenden* kann zunächst ebenfalls als eine nominal-skalierte Variable betrachtet werden, besitzt jedoch gegenüber einer solchen einen höheren Informationsgehalt, da wir bei ihren Merkmalsausprägungen die Relation *größer als* im Kontext einer Rangordnung angeben können. Wir bezeichnen solche Variablen als ordinal-skalierte Variablen oder als komparative Begriffe. Wären die Merkmalsausprägungen dagegen nummerisch bestimmt, z. B. anstatt *wenige* mit 100, so läge ein metrischer Begriff bzw. eine metrisch-skalierte Variable vor. Bei der von Aristoteles vorgenommenen Ordnung der korrupten Staatsverfassungen nach dem Beurteilungsgrad ihrer Schlechtigkeit liegt dagegen eine rein ordinal-skalierte Variable vor.

Nominal- und ordinal-skalierte Variablen werden als qualitative Variablen und metrisch-skalierte Variablen als quantitative Variablen bezeichnet. Diese Unterscheidung wirft vordergründig die Frage auf, inwieweit qualitative Variablen im Rahmen einer quantitativen Analyse zu behandeln sind. Diese Frage betrifft zunächst einmal die Beziehung der Konzepte *Qualität* und *Quantität* in ihrer Grundsätzlichkeit zueinander – eine Beziehung, die in der Auseinandersetzung zwischen qualitativ und quantitativ orientierter vergleichender Politikwissenschaft teilweise sehr kontrovers behandelt wird (vgl. dazu z. B. Berg-Schlosser/Quenter 1996; Hartmann 1995: 25-30; King/Keohane/Verba 1994).

Qualität und Quantität

Obwohl die Thematisierung von Quantität von Beginn an in Beziehung zu Qualität behandelt wurde, ist das Verhältnis dieser beiden Kategorien zueinander im Laufe der Geschichte unterschiedlich bestimmt worden, so insbesondere als gleich ursprünglich, als reduzibel und als dialektisch (vgl. Schäfer 1973: 1146). Ohne an dieser Stelle den begriffsgeschichtlichen Verlauf dieser beiden Kategorien nachzeichnen zu wollen, kann für unsere Darstellung Folgendes festgehalten werden:

Qualität und Quantität bilden keine sich gegenseitig ausschließende Dichotomie, die eine disjunkte Klassifizierung in eine qualitativ orientierte und in eine quantitativ orientierte vergleichende Politikforschung rechtfertigen würde. Eine solche Unterteilung ist Folgewirkung einer im 19. Jahrhundert erfolgten Abgrenzung der Geisteswissenschaften vom methodologischen Paradigma der Naturwissenschaften durch Postulierung einer genuinen Methode der Geisteswissenschaften als ideografische (verstehende) Methode von der den Naturwissenschaften attestierten nomothetischen (erklärenden) Methode (vgl. Dreier 1997: 258-262). Eine solche attestierte Dichotomie ist jedoch prinzipiell in Frage zu stellen, da *Verstehen* und *Erklären* keine sich gegenseitig ausschließenden Kategorien noch gleichwertige autonome Methoden darstellen, sondern sich einander bedingen.

Einem Vorschlag von Stegmüller (vgl. 1969: 362) folgend, erscheint es sinnvoller Weise angebrachter, nicht das Begriffspaar *erklären-verstehen* zu verwenden, sondern eher das Begriffspaar *erklären-beschreiben*. Demzufolge ist *Verstehen* nicht dem *Erklären* als Alternative gegen-

überzustellen, sondern der *Erklärung* voranzustellen, denn „verstehende Methoden gehören [...]
zu den Forschungstechniken, die für die Anwendung theoretischen Wissens in den Sozialwissenschaften in Frage kommen. Sie bieten keinen Ersatz für die theoretische Erklärung von Verhaltensweisen, sondern sie schaffen unter Umständen die Voraussetzung für diese" (Albert 1971:
140). Die *so genannte Methode des Verstehens* betrachten wir deshalb nicht als ein Verfahren, um
zu bestätigenden Aussagen über einen Sachverhalt zu kommen, sondern zunächst als eine
Heuristik, eine operationale Methode (vgl. Abel 1964), um zu Hypothesen zu gelangen, die man
als Prämissen eines erklärenden Arguments verstehen kann. Eine Ansicht, die übrigens auch Max
Weber vertritt, indem er betont, dass Aussagen im Rahmen einer verstehenden Soziologie trotz
ihrer Verstehbarkeit den Status prüfungsbedingter Hypothesen haben. Weber zeigt damit, dass
Sinnzusammenhänge nicht als hinzunehmende Letztgegebenheiten erscheinen müssen, die den
Wirkungszusammenhängen der natürlichen Welt enthoben sind, sondern unter Verwendung
nomologischen Wissens erklärbar (deutbar) werden (vgl. Weber 1973: 108).

Qualität und Quantität sind zwei sich gegenseitig bedingende Kategorien, deren Gegensatz im
Begriff des Maßes aufgehoben ist, da das Maß immer Quantum von etwas besagt und im Begriff
der Maßeinheit immer auch ein qualitatives Moment gesetzt ist (vgl. Schäfer 1973: 1147). Dies
bedeutet jedoch nicht, dass Qualität auf Quantität zurückgeführt wird, denn gerade für quantitative Gesetze (Kausalhypothesen) wird ja ein Qualitätsbegriff vorausgesetzt. Wenn wir bspw. eine
Kausalhypothese der Form *Je höher die Wahrnehmung von politischer Korruption in einem Land
ist, desto niedriger ist die Zufriedenheit der Bevölkerung in das Funktionieren der demokratischen Institutionen ihres Landes*, so haben wir damit eine Kausalhypothese zwischen zwei
qualitativen, nämlich ordinal-skalierten Variablen formuliert, deren Ergebnis jedoch quantitativ
über eine geeignete Messgröße beurteilt werden kann. An dieser Stelle ist es von Bedeutung
anzumerken, dass wir nicht die Variable *an sich* messen, sondern die Merkmalsausprägungen der
Variablen. Auf unser Beispiel bezogen heißt dies, dass wir nicht streng genommen die qualitative
Entität *politische Korruption* messen, sondern die Merkmalsausprägungen dieser Variablen.
Allgemein formuliert bedeutet dies, dass wir nicht Objekte messen, sondern deren Eigenschaften
bzw. Merkmalsausprägungen. Messen ist somit die Bestimmung der Ausprägung einer Eigen-
schaft eines Objekts und erfolgt in einem engeren Sinne durch die Zuordnung von Zahlen zu den
Objekten, die Träger der zu messenden Eigenschaft sind.

Das Moment der Messung ist als **die** Grundvoraussetzung für jegliche quantitativ orientierte
Forschung und so auch für die quantitative vergleichende Politikforschung konstitutiv.

Messen

Nach Stevens (1946) ist *Messen* die Zuordnung von Zahlen zu Objekten und beruht auf drei
Elementen:

1. Einer Menge von empirischen Objekten
2. Einer Menge von Zahlen
3. Einer Abbildung (Zuordnungsvorschrift) zwischen beiden Bereichen, die bestimmten
   Regeln genügt

Eine Menge von empirischen Objekten wird in der Messtheorie als empirisches Relativ bezeichnet. Es besteht aus einer geordneten Menge von empirisch erfassbaren Objekten und einer Menge
von empirischen Relationen, die bezogen auf die Menge der empirisch erfassbaren Relationen
definiert ist. Eine Menge von Zahlen wird in der Messtheorie als nummerisches Relativ bezeichnet. Es besteht aus einer geordneten Teilmenge der reellen Zahlen, die die Menge der empirisch
erfassbaren Objekte repräsentieren soll und ebenfalls aus einer Menge von Relationen, die
bezogen auf die Teilmenge der reellen Zahlen definiert ist. Zwischen dem empirischen und dem
nummerischen Relativ wird bei der Messung eine Relation gebildet, die jedem Element des
empirischen Relativs ein Element des nummerischen Relativs zuordnet und zwar so, dass

zwischen empirischem und nummerischem Relativ eine strukturtreue Abbildung ermöglicht wird. Eine solche strukturtreue Abbildung wird als Morphismus bezeichnet.

In der Messtheorie sind zwei Formen von Morphismen möglich: Isomorphie und Homomorphie. Liegt eine Isomorphie zwischen empirischem und nummerischem Relativ vor, so lässt sich aus einer nach einer Messung zugeordneten Zahl eindeutig bestimmen, welches Objekt durch die Zahl bezeichnet wird. Bei einer isomorphen Abbildung liegt eine umkehrbar eindeutige Abbildung vor. Eine Homomorphie liegt dagegen vor, wenn zwischen empirischem und nummerischem Relativ einer Zahl mehrere Objekte zugeordnet sind. Bei einer homomorphen Abbildung liegt folglich eine nicht umkehrbar eindeutige Abbildung vor.

Nach diesen Ausführungen kann eine präzisere Definition des Messens formuliert werden. Messen ist demnach nicht nur eine Zuordnung von Zahlen zu Objekten, sondern die Konstruktion einer strukturtreuen Abbildung (Funktion) einer empirischen Relationsstruktur in eine nummerische Relationsstruktur, sodass die Zuordnung einen Isomorphismus oder einen Homomorphismus erzeugt. Nach dieser präziseren Bestimmung der beiden Relative kann eine Messung auch als adäquate Repräsentation des empirischen Relativs durch das nummerische Relativ bezeichnet werden.

Welche Zahlen wir letztendlich den Objekten des empirischen Relativs zuordnen oder zuordnen können, hängt vom Skalenniveau der Objekte des empirischen Relativs ab. Auf unser einführendes Beispiel von Aristoteles bezogen, können wir die beiden Merkmalsausprägungen der nominal-skalierten Variablen *Form der Herrschaft* bspw. mit jeden zwei von einander verschiedenen Zahlen kodieren, so etwa *gut* mit *1'* und *korrupt* mit *2'*. Die Merkmalsausprägungen der ordinal-skalierten Variablen *Form der Herrschaft* können ebenfalls mit drei voneinander verschiedenen Zahlen kodiert werden, jedoch mit der weiteren Forderung, dass die zugeordneten Zahlen mit der Rangordnung der Merkmalsausprägungen ordinal-kongruent sind, so etwa *Einer* mit *1'*, *Wenige* mit *2'* und *Viele* mit *3'*. Eine solche nummerische Kodierung (Messung) ist in der quantitativen Analyse erforderlich, da diese qualitativen Variablen in der statistischen Analyse nur in Form von Zahlenwerten, die in einer Datenmatrix angeordnet sind, bspw. mit computergestützten statistischen Software-Programmen untersucht werden können.

Direkt und indirekt messbare Variablen

Unabhängig davon, ob wir es in unserer Analyse mit deskriptiv nominal-, ordinal- oder metrisch-skalierten Variablen zu tun haben, sind diese unter einem weiteren Gesichtspunkt zu differenzieren, nämlich insofern sie direkt empirisch messbar sind oder nur indirekt. Im ersten Fall sprechen wir von empirischen Konzepten bzw. manifesten Variablen, im zweiten Fall von theoretischen Konzepten bzw. latenten Variablen. Im Beispiel von Aristoteles' Typologie stellt *Demokratie* eine latente Variable dar, *Anzahl der Herrschenden* jedoch eine manifeste. Die manifeste Variable *Anzahl der Herrschenden* lässt sich direkt durch Abzählen messen, die latente Variable *Demokratie* jedoch nur indirekt über manifeste Variablen. Welche manifesten Variablen eine latente Variable indirekt und auch nur partiell messen, wird im so genannten Prozess der Operationalisierung der latenten Variablen festgelegt. Die Operationalisierung einer latenten Variablen durch manifeste Variablen erfolgt über so genannte Korrespondenzregeln, das heißt Regeln, die angeben, welche manifeste(n) Variable(n) die latente Variable empirisch messbar macht (machen). Eine solche Festlegung ist jedoch nicht als definitiv aufzufassen, sondern als prinzipiell variabel. Dies finden wir bereits bei Aristoteles selbst, der die Staatsverfassung *Demokratie* in verschiedene Arten klassifiziert (vgl. Aristoteles 1989: 4. Buch, 1291b-1292a). Eine Angabe von empirischen Variablen zur Messung einer latenten Variablen erfordert deshalb in einem ersten Schritt zunächst einmal eine Analyse der Dimensionen der latenten Variablen und dann die Auswahl der Dimension der latenten Variablen, die operationalisiert werden soll.

Für die Messung der latenten Variablen *Demokratie* im interkulturellen Vergleich in der modernen Vergleichenden Politikwissenschaft, hat bspw. Hans-Joachim Lauth (2004) neuerdings eine innovative konzeptionelle Grundlegung präsentiert, in der er acht moderne Ansätze zur Demokratiemessung vorlegt und analytisch vergleicht.

Die Funktion und Struktur empirischer Theorien im quantitativen Forschungsmodell

Für jede empirische Wissenschaft, insofern sie sich als eine empirische Wissenschaft versteht, ist die Konstruktion und Anwendung empirischer Theorien ein konstitutiver Bestandteil ihrer Forschungspraxis. Sind es doch Theorien, die uns bei der Annäherung an empirisch erfassbare Phänomene leiten und es uns ermöglichen, diese Phänomene in deskriptiver, explanatorischer und prognostischer Weise zu erfassen. Theorien können deshalb auch als Hauptinformationsträger der empirischen und somit auch politikwissenschaftlichen Erkenntnis bestimmt werden (vgl. Spinner 1973: 1487), wobei ihre Konzeption sowohl Ziel (vgl. Carnap 1946: 520) als auch Voraussetzung (vgl. Popper 1982: 31, 224) von empirischer Forschung ist.

Innerhalb der empirischen vergleichenden Politikforschung – die sich in ihrer Praxis dem methodologischen Instrumentarium der empirischen Sozialforschung bedient – wird im Rahmen des quantitativen Forschungsmodells vornehmlich von einer Theorienkonzeption ausgegangen, die auf den metatheoretischen Entwürfen des Logischen Empirismus und des Kritischen Rationalismus (vgl. Popper 1982) beruht und innerhalb der analytischen Wissenschaftstheorie als **Standardkonzeption** bzw. als **Empiristisches Standardmodell für wissenschaftliche Theorien** bezeichnet wird (vgl. Suppe 1977). Dieser Auffassung zufolge ist eine empirische Theorie primär ein System von miteinander verbundenen hypothetischen Gesetzesaussagen über einen empirisch erfassbaren Gegenstandsbereich, das mehr oder weniger stark formalisiert sein kann. Genauer betrachtet besteht eine empirische Theorie in der Standardkonzeption strukturell aus drei miteinander verbundenen Elementen (vgl. Dreier 1993: 62-91, 1994: 66-76, 1997: 234-237): Erstens aus einer Kerntheorie, die theoretische und/oder empirische Konstrukte umfasst, die durch theoretische Postulate zueinander in Verbindung stehen; zweitens aus Indikatoren, d. h. empirischen Begriffen, welche die theoretischen Konstrukte partiell messbar machen und drittens aus einer Menge von Korrespondenzregeln, die angeben, durch welche Indikatoren die theoretischen Konstrukte empirisch angezeigt werden können.

Das innerhalb des Logischen Empirismus und im Laufe der Entwicklung des Analytischen Empirismus weiterentwickelte **Empiristische Standardmodell für wissenschaftliche Theorien**, rekurriert in seiner Grundintention auf die von Carnap (1974) vorgenommene Unterteilung der wissenschaftlichen Gesamtsprache in zwei Teilsprachen. Grundlegend für diese Unterteilung war die Unmöglichkeit, theoretische Begriffe vollständig auf empirische Begriffe zurückzuführen.

Nach Carnap ist die wissenschaftliche Gesamtsprache L in eine theoretische Sprache L_t mit einem theoretischen Vokabular V_t und in eine Beobachtungssprache L_o mit einem Beobachtungsvokabular V_o untergliedert. Beiden Teilsprachen gemeinsam ist die Grundstruktur von logischen und deskriptiven Konstanten. Das Beobachtungsvokabular V_o der Beobachtungssprache L_o sind Prädikate (Beobachtungsterme), die sowohl Eigenschaften als auch Beziehungen ausdrücken. Die theoretische Sprache L_t kann als ein System von ungedeuteten Postulaten aufgefasst werden, dessen theoretisches Vokabular V_t aus theoretischen (nicht-beobachtbaren) Termen besteht. Soll theoretischen Begriffen innerhalb dieser dualen Denkfigur empirische Relevanz zukommen, so müssen sie mittels so genannter Zuordnungsregeln (Korrespondenzregeln) mit empirischen Begriffen verknüpft bzw. interpretiert werden. Zuordnungsregeln können als Schlussregeln oder als Postulate formuliert werden; dergestalt, dass sie Ableitungen in die eine oder andere Richtung ermöglichen, wobei sie jedoch nie direkt, sondern immer indirekt und unvollständig sind, wonach folglich keine vollständige Deutung der theoretischen Begriffe erfolgen kann.

2. DAS ABC DES QUANTITATIVEN FORSCHUNGSMODELLS IN DER VERGLEICHENDEN EMPIRISCHEN POLITIKFORSCHUNG

Zunächst soll zwischen Forschungsperspektive und Forschungsmodell unterschieden werden. Allgemein ausgedrückt werden unter Forschungsperspektiven die grundsätzlichen Sichtweisen bzw. die grundsätzlichen Annahmen verstanden, die dem empirischen Forschungsprozess zugrunde liegen und zwar in ontologischer, erkenntnistheoretischer, axiologischer, rhetorischer und methodologischer Hinsicht (vgl. Dreier 1997a: 330).

In nachfolgender Tabelle sind die grundsätzlichen Annahmen der quantitativen und der qualitativen Perspektive kurz vergleichend zusammengefasst.

Die quantitative und qualitative Forschungsperspektive im Vergleich

Annahmen	In Bezug auf	Quantitative Perspektive	Qualitative Perspektive
ontologisch	Realität	objektiv und singulär	subjektiv und multipel
erkenntnistheoretisch	Beziehung: Forscher-Forschungsgegenstand	unabhängig	interaktiv
axiologisch	Werte	wertfrei	wertgeladen
rhetorisch	Wissenschaftssprache	formal, unpersönliche Sprache, quantitative Wörter	informal, entscheidungs-abhängig, persönliche Sprache, qualitative Wörter
methodologisch	Forschungsprozess	primär deduktiv, Ursache und Wirkung, kontextu-nabhängig, statistisches Design, Generalisierungen	primär induktiv, dynamisches Design, kontextgebunden, Musterbeschreibung

Unter einem *Modell* verstehen wir die auf der Grundlage einer solchen Perspektive jeweils gründenden, als ideal aufgefassten Ablaufschritte empirischer Forschung. Diese beinhaltet ihre schrittbestimmte Organisation, welche die Vorbereitung der Forschung, das Erstellen des Forschungsdesigns, den Prozess der Datenkonstruktion, ihre Präsentation und Analyse sowie die Dokumentation und Bewertung der Forschungsergebnisse beinhaltet. Wir bezeichnen die organisatorische Verfasstheit des Forschungsprozesses deshalb als Modell, weil in der Forschungspraxis selbst die einzelnen Stufen des Forschungsprozesses nicht immer unbedingt mit der imperativen Vorgabe der durchzuführenden Ablaufschritte identisch sind, sondern sich an diesen nur mehr oder weniger stark orientierten. Das quantitative und das qualitative Modell empirischer Politikforschung ist folglich auch jeweils eine idealisierte Sichtweise des Forschungsprozesses und nicht die strukturgleiche Darstellung oder Spiegelung jedes einzelnen empirischen Forschungsprojekts. Unabhängig davon, ob wir unser Forschungsprojekt mehr quantitativ oder qualitativ ausrichten wollen, ist es erforderlich, eine Skizzierung der Ablaufschritte eines Projekts vorzunehmen, d. h. ein Forschungsmodell zu erstellen. Zur Durchführung dieser Skizzierung ist es hilfreich, auf bestehende Strukturmodelle empirischer Sozialforschung zurückzugreifen: Zum einen, um sie als Leitfaden für das eigene Projekt zu benutzen, um so bspw. schon von vornherein sicherzugehen, nicht wesentliche strukturelle Bestandteile des Forschungsprojekts zu übersehen und zum anderen, um sich zumindest in Grundzügen einen Überblick über die zu veranschlagende Zeit zur Durchführung des Projekts und dessen eventuelle Kosten zu verschaffen.

2.1 Forschungsmodelle

Der Entscheidungsgrund eines Forschers, für sein Forschungsprojekt ein Forschungsmodell zu entwerfen und dabei auf bestehende (allgemeine) Strukturmodelle zurückzugreifen kann u. a. darin gesehen werden, dass ihm solche Modelle eine Grundfolie von durchzuführenden Ablaufschritten bieten und ihn somit auch bis zu einem gewissen Grad von eigener Reflexion entlasten (nicht befreien!). Der Vorteil eines Forschungsmodells besteht darin, dass es aus einer Reihe von aufeinander folgenden und jeweils miteinander verbundenen Schritten besteht, wobei der jeweilige Erfolg eines Schritts von der erfolgreichen Durchführung des davor liegenden Schritts abhängt. Die grundsätzliche Ordnung der Schritte sollte dabei eingehalten werden, wobei diese Forderung bei quantitativen Studien leichter zu erfüllen ist als bei qualitativen.

Wie ein Forschungsmodell, das ein Forscher für sein Projekt verwendet, inhaltlich beschaffen ist, d. h. primär quantitativ oder qualitativ, hängt von der Fragestellung des Projekts und oftmals auch von den methodologischen Präferenzen des Forschers selbst ab. Studien explorativen Charakters unterscheiden sich bspw. von Befragungs-, Kausal- oder experimentellen Studien. Abgesehen von den studienabhängigen Unterschieden des Forschungsmodells besitzt dieses einige Basiselemente, über die in Bezug auf die Methodologie, die Auswahl der Untersuchungseinheiten, die Datenkonstruktion, die Datenanalyse und die organisatorische Struktur des Forschungsprojekts eine Entscheidung getroffen werden muss.

Die Wahl der Methodologie steht am Beginn des Forschungsmodells. Die Frage ist zu klären, ob das Forschungsprojekt ausschließlich quantitativ bzw. qualitativ oder gemischt durchgeführt werden soll. Da diese Entscheidung oftmals von der Forschungsfrage selbst abhängt, sollte sie (muss aber nicht) schon vor der Wahl der Methodologie feststehen. Ein auch von finanziellen Überlegungen abhängiger Schritt beinhaltet die Auswahl der Untersuchungsobjekte. Das bedeutet zunächst einmal die Notwendigkeit danach zu fragen, ob alle für die Forschungsfrage relevanten Untersuchungsobjekte Gegenstand des Projekts sein sollen oder nur eine Stichprobe. Wird nur eine Stichprobe in Betracht gezogen, so gilt es zu klären, wie viele Untersuchungsobjekte diese Stichprobe umfassen soll und welche Schritte unternommen werden müssen, um eine repräsentative Stichprobe zu erlangen.

Ist die Anzahl der Untersuchungsobjekte festgelegt (Grundgesamtheit oder Stichprobe), so besteht der dritte Schritt in der Auswahl der geeigneten Datenkonstruktionsmethode, d. h. in der Frage, ob alle die für die Forschungsfrage relevanten Informationen über die Untersuchungsobjekte mittels Beobachtung, Befragung, Inhaltsanalyse oder Experiment gewonnen werden sollen.

Im vierten Schritt gilt es zu entscheiden, welche Methode der Datenanalyse verwendet und wie diese durchgeführt werden soll. Entscheiden wir uns z. B. für eine Auswertung mittels statistischer Methoden, so müssen wir festlegen, ob wir diese nur deskriptiv oder aber auch analytisch vornehmen, ob wir sie mittels eines statistischen Softwareprogramms oder von Hand durchführen wollen. Führen wir sie mittels Computer durch, so ist es bei eigener Unkenntnis relevanter Statistikprogramme notwendig, entsprechendes Personal zu finden und dieses auch einzuweisen.

Im fünften Entscheidungsschritt schließlich gilt es festzulegen, wie viel Personal für die Durchführung des Projekts erforderlich ist, wie der gesamte Forschungsprozess kontrolliert werden kann und wie gegebenenfalls die Erstellung und Distribution von Fragebögen erfolgen soll, wie viele Interviewer erforderlich sind und eingewiesen werden müssen etc.

Nach dieser kurzen Darstellung wesentlicher Entscheidungen, die in Bezug auf ein Forschungsmodell getroffen werden sollten, lässt sich auch leicht die Frage beantworten, welcher Zweck mit der Erstellung von Forschungsmodellen verbunden ist und welche Funktion ihnen im Hinblick auf die Realisierung eines Forschungsprojekts zukommt. Grundsätzlich bieten sie dem Forscher einen Leitfaden zur Durchführung seines Projekts an. Sie schlagen eine Strategie zur Durchführung der

Forschung vor und helfen somit auch, sowohl die Forschungszeit als auch die Forschungskosten zu minimieren. Daneben bietet der Rekurs auf ein Forschungsmodell bzw. die Konzeption eines Forschungsmodells dem Forscher die Möglichkeit, sein Forschungsprojekt zu systematisieren, d. h. effektiv zu organisieren und den Prozess der Forschung im Hinblick auf die richtige Abarbeitung der Forschungsschritte zu kontrollieren.

Aufbau und Struktur des allgemeinen (quantitativen) Forschungsmodells

Wie viele Elemente sollten nun in ein solches Forschungsmodell aufgenommen werden, d. h. wie weit soll die Flexibilität und Fantasie des Forschers von vornherein schon reglementiert werden? Nehmen wir zu viele Elemente in das Forschungsmodell auf, so besteht die Gefahr, dass es zu starr und unflexibel wird. Nehmen wir dagegen zu wenig Elemente in das Modell auf, so besteht die Gefahr, dass viele Fragen unbeantwortet bleiben und das Modell eventuell ineffektiv ist. Wir wollen hier einen Mittelweg beschreiten und hoffen, dass unser Modell sowohl Effektivität verspricht als auch Flexibilität zulässt.

In unserem Modell orientieren wir uns an fünf Stufen. Jede einzelne Stufe bezieht sich dabei auf einen Sachverhalt, der prinzipiell in jedem empirischen Forschungsprojekt auftaucht. Folgende Stufen bzw. Ablaufphasen eines Forschungsprojekts sind hier anzuführen (vgl. Caplow 1971: 40):

1. Stufe: Forschungsvorbereitung
2. Stufe: Erstellung des Untersuchungsdesigns
3. Stufe: Datenkonstruktion
4. Stufe: Datenanalyse
5. Stufe: Dokumentation der Ergebnisse

Mit diesen fünf Stufen des Forschungsmodells sind folgende zu berücksichtigende Elemente verbunden:

Das (allgemeine) quantitative Forschungsmodell und seine Elemente

Stufe	Elemente
1. Forschungsvorbereitung	• Auswahl des Forschungsgegenstandes • Formulierung der Forschungsfrage (Auswahl der Forschungs-methodologie) • Exploration • Formulierung der Hypothesen • Konzeptspezifikation • Operationalisierung
2. Untersuchungsdesign	• Bestimmung der Zielsetzung • Auswahl der Untersuchungsform • Auswahl des Auswahlverfahrens • Auswahl der Untersuchungseinheiten • Auswahl der Datenkonstruktionsmethode • Auswahl der Datenanalysemethode • Bürokratische Organisation des Forschungsprojekts
3. Datenkonstruktion	• Datenkonstruktion
4. Datenanalyse	• Datengruppierung und -präsentation • Datenanalyse und -interpretation
5. Ergebnisdokumentation	• Publikation der Forschungsergebnisse

2.2 Die Elemente des quantitativen Forschungsmodells in der Vergleichenden Politikwissenschaft

Zu Beginn eines Forschungsprojekts stehen neben der Forschungsfrage zunächst die Auswahl des Forschungsbereichs und des Forschungsgegenstandes. Während der Forschungsbereich sehr allgemein den Rahmen des Forschungsprojekts absteckt, werden mit der Bestimmung des Forschungsgegenstandes speziell die Entitäten festgelegt, an denen die Untersuchung vorgenommen wird. Ein Forschungsbereich kann bspw. die Untersuchung von Demokratien hinsichtlich ihrer Stabilität oder der Wahlbeteiligung sein (vgl. Powell 1982; Berg-Schlosser 1999), der Transformationsprozess postsozialistischer Staaten in Demokratien in den späten achtziger Jahren (vgl. Merkel/Sandschneider/Segert 1996; Linz/Stepan 1996), Formen kommunaler Selbstverwaltung in Europa beinhalten (vgl. Wehling 1994; Dreier 1997b; Lidström 1999), von Allianzen und dem Ausbruch von Kriegen (vgl. Singer/Small 1968) oder von Bürgerunruhen und Regimewechsel handeln (vgl. Gurr 1970).

Mit der Bestimmung des Forschungsgegenstandes werden die Einheiten festgelegt, die innerhalb der Analyse die so genannten Fälle darstellen. Was innerhalb der Vergleichenden Politikwissenschaft einen Fall darstellt, kann sehr unterschiedlich ausfallen. Allgemein formuliert kann unter einem Fall eine in einem Raum-Zeit-Kontinuum eindeutig lokalisierbare Untersuchungseinheit verstanden werden, klassischerweise ein politisches System in einer bestimmten Zeitspanne. Ebenso können Elemente niedriger Allgemeinheitsstufe wie bspw. Regionen, Kommunen oder Individuen als Fälle betrachtet werden. Auch supranationale Systeme wie bspw. die Europäische Union können als Fälle bestimmt werden.

Eine als Fall für die Analyse bestimmte Entität kann unter verschiedenen Gesichtspunkten betrachtet werden. Zum einen kann der Fall holistisch, das heißt in seiner Gesamtheit betrachtet werden oder aber bezüglich bestimmter Dimensionen des Politischen (vgl. Lauth/Winkler 2002:45). Mit der Auswahl des Forschungsbereichs und des Forschungsgegenstandes eng assoziiert ist die Forschungsfrage, das heißt die Frage, auf die wir in unserem Forschungsprojekt eine Antwort finden wollen. Die allgemeine Forschungsfrage in Gurrs Untersuchungen über Bürgerunruhen und Regimewechsel (vgl. Gurr 1970) lautet bspw. *Was sind die Ursachen von Gruppenprotest und Gewalt?*. Gurr entwickelt zur Beantwortung seiner Forschungsfrage eine Theorie, das heißt ein Bündel von miteinander verbundenen empirischen Hypothesen, die er an dreizehn politischen Systemen (Forschungsgegenstand) auf der Basis von zwischen 1957 bis 1963 durchgeführten Meinungsumfragen testet. Die Untersuchung von Gurr stellt folglich eine Theorieüberprüfung dar. Ebenso ist es aber auch möglich, eine vergleichende Untersuchung mit dem Ziel durchzuführen, eine Theorie erst zu konstruieren. Bei dieser Vorgehensweise ist es empfehlenswert, sich an der Leiter der Theoriebildung (vgl. Perry/Robertson 2002: 39) zu orientieren. Ausgehend von einer beschreibenden Einzelfallstudie mit einer Untersuchungsvariablen, steigen wir diese Leiter über eine analytische Einzelfallstudie mit mehr als zwei Variablen bis zu einer internationalen statistischen Strategie mit mehr als zwei Variablen und genügend Fällen hinauf.

Die Leiter der Theoriebildung in der Vergleichenden Politikwissenschaft

(5) *Internationale statistische Strategie:* Zwei und mehr Variablen; genügend Fälle; Techniken des Hypothesentests
(4) *Vergleichende Fall-Strategie:* Zwei und mehr Variablen; zwei und mehr Fälle, jedoch nicht genügend, um Hypothesentests durchzuführen
(3) *Vergleichende Fall-Strategie:* Eine Variable; zwei und mehr Fälle

(2) *Analytische Fall-Strategie:* Zwei und mehr Variablen; ein Fall
(1) *Beschreibende Fall-Strategie:* Eine Variable; ein Fall

Nach Formulierung der Forschungsfrage, können erste Erklärungsskizzen zur Lösung des Problembereichs aufgestellt werden. Es erweist sich dabei als hilfreich, zunächst eine Phase der Exploration, das heißt die Erkundung bereits bestehender theoretischer Erklärungsansätze vorzunehmen. Gurr griff z. B. für die Konzeption seiner zu testenden Theorie über Bürgerunruhen und Regimewechsel auf psychologische, sozialpsychologische und soziopolitische Theorieansätze zurück. Die Konzeption einer Theorie ist folglich auch nie voraussetzungslos, sondern selbst bereits theoretisch in der einen oder anderen Weise determiniert. Generell kann festgehalten werden, dass jede empirische substanzielle Theorie durch einen bestimmten theoretischen Erklärungsansatz determiniert bzw. geleitet wird, bspw. durch einen marxistischen Ansatz, den Rational-Choice-Ansatz, den Politischen Kultur-Ansatz oder einen funktionalistischen Ansatz.

In der Forschungsvorbereitung kommt der Formulierung der zu überprüfenden Hypothesen ein zentraler Stellenwert zu. Die Formulierung von Hypothesen stellt innerhalb der quantitativen Methodologie die Übersetzung des Forschungsproblems bzw. der Forschungsfrage in empirisch überprüfbare Gebilde dar. Wir können auch sagen, dass die Formulierung des Forschungsproblems in Hypothesen schon als eine **vorläufige** Antwort auf das Forschungsproblem zu bezeichnen ist. Eine Hypothese ist – allgemein formuliert – eine Annahme über den Status von Ereignissen oder über Relationen zwischen Variablen. Hypothesen sind, wie bereits angedeutet, damit auch schon vorläufige Erklärungen des Forschungsproblems oder begründete Schätzungen bzw. Vermutungen über das Forschungsresultat.

Empirische Hypothesen können im Prinzip in jeder Form formuliert werden, so auch als Frage. Sie haben jedoch einer Anzahl von Kriterien zu genügen, die bei der Hypothesenformulierung zu beachten sind (vgl. Dreier 1997a: 361):

1. Hypothesen müssen empirisch überprüfbar sein, das heißt, sie müssen so formuliert werden, dass sie sich in Bezug auf empirische Daten als falsch oder richtig (vorläufig bewährt) erweisen können.

2. Hypothesen müssen klar, spezifisch und präzise sein.

3. Hypothesen dürfen keine Behauptungen enthalten, die sich widersprechen.

4. Hypothesen beschreiben entweder Variablen oder/und Relationen zwischen Variablen.

5. Hypothesen sollen immer nur einen Sachverhalt beschreiben.

6. Hypothesen sollen wertfrei sein.

Betrachten wir das erste Kriterium, das eventuell falsch verstanden werden kann. Mit der Forderung, dass eine Hypothese empirisch überprüfbar sein muss, ist, wie angesprochen, implizit die Möglichkeit enthalten, dass sie sich nach der Überprüfung als falsch oder richtig (besser: vorläufig bewährt) erweisen kann. Es ist nun aber ein Trugschluss anzunehmen, dass eine Hypothese von vornherein schon als falsch oder richtig zu bezeichnen ist. Sie kann im Stadium der Formulierung in Bezug auf das Forschungsproblem nur relevant oder irrelevant sein.

Gurr hat für seine Studie folgende drei Grundhypothesen formuliert (vgl. Gurr 1974: 41-44):

1. Je größer die Intensität und die Ausbreitung der Unzufriedenheit in einer Bevölkerung, umso höher die wahrscheinliche Größenordnung des Kampfes.

2. Je größer die normative und utilitaristische Rechtfertigung einer unzufriedenen Gruppe für

den Kampf, umso höher die wahrscheinliche Größenordnung des Kampfes.

3. Je größer die institutionelle und koerzive Kapazität der Dissidenten in Bezug auf die Kapazitäten des Regimes, umso höher die Größenordnung des Kampfes.

Am Beispiel dieser drei Grundhypothesen von Gurr lassen sich weitere Spezifikationen von Hypothesen verdeutlichen. Zunächst ist festzuhalten, dass es sich bei den Hypothesen um Kausalhypothesen handelt, das heißt, es wird jeweils ein Kausaleffekt von einer unabhängigen Variablen (jeweiliger je größer Teil) auf eine abhängige Variable (jeweiliger umso höher Teil) behauptet. Wir haben es folglich jeweils mit einer asymmetrischen Beziehung zu tun. Im Gegensatz zu asymmetrischen Beziehungen behaupten symmetrische Beziehungen nur eine korrelative Beziehung zwischen zwei Variablen, das heißt, es wird auf eine Bestimmung der Variablen in unabhängige und abhängige verzichtet. Können korrelative Beziehungen prinzipiell zwischen allen beliebigen Variablen aufgestellt und deren statistischer Zusammenhang ermittelt werden, so ist die Festlegung einer Kausalbeziehung im Vorfeld theoretisch zu begründen und kann nicht aufgrund eines hohen Wertes der statistischen Assoziation allein schlussgefolgert werden. Kausalbeziehungen besitzen gegenüber korrelativen Beziehungen einen höheren Informations- und Falsifikationsgrad und sind letzteren grundsätzlich vorzuziehen.

Sollen Hypothesen einer empirischen Wissenschaft mehr sein als nur eine systematische Kondensierung sprachlich gebundener Aussagen über auf rein phänomenologischer Ebene erfassten Realitätssegmente, so haben sie, um mit Popper zu sprechen, das zu beschreiben, „was wir als strukturelle Eigenschaften der Welt bezeichnen können" (Popper 1982: 376). Die primäre Fokussierung von empirischen Hypothesen auf strukturelle Eigenschaften der empirisch erfassbaren Wirklichkeit hat unter Zugrundelegung eben dieser Prämisse zur Folge, dass empirische Hypothesen immer schon den Bereich der unmittelbar gegebenen Erfahrung transzendieren. Konstatieren wir die Zielsetzung einer empirischen Wissenschaft als das Streben nach theoretischer Erkenntnis, d. h. als die Suche nach tiefer liegenden strukturellen Invarianzen unserer Welt und deren Erfassung durch gesetzesartige Hypothesen, so reichen uns dafür rein empirische Begriffssysteme nicht mehr aus. Wir haben zur Realisierung dieser Aufgabe folglich Begriffe einzuführen, die über rein empirische Begriffe hinausgehen. Solche Begriffe nennen wir theoretische Begriffe oder latente Variablen. Wir sprechen empirischen Begriffen wie auch theoretischen Begriffen einen empirischen Gehalt zu, doch mit dem Unterschied, dass uns deren Referenten nicht direkt empirisch zugänglich sind wie bspw. Demokratie, Macht, soziale Klasse, politische Kultur, Modernisierung, sozialer Wandel, Revolution, Korruption oder Krieg in der Vergleichenden Politikwissenschaft.

Nach Erstellung der empirischen Hypothesen – wobei grundsätzlich angestrebt werden sollte, diese als Kausalhypothesen zu konzipieren – sind die in den Hypothesen verwendeten Variablen zu präzisieren. Dieser Schritt, der als Konzeptspezifikation bezeichnet wird, umfasst u. a. Entscheidungen darüber, wie die Variablen zu definieren und ob sie empirisch überhaupt messbar sind und wenn ja, ob die Messung direkt oder indirekt vorgenommen werden muss.

Bei der Definition der Variablen – hier insbesondere der latenten Variablen – sind folgende Punkte zu beachten. Da latente Variablen nicht direkt messbar sind, gilt es in einem ersten Schritt, den semantischen Gehalt der Variablen zu untersuchen und sie auf die Untersuchungsfrage hin zu definieren. Betrachten wir dazu die höchst problematische Variable der Korruption. Nach Nye (1967) kann Korruption als ein Verhalten definiert werden, welches von den gesetzlich vorgegebenen Pflichten des Inhabers einer öffentlichen Position dadurch abweicht, dass dieser seine Position zur Befriedigung eigener, familiärer oder klienteler Interessen nutzt. Im Anschluss an diese Definition gilt es jedoch festzulegen, ob ein Akteursverhalten nur dann als korrupt bezeichnet werden soll, wenn es dezidiert gegen Gesetzesvorschriften verstößt, oder auch dann, wenn es zwar ein abweichendes Verhalten von der gesellschaftlichen Norm darstellt, nicht aber gesetzlich sanktioniert werden kann, sondern bestenfalls nur in einem moralischen Sinne. Nach der Festlegung der Semantik einer latenten Variablen gilt es in einem Folgeschritt zu untersuchen, welche Dimensionen bzw. Teilaspekte die Variable besitzt und festzulegen, welche dieser Aspekte gemessen werden soll. Die latente Variable *Korruption* kann bspw. in folgende Dimensionen bzw. Teilaspekte differenziert werden: in political corruption, adminstrative corruption, grand corruption, petty corruption, clientelist corruption und in patrimonial corruption (vgl. Lambsdorff 2000).

Nach Bestimmung der untersuchungsleitenden Semantik der latenten Variablen und der Bestimmung ihrer Untersuchungsdimension, besteht der weitere Schritt innerhalb der Forschungsvorbereitung in der Operationalisierung der latenten Variablen. Im Prozess der Operationalisierung werden latente Variablen messbar gemacht, indem empirische Referenten (so genannte Indikatoren) bestimmt werden, die den theoretischen Begriff partiell messen bzw. direkt empirisch anzeigen. D. h., es wird untersucht und festgelegt, welche direkt empirisch erfassbaren Konzepte (Indikatoren) als Messgrößen für die latente Variable herangezogen werden können. Indikatoren interpretieren sozusagen die latente Variable empirisch. Es ist hierbei jedoch darauf hinzuweisen, dass die Menge der gewählten Indikatoren eine latente Variable immer nur partiell und nie vollständig empirisch interpretiert. Sind bestimmte Indikatoren für eine latente Variable ausgewählt, so ist zu überprüfen, ob sie auch tatsächlich den semantisch festgelegten Inhalt der latenten Variablen messen (Problem der Validität) und ob sie eindeutig und robust sind (Problem der Reliabilität).

Wenden wir die vorausgegangenen Ausführungen zur Operationalisierung bspw. auf die latente Variable *Ausmaß der politischen Korruption in einem staatlich organisierten Gemeinwesen* an, so könnte einer der möglichen Indikatoren folgender sein: Prozentualer Anteil von Verurteilungen von Staatsdienern wegen Bestechung im Amt im Verhältnis zur Anzahl aller strafrechtlichen Verurteilungen in einem Jahr. Dieser auf den ersten Blick eindeutige Indikator ist jedoch unter dem Aspekt der Validität problematisch. Es kann der Fall sein, dass er das Ausmaß von Korruption misst, insbesondere auch dann, wenn wir Messwerte und Veränderungen über einen Zeitverlauf betrachten; es kann aber auch der Fall sein, dass wir mit ihm nicht Korruption messen, sondern die Effizienz der staatlichen Strafverfolgungsbehörden. Darüber hinaus kann der Messwert des Indikators auch von anderen Faktoren beeinflusst werden, wie etwa das Beispiel *Italien* in den 90er-Jahren des letzten Jahrhunderts zeigt. Hier schnellte der Wert im Gefolge des Tangentopoli-Skandals hoch und lag im Vergleich zu den vorangegangenen Jahrzehnten deutlich höher, ohne dass dies jedoch den Schluss zuließe, dass das Ausmaß der Korruption vor 1990 deshalb niedriger gewesen wäre (vgl. Dreier 2003).

Den gegenwärtig wohl am validesten Indikator zur Messung von Korruption stellt der von **Transparency International** verwendete Corruption Perception Index (CPI) dar (vgl. Lambsdorff 2000), der dezidiert für einen Ländervergleich konzipiert wurde. Mit diesem Index, der als ein composite index angelegt ist, wurden 2003 insgesamt 133 Länder erfasst und verglichen (vgl. Hodess/Inowlocki/Rodriguez/Wolfe 2004). Die Länder werden auf einer Ordinalskala von 10 (korruptionsfrei) bis 0 (äußerst korrupt) eingeordnet. Der Index-Wert steht für das wahrgenommene Ausmaß von Korruption im öffentlichen Dienst und unter Politikern. Der Schwerpunkt des Index liegt so im Bereich der politischen Korruption und gründet auf der Wahrnehmung von Korruption durch Auskunftspersonen. Als ein composite index greift er auf konstruierte Daten verschiedener Institutionen wie etwa der Weltbank, der Economist Intelligence Unit und Gallup International zurück. Es werden drei Arten von Informationen verarbeitet: Bewertungen von Länderexperten, Umfragen unter informierten Experten (Geschäftsleuten) und repräsentativen Bevölkerungsumfragen. Um eine valide Vergleichbarkeit zwischen den Ländern zu gewinnen, werden nur solche Länder in den Index aufgenommen, über die mindestens drei Einschätzungen vorliegen.

2.2.1 Das Untersuchungsdesign

Ist die Vorbereitungsphase einer empirischen Untersuchung abgeschlossen, so besteht der nächste Schritt innerhalb des empirischen Forschungsprozesses darin anzugeben, wie die aufgestellten Hypothesen getestet, d. h. empirisch überprüft werden sollen. Konkreter ausgedrückt bedeutet das, dass ein Plan zu erstellen ist, auf dessen Grundlage das Forschungsproblem analysiert bzw. gelöst werden soll, oder – präziser ausgedrückt – gelöst werden **kann**. Ein solcher Plan wird innerhalb des quantitativen Forschungsmodells als Untersuchungs- bzw. Forschungsdesign bezeichnet.

Bei der Erstellung eines auf das Forschungsproblem hin zugeschnittenen Forschungsdesigns sind u. a. folgende Fragen zu beantworten: An welchen Untersuchungsobjekten soll die Untersuchung vorgenommen werden? Was soll an den ausgewählten Untersuchungsobjekten beobachtet werden? Mit welchem Verfahren sollen die benötigten Daten konstruiert werden? Daneben sind noch weitere Überlegungen anzustellen, so bspw., ob die Untersuchung einen explorativen, deskriptiven oder analytischen Charakter haben soll (vgl. Lastrucci 1967: 105ff.). Eine explorative Studie bietet sich an, wenn bspw. erst die Art und Weise sowie die Möglichkeit der Quantifizierung von Entitäten eines bestimmten Forschungsgegenstandes ermittelt werden sollen; wenn zunächst nur Hypothesen generiert und nicht getestet werden sollen; oder wenn bestimmte Techniken zunächst auf ihre Anwendbarkeit auf bestimmte Forschungsfragen hin untersucht werden sollen. Eine deskriptive Studie bietet sich an, wenn z. B. präzise festgestellt werden soll, wie ein ausgewähltes Forschungsproblem innerhalb seines Forschungsgegenstandes genau beschaffen ist, d. h. *Was der Fall ist*. Eine analytische Studie schließlich bietet sich an, wenn z. B. empirische Hypothesen getestet werden sollen, d. h. wenn ermittelt werden soll, *Wie* und *Warum* bestimmte Variablen zueinander in Beziehung stehen. Das aus der Beantwortung dieser Fragen erstellte Forschungsdesign ist dann sozusagen die, wenn auch noch *grobe Blaupause* (vgl. Nachmias/Nachmias 1989: 76), die den Forscher im Forschungsprozess leitet.

Mit der Anführung dieser drei Studientypen kann auch gezeigt werden, dass die zeitliche Trennung von Vorbereitungsphase und Konzipierung des Forschungsdesigns nur eine analytische ist, kann doch die explorative Studie in die Vorbereitungsphase fallen, die analytische dagegen in die darauf folgende Phase des Forschungsprozesses. Bei der Überlegung, wie ein Forschungsdesign für die Analyse eines einmal gewählten Forschungsproblems oder einer Forschungsfrage konzipiert werden soll, sind eine Vielzahl von Kriterien anzuführen. Ihre Beachtung erhöht die Angemessenheit eines konzipierten Forschungsdesigns für das zu bearbeitende Forschungsproblem bzw. hilft schon von vornherein auszuschließen, dass wesentliche Elemente übersehen werden. In nachfolgender Liste sind einige Kriterien und mit ihnen verbundene Optionen und Differenzierungen angeführt, an denen ein quantitativ orientiertes Forschungsdesign orientiert sein kann.

Kriterien, Optionen und Differenzierungen im quantitativen Forschungsdesign
(nach Dreier 1997a: 385ff.; Miller 1991: 19f.)

Kriterium	Optionen	Mögliche Differenzierungen
(1) Art der Studie	• Explorativ • Deskriptiv • Analytisch	• Meta-Analysen • Forschungsüberblicke • Primäranalyse • Sekundäranalyse
(2) Methodologie	• Quantitativ • Qualitativ • Kombiniert	

(3) Untersuchungsdesign	• Experimentell • Quasi-experimentell • Nicht-experimentell	• Differenzmethode • Konkordanzmethode
(4) Kontrolle über das Forschungsobjekt	• Keine Kontrolle • Teilweise Kontrolle • Vollständige Kontrolle	
(5) Daten für den Hypothesentest	• Nur Fall- und Beobachtungsstudie • Nur quantitative Analyse • Quantitative Analyse, ergänzt durch Fall- und Beobachtungsstudien • Andere	
(6) Datenform	• Individualdaten • Aggregatdaten • Ereignisdaten • Verlaufsdaten	
(7) Zeitdimension	• Fälle von einer einzelnen Gesellschaft zu einem bestimmten Zeitpunkt • Fälle von einer einzelnen Gesellschaft zu verschiedenen Zeitpunkten • Fälle von verschiedenen Gesellschaften zu einem bestimmten Zeitpunkt • Fälle von verschiedenen Gesellschaften zu verschiedenen Zeitpunkten	• Querschnittstudie • Längsschnittstudie, Zeitreihen-Analyse • Interkulturell vergleichende Studie • Interkulturell vergleichende Längsschnittstudie
(8) Untersuchungsdimension	• Grundgesamtheit • Stichprobe	Kulturen, Staaten, Nationen, Gesellschaften, politische Systeme, supranationale politische Einheiten etc.
(9) Auswahlverfahren	• Totalauswahl • Zufallsauswahl • Bewusste Auswahl • Willkürliche Auswahl	
(10) Anzahl der Fälle	• Ein Fall • Mehrere Fälle	• Kleine Anzahl zufällig ausgewählter Fälle (< 30) • Große Anzahl zufällig ausgewählter Fälle (> 30)
(11) Datenquelle	• Primärdaten, vom Forscher konstruiert • Noch zu konstruierende Sekundärdaten • Verfügbare Sekundärdaten	

(12) Datenkonstruktion	• Beobachtung • Befragung • Inhaltsanalyse • Dokumentenanalyse	
(13) Anzahl der Variablen	• Eine Variable • Zwei Variablen • Mehr als zwei Variablen	
(14) Skalenniveau der Variablen	• Nominal • Ordinal • Metrisch	• Intervall • Ratio
(15) Variablenform	• Individualvariable • Kollektivvariable	
(16) Auswahl von Skalen zur Messung	• Nicht verfügbar, muss vom Forscher konstruiert werden • Verfügbar, müssen jedoch noch getestet werden • Verfügbar, mit hoher Validität und Reliabilität	
(17) Verteilung der Variablen	• Normal verteilt • Nicht normal verteilt	
(18) Datenanalyse	• Deskriptiv • Schließend	• Explorativ • Konfirmatorisch

2.2.2 Datenkonstruktion

In (12) des quantitativen Forschungsdesigns sind die Methoden der Datenkonstruktion angeführt: Beobachtung, Befragung, Inhaltsanalyse und Dokumentenanalyse. Diese Methoden sind innerhalb der klassischen empirischen Sozialforschung die Königswege zur Konstruktion von Daten, um Hypothesen und Theorien testen und/oder generieren zu können. Innerhalb des quantitativen Modells der vergleichenden Politikforschung werden diese Methoden jedoch nur selten im Rahmen eines vergleichenden Forschungsprojekts originär zur Datenkonstruktion eingesetzt. In der Regel wird bei vergleichenden Analysen mit relativ hohen Fallzahlen (Ländern) auf bereits vorhandenes Datenmaterial, so genannte Sekundärdaten, zurückgegriffen. D. h., es wird auf Daten rekurriert, die im Zusammenhang mit anderen Forschungsprojekten konstruiert wurden. Solche Datensätze werden in Datenarchiven, wie etwa dem **Zentralarchiv für empirische Sozialforschung** an der Universität Köln oder dem **Economic and Social Research Council Data Archive** an der Universität von Essex kompiliert und können kostengünstig für wissenschaftliche Analysen bezogen werden. Weitere Quellen für die sekundärdatengestützte Analyse bieten Datenhandbücher wie das **World Handbook of Political and Social Indicators** (vgl. Taylor/Jodice 1983) und das statistische Handbuch **Comparative World Data** (vgl. Müller 1988) oder Daten der in den Ländern der Europäischen Union jährlich zweimal durchgeführten Umfragen von **Eurobarometer** oder solche statistischer Ämter und anderer Organisationen. Bei Sekundäranalysen ist im Vergleich zu Primäranalysen – d. h. zu Analysen, für die der Forscher selbst die Daten mit einer der angeführten Methoden konstruierte – jedoch zu beachten, dass Sekundärdaten in der Regel nicht für das zur Analyse anstehende Forschungsproblem konstruiert wurden. Sie wurden oftmals vor dem Hintergrund anderer theoretischer und praktischer Schwerpunktsetzungen konstruiert und können als Datenquellen kaum alle Fragestellungen eines Forschungsprojekts empirisch konfundieren. Hier ist es ratsam, verschiedene Datenquellen miteinander zu kombinieren. Exemplarisch sei hier wiederholt der Korruptionsindex CPI von **Transparency International** angeführt, in dem Daten verschiedener Institutionen zusammengefasst werden.

2.3 Datenanalyse und Dateninterpretation

Im quantitativen Forschungsmodell ist der Datenanalyseprozess zunächst von der eigentlichen Intention des Forschungsprojekts abhängig, d. h., sind wir primär an der Überprüfung unserer Hypothesen auf ihre Richtigkeit hin interessiert (Grad ihrer Bewährung) oder wollen wir auf der Grundlage unserer konstruierten Daten erst Hypothesen generieren. Die auf der ersten Intention beruhende Form der Datenanalyse wird als konfirmatorische Datenanalyse bezeichnet, die zweite Form als explorative Datenanalyse. Der Prozess der Datenanalyse im quantitativen Forschungsmodell beinhaltet sechs Aktivitäten, die der Forscher durchzuführen hat: Datenaufbereitung, Ermittlung und Darstellung von Häufigkeiten, Reduktion der Daten, Untersuchung von Beziehungen zwischen Variablen, Vorhersagen sowie die Durchführung statistischer Tests.

Die Datenaufbereitung beinhaltet bei Primärdaten Aktivitäten wie Kodierung der Daten für die softwaregestütze Analyse, Eingabe der Daten und Bereinigung der Daten von eventuellen Fehlern. Die Ermittlung und Präsentation von Häufigkeiten der Merkmalsausprägungen der einzelnen Variablen erfolgt in Form von Tabellen, Grafen oder anderen Datenpräsentationsmöglichkeiten. Die Reduktion der Daten erfolgt durch Berechnung bestimmter Kennwerte wie Mittel- und Streuwerte, um die Häufigkeiten der Merkmalsausprägungen der einzelnen Variablen durch einige wenige Kennwerte zu charakterisieren. Diese Form der Reduktion wird als univariate Datenanalyse bezeichnet. Die Untersuchung von statistischen Beziehungen zwischen den Variablen stellt einen Kernpunkt der Datenanalyse dar. In ihr wird untersucht, in welcher statistischen Beziehung die Merkmalsausprägungen der einzelnen Variablen zueinander stehen, d. h. bspw., ob die Beziehung schwach oder stark ist. Wird die Beziehung zwischen zwei Variablen untersucht, so sprechen wir von einer bivariaten Datenanalyse, werden dagegen mehr als zwei Variablen gleichzeitig auf die zwischen ihnen bestehenden statistischen Beziehungen untersucht, so befinden wir uns im Bereich der multivariaten Datenanalyse. Mit *Voraussage* wird die Aktivität bezeichnet, in der auf Grundlage der Resultate von bi- und multivariater Datenanalyse eine Voraussage (Extrapolation) in die Zukunft gemacht wird. Mit der Durchführung statistischer Tests schließlich wird bspw. untersucht, inwieweit die Hypothesen als bewährt angesehen werden können und/oder inwieweit aus den Ergebnissen einer Stichprobe auf die Grundgesamtheit geschlossen werden kann.

2.3.1 Datenaufbereitung

Daten müssen, um die ihnen im quantitativen Forschungsmodell zukommenden Funktionen der Hypothesenüberprüfung und/oder Hypothesengenerierung erfüllen zu können, in eine bestimmte Form gebracht werden. Daten müssen so aufbereitet werden, dass sie computergestützt analysiert werden können. Zur Vorbereitung einer Datenanalyse ist es deshalb zunächst notwendig, die Daten in einer Datenmatrix anzuordnen. Sie bildet die Grundlage jeder quantitativ angelegten Datenanalyse. Nach der Datenaufbereitung besteht der nächste Schritt in der Ermittlung und Präsentation der Häufigkeiten der ermittelten Merkmalsausprägungen der Variablen. Diese Ermittlung und Präsentation kann sich dabei sowohl isoliert auf die jeweils einzelne Variable beziehen als auch auf die zueinander in Beziehung gesetzten Variablen. Die Ermittlung und Präsentation von Häufigkeiten erfolgt über Tabellen und Grafen.

2.3.2 Datenreduktion

Um eine genauere Beschreibung von Häufigkeitsverteilungen zu erzielen, wurden innerhalb der deskriptiven Statistik Maßzahlen entwickelt, um Häufigkeitsverteilungen auch unter mathematischen Gesichtspunkten besser organisieren und zusammenfassen zu können. Diese Maßzahlen stellen eine Informationsverdichtung dar, da sie dazu benutzt werden, um eine verteilungsinhärente Information auf eine einzige Zahl zu reduzieren. Zweifellos ist mit dieser Form der Informationsverdichtung auch ein Informationsverlust verbunden, doch ermöglicht die Verwendung von Maßzahlen einen leichteren Vergleich von verschiedenen Häufigkeitsverteilungen als bspw. tabellarische Häufigkeitsverteilungen oder Histogramme. Die Analyse von Häufigkeitsverteilungen ist jedoch nicht nur auf die Ermittlung von solchen Maßzahlen beschränkt, sondern erfolgt parallel mit der Erstellung von tabellarischen und/oder grafischen Darstellungsformen von Häufigkeitsverteilungen.

Die gebräuchlichsten Maßzahlen der deskriptiven Statistik beziehen sich auf zwei Sachverhalte: auf die Frage nach den typischen Werten einer Verteilung und auf die Frage, wie typisch ein solcher typischer Wert für die Gesamtverteilung ist. Maßzahlen der ersten Form sind solche, die den Durchschnitt einer Verteilung repräsentieren; sie werden als Lageparameter bezeichnet (Modus, Median, arithmetisches Mittel). Maßzahlen der zweiten Form sind solche, die die Streuung (Variation) der Verteilung repräsentieren (Varianz, Standardabweichung). Durch sie wird angegeben, inwieweit die Lageparameter für eine Verteilung typisch sind bzw. inwieweit sie von dieser Annahme abweichen; sie werden als Streuungsparameter oder als Maße der Dispersion bezeichnet.

2.3.3 Die statistische Beziehung

Mit der Formulierung, dass zwischen zwei Variablen eine (statistische!) Beziehung besteht, kann Folgendes verstanden werden:

1. Veränderungen in einer Variablen werden systematisch von Veränderungen einer anderen Variablen begleitet. Wir sagen in diesem Fall, dass die Variablen miteinander assoziiert sind bzw. in einer Korrelation miteinander stehen.

2. Veränderungen in einer Variablen bewirken ursächlich Veränderungen einer anderen Variablen, d. h. sie haben einen Effekt auf diese. Wir sagen in diesem Fall, dass die Variablen in einem *Ursache-Wirkungs-Verhältnis*, d. h. in einem Kausalzusammenhang zueinander stehen.

Diese beiden Formen von Beziehungen sind bei der Interpretation von Analyseergebnissen immer sorgfältig zu unterscheiden. Eine korrelative Beziehung zwischen zwei Variablen kann auf einen Kausalzusammenhang hindeuten, doch ist ein solcher nicht schon allein dadurch gegeben, dass zwei Variablen hoch miteinander korrelieren. Eine korrelative Beziehung ist so immer Voraussetzung einer kausalen Beziehung, jedoch nicht schon notwendigerweise eine kausale Beziehung. Wenn wir Beziehungen zwischen zwei Variablen untersuchen heißt das, dass wir nur untersuchen, ob eine statistische Beziehung zwischen ihnen besteht, ob und wie stark die Merkmale gemeinsam miteinander variieren. Eine Kausalbeziehung kann aus einer solchen Analyse allein nicht gefolgert werden. Dazu bedarf es sachlogischer, nicht statistisch begründeter Argumente.

Zur Analyse zweier Variablen im Hinblick auf das Vorliegen/Nichtvorliegen einer statistischen Beziehung wurden innerhalb der Statistik verschiedene Verfahrensweisen und Maßzahlen (Koeffizienten) entwickelt. Welche dieser Verfahrenweisen und Maßzahlen zur Analyse herangezogen werden können, ist dabei primär vom Messniveau der zu untersuchenden Variablen abhängig (vgl. Dreier 1997a: 524). Für qualitative Daten, also für nominal- und ordinal-skalierte Daten empfiehlt es sich, die Analyse mittels Kreuztabellen vorzunehmen. Für quantitative Daten, also für intervall- und ratioskalierte Daten, ist das Streudiagramm zu empfehlen.

Mit den Maßen der Assoziation wird die statistische Stärke der Beziehung zwischen zwei Variablen durch einen Koeffizienten nummerisch zum Ausdruck gebracht. Allen Kennwerten ist gemeinsam, dass sie sich zwischen den Zahlenwerten *0* und *1* bewegen, wobei der Wert *1* eine perfekte Beziehung und der Wert *0* eine Nichtbeziehung anzeigt. Wird bei Kennwerten auch die Richtung der Beziehung angegeben, so zeigt der Wert - *1* eine perfekte negative und der Wert + *1* eine perfekte positive Beziehung an.

2.3.4 Tests der Signifikanz und Hypothesentest

Mit dem Instrumentarium der deskriptiven Statistik sind wir in der Lage, die aufgestellten empirischen Hypothesen mit den konstruierten Daten einer Stichprobe zu beurteilen. Nehmen wir an, dass sich die in unseren Hypothesen aufgestellten Zusammenhänge zwischen bestimmten Variablen durch die konstruierten Daten bestätigen lassen. Ein solches Ergebnis mag uns zunächst zufrieden stellen, doch gilt dieses auch für die Grundgesamtheit, aus der wir unsere Stichprobe gezogen haben? Eine Möglichkeit zur Beantwortung dieser Frage stellen die innerhalb der schließenden Statistik entwickelten Tests der Signifikanz dar. Mit ihrer Hilfe lässt sich feststellen, ob bspw. der Mittelwert und Trends in der Stichprobe die gleichen sind wie in der Grundgesamtheit, aber auch wie signifikant bspw. festgestellte Unterschiede sind.

Tests der Signifikanz scheinen auf den ersten Blick ein sehr machtvolles Instrumentarium darzustellen, um die Ergebnisse einer Stichprobe im Hinblick auf ihre Gültigkeit in der Grundgesamtheit beurteilen zu können. Eine solche Sichtweise ist jedoch mit folgenden relativierenden Anmerkungen zu versehen. Zum einen gilt es festzuhalten, dass die Aussage *Das Ergebnis einer Stichprobe ist statistisch signifikant* nicht dahingehend zu interpretieren ist, dass der beobachtete Unterschied groß, das Ergebnis wichtig und das Ergebnis generalisierbar ist, sondern generell nur, dass das Ergebnis der Stichprobe mit hoher Wahrscheinlichkeit die entsprechende Grundgesamtheit widerspiegelt (vgl. Ehrenberg 1986: 157). Zum anderen ist darauf hinzuweisen, dass Ergebnisse, die statistisch nicht-signifikant sind, nicht auch **real** nicht-signifikant sein müssen, sondern bspw. durch Mängel im Forschungsdesign, durch zu kleine Stichproben oder durch den Daten nicht angemessenen Tests hervorgerufen sein können. Aus diesen relativierenden Anmerkungen ist deshalb zu folgern, dass Tests der Signifikanz kein „Wunderwerkzeug" (Rogge 1995: 310) sind und keinesfalls nur mechanisch durchgeführt werden sollen, was durch den Einsatz von Software noch dazu erheblich gefördert wird. Es gilt festzuhalten, dass die Aussagemöglichkeiten von Signifikanztests beschränkt sind und dass bis heute kein einziges richtiges Rezept für die Überprüfung von empirischen Hypothesen vorliegt!

2.3.5 Multivariate Methoden

Im Gegensatz zu den Methoden der uni- und bivariaten Datenanalyse beruhen die Methoden der multivariaten Datenanalyse nicht auf einheitlichen, überwiegend einfachen, leicht verständlichen und abgesicherten methodischen Rechenverfahren (Algorithmen), sondern sind durch eine Vielzahl unterschiedlicher Verfahren und Berechnungsmethoden bestimmt.

Die grundlegende Idee, die allen multivariaten Verfahren der Datenanalyse zugrunde liegt, besteht in der Einbeziehung aller problemrelevanten Variablen in die Datenanalyse und ihrer gleichzeitigen Analyse. Mit der Formulierung *gleichzeitige Analyse* ist dabei gemeint, dass die Vielzahl von Einflüssen und Wechselbeziehungen zwischen den Merkmalsausprägungen der in die Analyse einbezogenen Variablen *gleichzeitig* untersucht und zu einem gemeinsamen Resultat verarbeitet werden. Neben dieser für alle multivariaten Verfahren bestehenden Gemeinsamkeit, herrschen jedoch oftmals beträchtliche Unterschiede zwischen den einzelnen Verfahren, sei dies in Bezug auf die erforderlichen Messniveaus der Variablen oder in Bezug auf deren Anwendungsfelder und

Problemstellungen. Grundsätzlich lassen sich die verschiedenen Verfahren nach folgenden Gesichtspunkten unterscheiden (vgl. Hellmund/Klitzsch/Schumann 1992: 298f.):

1. Verfahren, die endogene Variablen durch den Einfluss exogener Variablen erklären (Dependenzanalyse) oder Verfahren, die die Wechselbeziehungen zwischen den einbezogenen Variablen untersuchen (Interdependenzanalyse).

2. Verfahren, deren Untersuchung auf Variablen gerichtet ist mit der Zielsetzung, Zusammenhänge zwischen diesen zu analysieren und Verfahren, deren Untersuchung auf Objekte gerichtet ist mit der Zielsetzung, Gemeinsamkeiten/Unterschiede der Objekte aufzufinden.

3. Verfahren, deren Anwendung ein bestimmtes Messniveau der Variablen erfordern.

4. Verfahren, die konfirmatorischen Charakter besitzen (strukturüberprüfende Verfahren) und Verfahren, die explorativen Charakter besitzen (strukturentdeckende Verfahren).

Auf der Grundlage der Klassifizierung multivariater Methoden der Datenanalyse in strukturüberprüfende und in strukturentdeckende Verfahren, finden innerhalb der modernen Datenanalyse insbesondere folgende Verfahren Verwendung (vgl. Backhaus u. a. 1996):

1. **Strukturüberprüfende Verfahren:**
   - Multiple Regression
   - Kausalanalyse
   - Varianzanalyse
   - Diskriminanzanalyse
   - Kontingenzanalyse
   - Conjoint-Analyse

2. **Strukturentdeckende Verfahren:**
   - Clusteranalyse
   - Faktorenanalyse
   - Multidimensionale Skalierung
   - Korrespondenzanalyse

3. FAZIT

Im Gegensatz zu der Anwendung des quantitativen Forschungsmodells in klassischen nationalen, regionalen und lokalen Studien – in denen in der Regel von einer klar definierten Grundgesamtheit ausgegangen werden kann und mittels statistischer Tests die Signifikanz von Stichprobenergebnissen problemlos zu ermitteln ist – ist die Anwendung dieses Forschungsmodells in der Vergleichenden Politikwissenschaft mit einigen Anwendungsbesonderheiten und -problemen behaftet. Ein generelles Problem stellt die Anzahl der Fälle und der zu untersuchenden Variablen dar. Sind nicht genug Fälle (bspw. Länder) und zu viele Variablen Gegenstand der vergleichenden statistischen Analyse, so führt dies zu einer Unterbestimmung des Forschungsdesigns. D. h., dass für das beobachtete Ergebnis mehr Erklärungsfaktoren identifiziert werden können als die Untersuchung Fälle beinhaltet (vgl. Collier 1991). Um eine solche Unterbestimmung des Forschungsdesigns zu beheben, können drei Strategien angewendet werden (vgl. Collier 1997: 41ff.): Erhöhung der Fallzahl, Schwerpunktlegung auf gleiche bzw. ähnliche Fälle oder Reduzierung der Variablenzahl.

Verfügen wir nur über eine geringe Fallzahl und wenig Variablen, so lassen sich für deren Analyse, die für große Stichproben und einer an der Normalverteilung orientierten Verteilung der Variablenausprägungen in der Grundgesamtheit entwickelten statistischen Modelle nicht anwenden. Eine Lösung dieser Problematik könnte jedoch in der Anwendung von Modellen der Statistik für verteilungsfreie Analysen und kleinen Stichproben liegen, wie sie bspw. in der klinischen Forschung Anwendung finden (vgl. Bortz/Lienert 2003; vgl. zur verteilungsfreien Datenanalyse vertiefend Brunner/Munzel 2002).

Sind für eine vergleichende Analyse viele Fälle und eine ausreichende Anzahl von Variablen vorhanden, so kann das in diesem Beitrag skizzierte quantitative Forschungsmodell – unter statistischen Gesichtspunkten betrachtet – problemlos angewendet werden. Eine ausschließliche Fokussierung auf die entwickelten statistischen Modelle sollte jedoch nicht blind gegenüber den verwendeten Variablen und Daten machen. In letzterem Bereich ist der Länder vergleichende Forscher mit einer Vielzahl von methodischen Fallstricken bezüglich einer inadäquaten Konzeptualisierung und Operationalisierung der latenten Variablen und interpretativer Fehlschlüsse konfrontiert.

Ein generelles Problem in diesem Zusammenhang betrifft die latenten Variablen und ihre Indikatoren in multiplen Kontexten. Dieses Problem kondensiert in der Frage, ob es möglich ist, theoretische Konzepte und ihre Indikatoren, welche gleiche Semantiken teilen, in einer solchen Form zu spezifizieren, dass mit ihnen valide Vergleiche durchgeführt werden können? Bedeutet so bspw. Korruption in Italien das gleiche wie in Weißrussland? Meint das Konzept *Civic Culture* von Almond und Verba (1963) in Schweden das gleiche wie in Vietnam? Wie Sartori (1994) anmerkt, liegt die Lösung des Problems nicht darin, theoretische Konzepte identisch zu spezifizieren oder ähnliche Konzepte zu verwenden, sondern sie unter Äquivalenzgesichtspunkten zu bestimmen. Der Problematik der Anwendung von in Untersuchungsländern unterschiedlich wahrgenommenen theoretischen Konzepten, auch als *travelling problem* bezeichnet, kann nach Sartori (1970) dadurch begegnet werden, indem von an konkreten Fällen erprobten Vorstellungsinhalten abstrahiert wird. D. h., dass wir die Leiter der Abstraktion (**ladder of abstraction**) bei der Konzeptspezifikation emporsteigen, was wiederum jedoch die Gefahr in sich birgt, den Vorstellungsinhalt des Konzepts zu sehr zu abstrahieren und ihn damit zu sehr auszudehnen (**conceptual streching**).

Eng verbunden mit dem *travelling problem* ist auch die Frage, inwieweit die Variable *Kultur* bei Länder vergleichenden Analysen mit in die Untersuchung einbezogen werden soll und wenn ja, wie. Werden Länder mit einer gleichen oder hinreichend ähnlichen Kultur miteinander verglichen, so kann auf die Variable als unabhängige Variable verzichtet werden. Werden jedoch Länder miteinander verglichen, die heterogenen Kulturkreisen angehören, so kann die Variable *Kultur* als unabhängige Variable potenziell einen kausalen Effekt auf die Varianz der abhängigen Variablen besitzen. (Zu einer möglichen Konzeptualisierung der latenten Variablen *Kultur* für Länder vergleichende Analysen siehe Wedeen (2002) und grundlegend Matsumoto (1994)).

Ein weiterer und hier noch anzuführender Problembereich Länder vergleichender Analysen unter quantitativen Gesichtspunkten betrifft die Form der Daten. Ein erstes Problem stellen der Vergleich und die Interpretation von ökonomischen Makrodaten dar, wie bspw. der Vergleich von durchschnittlichen Familieneinkommen oder von Bruttonationaleinkommen pro Person. Vergleichen wir bspw. das durchschnittliche Familieneinkommen von Brasilien und Slowenien, so ist ersteres um ein Vielfaches geringer. Bleiben wir bei dieser Feststellung, so lassen wir dabei unberücksichtigt, wie das Familieneinkommen in den beiden Ländern verteilt ist. Betrachten wir jedoch den GINI-Koeffizient für beide Länder, der 1998 für Brasilien 60,7 und für Slowenien 28,4 betrug, so können wir deduzieren, dass die Einkommensverteilung in Brasilien um ein Vielfaches ungleicher ist als in Slowenien. Dies bedeutet für die rein statistische Analyse, dass der Durchschnittswert des Familieneinkommens in Brasilien untypischer ist als in Slowenien und somit der Vergleich beider Länder bezüglich dieser Variable allein nicht gerechtfertigt ist, um valide Aussagen zuzulassen. Vergleichen wir die Bruttonationaleinkommen pro Person beider Länder, die 2003 für Brasilien 2.825 US-Dollar und für Slowenien 10.400 US-Dollar betrugen, so macht dies zwar eine Differenz von annähernd 7.500 US-Dollar aus, berücksichtigt aber nicht die regional bezogene Varianz dieser Einkommen in den beiden Ländern; ein Sachverhalt, der eine Interpretation des vorhandenen Unterschieds erheblich modifiziert. Wir können vor dem Hintergrund unserer Ausführungen folglich festhalten, dass ein alleiniger Vergleich hochaggregierter Daten mit einem hohen Informationsverlust koinzidiert und zu vorschnellen Fehlinterpretationen führen kann (vgl. dazu exemplarisch auch Teune 1990).

Ein zweites hier anzusprechendes Problem betrifft die Handhabung und methodische Beurteilung von Individualdaten und Aggregatdaten in der vergleichenden Analyse. In diesem Zusammenhang ist insbesondere auf zwei methodische Fehlschlüsse hinzuweisen: dem individualistischen und dem ökologischen Fehlschluss. Von einem individualistischen Fehlschluss sprechen wir, wenn wir die Relationen zwischen Untersuchungseinheiten auf einer bestimmten Aggregationsebene auf Kollektive dieser Untersuchungseinheiten, wie bspw. Nationen übertragen. Ein ökologischer Fehlschluss liegt dagegen vor, wenn wir von beobachteten Relationen zwischen Kollektiven auf Relationen zwischen den Untersuchungseinheiten schließen.

Vor dem Hintergrund der Möglichkeit, solche Fehlschlüsse begehen zu können, wird gegenwärtig in der neueren quantitativ orientierten Methodendiskussion untersucht, inwieweit durch Bevölkerungsumfragen konstruierte Individualdaten in die Aggregatdatenanalyse integriert werden können (vgl. Pickel [G] 2003); Welzel 2003). Pickel zeigt an instruktiven Beispielen aus der Forschungspraxis, wie solche Fehlschlüsse vermieden werden können, wenn aggregierte Individualdaten in der Nationen vergleichenden Analyse mit einbezogen werden.

Das Fazit von Pickel kann gleichsam **pars pro toto** generell für eine fruchtbare Anwendung des quantitativen Modells in der Vergleichenden Politikwissenschaft angesehen werden. Es lässt sich, unsere Ausführungen abschließend, in folgende, leicht erweiterte Kernaussagen bzw. methodische Imperative und Restriktionen differenzieren:

1. Jede Nationen vergleichende Analyse ist auf der Grundlage einer ausgewählten Theorie durchzuführen und im Kontext dieser zunächst auch zu überprüfen.

2. Mess- und Datenkonstruktionsmethoden sind vor und während ihrer Anwendung fortlaufend auf ihre Validität und Reliabilität hin zu überprüfen.

3. Daten und Analyseergebnisse sind so gut und so breit wie möglich zu kontrollieren und zu validieren.

4. Einer ausschließlichen Fokussierung auf die Mikro- oder Makroebene sollte durch analyseebenenverbindende Methoden begegnet werden, wie bspw. der Triangulation (vgl. Pickel [S] 2003) oder der Multi-Level-Analyse (vgl. Engel 1998).

5. Ein ausschließlicher Bezug auf statistische Modelle und Verfahren ohne theoretisch fundierte Begründung führt leicht zu Artefakten und somit zu falschen Interpretationen des analysierten Datenmaterials.

6. Statistische Modelle und Verfahren dienen deshalb primär nur der Präzisierung theoretisch begründeter Aussagen über die empirisch erfassbare Welt und können weder mit ihr gleichgesetzt werden noch sie begründen.

LITERATUR: METHODEN

Abel, Theodore (1964): The Operation Called Verstehen. In: Hans Albert (Hrsg.) (1964): Theorie und Realität. Tübingen, S. 177-188.

Albert, Hans (1971): Hermeneutik und Realwissenschaft. In: Hans Albert (1971): Plädoyer für kritischen Rationalismus. München, S. 106-149.

Almond, Gabriel A./Verba, Sidney (1963): The Civic Culture. Political Attitudes and Democracy in Five Nations. Princeton.

Aristoteles (1989): Politik. Schriften zur Staatstheorie. Übersetzt und herausgegeben von Franz F. Schwarz. Stuttgart.

Backhaus, Klaus/Erichson, Bernd/Plinke, Wulff/Weiber, Rolf (1996): Multivariate Analysemethoden. Eine anwendungsorientierte Einführung. 8. Aufl. Berlin u. a.

Berg-Schlosser, Dirk (1999): Empirische Demokratieforschung. Exemplarische Analysen. Frankfurt a. M.

Berg-Schlosser, Dirk (2003): Makro-qualitative vergleichende Methoden. In: Ders./Müller-Rommel, Ferdinand (Hrsg.): Vergleichende Politikwissenschaft. Ein einführendes Studienhandbuch. 4., überarbeitete und erw. Aufl. Opladen, S.103-125.

Berg-Schlosser, Dirk/Müller-Rommel, Ferdinand (Hrsg.) (1987): Vergleichende Politikwissenschaft. Ein einführendes Handbuch. Opladen.

Berg-Schlosser, Dirk/De Meur, Gisèle (1994): Conditions of Democracy in Interwar Europe: a Boolean Test of Major Hypotheses. In: Comparative Politics, Jg. 26, Nr. 3, S. 253-279.

Berg-Schlosser, Dirk/Quenter, Sven (1996): Makro-quantitative vs. makro-qualitative Methoden in der Politikwissenschaft – Vorzüge und Mängel komparativer Verfahrensweisen am Beispiel der Sozialstaatstheorie. Politische Vierteljahresschrift, Nr. 37, S. 100-118.

Beyme, von Klaus (1988): Der Vergleich in der Politikwissenschaft. Bd. 808. Löhrbach.

Boeckh, Andreas (1997): Vergleichende Analyse peripherer Gesellschaften, oder: Die Auflösung der Peripherie. In: Berg-Schlosser, Dirk/Müller-Rommel, Ferdinand (Hrsg.): Vergleichende Politikwissenschaft. Ein einführendes Studienhandbuch. Opladen, S. 251-265.

Bortz, Jürgen/Lienert, Gustav A. (2003): Kurzgefasste Statistik für die klinische Forschung. Leitfaden für die verteilungsfreie Analyse kleiner Stichproben. 2. Aufl. Berlin u. a.

Brunner, Edgar/Munzel, Ullrich (2002): Nicht-parametrische Datenanalyse. Unverbundene Stichproben. Berlin u. a.

Caplow, Theodore (1971): Elementary Sociology. Englewood.

Caporaso, James (1995): Research Design, Falsification, and the Qualitative-Quantitative Divide. In: American Political Science Review, Jg. 89, Nr. 2, S. 457-460.

Caporaso, James (2000): Comparative Politics. Diversity and Coherence. In: Comparative Political Studies, Jg. 33, Nr. 6/7, S. 699-702.

Carnap, Rudolf (1946): Theory and Prediction in Science. Science, Jg. 104, S. 520-521.

Carnap, Rudolf (1974): Theoretische Begriffe in der Wissenschaft. In: Eberlein, Gerald/Kroeber-Riel, Werner/ Leinfellner, Werner (Hrsg.): Forschungslogik der Sozialwissenschaften. Düsseldorf, S. 47-91.

Collier, David (1991): New Perspectives on the Comparative Method. In: Rustow, Dankwart A./Erickson, Kenneth P. (Hrsg.): Comparative Political Dynamics. Global Research Perspectives. New York, S. 7-31.

Collier, David (1993): The Comparative Method. In: Finifter, Ada W. (Hrsg.): Political Science. The State of the Discipline. Washington, D.C.

Collier, David (1995): Translating Quantitative Methods for Qualitative Researchers: The Case of Selection Bias. In: American Political Science Review, Jg. 89, Nr. 2, S. 461-466.

Collier, David (1997): The Comparative Method. In: Zahariadis, Nikolaos (Hrsg.): Theory, Case, and Method in Comparative Politics. New York u. a., S. 35-46.

Collier, Ruth B./Collier, David (1991): Shaping the Political Arena: Critical Junctures, the Labor Movement, and Regime Dynamics in Latin America. Princeton.

Collier, David/Mahon, James E. (1993): Conceptual „Stretching" Revisited: Adapting Categories in Comparative Analysis. In: American Political Science Review, Jg. 87, Nr. 4, S. 845-853.

Cronqvist, Lasse (2003): Presentation of TOSMANA. Adding Multi-Value Variables and Visual Aids to QCA. Online-Quelle: http://smalln.spri.ucl.ac.be/Cronqvist.PDF, Abrufdatum: 22.02.05

Drass, Kriss A./Ragin, Charles (1992): Qualitative Comparative Analysis 3.0. Evanston.

Dreier, Volker (1993): Zur Logik politikwissenschaftlicher Theorien. Eine metatheoretische Grundlegung zur Analyse der logischen Struktur politikwissenschaftlicher Theorien im Rahmen der strukturalistischen Theorienkonzeption. Frankfurt a. M.

Dreier, Volker (1994): Datenanalyse für Sozialwissenschaftler. München/Wien.

Dreier, Volker (1997a): Empirische Politikforschung. München/Wien.

Dreier, Volker (1997b): Der kommunalpolitische Faktor im europäischen Integrationsprozess. Strukturen – Entwicklungen – Modelle – Vergleiche. In: Platzer, Hans-Wolfgang (Hrsg.) (1997): Europa als kommunale Aufgabe. Grundlagen, Praxisfelder, Perspektiven. Frankfurt a. M., S. 81-108.

Dreier, Volker (2003): Politische Korruption in Italien. Formen einer sozio-politischen Praxis. sowi, Jg. 32, Nr. 3, S. 44-53.

Ebbinghaus, Bernhard (2005): When Less is More. Selection Problems in Large-N and Small-N Cross-National Comparisons. In: International Sociology, Jg. 20, Nr. 2, S. 133-152.

Eckstein, Harry (1975): Case study and theory in political science. In: Greenstein, Fred I./Polsby, Nelson W. (Hrsg.): Handbook of Political Science, Jg. 7: strategies of inquiry, Reading, S. 96-99.

Ehrenberg, Andrew S.C. (1986): Statistik oder der Umgang mit Daten. Eine praktische Einführung mit Übungen. Weinheim.

Engel, Uwe (1998): Einführung in die Mehrebenenanalyse. Grundlagen, Auswertungsverfahren und praktische Beispiele. Darmstadt.

Evera, van Stephen (1997): Guide to Methods for Students of Political Science. Ithaca/London.

Flick, Uwe (2004): Triangulation. Wiesbaden.

Gadamer, Hans-Georg (1960): Wahrheit und Methode. Tübingen.

Glaser, Barry/Strauss, Anselm (1967): The Discovery of Grounded Theory. Chicago.

Goertz, Gary/Starr, Harvey (Hrsg.) (2003): Necessary Conditions: Theory, Methodology, and Applications. Oxford.

Green, Donald P./Gerber, Alan S. (2002): Reclaiming the Experimental Tradition in Political Science. In: Katznelson, Ira/Milner, Helen V. (Hrsg.): Political Science. State of the Discipline (American Political Science Association). London, S. 805-832.

Gurr, Ted Robert (1970): Why Men Rebel. Princeton.

Gurr, Ted Robert (1974): Politometrie. Einführung in die quantitative Makropolitik. Frankfurt a. M./New York.

Hartmann, Jürgen (1995a): Politikwissenschaft. Eine problemorientierte Einführung in Grundbegriffe und Teilgebiete. Berlin.

Hartmann, Jürgen (1995): Vergleichende Politikwissenschaft. Ein Lehrbuch. Frankfurt a. M./New York.

Hellmund, Uwe/Klitzsch, Walter/Schumann, Klaus (1992): Grundlagen der Statistik. Landsberg/Lech.

Hodess, Robin/Inowlocki, Tania/Rodriguez, Diana/Wolfe, Toby (Hrsg.) (2004): The Global Corruption Report 2004. London.

Hucke, J./Wollmann, H. (1980): Methodenprobleme der Implementationsforschung. In: Mayntz, Renate (Hrsg.): Implementation politischer Programme. Empirische Forschungsberichte. Königstein/Ts., S. 216-235.

King, Gary/Keohane, Robert O./Verba, Sydney (1994): Designing Social Inquiry. Scientific Inference in Qualitative Research. Princeton.

Kvist, Jon (2003): Conceptualisation, Configuration, and Categorisation – Diversity, Ideal Types and Fuzzy Sets in Comparative Welfare State Research. Paper presented at COMPASSS Launching Conference. Louvain-la-Neuve und Leuven, 16.-17.09.03. Online-Quelle: http://smalln.spri.ucl.ac.be/Kvist.PDF, Abrufdatum: 15.03.05

Laitin, David D. (2002): Comparative Politics: The State of the Subdisciplin. In: Katznelson, Ira/Milner, Helen V. (Hrsg.): Political Science. State of the Discipline (American Political Science Association). New York/London/Washington D.C., S. 630-659.

Lambsdorff, Johann Graf (2000): Wie lässt sich Korruption messen? Der Korruptionsindex von Transparency International. In: Zentrum für Europa- und Nordamerika-Studien (Hrsg.) (2000): Politische Korruption. Opladen, S. 45-71.

Lastrucci, Carlo L. (1967): The Scientific Method. Basic Principles of the Scientific Method. Cambridge.

Lauth, Hans-Joachim/Winkler, Jürgen (2002): Methoden der Vergleichenden Regierungslehre. In: Lauth, Hans-Joachim (Hrsg.): Vergleichende Regierungslehre. Eine Einführung. Wiesbaden, S. 41-79.

Lauth, Hans-Joachim (2004): Demokratie und Demokratiemessung. Eine konzeptionelle Grundlegung für den interkulturellen Vergleich. Wiesbaden.

Levi, Margaret (1997): A Model, a Method, and a Map: Rational Choice in Comparative and Historical Analsis. In: Zuckerman, Mark Irving/Lichbach, Alan (Hrsg.): Comparative Politics. Rationality, Culture, and Structure. New York, S. 19-41.

Lidström, Anders (1999): The Comparative Study of Local Government Systems – A Research Agenda. Journal of Comparative Policy Analysis: Research and Practice 1, S. 97-115.

Lijphart, Arend (1971): Comparative Politics and the Comparative Method. In: The American Political Science Review, Jg. 65, Nr. 3, S. 682-693.

Linz, Juan J./Stepan, Alfred (1996): Problems of Democratic Transition and Consolidation. Southern Europe, South America, and Post-Communist Europe. Baltimore/London.

Lipset, Seymour Martin (1959): Some Social Requisites of Democracy: Economic Development and Political Legitimacy. In: American Political Science Review, Jg. 53, S. 69-105.

Matsumoto, David (1994): Cultural Influences on Research Methods and Statistics. Pacific Grove.

Merkel, Wolfgang/Sandschneider, Eberhard/Segert, Dieter (Hrsg.) (1996): Systemwechsel 2. Die Institutionalisierung der Demokratie. Opladen.

Mill, John Stuart (1846): A System of Logic. Ratiocinative and Inductive. New York.

Mill, John Stuart (1885/1968): Gesammelte Werke Bd. III: System der deduktiven und induktiven Logik. Bd. 2. Aalen.

Miller, Delbert C. (1991): Handbook of Research Design and Social Measurement. 5. Aufl. London.

Mols, Manfred./Lauth, Hans-Joachiam/Wagner, Christian (Hrsg.) (1996): Politikwissenschaft: Eine Einführung. 2. erweiterte Auflage. Stuttgart.

Moore, Barrington (1966): Social Origins of Dictatorship and Democracy. Boston.

Müller, Georg P. (1988): Comparative World Data. A Statistical Handbook for Social Science. Frankfurt a. M.

Nachmias, Chava/Nachmias, David (1989): Research Methods in the Social Sciences. 3. Aufl. London u. a.

Nohlen, Dieter (2005): Vergleichende Methode. In: Nohlen, Dieter/Schultze, Rainer-Olaf (Hrsg.): Lexikon der Politikwissenschaft. Theorien, Methoden, Begriffe. München, S. 1080-1090.

Nye, Joseph S. (2002): Corruption and Political Development: A Cost-Benefit Analysis. In: Heidenheimer, Arnold .J./Johnston, Micael (Hrsg.): Political Corruption. Concepts & Contexts. 3. Aufl. New Brunswick/London, S. 281-300.

Osa, Maryjane/Corduneanu-Huci, Cristina (2003): Running Uphill: Political Opportunity in Nondemocracies. In: Comparative Sociology, Jg. 2, Nr. 4, S. 605-629.

Perry, Robert L./Robertson, John D. (2002): Comparative Analysis of Nations. Quantitative Approaches. Boulder.

Peters, B. Guy (1998): Comparative Politics. Theory and Methods. New York.

Pickel [G], Gert (2003): Die Verwendung von Individualdaten zum Nationenvergleich: Anmerkungen und Beispiele aus der vergleichenden Forschung. In: Pickel, S./Lauth, H.-J./Jahn, D. (Hrsg.): Vergleichende politikwissenschaftliche Methoden. Opladen, S. 151-178.

Pickel [S], Susanne (2003): Jonglieren mit analytischen Ebenen: Triangulation von Aggregat- und Individualdaten. In: Pickel, S./Lauth, H.-J./Jahn, D. (Hrsg.): Vergleichende politikwissenschaftliche Methoden. Opladen, S. 201-219.

Popper, Karl R. (1982): Logik der Forschung. 7. Aufl. Tübingen.

Popper, Karl R. (1994) (zuerst 1934): Logik der Forschung. Tübingen.

Powell, G. Bingham (1982): Contemporary Democracies. Participation, Stability and Violence. Cambridge/London.

Przeworski, Adam/Teune, Henry (1970): Logic of Comparative Social Inquiry. Comparative Studies in behavioral Science. New York u. a.

Putnam, Robert D. (1993): Making Democracy Work: Civic Traditions in Modern Italy. Princeton.

Putnam, Robert D. (1995): Bowling Alone: America's Declining Social Capital. In: Journal od Democracy, Jg. 6, S. 65-78.

Ragin, Charles C. (1987): The Comparative Method: Moving beyond Qualitative and Quantitative Strategies. Berkeley.

Ragin, Charles C. (1994): An Introduction to QCA. In: Janoski, Thomas/Hicks, Alexander M. (Hrsg.): The Comparative Political Economy of the Welfare State. Cambridge u. a., S. 299-319.

Ragin, Charles C. (1997): The Comparative Method: Moving Beyond Qualitative and Quantitative Strategies. Berkeley.

Ragin, Charles C. (2000): Fuzzy-set Social Science. Chicago.

Ragin, Charles C. (2005): From Fuzzy Sets to Crisp Truth Tables. Online-Quelle: http://www.compass.org/Raginfztt_April05.pdf, Abrufdatum: 11.05.06

Ragin, Charles C./Becker, Howard S. (Hrsg.) (1992): What is a Case? Exploring the Foundations of Social Inquiry. Cambridge.

Rogge, Klaus-Eckart (Hrsg.) (1995): Methodenatlas für Sozialwissenschaftler. Berlin u. a.

Rogowski, Ronald (1995): The Role of Theory and Anomaly in Social-Scientific Inference. In: American Political Science Review, Jg. 89, Nr. 2, S. 467-470.

Rokkan, Stein (1999): State-Formation, Nation-Building and Mass Politics in Europe. The Theory of Stein Rokkan. Oxford.

Rueschemeyer, Dietrich/Huber Stephens, Evelyne/Stephens, John D. (1992): Capitalist Development and Democracy. Chicago.

Sartori, Giovanni (1970): Concept Misformation in Comparative Politics. American Political Science Review, Jg. 64, S. 1033-1053.

Sartori, Giovanni (1994): Compare Why and How. Comparing, Miscomparing and the Comparative Method. In: Dogan, M./Kazancigil, A. (Hrsg.): Comparing Nations: Concepts, Strategies, Substance. London, S. 14-34.

Schäfer, Lothar (1973): Quantität. In: Krings, Hermann/Baumgarten, Hans Michael/Wild, Christoph (Hrsg.): Handbuch philosophischer Grundbegriffe. München, S. 1146-1154.

Schmid, Josef (2002): Wohlfahrtsstaaten im Vergleich. Opladen.

Schneider, Carsten Q./Wagemann, Claudius (2002): How to draw causal inference (despite) using QCA: The "two-step, multi-equation fs/QCA approach". European University Institute, Dept. of Political and Social Sciences. Florenz. Online-Quelle: http://smalln.spri.ucl.ac.be/WPShort.htm, Abrufdatum: 16.03.05

Skocpol, Theda (1979): States and Social Revolutions. A Comparative Analysis of France, Russia, and China. Cambridge.

Singer, David J./Small, Melvin (1968): Alliance Aggregation and the Onset of War, 1815-1945. In: Singer, J. David (Hrsg.): Quantitative International Politics. Insights and Evidence. New York, S. 247-286.

Spinner, Helmut F. (1973): Theorie. In: Krings, Hermann/Baumgarten, Hans Michael/Wild, Christoph (Hrsg.): Handbuch philosophischer Grundbegriffe. München, S. 1486-1514.

Springer, Stevens S.S. (1946): On the Theory of Scales and Measurement. Science 103, S. 677-680.

Stegmüller, Wolfgang (1969): Probleme und Resultate der Wissenschaftstheorie und Analytischen Philosophie. Bd.1. Wissenschaftliche Erklärung und Begründung. Berlin u. a.

Strauss, Anselm/Corbin, Juliet (1990): Basics of Qualitative Research: Grounded Theory Procedures and Techniques. London.

Strübing, Jörg (2004): Grounded Theory. Wiesbaden.

Suppe, Frederick (1977): The Search for Philosophical Understanding of Scientific Theories. In: Suppe, Frederick (Hrsg.): The Structure of Scientific Theories. 2. Aufl. Urbana, Chicago, S. 3-241.

Tarrow, Sidney (1995): Bridging the Quantitative-Qualitative Divide in Political Science. In: American Political Science Review, Jg. 89, Nr. 2, S. 471-474.

Taylor, Charles Lewis/Jodice, David A. (1983): World Handbook of Political and Social Indicators. 3. Aufl. New Haven/London.

Teune, Henry (1990): Comparing Countries: Lessons Learned. In: Øyen, E. (Hrsg.): Comparative Methodology. Theory and Practice in International Social Research. London, S. 38-62.

Tyrkkö, Arja (1999): I skärningspunkten mellan arbetsliv och föräldraskap. En studie om livsformer i 1990-talets Sverige. Institut für Arbeitsleben. Stockholm. Online-Quelle: http://ebib.arbetslivsinstitutet.se/ah/1999/ah1999_17.pdf, Abrufdatum: 16.02.05

Weber, Max (1973): Über einige Kategorien der verstehenden Soziologie. In: Weber, Max: Soziologie, Universalgeschichtliche Analysen, Politik. 5. Aufl. Stuttgart, S. 79-150.

Wedeen, Lisa (2002): Conceptualizing Culture: Possibilities for Political Science. American Political Science Review, Jg. 96, S. 713-728.

Wehling, Hans-Georg (Hrsg.) (1994): Kommunalpolitik in Europa. Stuttgart.

Welzel, Christian (2001): Wissenschaftstheoretische und methodische Grundlagen. In: Mols, Manfred/Lauth, Hans-Joachim/Wagner, Christian (Hrsg.): Politikwissenschaft: Eine Einführung. Paderborn u. a., S. 395-430.

Welzel, Christian (2003): Irrtümer bei der Interpretation des ökologischen Fehlschlusses: Zur Aussagekraft aggregierter Umfragedaten. In: Pickel, S./Lauth, H.-J./Jahn, D. (Hrsg.): Vergleichende politikwissenschaftliche Methoden. Opladen, S. 179-199.

Zima, Peter (2004): Was ist Theorie? Theoriebegriff und Dialogische Theorie in den Kultur- und Sozialwissenschaften. Tübingen/Basel.

KAPITEL III: ANSÄTZE

RATIONAL CHOICE

Martin Beck

1. EINLEITUNG

Wer Rationalität mit Politik in Verbindung bringt, sieht sich zunächst damit konfrontiert, dass Politik offensichtlich seit jeher weltweit dazu beiträgt, menschliches Leid zu erzeugen. Kaum jemand wird bestreiten, dass Phänomene wie Gewalt, Armut, Umweltzerstörung oder Bildungsnotstand (mit) das Produkt von Politik sind. Kann angesichts dessen von rationaler Politik überhaupt die Rede sein?

Die meisten jener, für die rationale Zielfindung, vernünftiges Handeln und befriedigende Ergebnisse eine unverbrüchliche Allianz bilden, dürfen mindestens als Skeptiker der These gelten, dass Politik von Rationalität bestimmt wird. Allerdings besteht das Programm des Rational-Choice-Konzepts nicht im Mindesten darin, diese unverbrüchliche Allianz für die Politik nachzuweisen. Vielmehr klammert die ganz überwiegende Mehrheit jener, die das Rational-Choice-Konzept vertreten, das Problem der rationalen Zielfindung bewusst aus. Außerdem betont das Konzept die unbeabsichtigten Folgen politischen Handelns und die damit verbundenen, häufig negativen Effekte.

Das Problem rationaler Zielfindung wird zwar von den philosophischen Vertretern/innen des Konzepts durchaus beachtet (vgl. Elster 1986, 1987), gerade von der Politikwissenschaft für die Analyse ihrer Gegenstände aber als häufig wenig nützlich betrachtet. Die Frage nämlich, welche Ziele wir vernünftigerweise verfolgen sollen, trägt offensichtlich in vielen Fällen nicht dazu bei, Realpolitik angemessen zu verstehen. Neben diesem pragmatischen Einwand gibt es aber auch ein gewichtiges theoretisches Argument gegen einen rationalistischen Ansatz, der sich auf das Problem der Zielfindung erstreckt. Es gibt zwar Fälle, bei denen intuitiv rasch Einigkeit erzielt werden kann, dass ein Ziel nicht auf rationale Art zustande gekommen sein kann und insofern Zielirrationalität vorliegt – auf der Ebene des Individuums etwa, wenn jemand einen Mord begehen will bzw. auf der politischen Ebene, wenn sich eine politische Partei die Durchführung eines Genozids auf die Fahnen geschrieben hat. Auf die Frage, welche Ziele zu verfolgen rational ist, eine allgemein gültige positive Antwort zu geben, ist allerdings unmöglich und zwar nicht nur auf der individuellen, sondern auch der politischen

Ebene. Die Vielfalt und Widersprüchlichkeit allgemein als legitim angesehener politischer Interessen in demokratischen Systemen lässt sich nicht in eine klare Hierarchie auf einer Skala mit den Extrempunkten *vollständig rational* bzw. *irrational* auflösen oder gar auf ein einziges rationales Ziel von Politik reduzieren. Das Rational-Choice-Konzept zieht daraus die Konsequenz, auf die Bearbeitung der Frage nach rationaler Zielfindung in der Politik weitgehend zu verzichten und sich auf Fragen der Zweckrationalität zu konzentrieren, d. h. das Problem zu bearbeiten, welches Verhalten ein Akteur wählen sollte, um am besten sein – wie auch immer zustande gekommenes – Ziel zu erreichen. Ausgangspunkt einer Analyse auf der Basis des Rational-Choice-Konzepts sind also die nicht weiter hinterfragten Intentionen der Akteure.

Damit öffnet das Konzept des Zweckrationalismus zugleich auch den Blick für ein produktives Verständnis der oben angeführten Kritik, dass Rationalität und Politik angesichts der Probleme, die durch sie entstehen, von vornherein in einem Spannungsverhältnis stehen. Häufig führen nämlich politische Handlungen von Akteuren, die ihren individuellen Nutzen im Blick haben, zu Ergebnissen, die kollektiv betrachtet suboptimal sind. Wie noch deutlich werden wird, kann das Rational-Choice-Konzept vieles zur Erhellung von Diskrepanzen dieser Art beitragen.

Der Verzicht eines ziel- zugunsten eines zweckrationalistischen Konzepts räumt allerdings nicht alle ins Auge springenden Einwände gegen einen rationalistischen Ansatz zur Analyse von Politik aus, denn es ist offensichtlich, dass politische Akteure selten in der komfortablen Lage sind, auf der Basis perfekter Informationen über sämtliche Konsequenzen ihrer Verhaltensalternativen die objektiv beste auszuwählen. Dies aber ist eine Annahme des Modells vom **homo oeconomicus**. Aufgrund deren Realitätsferne für politische Akteure wurde im Rahmen des Rational-Choice-Konzepts ein subjektiver Rationalitätsbegriff entwickelt, demzufolge ein Akteur nicht das objektiv beste Verhalten, sondern lediglich die beste der wahrgenommenen Alternativen wählen muss, um die Handlung als rational zu kennzeichnen. Vor dem Hintergrund der vorgestellten beiden Komponenten von **Rational Choice** erscheint dessen beste Übersetzung ins Deutsche somit **subjektiver Zweckrationalismus** (vgl. Zürn 1993: 78-92).

Dies bedeutet freilich nicht, dass das Rational-Choice-Konzept den Rationalitätsbegriff soweit *subjektiviert*, dass eine geschickte Interpretation immer ein rationales Verhalten zu Tage befördert, wie durch folgendes, von den Autoren zu illustrativen Zwecken verwendetes Beispiel aus einem Lehrbuch über *Rationale Argumentation* nahe gelegt zu werden scheint:

> „Wenn jemand die Absicht hat, einen anderen Menschen umzubringen und überzeugt ist, die beste Weise, einen anderen zu töten sei die, dass man eine Nadel durch eine Puppe, die den anderen darstellt, hindurchsticht, dann handelt der Betreffende rational, wenn er eine solche Puppe herstellt und dann eine Nadel durch sie hindurchsticht." (Føllesdal/Walløe/Elster 1988: 182)

Gemäß dem Konzept des subjektiven Zweckrationalismus handelt dieser Mordwillige **nur dann** rational, wenn er in einer Gesellschaft lebt, in welcher der Glaube an den Voodoo-Kult Bestandteil des allgemein akzeptierten, gemeinsamen Wissens ist. In diesem Fall wird man in der Tat kaum viel bessere Argumente haben, ihm zweckrationales Handeln abzusprechen, als Christopher Kolumbus, der von Spanien gen Westen segelte, weil er davon überzeugt war, so Indien am schnellsten erreichen zu können. Zu Beginn des 21. Jahrhunderts dürften sowohl die Überzeugungen des Mordwilligen als auch jene Christopher Kolumbus' kaum mehr in irgendeiner Gesellschaft als Teil des allgemeinen Wissens verankert sein, und insofern sind Handlungen, die auf ihnen beruhen, im Rahmen des Rational-Choice-Konzepts als irrational zu kennzeichnen. Allgemein formuliert fordert das Konzept, dass rationales Handeln zur Voraussetzung hat, dass die Überzeugung, auf deren Basis eine Entscheidung getroffen wird, mit der verfügbaren Evidenz in Einklang steht (vgl. Zürn 1993: 84).

Es gibt also irrationales Verhalten, das die Erklärungskraft übersteigt, die das Konzept des subjektiven Zweckrationalismus aufzubieten hat. Allerdings fordert das Konzept offensiv, die in der Tat schwerwiegende Diagnose, dass ein Akteur irrational gehandelt hat, nur dann als gesichert anzusehen, wenn alle potenziellen Einwände gegen sie sorgfältig geprüft und verworfen werden konnten (vgl. Zürn 1993: 85). Dies gilt für politisches Verhalten in besonders hohem Maße, weil es sich bei politischen Akteuren häufig um korporative Institutionen handelt, bei denen die Annahme, dass ihr Verhalten nicht durch Intentionen, sondern triebhaft oder durch internalisierte Normen gesteuert wird, grundsätzlich weniger Plausibilität besitzt als beim Verhalten von Individuen.[1]

Eine vollständig befriedigende Präsentation des Konzepts des subjektiven Zweckrationalismus bedarf der umfassenden Behandlung wissenschaftstheoretischer und methodologischer Probleme.[2] Eine solche Vorgehensweise würde allerdings zum einen den Rahmen dieses Beitrags sprengen und zum anderen die Gefahr heraufbeschwören, dass die Chancen unterbelichtet blieben, die das Konzept bietet, um konkrete Forschungsprobleme in der Politikwissenschaft zu beleuchten. Die folgende Darstellung lässt sich deshalb von der Maxime leiten, den analytischen Mehrwert herauszustreichen, der sich ergeben kann, wenn man sich der Mühe unterzieht, das Konzept des subjektiven Zweckrationalismus eingehender zu studieren und anzuwenden.[3]

Ausgehend von den Schlüsselkategorien des intentionalen Verhaltens, soll im zweiten Abschnitt dieses Beitrags anhand geschichts- und politikwissenschaftlicher Analysen über prominente Einzelfälle und Generalisierungen gezeigt werden, dass ad hoc entwickelte Rationalismus-Konzepte, die dem Verständnis von Politik häufig implizit zugrunde liegen, die Gefahr in sich bergen, Forschungsergebnisse zu produzieren, die auf den ersten Blick plausibel erscheinen, sich bei kritischer Betrachtung aber als problematisch herausstellen. Dabei sollen zum einen Wissenschaftler/innen und Forscher/innen zu Wort kommen, die sich auf das Rational-Choice-Konzept stützen, zum anderen aber auch solche, die mit den klassischen Mitteln der Geschichtswissenschaft die Fundamente etablierter Thesen und Theorien erschüttert haben.

Alle im zweiten Abschnitt zu präsentierenden Analysen verbindet, dass sie aufgrund ihrer theoretischen und/oder empirischen Kenntnisse über einen bestimmten Gegenstand gängige Erklärungsmuster in Frage stellen und auf diese Art ein wissenschaftliches Rätsel offenbaren, das sie dann zu lösen versuchen. Die Aufgabe des dritten Abschnitts besteht darin zu zeigen, dass das Konzept der subjektiven Zweckrationalität in **systematischer** Weise helfen kann, solche wissenschaftlichen Rätsel aufzuspüren und einer Lösung näher zu bringen. Der Beitrag schließt im vierten Abschnitt mit einem Resümee.

---

[1] Somit müssen Politikwissenschaftler/innen, die das Rational-Choice-Konzept vertreten, kein durch und durch rationalistisches Weltbild besitzen. Man kann durchaus der Auffassung sein, dass sich politische Prozesse, Ereignisse und Handlungen mit dem Konzept des subjektiven Zweckrationalismus (in der Regel) gut analysieren lassen und gleichzeitig die Meinung vertreten, dass die Beziehung zwischen Mann und Frau (in der Regel) durch Triebe oder die Erfüllung von Rollenerwartungen bestimmt wird.

[2] In kurzer, prägnanter Form leistet dies Jon Elster (1986).

[3] Für eine politikwissenschaftliche Einführung in das Rational-Choice-Konzept auf Deutsch siehe Volker Kunz (2004). Sehr empfehlenswert ist auch das ins Deutsche übersetzte, auf breitem wissenschaftstheoretischem Fundament basierende und gleichzeitig gut verständlich geschriebene Lehrbuch von Dagfinn Føllesdal, Lars Walløe und Jon Elster (1988).

2. RÄTSEL FINDEN UND LÖSEN

Zunächst sollen zwei Einzelfälle behandelt werden. Im ersten Fall wird ein Verhalten analysiert, dessen Ergebnis den Intentionen der Akteure zuwiderzulaufen und damit prima facie irrational zu sein scheint. Bei näherer Betrachtung aber stellt sich heraus, dass dieses Urteil unangemessen ist (Teil 2.1). Danach wird gewissermaßen der umgekehrte Fall auf den ersten Blick plausibler Intentionalerklärungen betrachtet, bei dem eine Handlung durch die Verfolgung bestimmter Akteursziele geprägt zu sein schien – bei genauerem Hinsehen spricht aber vieles dafür, dass das Verhalten nicht durch die unterstellten Intentionen gesteuert wurde (Teil 2.2). Danach sollen analog zu den Einzelfällen Beispiele prominenter Generalisierungen der Politikwissenschaft einer Prüfung unterzogen werden, die sie nicht bestehen. Bei der ersten der diskutierten Theorien steht die häufig anzutreffende Annahme Pate, dass eine **notwendige Bedingung** dafür, dass ein bestimmtes politisches Ereignis eintritt, darin besteht, dass es einen Akteur gibt, der genau dieses Ziel verfolgt – dies ist aber durchaus nicht immer der Fall (Teil 2.3). Die andere zu diskutierende Theorie basiert auf der nicht selten unhinterfragten Annahme, dass die Existenz eines Akteurs mit einem bestimmten Ziel eine **hinreichende Bedingung** dafür ist, dass dieses Ziel realisiert wird – auch diese Prämisse ist aber häufig nicht angemessen (Teil 2.4).

2.1 Zu einem Fall scheinbar irrationalen Verhaltens

George Tsebelis (1990) erzählt die Geschichte von Delegiertenversammlungen der britischen Arbeitspartei, in denen Abgeordnete des Unterhauses mit guten Wiederwahlchancen für anstehende Wahlen nicht wieder nominiert und stattdessen durch Kandidaten ersetzt wurden, von denen alle wussten, dass sie gegen den Konkurrenten der Partei der Konservativen keine Chance hatten. Da diese Strategie *politischen Suizid* impliziert, scheint es sich um einen klaren Fall zweckirrationalen Verhaltens zu handeln. Für Tsebelis, einen Vertreter des Konzepts des subjektiven Zweckrationalismus, ist diese Schlussfolgerung aber nicht der Endpunkt seiner Forschung, sondern Herausforderung. Hintergrund dieser Haltung Tsebelis' ist die Maxime des Rational-Choice-Konzepts, Irrationalität nicht schon nach einem gescheiterten Versuch einer rationalistischen Erklärung zu diagnostizieren. So untersucht Tsebelis den Fall eingehender und spürt einen Konflikt zwischen der Basis der Arbeitspartei und deren Abgeordneten im Unterhaus auf. Letztere neigten aus Sicht der in der Delegiertenversammlung repräsentierten Parteibasis dazu, deren Interessen bei ihrer parlamentarischen Tätigkeit zu vernachlässigen – gerade auch dann, wenn sie erfolgreich waren und einen großen Teil der Wechselwähler ihres Wahlkreises überzeugten. Da die Basis der Arbeitspartei kaum über andere unmittelbare Einflussmöglichkeiten verfügte, auf das Verhalten ihrer Abgeordneten einzuwirken, opferten sie von Zeit zu Zeit einen Sitz im Parlament, um bei den anderen Abgeordneten ihrer Partei Anreize zu schaffen, die Interessen der Basis nicht aus den Augen zu verlieren.

Wie gelingt es Tsebelis, die hinter einem Fall scheinbar hoffnungslos irrationalen Verhaltens verborgene Rationalität herauszufinden? Allgemein lässt sich darauf antworten, dass er kritisch hinterfragt, ob die gemachten Annahmen über die Intentionen des Akteurs tatsächlich korrekt sind. Dieser Hinweis ist aber noch zu allgemein, denn es handelt sich insofern um ein besonders schwer zu lösendes Rätsel, als die der Basis der Arbeitspartei unterstellte Intention, möglichst viele Vertreter/innen der Partei im Unterhaus zu platzieren, durchaus nicht falsch ist und die Diagnose der Irrationalität mithin auf der Hand zu liegen scheint. Tsebelis' methodischer Kniff liegt darin, im Falle einer Analyse, die zum Befund irrationalen Verhaltens zwingt, danach zu fragen, ob das fragliche Verhalten nicht nur Teil des bisher analysierten Kontextes, sondern eines weiteren sein könnte. Politische und soziale Akteure leben in einer komplexen Welt und spielen oft gleichzeitig mehrere sich überlagernde Spiele. Es ist deshalb keine Seltenheit, dass ein bestimmter Zug in einem Spiel zugleich ein Zug in einem anderen ist. Bevor ein Zug als irrational gekennzeichnet wird, sollte deshalb die Möglichkeit geprüft werden, ob er auf der Folie eines anderen, bisher nicht beachteten Spiels als rationale Handlung verstanden werden kann.

2.2 Zum Fall eines scheinbar intentional gesteuerten Ereignisses

Jahrzehntelang konkurrierten im wesentlichen zwei diametral entgegengesetzte Erklärungen für das palästinensische Flüchtlingsproblem, zu dem es im Zusammenhang mit der 1947 gefassten Resolution 181 der Generalversammlung der Vereinten Nationen und dem ersten israelisch-arabischen Krieg 1948/49 kam, als Hunderttausende von Palästinensern das Gebiet des entstehenden israelischen Staats in Richtung der angrenzenden arabischen Staaten verließen. Diese Migrationsbewegung wird von einer ersten Schule als eine von Israel nicht gewollte, vielmehr von den arabischen politischen Eliten beförderte Handlung erklärt, die den Zweck hatte, günstige Voraussetzungen für die geplante Zerstörung des israelischen Staats zu schaffen. Die arabischen Armeen sollten dieses Ziel verfolgen können, ohne auf die arabische Bevölkerung Rücksicht nehmen zu müssen. Eine alternative Schule behauptet, dass die palästinensische Zivilbevölkerung Opfer einer von der zionistischen Elite geplanten Vertreibungspolitik war, die den Zweck hatte, statt der Bildung eines faktisch binationalen Staats einen exklusiv jüdischen Staat zu errichten.

Benny Morris (1987) – ein Historiker im Umfeld der so genannten neuen Historiker, die sich kritisch mit der offiziellen Geschichtsschreibung und den Gründungsmythen Israels auseinandersetzen – verlieh der hitzigen, nicht selten polemisch geführten Debatte auf der Basis teilweise neu zugänglichen, umfänglichen Quellenmaterials eine entscheidende Wende. Tatsächlich gab es arabische Familien, die ohne direkte Not das Land in der Annahme verließen, bald wieder als Sieger zurückzukehren. Auf der anderen Seite wurde innerhalb der zionistischen Führungsspitze der – ohne Fluchtbewegung zu erwartende – hohe palästinensische Bevölkerungsanteil in Israel als problematisch wahrgenommen, und das von Irgun und Lechi – militanten Kampfgruppen am rechten Rand des zionistischen Spektrums – am 9. April 1948 verübte Massaker in Dair Yasin löste in der palästinensischen Zivilbevölkerung Angst und Schrecken aus. Die überwiegende Mehrheit der arabischen Bevölkerung aber floh, Morris zufolge, um sich vor den *gewöhnlichen* Beschwernissen und Leiden eines Bürgerkriegs zu schützen. Zum einen verfolgten die meisten Flüchtlinge mit ihrem Verhalten also laut Morris keinen heimtückischen Plan gegen Israel, zum anderen war es aber auch keine von der zionistischen Führung lancierte, gezielte Politik der ethnischen Säuberung, welche die arabische Bevölkerung in die Flucht schlug.

Mit den klassischen Mitteln eines Historikers kommt Morris zu dem Ergebnis, dass die zwei bis dato dominanten Paradigmen zum palästinensischen Flüchtlingsproblem problematisch sind und zwar aus demselben tieferen Grund: Beide Schulen interpretieren das Ereignis als Ausdruck intentionalen Verhaltens. Morris hingegen argumentiert, dass die Indizien für diese weitreichenden Thesen nicht hinreichen und die Fluchtbewegung grosso modo ein durch die Schrecken des Krieges hervorgerufenes, im Wesentlichen kausal zu erklärendes Ereignis bildete.[4]

Es geht hier nicht darum, die Debatte über das palästinensische Flüchtlingsproblem zu entscheiden – Morris' fundierte Analyse hat ihr auf absehbare Zeit zweifellos den Stempel aufgedrückt. Die Frage, wie sich die palästinensische Massenflucht erklärt, ist aber in der

---

[4] Dass Morris (nach Beginn der Al-Aqsa-Intifada) ethisch äußerst fragwürdige und politisch hoch umstrittene geschichtsphilosophische Reflexionen zur Flüchtlingsfrage anstrengte, steht auf einem anderen Blatt Papier (siehe hierzu Ehrlich 2004).

Forschung weiter umstritten. Entscheidend für die Zwecke dieses Beitrags ist vielmehr, dass die wissenschaftliche Debatte über das palästinensische Flüchtlingsproblem exemplarisch zeigt, dass insbesondere bei ideologisch oder normativ aufgeladenen Gegenständen der Politikwissenschaft häufig die Neigung besteht, Verantwortlichkeiten klar zu verteilen. Dies kann im Extremfall dazu führen, dass Intentionen konstruiert werden, statt sie in einem methodisch reflektierten Verfahren auf der Basis empirisch fundierten Wissens zu ermitteln.

Alle Handlungstheorien – und mithin auch das Rational-Choice-Konzept – wählen den Akteur als Ausgangspunkt der Analyse und begründen dies mit der Fähigkeit von Menschen und der von ihnen geschaffenen Institutionen zu intentionalem Handeln. Dies bedeutet aber nicht, dass jedes Ereignis immer am besten intentional zu erklären ist. Gerade weil der Begriff der Intention im Konzept des subjektiven Zweckrationalismus eine zentrale Kategorie ist und intensiv reflektiert wird, sind sich die Vertreter/innen des Konzepts der Grenzen, menschliches Verhalten als Ausdruck von Intentionen zu deuten, wohl bewusst und erkennen grundsätzlich die Scheidelinie zwischen intentional und kausal bedingtem Verhalten an, wenn diese im konkreten Einzelfall auch nicht immer leicht zu ziehen ist (vgl. Elster 1987).

2.3 Zu zwei Theorien über scheinbar intentional bedingte Ereignisse

Theda Skocpol (1979) hat die Forschung über Revolutionen in der Weltgeschichte durch ihre komparative Studie über die Französische, Russische und Chinesische Revolution einer grundlegenden Revision unterzogen. Ihr Ausgangspunkt ähnelt dem von Morris' Arbeit über das palästinensische Flüchtlingsproblem: Sie argumentiert, dass trotz der intensiven Auseinandersetzung zwischen marxistischen Revolutionstheorien und deren Kontrahenten weitgehende Einigkeit darüber herrscht, dass Revolutionen gemacht werden, also das Produkt intentionalen Handelns sind. Dieser Konsens in der klassischen revolutionstheoretischen Forschung kommt darin zum Ausdruck, dass Ideologien eine tragende Rolle für Revolutionen zugeschrieben wird. Skocpol (1979: 17) setzt dem ihr Wendell Phillips entlehntes Credo *Revolutionen werden nicht gemacht; sie kommen* entgegen.

Skocpol führt den bis dato bestehenden Konsens, dass Ideologien für Revolutionen eine zentrale Rolle zukommt, darauf zurück, dass die Geschichtsschreibung von den Siegern der Geschichte häufig beeinflusst wird und diese bei Revolutionen ein dezidiertes Interesse haben, ihre eigene Rolle im revolutionären Prozess zu akzentuieren. Skocpol hält dagegen, dass die Existenz revolutionärer Gruppen kein spezifisches Merkmal von Frankreich, Russland und China am Vorabend der Revolution war. Weshalb setzten sie sich in diesen Ländern durch, während sie in anderen Ländern – häufig kläglich – scheiterten? Weiterhin weist die Autorin nach, dass auch andere gängige – häufig als spezifisch dargestellte – Faktoren wie Bauernaufstände keine Besonderheit darstellten, und zwar weder im Vergleich zu anderen Ländern, in denen es zu keinen Revolutionen kam, noch im Unterschied zu früheren Phasen in der Geschichte der Länder mit Revolutionen. Bauernaufstände erscheinen der Autorin zwar als notwendige, keinesfalls aber hinreichende Bedingung für eine Revolution. Vielmehr stellt sie fest, dass ein intakter Staat mit ihnen aufgrund seiner überlegenen Gewaltpotenziale normalerweise problemlos fertig wird. Nur dann, wenn die Staatsapparate durch Kriege oder (wie insbesondere im Falle Frankreichs) durch im ökonomischen Bereich verlorene Konkurrenzkämpfe (im Falle der Französischen Revolution mit England) extern geschwächt und deshalb nach innen nicht mehr handlungsfähig waren, kam es zu Revolutionen.

Während Skocpol Bauernaufständen für Revolutionen immerhin noch die Rolle einer notwendigen Bedingung zuschreibt, erscheinen ihr Ideologien zu deren Erklärung weitgehend irrelevant. In den von ihr untersuchten Fallbeispielen spielten jene Gruppen und deren Ideologien, die später aus den Revolutionen als Sieger hervorgingen, zu Beginn der Revolution keine bedeutende Rolle. Aber auch für die Fähigkeit der schließlich siegreichen Gruppe, die politische Herrschaft zu übernehmen, waren nicht ihre Ideologien und deren Überzeugungskraft, sondern ihre organisatorischen Fähigkeiten entscheidend. Mit anderen Worten, bei den siegreichen revolutionären Gruppen in Frankreich, Russland und China handelte es sich um Politikspezialisten, die das Know-how besaßen, auf den Trümmern des alten Staatsapparates einen neuen aufzubauen.[5]

So wie Skocpols mit den Mitteln der Vergleichenden Geschichtswissenschaft erstellte Analyse Revolutionen nicht mehr als intentional, sondern kausal zu erklärendes Ereignis erscheinen lässt, leistet Adam Przeworski (1991) mit den Mitteln der Spieltheorie Ähnliches für die Transitionsforschung, die sich mit den Entstehungsbedingungen von Demokratien beschäftigt. Zwar beansprucht er für seinen Ansatz keine Allgemeingültigkeit, behauptet aber anhand von Prozessen demokratischer Transitionen in Lateinamerika und Osteuropa, dass Demokratien ohne Demokraten entstehen können. Damit stellt er sich gegen die weitverbreitete Auffassung, gemäß derer die Existenz demokratischer (Massen-)Bewegungen eine notwendige Bedingung für die Herausbildung demokratischer Systeme ist. Przeworski begründet seine verblüffend anmutende These damit, dass demokratische Transitionsprozesse ihren Ausgangspunkt häufig in Krisen haben, denen autoritäre Systeme – aufgrund der von der herrschenden Elite verweigerten Partizipationschancen der Gesellschaft – regelmäßig ausgesetzt sind. Innerhalb der autoritären Elite bilden sich dann häufig zwei Fraktionen heraus, die ein unterschiedliches Krisenmanagement vorschlagen: Während die Hardliner sich für Repression aussprechen, bevorzugen Moderate die Lancierung einer Liberalisierungspolitik, deren Logik darin besteht, in nachgeordneten Politikfeldern reversible Zugeständnisse zu machen, um so die Legitimation des bestehenden autoritären Systems zu erhöhen und auf diese Art eine Demokratisierung nicht etwa zu fördern, sondern ganz im Gegenteil zu verhindern. Da auch rational agierende Akteure die Konsequenzen ihres Handelns aber nicht immer genau einschätzen können, kann die Liberalisierungspolitik eine kritische Situation erzeugen und die Opposition in die Lage versetzen, die Herrschaft der autoritären Elite ernsthaft herauszufordern. Unabhängig davon, ob die Opposition demokratisch gesonnen ist oder aber die herrschende Elite nur durch die Etablierung eines neuen autoritären Systems ersetzen will, kann es in dieser kritischen Situation – freilich nur unter günstigen Bedingungen – zu einer demokratischen Transition kommen. Dies ist dann der Fall, wenn sich innerhalb der autoritären Elite und der Opposition jeweils die moderaten Kräfte durchsetzen. Während die Hardliner auf beiden Seiten dazu bereit sind, einen Machtkampf auf Biegen und Brechen zu führen, schrecken die Moderaten in beiden Lagern davor angesichts der Gefahr zurück, alles zu verlieren bzw. nichts zu gewinnen. So kann – selbst zwischen autoritären Akteuren – ein *demokratischer Pakt* geschlossen werden, in dessen Rahmen angesichts des machtpolitischen Patts die Zuteilung von Herrschaftspositionen durch freie allgemeine Wahlen festgelegt wird. Die Konsolidierung zu einer Demokratie ist damit zwar noch nicht als gesichert anzusehen, aber durchaus möglich.

Skocpol und Przeworski loten implizit bzw. explizit die Chancen und Grenzen des Rational-Choice-Konzepts für zentrale Gegenstände der Politikwissenschaft aus. Beide kommen zu dem Ergebnis, dass historische Ereignisse nicht immer das unmittelbare Resultat intentionalen Handelns sind: Revolutionen werden nicht gemacht, vielmehr kommen sie; Demokratien setzen nicht die Existenz demokratiehungriger Gesellschaften voraus, sondern können gleichsam aus der Not autoritärer politischer Eliten und ebenso autoritärer Gegeneliten geboren werden. In beiden Konzeptionen erscheinen die zu erklärenden Ereignisse insgesamt kausal bedingt, innerhalb der Kausalkette spielen Intentionalerklärungen aber eine wichtige Rolle. So wollten die revoltierenden Bauern mit ihren Aufständen Veränderungen erreichen (wenn auch nicht jene der später siegreichen Revolutionäre), und die autoritären Eliten

---

[5] Für den scheinbar abweichenden Fall der Iranischen Revolution siehe Beck (1994).

verfolgten ein klares Ziel (wenn auch gerade nicht eine Demokratisierung). Die Kausalerklärungen Skocpols und Przeworskis setzen sich aus einer Kette von Intentionalerklärungen
zusammen – die Sinnhaltigkeit der Ereignisse **Revolution** und **Demokratisierung** als solche
erschließt sich aber nicht über intentionales Akteursverhalten, sondern über die Fähigkeit des
Forschers, auf den ersten Blick disparate Handlungen auf der Folie des Revolutions- bzw.
Demokratiebegriffs miteinander zu verknüpfen.

2.4 Zu einer scheinbar befriedigenden Theorie über ein intendiertes Ergebnis

Der Ausgangspunkt von Mancur Olsons (1992) klassischer Studie über das Problem von
Kollektivgütern ist die Irritation über eine bis dahin (und teilweise bis heute) als weithin
unproblematisch angesehene These in der Politikwissenschaft, die sich mit einer von der
Spieltheorie entwickelten und in der Ökonomie stark beachteten Theorie aber nicht verträgt.
Lange Zeit galt es als ausgemacht, dass (unter sonst gleichen Bedingungen) für das Entstehen
starker Gewerkschaften und berufsorientierter Interessengruppen im 19. und 20. Jahrhundert
das dahinter stehende Kollektivinteresse eine hinreichende Bedingung darstellte. Wurden also
Gewerkschaften, so diese Theorie, nicht durch Repression oder andere besondere Bedingungen massiv an ihrer Entfaltung gehindert, entwickelten sie sich in Industriegesellschaften zu
starken Organisationen, weil die Arbeiterschaft ein hohes gemeinsames Interesse beispielsweise an Mindestlöhnen und Regelungen zum Kündigungsschutz besaß. Olson weist diese
Theorie als unplausibel zurück, weil sie das Problem der Erzeugung von Kollektivgütern
ignoriert. Zwar erscheint es tatsächlich plausibel, dass die Arbeiterschaft ein Interesse etwa an
Tarifverträgen hatte – wenn diese aber durch Streiks erkämpft werden mussten, sollte sich
eine rationale Arbeiterin gegen eine Teilnahme entscheiden: Diese war mit Lohnausfall
verbunden und die Teilnahme der Kollegen/innen keinesfalls gewiss, denn auch sie wussten ja
darum, hohe Kosten erbringen zu müssen, denen lediglich vage Nutzenaussichten gegenüber-
standen. Erschwerend kam hinzu, dass der Arbeiterin aufgrund der Vielzahl an Kolle-
gen/innen ihr eigener Beitrag zur Herstellung des Kollektivgutes gering bzw. ihr die Gefahr
real erscheinen musste, dass andere sich am Streik nicht beteiligen, im Erfolgsfall aber als so
genannte Trittbrettfahrer am Kollektivgut partizipieren würden.

Die These, dass das Interesse der Arbeiterschaft an besseren Arbeits- und Lebensbedingungen
das Entstehen von Gewerkschaften befriedigend erklärt, besitzt also kein gutes theoretisches
Fundament. Dann erscheint aber gleichsam rätselhaft, weshalb starke Gewerkschaften und
andere arbeitsbezogene Interessengruppen wie Berufsverbände und Genossenschaften
entstehen konnten und ihre Interessen effektiv zu vertreten vermochten. Die von Olson
angebotene Lösung des Rätsels basiert auf dem Argument, dass Versuche von Verbänden, die
kollektive Interessen organisierten, historisch nur dann erfolgreich waren, wenn es diese
Organisationen verstanden, ihrer Klientel individuelle Anreize zu einer mit Kosten verbundenen Mitgliedschaft bzw. Mitarbeit zu geben. Die Palette solcher Anreize reichte vom Angebot
nützlicher Dienstleistungen bis hin zur Verhängung von Zwangsmaßnahmen. Für Verbände
freier Berufe war typisch, ihre Klientel über exklusiv ihren Mitgliedern zur Verfügung
gestellte, individuell nützliche Leistungen an sich zu binden, wozu etwa Informationen über
Stellenangebote, Ausschreibungen, Fachwissen in Form von Weiterbildungsmaßnahmen oder
berufsspezifische Versicherungen gehören. Ein probates Mittel waren aber auch Zwangsmaßnahmen, die im Falle von Organisationen mittelständischer und freier Berufe vor allem über
Pakte mit dem Staat verhängt werden konnten, beispielsweise qua Verteilung von Lizenzen
wie Approbationen und die Anerkennung von Abschlüssen, an welche das Recht zur Be-
rufsausübung geknüpft wurde.

Auch Gewerkschaften eröffneten ihren Mitgliedern individuell nützliche Angebote wie Streikgeld, auch sie mussten aber oft zu Zwangsmaßnahmen greifen, um sich behaupten zu können. Ein vor allem im angelsächsischen Raum probates Mittel war die Einrichtung so genannter **Closed Shops**, d. h. Regelungen zwischen Unternehmensleitung und Gewerkschaftsführung, dass im gegenseitigen Interesse stabiler Arbeitsverhältnisse die Jobvergabe in einem Betrieb an die Mitgliedschaft in der Gewerkschaft gebunden wurde. In Deutschland waren für das Entstehen von Branchengewerkschaften Streiks mit entscheidend, deren erfolgreiche Durchführung voraussetzte, dass Streikbrecher durch Ausübung mehr oder minder starken Drucks und auch mittels physischer Gewalt blockiert wurden.

Olsons Analyse zeigt, dass ein reflektiertes Rationalismuskonzept Probleme zu vermeiden hilft, die diesem paradoxerweise nicht selten von Kritikern des Rational-Choice-Konzepts vorgehalten werden. Zugespitzter formuliert, manche Kritikpunkte des Konzepts, insbesondere der des Hyperrationalismus, treffen kaum auf die Vertreter/innen des Konzepts des subjektiven Zweckrationalismus, nicht selten allerdings auf deren Kritiker/innen selbst zu: Wer argumentiert, dass die Bereitstellung von Kollektivgütern für große Gruppen – wie die Arbeiterschaft oder gar die Gesamtgesellschaft durch das bloße Interesse daran der Ausdruck vernünftigen Handelns ist, verkennt die Probleme, die sich bei der Umsetzung kollektiver rationaler Ergebnisse qua individuell rationalen Handelns ergeben.

3. CHANCEN UND GRENZEN DES KONZEPTS DES SUBJEKTIVEN ZWECKRATIONALISMUS

Im Folgenden soll anhand dreier zentraler Aspekte gezeigt werden, wie das Konzept des subjektiven Zweckrationalismus die im vorangegangenen Kapitel exemplifizierten Chancen und Probleme eines rationalistischen Ansatzes in systematischer Weise umsetzt. Zunächst soll etwas näher auf Probleme intentionalen Handelns und deren Folgen eingegangen werden (Teil 3.1). Danach soll die Leistungsfähigkeit eines zentralen Instruments des Rational-Choice-Konzepts – der Spieltheorie – für Probleme der Politikwissenschaft am Beispiel der aktuellen Reformdebatte in Deutschland umrissen werden (Teil 3.2). Schließlich soll der Zusammenhang zwischen Strukturen und Akteursentscheidungen kurz betrachtet werden (Teil 3.3).

3.1 Zu den Möglichkeiten und Grenzen rationalistischer Erklärungen

Einer der Vorzüge des Konzepts des subjektiven Zweckrationalismus liegt darin, dass es aufgrund der intensiven Reflexion über die Zentralkategorie der Intention in weitaus geringerem Maße der Gefahr zu erliegen droht, die Rolle intentional zu erklärenden Verhaltens überzustrapazieren, als dies bei ad hoc entworfenen Rationalismuskonzepten der Fall ist. Wie die Arbeit Morris' zeigt, besteht insbesondere bei ideologisch aufgeladenen Gegenständen die Tendenz, normative und empirische Fragestellungen zu verwischen, was im Extremfall dazu verleiten kann, weit hergeholte Intentionen zu unterstellen und als sicheres Wissen zu präsentieren.

Ein anderer, gleichsam systematischer Extremfall sind Verschwörungstheorien, welche die Ursache für (traumatisch erlebte) Ereignisse als das Ergebnis intentionalen Handelns eines (feindlich wahrgenommenen, omnipotenten) Akteurs identifizieren, ohne hierfür über empirische Anhaltspunkte zu verfügen. Aufgrund der Hegemonialstellung der USA im internationalen System beziehen sich heute die meisten Verschwörungstheorien auf US-amerikanische Akteure (wie die CIA) oder von diesen mutmaßlich abhängige Organisationen (wie die Weltbank), auf deren vermeintliche Verantwortung im *Bedarfsfall* (beispielsweise bei Kriegen oder Sozialabbau) jederzeit zurückgegriffen werden kann. Bei Verschwörungstheorien handelt es sich also gleichsam um die Umkehrung ebenso problematischer *naturalistischer Theorien* (vgl. Zürn 1993: 64-68), gemäß derer die Ursache politischer Ereignisse im

Wirken höherer Mächte zu finden sind. Beispielsweise sind in der zur Zeit der Niederschrift dieses Beitrags in Deutschland geführten Reformdiskussion mitunter einem naturalistischen Weltbild entlehnte Argumente anzutreffen, etwa wenn Unternehmensentscheidungen jedweder Art als unausweichlicher Ausdruck von *Globalisierung* stilisiert werden.

Das Konzept des subjektiven Zweckrationalismus ist sowohl gegen Tendenzen verschwörungstheoretischer als auch naturalistischer Erklärungen gefeit, denn es zwingt Analytiker dazu, die Existenz der Intentionen beim Akteur durch ein methodisch reflektiertes Verfahren **nachzuweisen**. Dies kann u. a. durch klassisches Quellenstudium, die Erhebung von Interviews oder die explizite Anwendung von Theorien geschehen (vgl. Zürn 1993: 239-248).

Weiterhin unterliegt das Konzept des subjektiven Zweckrationalismus nicht der Gefahr, politischen Akteuren die Fähigkeit zu vollständig rationalem Verhalten zu unterstellen. Vielmehr ist eine zentrale Annahme des Konzepts, dass die Rahmenbedingungen, unter denen Entscheidungen in der Politik getroffen werden, zu komplex sind, als dass deren Konsequenzen von den Akteuren genau eingeschätzt werden können. Diese Begrenzung für rationales Handeln wird von jenen Revolutionstheorien übersehen, die Skocpol kritisiert. Politikwissenschaftliche Gegenstände, die zu komplex sind, um sie befriedigend durch intentionales Handeln eines Akteurs zu erklären, können im Rahmen des Konzepts des subjektiven Zweckrationalismus als nicht-intendiertes Ergebnis des Zusammenspiels intentionalen Handelns mehrerer Akteure abgebildet werden. Przeworskis Erklärung für das Entstehen von Demokratien in Lateinamerika und Osteuropa ist hierfür ein Beispiel. Wiederum gilt, dass im reflektierten Rational-Choice-Konzept Kausalitäten der ihnen gebührende Platz zugemessen wird, gerade weil Handlungen sowie die ihnen zugrunde liegenden Intentionen und Wirkungen im Konzept des subjektiven Zweckrationalismus tatsächlich nachgewiesen werden müssen.

Wie Olsons Analyse über Kollektivgüter und die von ihm gezogenen Schlussfolgerungen zeigen, leistet das Rational-Choice-Konzept auch einen originellen Beitrag zu normativen Problemen, die als nicht-intendierte Folge rationalen Handelns eingestuft werden können. Wie Olson (1991) zeigt, nehmen Gleichheit und Innovationsfähigkeit stabiler demokratischer Gesellschaften mit der Zeit tendenziell ab, weil sich immer mehr Kollektivinteressen entfalten können. Die Organisation kollektiver Interessen geht nämlich immer auf Kosten anderer: Den Preis für gut organisierte Ärzte und Apotheker zahlen die Patienten, starke Gewerkschaften gehen zu Lasten der Interessen der Arbeitslosen und unter einer starken Bauernlobby leiden die Konsumenten von Lebensmitteln (siehe auch Weede 1997).[6]

Die vom Rational-Choice-Konzept zurückgewiesene Annahme, dass politische Akteure vollständig rational agieren, bezieht sich auch, aber nicht nur auf das Kapazitätsproblem rationaler Entscheidungen: Würden wir alle die potenziell zur Verfügung stehenden Informationen sammeln, die wir benötigten, um die objektiv beste Entscheidung zu treffen, wären wir in vielen Situationen hoffnungslos überfordert und könnten gar keine Entscheidung treffen. Dies hilft zu erklären, weshalb auch exzellente Schachspieler, selbst wenn sie konzentriert zu Werke gehen, gelegentlich auch gegen schwächere Gegner eine Partie verlieren. In einer nachträglichen Analyse kann dann der Zug, der zur Niederlage führte, als Fehler identifiziert werden. Die Rahmenbedingungen sozialen und politischen Handelns sind aber noch wesent-

---

[6] Dem subjektiven Zweckrationalismus zufolge lässt sich kaum ein Interesse ermitteln, dessen Realisierung ein gesamtgesellschaftlicher Nutzen zugeschrieben werden kann. Auch bei Fragen des Umweltschutzes ist dies sehr fraglich: So wird zwar mitunter argumentiert, dass die Reduktion von Kohlendioxidemissionen gleichsam objektiv im gesamtgesellschaftlichen Interesse liegt, es gibt aber zahlreiche Akteure, die diese Sichtweise insofern nicht teilen, als sie andere Güter, etwa mit geringen finanziellen Kosten verbundene Mobilität, höher bewerten.

lich komplexer als beim Schachspielen, denn im realen Leben treffen wir oft Entscheidungen, deren Erfolg mit vom Verhalten anderer, im Gegensatz zum Schachspiel **simultan** ziehender Mitspieler abhängt. Dieser Zusammenhang lässt sich am *Schweinezyklus* demonstrieren (vgl. Føllesdal/Walløe/Elster 1988: 154-156): Es ist beobachtet worden, dass die Preise für Schweinefleisch steigen, nachdem sie im Vorjahr gefallen waren, und dass sie dann im darauffolgenden Jahr wieder fallen, um ein Jahr später erneut zu steigen. Dies erklärt sich dadurch, dass ein gutes Jahr für die Schweinebauern diese dazu bewegt, in die Schweineproduktion zu investieren. Da dies aber viele tun, fallen die Preise, was zu sinkenden Investitionen und wieder steigenden Preisen führt. Ein Schweinebauer, der dies durchschaut, könnte sich antizyklisch verhalten. Der Erfolg dieser Strategie hängt aber davon ab, dass sie nicht zugleich von zu vielen anderen Bauern ergriffen wird.[7] Hier zeigt sich, dass die Erfolgsbedingungen sozialen Handelns häufig nicht klar prognostiziert werden können, weil diese nicht nur von fixierbaren Parametern, sondern auch vom strategischen Verhalten anderer Akteure abhängen.[8]

3.2 Zur Spieltheorie als leistungsstarkem Instrument des Rational-Choice-Konzepts[9]

Das Rational-Choice-Konzept belässt es nicht bei dem bloßen Hinweis auf die Komplexität von Entscheidungssituationen, vielmehr werden diese mit Hilfe eines mathematisch fundierten Instruments systematisch analysiert: der Spieltheorie.[10] Diese hat Modelle ermittelt, die sich auf Probleme sozialen Handelns übertragen lassen und helfen, ein fundiertes Wissen darüber zu erhalten, durch welche Determinanten rationales Verhalten in bestimmten Situationsstrukturen beeinflusst wird. Insbesondere kann dadurch die bereits im Schweinezyklus angeklungene Kardinalfrage sozialen Handelns – jene nach Kooperation – kompetent analysiert werden.

Im allgemeinen Wissen am verbreitetsten sind Nullsummenspiele, die sich dadurch auszeichnen, dass die Gewinne des einen die Verluste des anderen sind. Solche Nullsummenspiele sind aus sozialwissenschaftlicher Sicht zwar leicht zu analysieren, sie kommen aber in der sozialen Realität kaum vor. Für diese sind vielmehr Variabelsummenspiele charakteristisch. Während bei Nullsummenspielen die Summe der Nutzenwerte der beteiligten Akteure konstant ist, ändert sich diese bei Variabelsummenspielen in Abhängigkeit der von den Akteuren gewählten Züge. Im Gegensatz zu Nullsummenspielen variiert bei diesen Spielen also der kollektive Nutzen, weshalb sich die Frage stellt, ob und wie dieser durch Kooperation erhöht werden kann.

Der bekannteste Fall eines solchen Variabelsummenspiels ist die Dilemmasituation. Olsons Analyse der Entstehungsbedingungen von Interessensorganisationen basiert auf dieser Spielsituation. In staatlich organisierten Gesellschaften werden freilich viele Konflikte, die

---

[7] Wem dieses Beispiel zu exotisch erscheint, der werfe einen Blick in die Finanzteile von Zeitungen und Ratgebern, in denen die Erfolgsbedingungen von Börsentipps offensichtlich nicht selten an Annahmen über das mutmaßliche Verhalten anderer Anleger geknüpft sind.

[8] Zugleich ist der Schweinezyklus ein Beispiel dafür, wie im Konzept des subjektiven Zweckrationalismus intentionale und kausale Erklärungen miteinander verzahnt werden. Der Schweinezyklus selbst ist nicht intentional, sondern kausal zu erklären, denn der Zyklus ist von niemandem intendiert. Gleichwohl kommt es zu diesem Ergebnis aufgrund intentional zu erklärenden Akteursverhaltens.

[9] Die theoretische Darstellung dieses Abschnitts folgt weitgehend Michael Zürn (1993: 151-248, 323-335).

[10] Für eine problemorientierte, mit vielen Beispielen versehene und verständlich geschriebene Heranführung an die Spieltheorie siehe die ins Deutsche übersetzte Einführung von Avinash Dixit und Barry Nalebuff (1995).

Dilemmasituationen entsprechen, durch Intervention der Regierung aufgelöst:[11] Dies ist etwa bei einer steuerpflichtigen Bürgerin der Fall, die zwar die Notwendigkeit zur materiellen Ausstattung des Staats einsieht, im Falle der Freiwilligkeit als rationale Akteurin aber dennoch keine Steuern zahlen würde, weil sie sich ausrechnen könnte, dass sich die (meisten oder viele ihrer) Mitbürger/innen unter diesen Umständen einer Steuerzahlung verweigern würden. In pluralistischen Systemen mit starker Zivilgesellschaft gibt es aber auch wichtige Bereiche des politischen Lebens, in denen organisierte, miteinander konkurrierende Interessen auftreten und sich dem Problem der Kooperation ohne zentrale Autorität ausgesetzt sehen. Beziehungen zwischen Kapital und Arbeit sind der wohl prominenteste Fall,[12] aber auch viele Umweltschutzprobleme entsprechen Dilemmasituationen.

Zur Zeit der Niederschrift dieses Beitrags wird in Deutschland die Frage nach Reformen in Zentralbereichen der sozialen Sicherungssysteme und des Bildungssektors von vielen (implizit) als Dilemmasituation abgebildet: Zwar sind sich (fast) alle gesellschaftlichen Akteure in Deutschland einig, dass Reformen notwendig sind und letztlich für alle gesellschaftlichen Gruppen vorteilhaft wären, da sie aber auch mit schmerzhaften Einbußen verbunden wären, schreckt jede Gruppe davor zurück, einen Beitrag zu leisten. Als Ergebnis der so modellierten Spielsituationen kommt es zu einem allseitig beklagten Reformstau. In der öffentlichen Debatte wird dieses Phänomen nicht selten mit Hilfe pathologischer Kategorien zu erfassen versucht, wie dies beispielsweise in der Charakterisierung als *deutsche Krankheit*[13] zum Ausdruck kommt. Die durch die Wortwahl zumindest nahegelegte Diagnose, dass der Reformstau das Resultat irrationalen Verhaltens sei, trifft beim Rational-Choice-Konzept allerdings auf Widerspruch. In Dilemmasituationen ist es individuell durchaus rational, sich nicht kooperativ zu verhalten, weil dies die **einzige** Chance ist, garantiert das schlechteste aller möglichen Ergebnisse zu verhindern und nicht zum gutgläubigen Opfer zu werden, das seinen Beitrag leistet, ohne dass dies auch die anderen tun.

Im Gegensatz zu häufig anzutreffenden Positionen eines ad hoc konstruierten Rationalismus, dass mangelnde Kooperation in Dilemmasituationen Ausdruck irrationalen Verhaltens sei, betont der subjektive Zweckrationalismus, dass Kooperation in Dilemmasituationen nur unter günstigen Rahmenbedingungen wahrscheinlich ist. Zu diesen gehört beispielsweise, dass die Akteure zukünftige Gewinne nicht zu stark diskontieren: Da sich kooperative gegenüber unkooperativen Strategien häufig erst nach einer größeren Zahl von Interaktionen auszahlen, müssen die Akteure eine mehr oder minder stark ausgeprägte langfristige Perspektive besitzen (vgl. Axelrod 1988). Weiterhin wirkt sich eine kleine Anzahl von Mitspielern günstig auf die Wahrscheinlichkeit aus, dass die Akteure kooperieren. Dies erklärt sich damit, dass es bei großen Gruppen zum einen schwierig ist, das Verhalten der Mitspieler zu beobachten, wodurch Strategien blockiert werden, die Kooperation an reziprokes Verhalten knüpfen; zum anderen lässt sich unkooperatives Verhalten in einer Gruppe desto schwerer sanktionieren, je größer sie ist.

Ein anderes prominentes Variabelsummenspiel ist der so genannte Geschlechterkampf. In der namensgebenden Geschichte hat ein Paar die Präferenz, einen Abend miteinander zu verbringen, allerdings haben die Partner über die genaue Ausgestaltung unterschiedliche Vorstellun-

---

[11] Die Abwesenheit einer mit autoritativer Kraft ausgestatteten Zentralinstanz ist ein Merkmal internationaler Politik, das einen wesentlichen Unterschied zu staatlicher und gesellschaftlicher Politik ausmacht, wie sie im Rahmen der Vergleichenden Systemanalyse untersucht wird.

[12] Angesichts der hohen gesamtgesellschaftlichen Relevanz der Beziehungen zwischen Kapital und Arbeit nimmt es nicht Wunder, dass diesem Feld von Vertretern/innen des Rational-Choice-Konzepts besondere Aufmerksamkeit gewidmet wird. Auf Deutschland bezogen siehe hierfür insbesondere die Arbeiten von Fritz Scharpf (1988).

[13] So die Überschrift in einem Artikel des Spiegel (Nr. 6 vom 04.02.2002).

gen: Während sie mit ihm zusammen ins Theater will, möchte er sich gemeinsam mit ihr ein Fußballspiel ansehen. Obwohl es für den Mann (die Frau) besser wäre, den Abend mit der Frau (dem Mann) im Theater (im Fußballstadium) zu verbringen, besteht die Gefahr, dass die beiden einen getrennten Abend verbringen. Dieses Ergebnis tritt ein, wenn beide versuchen, ihr Wunschergebnis durchzusetzen. Ein entscheidender Unterschied zum Dilemmaspiel besteht darin, dass es nicht ein, sondern zwei kollektiv optimale Ergebnisse gibt – den gemeinsam verbrachten Theaterbesuch oder das zusammen erlebte Fußballspiel – und diese beiden Ergebnisse die beteiligten Akteure zu einem unterschiedlichen Grad privilegieren. Diese Differenz konstituiert weitreichende strategische Unterschiede zur Dilemmasituation: Wenn etwa ein Akteur die Reputation besitzt, nie zu kooperieren, wird das in Dilemmasituationen andere Akteure vor kooperativem Verhalten abschrecken, während im Geschlechterkampf genau das Gegenteil der Fall ist. Wenn nämlich eine Spielerin in einer Dilemmasituation davon ausgeht, dass der Mitspieler grundsätzlich nicht kooperiert, wird sie nicht zögern, sich selbst unkooperativ zu verhalten, weil sie sonst ausgebeutet wird. Geht man hingegen im Geschlechterkampf davon aus, dass der andere nicht kooperieren wird, bleibt einem als rationalem Akteur nichts anderes übrig, als sich selbst kooperativ zu verhalten, denn nur so lässt sich die Gefahr eines getrennt verbrachten Abends vermeiden.

Wollte man den Geschlechterkampf auf den oben als Dilemmasituation skizzierten Reformstau in Deutschland übertragen, würde eine völlig andere Analyse zu Tage befördert. Der Reformstau wäre dann nicht Ausdruck dessen, dass **ein** von allen als vernünftig angesehenes Ergebnis verfehlt würde. Vielmehr wäre der kollektiv suboptimale Zustand des Reformstaus dann Ergebnis von Verhaltensweisen, die sich jeweils Resultaten verweigern, die einem selbst stärkere Zugeständnisse abverlangen würden als anderen. An dieser Stelle kann und soll nicht entschieden werden, ob der Reformstau in Deutschland am besten durch eine Dilemmasituation, einen Geschlechterkampf oder eine andere Spielsituation abgebildet wird. Es sollte aber deutlich geworden sein, dass eine Analyse des Reformstaus auf der Basis des Rational-Choice-Konzepts zunächst eine präzise Bestimmung der Konfliktsituation erfordert, was voraussetzt, dass die Präferenzordnungen der am Spiel beteiligten Akteure genau ermittelt werden. Was in diesem Beitrag geschehen ist, nämlich einen bestimmten empirischen Sachverhalt Spielsituationen gleichsam freihändig zuzuordnen, hatte illustrative Zwecke und kann im Rahmen einer Rational-Choice-Analyse aus heuristischen Gründen für die Hypothesenbildung genutzt werden. Die eigentliche Analyse darf aber natürlich nicht darin bestehen, für eine ad hoc vorgenommene Interpretation nachträglich das passende Spiel zu finden. Vielmehr müssen – gerade umgekehrt – vor dem Hintergrund der zu ermittelnden Präferenzen die zugrunde liegende Spielsituation herausgearbeitet und auf dieser Basis die kooperationshemmenden und -förderlichen Faktoren einer näheren Analyse unterzogen werden. Auch diese Vorgehensweise grenzt das Rational-Choice-Konzept positiv von Analysen ab, die auf einem rationalistischen Ad-hoc-Ansatz fußen.

Unter Zuhilfenahme der Spieltheorie hat das Rational-Choice-Konzept eine Palette von Situationsstrukturen entwickelt, bei denen nicht eindeutig prognostiziert werden kann, wie sich ein rationaler Akteur verhält. Damit ist nicht nur das Vorurteil entkräftet, dass das Rational-Choice-Konzept die rationalen Fähigkeiten politischer Akteure überschätzt. Vielmehr hat die kurze Darstellung von Situationsstrukturen auch gezeigt, dass der subjektive Zweckrationalismus sehr viel vorsichtiger ist, ein Verhalten als irrational zu kennzeichnen, als dies bei Analysen der Fall ist, die ihren Rationalismusbegriff mehr oder minder hierfür entwickeln. Allerdings mag sich genau aus dieser Darstellung ein Einwand ergeben, der gleichsam mit entgegengesetzter Stoßrichtung dem subjektiven Zweckrationalismus Hyperrationalität vorwirft: Wenn in Dilemmasituationen und anderen Situationsstrukturen mehrere Verhaltensalternativen rational interpretierbar sind, ist dies nicht ein Indiz dafür, dass der Rationalismusbegriff zu einer Catch-All-Kategorie verkommen ist, mit dessen Hilfe (fast) jedes Verhalten im nachhinein als rational im Sinne des subjektiven Zweckrationalismus gekennzeichnet werden kann? Um noch einen Schritt weiterzugehen: Lässt sich nicht für jede beliebige Handlung ein Spiel konstruieren, auf dessen Folie sie als rational erscheint, sodass das Rational-Choice-Konzept nichts anderes als tautologische Erklärungen abliefert?

Letzterem Vorwurf setzt sich der subjektive Zweckrationalismus nicht aus, weil und insofern er streng zwischen den Interessen und dem Verhalten eines Akteurs trennt **und** explizit fordert, dass diese unabhängig voneinander bestimmt werden müssen. Geschieht dies nämlich nicht, droht tatsächlich eine tautologische Erklärung. Dieser Gefahr unterliegen aber Analysen, die ihr methodisches Vorgehen im Unterschied zum Rational-Choice-Konzept nicht reflektieren, in sehr viel höherem Maße als solche, die explizit auf dem Konzept des subjektiven Zweckrationalismus aufbauen. Dies sei an einem weiteren Beispiel deutscher Politik verdeutlicht: Aufgrund des föderalen Systems der Bundesrepublik ist es mehrmals in der Geschichte zu divergierenden Mehrheiten in Bundestag und Bundesrat gekommen, was mitunter dazu führte, dass von der Bundesregierung lancierte zustimmungspflichtige Gesetze zwar eine Mehrheit im Bundestag erhielten, dann aber von der Opposition im Bundesrat zu Fall gebracht wurden. In Analysen wird dann mitunter vom Verhalten der Opposition – Ablehnung eines Gesetzes im Bundesrat – auf deren Präferenz geschlossen, die darin bestehe, die Regierungspolitik zu blockieren. Wird mit einer solcherart ermittelten Präferenz dann das Verhalten der Opposition, sprich die (weitere) Blockadepolitik erklärt, ist die Erklärung tautologisch und damit wissenschaftlich wertlos. Im Rahmen einer Analyse des subjektiven Zweckrationalismus dagegen wäre – unabhängig vom Verhalten – genau zu klären, welche Präferenz der Opposition ihrem Verhalten im Bundesrat zugrunde liegt: tatsächlich das Interesse, die Regierung zu blockieren, oder aber andere Beweggründe wie inhaltliche Differenzen mit den Vorlagen der Regierung? Wie bereits oben vermerkt, muss diese Frage auf der Basis methodisch klarer Verfahren geklärt werden.

3.3 Zum Verhältnis von Strukturen und Akteursentscheidungen

Da das Rational-Choice-Konzept handlungstheoretisch verankert ist, sind Akteure sein analytischer Ausgangspunkt. Aus Sicht strukturalistischer Theorien handelt sich der subjektive Zweckrationalismus damit mitunter den Vorwurf des Voluntarismus ein. Dieser kann zwei Formen annehmen: Die moderate Variante kritisiert, dass die Determinanten von Akteursverhalten negiert werden und die radikale, dass eine produktive Analyse von Politik vom System auszugehen habe (vgl. Zürn 1993: 64-68).

Die moderate Variante des Voluntarismus-Vorwurfs trifft auf das Rational-Choice-Konzept in der hier präsentierten Form nicht zu. Wer nämlich erforschen will, ob ein bestimmtes Verhalten zweckrational ist, muss den strukturellen Kontext des Akteurs systematisch berücksichtigen. Wenn eine politische Partei etwa das Ziel hat, die politische Herrschaft zu erringen, kann zweckrationales Verhalten nicht unabhängig davon beurteilt werden, ob der Akteur in einer Demokratie oder einem autoritären System agiert. In der Tat zeichnen sich Analysen, die auf der Folie des Rational-Choice-Konzepts erstellt werden, in der Regel dadurch aus, dass der strukturelle Kontext, in dem die Akteure ihre Entscheidungen treffen, sehr genau beschrieben wird.

Die Analysen Tsebelis' und Przeworskis sind hervorragende Beispiele, wie im Rahmen der vereinfachenden spieltheoretischen Darstellung Komplexität addiert und damit strukturelle Kontexte systematisch mit berücksichtigt werden können. Tsebelis zeigt, dass die Beziehungen zwischen den Vertretern/innen einer Partei und ihrer Parlamentsfraktion mit durch die soziale Basis der Partei bestimmt wird. Przeworski stellt Liberalisierungspolitiken in den Kontext der Merkmale autoritärer Systeme und vermeidet damit die Gefahr, aus der Einleitung von Liberalisierungsmaßnahmen darauf zu schließen, dass Demokratisierung intendiert ist. Die Gefahr dieses Missverständnisses ist tatsächlich groß, wie zahlreiche zeitgeschichtliche Analysen, insbesondere zum Vorderen Orient, zeigen. Schließlich befördern Liberalisierungsmaßnahmen Politiken wie das Abhalten von Parlamentswahlen, die – isoliert betrachtet – an die entsprechenden Prozeduren demokratischer Systeme erinnern – fälschlicherweise, weil Parlamente in autoritären Systemen nicht jene Kompetenzen besitzen, über die sie in demokratischen Systemen verfügen.

Das Argument der radikalen Variante des Strukturalismus, dass Strukturen bzw. Systeme den Akteuren analytisch vorgeordnet sein müssen, wird vom Rational-Choice-Konzept allerdings als verfehlt zurückgewiesen. Erklärungen für soziale und politische Phänomene müssen, so die Überzeugung des Konzepts des subjektiven Zweckrationalismus, letztlich immer auf das Handeln von Menschen bzw. die von ihnen geschaffenen Institutionen zurückgeführt werden. Wegen dieses Prinzips des methodologischen Individualismus werden funktionalistische Erklärungen als bestenfalls unvollständig zurückgewiesen. Funktionalistische Erklärungen liegen etwa dann vor, wenn Institutionen wie die Ehe oder Religion damit erklärt werden, dass auf ihre als positiv erachtete Wirkung für das Leben des einzelnen bzw. die Stabilität des Gesamtsystems verwiesen wird. Aus handlungstheoretischer Sicht liegt deshalb keine befriedigende Erklärung vor, weil unklar bleibt, was Menschen dazu bewegt zu heiraten, oder aktives Mitglied einer Religionsgemeinschaft zu werden, und ob und welche Akteure es in einem System gibt, die diese Institutionen mit der Absicht fördern, das System zu stabilisieren.[14] Robert Mertons (1995) Analyse über westliche Bürokratien entwickelt eine solche funktionalistische Erklärung. Der Soziologe erklärt den Umstand, dass Bürokraten (in westlichen Systemen) bestimmte Normen befolgen und sich ohne Ansehen der Person an ihre Vorschriften halten damit, dass dieses Verhalten eine bestimmte positive Wirkung aufweist, nämlich Nepotismus zu verhindern. Zwar vermerkt Merton, dass Bürokratien im Unterschied zu Privatunternehmen Monopolisten sind, ihre Kunden also nicht einfach zu anderen Unternehmen wechseln können, wenn sie unzufrieden sind, gleichwohl aber hält er die gegebene Erklärung für befriedigend. Aus Sicht des Rational-Choice-Konzepts ist sie es nicht, weil unklar bleibt, welche Motive die einzelnen Bürokraten davon abhalten, sich auf Kosten kollektiver Interessen einen individuellen Vorteil zu verschaffen.

4. FAZIT

Dem Konzept des subjektiven Zweckrationalismus haftet hartnäckig der Vorwurf an, die Fähigkeit rationaler Handlungen von Menschen bzw. der von ihnen geschaffenen Institutionen überzustrapazieren, insbesondere wenn es im amerikanischen Gewand als **Rational Choice** daherkommt und die Erkenntnisse der Spieltheorie nutzt. Diese Sichtweise ist stark verzerrend, weil das Konzept des subjektiven Zweckrationalismus gerade dazu beiträgt, etliche scheinbar rationale Erklärungen, die auf ad hoc konstruierten Rationalismusansätzen beruhen, als unbefriedigend zurückweist. Da sich das Konzept des subjektiven Zweckrationalismus durch ein solides theoretisches Fundament auszeichnet und zu methodisch reflektiertem Vorgehen zwingt, erliegt es in sehr viel geringerem Maße den Gefahren eines Hyperrationalismus als nicht wenige der Analysen seiner Kritiker.

Durch die systematische Beschäftigung mit intentionalem Verhalten befördert das Rational-Choice-Konzept auch ein vertieftes Verständnis für Verhaltensweisen und Ereignisse, die kausal zu erklären sind. Das Konzept des subjektiven Zweckrationalismus versucht also nicht,

---

[14] Eine übersichtliche und gut verständliche Darstellung der drei in der Wissenschaft verwendeten Erklärungsmodi – des kausalen, intentionalen und funktionalen Modus – findet sich bei Føllesdal/Walløe/Elster (1988). Zwar sind alle drei in den Sozialwissenschaften anzutreffen, aus Sicht des Rational-Choice-Konzepts aber nur zwei von ihnen – nämlich der intentionale und der kausale Modus – akzeptabel.

der Realität ein rationalistisches Weltbild aufzupfropfen. Vielmehr wird Kausalerklärungen für politikwissenschaftliche Gegenstände die gebührende Rolle zugebilligt.

Dem Wissenschaftsprogramm des Konzepts des subjektiven Zweckrationalismus wird man am ehesten gerecht, wenn man seinen Ausgangspunkt ernst nimmt: Es geht ihm um die Lösung wissenschaftlicher Rätsel, die sich bei der Betrachtung sozialen und politischen Verhaltens stellen. Dabei gehen Vertreter/innen des Rational-Choice-Konzepts grundsätzlich davon aus, dass der Akteur und seine Handlungen Ausgangspunkt der Analyse sein müssen und Irrationalität nur nach sorgfältiger Prüfung diagnostiziert werden sollte. Diese Prämissen finden in vielen Analysen – sei es in der Wissenschaft, in öffentlichen Debatten oder in Alltagsdiskussionen – implizite oder explizite Zustimmung. Das spezifische Merkmal des Rational-Choice-Konzepts ist also nicht so sehr, dass es rationalem Verhalten einen besonders hohen Stellenwert zuschreibt, sondern dass es dieses auf ebenso kritische wie systematische Art zu durchleuchten versucht.

POLITISCHE KULTUR

Steffen Mohrenberg

1. EINLEITUNG[1]

Politische Kultur als wissenschaftlicher Ansatz ist ein fester Bestandteil des klassischen Kanons der Vergleichenden Politikwissenschaft. Trotz dieser gefestigten Stellung im politikwissenschaftlichen Werkzeugkasten, hat sich die politische Kulturforschung in der Vergangenheit sehr uneinheitlich entwickelt. Dem Leser begegnet eine Vielzahl unterschiedlicher Definitionen, wissenschaftlicher Erkenntnisinteressen und methodologischer Ansätze. Bis heute hat sich keine einheitliche Auffassung über den wissenschaftlichen Gebrauch des Begriffs durchgesetzt.

Vor diesem Hintergrund soll hier zuerst eine grundlegende Begriffsbestimmung politischer Kultur erfolgen. Sie muss einerseits grob genug sein, um der oben angesprochenen Uneinheitlichkeit gerecht zu werden. Auf der anderen Seite sollte sie genug Trennschärfe besitzen, um Studierenden der Vergleichenden Politikwissenschaft einen soliden Ausgangspunkt für den Umgang mit wissenschaftlichen Arbeiten zur politischen Kultur zu bieten. Anschließend werden einzelne Arbeiten und Autoren in zwei Teilen vorgestellt. Der erste befasst sich mit Studien, die politische Kultur mit Demokratie in Bezug setzen. Der zweite Teil stellt Arbeiten vor, die politische Kultur mit wirtschaftlicher Entwicklung in Verbindung bringen. Die Übersicht kann und soll nicht erschöpfend sein. Ziel ist es stattdessen, einen Überblick über die wichtigsten Beiträge aus diesem Gebiet zu bieten.

---

[1] Besonderer Dank gilt Alexander Nöhring, Patricia Graf und Christoph Stefes für ihre Anregungen und konstruktive Kritik zu diesem Kapitel.

2. BEGRIFFSBESTIMMUNG

Die politische Kulturforschung verbindet die objektiven Realitäten der Politik mit subjektiven Wahrnehmungen und Sinngebungen. Alle in diesem Kapitel vorgestellten Ansätze zur politischen Kultur gehen davon aus, dass eine politische Wirklichkeit für sich genommen existiert (z. B. Institutionen, Parteien, Wahlen, Wähler/innen, politische Mandatsträger/innen). Es reicht jedoch nicht aus, diese Realität separat zu betrachten, da das politische Leben einer Gesellschaft laut den vorgestellten Ansätzen stark davon abhängt, wie Menschen ihre Umgebung wahrnehmen und reflektieren. „Politische Realität ist aus dem Blickwinkel der politischen Kulturforschung immer als eine durch den Menschen gedeutete Realität zu betrachten" (Dörner 2003: 591). Die meisten Ansätze der politischen Kulturforschung zeichnen sich dabei durch folgende Merkmale aus:

- Politische Kultur ist immer in einem bestimmten Kollektiv verortet

- Individuen besitzen keine politische Kultur, sondern zeichnen sich durch kulturbedingtes Denken und Handeln aus

- Menschliches Handeln ist kein ausschließlich direktes Reagieren auf gegebene Situationen, sondern wird unter anderem durch kulturelle Handlungsdispositionen beeinflusst[2]

- Politische Sozialisierung ist ein lebenslanger Lernprozess, in dem jeder Mensch kulturbedingte Interpretationen der Wirklichkeit und verschiedene Handlungsdispositionen verinnerlicht

Die verschiedenen Konzepte politischer Kultur unterscheiden sich deutlich hinsichtlich der Definition von Politik und Kultur. Wie auch immer man den Begriff *Kultur* definiert, verweist er doch meist auf ein kollektives Phänomen, das sich auf das Denken und Handeln der zugehörigen Individuen auswirkt. Kulturbedingtes Denken und Handeln wird durch kulturelle Interpretationen der Wirklichkeit und kulturelle Handlungsdispositionen ermöglicht. Dies kann die Form subjektiver Orientierungen auf unterschiedliche Objekte annehmen, beispielsweise das Vertrauen in die Regierung (vgl. Eckstein 1988: 790). Eine Alternative dazu ist, kulturelle Handlungsdispositionen als Annahmen über die Menge aller legitimen Handlungsalternativen in einer bestimmten Situation zu begreifen – z. B. der Ausschluss physischer Gewalt als Mittel des gesellschaftlichen Konfliktaustrags (vgl. Elkins/Simeon 1979: 127ff.). Dem liegt ein bestimmtes **Verständnis menschlichen Handelns** zugrunde. Die politische Kulturforschung nimmt größtenteils an, dass in einem ersten Schritt individuelles Handeln durch kulturelle Prädispositionen beeinflusst wird. Dieses kulturbedingte Handeln formt in einem zweiten Schritt die politische und wirtschaftliche Struktur einer Gesellschaft. Menschliches Handeln ist also kein unmittelbares Reagieren auf objektive Situationen, sondern erfolgt indirekt, weil die Situation durch individuelle subjektive Prädispositionen wahrgenommen und bewertet wird. Einzelne Ansätze unterscheiden sich wesentlich in der Definition dieser subjektiven Prädispositionen und der sie beeinflussenden politischen Kultur. Das Gleiche gilt für ihre methodologische Erfassung. Aus der Definition von Kultur folgt, dass eine bestimmte politische Kultur in einer expliziten, Kultur tragenden, sozialen Einheit verortet sein muss. Auch wenn es sich dabei in vielen Studien um den Staat handelt (vgl. Almond/Verba 1963; Inglehart 1988), ist dies keine Notwendigkeit. Auch Regionen, Familien oder soziale Klassen sind potenzielle Träger einer eigenständigen politischen Kultur (vgl. Putnam 1993).

---

[2] In der Literatur findet man verschiedene Bezeichnungen für individuelle Merkmale, die sich aus der jeweiligen Kultur ableiten: Orientierungen, Einstellungen, Normen, Annahmen, Überzeugungen etc. In dieser Begriffsbestimmung werden stattdessen die Begriffe *kulturbedingte Interpretation der Wirklichkeit* und *kulturelle Handlungsdisposition* verwandt, um unterschiedliche Konzepte einzelner Autoren zusammenzufassen und Begrifflichkeiten zu vermeiden, die man mit einer gewissen Vorstellung assoziiert, die hier nicht geteilt wird.

Politik, der zweite Begriff, der für das Verständnis von politischer Kultur von zentraler Bedeutung ist, ist ebenso uneinheitlich definiert wie *Kultur*. Josef Thesing (1994: 11f.) sieht in der Unmöglichkeit, Politik als ein soziales Phänomen genau zu beschreiben, die Hauptursache für die begriffliche Schwammigkeit von Definitionen politischer Kultur. Allgemein gesprochen befasse sich Politik mit der Organisation menschlicher Gemeinschaften und mit der Lösung von dabei entstehenden Konflikten mittels Macht. Zentraler Bestandteil von Politik in einem modernen Staat ist demnach das Handeln unterschiedlicher Akteure: Politiker und die Menschen einer Gesellschaft (vgl. Thesing 1994: 11; Weber 2000: Kap. 1, §§16, 17.2). Diese Aspekte des Politischen werden in der politischen Kulturforschung mit dem kulturbedingten Denken und Handeln der Menschen in Verbindung gesetzt. Politische Kultur kann sich demnach als die in einer Gesellschaft überwiegende Einstellung zur Demokratie, die Kompromissbereitschaft von Politikern oder die Art und Weise, wie die Bürger/innen eines Landes ihr Staatsoberhaupt wahrnehmen, äußern.

In diesem Zusammenhang dient politische Kultur zum einen als unabhängige Variable zur Erklärung bestimmter wirtschaftlicher und politischer Phänomene.[3] So ist die Frage, welche politische Kultur in einer Gesellschaft vorhanden sein muss, um eine bestimmte Struktur – beispielsweise Demokratie oder anhaltendes Wirtschaftswachstum – aufrechtzuerhalten, inzwischen als klassisch zu bezeichnen. Zum anderen kann *politische Kultur* als abhängige Variable betrachtet werden, die von unabhängigen Variablen wie *Institutionengefüge* oder *ökonomische Entwicklungen* beeinflusst wird. Meist wird diese Trennung jedoch nicht strikt aufrechterhalten, da beide Strömungen oft implizit von einem wechselseitigen Einfluss von Kultur und Struktur ausgehen. Nur wenige Studien machen dies jedoch explizit deutlich und verwenden politische Kultur sowohl als unabhängige als auch als abhängige Variable (vgl. Inglehart 1988 und Putnam 1993).

Die letzte Grundannahme der politischen Kulturforschung postuliert, dass kulturbedingte subjektive Prädispositionen des politischen Handelns sowie kulturelle Interpretationen der Wirklichkeit nicht von Geburt an gegeben sind, sondern von jedem Menschen gelernt werden müssen. Diesen Vorgang bezeichnet man als **politische Sozialisierung**. Dabei handelt es sich um einen kontinuierlichen, lebenslangen Prozess, in dem der einzelne Mensch gewisse kulturelle Orientierungen und Normen, die ein in der jeweiligen Gesellschaft legitimes politisches Verhalten kennzeichnen, lernt. Welche Orientierungen und Normen ein bestimmter Mensch internalisiert hängt zum einen von der in der jeweiligen Gesellschaft vorhandenen politischen Kultur ab. Zum anderen ist der Lernprozess immer auch individuell verschieden, da er durch die spezifischen Lebensumstände des Individuums beeinflusst wird. Diese unterschiedlichen individuellen Lebenserfahrungen erklären, warum nicht alle Menschen, die in derselben Gesellschaft sozialisiert werden, exakt identische kulturelle Handlungsdispositionen besitzen. Politische Sozialisierung stellt also das Bindeglied zwischen der politischen Kultur eines Kollektivs und kulturellen Interpretationen der Wirklichkeit durch Individuen dar (vgl. Bill/Hardgrave 1973: 98ff.).

Das Lernen beginnt typischerweise im Kleinkindalter in der Familie, wo die meisten Menschen zum ersten Mal mit Autorität und ihrer Ausübung konfrontiert werden. Weitere Sozialisierungsagenten können die Schule, Freundeskreise oder die Kirche sein. Oft findet politische Sozialisierung völlig unbewusst im alltäglichen Leben statt, indem sich etwa durch einschlägige Erfahrungen ein Grundvertrauen anderen Menschen gegenüber einstellt. Obwohl politische Sozialisierung als ein lebenslanger Prozess gilt, hat früher Gelerntes meist eine größere Bedeutung als später Gelerntes (vgl. Eckstein 1988: 791). Was in der Kindheit angenommen wurde, kann demnach durch spätere Sozialisierung im Erwachsenenalter nur

---

[3] Zur Definition von Variablen, Hypothesen und Theorien siehe: Van Evera, Stephen (1997): Guide to Methods for Students of Political Science. Ithaca/London, S. 7ff.

sehr schwer geändert werden (vgl. Bill/Hardgrave 1973: 107). Die meisten Autoren/innen vermuten, dass die einzelnen Sozialisierungsschritte, denen eine Person ausgesetzt ist, sich tendenziell verstärken und nur im Ausnahmefall widersprüchlich sind. Dadurch ergibt sich eine gewisse **kulturelle Stabilität** innerhalb einer Gesellschaft, auch über Generationengrenzen hinweg (vgl. Eckstein 1988: 791; Bill/Hardgrave 1973).

3. POLITISCHE KULTUR UND DEMOKRATIE

In den nun folgenden Abschnitten sollen mehrere Ansätze aus dem 20. Jahrhundert vorgestellt werden, die politische Kultur zur Erklärung demokratischer Stabilität oder des Funktionierens demokratischer Institutionen verwenden. Kulturelle Variablen dienen jedoch bereits seit der Antike dem Verständnis politischer Sachverhalte. Beispiele dafür liefern die Arbeiten von Aristoteles (384-322 v. Chr.), Jean-Jacques Rousseau (1712-1778) oder Alexis de Tocqueville (1805-1859).

3.1 Gabriel Almond, Sydney Verba und Lucian Pye

Gabriel A. Almond und Sydney Verba gelten als die Begründer der modernen, empirisch-analytischen politischen Kulturforschung. Zusammen mit Lucian W. Pye waren sie Teil einer politikwissenschaftlichen Strömung, die mit dem Zustand der Vergleichenden Politikwissenschaft in der Mitte des 20. Jahrhunderts unzufrieden war.[4] Zu diesem Zeitpunkt waren die meisten Vertreter/innen der Vergleichenden Politikwissenschaft auf Regionen spezialisiert und arbeiteten nicht dezidiert vergleichend (vgl. Pye 1965: 5f.). Auf der methodologischen Seite gab es einen allgemeinen Trend der Sozialwissenschaften hin zu verhaltenstheoretischen Ansätzen und die Politikwissenschaft entdeckte systemische Modelle zur Beschreibung von Staaten für sich. Im Zuge der Dekolonialisierung entstanden in dieser Zeit viele neue, souveräne Staaten, die anders gestaltet waren als die meisten bis dahin existierenden modernen Staaten westlichen Typs. Die bis zu dieser Zeit gebräuchlichen institutionellen oder formal-legalistischen Ansätze wurden der neuen Wirklichkeit und dem geänderten wissenschaftlichen Anspruch nicht mehr gerecht (vgl. Verba 1965b: 512). Almond, Verba und Pye hatten vor diesem Hintergrund die Absicht, mit einem politischen Kulturansatz einen umfassenderen und systematischeren Vergleich politischer Systeme unterschiedlichster Ausprägung zu ermöglichen. Eines ihrer zentralen Themen war die Frage, ob und wie sich in den neu entstehenden Staaten Demokratie einführen und etablieren lässt (vgl. Verba 1965b: 512ff.; Pye 1965: 4; Almond/Verba 1963: 3ff.).

3.1.1 The Civic Culture

Für Almond und Verba (1963) ist jede politische Struktur nur dann überlebensfähig, wenn sie von einer bestimmten politischen Kultur getragen wird. Sie fragen, welche politische Kultur für das Bestehen einer Demokratie am förderlichsten ist und finden ihre Antwort in der *civic culture*[5], die sie mittels eines Vergleichs mehrerer Demokratien herausarbeiten.

Almonds früheste Definition politischer Kultur lautet: „Jedes politische System ist in einem bestimmten Muster politischer Handlungsorientierungen eingebettet. Ich denke, es ist nützlich, dieses als politische Kultur zu bezeichnen" (vgl. Almonds 1956: 391; eigene Übersetzung, S.M.). Zusammen mit Verba schrieb er etwas später in *The Civic Culture*: „Die politische Kultur einer Nation ist die jeweilige Verteilung von Orientierungsmustern gegenüber politischen Objekten unter den Bürgerinnen" (vgl. Almond/Verba 1963: 14f.; eigene Übersetzung, S.M.). Almond und Verba messen politische Kultur also nicht direkt, sondern

---

[4] Zur Entwicklung der Vergleichenden Politikwissenschaft in den USA und der BRD siehe die Beiträge von Christoph Stefes und Harald Barrios in diesem Buch.

[5] Eine Übersetzungsmöglichkeit für *civic culture* ist *Staatsbürgerkultur* (vgl. Gabriel 1986).

nähern sich ihr empirisch über Orientierungen an, die einzelne Menschen besitzen. Für das weitere Verständnis von Almonds und Verbas Ansatz ist die präzise Klärung der Begriffe *Orientierungen* und *politische Objekte* von zentraler Bedeutung.

Orientierungen können sich nach Verba (1965b: 513) sowohl auf Objekte als auch auf gesellschaftliche Verhältnisse beziehen und helfen Menschen, sich in bestimmten Handlungssituationen zurechtzufinden. Wenn unterschiedliche Akteure dieselben Orientierungen teilen, könne man dieses Muster als die Kultur der jeweiligen sozialen Gruppe verstehen. Anlehnend an Talcott Parsons, unterscheiden Almond und Verba drei Dimensionen kultureller Orientierungen: eine kognitive, eine affektive und eine evaluative (vgl. Almond/Verba 1963: 15). Eine kognitive Orientierung beinhaltet Kenntnis und Wahrnehmung eines bestimmten politischen Objekts – man ist sich der Existenz der Präsidentin eines Staats bewusst. Affektive Orientierungsdimensionen drücken die gefühlsmäßige Zuneigung oder Ablehnung einem bestimmten politischen Objekt – z. B. der Präsidentin – gegenüber aus. Evaluative Orientierungen bezeichnen schließlich die Bewertung politischer Objekte mit Hilfe bestimmter Wertvorstellungen oder Kriterien, die mit affektiven und kognitiven Orientierungen verbunden werden. Die Gedanken, die sich ein Mensch über politische Objekte macht, verknüpfen oft zwei oder drei dieser Dimensionen. Eine explizite Trennung in Wahrnehmung, gefühlsmäßige Bewertung und Moralurteile findet auf der individuellen Ebene meist nicht bewusst statt (vgl. Verba 1965b: 516, Anm. 2).

Die politischen Bezugsobjekte dieser kulturellen Dispositionen kategorisieren Almond und Verba mit Hilfe des politischen Systembegriffs (vgl. Almond/Verba 1963: 15ff.; Gabriel 1986: 48ff.).[6] Politische Orientierungen können sich zum einen auf die eigene politische Rolle, zum anderen auf das politische System beziehen. Ersteres setzt voraus, dass sich das Individuum selbst als politischen Akteur wahrnimmt. Das politische System kann wiederum als Ganzes oder in seinen verschiedenen Teilen begriffen werden. Orientierungen, die sich auf das System als Ganzes beziehen, können die kognitive Wahrnehmung des Systems als groß oder klein betrachten, affektive Gefühle wie Patriotismus und Entfremdung empfinden oder die Evaluierung des Systems als gerecht oder ungerecht bewerten.

Systemkomponenten sind erstens spezifische Rollen und Strukturen – das politische Amt einer Präsidentin oder die Verwaltung; zweitens Amtsinhaber, also einzelne Menschen, die eine politische Rolle innehaben und drittens spezifische Policies, politische Entscheidungen oder die Durchsetzung von politischen Verfügungen – Person X bekommt Sozialhilfe. Diese unterschiedlichen Systemkomponenten können wiederum der Input- oder Outputseite des politischen Systems zugeordnet werden, wobei eine eindeutige Kategorisierung nicht immer möglich ist.

Almond und Verba verbinden ihre Typologien von Orientierungsdimensionen und politischen Objekten, um sich ein Bild der politischen Orientierung einzelner Personen zu erarbeiten. Sie halten dabei fest, ob und wenn ja, welche kognitiven, affektiven und evaluativen Orientierungen auf die einzelnen Systemkomponenten bezogen bei einer Person vorhanden sind. An diesem Vorgehen wird der empirisch-analytische Charakter von Almonds und Verbas Konzept klar erkennbar. Demnach kann man die politische Kultur einer Gesellschaft dadurch beschreiben, dass man eine statistisch aussagefähige Gruppe von Einzelpersonen dieser Gruppe nach ihren politischen Orientierungen befragt und die Ergebnisse aggregiert. Mit anderen Worten betrachten Almond und Verba die politische Kultur eines Kollektivs als das Verteilungsmuster individueller politischer Orientierungen (vgl. Almond/Verba 1963: 17).

---

[6] Zum Begriff des politischen Systems siehe den Beitrag *Die Entwicklung der Vergleichenden Politikwissenschaft in den USA seit 1945* von Christoph Stefes in diesem Band.

In ihrer Studie untersuchen Almond und Verba (1963) die politische Kultur Mexikos, Deutschlands, der USA, Italiens und Großbritanniens. Mit ihren Ergebnissen konstruieren sie drei Idealtypen politischer Kultur (siehe Abbildung 1): 1. die *parochial political culture*, 2. die *subject political culture* und 3. die *participant political culture* (vgl. Almond/Verba 1963: 17ff.). Eine ***parochial political culture*** ist durch Individuen gekennzeichnet, deren Orientierungen sich ausschließlich auf ihre direkte politische Umwelt beziehen (*Kirchturmperspektive*) und die kaum Orientierungen auf spezifische politische Objekte besitzen. Explizite politische Rollen sowie eine von der restlichen Kultur getrennte politische Kultur existieren in der entsprechenden Gesellschaft nicht. Individuen einer *parochial political culture* formulieren darum keinerlei Erwartungen oder Forderungen an das politische System. Als Beispiel führen die Autoren afrikanische Stammesgesellschaften und das Osmanische Reich an.

Abbildung 1: Idealtypen politischer Kultur mit den jeweils vorhandenen Bezugsobjekten individueller Orientierungen

	System als Ganzes	Teilkomponenten der Inputseite	Teilkomponenten der Outputseite	Eigene Rolle als politischer Akteur
Parochial	-	-	-	-
Subject	x	-	x	-
Participant	x	x	x	x

Quelle: Almond und Verba (1963: 17)

In der ***subject political culture*** – einer Untertanenkultur – sind politische Orientierungen auf das politische System als Ganzes sowie auf die Teilkomponenten der Outputseite ausgeprägt. Ein Bewusstsein der eigenen politischen Rolle und der Inputseite ist nicht ausgebildet. Die Mitglieder einer Gesellschaft mit dieser politischen Kultur sind sich der Autorität ihrer Regierung oder der Herrschenden bewusst, nehmen also das System als Ganzes und dessen Auswirkungen auf ihr Leben war, beispielsweise akzeptieren sie das politische System und seine Regelleistungen oder lehnen es als illegitim ab. Sie stellen zwar Forderungen an das System und nehmen dessen Leistungen war, kümmern sich aber nicht darum, wie Entscheidungen zustande kommen.

Als letzten Idealtyp polischer Kultur führen Almond und Verba die ***participant political culture*** an. Diese ist durch Individuen gekennzeichnet, die explizite politische Orientierungen sowohl auf das politische System als Ganzes als auch auf dessen Teilkomponenten der Input- und Outputseite besitzen. Obwohl sie sich selbst als politische Akteure wahrnehmen, was meist mit einer aktiven Rolle im politischen Prozess verbunden ist, bedeutet dies nicht, dass das politische System auf ausschließliche Zustimmung stoßen muss.

Jede empirisch messbare politische Kultur vereinigt nach Almond und Verba Elemente der oben genannten Idealtypen. Mit *civic culture* (Staatsbürgerkultur) beschreiben sie einen Mischtyp politischer Kultur, der ihrer Meinung nach am besten dazu geeignet ist, ein demokratisches System zu bilden und zu erhalten (vgl. Almond/Verba 1963: 473ff.). Die traditionellen Bindungen an subnationale Gesellschaftssysteme der *parochial political culture* – z. B. Familie, Stamm oder Gemeinde – und das passive politische Rollenverständnis der *subject political culture* bleiben dabei nicht nur bestehen, sondern tragen entscheidend zur Stabilisierung und zum Funktionieren eines demokratischen Systems bei (vgl. Almond/Verba 1963: 474). Dies basiert auf dem Gedanken, dass eine idealtypische *rational-aktivistische politische Kultur* (vgl. Verba 1965a: 133), deren Individuen stets politisch aktiv, bestmöglich informiert und am Gemeinwohl interessiert sind, auf Dauer mit den Anforderungen eines demokratischen Systems kollidieren würde. Der demokratische Staat würde zusammenbrechen, da die ausgeprägten Mitgestaltungsansprüche der Gesellschaftsmitglieder die staatliche Macht zu sehr einschränken und den Politikern den Handlungsspielraum nehmen würden, der nötig ist, um alltägliche politische Entscheidungen zu treffen. Diese demokratieimmanente Forderung nach staatlicher Machtbeschränkung bei gleichzeitiger Erwartung staatlicher Effektivität, welche eine bestimmte staatliche Handlungsautonomie voraussetzt, ist für Almond und Verba ein Grundproblem aller Demokratien, für das sie in der *civic culture* die bestmögliche Lösung sehen. Da sie, wie oben bereits angesprochen, politische Aktivität und Passivität vereint, gelingt es ihr, die gegensätzlichen Forderungen nach einem Mehr und einem Weniger an staatlicher Macht auszubalancieren und dadurch einen funktionierenden demokratischen Staat zu ermöglichen. „Auf der einen Seite ist der Bürger nicht so stark engagiert und in der Politik aktiv, als dass er die Fähigkeit der Regierung zerstören würde, autoritäre Entscheidungen zu treffen. Auf der anderen Seite ist er aber auch nicht so passiv und indifferent, als dass die politische Elite eine totale Entscheidungsfreiheit besäße." (Vgl. Verba 1965a: 133; eigene Übersetzung, S.M.)

Die Balance zwischen aktivem und passivem Bürgerverhalten wird vor allem durch den **demokratischen Mythos** aufrechterhalten (vgl. Almond/Verba 1963: 480ff.; Iwand 1985: 108ff.). Damit ist gemeint, dass viele Bürger/innen ihre politische Inaktivität dadurch begründen, dass sie ja politischen Einfluss nehmen könnten, wenn sie nur wollten. Auf der anderen Seite glauben aber auch die Politiker/innen an den Mythos des politisch engagierten, sich in den demokratisch-politischen Prozess einbringenden Menschen. Sie versuchen darum, ihren Handlungsspielraum nicht durch eigennütziges Verhalten zu verspielen, um einer bürgerlichen Einmischung in die Politik zuvorzukommen. Für das Funktionieren einer Demokratie ist demnach nicht der aktive, sondern der potenziell aktive Bürger entscheidend (vgl. Almond/Verba 1963: 481). Weitere Gründe für die in der Realität oft anzutreffende politische Untätigkeit vieler Bürger/innen sind die Komplexität politischer Probleme, individuell eher passiv geprägte Verhaltensweisen oder die Tatsache, dass bestimmte politische Entscheidungen nie alle Menschen in gleichem Maß betreffen (vgl. Almond/Verba 1963: 485ff.).

Um in den neu entstandenen Staaten der Dritten Welt den Prozess der Etablierung einer *civic culture* zu beschleunigen, schlagen Almond und Verba konzentrierte Anstrengungen im Bildungsbereich vor (vgl. Almond/Verba 1963: 497ff.). Allerdings bezweifeln sie, dass neben kognitiven politischen Orientierungen und partizipativen Einstellungen auch gefühlsmäßige, also affektive, systembejahende Einstellungen durch formale Bildung anerzogen werden können. Neu entstandene Staaten benötigen demnach bedeutende symbolische Ereignisse oder einen charismatischen Führer, um ein nationales Gefühl von Einheit und Systembejahung zu entwickeln. Hinzu kommen nach Almond und Verba positive Erfahrungen mit der neuen Demokratie, also Sozialisierung durch direkte Partizipation am System. Die Systemperformanz spielt hierbei eine große Rolle. Diese Gedanken lassen den Schluss zu, dass es fast unmöglich ist, in den neu entstandenen Staaten der Dritten Welt stabile Demokratien kurzfristig einzuführen, da es die Gleichzeitigkeit einer funktionierenden demokratischen Struktur sowie einer Demokratie bejahenden *civic culture* erfordern würde. Almond und Verba schließen ihr Buch jedoch mit dem Vertrauen, dass jegliche Modernisierungsbemühung – vor allem jedoch Industrialisierung, Urbanisierung und Bildungsreformen – die politische Kultur eines Staats der *civic culture* und damit dessen politisches System der Demokratie näher bringen kann (vgl. Almond/Verba 1963: 504f.). Das uneingeschränkte Vertrauen der beiden Autoren in die Demokratie fördernde Wirkung von Modernisierung kann aus heutiger Sicht so nicht geteilt werden. Das chilenische Beispiel zeigt, wie unter der Diktatur Pinochets fortschreitende Industrialisierung gerade nicht mit einem Mehr an Demokratie einherging.

Bei der Bewertung von *The Civic Culture* muss man die exponierte Stellung anerkennen, die diese Studie in der Vergleichenden Politikwissenschaft im Allgemeinen und in der politischen

Kulturforschung im Speziellen einnimmt. Almond und Verba haben mit diesem Werk zum ersten Mal einen systematischen, horizontalen Vergleich in der politischen Kulturforschung durchgeführt sowie das Konzept der politischen Kultur mit dem funktionalistischen Modell des politischen Systems verbunden (vgl. Bill/Hardgrave 1973: 114).[7] David Laitin (1995: 168) betrachtet *The Civic Culture* als eine Pionierarbeit, was die systematische Erklärung demokratischer Phänomene mit kulturellen Variablen anbelangt. Daneben habe vor Almond und Verba noch nie jemand Umfrageergebnisse benutzt, um die Werte der unabhängigen Variablen in einem horizontalen Vergleich zu bestimmen. In der politischen Kulturforschung gilt dieses Werk als die erste quantitative Arbeit, die mit klaren Definitionen und überprüfbaren Vorhersagen arbeitet (vgl. Inglehart 1988: 1204).

Trotz der breiten Würdigung dieser Leistungen, sah sich die *Civic-Culture-Studie* seit ihrem Erscheinen heftiger Kritik ausgesetzt, die sich grob auf drei Bereiche richtete: erstens das Forschungsdesign, zweitens das der Studie zugrunde liegende Demokratieverständnis und drittens die Operationalisierung von politischer Kultur. Bezüglich des Forschungsdesigns beanstandet Gabriel (1986: 75ff.) den Mangel an eindeutig formulierten Hypothesen und die unzureichende Operationalisierung wichtiger Variablen, z. B. des Konzepts der *civic culture*. Gern wird Almond und Verba zudem der statische Charakter ihrer Arbeit vorgeworfen, der jedoch im Forschungsdesign begründet liegt; Almond und Verba haben einen klassischen horizontalen Vergleich durchgeführt und lediglich Daten zu einem Zeitpunkt erhoben. Ihre empirische Basis musste also zwangsläufig ein statisches Konzept zur Folge haben, da sie keine Aussagen über eine zeitliche Entwicklung von politischer Kultur erlaubte (vgl. Inglehart 1988: 1204; Gabriel 1986: 74f.). Bill und Hardgrave (1973: 114) halten Almonds und Verbas Werk in großen Teilen für tautologisch – politische Kultur werde abwechselnd als abhängige und unabhängige Variable mit der Variablen *politisches System* in eine kausale Verbindung gesetzt. *The Civic Culture* erklärt demnach weder, warum sich politische Systeme auf eine bestimmte Art und Weise entwickeln, noch wird die Frage nach der Ursache struktureller Unterschiede politischer Systeme zufrieden stellend beantwortet. Daneben bleiben die Richtungen der kausalen Zusammenhänge zwischen individuellem politischem Verhalten und politischen Orientierungen sowie zwischen politischer Kultur und der Struktur des politischen Systems ungeklärt.

Bezüglich ihres Demokratieverständnisses wurde Almond und Verba mit der Begründung, sie würden an die Überlegenheit der angloamerikanischen Kultur glauben, Ethnozentrismus vorgeworfen (vgl. Inglehart 1988: 1204; Bill/Hardgrave 1973: 114). Ihre meist implizit formulierte normative Position, dass sich die Prinzipien westlicher Demokratie in den neu entstandenen Staaten der Dritten Welt gegenüber traditionellen Systemen und der sozialistischen Alternative durchsetzen sollten, wurde oft kritisiert (vgl. Iwand 1985: 87; Almond/Verba 1963: 4ff., 505). Bei der Kritik am Demokratieverständnis der *Civic-Culture-Studie* sollte man jedoch nicht die politischen Realitäten aus den Augen verlieren, unter deren Einfluss die Studie durchgeführt wurde. Der deutsche und italienische Faschismus lag erst wenige Jahre zurück. Relativ neu war der Kalte Krieg mit seinem fundamentalen Systemgegensatz. Zweifellos war das Demokratieverständnis der beiden Autoren von der britischen sowie der US-amerikanischen Demokratie geprägt. Dies ist verständlich, bedenkt man, dass diese beiden Länder zu den wenigen Staaten mit einer langen und kontinuierlichen demokratischen Tradition gehörten (vgl. Gabriel 1986: 75f.). Tatsache ist, dass in *The Civic Culture* keine basisdemokratischen Elemente als demokratisches Modell angeführt werden. Almond und Verba liefern aber zumindest Begründungen, warum sich in ihrem Modell der *civic*

---

[7] Man unterscheidet den horizontalen vom vertikalen Vergleich. Ersterer stellt verschiedene Vergleichsobjekte zum selben Zeitpunkt gegenüber. Letzterer vergleicht dasselbe Objekt über mehrere Zeitpunkte hinweg. Ein Längsschnittvergleich entspricht dem vertikalen oder diachronen, ein Querschnittvergleich dem horizontalen oder synchronen Vergleich.

culture politisch aktive und passive Bürger/innen die Waage halten sollten (vgl. Verba 1965a: 133; Almond/Verba 1963: 474ff.).

Der dritte Kritikpunkt bezieht sich auf die Art und Weise, wie Almond und Verba politische Kultur messen, nämlich durch die Aggregation individueller Orientierungen. Diese Möglichkeit wird von bestimmten Autoren/innen der politischen Kulturforschung strikt abgelehnt, da Individuen lediglich Orientierungen oder Annahmen besäßen, jedoch keine Kultur. Es sei methodologisch falsch, auf das kollektive Phänomen *Kultur* durch das Aufaddieren individueller Eigenschaften zu schließen (vgl. Elkins/Simeon 1979: 129 und 137ff.).[8]

3.1.2 Political Culture and Political Development

Obwohl Pyes und Verbas *Political Culture and Political Development* (1965) nur zwei Jahre nach *The Civic Culture* erschien, sind die Konzepte der beiden Bücher doch von Grund auf verschieden. Während Almond und Verba (1963) fünf Staaten in einer quantitativen Analyse systematisch vergleichen, besteht Pyes und Verbas Werk aus zehn qualitativen Studien einzelner Länder, die keinem einheitlichen Schema folgen und lediglich in zwei zusammenfassenden Kapiteln in einen gemeinsamen Kontext gestellt werden (vgl. Pye 1965; Verba 1965b). Pye und Verba verbinden in diesem Werk die politische Kulturforschung mit der Untersuchung politischer Entwicklung. Dabei ist interessant, dass die betrachteten Länder deutlich im Hinblick auf ihre wirtschaftlichen Potenziale, ihre historischen Hintergründe und ihre jeweiligen kulturellen Gegebenheiten variieren. Politische Entwicklung wird von den einzelnen Autoren des Buches sehr verschieden definiert. Meist beinhaltet sie die Zunahme teilhabender und egalitärer Elemente im politischen System, eine Verbesserung der administrativen Fähigkeiten des Staats verbunden mit einer stärkeren Einbeziehung gesellschaftlicher Forderungen sowie die Herausbildung und Vertiefung einer strukturellen und funktionalen Differenzierung des politischen Systems (vgl. Pye 1965: 13).

Trotz des heterogenen Charakters der untersuchten Länder, stellen sich zwei **gesellschaftliche Konfliktlinien** als Gemeinsamkeit der zehn politischen Kulturen heraus: erstens die Trennung zwischen Eliten- und Massenkultur sowie zweitens der Gegensatz von traditionellen und modernen Bevölkerungsteilen (vgl. Pye 1965: 15ff.).[9] Nach Pye (1965: 17) lässt sich jedes politische System an Hand der jeweiligen Differenz zwischen Eliten- und Massenkultur charakterisieren. Unterschiede in den Sozialisierungsprozessen dieser nationalen Subkulturen lassen demnach auf die Stabilität oder den Entwicklungsstand des jeweiligen politischen Systems schließen.

Die zweite gemeinsame Trennlinie der nationalen politischen Kulturen – die zwischen Anhängern einer eher traditionellen politischen Kultur und denen einer relativ modernen – entsteht, so Pye (1965: 17), während des Prozesses der politischen Entwicklung. Der Grad des Unterschieds zwischen moderner und traditioneller politischer Kultur sei eine entscheidende Determinante der politischen Entwicklungslinien des jeweiligen Landes. Es müsse jedoch beachtet werden, dass politische Entwicklung – auch wenn sie als Modernisierung verstanden wird – nicht das Auslöschen der traditionellen politischen Kultur beziehungsweise deren konsequente Ersetzung durch eine modernere bedeuten darf. Jede politische Kultur benötige traditionelle Elemente, wie z. B. die Identifikation mit subnationalen Gruppen, um ein effektives Funktionieren des politischen Systems zu ermöglichen. Erfolgreiche politische Entwicklung bedeutet vor diesem Hintergrund die aktive Integration von Tradition in ein moderneres System, wobei Parallelen zum Mischcharakter der *civic culture* (vgl. Almond/Verba 1963) deutlich werden. Auch dort wurde die Wichtigkeit traditionellerer

---

[8] Siehe hierzu Abschnitt 5.2
[9] Zum Elitebegriff siehe den Beitrag von Florian Warweg in diesem Band.

Kulturaspekte – die *parochial political culture* – für den Beitrag der politischen Kultur zum Funktionieren einer Demokratie betont.

Neben diesen beiden Trennlinien stellen die Autoren fest, dass alle zehn untersuchten politischen Kulturen durch eine individuelle Ausprägung von vier unterschiedlichen Variablen gekennzeichnet sind. Mit diesem Ausprägungsmuster ist nach Pye (1965: 22ff.) jede politische Kultur charakterisierbar. Erstens könne man eine politische Kultur danach einordnen, inwieweit sich die Menschen generell vertrauen und wie sie vor allem mit Fremden umgehen. Zweitens herrsche in jeder politischen Kultur eine bestimmte Auffassung bezüglich der Hierarchie menschlicher Beziehungen, die von streng hierarchisch bis zu egalitär reiche. Oft sind soziale Verhältnisse in traditionellen Gesellschaften, so Pye, stärker hierarchisch geprägt als in moderneren. Das dritte Thema ist die gesellschaftliche Toleranz von Zwang im Gegensatz zu persönlicher Freiheit. So vertraten viele autoritäre Regime[10] Lateinamerikas die Ansicht, dass eine moderne und starke Nation nur unter Einschränkung der persönlichen Freiheiten zu erreichen sei. Die Ausprägung persönlicher Bindungen stellt die letzte dieser vier Variablen dar. Hier besteht der Gegensatz darin, ob Menschen sich eher mit subnationalen Einheiten wie ihrer Familie oder ihrer religiösen Gruppe identifizieren, oder ob sie sich primär als Bürger/innen des Nationalstaats sehen und ihm gegenüber Verantwortung übernehmen. Politische Entwicklung führe meist zu einer Ausweitung dieses persönlichen Horizonts und verstärke nationale Bindungen. Starke Bindungen an subnationale Gesellschaftsgruppen sind laut Verba (1965: 532) einer der Hauptgründe für innerstaatliche kulturelle Konflikte. Es fällt auf, dass diese Charakteristika relativ allgemein und nicht ausschließlich dem politischen Bereich einer Kultur zuzuordnen sind (vgl. Verba 1965: 521ff.).

Bei einer abschließenden Bewertung von *Political Culture and Political Development* macht sich der Unterschied zur *Civic-Culture-Studie* positiv bemerkbar. Die angewandte historische Betrachtungsweise erlaubt es hier, auf Entwicklungsprozesse politischer Kultur einzugehen – was in *The Civic Culture* nicht möglich war, da es sich um einen rein horizontalen Vergleich handelte. Diese dynamische Betrachtung wird dem Eigenanspruch gerecht, politische Kultur unter dem Einfluss politischer Entwicklung zu untersuchen (vgl. Pye 1965: 13). Daneben profitiert die Studie vom heterogenen Charakter der ausgewählten Länder, die sich durch ihre große Varianz bezüglich wichtiger Variablen auszeichnen. Durch die Untersuchung sowohl etablierter Demokratien als auch relativ neuer Staaten waren die Autoren in der Lage, Aussagen über politische Kultur zu treffen, die eine relativ allgemeine Gültigkeit besitzen. Wirtschaftliche oder systembezogene Einflüsse konnten dadurch relativ gut ausgeschlossen werden.

Zu kritisieren ist das Fehlen eines systematischeren Vergleichs der Einzelstudien, was vor allem an den großen Unterschieden der einzelnen Kapitel und Länder liegt. Der heterogene Charakter der behandelten Länder wirkt sich an dieser Stelle nachteilig aus. Schwerwiegender ist, dass die Schlüsse, die Pye (1965) aus den wenigen Gemeinsamkeiten der Fallanalysen zieht, eher lose aneinander gereiht wirken, als dass sie zu einem Ganzen zusammengesetzt werden. Der Autor liefert mehrere Vorschläge zur Charakterisierung von politischer Kultur und politischen Systemen: das Verhältnis von Eliten- und Massenkultur, der Gegensatz zwischen Tradition und Moderne sowie wiederkehrende Variablen, die die politische Kultur einer Gesellschaft beschreiben. Ein systematisches Klassifikationsschema wird jedoch nicht daraus entwickelt. Daneben bleiben auch viele beschriebene Kausalzusammenhänge vage – unter anderem die Aussage, dass politische Stabilität und politische Entwicklung mit den

---

[10] Mit *autoritären Regimen* wird in Abgrenzung zu demokratischen und totalitären Regimen ein eigenständiger politischer Regimetyp bezeichnet. Eine gute Übersicht bietet Dieter Nohlen (2000); zur Definition von *Regime* vergleiche den Aufsatz von Stephanie Lawson (1993). Ein lateinamerikanisches Beispiel war das Militärregime in Chile unter Augusto Pinochet von 1973 bis 1989.

unterschiedlichen Sozialisierungsprozessen der Eliten- und Massenkultur zusammenhänge (vgl. Pye 1965: 17).

3.2 Ronald Inglehart – Demokratie und politische Kultur

Ronald Inglehart (1988: 1203-1220) sieht ähnlich wie Almond und Verba (1963) politische Kultur als eine wichtige Vorraussetzung von Demokratie an. Wie seine Vorgänger arbeitet er vergleichend auf der Basis quantitativer Umfragedaten zu politischen Orientierungen, jedoch steht ihm eine deutlich größere empirische Grundlage zur Verfügung. Er belegt anhand nationaler Daten, die über einen Zeitraum von 15 Jahren in neun westeuropäischen Staaten erhoben wurden, eine oft unausgesprochene Grundannahme der politischen Kulturforschung: Staaten unterscheiden sich durch individuelle und langfristige kulturelle Charakteristika (vgl. Inglehart 1988: 1207). Die zeitliche Beständigkeit dieser nationalen kulturellen Muster lässt sich mit den Annahmen der politischen Sozialisierungsforschung erklären, dass früh Gelerntes einen oft lebenslangen Einfluss auf die jeweilige Person besitzt und dass politische Sozialisierungsprozesse dazu tendieren, den Status quo zu erhalten. Die neun untersuchten Staaten weisen jeweils ein zusammenhängendes, **nationales kulturelles Muster** auf, das aus verschiedenen Einstellungen besteht. Zusammengenommen drücken diese Einstellungen verschiedene Grade von Zufriedenheit und Vertrauen aus. Konkret findet Inglehart unter den Gesellschaften der untersuchten Länder eine signifikante und positive Korrelation von genereller Lebenszufriedenheit, politischer Zufriedenheit, zwischenmenschlichem Vertrauen und Unterstützung für die existierende soziale Ordnung.

Diese kulturellen Muster haben politische Implikationen. Staaten, deren Bürger/innen hinsichtlich dieser Variablen eine hohe Zufriedenheit und ein starkes Vertrauen aufweisen, besitzen mit sehr großer Wahrscheinlichkeit ein politisches System, das durch zeitlich beständige demokratische Institutionen gekennzeichnet ist (vgl. Inglehart 1988: 1215). Gleichzeitig tendieren Staaten mit einem höheren Pro-Kopf-Einkommen zu höheren Werten in den genannten kulturellen Variablen. Die vorliegende Datengrundlage erlaube jedoch, so Inglehart (1988: 1216f.), keine sicheren kausalen Schlüsse. Als eine mögliche kausale Begründung der Ergebnisse präsentiert er die Vermutung, dass wirtschaftliche Entwicklung alleine nicht automatisch zu stabiler Demokratie führt, jedoch eine wichtige Komponente demokratischer Entwicklung darstellt. Nur dann, wenn wirtschaftliche Entwicklung mit einem gesellschaftlichen Strukturwandel (an der Zunahme des Dienstleistungssektors gemessen) und der Entstehung einer durch hohes Vertrauen, hohe Lebenszufriedenheit und eine starke Unterstützung für das bestehende Regime gekennzeichneten politischen Kultur zusammenfällt, vergrößert sie demnach die Überlebenschancen einer Demokratie. Politische Kultur ist dabei das entscheidende Bindeglied zwischen wirtschaftlicher Entwicklung und stabiler Demokratie (vg. Inglehart 1988: 1219f.). Vor diesem empirischen und theoretischen Hintergrund erscheint es viel versprechend, die Beständigkeit demokratischer Institutionen mit einer Kombination kultureller und wirtschaftlicher Variablen zu erklären.

3.3 Robert Putnam – Making Democracy Work

„Warum sind manche demokratische Regierungen erfolgreich und andere nicht?" (vgl. Putnam 1993: 3; eigene Übersetzung, S.M.) Dieser Frage geht Putnam in seinem Buch *Making Democracy Work – Civic Traditions in Modern Italy* nach. Bei seinen Untersuchungen über die Etablierung und Effektivität von Regionalregierungen in Italien kommt er zu dem Schluss, dass kulturelle Ausprägungen die Effektivität und das Funktionieren demokratischer Institutionen entscheidend beeinflussen. Unterschiede in der Leistungsfähigkeit[11]

---

[11] Institutionelle Leistungsfähigkeit (*institutional performance*) definiert Putnam (1993: 9) als erfolgreiche Umwandlung gesellschaftlicher Forderungen in implementierte policies.

verschiedener strukturell identischer italienischer Regionalregierungen könne man bei konstanten legalen und ökonomischen Rahmenbedingungen durch das Vorhanden- oder Nichtvorhandensein eines bestimmten kulturellen Musters erklären. Die untersuchten Institutionen arbeiten umso leistungsfähiger, desto stärker gesellschaftliche Netzwerke[12], bürgerliches Engagement, gegenseitiges Vertrauen und Solidarität unter den jeweiligen Bürgern vorhanden sind. Solch eine Gesellschaft bezeichnet er im Gegensatz zur *uncivic community* als *civic community* (vgl. Putnam 1993: 86ff.).

Die Merkmale einer *civic community* sind nach Putnam die Bereitschaft der Bürger/innen, sich in Netzwerken bürgerlichen Engagements wie Sportclubs, Vereinen und Interessengruppen zu beteiligen. Des Weiteren verfolgen Individuen nicht nur ihre persönlichen Vorteile, sondern sind stark an öffentlichen Angelegenheiten interessiert. Gegenseitiges Vertrauen, besonders zu Gesellschaftsmitgliedern außerhalb der eigenen Familie, ist stark ausgeprägt. Gesetzeswidriges Verhalten der Bürger/innen und Korruption der politischen Eliten bleibt die Ausnahme. Politiker/innen der Regierung und der Opposition sind bereit, eigene Forderungen zu Gunsten von Kompromissen zurückzustellen. Gesellschaftliche Netzwerke sind tendenziell eher horizontal als vertikal organisiert, was nach Putnam bedeutet, dass der Gedanke der Gleichheit weit verbreitet ist und stark ausgeprägte Hierarchien selten anzutreffen sind. Die Auswirkungen einer *civic community* fasst Putnam folgendermaßen zusammen: „Die Gemeinschaft schätzt Solidarität, bürgerliches Engagement, Kooperation und Ehrlichkeit. Die Regierung funktioniert. Kein Wunder, dass Menschen in diesen Regionen zufrieden sind" (vgl. Putnam 1993: 115; eigene Übersetzung, S.M.). In *civic communities* fordern und fördern Bürger demnach das effektive Arbeiten politischer Institutionen. Im Gegensatz dazu sind *uncivic communities* durch einen geringen gesellschaftlichen Organisationsgrad gekennzeichnet. Ihre Mitglieder verfolgen vorrangig Privatinteressen und interessieren sich kaum für öffentliche Angelegenheiten. Politik ist Sache der Politiker/innen, nicht der Bürger/innen. Fremden von außerhalb der Familie wird kaum Vertrauen geschenkt. Politische Kompromisse gelten als Schwäche und Korruption als legitimes Mittel im politischen Alltag. „Alles in Allem ist es kaum überraschend, dass eine repräsentative Regierung hier weniger effektiv arbeitet als in Gemeinschaften mit einer stärker ausgeprägten *civic community*" (vgl. Putnam 1993: 115; eigene Übersetzung, S.M.).

Ähnlich wie Inglehart (1988) bleibt Putnams Analyse nicht auf politische und kulturelle Aspekte beschränkt. Er findet eine hohe Übereinstimmung zwischen stark ausgeprägter *civic community*, funktionierenden demokratischen Institutionen und der wirtschaftlichen Leistungsfähigkeit einer Region. Putnams Erklärung dieses Phänomens unterscheidet sich jedoch von Ingleharts Kausalmodell. Während Letzterer politischer Kultur lediglich eine Vermittlerrolle zwischen wirtschaftlicher Entwicklung und stabiler Demokratie einräumt, sieht Putnam eine ausgeprägte *civic community* als Ursache von sowohl leistungsfähigen demokratischen Institutionen als auch einer starken Wirtschaft: „Starke Gesellschaft – starke Wirtschaft; starke Gesellschaft – starker Staat" (vgl. Putnam 1993: 176; eigene Übersetzung, S.M.).

Den positiven Zusammenhang von *civic community* und leistungsfähigen demokratischen Institutionen konnte Putnam für den italienischen Fall empirisch belegen (vgl. Putnam 1993: Kapitel 4). Er untermauert ihn zusätzlich theoretisch mit dem Konzept des **Sozialkapitals** (*social capital*).[13] Damit bezeichnet Putnam das Vorhandensein von zwischenmenschlichem Vertrauen, Normen generalisierter Reziprozität und Netzwerken bürgerlichen Engagements (Vereine, Sportclubs oder Interessengruppen) in einer Gesellschaft (vgl. Putnam 1993: 167ff.). Die Norm generalisierter Reziprozität bedeutet, dass Menschen sich gegenseitig

---

[12] Zu sozialen Netzwerken siehe den Beitrag von Patricia Graf in diesem Band.
[13] Zu den Grundlagen des Konzepts des Sozialkapitals siehe: Coleman, James S. (1988): Social Capital in the Creation of Human Capital. In: American Journal of Sociology, Jg. 94, S. 95-120 sowie Coleman, James S. (1990): Foundations of Social Theory. Camebridge, MA, S. 300-321.

helfen und unterstützen, ohne auf eine umgehende Gegenleistung zu bestehen. Es wird jedoch von beiden Seiten erwartet und akzeptiert, dass ein Entgegenkommen in der Zukunft honoriert wird (vgl. Putnam 1993: 172). Sozialkapital fördert gesellschaftliche Kooperation, indem es zwischenmenschliches Vertrauen aufbaut und Unsicherheiten über das Verhalten anderer reduziert. In einer *civic community* verstärken sich einzelne Elemente des Sozialkapitals gegenseitig; so erhöht die Einbindung einzelner Menschen in soziale Netzwerke die Kosten unkooperativen Verhaltens und erleichtert es den Teilnehmern, sich gegenseitig zu vertrauen. Längerfristig werde zwischenmenschliches Vertrauen somit als eine Eigenschaft des gesell-schaftlichen Systems institutionalisiert (vgl. Putnam 1993: 177ff.).

Vergleicht man Putnams Ansatz mit dem von Almond und Verba (1963), so haben beide Werke die Frage nach den kulturellen Voraussetzungen einer funktionierenden Demokratie gemein. In der Antwort unterscheiden sie sich jedoch deutlich. Während in Almonds und Verbas *civic culture* ein Gleichgewicht zwischen politischer Aktivität und Passivität der Bürger gewahrt sein muss, betont Putnam die Wichtigkeit gesellschaftlichen Engagements für eine funktionierende Demokratie. Wirkt sich nach Almond und Verba zu viel bürgerliche politische Aktivität geradezu erdrückend auf die Fähigkeit der politischen Elite aus, adäquate politische Entscheidungen zu treffen, so sind nach Putnam politisch aktive Menschen, die sich für Gemeinschaftsinteressen einsetzen sowie die Politiker/innen fordern und kontrollieren, eine Grundbedingung funktionierender demokratischer Institutionen. Entscheidende Elemente des Sozialkapitals – das Vorhandensein von Vertrauen und horizontalen Strukturen in einer Gesellschaft – sind jedoch nicht völlig neu. Sie galten bereits seit längerem als grundlegende Variablen zur Beschreibung politischer Kulturen (vgl. Pye 1965: 22ff.).

Beide Konzepte formulieren Vorschläge, wie sich eine Gesellschaft gezielt demokratischer gestalten ließe. Almond und Verba (1963: 497ff.) empfehlen eine deutlich modernisierungs-theoretisch geprägte Demokratisierungsstrategie: moderne Bildung, Industrialisierung und positive Erfahrungen mit neuen demokratischen Institutionen, kombiniert mit der Herausbil-dung einer nationalen Identität. Putnam stimmt mit den beiden überein, dass die Schaffung effektiver, demokratischer Institutionen viel Zeit in Anspruch nimmt. Im Gegensatz zu Almond und Verba bezweifelt er jedoch die Möglichkeit, diesen Prozess in einem Land oder einer Region von zentraler Stelle aus zu steuern und durchzusetzen. Das italienische Beispiel zeige, dass man durch eine Veränderung der formalen politischen Institutionen eine effektive-re Verwaltung öffentlicher Angelegenheiten erreichen kann (vgl. Putnam 1993: 184, Kapitel 2). Solche institutionellen Arrangements müssen jedoch auf eine passende kulturelle Einstel-lung der Bürger treffen, wobei Putnam bezüglich der Schaffung von Sozialkapital aus der Retorte skeptisch ist: „Sozialkapital zu erzeugen, wird nicht einfach sein, aber es ist der Schlüssel zum Funktionieren von Demokratie" (vgl. Putnam 1993: 185; eigene Übersetzung, S.M.). Diese Vorbehalte erklären sich aus Putnams Erkenntnis, dass die unterschiedlich starken Ausprägungen einer *civic community* in den verschiedenen italienischen Regionen bis ins Mittelalter zurückreichen, als im 12. Jahrhundert Normannen im Süden eine Monarchie gründeten und im heutigen italienischen Norden mehrere Stadtrepubliken entstanden. Seit diesem Zeitpunkt existiert im Norden Italiens eine bürgerliche Tradition, die gesellschaftliche Kooperation und zwischenmenschliches Vertrauen fördert. Ohne eine vergleichbare kulturelle Vergangenheit falle es in Italiens Süden heute ungleich schwerer, gesellschaftliche Probleme und öffentliche Angelegenheiten durch Kooperation und Vertrauen zu lösen (vgl. Putnam 1993: Kapitel 5).

Es ist Putnam (1993) zweifellos gelungen, einen innovativen Beitrag zur bestehenden politischen Kulturforschung zu leisten. Besonders die Verknüpfung unterschiedlicher Methoden – Statistik, qualitative Interviews und historische Analysen, gestützt auf eine formale Theorie, um ein einzelnes Problem zu bearbeiten – sind nach Laitin (1995: 171ff.) für die hohe Qualität der Arbeit verantwortlich. In der Tradition von Almond, Verba und Pye stehend, geht Putnams Forschungsdesign jedoch deutlich über das seiner Vorgänger hinaus. Almond und Verba (1963) beschränkten sich auf einen horizontalen Vergleich und konnten deshalb kaum Aussagen über die zeitliche Entwicklung politischer Kultur treffen. Pye und Verba (1965) versuchten, sich von diesem statischen Konzept zu lösen, jedoch wurde kein systematischer Längsschnittvergleich durchgeführt. Putnam hingegen verknüpft in seiner Arbeit auf eine sehr geschickte Weise horizontale und vertikale Vergleichstechniken. Putnam prüft und bestätigt mit jedem Vergleich eine andere Hypothese. Der vertikale Vergleich ausgewählter italienischer Regionen erlaubt die Aussage, dass die Beschaffenheit formaler politischer Institutionen die Macht und das Handeln politischer Akteure beeinflusst. Durch den horizontalen Vergleich der Effektivität unterschiedlicher Regionalregierungen bestätigt Putnam, dass der soziale und kulturelle Hintergrund, in den Institutionen eingebettet sind, deren tatsächliche Leistungsfähigkeit beeinflusst. Sowohl formale Institutionen als auch kulturelle Variablen müssen demnach als wichtige Faktoren in Demokratisierungsfragen bedacht werden.

Von theoretischer Seite muss sich Putnam die Kritik gefallen lassen, ein zu idyllisches Bild der Demokratie fördernden Wirkung von Netzwerken zu malen.[14] Die Netzwerkforschung hat gezeigt, dass Machtdifferenzen und unterschiedliche Ressourcenausstattung der beteiligten Akteure, sei es mit Bildung, Geld oder sozialen Kontakten, zur Instrumentalisierung des Netzwerks für private Ziele sowie zur Verstärkung sozialer Unterschiede zwischen den Teilnehmern führen können. Selbst in kleinen und dezidiert horizontal angelegten menschlichen Gruppen finden sich tendenziell Herrschende und Beherrschte.[15] Laitin (1995) kritisiert Putnams Ausführungen zu Italiens *civic community* und Demokratie dahingehend, dass er nicht erkläre, warum die mittelalterliche Gründung unterschiedlicher politischer Systeme in Italien für die weitere Entwicklung der politischen Kultur im Norden und Süden von solch entscheidender Bedeutung war. Zudem trenne er nicht immer mit der gebotenen Sorgfalt zwischen den Variablen *Demokratie* und *effektive Institutionen*. Putnam erwähne weiterhin nicht, dass einige Regionen, denen er eine besonders ausgeprägte *civic community* attestiert, herausragende Unterstützer des Faschismus waren. Besonders dieses Detail lässt Zweifel am dargestellten Zusammenhang von *civic community, Sozialkapital* und *Demokratie* aufkommen. Laitin (1995: 173) mahnt weiterhin an, dass Putnam klären müsste, welche Aspekte der *civic community* für demokratische Entwicklungen ausschlaggebend sind. Gelinge dies nicht, stehe Putnams schlanker Kulturbegriff zur Disposition.

4. POLITISCHE KULTUR UND WIRTSCHAFTLICHE ENTWICKLUNG

Einige der Studien, die im vorangegangenen Abschnitt vorgestellt wurden, sind bereits auf Interaktionen zwischen politischer Kultur und ökonomischen Variablen eingegangen. Diese Beziehungen waren jedoch dem Zusammenhang von politischer Kultur und politischen Variablen untergeordnet. Der folgende Teil wendet sich Arbeiten zu, die schwerpunktmäßig kulturelle Erklärungen für wirtschaftliche Phänomene suchen. Obwohl es sich dabei größtenteils um jüngere Strömungen innerhalb der modernen politischen Kulturforschung handelt, können bereits Teile des Werks von Max Weber in diesem Zusammenhang angeführt werden.

---

[14] Vergleiche hierzu die beiden oben angeführten Zitate Putnams (1993: 115) zur Charakterisierung von *civic* und *uncivic communities*, die fast karikierend wirken.

[15] Vergleiche hierzu: den Beitrag von Patricia Graf in diesem Buch; Messner, Dirk (1995): Die Netzwerkgesellschaft. Köln, S. 236; Hellmer, Friedhelm/Friese, Christian/Krollos, Heike (1999): Mythos Netzwerke. Regionale Innovationsprozesse zwischen Kontinuität und Wandel. Berlin, S. 64.

4.1 Max Weber

Max Weber (2000) vertritt in seinen zu Beginn des 20. Jahrhunderts verfassten Abhandlungen zur calvinistischen Erwerbsethik die These, dass die Entstehung des Kapitalismus in Westeuropa und den USA im 18. und 19. Jahrhundert durch kulturelle Veränderungen, nämlich dem Aufkommen des calvinistischen Protestantismus ermöglicht und initiiert wurde. Diese christliche Strömung predigte eine **asketische Lebensführung** im Sinne von striktem Konsumverzicht in Verbindung mit der religiösen Pflicht zu harter Arbeit und wirtschaftlicher Erwerbstätigkeit. Da wirtschaftlicher Erfolg als Zeichen göttlicher Gnade gewertet wurde, setzte unter den Anhängern eine bis dahin sehr ungewöhnliche Akkumulation von Reichtum und Kapital durch Erwerbstätigkeit ein, was Weber als wichtige Voraussetzung der Industrialisierung bezeichnet. Der moderne Kapitalismus wurde demnach erst und vor allem durch ein **bürgerliches Berufsethos** und eine darauf basierende **rationale Lebensführung** ermöglicht: Man konnte guten Gewissens hart arbeiten und reich werden, da eine ungleiche Güterverteilung zwischen den einzelnen Menschen als von Gott gewollt galt (vgl. Weber 2000: 184, 187). Vor der Reformation war dies für viele Christen undenkbar gewesen, weil es ihren traditionellen Wertesystemen widersprach. Der Protestantismus prägte also mit seiner unbewussten „Züchtung kapitalistischer Individuen" (Weber 2000: 373) maßgeblich die Organisation der modernen, industriellen Gesellschaft. Weber geht laut Dirk Berg-Schlosser (1972: 16f.) davon aus, dass Normen, Einstellungen und Werte (beispielsweise die religiöse Vorschrift einer asketischen Lebensweise und harter Arbeit) individuelles Verhalten beeinflussen (kapitalistisches Erwerbsstreben, Besitzstreben). Die Struktur einer Gesellschaft (Kapitalismus) werde letztendlich durch das individuelle Verhalten ihrer Mitglieder bestimmt (siehe Abbildung 2.1). Dieses Verständnis wurde von der späteren politischen Kulturforschung aufgegriffen (vgl. Almond und Verba 1963).

Abbildung 2: Max Weber und Historischer Materialismus

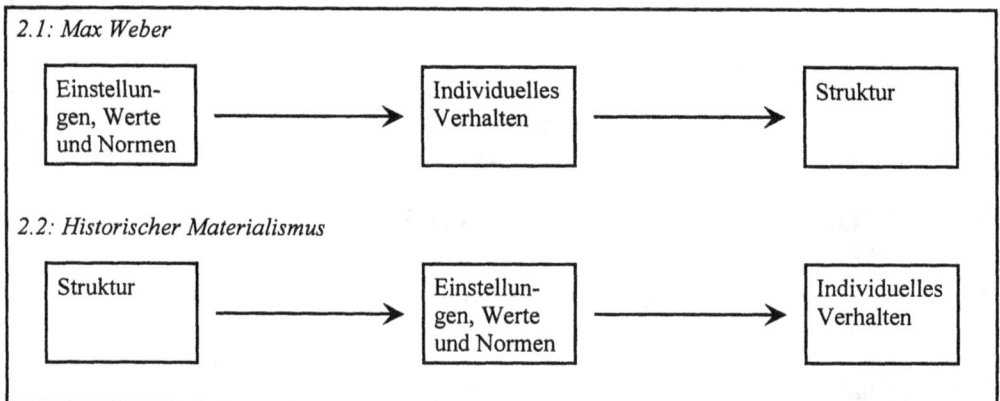

2.1: Max Weber

Einstellungen, Werte und Normen → Individuelles Verhalten → Struktur

2.2: Historischer Materialismus

Struktur → Einstellungen, Werte und Normen → Individuelles Verhalten

Quelle: Berg-Schlosser (1972: 16f.)

4.2 Ronald Inglehart – wirtschaftliche Entwicklung und politische Kultur

Ronald D. Inglehart baut Webers Erklärung der industriellen Revolution und der Ausbreitung des Kapitalismus weiter aus. Er deutet Webers calvinistische Erwerbsethik lediglich als Teil eines umfassenderen Wertewandels. Daneben hat er mit seiner These der *Silent Revolution* und den Arbeiten zum post-materialistischen Wertewandel die Wechselbeziehung zwischen wirtschaftlicher Entwicklung und politischer Kultur weiterverfolgt (vgl. Inglehart 1971; Inglehart/Abramson 1994).

Inglehart (1988: 1227) bestätigt zentrale Aussagen der Weberschen Theorie zur protestantischen Erwerbsethik. Für den Zeitraum von 1870-1913 stellt er fest, dass fast alle mehrheitlich protestantischen Länder ein höheres Wirtschaftswachstum als die meisten Länder mit vorwiegend katholischer Bevölkerung aufweisen. Ingleharts These lautet jedoch im Unterschied zu Weber, dass die Reformation lediglich Teil eines breiteren Prozesses war (siehe hierzu Teil 1 in Abbildung 3).

Abbildung 3: Wirtschaftliche Entwicklung und Wertewandel nach Inglehart und Weber

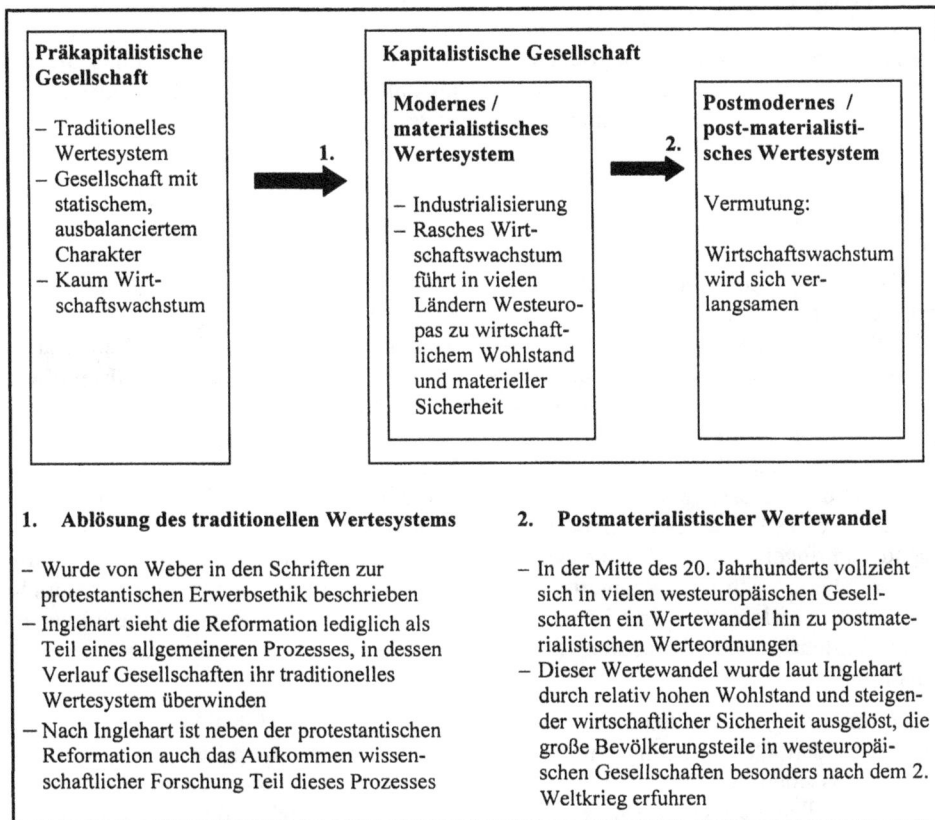

Präkapitalistische Gesellschaft

- Traditionelles Wertesystem
- Gesellschaft mit statischem, ausbalanciertem Charakter
- Kaum Wirtschaftswachstum

1.

Kapitalistische Gesellschaft

Modernes / materialistisches Wertesystem

- Industrialisierung
- Rasches Wirtschaftswachstum führt in vielen Ländern Westeuropas zu wirtschaftlichem Wohlstand und materieller Sicherheit

2.

Postmodernes / post-materialistisches Wertesystem

Vermutung:

Wirtschaftswachstum wird sich verlangsamen

1. Ablösung des traditionellen Wertesystems

- Wurde von Weber in den Schriften zur protestantischen Erwerbsethik beschrieben
- Inglehart sieht die Reformation lediglich als Teil eines allgemeineren Prozesses, in dessen Verlauf Gesellschaften ihr traditionelles Wertesystem überwinden
- Nach Inglehart ist neben der protestantischen Reformation auch das Aufkommen wissenschaftlicher Forschung Teil dieses Prozesses

2. Postmaterialistischer Wertewandel

- In der Mitte des 20. Jahrhunderts vollzieht sich in vielen westeuropäischen Gesellschaften ein Wertewandel hin zu postmaterialistischen Werteordnungen
- Dieser Wertewandel wurde laut Inglehart durch relativ hohen Wohlstand und steigender wirtschaftlicher Sicherheit ausgelöst, die große Bevölkerungsteile in westeuropäischen Gesellschaften besonders nach dem 2. Weltkrieg erfuhren

Quelle: nach Inglehart (1988: 1222)

„Der Zusammenbruch traditioneller kultureller Barrieren" (vgl. Inglehart 1988: 1222; eigene Übersetzung, S.M.), die bis zur Reformation einer wirtschaftlichen Modernisierung im Wege standen, ermöglichte die Ausbreitung des Kapitalismus und ein rasch zunehmendes Wirtschaftswachstum in Westeuropa und den Vereinigten Staaten von Amerika. **Traditionelle Wertesysteme** haben Inglehart zufolge gemein, dass sie in Gesellschaften entstehen und an solche angepasst sind, die sich durch geringe soziale Mobilität, wenig technologische Entwicklung und ein geringes Wirtschaftswachstum auszeichnen. Diese starre und ausbalancierte Struktur wird durch das jeweilige Wertesystem ermöglicht und bewahrt. Die calvinistische Ethik löste nach Weber viele mittelalterliche christliche Werte ab, die zum großen Teil das traditionelle Wertesystem in Westeuropa ausmachten. Inglehart relativiert die Rolle, die der Protestantismus beim Überwinden dieser Werte spielte. Er sei neben anderen Faktoren, wie dem Entstehen der modernen Wissenschaft, lediglich ein – wenn auch ein bedeutender – Teil dieses Prozesses gewesen (vgl. Inglehart 1988: 1223). Verfolgt man die weitere wirtschaftliche Entwicklung der Länder, die sich zu Beginn des 20. Jahrhunderts durch ein hohes Wirtschaftswachstum und eine mehrheitlich protestantisch geprägte Bevölkerung auszeichneten, so stellt man fest, dass sie ein knappes Jahrhundert später ein eher unterdurchschnittliches Wirtschaftswachstum aufweisen (vgl. Inglehart 1988: 1227). Inglehart (1971, 1994) erklärt diese Entwicklung mit seiner Theorie der *Silent Revolution*. Sie basiert auf der Annahme eines Wertewandels hin zu post-materialistischen Werten, den Inglehart in verschiedenen Staaten festzustellen glaubt. Dieser kulturelle Wandel sei sowohl für politische Veränderungen (vgl. Inglehart 1971) als auch für bestimmte wirtschaftliche Entwicklungen verantwortlich (vgl. Inglehart/Abramson 1994).

Die *Silent Revolution* hat Inglehart 1971 zum ersten Mal als Theorie formuliert und mit empirischen Belegen aus sechs post-industriellen westeuropäischen Staaten untermauert. Die Grundannahme der Theorie lautet, dass jeder Mensch eine prinzipielle Werteordnung besitzt, die sein Handeln beeinflusst.[16] Darauf basieren zwei Hypothesen (vgl. Inglehart 1971; Inglehart/Abramson 1994: 337): die Sozialisierungshypothese und die Mangelhypothese. Laut der **Sozialisierungshypothese** entsteht diese Werteordnung während der frühen Lebensjahre eines Menschen und ist im späteren Leben nur noch schwer zu ändern. Die **Mangelhypothese** sagt aus, dass die konkrete Ausprägung dieser individuellen Werteordnungen von den Lebensbedingungen abhängt, die während der frühen Sozialisierungsphase herrschten. Menschen, die in einer Zeit relativer wirtschaftlicher Not und Bedürftigkeit aufwachsen, entwickeln laut der Theorie eher eine Werteordnung, die wirtschaftliche Sicherheit betont, als Personen, die in einer Phase des relativen Wohlstands und physischer Sicherheit ihre Kindheit und Jugend verbringen. Letztere halten wirtschaftliche Sicherheit für etwas Selbstverständliches und orientieren sich eher an intellektuellen und ästhetischen Werten wie persönliche Freiheit, Selbstverwirklichung und Lebensqualität. Diese gegensätzlichen Werteordnungen bezeichnen Inglehart und Abramson (1994) als materialistisch beziehungsweise postmaterialistisch.

Aus der Verknüpfung der beiden Hypothesen folgt, dass sich einzelne Jahrgänge bezüglich ihrer grundlegenden Werteordnung unterscheiden, sofern sich die wirtschaftlichen Rahmenbedingungen zwischen den einzelnen Sozialisierungsphasen signifikant geändert haben. Für die post-industriellen Länder Westeuropas, die in der zweiten Hälfte des 20. Jahrhunderts einen bedeutenden wirtschaftlichen Aufschwung erlebten, sagt Inglehart zunächst einen zunehmenden Wertegegensatz voraus, da sich jüngere Geburtskohorten in dieser Zeit mehr und mehr post-materialistisch entwickelt hätten, während die älteren Generationen noch in relativer wirtschaftlicher Not sozialisiert worden seien. In der Zukunft würden die älteren und

---

[16] Eine knappe Übersicht der sozialwissenschaftlichen Literatur, auf die sich Ingleharts Annahme stützt, dass individuelles Handeln und gesellschaftliches Interagieren durch Werte beeinflusst wird, findet sich bei Gabriel (1986: 82ff.).

materialistischen Werten anhängenden Kohorten zu Gunsten der jüngeren, post-materialistisch orientierten Jahrgänge an relativem Gewicht verlieren. Als Folge werde die gesamte Gesellschaft zunehmend post-materialistischer geprägt (vgl. Inglehart 1971).[17]

Inglehart gelang es, die zentralen Aussagen der *Silent Revolution* empirisch zu stützen.[18] Belege für einen **Wertewandel hin zu post-materialistischen Wertemustern** finden sich in allen betrachteten Ländern, deren Bevölkerung im Untersuchungszeitraum eine relative Verbesserung ihrer wirtschaftlichen Lage und physischen Sicherheit erlebt hat, unabhängig von den jeweiligen kulturellen und institutionellen Gegebenheiten (vgl. Inglehart/Abramson 1994: 346ff.).[19] Die kulturellen Unterschiede zwischen den Generationen einer Gesellschaft erweisen sich durchschnittlich als umso größer, desto höher das Wirtschaftswachstum in den der Untersuchung vorangegangen 40 Jahren ausgefallen ist (vgl. Inglehart/Abramson 1994: 349). Diese Ergebnisse bestätigten die Annahme, dass generationsspezifische Unterschiede in den Werteordnungen den langfristigen Wertewandel innerhalb einer Gesellschaft bedingen. Es finden sich keine Indizien für die früher geäußerte Vermutung, dass die Werteordnung eines Menschen im Laufe seines Lebens zunehmend materialistischer wird (vgl. Inglehart 1971: 1000ff.). Eine politische Auswirkung der *Silent Revolution* in den untersuchten Gesellschaften ist nach Inglehart (1971: 1013ff.) ein verändertes Wahlverhalten. Menschen mit post-materialistischen Werteordnungen tendierten eher dazu, Parteien zu wählen, die für einen gesellschaftlichen Wandel eintreten. Traditionell waren es die ärmeren Gesellschaftsschichten und die Arbeiterklasse, die diese politische Strömung in den untersuchten Ländern unterstützten.

Die herrschende Werteordnung in einer Gesellschaft und deren wirtschaftliche Entwicklung beeinflussen sich nach Inglehart also wechselseitig (siehe Abbildung 3). War es das Aufbrechen traditioneller Werte, das demnach die industrielle Revolution und den Aufschwung des kapitalistischen Systems in verschiedenen Ländern Europas und den USA ermöglichte, löste der durch das rasche Wirtschaftswachstum erreichte Wohlstand in denselben Ländern zu einem späteren Zeitpunkt einen post-materialistischen Wertewandel aus. Für die Zukunft prognostiziert Inglehart einen Rückgang des Wirtschaftswachstums in post-materialistisch geprägten Ländern, deren Bevölkerungsmehrheiten dem bloßen Wachstum der eigenen Wirtschaft eine immer geringere Bedeutung einräumen werden (vgl. Inglehart 1988: 1224 ff.).

Ähnlich wie Almond und Verba (1963) bestimmt Inglehart die Werteordnung einer Gemeinschaft durch die Aggregation individueller Daten. Diese Vorgehensweise ist, wie bereits oben angesprochen, keineswegs unproblematisch, da Kultur im Allgemeinen als ein Gruppenmerkmal gilt (siehe Abschnitt 5.2). Ein weiterer Kritikpunkt an Ingleharts Konzept des Post-Materialismus ist dessen Operationalisierung. Die in Anmerkung *19* erwähnten Indikatoren stellen verschiedene (Staats-)Ziele und keine Werte dar. Es wird angenommen, dass bestimmte Werte mit der Präferenz bestimmter politischer Ziele einhergehen. Hierbei treten begriffliche Ungenauigkeiten auf. Zudem sind die Indikatoren relativ weit von dem zu messenden

---

[17] Dieser Prozess wird als Teil 2 in Abbildung 3 dargestellt.

[18] Inglehart bestimmt die Werteorientierung einer Gesellschaft dadurch, dass Individuen in Befragungen aufgefordert werden, aus einer Liste mit meist vier möglichen Staatszielen (1. Aufrechterhaltung von Recht und Ordnung im jeweiligen Land; 2. Erhöhung des Einflusses der Bürger/innen auf wichtige Regierungsentscheidungen; 3. Kampf gegen steigende Preise; 4. Schutz des Rechts auf freie Meinungsäußerung) die ihrer Meinung nach zwei wichtigsten anzugeben. Wer das erste und das dritte Ziel wählt, gilt als Person mit einer materialistischen Werteordnung. Wer das zweite und vierte Ziel wählt, gilt entsprechend als post-materialistisch. Alle anderen Wahlmöglichkeiten werden durch eine gemischte Werteordnung der Befragten interpretiert. Die Werteordnung einer Gemeinschaft ergibt sich durch die Aggregation der individuellen Einstellungen (vgl. Inglehart and Abramson (1994): Anmerkung 1 und 7; eigene Übersetzung, S.M.).

[19] Inglehart (1994: 350) macht deutlich, dass Datenreihen einer größeren Anzahl von Ländern über noch längere Zeiträume hinweg benötigt würden, um direkte Zusammenhänge zwischen kulturellem Wandel und wirtschaftlicher Sicherheit zweifelsfrei aufzuzeigen.

Sachverhalt entfernt: Materialismus wird beispielsweise über die Akzeptanz von Inflationsbekämpfung als Staatsziel gemessen.

5. KRITIK AM POLITISCHEN KULTURANSATZ

Die Kritik an der politischen Kulturforschung soll zweigeteilt vorgestellt werden. Erstens soll auf konkurrierende wissenschaftliche Ansätze eingegangen werden, die von grundlegend anderen Annahmen ausgehen: der Historische Materialismus und Rational-Choice-Theorien. Zweitens existiert neben diesen alternativen Herangehensweisen an wissenschaftliche Fragestellungen auch Kritik an der politischen Kulturforschung, die diese nicht prinzipiell in Frage stellt, sondern auf ihre Verbesserung abzielt.

5.1 Kritik der politischen Kulturforschung durch andere Ansätze

Der **Historische Materialismus** geht auf Karl Marx (1818-1883) und Friedrich Engels (1820-1895) zurück. Wie bei Max Weber im Speziellen und im politischen Kulturansatz im Allgemeinen, werden politische und kulturelle Variablen miteinander in Verbindung gebracht. Die zugrunde liegenden Kausalketten variieren jedoch stark (siehe Abbildung 2). Während die politische Kulturforschung meist davon ausgeht, dass Werte und Normen individuelles Verhalten beeinflussen und sich die wirtschaftliche und politische Struktur einer Gesellschaft aus dem Verhalten der Gesellschaftsmitglieder ergibt, postuliert der Historische Materialismus, dass die Struktur einer Gesellschaft die herrschenden Werte und Normen determiniert (vgl. Berg-Schlosser 1972: 16f.). Mit *Struktur* ist in diesem Fall die ökonomische Struktur einer Gesellschaft gemeint, also die in einer Gesellschaft herrschenden Produktionsverhältnisse, die Marx auch als *reale Basis* bezeichnet (alle Beziehungen, die Menschen zum Zweck der Produktion miteinander eingehen: Kauf, Tausch, Eigentumsverhältnisse etc.). Der Historische Materialismus sieht *die ökonomischen Prozesse als Ursachen kultureller Äußerungen* an (vgl. Göhler/Klein 1993: 522). Man kann demnach jede Gesellschaft in eine **reale Basis** und einen **ideologischen Überbau** unterteilen. Die Basis beeinflusst das geistige und politische Leben des Überbaus, denn „es ist nicht das Bewusstsein der Menschen, das ihr Sein, sondern umgekehrt ihr gesellschaftliches Sein, das ihr Bewusstsein bestimmt" (Marx 1971: 8f.). Demzufolge macht es wenig Sinn, nach derjenigen politischen Kultur zu fragen, die für eine demokratische Staatsstruktur am förderlichsten ist, wie es Almond und Verba (1963) getan haben. Dem Historischen Materialismus gemäß sind sowohl Kultur als auch die demokratische Struktur eines Staats dem Überbau zuzuordnen und letztendlich durch die ökonomische Struktur dieser Gesellschaft bedingt. Eine Ausnahme dieses von Berg-Schlosser beschriebenen Gegensatzes zwischen der politischen Kulturforschung und dem Historischen Materialismus stellen Inglehart und Putnam dar. Beide haben sich von der Vorstellung einer einseitigen Kausalität zwischen Struktur und Werten verabschiedet und vertreten stattdessen die Ansicht, dass sich wirtschaftliche Entwicklung, die politische Struktur einer Gesellschaft und Werte wechselseitig beeinflussen.

Rational-Choice-Theorie und der politische Kulturansatz gelten als zwei konkurrierende und grundlegende Herangehensweisen der Politikwissenschaft.[20] Seit den 1950er-Jahren haben sie maßgeblich dazu beigetragen, die bis dahin gebräuchlichen formal-legalistischen Ansätze zu überwinden (vgl. Eckstein 1988: 789). Rational-Choice-Ansätze folgen meist dem **methodologischen Individualismus**; sie versuchen gesellschaftliche Phänomene durch individuelles Handeln zu erklären. Sie konzentrieren ihre Analyse meist auf einzelne Individuen, deren Verhalten man am besten erklären könne, wenn man sie als **rationale Akteure** konstruiert, die, vor eine Wahl gestellt, stets die Entscheidung treffen, die ihnen von allen möglichen Alternativen den größten Nutzen bereitet. Die **Präferenzordnungen** der einzelnen Menschen

---

[20] Zu Rational-Choice-Theorien siehe den Beitrag von Martin Beck in diesem Band.

– eine fiktive Rangliste, die alle potenziellen Entscheidungen des jeweiligen Individuums nach dem damit verbundenen Nutzenzuwachs ordnet – werden besonders in den neoklassischen Wirtschaftstheorien als gegeben betrachtet und bleiben in ihrer konkreten Ausgestaltung dem Forscher verborgen (vgl. DeMartino 2000: 38ff.). Kulturelle Variablen sind in eine solche Analyse nur schwer einzubeziehen. Erstens ist demnach die Reduktion menschlichen Agierens auf Entscheidungen rational handelnder und ihren Nutzen maximierender Akteure ausreichend, um soziales Handeln zu beschreiben – kulturelle Analysen sind demnach überflüssig und widersprechen dem Konzept des methodologischen Individualismus. Zweitens würden sich kulturelle Einflüsse auf die Präferenzordnungen der einzelnen Akteure auswirken. Da diese aber meist als gegeben und für die Forschenden uneinsehbar betrachtet werden, nützt es der Theorie nicht, einzelne Faktoren zu untersuchen, die einen Einfluss auf sie ausüben könnten.

Anhänger/innen der Rational-Choice-Theorie leugnen allerdings nicht die Existenz von Kultur und deren Einfluss auf menschliches Handeln; sie betrachten in ihren Modellen kulturelle Variablen meist als konstant. Dadurch verlieren diese mangels Varianz in ihren Ausprägungen jegliche Erklärungskraft und können ignoriert werden. Ingleharts empirische Arbeiten (1988, 1971, 1994), gestützt auf theoretische Annahmen der politischen Sozialisierungsforschung (vgl. Bill/Hardgrave 1973: 98ff.), lassen dieses Vorgehen sehr fraglich erscheinen. Inglehart belegt, dass Werteordnungen – also kulturelle Variablen – sowohl zwischen einzelnen Bevölkerungsgruppen zum selben Zeitpunkt variieren als sich auch über die Zeit hinweg verändern können. Es ist demnach falsch, die kulturellen Handlungsdispositionen innerhalb einer Gesellschaft automatisch als identisch zu betrachten. Damit sich die politische Kulturforschung gegenüber Rational-Choice-Ansätzen behaupten kann, mahnt Harry Eckstein die Beschäftigung mit politischem Wandel an. Nur wenn es der politischen Kulturforschung gelingt, politischen Wandel zu erklären, ohne dabei ihre allgemeinen Annahmen zu verletzen, habe sie eine Zukunft (vgl. Eckstein 1988).

5.2 Theorieinterne Kritik am politischen Kulturansatz

Innerhalb der politischen Kulturforschung haben sich besonders David J. Elkins und Richard E.B. Simeon (1979) mit einer konstruktiven Kritik hervorgetan. Ihre Anregungen und ihr Verständnis von politischer Kultur lassen sich wie folgt zusammenfassen:

• Politische Kultur ist ein gesellschaftlicher Kontrollmechanismus in Form von Annahmen über das Politische, die den möglichen individuellen Handlungsspielraum innerhalb einer Gesellschaft abstecken. Diese Annahmen können jedoch kein konkretes, individuelles Handeln erklären.

• Politische Kultur ist immer in einem bestimmten Kollektiv verortet. Sie kann nicht über die Aggregation individueller Eigenschaften bestimmt werden.

• Nur im Vergleich mehrerer sozialer Gruppen besitzt politische Kultur Erklärungskraft.

• Als erklärende Variable sollte politische Kultur immer zusammen mit strukturellen und institutionellen Variablen verwandt werden.

• Als unabhängige Variable kann politische Kultur nur bestimmte abhängige Variablen erklären.

Almond und Verba (1963) definieren politische Kultur als das Verteilungsmuster individueller Einstellung und Orientierung auf bestimmte politische Objekte. Elkins und Simeon (1979: 127f.) distanzieren sich von diesem Verständnis, indem sie politische Kultur als ein **Bündel meist unbewusster Annahmen** betrachten, die sich auf Eigenschaften politischer Ereignisse, Institutionen und Verhaltensweisen beziehen und die in einer bestimmten sozialen Gruppe von fast allen Mitgliedern geteilt werden. Diese Annahmen identifizieren innerhalb der

Menge aller möglichen politischen Handlungen diejenigen Alternativen, die in der Gesellschaft als legitim gelten. Demzufolge ist es unmöglich, mit politischer Kultur oder politischen Annahmen einzelne individuelle Handlungen zu erklären. Mit diesem Konzept kann keine Antwort auf die Frage gegeben werden, warum sich in der BRD eine Gewerkschaft mit Arbeitgebern auf einen bestimmten Tarifvertrag und nicht auf einen anderen geeinigt hat. Politische Kultur kann stattdessen erklären, warum die Bundesregierung bei Tarifverhandlungen keine aktivere Rolle spielt oder warum die Tarifpartner überhaupt miteinander verhandeln und die Meinungsverschiedenheiten nicht gewaltsam lösen. Politische Kultur identifiziert also die Menge aller in Betracht gezogenen Handlungsalternativen und trennt sie von denen, die als illegitim gelten (vgl. Elkins/Simeon 1979: 142). Hierbei wird die **Kontrollfunktion politischer Kultur** deutlich. Politische Kultur ist ein kollektives Phänomen. Individuen besitzen Einstellungen oder Orientierungen, aber sie besitzen keine politische Kultur (vgl. Elkins/Simeon 1979: 129). Daraus folgt, dass am Anfang einer jeden Studie zur politischen Kultur die **empirische Bestimmung der Kultur tragenden Einheit** stehen muss. Es gilt festzustellen, wie groß das Kollektiv ist, das eine bestimmte politische Kultur teilt und welche Individuen zu dieser Gruppe gehören. Es versteht sich von selbst, dass politische Kultur keine Varianz innerhalb dieses Kollektivs erklären kann. Sie besitzt ausschließlich im Vergleich mehrerer Kollektive mit unterschiedlichen politischen Kulturen Erklärungskraft. Elkins und Simeon (1979: 137ff.) lehnen es ab, die politische Kultur eines Kollektivs dadurch zu ermitteln, dass man individuelle Merkmale aufsummiert, wie es in der Arbeit von Almond und Verba (1963) exemplarisch durchgeführt wurde. Sie schlagen stattdessen einen anderen methodologischen Weg ein, um die politische Kultur einer Gesellschaft zu bestimmten. Zum einen empfehlen sie die gezielte Befragung von Personen, die sich häufig mit unterschiedlichen politischen Annahmen konfrontiert sehen, die ein besonderes Gespür für die präsente politische Kultur haben oder die explizite Befürworter oder Gegner der herrschenden politischen Kultur sind: hochrangige Politiker/innen, Schriftsteller/innen und Journalisten/innen auf der einen Seite, Rebellen/innen und Anhänger/innen von Protestkulturen auf der anderen. Als besonders empfindsam für eine politische Kultur gelten nach Simeon und Elkins Menschen, die in mehreren Gesellschaften mit unterschiedlichen Ausprägungen politischer Kultur gelebt haben und dadurch Unterschiede durch den direkten Vergleich herausarbeiten können. Zusätzlich zu Interviews sollten sich Wissenschaftler/innen der politischen Kultur eines Kollektivs über Analysen von Zeitungen, historischen Dokumenten, Literatur, politischen Zeremonien etc. annähern sowie experimentelle Untersuchungstechniken in Betracht ziehen.[21]

Elkins und Simeon (1979: 135f.) empfehlen, **strukturelle und institutionelle Erklärungsansätze** Analysen mittels kultureller Variablen, wann immer dies möglich ist, vorzuziehen. Der Grund für dieses Vorgehen ist rein praktischer Natur; kulturelle Variablen sind laut den Autoren meistens komplizierter und schwieriger zu messen als strukturelle oder institutionelle Variablen. Struktur meint hier die Verteilung der Gesellschaftsmitglieder auf bestimmte Subkategorien wie soziale Klassen, verschiedene Bildungsniveaus oder Geburtskohorten. Institutionelle Erklärungen können sich sowohl auf formelle als auch auf informelle Institutionen beziehen. Möchte eine Politologin zeigen, warum ein Land eine höhere Arbeitslosenquote hat als ein anderes, sollte sie zuerst nach strukturellen und institutionellen Unterschieden suchen. Erst wenn sie feststellt, dass diese beiden Erklärungsansätze fehlschlagen oder die Einwohner der beiden Länder trotz identischer Strukturen und desselben Institutionsgefüges

---

[21] Die Konzepte von Elkins und Simeon (1979) zur Definition und Messung politischer Kultur wurden unter anderem von Karl Rohe umgesetzt. Diese Forschungsrichtung kann als *kontinental-europäisch* der in diesem Kapitel vorgestellten angelsächsischen politischen Kulturforschung entgegengestellt werden (vgl. Dörner 2003: 596ff.).

unterschiedliche politische Annahmen besitzen, sollten diese als unabhängige oder intervenierende Variablen herangezogen werden.

Simeon und Elkins (1979: 140f.) kritisieren, dass viele Autoren/innen politische Kultur zur Erklärung allgemeiner gesellschaftlicher Phänomene benutzen, deren Vagheit einer präzisen Operationalisierung oft im Wege steht – dazu zählen sie sowohl Demokratie als auch wirtschaftliche und politische Entwicklung. Sie halten es für ertragreicher, spezifische formelle oder informelle Institutionen mit politischer Kultur zu erklären. So könnten Politikwissenschaftler/innen darauf abzielen, wie Menschen in unterschiedlichen Staaten bestimmte Institutionen wahrnehmen und benutzen. Kurzfristig seien kulturelle Ausprägungen einer Gesellschaft für das effektive Arbeiten einer Institution verantwortlich. Langfristig müsse der Möglichkeit Rechnung getragen werden, dass Institutionen die vorhandene politische Kultur beeinflussen können. Daneben halten die beiden Autoren das Potenzial der politischen Kulturforschung in der Politikfeldanalyse für noch nicht voll ausgeschöpft. Gerade in vergleichenden Arbeiten könnten wertvolle Erkenntnisse darüber gewonnen werden, warum einzelne *policies* in bestimmten Gesellschaften in Betracht gezogen wurden, in anderen dagegen nicht.

6. FAZIT

Betrachtet man zusammenfassend die in diesem Kapitel skizzierte Entwicklung des politischen Kulturansatzes, dann wird deutlich, dass sich das kausale Verständnis des Zusammenhangs von Kultur und Struktur geändert hat. Weber (2000), Almond und Verba (1963) sowie Pye und Verba (1965) legen ihren Arbeiten ein relativ einfaches und lineares Kausalmodell zugrunde. Sie erklären bestimmte Strukturen – Kapitalismus, wirtschaftliche Entwicklung oder Demokratie – mit kulturellen Variablen – calvinistische Erwerbsethik beziehungsweise *civic culture*. Der Historische Materialismus nach Marx und Engels teilt dieses lineare Kausalitätsverständnis. Es wird lediglich die abhängige mit der unabhängigen Variablen vertauscht: Die (kapitalistische) Struktur einer Gesellschaft bedingt demnach die Kultur. Putnam (1993), Inglehart (1988) sowie Inglehart und Abramson (1994) brechen mit diesem kausalen Grundmodell. Sie nehmen an, dass sich Struktur und Kultur einer Gesellschaft wechselseitig beeinflussen. Diese **Entwicklung hin zu komplexeren Kausalitätsmodellen** wird von verschiedenen Seiten als eine Stärkung des politischen Kulturansatzes bezeichnet (vgl. Laitin 1995; Elkins/Simeon 1979).

Auf der Grundlage der dargestellten Kritiken erscheint der politische Kulturansatz als eine praktikable und wertvolle Herangehensweise in der Politologie. Inglehart (1988) zeigt, dass kulturelle Unterschiede sowohl im synchronen als auch im diachronen Vergleich mehrerer Kollektive messbar sind. Mit Hilfe der in diesem Abschnitt vorgestellten konstruktiven Kritik, können diese kollektiven Dispositionen menschlichen Denkens und Handelns methodologisch sehr gut für sozialwissenschaftliche Forschungsfragen herangezogen werden. Dies muss nicht in Fundamentalopposition zu Rational-Choice-Theorien geschehen. Elkins und Simeon (1979) machen deutlich, dass politische Kultur keine individuellen Handlungen, sondern lediglich die Menge der in Betracht gezogenen Handlungsalternativen erklären kann. Rational-Choice-Theorien hingegen nehmen die strukturellen Hintergründe und Handlungsalternativen meist als gegeben an und konzentrieren sich auf die Erklärung konkreter individueller oder kollektiver Entscheidungen. An diesem Punkt könnte eine Zusammenarbeit beider Ansätze anknüpfen. Gelingt es, sozialwissenschaftliche Fragestellungen sowohl unter Berücksichtigung der zugrunde liegenden kulturellen und institutionellen Struktur als auch einer Logik individuellen Entscheidens und Handelns zu erklären, lassen sich viel versprechende Ergebnisse erwarten.

STAAT UND ORGANISIERTE INTERESSEN IN DER VERGLEI-CHENDEN POLITIKWISSENSCHAFT: PLURALISMUS, NEOKORPO-RATISMUS UND POLICY-NETZWERKE

Patricia Graf

1. EINLEITUNG

Aktionsgemeinschaft Artenschutz e.V., Bund der kinderreichen Familien e.V., Odenthal Bundesarbeitsgemeinschaft studierender Reservisten – Interessengruppen umgeben uns in unserem Alltag ständig und sie nehmen neben Parteien im politischen System eine wichtige Rolle ein. Ihnen soll der folgende Artikel gewidmet werden.

In der Vergleichenden Politikwissenschaft gibt es verschiedene Vorstellungen, wie Gruppeninteressen im politischen System artikuliert werden und wie sie mit staatlichen Akteuren interagieren. Beeinflusst von der soziologischen Gruppentheorie haben sich pluralistische Theorien entwickelt, die das Verhältnis zwischen staatlichen Akteuren und Interessengruppen sowie Interessengruppen und Demokratie untersuchen. Die Vorstellungen des Pluralismus bezüglich der Interessenrepräsentation haben mehrfach Kritik erfahren: Ihnen wurde Reduktionismus und Realitätsmangel vorgeworfen. Aus einem Kritikstrang hat sich ein neues Modell zur Erklärung von Interessenrepräsentation entwickelt, der **Neokorporatismus**. Dies heißt aber nicht, dass die pluralistischen Theorien nun keinen Bestand mehr haben. Vielmehr entwickelte sich ein produktives Streitgespräch der beiden Denkrichtungen.

Ein weiteres Modell der Interessenrepräsentation, das in den Sozialwissenschaften schon lange präsent und in den letzten Jahren auch in der Politikwissenschaft aktueller geworden ist,

ist der **Netzwerkansatz**. Dieser wird von vielen als Überbau willkommen geheißen, unter den man Pluralismus und Neokorporatismus endlich subsumieren kann. Andere sehen in ihm ein lange gesuchtes Instrument, mit dem sich Graubereiche zwischen Pluralismus und Neokorporatismus erfassen lassen. Im Folgenden sollen die Entwicklung der drei Ansätze nachgezeichnet und exemplarisch Vertreter/innen und Studien aus den jeweiligen Denkrichtungen und ihre wichtigsten Kritiker/innen genannt werden.

2. DIE ENTWICKLUNG DES PLURALISMUS

Zunächst soll an dieser Stelle eine Definition sowie eine Darstellung des Konzepts gegeben werden.

Hinter dem Wort *Pluralismus* verbirgt sich eine Gesellschaftstheorie, die die Politikwissenschaft seit dem Ende des Zweiten Weltkriegs verstärkt dominiert. Häufig gilt der Begriff als Charakteristikum *westlicher* Demokratien. Dem Konzept liegt die Kernbedeutung *pluralis (lat.) = aus mehreren bestehend* zugrunde. Diese Bedeutung griff William James – der als Begründer des philosophischen Pluralismus gilt – mit seiner Lehre von der Vielheit, das heißt der Idee, dass die Welt aus vielen Teilen besteht, auf, die er monistischen Weltbildern, die die Welt als Ganzes sehen, entgegensetzte (vgl. James 1977). Von dieser Kernbedeutung ausgehend, umfasst das begriffliche Paradigma aber mehrere unterschiedliche und sich teilweise widersprechende Bedeutungen, die Steffani wie folgt zusammenfasst. Mit Pluralismus ist demnach gemeint:

1. dass in einer Gesellschaft viele Gruppen bestehen, die neben- und miteinander existieren, agieren, kooperieren oder in Konkurrenz zueinander stehen und die auf den politischen Prozess Einfluss nehmen (vgl. Steffani 1980: 9). In dieser Bedeutung fungiert Pluralismus als Gruppen- oder Verbandstheorie.
2. dass das pluralistische System ein gewaltenteilig strukturiertes Verfassungssystem ist, in dem Parteien und Interessengruppen konkurrieren und koalieren. Hier wird Pluralismus im Sinne einer Verfassungs- oder Staatstheorie verwandt.

Die dritte und vierte Bedeutung sind einander entgegengesetzt und betreffen das Verhältnis von Demokratie und Pluralismus im Sinne einer Demokratietheorie. Pluralismus meint hier:

3. dass Pluralismus und Demokratie Gegensätze sind. Ein prominenter Vertreter dieser Auffassung ist Carl Schmitt, der in der ungezügelten Vielzahl von Interessen eine Gefahr für die Demokratie sah. Entsprechend wies er dem Staat eine starke Ordnungsfunktion zu.
4. dass Pluralismus für Demokratie unabdingbar ist.

In diesem Beitrag sollen vor allem die Bedeutungen 1, 2 und 4 verwandt werden, da darauf die aktuellen Pluralismusdiskussionen aufbauen.

Pluralismustheorien finden sich neben der Politikwissenschaft sowohl in der Soziologie als auch in der Philosophie. Die politikwissenschaftlichen Pluralismustheorien haben sich vor allem aus der soziologischen Gruppentheorie entwickelt, worauf im nachfolgenden Teil eingegangen wird. Sie analysieren, wie politische Systeme aufgebaut sind, wie privater und öffentlicher Bereich interagieren und wie der Interessen- und Entscheidungsfindungsprozess funktioniert (vgl. Steffani 1980: 16). Eine Konsequenz dieser Beschäftigung ist, dass Pluralismus oft mit dem Begriff der Demokratie, im Sinne einer pluralistischen Staats- und Demokratietheorie, ein Geschwisterpaar bildet. Dieses wird nur durch Ausnahmen wie Ansätze eines sozialistischen Pluralismus (vgl. Kremendahl 1977) getrennt, sodass Pluralismustheorien „oft betont normative Züge" tragen (Steffani 1980: 16).

2.1 Die Entwicklung von der Gruppentheorie zum Pluralismus

Das Leitmotiv des Pluralismus sind Interessengruppen, die sich zusammenschließen, um Einfluss auf den politischen Prozess zu nehmen. In unserem Alltag sind wir mit vielen Beispielen dieses Leitmotivs umgeben: Gewerkschaften, Unternehmerverbände, Frauenbewegungen. Hierin ist der moderne Pluralismus als eine Gruppen- und Verbandstheorie eng mit der soziologischen Gruppentheorie verbunden. Diese geht davon aus, dass im Zuge der Industrialisierung Gruppierungen entstanden sind, die ihre Interessen sowohl gegenüber anderen Gruppen als auch gegenüber staatlichen Akteuren durchzusetzen suchen. Das Bindeglied zwischen dem modernen Pluralismus und soziologischen Gruppentheorien stellt die Studie Arthur Bentleys *The Process of Government* aus dem Jahre 1908 dar. Erstmals tritt die Rolle des Individuums zugunsten des Begriffs der *interest groups* zurück, der bei Bentley noch sowohl Verbände als auch Parteien und andere staatliche und gesellschaftliche Gruppen umschließt. Durch das bekannte Modell Gabriel Almonds erfolgt in den 50er-Jahren eine Sphärentrennung zwischen Parteien und Interessengruppen. Während letztere auf der Ebene der Interessenartikulierung angesiedelt sind, kommt den Parteien die Funktion der Aggregation zu (vgl. Almond 1958). Als Hauptmotor für die Gruppenaktivitäten betrachtete Bentley ökonomische Interessen der Individuen. Er definierte die politische Interessengruppe als Einheit, zu der sich Individuen mit gemeinsamen oder ähnlichen Interessen zusammenfinden, und die sich vor allem durch ihr Verhalten gegenüber einem bestimmten Politikinhalt auszeichnet (vgl. Greenstone 1975: 244). Bentley war in seiner Studie eher an einem Beitrag zur Beschreibung der politischen Empirie der USA denn an einer Weiterentwicklung der Demokratietheorie gelegen. Seine Grundannahmen wurden später von David Truman aufgegriffen. Während bei Bentley Gruppen noch amorphe Gebilde ohne Struktur sind, hebt Truman den Aspekt der Organisation durch die Bildung der Kategorie *association* hervor (vgl. Greenstone 1975; Schmid 1993).

Der Gedanke, dass Individuen sich in Gruppen zusammenschließen, ist übrigens keinesfalls eine unumstrittene Annahme in der Politikwissenschaft. So geht beispielsweise der individuelle Rationalismus davon aus, dass Kooperation, die ja Grundbedingung für den Zusammenschluss zu einer Gruppe ist, unwahrscheinlich ist. Findet sie dennoch statt, so sucht sich das Individuum seine Kooperationspartner nach dem größtmöglichen Nutzen aus. Längerfristige Allianzen, wie die einer Gruppe, sind demnach kaum denkbar (siehe den Beitrag von Martin Beck in diesem Band).

2.2 Der Pluralismus US-amerikanischer Prägung

Moderne Pluralismustheorien haben sich vor allem entlang zwei Hauptströmungen entwickelt und man kann heute zwischen US-amerikanischer und europäischer Prägung unterscheiden. Zunächst ist festzuhalten, dass sich die beiden Strömungen aus unterschiedlichen Zusammenhängen heraus entwickelt haben. So ist der US-amerikanische Pluralismus durch den Prozess der Gesellschaftsformierung der noch jungen Nation geprägt. Die Geschichte europäischer politischer Systeme ist durch feudale Strukturen sowie die autoritäre Vergangenheit bestimmt. Der US-amerikanische Pluralismus kann als Gruppen- und Demokratietheorie bezeichnet werden. Die Pluralismustheorien europäischer Prägung gestalteten sich dagegen normativer, denn es galt dem Autoritarismus ein demokratisches Konzept entgegenzustellen. Schubert charakterisiert den Pluralismus europäischer Prägung entsprechend als „politisches Konzept zur Überwindung gegebener politisch-staatlicher Strukturen und konservierender (Aus-) Schließungsprozesse" (Schubert 1995: 409). Die beiden Strömungen unterscheiden sich auch in ihrem Bild von der Gruppenidentität. Im US-amerikanischen Pluralismus ist mit dem Begriff *Gruppe* ein „Zweckverband zur besseren Vertretung individueller Interessen" gemeint (Steffani 1980: 32). Dieser Terminus ist vom klassischen Individualismus beeinflusst, der annimmt, dass Entscheidungen letztendlich nur von Individuen getroffen werden. Der

Pluralismus europäischer Prägung geht dagegen von dem Konzept der kollektiven Identität aus, die Gruppenmitglieder ausbilden können. Die Gruppe gilt entsprechend als kollektiver Akteur.

Eines der frühsten Zeugnisse der Pluralismusdiskussion in den USA ist das Werk des französischen Historikers und Politikers Alexis de Tocqueville *Über die Demokratie in Amerika*. Es zählt nicht nur zu den wichtigsten Beiträgen der klassischen Pluralismustheorie, sondern auch zur modernen Politologie und erschien in vier Teilen zwischen 1835 und 1840. Den Beginn des modernen amerikanischen Pluralismus markiert Steffani mit den bereits genannten Studien Arthur Bentleys und David Trumans (vgl. Steffani 1980: 19; Reutter 1991: 29). Als Meilenstein in der amerikanischen Pluralismusdiskussion ist auch das Werk von Dahl zu nennen, der sich in mehreren Arbeiten zur Thematik äußerte. Er unterscheidet sich vom gruppentheoretischen Ansatz Bentleys und Trumans insofern, als er Institutionen einen anderen Stellenwert beimisst. Diese sind bei ihm Merkmale für Demokratie (vgl. Reutter 1991: 33). Dahls Pluralismuskonzeption geht von einem Wettstreit der Eliten aus, die sich zu wechselnden Mehrheitskoalitionen zusammenschließen. Gleichzeitig werden aber auch Minderheitsinteressen gewahrt, denn zum einen hält das politische System Institutionen bereit, die es der Mehrheitskoalition unmöglich machen, policies auf längere Zeit ohne Verhandlung mit der Opposition durchzusetzen (vgl. Dahl 1967: 326). Zum anderen verfügen in Dahls Modell des politischen Prozesses selbst Minderheitsgruppen über zu viel Einfluss, als dass ihnen der Zugang zum Verhandlungstisch auf längere Zeit verweigert werden könnte (vgl. Dahl 1961: 89-168). Das Demokratiemodell, das Dahl aus diesem Wettstreit der Eliten ableitet, nennt er Polyarchie. Dieses Konzept besteht aber nicht aus normativen Postulaten, vielmehr baut Dahl einen Katalog prozessualer Charakteristika auf, den er aus verschiedenen Länderstudien ableitet. Auf das Modell der Polyarchie wird häufig zur Bestimmung von Mindestanforderungen an ein demokratisches Regime verwiesen.

2.2.1 Kritik am US-amerikanischen Pluralismus und Wandel in den 70er-Jahren

Die bisher dargestellten Pluralismustheorien wurden nicht kritiklos aufgenommen. Als Hauptkritiker sind vor allem C. Wright Mills und Peter Bachrach zu nennen. Sie beanstandeten vor allem den Ausgangspunkt der bisherigen Pluralismustheorien, den Wettstreit der Eliten (siehe den Beitrag von Florian Warweg in diesem Band). Es werde dabei nur mangelhaft berücksichtigt, dass der Großteil der Gesellschaft sich nur schlecht organisiert und deswegen nur geringen politischen Druck ausüben könne. So merkt Schattschneider kritisch an: „Der Fehler im pluralistischen Himmel ist, dass der himmlische Chor mit starkem Oberschichten-Akzent singt. Wahrscheinlich um 90 Prozent der Bevölkerung haben keinen Zutritt zum Pressure-System" (Schattschneider 1960: 35; übersetzt von Steffani 1980: 72). Diese Behauptung konnte sich nach und nach auf immer zahlreichere empirische Studien stützen, sodass eine Anpassung der Pluralismusforschung unausweichlich war (vgl. Steffani 1980: 25). Kritik erfolgte auch von John K. Galbraith, Theodore J. Lowi, William E. Connolly und anderen. Sie kritisierten aber weniger die Intentionen des Konzepts, sondern eher dessen Ausgestaltung (vgl. Steffani 1980: 24).

Mitunter als Reaktion auf die Kritik, kreist die Pluralismusforschung seit den 70er-Jahren vermehrt um Chancengleichheit, sozialen Wandel sowie demokratische Partizipation. Als bedeutendster Vertreter ist hier William Kelso (1978) zu nennen. Er kritisierte Dahls Konzept der Polyarchie insofern, dass hier dem Bürger als Teilnahme am politischen Prozess nur die Wahlfunktion (vgl. ebd.: 7) bleibt. Die pluralistische Sichtweise untersuche dagegen, wie die Bürger/innen sich neben der Wahl ins politische System einbringen können. Ein Ziel der Arbeit Kelsos ist die Verteidigung eines spezifischen Demokratiekonzepts, nämlich des public pluralism oder öffentlichen Pluralismus (vgl. Steffani 1980: 25).

2.2.2 Kelsos drei Typen des Pluralismus

Kelso fasste in seinem Werk die bis dato bekannten Pluralismuskonzepte zu drei Modellen zusammen: Laissez-faire-Pluralismus, korporativer Pluralismus und öffentlicher Pluralismus. Auch wenn diese drei Typen sicherlich nicht das ganz Spektrum pluralistischer Strömungen abdecken, schaffen sie doch einen guten Überblick über den Pluralismus US-amerikanischer Prägung.

1. Das Konzept des **Laissez-faire-Pluralismus** geht vom wirtschaftlichen Prinzip des freien Wettbewerbs aus und nimmt an, dass auch im politischen Verhandlungsprozess Parteien und Bewerber um ein öffentliches Amt sowie Interessengruppen diesem Prinzip unterworfen sind (vgl. Kelso 1978: 13). Dem Staat kommt in diesem Modell die Rolle der Sicherung von Ruhe und Ordnung zu. Die Vertreter des Laissez-faire-Pluralismus gehen von einem offenen politischen Prozess aus, in dem einander wechselseitig kontrollierende Kräfte der Gesellschaft die Verantwortung für die Politikformulierung übernehmen (vgl. Kelso 1978: 13). Kelso ordnet die bereits genannten Autoren Truman und Dahl als Hauptvertreter dieser Strömung ein.

2. Der **korporative Pluralismus** nimmt – anders als der Laissez-faire-Pluralismus – an, dass freier Wettbewerb der Gruppen nicht automatisch zu Chancengleichheit führt. Vielmehr resultierten daraus Kooperationen zwischen den stärksten gesellschaftlichen Gruppen und der Bürokratie. Als Hauptvertreter dieser Richtung nennt Kelso Theodore Lowi und Grant McConnell.

3. In der dritten Richtung, dem **public pluralism** oder **öffentlichen Pluralismus**, sieht Kelso die Lösung: Ähnlich wie bei der sozialen Marktwirtschaft im Vergleich zur freien Marktwirtschaft kommt dem Staat im Konzept des öffentlichen Pluralismus eine Regulierungsfunktion zu, die Chancengleichheit gewährleisten soll (vgl. Kelso 1978: 29, 270). Steffani sieht in Kelsos public pluralism das Gegenstück zum deutschen Neopluralismus, der im Folgenden dargestellt wird (vgl. Steffani 1980: 32).

Abschließend ist anzumerken, dass es sich bei den genannten Modellen nur um Annäherungen an die Wirklichkeit des US-amerikanischen Systems handelt. Sie enthalten jedoch Strukturen, die sich in unterschiedlichen Kombinationen in der Empirie wiederholen.

2.3 Der europäische Pluralismus

Nach dem Zweiten Weltkrieg ist es vor allem Ernst Fraenkel, der, aus dem amerikanischen Exil heimgekehrt und mit der dortigen Pluralismusdiskussion vertraut, die Theorie in Deutschland voranbringt. In der Lehre Fraenkels wird Pluralismus dem totalitären Staat entgegengestellt, woraus sich auch der Begriff des **Neopluralismus** entwickelt. Das Ziel dieses neuen Pluralismus ist die Überwindung von Autoritarismus und Totalitarismus. Entsprechend steht der Pluralismus Fraenkels auch im Gegensatz zum Kommunismus. Hier muss angemerkt werden, dass Fraenkels Arbeit von der deutschen Nachkriegsgeschichte geprägt ist, in der der Vergleichenden Staatslehre, die sich nach und nach zur Politikwissenschaft entwickelte, vor allem die Aufgabe der Verbreitung und Verteidigung der Demokratie zukam.[1]

Fraenkel entwickelte sein Konzept aus der Untersuchung von Demokratien westeuropäischer Industrieländer heraus. Grundlegend ist dieser Vorstellung die Gemeinwohldiskussion. Der Neopluralismus lehnt dabei Staatskonzepte ab, die davon ausgehen, dass in der Gesellschaft ein einziger gemeinsamer Wille bereits existiere und nicht erst durch Vermittlung herzustellen sei (so genannte monistische Konzepte). Angewandt auf die Gemeinwohldebatte bedeutet

---

[1] Siehe auch den Beitrag *Die Entwicklung der Vergleichenden Politikwissenschaft in Deutschland seit 1945* von Harald Barrios in diesem Band.

dies, dass erst im politischen Prozess herausgefunden werden muss, was als Gemeinwohl gilt (a posteriori Gemeinwohl) (vgl. Fraenkel 1991: 330). Fraenkel verdeutlicht den Unterschied zwischen Monismus und Pluralismus anhand einer Gegenüberstellung der politischen Systeme der Bundesrepublik Deutschland (BRD) und der Deutschen Demokratischen Republik (DDR). Die in der Bundesrepublik anzutreffende Demokratieform begnüge sich damit, „bestenfalls in der Lage zu sein [...] durch Verhandlungen, Diskussionen und Kompromisse zur Förderung des Gemeinwohls durch Lösung konkreter Probleme beitragen zu können" (Fraenkel 1991: 330). Das politische System der DDR unterstelle dagegen einen bereits vorhandenen objektiv erkennbaren Volkswillen, der durch den Staat verwirklicht werden muss (vgl. ebd.).

Anders als im Laissez-faire-Pluralismus ist der Prozess der Willensbildung aber nicht dem freien Spiel der Interessen überlassen. Wie Schattschneider, Mills und Bachrach sowie die Kritiker des US-amerikanischen Pluralismus, nimmt Fraenkel in der Bevölkerung unterschiedliche soziale Startpositionen an. Die Aufgabe des Staats ist es, für Chancengleichheit der Interessen zu sorgen (vgl. Fraenkel 1991: 358). Hierin liegt das regulative Element des Neopluralismus.

Neuere Beiträge zur Pluralismustheorie in der BRD

Als neuere Beiträge zur Pluralismustheorie sollen vor allem die Arbeiten von Hans Kremendahl, Winfried Steffani sowie Martin Sebaldt hervorgehoben werden. Hans Kremendahl hat einen umfassenden Beitrag zur Pluralismustheorie in Deutschland geleistet. Von Fraenkels Werk ausgehend, stellt er die verschieden Kritiken am Neopluralismus dar und antwortet mit eigenen *Antikritiken*.

Winfried Steffani beleuchtet die Begriffe *Pluralismus* und *Demokratie* von mehreren Seiten. Neben einer Aufarbeitung der verschiedenen Pluralismuskonzeptionen in den USA und Deutschland, widmet er der Neokorporatismus- versus Pluralismus-Debatte, auf die später noch eingegangen wird, einigen Raum. Interessant ist Steffanis Verknüpfung von Pluralismus und Werteforschung anhand des Begriffs *Heimat* (vgl. Steffani 1980).

In der deutschen Diskussion sind die Verbändeforschung und die Pluralismusdiskussion bisher weniger zusammengeschlossen als in den USA (vgl. Schubert 1995: 415). Martin Sebaldt versucht hier sowohl Pluralismus als auch Neokorporatismus fruchtbar für die Verbändeforschung zu machen. Er analysiert die deutsche Verbandslandschaft, die seit den 70er-Jahren einen wesentlichen Wandel durchlief und laut Sebaldt deutlich heterogener wurde (vgl. Sebaldt 1997: 381). Hervorzuheben ist vor allem der empirische Teil der Arbeit zu Selbstverständnis und politischer Arbeit der Organisationen.

3. DIE ENTWICKLUNG DES NEOKORPORATISMUNS

Neokorporatismuskonzepte erlebten in den 70er- und 80er-Jahren einen Boom. Sie sind mit älteren Korporatismuskonzepten verbunden. Die Neokorporatismusforschung entwickelte sich vor allem aus einer Kritik am Pluralismus heraus. Im Folgenden sollen nach einer kurzen Begriffsbestimmung die wichtigsten Entwicklungslinien dieser Forschungsrichtung unter Nennung der bedeutendsten Vertreter und Grundthesen nachgezeichnet werden.

3.1 Begriffsbestimmung und Darstellung des Konzepts

Der Begriff *Neokorporatismus* wird häufig in Abgrenzung zum *Pluralismus* definiert. So unterscheidet den Neokorporatismus vom Pluralismus vor allem „die Vorstellung und Beobachtung wohlgeordneter und dauerhafter Verknüpfungen von Staat und Verbänden anstelle einer Vielgestalt punktueller Einflussbeziehungen" (Czada 1994: 37). Gerade hier sind aber die Unterschiede zwischen den beiden Denkrichtungen oft gar nicht so groß, man denke nur an den korporativen Pluralismus Lowis. Das Leitmotiv organisierter Interessen und den Untersuchungsgegenstand, nämlich den Prozess der Interessenvermittlung zwischen Staat und Gesellschaft, hat der Neokorporatismus mit dem Pluralismus gemein. Dem Begriff liegt die Kernbedeutung *incorpore (lat.) = einbinden, eingliedern* zugrunde. Ausgehend davon wird mit dem Wort *Neokorporatismus* die Einbindung und Beteiligung von Interessengruppen an der Politikformulierung und -implementierung bezeichnet (vgl. Czada 1995: 218). Es besteht dabei innerhalb der Forschung keinesfalls begriffliche Eindeutigkeit. So werden die Termini *Korporatismus, Korporativismus, Neokorporativismus* sowie *Neokorporatismus* gleichermaßen benutzt, wobei der Begriff *Neokorporatismus* sicherlich am häufigsten verwandt wird (vgl. Reutter 1991: 11). Das Konzept des Neokorporatismus ist zumindest begrifflich mit einem älteren Korporatismusmodell verbunden, von dem es sich gleichzeitig abzusetzen sucht. Dieses ältere Modell knüpft an den Ständestaat an und sieht die Organisation der Gesellschaft in Berufsstände und die Delegierung öffentlicher Gewalt an so genannte Korporationen, das heißt Branchen und berufsständische Vertretungen, vor. Das faschistische Regime Mussolinis benutze korporatistische Praktiken, um die Zusammenarbeit zwischen den Arbeitgebern und Arbeitnehmern unter Führung der Faschisten zu fördern, vor allem aber, um die Kontrolle über die Gesellschaft noch mehr zu zentralisieren. Die neuen Korporatismusforscher versuchten, ihren Ansatz durch das Suffix *Neo* von diesen faschistischen Erscheinungen abzusetzen.

Die Palette an möglichen Untersuchungsobjekten wurde mit der Zeit erweitert. Zunächst betrachtete die Forschung ausschließlich die Konstellation Staat – Unternehmerorganisationen – Gewerkschaften. Heute sind die unterschiedlichen Ausprägungen politischer Zusammenarbeit verschiedener organisierter Interessengruppen untereinander oder mit staatlichen Akteuren beziehungsweise Organisationen Gegenstand der Untersuchung. Die Neokorporatismusforschung differenziert dabei nach Politikfeldern sowie nach Ebenen des politischen Systems und Wirtschaftssektoren oder Unternehmen. Im Folgenden werden die Hauptannahmen des Neokorporatismus dargestellt:

- Der Neokorporatismus geht im Unterschied zu pluralistischen Konzepten davon aus, dass der Staat das Entstehen von Interessengruppen beeinflusst und als erklärende Variable berücksichtigt werden muss.

- Die Neokorporatismusforschung geht im Gegensatz zum Pluralismus nicht von Verbänden als Repräsentanten bereits vorab gebildeter Gruppeninteressen aus. Vielmehr ist es die Aufgabe der Verbände, die individuellen Interessen zu aggregieren (vgl. Voelzkow 2003: 427).

- Im Konzept des Neokorporatismus können die Aufgaben der Verbände über die von der pluralistischen Theorie aufgestellten Aufgaben der Interessenvermittlung und -repräsentation hinausreichen (vgl. Voelzkow 2003: 427).

- Interessengruppen können in die Politikimplementierung mit einbezogen werden und erhalten im Gegenzug eine gewisse Form öffentlicher Autorität.

Mitglieder des Staatsapparats beziehungsweise von Verbänden werden durch folgende Faktoren motiviert, sich auf ein korporatistisches Verhältnis einzulassen:

- Staatliche Akteure suchen in der korporatistischen Einbindung von organisierten Interessen politische Unterstützung, Legitimität, Informationen und Koalitionspartner im Wettstreit mit anderen Teilen der Bürokratie. Auch hoffen sie, durch die Einbindung von Verbänden deren Hilfe bei der Implementierung bestimmter policies zu erhalten.

- Verbände suchen in der korporatistischen Einbindung Zugang zum agenda-setting-Prozess oder Zugeständnisse bezüglich der Umsetzung ihrer Interessen.

Problematisch werden korporatistische Strukturen allerdings dann, wenn nur noch bestimmte

Verbände eingebunden und somit auch nicht mehr alle Interessen vertreten werden. Ferner können sich nicht alle Interessen gleich gut organisieren, sodass keine Chancengleichheit gegeben ist. Ein aktuelles Beispiel hierfür ist der informelle Sektor und die wachsende Zahl der Ich-AGs. Vor allem in Entwicklungsländern zeichnet sich die Lebenssituation der im informellen Sektor Arbeitenden durch eine prekäre sozioökonomische Situation aus. Ferner ist die Arbeit im informellen Sektor nicht durch Arbeitsgesetze geschützt, oft sogar gesetzlich verboten. Diese Faktoren führen dazu, dass eine gewerkschaftliche Organisation in diesem Bereich kaum möglich ist. Die Heterogenität der Tätigkeiten erschwert die Bildung und Vertretung eines einheitlichen Interesses ebenfalls.

3.2 Kritik des Neokorporatismus am Pluralismus und Entwicklung des Konzepts

Die Neokorporatismusforscher monierten an pluralistischen Konzepten vornehmlich die Sichtweise der Beziehung zwischen Staat und Interessengruppen: Im Gegensatz zum Pluralismus sahen korporatistische Ansätze staatliche Einflussnahme auf organisierte Interessengruppen nicht als illegitim beziehungsweise Demokratiedefekt, sondern als Variable im Prozess funktionierender Interessenbildung an. Des Weiteren wurde die normative Ausrichtung des Pluralismus als Demokratietheorie und deren Konzentration auf westliche Demokratien kritisiert.

Den Anstoß für die Neokorporatismusdebatte in den 70er-Jahren gab vor allem ein Artikel von Philippe Schmitter aus dem Jahr 1974: *Still the Century of Corporatism?* Daneben wurden in der Zeitschrift *Comparative Political Studies* im Jahre 1977 mehrere Artikel zu dem Thema publiziert, die ebenfalls die Debatte beeinflussten. Die Ausgestaltung des Konzepts durch Schmitter war zunächst eng mit seinen Studien über autoritäre Systeme, etwa über das vordemokratische Portugal oder den *Estado Novo* in Brasilien unter Vargas verbunden.

Neben Schmitter trieb vor allem Gerhard Lehmbruch die Neokorporatismusforschung voran. Dabei hatten die beiden Wissenschaftler eine unterschiedliche Herangehensweise. In den folgenden drei Abschnitten soll näher auf die beiden Autoren eingegangen werden. In Deutschland wurde die Debatte vor allem durch Ulrich von Alemann und Rolf Heinze und andere weitergeführt. In mehreren Sammelbänden und Zeitschriftenveröffentlichungen entfachten sie eine Diskussion, die bis heute andauert.

3.2.1 Philippe Schmitter: Neokorporatismus als Interessenvermittlung

Schmitter knüpfte an den traditionellen Korporatismus mit dem Konzept des Staatskorporatismus an, in dem die Regierung und weniger einzelne Parteien Verbandsgründung fördert oder gewisse Verbände bevorzugt. Hier flossen vor allem seine Erfahrungen aus Lateinamerika mit ein. Neokorporatismus ist dabei ein System der Interessenvermittlung. Das Ziel dieses Systems ist die Aggregierung und Artikulation von Interessen, die Interessenrepräsentation sowie die Kontrolle der Mitglieder. Als Beispiel für das frühe Modell Schmitters der Inkorporation von Interessengruppen kann die Gründung von Gewerkschaften unter Lázaro Cárdenas im Mexiko der 30er-Jahre gelten (vgl. Collier/Berins Collier 1991). Dem Präsidenten Cárdenas gelang es, die Arbeiter- sowie die Bauernbewegung durch regierungsgelenkte Massenorganisationen an den postrevolutionären Staat zu binden. Des Weiteren schaffte er es, die organisierte Arbeiter- und Bauernbewegung in seine Partei einzuschließen. Nun hieße es, Cárdenas bloßes Gutmenschentum zu unterstellen, würde man diese Strategie ausschließlich als Unterstützung der Verbände anrechnen. Schließlich steckte hinter der Einbindung der Organisationen Machtkalkül. Cárdenas unterstützte zwar die Verbandsbildung, jedoch wurden unterschiedliche Verbände separat gehalten, damit sie keinen zu mächtigen Machtblock bilden konnten. Schmitter hat sein Neokorporatismusmodell mehrfach modifiziert. Unter anderem hob er später die Trennung zwischen Interessenvermittlung und Politikformulierung auf. Auch in Schmitters Modell werden nun Interessengruppen an der Politikimplementierung beteiligt (vgl. Reutter 1991: 102).

3.2.2 Schmitters Typus des Staatskorporatismus versus gesellschaftlichem Korporatismus

Schmitter unterscheidet in seinem Konzept des Neokorporatismus vor allem zwei Typen: gesellschaftlichen Korporatismus und staatlichen Korporatismus. Der gesellschaftliche Korporatismus hat seinen Ursprung im Klassenkonflikt. Das Ziel korporatistischer Politik ist es, die relevanten Gruppen ins System zu integrieren.

Im staatlichen Korporatismus dagegen dienen korporatistische Politiken weniger der Integration der Gesellschaft, sondern eher deren Kontrolle (vgl. Van Waarden 1992: 48). Mit *Staatskorporatismus* werden vor allem Politiken autoritärer Regime gegenüber Interessengruppen bezeichnet. Die Unterscheidung zwischen Staatskorporatismus und gesellschaftlichem Neokorporatismus beruht also vornehmlich auf unterschiedlichen Regimetypen. Das Modell des Staatskorporatismus wird deshalb auch häufig als autoritärer Korporatismus bezeichnet, der sich vom liberalen Korporatismus oder demokratischen Korporatismus unterscheidet.

3.2.3 Gerhard Lehmbruch: Neokorporatismus als Konzertierungs- und Aushandlungssystem

Gerhard Lehmbruchs Neokorporatismuskonzept basiert vor allem auf den Erfahrungen mit den Konkordanzdemokratien Österreichs, der Schweiz und der Niederlande. Neokorporatismus wird hier als Konzertierung beziehungsweise Aushandlung sowohl im verbandlichen Willensbildungsprozess als auch in der Politikformulierung und -implementierung verstanden. Die Gemeinsamkeiten von Konkordanzdemokratie und Neokorporatismus liegen in der Beschäftigung mit der Rolle von Verbänden und Eliten bei der Mobilisierung von Unterstützung in der Bevölkerung. Beide Modelle gehen davon aus, dass aufgrund unterschiedlicher Ideologien oder Wertesysteme beziehungsweise unterschiedlicher Stellungen im ökonomischen System gesellschaftliche Konflikte entstehen. Konkordanzdemokratische und neokorporatistische Politiken wirken hier als Integrations- und Aushandlungssystem.

3.2.4 Neuere Beiträge zur Neokorporatismusforschung

Richtungsübergreifend sollen in diesem Abschnitt einige neuere Studien zur Neokorporatismusforschung vorgestellt werden. Hier ist zunächst das von Van Waarden und Lehmbruch herausgegebene Buch zu Neokorporatismus und Wohlfahrtsstaat in der EU zu nennen. In mehreren Beiträgen untersuchen die Autoren die Reformmöglichkeiten des Wohlfahrtsstaats mittels Verhandlungen. Die Länderstudien analysieren zum einen, wo erneut auf neokorporatistische Politikmuster zurückgegriffen wurde, welches die Gegenstände der neuerlichen korporatistischen Verhandlungen waren und wie stabil die neu gestalteten sozialen Pakte waren (vgl. Van Waarden/Lehmbruch 2003: 11). Des Weiteren wird die europäische Ebene miteinbezogen. Hier fragen die Autoren, inwieweit sich korporatistische Muster in der Sozial- und Arbeitspolitik der EU finden.

Mit der Renaissance nationaler Aushandlungsprozesse in Spanien und Portugal befasst sich das Buch von Sebastián Royo. Er zeigt auf, dass in den beiden Ländern neokorporatistische Muster entstanden sind, obwohl das internationale Umfeld ungünstig dafür war. Der Autor argumentiert, dass diese Entwicklung einem Wandel des internationalen wirtschaftlichen und technologischen Umfelds zu verdanken ist, der soziale Akteure dazu bringt, neue Allianzen einzugehen. Gewerkschaften setzten sich wieder an den Verhandlungstisch, da sie auf Firmenebene Einfluss verloren hatten und hofften, auf der Makroebene wieder mehr politisches Gewicht zu gewinnen (vgl. Royo 2002: 238).

3.3 Einordnung des Neokorporatismus-Konzepts

Auch am Konzept des Neokorporatismus wurde vielfach Kritik geäußert und dies nicht nur aus dem Lager des Pluralismus. Bemängelt wurde vor allem die große Vielzahl an unterschiedlichen Konzepten, durch die sich schließlich alle Beziehungen zwischen Staat und Interessengruppen als korporatistisch identifizieren ließen. Des Weiteren wurde angemerkt, dass Neokorporatismus nur eine Variante des Pluralismuskonzepts sei (vgl. Williamson 1991: 194).

Ein weiterer Punkt betrifft das Verhältnis von Korporatismus und Demokratietheorie. Vor allem dem Frühwerk Schmitters wurde ein *Demokratiedefizit* unterstellt. Hier muss betont werden, dass es eben gerade das Anliegen der Neokorporatismusforschung war, regimeübergreifend zu arbeiten.

Neokorporatismusdebatten sind zwar nicht aus der politikwissenschaftlichen Debatte verschwunden, aber der Begriff „blieb Fachjargon und verließ kaum die Seminare und Diskurse. Nicht einmal den Duden der neuen Rechtschreibung hat er erreicht..." (Von Alemann 2000: 3). Nichtsdestotrotz ist es ein Verdienst der Neokorporatismusforschung, neue Möglichkeiten des Vergleichs aufgetan zu haben, auch über die Grenzen von Systemtypen hinweg. Hierin liegt die Stärke des Konzepts: Ihm sind die Einwände gegen den versteckten normativen Gehalt des Pluralismus und der Neoklassik sowie dem US-amerikanischem Ethnozentrismus zu verdanken (vgl. Streek 1994: 9). Der Neokorporatismus ist also bezüglich der Theoriebildung gescheitert, trägt aber bis heute dazu bei, „pluralistische und neoklassische Vereinfachungen der Rolle von verbandsförmig organisierten Interessen in Staat und Wirtschaft nachhaltig in Frage zu stellen" (ebd.).

Vor allem in den Area-Studies, und hier vornehmlich in der Lateinamerikaforschung, trug der Neokorporatismus rasch Früchte. Hier wurden vornehmlich Korporatismen identifiziert, die Schmitters ursprünglichem Modell entsprachen. Beispielhaft kann die umfassende Studie von Ruth und David Collier (1991) genannt werden, die die Beziehungen zwischen Staat, Parteien und Interessengruppen in acht lateinamerikanischen Ländern vergleicht.

4. SCHMITTERS IDEALTYPUS DES NEOKORPORATISMUS UND PLURALISMUS IM VERGLEICH

Im Folgenden sollen die Gemeinsamkeiten und Unterschiede von Pluralismus und Neokorporatismus im Überblick dargestellt werden. Diese wurden auf der Basis von Schmitter und dessen Interpretation durch Reutter erarbeitet (vgl. Schmitter 1974: 95; Reutter 1991: 70). Neokorporatismus und Pluralismus entsprechen sich demnach in der

1. Berücksichtigung der wachsenden Bedeutung organisierter Interessenrepräsentation
2. Anerkennung der Existenz und Ausweitung unterschiedlicher, miteinander in Konflikt stehenden Interessen
3. Favorisierung einer überragenden staatlichen Rolle
4. Annahme einer Bedeutungsabnahme von Parteien und territorialer Repräsentation
5. Berücksichtigung der Verflechtung privater und öffentlicher Entscheidungsbereiche

In folgenden Punkten unterscheiden sich die beiden Konzepte laut Schmitter:

Tabelle 1: Neokorporatismus versus Pluralismus nach Schmitter

	Neokorporatismus	**Pluralismus**
Merkmale der Verbände	• Begrenzte Anzahl • Mitgliedschaftszwang • Nicht kompetitiv • Hierarchische Koordination • Funktionale Abgrenzung	• Vielfalt • Freiwilligkeit • Kompetitiv • Nichthierarchisch • Konkurrenz um Mitglieder
Merkmale der Staat-Verbände-Beziehungen	• Staatliche Anerkennung • Repräsentationsmonopol im Austausch gegen staatliche Kontrolle des verbandlichen Führungspersonals und der Interessenartikulation	• Keinerlei staatliche Begünstigung • Keine staatliche Intervention in Verbändeangelegenheiten • Autonome Willensbildung

Quelle: (Reutter 1991: 73; Czada 1994: 45)

5. POLICY-NETZWERKANALYSE ALS ÜBERGEORDNETES KONZEPT

Netzwerkgesellschaft, Netzwerkanalyse, Sozialkapital – das Konzept des Netzwerks hat in den letzten 20 Jahren in zahlreiche Wissenschaftsbereiche Einzug gehalten. Das dabei beschriebene Phänomen, dass die Gesellschaft keine amorphe Masse darstellt, sondern sich in zahlreichen Kooperations- und Tauschbeziehungen organisiert, ist nicht neu. Vielmehr baut die Netzwerkanalyse – wie Pluralismus und Neokorporatismus – auf der soziologischen Gruppentheorie auf. In jüngster Zeit wurde das Konzept sowohl von der Politikfeldanalyse als auch von der Verbändeforschung aufgegriffen und zur policy-Netzwerkanalyse weiterentwickelt (vgl. Héritier 1993; Mayntz 1993; Schmid 1998). Diese wird dabei als analytisches Gebäude aufgefasst, in das sich Pluralismus und Neokorporatismus produktiv als Formen von Politiknetzwerken integrieren können (vgl. Kenis/Schneider 1991: 40; Jordan/Schubert 1992; Van Waarden 1992). Im Folgenden sollen nach einer Begriffsbestimmung die grundlegenden Züge der Netzwerkanalyse dargestellt werden. Danach schließen sich einige Beispiele aus der Forschung an Politiknetzwerken an.

5.1 Begriffsbestimmung und Darstellung des Konzepts

Vernetzung, Netzwerkgesellschaft, vernetztes Denken – und die Reihe könnte endlos fortgesetzt werden! Es scheint, dass wir es beim *Netzwerk* mit einem Begriff zu tun haben, der Programm ist, der in alle Gesellschafts- und Wissensbereiche vordringt, vielschichtig ist und auch oft sehr vage bleibt. Zunächst ist prinzipiell festzustellen, dass der Begriff *Netzwerk* der Vorstellung entspringt, dass Menschen, ebenso wie Institutionen, keine von der Umwelt abgeschlossenen Systeme sind, sondern mit der Umwelt interagieren. Dies bedeutet nun aber nicht, dass alles irgendwie vernetzt ist, sondern eher, dass alle Individuen die Fähigkeit haben, Informationen von außen aufzunehmen und zu verarbeiten.

Als Grundform eines jeden Netzwerks wird das soziale Netzwerk gesehen. Die Begriffsbestimmung soll deshalb von dieser Einheit aus vorgenommen werden. Das soziale Netzwerk konstituiert sich aus verschiedenen Verbindungen zwischen Akteuren. Während zur Teilnahme an einer Gruppe aktives Engagement gehört, können die Verbindungen eines sozialen Netzwerks aus Alltagsbegegnungen entstehen. Bevor ich an einer Gruppe teilnehmen kann, muss ich herausfinden, dass es diese gibt und wo sich diese trifft. Ein soziales Netzwerk zeichnet sich dagegen dadurch aus, dass die Verbindungen oft nur lose sind und dass sich nicht alle Netzwerkteilnehmer regelmäßig treffen müssen, damit das soziale Netzwerk dauerhaft weiterexistiert. Des Weiteren ist es für das Fortbestehen eines Netzwerks keine notwendige Bedingung, dass sich alle Netzwerkteilnehmer kennen. Oft erfüllt das Netzwerk sogar besser seinen Zweck – etwa die Weitergabe von Informationen – wenn nicht alle Teilnehmer bekannt sind (vgl. dazu Granovetter 1973). Die Organisationsteilnehmer eines Netzwerks werden in der Netzwerkanalyse mit *ego* und *alter* bezeichnet. Mit *ego* ist der Akteur gemeint, aus dessen Sicht die Verbindung gerade beschrieben wird; *alter* ist entsprechend der Akteur, mit dem *ego* in Beziehung steht. Da Netzwerkbeziehungen oft locker sind, und keine Zugangs- oder Ausgangsbeschränkung wie ein Parteibuch oder ein zu entrichtender Jahresbeitrag bestehen, können neue Teilnehmer einfacher hinzukommen. Ebenso fällt der Austritt aus dem Netzwerk leichter. Das Netzwerk kann also einem häufigen Teilnehmer-wechsel unterworfen sein. Um diesem Sachbestand Rechnung zu tragen, muss das Netzwerk zeitabhängig untersucht werden.

Das policy-Netzwerk stellt eine spezifische Form eines sozialen Netzwerks dar. Es beschreibt "specific structural arrangements in policy making" (Kenis/Schneider 1991: 41), also Netzwerke, die auf der Ebene der policy, der entscheidungsinhaltlichen Dimension von Politik, bestehen. Laut Adrienne Hériter wurde der Begriff der policy-Netzwerkanalyse in die Politikfeldanalyse eingeführt, um „der Unordentlichkeit des politischen Alltags und dem verschränkten Handeln staatlicher und privater Akteure Rechnung zu tragen" (Héritier 1993: 9). Es wird außerdem angenommen, dass der Staat fragmentierter geworden sei, sodass das Konzept des policy-Netzwerks eine adäquatere Beschreibungsform darstelle. Dahinter verbergen sich mehrere angenommene gesellschaftliche Entwicklungen. Eine mit dem Prozess der Globalisierung verbundene Annahme ist, dass der Nationalstaat an Einflussmög-lichkeiten verliert und Netzwerke, sei es nationale oder internationale, zunehmend politische Prozesse beeinflussen. In der Regionalforschung wird angenommen, dass durch Dezentralisie-rungsprozesse zunehmend subnationale Akteure an politischer Bedeutung gewinnen und in Netzwerken ebenfalls auf den politischen Prozess einwirken. Diese beiden Beispiele könnten noch durch zahlreiche weitere ergänzt werden, die ebenfalls annehmen, dass die Zahl der am politischen Prozess beteiligten Akteure gestiegen ist. Allen Annahmen ist gemein, dass sie in der Forschung umstritten sind. Scharpf definiert ein policy-Netzwerk als

> „semipermanente, auf Ressourcenaustausch und gegenseitiger Unterstützung basieren-de Beziehungsmuster zwischen organisatorischen Akteuren, welche die primären poli-tischen Akteure oder den ‚kollektiven Entscheider' in einem bestimmten Politikfeld zu beeinflussen versuchen" (Scharpf 2000: 231, vgl. ähnlich auch Knoke 1996).

Eine ähnliche Beschreibung finden wir in Frans van Waardens Netzwerktypologie. Er beschreibt policy-Netzwerke als Beziehungen zwischen dem Staat und der Industrie, die auf Interdependenz zwischen zahlreichen Akteuren, wie etwa Unternehmern, Politikern, Mitglie-dern einer Bürokratie oder Interessenvertretern, basieren (vgl. Van Waarden 1992: 31). Laut Renate Mayntz finden sich policy-Netzwerke sowohl im agenda setting als auch in der Implementierung von policys (vgl. Mayntz 1993: 40). Während Mitglieder der Verwaltung im Netzwerk politische Unterstützung, Legitimität, Informationen oder etwa Koalitionspartner im Wettstreit mit anderen Teilen der Bürokratie suchen oder bei der Implementierung bestimmter policies Hilfe brauchen, wünschen sich Interessengruppen Zugang zum Prozess des agenda settings oder Zugeständnisse bezüglich der Umsetzung ihrer Interessen. Häufige Wiederho-lung dieser Transaktionen führt zur Institutionalisierung der Beziehungen (vgl. Van Waarden 1992: 30ff.; vgl. auch Héritier 1993: 433; Pappi/Henning 1998: 553).

Wichtig für die Analyse von policy-Netzwerken ist die Annahme, die das Konzept zu interorganisationalen Netzwerken und kollektiven Akteuren macht. Während das soziale

Netzwerk zunächst nur auf Beziehungen zwischen einzelnen Akteuren beruht, bezeichnet der Begriff des interorganisationalen Netzwerks die Verbindungen zwischen einzelnen Organisationen. Dies korrespondiert mit dem Begriff des kollektiven Akteurs, mit dem ein Zusammenschluss von Individuen bezeichnet wird (vgl. Scharpf 2000: 96). Zwar nimmt der methodische Individualismus an, dass Entscheidungen letztendlich nur von Individuen getroffen werden können. Der Begriff kollektiver Akteure trägt aber dem Umstand Rechnung, dass Individuen im Namen und Interesse einer anderen Person, größeren Gruppe oder Organisation handeln können; als Beispiel für einen solchen kollektiven Akteur kann die Position des Managers gelten.

Viele policy-Netzwerke sind intraorganisationale Netzwerke, da sie sich aus Mitgliedern anderer Netzwerke zusammensetzen. Als Beispiel kann das Netzwerk des deutschen Gesundheitssystems, wie Marian Döhler es 1991 beschrieb, dienen (vgl. Döhler 1991: 243). In diesem fanden sich zu dieser Zeit die in sieben Spitzenverbände gegliederte gesetzliche Krankenversicherung sowie die in 18 regionale Verbände gegliederte Ärzteschaft. Die Krankenhäuser wurden durch elf private Spitzenverbände vertreten. Dem Ministerium für Arbeit und Soziale Angelegenheiten sowie dem Ministerium für Jugend, Frauen, Familie und Gesundheit kam im Netzwerk die Aufgabe zu, Richtlinien für die Verbände zu setzen. Untersuchungen, die policy-Netzwerke zum Gegenstand haben, beschäftigen sich zumeist mit den Beziehungen zwischen öffentlichen und privaten Akteuren in spezifischen Politikfeldern.

Was wird nun im policy-Netzwerk wie organisiert? Zunächst ist festzuhalten, dass die dem Netzwerk zugrunde liegenden Beziehungen oder Verbindungen Tauschbeziehungen, Kooperationsbeziehungen und Koordinationsbeziehungen sind. Die Verbindungen dienen zum Transport von beispielsweise Informationen; Koordination und Kooperation finden statt, wenn zwei Netzwerkteilnehmer eine gemeinsame Handlung durchführen wollen, beispielsweise die Planung eines politischen Programms. Die Nützlichkeit, die die Beziehung zu *alter* für *ego* hat, wird als Sozialkapital gemessen. Netzwerkbeziehungen zahlen sich also vielleicht nicht gleich in barer Münze, aber in einem Zuwachs an wichtigen Informationen und Kontakten, also sozialen Komponenten aus. Im Gegensatz zu beispielsweise Humankapital, das auch alleine gebildet werden kann, entsteht Sozialkapital nur durch Interaktion, durch Treffen zwischen *alter* und *ego* oder durch sonstigen Informationsfluss. Das Konzept des Sozialkapitals geht unter anderem auf J. Coleman zurück (vgl. Coleman 1988: 98).

Warum arbeiten Akteure im Netzwerk und ziehen keine andere Organisation vor? Bisher gibt es nur Annahmen, die zeigen, weshalb in einer spezifischen Situation mit spezifischen Akteuren ein policy-Netzwerk und nicht irgendeine andere Organisation, etwa ein Verein mit festgelegter Vereinssatzung, entsteht. Neben den bereits vorgebrachten Gründen der Fragmentierung des Staats und der hohen Zahl am politischen Prozess mitwirkender Gruppen, wird die Netzwerkbildung zumeist an den Vorteilen der Organisationsform festgemacht: „Netzwerke sind leichtfüßiger" (Powell 1990: 303). Dadurch, dass Netzwerke oft keine große Verwaltungsstruktur benötigen, können sie kleinere Aufgaben schneller bewältigten und schränken die Autonomie der Teilnehmer weniger ein, weswegen sie von diesen in bestimmten Fällen vorgezogen werden (vgl. Powell 1990: 303). Thomas König und Thomas Bräuninger sehen in gemeinsamen Interessen oder Präferenzen der Akteure entscheidende Variablen für die Entstehung eines Netzwerks (vgl. König/Bräuninger 1998: 447). Die folgende Liste fasst nochmals alle wichtigen Annahmen zusammen:

- Das soziale Netzwerk konstituiert sich aus verschiedenen Verbindungen zwischen Akteuren.
- Die Akteure oder Netzwerkteilnehmer können sowohl Einzelpersonen als auch Organisationen sein (also auch Staaten und Unternehmen).
- Organisationen schließen sich zu intraorganisationalen Netzwerken zusammen.

- Die Netzwerkteilnehmer werden in der Netzwerkanalyse mit *ego* und *alter* bezeichnet. Mit *ego* ist der Akteur gemeint, aus dessen Sicht die Verbindung gerade beschrieben wird; *alter* ist entsprechend der Akteur, mit dem *ego* in Beziehung steht.

- Netzwerkanalysen untersuchen eine Anzahl von Akteuren und ihre Beziehungen zu einer bestimmten gegebenen Zeit.

- Policy-Netzwerke sind Netzwerke, die auf der Ebene der policy, der entscheidungsinhaltlichen Dimension von Politik bestehen.

- Policy-Netzwerke finden sich sowohl im agenda setting als auch in der Implementierung von Policys (vgl. Mayntz 1993: 40).

- Ein Policy-Netzwerk ist ein Tausch- und Aushandlungssystem.

- Policy-Netzwerke bestehen zwischen privaten und öffentlichen Akteuren in spezifischen Politikfeldern (vgl. Kenis/Schneider 1991).

- Policy-Netzwerke sind weder hierarchisch noch rein durch Marktgesetze gesteuert (vgl. Powell 1990; Kenis/Schneider 1991).

- Policy-Netzwerke können sowohl staatsdominiert als auch ausschließlich privat gesteuert sein (vgl. Jordan/Schubert 1992; Van Waarden 1992).

Policy-Netzwerkstrukturen werden vor allem mittels Umfragetechnik untersucht. Der folgende, dem Band von Josef Schmid entnommene Katalog zeigt beispielhaft einige Fragen, die zur Untersuchung von policy-Netzwerken benutzt werden können (vgl. Schmid 1998: 57).

Tabelle 2: Frageformulierungen zur Erhebung von Politiknetzwerkstrukturen

• Wir haben hier eine Liste mit Organisationen, d. h. Betrieben, Vertretungskörperschaften, Behörden, Verbänden und Vereinen, in denen man eine Position haben kann. Können sie mir bitte alle Organisationen nennen, in denen Sie zurzeit eine Führungsposition (wie z. B. Vorstandsmitglied) innehaben?
• Die nächsten Fragen beziehen sich auf die Verbindungen Ihrer Organisation zu anderen Organisationen. Auf welche Organisation verlassen Sie sich als Vertreter Ihrer Organisation im Hinblick auf Informationen? An welche würden Sie als Vertreter Ihrer Organisation am ehesten wichtige Informationen weitergeben? Welche Organisation würden Sie als Vertreter Ihrer Organisation in Notfällen unterstützen? Von wem würden Sie umgekehrt Unterstützung erwarten?
• Haben Sie am Entscheidungsprozess zum Thema XX teilgenommen? Wie war Ihre ursprüngliche Meinung? Wie stehen Sie jetzt zu der Entscheidung? Mit wem haben Sie darüber gesprochen? Welche Meinung haben die Personen vertreten?   Quelle: (Schmid 1998: 57)

5.2 Entwicklung des Konzepts

Zur Geschichte des Begriffs *Netzwerk* kann man festhalten, dass er in mehreren Disziplinen Anwendung fand und findet. Als ein Ursprung der Netzwerkanalyse gilt die Soziogrammanalyse von Moreno, die in den frühen 30er-Jahren des letzten Jahrhunderts entstand und als erste Methode gesehen wird, Beziehungen zwischen Individuen innerhalb von Gruppen zu untersuchen (vgl. Wasserman/Faust 1994: 11). Bereits die für die Entwicklung des Pluralismus bedeutenden Wissenschaftler Arthur Bentley und David Truman hoben die Existenz horizontaler Beziehungen zwischen staatlichen und privaten Akteuren hervor. Bentley prägte den Begriff der Regierung als *Netzwerk von Aktivitäten* und wies darauf hin, dass selbst „der absoluteste Monarch [....] an Aktivitäten außerhalb des Staatsgeschäfts teilnimmt" (vgl.

Bentley 1949: 261; eigene Übersetzung, P.G.). Der Netzwerkbegriff bündelt unterschiedlichste Aspekte, wobei zwei Sichtweisen von Netzwerken als primär ausgewiesen werden: In der Soziologie und Organisationstheorie befasst man sich mit Netzwerken als analytischer Methode, um soziale Beziehungen zu verdeutlichen. Die zweite Sichtweise ist multidisziplinär und sieht Netzwerke als Organisationsform oder als „der soziale Klebstoff, der Individuen in einem kohärenten System zusammenhält" (Powell/Smith-Doerr 1994: 369). Verschiedene Wissenschaftszweige wie etwa die Industriesoziologie, die Transaktionskostenökonomie, die Politikfeldforschung oder die Handlungstheorie haben sich, aus unterschiedlichen Motivationen heraus, mit dem Netzwerk als Organisationsform auseinandergesetzt.

Vor allem aus den Reihen der Politikfeldforschung haben Soziologen wie Edward O. Laumann, Franz Urban Pappi, David Knoke, Mark Granovetter und Thomas König die Netzwerkanalyse betrieben. In der Politikwissenschaft wurde der Begriff dagegen lange eher metaphorisch und ohne empirische Untersuchung der Akteursbeziehungen, etwa durch Umfragetechnik, verwandt (vgl. Jansen/Schubert 1995: 10).

Als Beispiel aus der Politikfeldforschung kann zunächst ein Sammelband von Renate Mayntz und Bernd Marin genannt werden. Darin sind unter anderem Beiträge zu policy-Netzwerken im Bereich der deutschen Telekommunikation, der amerikanischen Arbeitspolitik, dem Gesundheitssektor in Deutschland, Großbritannien und den USA zu finden. Untersuchungsgegenstände sind beispielsweise die Entstehung und die Auswirkung von Netzwerken (vgl. Mayntz/Marin 1991).

Eine Verbindung von Spieltheorie und Netzwerkanalyse hat Fritz Scharpf in mehren Beiträgen erarbeitet. Damit wird er vor allem dem Tausch und Interaktionscharakter des Netzwerks gerecht. Diese Arbeit ist inzwischen in ein eigenständiges Konzept eingeflossen, das mehrere Ansätze umfasst und vereint und das Scharpf *akteurszentrierten Interaktionsmus* nennt (vgl. Scharpf 2000).

Zwei umfassende Werke zur policy-Netzwerkanalyse sind aus einem Projekt zum *Politikfeld Arbeit in der Bundesrepublik Deutschland und den Vereinigten Staaten von Amerika: Ein Vergleich der politischen Entscheidungsprozesse* hervorgegangen, das aus zwei Teilprojekten bestand. Das US-amerikanische Teilprojekt unter Leitung von David Knoke nahm zusätzlich Japan als dritte Fallstudie in die Analyse mit auf. Exemplarisch soll die deutsche Studie genannt werden, die interessante Befunde über das deutsche und amerikanische Politikfeld bezüglich der Zugangsmöglichkeit öffentlicher Akteure hervorbrachte. Die Autoren haben die Leitfrage dieses Artikels, ob korporatistische und pluralistische Politiken als Netzwerke verstanden werden können, positiv beantwortet. Sie fanden heraus, dass der Zugang zur Politikarena *Arbeitspolitik* in Deutschland zu einem höheren Grad über Spitzenverbände als in den USA lag (vgl. Pappi/König/Knoke 1995: 322). Auch konnten die Autoren die in der Literatur schon häufig vorgebrachte Beschreibung der BRD als korporatistisches System im Vergleich zum politischen System der USA teilweise bestätigen. So stellen die Autoren fest, dass Spitzenverbände in der BRD sich stärker in der Interessenvertretung engagieren als in den USA. Sie entkräften die Neokorporatismus-Annahme aber insofern, als dass sie feststellen, dass in beiden politischen Systemen Verbände intensive Netzwerkbeziehungen mit im Parlament beziehungsweise Kongress vertretenen Parteien halten. Es findet also auch im Fall der BRD keine Umgehung des Parlaments zugunsten direkter Beziehungen zwischen Verbänden und Regierung statt (vgl. Pappi/König/Knoke 1995: 323).

Vermehrt erscheinen policy-Netzwerkanalysen auch aus dem Bereich der Implementierungs- und der Steuerungsforschung. Mehrere Beiträge wurden hier der Untersuchung der inneren Entscheidungsprozesse und deren Beeinflussbarkeit von außen gewidmet. Damit kommen auch demokratietheoretische Fragen ins Spiel, die bisher in der policy-Netzwerkforschung eher außen vor geblieben sind (vgl. Windeler/Sydow 2000).

5.3 Kritik an der Netzwerkanalyse

Alle Wissenschaftsbereiche, die sich mit der Analyse von Netzwerken beschäftigen, äußern sich zumeist positiv über die methodologische Nützlichkeit der Theorie, die es ermöglicht, verschiedene Formen gesellschaftlicher Organisation jenseits von Area-Gräben und unabhängig vom Systemtyp zu vergleichen (vgl. Héritier 1993: 16). Es ist ferner, laut Roland Czada, der große Verdienst der Netzwerkanalyse, die Einheiten *Struktur* und *Akteur* zu verknüpfen (vgl. Czada 1994: 57). Der Netzwerkanalyse ist es gelungen, einen Mittelweg zwischen rationalen Akteursbildern und der Theorie des sozialen Handelns zu finden. So geht die Netzwerkanalyse davon aus, dass Akteure zwar rational Kosten und Nutzen kalkulieren, dass diese Rationalität aber durch verschiedene Strukturen eingeschränkt wird.

Der Preis für diesen Nutzen ist aber eine gewisse Ungenauigkeit, die inzwischen zahlreiche Arbeiten zur Netzwerktheorie charakterisiert. Alles gilt inzwischen als vernetzt, die Netzwerkgesellschaft hat überall Einzug gehalten und es gibt wenig Arbeiten, die sich mit der Abgrenzung von Netzwerken zu anderen Formen der Kooperation beschäftigen. Ein weiterer Kritikpunkt, den auch Pappi und Henning vorbringen, schließt daran an: Der Begriff des Netzwerks wird häufig nur mehr als bloße Metapher benutzt und die meisten Studien zu Netzwerken sind inzwischen nicht mehr an das soziale Netzwerk rückgebunden (vgl. Pappi/Henning 1998: 556).

Kritik muss auch hinsichtlich der Funktionsfähigkeit von Netzwerken geäußert werden. Letztere werden oft als ideale, innovationsfähige, partizipative Organisationsform für Kooperation zwischen gleichberechtigten Akteuren gepriesen. Es gilt im Gegensatz dazu, das Netzwerk stets kritisch zu betrachten, denn „die institutionelle Konsolidierung eines policy-Netzwerks, die aus Verhandlungen über Zuständigkeiten hervorgeht, ist [...] kein ungetrübter Segen" (Mayntz 1993: 50). Mayntz verweist hier auf die Innovationsresistenz, die die Akteure des deutschen Wissenschaftsnetzwerks (der zuständige Bundestagsausschuss, das Forschungsministerium, die Bund- und Länder-Kommission für Bildungsplanung und Forschungsförderung, die Deutsche Forschungsgemeinschaft, die Max-Planck-Gesellschaft, die Fraunhofer Gesellschaft, der Wissenschaftsrat, die Rektorenkonferenz und andere) nach der Wende an den Tag gelegt haben. Diese haben die Reform des deutschen Bildungssystems verhindert und lediglich eine Angleichung der neuen Bundesländer an das in den alten Bundesländern Vorhandene geschaffen.

Der *Mythos Netzwerke* (vgl. Hellmer u. a. 1999) übersieht, dass auch im Netzwerk Machtmechanismen wirken. Besteht ein Netzwerk zwischen unterschiedlich starken Akteuren, entwickeln sich schnell Machtasymmetrien. Funktionsfähige Netzwerke können dann schnell unbeweglich und von mächtigen Akteuren instrumentalisiert werden. Mit diesen Formen des Netzwerkversagens beschäftigt sich die Forschung zu wenig, auch weil ein Netzwerk, das sich aufgelöst hat oder erstarrt ist, oft keine großen Spuren hinterlässt. Weitere Studien zu Netzwerken müssten hier ansetzen und genauer die Machstrukturen in den Akteursbeziehungen untersuchen und diese auf derartige Instrumentalisierungen hin überprüfen.

5.4 Einordnung des Konzepts

Bei der Netzwerkanalyse handelt es sich weniger um eine Theorie, sondern eher um ein Analysewerkzeug, das „theoretische Implikationen aufweist" (Czada 1994: 57). Als solches ist die Netzwerkanalyse sehr gut dazu geeignet, die schematische Sicht der Politikgestaltung zu relativieren, indem sie sich auf das Zusammenwirken von privaten und staatlichen (organisatorischen) Akteuren jenseits hierarchischer, sektoraler und nationaler Gliederungen in einzelnen Politikfeldern konzentriert (vgl. Héritier 1993: 16). Die policy-Netzwerkanalyse wird inzwischen nicht nur in der Politikfeldforschung oder Verbändeforschung verwandt, sondern findet sich in der Regionalforschung ebenso wie in den Internationalen Beziehungen.

Wie bereits erwähnt, ist einer der Hauptkritikpunkte am Konzept der Netzwerkanalyse seine Ungenauigkeit, die dazu führt, dass schließlich alle Phänomene interorganisationaler Beziehungen als Netzwerke identifiziert werden können. Hier sehe ich zweierlei Handlungsbedarf. Erstens muss die Bestimmung von Netzwerken sorgfältiger vorgenommen werden, wobei die Grundform *soziales Netzwerk* als Ausgangspunkt dienen könnte. Zweitens werden weitere theoretische Studien benötigt. Diese sollten sich vor allem auch mit der Frage befassen, ob es nützlicher ist, den Begriff *Netzwerk* als Oberbegriff zu wählen und Untergruppen zu bilden, unter die auch bereits bestehende Konzepte fallen können oder ob nicht eine Reduktion der Fälle und eine größere Abgrenzung des Phänomens *Netzwerk* von anderen Organisationsformen angebrachter wäre. Eine derartige Weiterentwicklung des Konzepts könnte auch zu dessen Theoriefähigkeit beitragen.

6. ÜBEREINSTIMMUNGEN DER ANNAHMEN VON POLICY-NETZWERKANALYSE, NEOKORPORATISMUS UND PLURALISMUS

Nachdem ich eine grundlegende Einführung in die policy-Netzwerkanalyse gegeben habe, sollen im Folgenden die Übereinstimmungen des Konzepts mit der Pluralismustheorie und dem Neokorporatismus herausgearbeitet werden.

Die Beziehungen zwischen Staat und Interessengruppen bilden den Forschungsgegenstand der policy-Netzwerkanalyse, wobei sie sich nicht hierauf beschränkt. Es werden auch Netzwerke aus ausschließlich privaten Akteuren, die sich am politischen Prozess beteiligen beziehungsweise staatsdominierte Netzwerke als policy-Netzwerke bezeichnet. Das Konzept kann insofern eine integrative Funktion bezüglich Pluralismus und Neokorporatismus einnehmen, da sowohl eine aktivere als auch eine passivere Rolle des Staats im Netzwerk möglich ist. Die unterschiedlichen Ausprägungen werden lediglich mit unterschiedlichen Netzwerk*marken* versehen. Hier gehen in der Literatur jedoch die Meinungen auseinander. So sehen Kenis und Schneider – ebenso wie Powell, im Gegensatz zu Van Waarden oder Jordan und Schubert – policy-Netzwerke ausschließlich als Governancestrukturen zwischen Markt und Hierarchie (vgl. Powell 1990; Kenis/Schneider 1991; Jordan/Schubert 1992; Jansen/Schubert 1995). Ein staatsdominiertes Netzwerk, ebenso wie ein ausschließlich privates, wäre dementsprechend kein policy-Netzwerk. Eine weitere Übereinstimmung zwischen Neokorporatismus, Pluralismus europäischer Prägung und policy-Netzwerkanalyse ist die Annahme von kollektiver Identität. Wie bereits dargestellt, sind die Tauschfunktion und der Aushandlungsprozess grundlegende Elemente eines policy-Netzwerks. Hier können große Ähnlichkeiten mit dem Neokorporatistischen Modell Gerhard Lehmbruchs als Konzertierungs- und Aushandlungsmodell festgestellt werden. Auch das Strukturmerkmal der Vernetzung verschiedener Akteure des politischen Prozesses, das sich in Lehmbruchs Modell findet, bildet eine Übereinstimmung mit der policy-Netzwerkanalyse.

7. FAZIT

Mehrere Wissenschaftszweige setzen große Hoffnungen auf die Netzwerkanalyse bezüglich ihrer Integrationsfunktion von Neokorporatismus und Klientelismus. Eine Kombination der Netzwerktheorie mit anderen Ansätzen zur Beschreibung staatlich-privater Beziehungen – wie Neokorporatismus und Pluralismus, aber auch Klientelismus und Elitetheorie – wären sicherlich von großem Nutzen für die Vergleichende Politikwissenschaft. Was Pluralismus, Neokorporatismus und Netzwerktheorie betrifft, so bestehen, wie unter Punkt 6. festgestellt wurde, einige Überschneidungen und Übereinstimmungen. Die Gefahr, zu sehr in das Schubladendenken *Netzwerkerfolg* und *Netzwerkversagen* zu verfallen und einige Netzwerkformen als wirtschaftlich erfolgreicher oder demokratieförderlicher als andere zu bezeichnen, ist bei einem solchen Unterfangen aber nicht zu unterschätzen. Des Weiteren fehlen dem Netzwerkkonzept bisher einige wichtige Aspekte, wie etwa der im Pluralismus enthaltene demokratietheoretische Aspekt. Diese könnten bei einer bloßen Subsumierung von Neokorporatismus und Pluralismus unter die policy-Netzwerkanalyse zwangsläufig verloren gehen.

Dieser Beitrag konnte nicht abschließend klären, wie sich das Verhältnis der drei Konzepte gestaltet. Festgestellt werden kann, dass einerseits die Netzwerkanalyse lohnenswerte Untersuchungsmethoden bereitstellt, die für alle drei Denkrichtungen nützlich sind, und dass sie den Typen übergreifenden Vergleich sowie eine Symbiose mehrerer Theoriestränge fördert. Andererseits stellt aber auch jedes der Konzepte für sich allein genommen eine lohnenswerte Sichtweise auf die Beziehungen zwischen Staat und Interessengruppen dar.

ELITEN IN DER VERGLEICHENDEN POLITIKWISSENSCHAFT

Florian Warweg

1. EINLEITUNG

Kaum ein Terminus ist in der deutschen Öffentlichkeit derzeit so präsent und diskutiert wie der der Eliten. Sei es die Diskussion um die Notwendigkeit von Eliteuniversitäten, das angebliche Versagen der politischen Eliten oder die Forderung, doch endlich wieder explizit elitäre Strukturen zu fördern. Mindestens ebenso vielstimmig wie die öffentliche Auseinandersetzung mit Eliten, gestaltet sich auch die wissenschaftliche Herangehensweise an das Thema. Im Kontext der Eliteforschung stößt man auf eine Fülle von Analysen, normativen Postulaten, methodischen Zugängen, Prognosen, begrifflichen Konstrukten und Definitionen. Anspruch dieses Kapitels ist es, einen ersten Überblick über die Eliteforschung in der Vergleichenden Politikwissenschaft zu geben.

In diesem Zusammenhang stellt sich die Frage, wieso man Eliten gerade als Forschungsgegenstand in der Vergleichenden Politikwissenschaft gewählt hat. Dafür lassen sich, zumindest der Argumentation der Vertreter des Eliteansatzes innerhalb der Vergleichenden Politikwissenschaft folgend, einige gewichtige Argumente finden. Als allgemeine und grundlegende Prämisse des Eliteansatzes lässt sich festhalten, dass sich alle politischen Systeme, unabhängig von ihrem Entwicklungsstand, in zwei Schichten einteilen lassen: eine, die herrscht und eine, die beherrscht wird (vgl. Mosca 1950: 53; Bill/Hardgrave 1973: 144; Putnam 1976: 39). Die Herrschenden werden als politische Elite bezeichnet und gelten als die relevante Gruppe jedes politischen Systems. Jene so genannte politische Elite ist diejenige Gruppe, die über das Höchstmaß an politischer Macht verfügt und die wichtigsten politischen Entscheidungen innerhalb der Gesellschaft trifft.[1]

Da die Existenz einer politischen Elite, laut Eliteansatz, allen politischen Systemen eigen ist – unabhängig von ihrer jeweiligen räumlichen, zeitlichen und kulturellen Verortung – ergibt sich daraus eine hervorragende Vergleichsgrundlage, sowohl auf nationaler wie transnationaler Ebene. Die unterschiedlich geartete Strukturierung von Eliten lässt sich wiederum zur Erklärung von Unterschieden in den jeweiligen politischen Systemen benutzen. Dem Eliteansatz zu Folge sind es die Unterschiede in Ausbildung und Handlungsweise der jeweiligen

---

[1] Zur ausführlichen Diskussion um die Elitedefinition siehe Abschnitt 3.2.

Elite, die auch die Unterschiede im Charakter der politischen Systeme bestimmen (vgl. Bill/Hardgrave 1973: 143ff.).

Der Eliteansatz in der Vergleichenden Politikwissenschaft bietet, dieser Argumentation folgend, sowohl eine Grundlage für komparative Analysen als auch eine Methode zur Erklärung der unterschiedlichen Charakteristika politischer Systeme. Er ist deshalb prädestiniert für die Anwendung in der Vergleichenden Politikwissenschaft.

Im Folgenden soll in einem ersten Schritt versucht werden, eine allgemeine Begriffsbestimmung von Elite vorzunehmen. Hierauf folgt eine Einführung in die Klassiker des Eliteansatzes. Aufbauend auf den Klassikern wird dann die Entwicklung der Eliteforschung seit Ende des Zweiten Weltkrieges bis hin zu den 90er-Jahren des 20. Jahrhunderts dargestellt, indem aus der angesprochenen Fülle der wissenschaftlichen Beiträge die einflussreichsten Vertreter und Studien hervorgehoben sowie die dominierenden theoretischen und methodischen Ansätze dargelegt werden.

2. ELITE – DIE UNMÖGLICHKEIT EINER EINHEITLICHEN BEGRIFFSBESTIMMUNG

Es erweist sich als ungleich einfacher, *Eliten* etymologisch zu bestimmen, denn den jeweiligen Inhalt des so unbestimmten Terminus zu erfassen, der den Eliten in den Sozialwissenschaften zugesprochen wird. Das aus dem Französischen übernommene Wort *élite* stammt von *élire* (auswählen) ab. Ursprünglich als Gütesiegel für Waren höchster Qualität vergeben, wurde dieser Begriff ab dem 18. Jahrhundert auf soziale Gruppen übertragen, die sich „durch hohe Qualifikationsmerkmale sowie eine besondere Leistungsfähigkeit und Leistungsbereitschaft auszeichnen und zudem die gesellschaftliche Entwicklung maßgeblich bestimmen" (Brockhaus – Die Enzyklopädie 1997: 312f.). Besagter französischer Terminus hat seine Wurzeln wiederum in dem lateinischen Wort *eligere* (auswählen). Oft zitiert wird in diesem Zusammenhang ein Ausspruch des Matthäus aus dem Evangelium: „Viele sind berufen, aber wenige sind auserwählt" (Multi vocati, pauci electi) (vgl. Röhrich 1991; Hornbostel 2004). Auch wenn der transzendentale Sinn, der dem Elitebegriff einst anhaftete mittlerweile verloren ging, so bleibt festzuhalten, dass dem Elitebegriff nicht nur eine politikwissenschaftlich-soziologische Bedeutung zukommt, sondern auch eine religiöse und philosophische.

Historisch gesehen ist der Begriff *Elite* interessanterweise eindeutig demokratischen Ursprungs. Er wurde vom aufstrebenden französischen Bürgertum im 18. Jahrhundert als eine Art Kampfbegriff gegen Adel und Klerus entwickelt, um individuelle Leistung anstatt familiärer Abstammung als entscheidende Zugangsberechtigung zu den gesellschaftlichen Spitzenpositionen einzufordern. Ein Jahrhundert später vollzog sich eine tief greifende Änderung in der Verwendung des Elitebegriffs. Beunruhigt durch das Phänomen der durch die Industrialisierung entstandenen proletarischen Masse, verwendete das Bürgertum den Terminus *Elite* nun als Gegenbegriff zur Masse. Jene Masse, die in den Augen der herrschenden Bourgeoisie die etablierte Ordnung durch politisch-revolutionäre Unruhen gefährdete.

Vor diesem Hintergrund entwickelten die klassischen Elitentheoretiker Gaetano Mosca, Vilfredo Pareto und Robert Michels im ausgehenden 19. und beginnenden 20. Jahrhundert ihre Theorien, deren Gegenüberstellung von Masse und Elite eine wichtige Grundlage für den aufkommenden Faschismus in Italien und Deutschland bilden sollten. Die von ihnen vertretene Überzeugung, dass an der Herrschaft einer kleinen Elite über die große Masse kein Weg vorbeiführe, wurde von den faschistischen Parteien als zentrale Begründung für ihr Führerprinzip benutzt (vgl. Hartmann 2004: 9f.).

Bedingt durch die historische Erfahrung des Nationalsozialismus und der damit einhergehenden Hypertrophie des Führerkults wurde, zumindest im deutschen Sprachraum, der Begriffsapparat der Eliteforschung mit nur schwer überwindbaren Konnotationen belastet. Ganz anders im angloamerikanischen Sprachraum, wo Begriffe wie *elites*, *decision-makers*, *power holders* oder *leaders*, wenn auch nicht unkritischer, so doch aber wertneutraler als Analysekonzepte verwendet werden (vgl. hierzu Herzog 1982: 2; Röhrich 1991: 13).

In der Alltagssprache bezeichnet Elite die Besten, also Personen, die sich aufgrund bestimmter Leistungen von der Mehrheit, der Masse, absetzen. In diesem Sinne könnte man von einer Elite der Sportkletterer, der Politologen oder einer Filmelite in Hollywood sprechen. Die grundsätzliche Anwendbarkeit des Elitebegriffs auf beinahe alle Bereiche des menschlichen Handelns offenbart die Willkür, mit der jener Terminus im alltäglichen Sprachgebrauch Anwendung findet. Doch immerhin weiß man in der Alltagssprache, auf was man sich bezieht, auf die **Spitzenleute**, die **Besten** (vgl. Jäggi 1960: 13).

In der modernen wissenschaftlichen Eliteforschung stehen sich nun eine Unzahl an Definitionen und Definitionskonzepten gegenüber, bei denen nicht klar wird, ob sie sich immer auf dasselbe Forschungsobjekt beziehen. Wie gegensätzlich und verworren die Vorstellungen sind, die sich mit dem Elitebegriff in der Politikwissenschaft und Soziologie[2] verbinden, mag man aus der folgenden Auflistung von Definitionsversuchen wichtiger Vertreter der Eliteforschung ersehen.

Einer der einflussreichsten Eliteforscher des 20. Jahrhunderts, Harold D. Lasswell, definierte politische Elite als „die Machthaber eines politischen Körpers und denjenigen gesellschaftlichen Gruppierungen, aus denen typischerweise die Führer hervorgehen und denen gegenüber Verantwortlichkeit bestehen bleibt" (vgl. Lasswell 1952: 13; eigene Übersetzung, F.W.). C. Wright Mills schreibt über eine *Power Elite*, Bezug nehmend auf jene „politischen, ökonomischen und militärischen Zirkel, welche an den Kommandostellen der strategisch wichtigsten Knotenpunkte stehen und deren Entscheidungen zumindest nationale Auswirkungen haben (vgl. Mills 1959: 18; eigene Übersetzung, F.W.). Einer der bekanntesten deutschen Eliteforscher der Nachkriegszeit war Otto Stammer. Er definierte Elite als „die mehr oder weniger geschlossenen sozialen und politischen Einflussgruppen, welche sich aus den breiten Schichten der Gesellschaft und ihren größeren und kleineren Gruppen auf dem Weg der Delegation oder der Konkurrenz herauslösen, um in der sozialen oder der politischen Organisation des Systems eine bestimmte Funktion zu übernehmen" (zit. n. Herzog 1982: 3). Robert D. Putnam wiederum, Autor des Lehrbuchs *The Comparative Study of Political Elites*, eines der umfassendsten Wegweiser zum Gesamtbereich der Eliteforschung, begrenzt seine Elitedefinition auf die Aussage: „Einige Menschen haben mehr Macht als andere, sie sind die politische Elite" (vgl. Putnam 1976: 5; eigene Übersetzung, F.W.).

Eine der weitgehendsten und explizitesten Elitedefinitionen findet sich in *Elites and Democratic Consolidation in Latin America and Southern Europe* von Burton u. a. Sie definieren Eliten als Personen, „die Kraft ihrer strategischen Positionen in mächtigen Organisationen in der Lage sind, politische Entscheidungen regelmäßig und substanziell zu beeinflussen. Eliten sind die prinzipiellen Entscheidungsträger in den größten und ressourcenreichsten politischen, ökonomischen, militärischen sowie in den Kommunikations- und kulturellen Organisationen" (Burton u. a. 1992: 8; eigene Übersetzung, F.W.).

Regelmäßig heißt in diesem Zusammenhang, dass andere Entscheidungsträger mit diesem Einfluss rechnen, auch wenn er nicht in jeder einzelnen Entscheidung geltend gemacht wird oder zum Erfolg führt. Die Regelmäßigkeit besteht folglich darin, dass der Einfluss einer Person als existent wahrgenommen und so auch bei jeder Entscheidung ins Kalkül gezogen

---

[2] Es erscheint sinnvoll, in diesem Zusammenhang darauf hinzuweisen, dass sich die Eliteforschung immer an der Grenzlinie zwischen Politikwissenschaft und Soziologie bewegt hat. Während aber die Anfänge der Eliteforschung von der Soziologie dominiert waren, so ist die Eliteforschung der letzten drei Jahrzehnte, zumindest in den USA und Deutschland, eindeutig von Politologen bestimmt worden.

wird. *Substanziell* meint, dass ohne diesen besagten Einfluss die gefällten Entscheidungen merklich anders strukturiert wären. Ergänzend zu ihren strategischen Positionen in mächtigen Organisationen, ist es vor allem jene Fähigkeit, politische Entscheidungen sowohl regelmäßig als auch wesentlich zu beeinflussen, die die Elite von anderen Sektoren der Gesellschaft unterscheidet. So kann beispielsweise ein politischer Attentäter Entscheidungen substanziell, aber eben nicht regelmäßig beeinflussen. Ein Wahlhelfer, der wiederholt an Stimmauszählungen teilnimmt und diese manipuliert, beeinflusst Entscheidungen zwar regelmäßig aber kaum substanziell (vgl. Burton u. a. 1992: 9f.).

Allerdings bezieht sich diese Elitedefinition vor allem auf solche in demokratischen Transitionsprozessen, was die Generalisierbarkeit bedeutend einschränkt. Damit wären wir bei einem zentralen Punkt des Definitionswirrwarrs angelangt. Der Versuch, aus den aufgelisteten Definitionsansätzen gemeinsame Bestimmungsmerkmale herauszufiltern, würde vermutlich zu recht unbefriedigenden Ergebnissen führen und eine wissenschaftlich kaum verwertbare Definition hervorbringen. So muss der Leser mit der nicht minder unbefriedigenden Lösung vorlieb nehmen, dass es **die** Definition von Eliten nicht gibt, denn wie bereits Harold D. Lasswell 1965 feststellen musste: „Mittlerweile gelangen die meisten wissenschaftlichen Beobachter zu der Überzeugung, dass jeder Versuch einer Einzeldefinition von Elite diesem Schüsselterminus nicht gerecht werden kann." (Vgl. Lasswell 1965: 4; eigene Übersetzung, F.W.)[3]

Doch auch wenn es keine umfassende Definition des Terminus *Elite* gibt, so existiert zumindest in der Politikwissenschaft und in den Sozialwissenschaften ein allgemein vorherrschendes Elitemodell: das der **Funktionseliten**. Diesem Modell zu Folge gibt es keine einzelne Elite mehr, die als auserwählte Minderheit der Masse gegenübersteht, sondern nur noch funktionale Sektor- und Teileliten. Zugang zu diesen Eliten, so der funktionale Eliteansatz, stehe prinzipiell allen offen, da die Besetzung der Elitepositionen im Idealfall nach sektorspezifischen Leistungskriterien erfolge. Jene Gruppen von Teileliten kann man in allen gesellschaftlichen Sektoren anhand der eigenen, speziellen Qualifikation identifizieren. Sie unterscheiden sich vom Rest der Bevölkerung durch die von ihnen eingenommenen Spitzenpositionen in den verschiedenen Bereichen, die sie in die Lage versetzen, die gesellschaftliche Entwicklung maßgeblich zu beeinflussen. Diese „funktional und positionell abgrenzbaren Führungsgruppen des politischen Systems" (Beyme 1974: 10) sind nach Meinung vieler Autoren unverzichtbar, da sie mittels ihrer Tätigkeit dieses System schlussendlich am Leben erhalten (siehe hierzu: Herzog 1982; Burton u. a. 1992). Zu ihnen zählt die funktionalistische Eliteforschung die Inhaber der jeweils höchsten Positionen aus Politik, Verwaltung, Wirtschaft, Justiz, Medien, Wissenschaft und Militär. Wenn es auch keinen wissenschaftlichen Konsens bei der Findung eines Elitebegriffs gibt, so wird zumindest diese Auflistung grundsätzlich von allen Elitetheoretikern, auch denen, die dem funktionalistischen Ansatz kritisch gegenüberstehen, wie etwa C. Wright Mills und Pierre Bourdieu, geteilt.

3. DIE KLASSIKER DER ELITETHEORIE

Die Grundlagen für den politischen Eliteansatz in der Vergleichenden Politikwissenschaft wurden, wie schon erwähnt, von drei politischen Soziologen geschaffen: Gaetano Mosca (1858-1941), Vilfredo Pareto (1848-1923) und Robert Michels (1876-1936). Ihre Analysen gelten noch heute als Meilensteine in der Eliteforschung und ihre theoretischen Konzepte beeinflussen auch noch 100 Jahre später die wissenschaftliche Debatte. Sie waren die ersten, die Eliten auf historisch-komparativer Basis untersuchten. Aufgrund der Schlüsselposition, die ihre Arbeiten in der Eliteforschung einnehmen, erscheint eine Vorstellung sowie Evaluie-

---

[3] Aufgrund dieser definitorischen Vielfältigkeit werde ich, soweit nötig, bei der Vorstellung der wichtigsten Vertreter der Eliteforschung deren individuelle Elitedefinition voranstellen.

rung ihrer jeweils wichtigsten theoretischen Arbeiten[4] sinnvoll, um so auch die Stärken und Schwächen des aktuellen Eliteansatzes abschätzen zu können.

3.1 Gaetano Mosca: Die Theorie der herrschenden Klasse

Gaetano Mosca kann mit seinem 1896 erstmals veröffentlichten Hauptwerk, *Elementi di Scienza Politica*[5], in dem er eine Theorie der politischen Klasse entwickelt, als Begründer der modernen Elitetheorie bezeichnet werden. Die Theorie wurde von ihm als ein Zwei-Klassen-Schema konzipiert und findet ihre Quintessenz in dem wohl meist zitierten Satz Moscas (s. Bill/Hardgrave 1973: 148; Putnam 1976: 3; Herzog 1982: 15; Hartmann 2004: 19): „Unter den beständigen Tatsachen und Tendenzen des Staatslebens liegt eine auf der Hand: In allen Gesellschaften[6], von den primitivsten im Aufgang der Zivilisation bis zu den vorgeschrittensten und mächtigsten, gibt es **zwei Klassen**, eine die **herrscht**, und eine, die **beherrscht wird**. Die erste ist immer die weniger zahlreiche, sie versieht alle politischen Funktionen, monopolisiert die Macht und genießt deren Vorteile, während die zweite, zahlreichere Klasse von der ersten befehligt und geleitet wird. Diese Leitung ist mehr oder weniger gesetzlich, mehr oder weniger willkürlich oder gewaltsam und dient dazu, den Herrschenden den Lebensunterhalt und die Mittel zur Staatsführung zu liefern." (Mosca 1950: 53)

Diese Art der Wechselbeziehung zeigt sich, so Mosca, im gesamten Verlauf der historischen menschlichen Entwicklung, weswegen er diesen Wechselbeziehungen den Rang von formalen Gesetzen einräumt. Für die Unabänderlichkeit des Fortbestehens dieser zwei Klassen nennt er drei hauptsächliche Ursachen:

1. Es ist Teil der menschlichen Natur, danach zu streben, alles was man erworben hat (Vermögen, Macht, Prestige etc.) an seine Nachkommen weiterzugeben. Mitglieder der Elite sind nun folgerichtig versucht, ihren Status und die damit verbundenen Privilegien an ihre Erben weiterzugeben. Zudem interessiert sich nur eine Minderheit der Gesamtbevölkerung für politische Entscheidungen und Prozesse. Sie benötigt deswegen jene Wenigen, die bereit sind, politische Führungsaufgaben zu übernehmen. So zementiert sich die Trennung der beiden Klassen, da einerseits die Elite darauf bedacht ist, ihren Status beizubehalten und gleichzeitig ein Großteil der Gesellschaft sich bereitwillig führen lässt, da sie gar kein Interesse an politischen Tätigkeiten hat.

2. Diesen Gedanken weiterführend argumentiert Mosca, dass die Herrschaft der Minderheit über die Mehrheit unausweichlich ist, da erstere organisiert doch letztere unorganisiert ist. Eine Minderheit ist schon deshalb besser organisiert, weil hundert Menschen leichter zu einer Konsensfindung gelangen als zehntausend.

3. Als beinahe logische Konsequenz verfügt die herrschende Minorität, Moscas Argumentationsstrang folgend, über mehr intellektuelles und materielles Kapital. Dies prädestiniert sie nun wieder zur Führung der Massen.

Allerdings sieht Mosca die Gründe für diese erwähnte geistige Überlegenheit der herrschenden Minderheit nicht in biologisch vererbten Eigenschaften, sondern in ihrer Erziehung, der intrafamiliären Weitergabe von Verhaltenskodexen und anderen Umgebungsdeterminanten.

Wenn nun aber die politische Klasse ihre Herrschaft nicht vererbbaren Eigenschaften verdankt, sondern so genannten *sozialen Kräften*, die ihre geistige wie materielle Überlegenheit gewährleisten, dann hieße das gleichzeitig, dass jede Veränderung bei besagten sozialen

---

[4] Eine knappe und präzise Zusammenfassung der Theorien der *Klassiker* findet sich bei Bottomore 1964, S. 49-61 sowie bei Bill/Hardgrave 1976, S. 148-158.

[5] Elementi di Scienza Politica erhielt in der englischen Übersetzung den Titel *Ruling Class* und in der deutschen *Die herrschende Klasse*.

[6] Moscas historische Vergleichsstudie umfasst asiatische, europäische, amerikanische und nordafrikanische Gesellschaften von der Antike bis zur Neuzeit (vgl. Bill/Hardgrave 1976: 150f.).

Kräften auch zu Veränderungen in der **Zusammensetzung der politischen Klasse** führe. Diese Veränderungen würden unweigerlich in einer Auseinandersetzung um die Herrschaft münden. Man könne deshalb die gesamte Geschichte „auf den Konflikt zwischen dem Bestreben der jeweils Herrschenden **nach Monopolisierung** und **Vererbung der politischen Macht** und dem Bestreben neuer Kräfte nach einer Änderung der Machtverhältnisse erklären" (ebd.: 64).

3.2 Vilfredo Pareto: Die Elitenzirkulation

Wie Mosca mit seinem Satz von den ewigen zwei Klassen, die herrschen beziehungsweise beherrscht werden, in die Geschichte der Eliteforschung einging, so tat dies Pareto mit seiner Metapher von der Geschichte als eines *Friedhofs von Eliten* (vgl. Pareto 1975: 261, § 2053). Er bezog sich damit auf den seiner Meinung nach stetig fortlaufenden historischen Prozess der oft gewalttätig verlaufenden Auswechselung einer Herrschaftselite durch eine andere. Diese Elitenzirkulation stellt für ihn ein **unabänderliches Grundgesetz** der Geschichte dar, dem sich keine Gesellschaft entziehen kann. Die Ausführungen Paretos mögen an Mosca erinnern und bauen sicherlich auf dessen Studie auf. Doch während bei ihm der Kreislauf der Eliten nur einen Teil seines Werks ausmacht, befasst sich Pareto in seiner Theorie beinahe ausschließlich mit dem Prozess der Elitenzirkulation. In diesem Kontext stellen sich ihm zwei prinzipielle Fragen:

1. Wie vollziehen sich die Zirkulationsvorgänge?
2. Was sind die Ursachen des stetigen Auf- und Abstiegs von Eliten?

Elite definiert Pareto betont wertfrei, als eine Klasse von Menschen, die aus denjenigen gebildet wird, die in ihrem jeweiligen Tätigkeitsbereich die höchsten Leistungen erbringen. Dies umfasst einflussreiche Persönlichkeiten wie Napoleon genauso wie begnadete Schachspieler oder geschickte Bankräuber (vgl. Pareto 1955: 220ff., § 2032-2038). Folglich kann auch eine soziale Klasse, die in sozioökonomischer oder kultureller Hinsicht kaum Bedeutung hat oder sogar aktiv unterdrückt wird, eine Führungsspitze hervorbringen, die ihrerseits eine Elite bildet, eine Art *Gegenelite* zur bereits etablierten.

In Paretos Theorie ist der eigentliche Motor historischer Dynamik der Kampf zwischen den Eliten der jeweiligen Klassen und nicht etwa zwischen den sozialen Klassen selbst. Zwar spielt sich die Auseinandersetzung um politische Macht im Namen von sozialen Klassen und deren Interessen ab, doch beschränkt sich dieser Kampf in der Realität auf die Führungsspitze, die Elite. Ideologien und Programmen kommt im Machtkampf eine wichtige Rolle zu, doch nur als Mittel der Propaganda und Legitimation. Die ursprüngliche dynamische Kraft ist das Interesse der jeweils dominierenden Elite an der Aufrechterhaltung ihrer Machtposition und das schlussendlich gleichartige Interesse der Gegenelite an der Eroberung derselbigen. Es kommt zur Zirkulation, sobald die Gegenelite mehr Aktivität, Zielstrebigkeit und gegebenenfalls auch mehr Gewalt aufbringen kann, als die vorher herrschende Elite, die ihre Fähigkeit zur Machtausübung verliert.

3.3 Robert Michels: Das eherne Gesetz der Oligarchie

Der dritte Klassiker der Elitetheorie, Robert Michels, hatte im Gegensatz zu Mosca und Pareto einen weniger universellen Anspruch an seine Theorie. Während Mosca und Pareto, wie schon aus den Titeln ihrer Hauptwerke deutlich wird, allgemeine Grundlagen für die Politikwissenschaft beziehungsweise Soziologie legen wollten, beschränkte sich Michels auf die Analyse moderner Parteien und der Möglichkeit von innerparteilicher Demokratie. Hierbei konzentrierte er sich auf die Untersuchung der deutschen Sozialdemokratie, da diese die Bekämpfung der Oligarchie als eine ihrer Prioritäten ansähe und Anzeichen für oligarchische Tendenzen innerhalb der Sozialdemokratie ein starker Beleg für seine These von der Immanenz oligarchischer Züge in „jeder menschlichen Zweckorganisation" (Michels 1989: 12) wären. Er wird seine These von dem ehernen Gesetz der Oligarchie auch in der SPD bestätigt finden.

Michels nennt drei Schlüsselfaktoren, die zu einer zwangsläufigen **Oligarchisierung von menschlichen Zweckgemeinschaften** führen. Er fasst sie in einer *Ätiologie[7] des Führertums* zusammen:

1. **Technisch-administrative Ursachen:** Er sieht eine dem Ideal der Demokratie entsprechende *direkte Selbstverwaltung* aufgrund der Anzahl der zu Beteiligenden als technisch nicht realisierbar an. Zur Handlungsfähigkeit benötige man Delegierte und eine Führung. Doch eine Kontrolle jener Führung sei aufgrund der Größe der Organisation auf Dauer nicht sicherzustellen. Durch die so geschaffene interne Differenzierung entwickle sich *ein festes Führertum* und dies bedeute schlussendlich berufliche Führer. Dies allerdings, so Michels, sei der „Anfang vom Ende der Demokratie" (vgl. ebd.: 36f.).

2. **Psychologische Ursachen:** Hier ist aus der Sicht Michels entscheidend, dass die breite Masse ein *Führungsbedürfnis* habe, da sie selbst nicht gewillt ist, sich mit den anstehenden Problemen auseinander zu setzen. Diese Unfähigkeit zur Eigeninitiative sei zudem noch oft verbunden mit einem so genannten *Heroenkult*. Die Masse bringe so dem jeweiligen Führer nicht nur Dankbarkeit für die übernommene Aufgabe, sondern auch Verehrung entgegen (vgl. ebd.: 55f.).

3. **Intellektuelle Ursachen:** Bedingt durch die praktischen Erfahrungen in der Parteiarbeit (besonders ausgeprägt zeige sich dies in der parlamentarischen Tätigkeit) entwickle sich in Bezug auf die notwendige Sachkenntnis eine immer größere Kluft zwischen Führung und Masse. Michels kommt so zu dem recht zynischen Schluss, dass die „Inkompetenz der Masse", die „festeste Verankerung der Führungsgewalt" sei (vgl. ebd.: 81).

Die Analyse der Sozialdemokratie führt Michels zu dem Resümee, das auch schon Mosca und Pareto gezogen hatten: „Das Führertum ist eine notwendige Erscheinung jeder Form gesellschaftlichen Lebens." (Ebd.: 383)

3.4 Evaluierung der Klassiker

Anstatt das politische System anhand formaler Strukturen zu untersuchen, versuchten die Klassiker erstmals systematisch zu analysieren, wer die relevanten Entscheidungen in einem politischen System trifft, wie und weshalb sie getroffen werden. Die Antwort auf ihre Fragen fanden sie in der Existenz einer *politischen Elite*. Durch weiteres Hinterfragen von Natur, Funktion, Machterhaltungsstrategien etc. jener Elite, entwickelten sie einen allgemeinen Ansatz zur vergleichenden Analyse von politischen Systemen: den **Eliteansatz.**

Trotz ideologischer Nähe zum italienischen Faschismus, hält ihr Einfluss auf die gesamte Eliteforschung und -diskussion bis heute an. Paretos abstrakter Elitebegriff ist als Vorläufer jener funktionalistischen Elitetheorien zu verstehen, die seit den 50er-Jahren die Debatte über die Eliten bestimmen. Michels *ehernes Gesetz der Oligarchie* inspirierte zahlreiche Eliteforscher zur Analyse aktueller Führungsstrukturen in den Parteien. Doch auch die Parteien selbst ließen sich teilweise von Michels inspirieren. Man denke nur an die Versuche von B'90/Die Grünen, durch Rotationsprinzip und Trennung von Amt und Mandat Oligarchisierungstendenzen zu verhindern.

---

[7] Ätiologie, ein aus der Medizin entlehnter Begriff heißt, soviel wie Krankheitsursache bzw. die Faktoren, die zu einer bestimmten Krankheit geführt haben – im Falle von Paretos *Ätiologie des Führertums* also die Faktoren, die zu einer zwangsläufigen Oligarchisierung führen.

Allgemein ist festzuhalten, dass der ungebrochene Einfluss der *Klassiker* auch darauf zurückzuführen ist, dass es zwar seit Ende des Zweiten Weltkriegs zu einer Fülle von Beiträgen zur Eliteforschung kam, allerdings konzentrierten sich diese in ihrer Mehrheit auf empirische Untersuchungen. Der von Mosca, Pareto und Michels gelegte Grundstein einer allgemeinen Elitetheorie wurde kaum weiter verfolgt, sodass der Eliteansatz seit diesen drei Klassikern um viele empirische Studien reicher wurde – allerdings zu Lasten einer theoretischen Weiterentwicklung.[8]

Als größtes Manko des von Mosca, Pareto und Michels formulierten Eliteansatzes sind sicherlich die begrifflichen und konzeptionellen Unklarheiten zu nennen. Schlüsseltermini wie beispielsweise *Macht*, *Einfluss* und *Status* werden zwar von allen Dreien angewandt, allerdings niemals genau definiert. Dieses konzeptionelle Defizit konnte aber auch von nachfolgenden Eliteforschern nicht überwunden werden und dauert bis zum heutigen Tag an. Vor allem Moscas und Paretos Arbeiten leiden zudem unter terminologischen Unklarheiten. So benutzt beispielsweise Mosca zur Beschreibung ein und desselben Phänomens mal den Terminus *politische Klasse*, dann wieder *herrschende Klasse* oder auch *Aristokratie*.

4. MODERNE ELITEFORSCHUNG UND -THEORIE

Die politikwissenschaftliche Verarbeitung und Auseinandersetzung mit dem Zweiten Weltkrieg, die ihm folgende Bipolarität, die Demokratisierungsprozesse in Deutschland, Japan und Italien sowie die Entwicklung einer sich immer mehr ausdifferenzierenden Industriegesellschaft führte zu einer Blüte der Eliteforschung. Harold D. Lasswell initiierte eine groß angelegt Vergleichsstudie über die Rollen von Eliten in Krisensituationen. Suzanne Keller unternahm den ersten und bis heute umfassendsten Versuch, die Stellung und Funktion von modernen Eliten zu klären. C. Wright Mills verortet in seinem Buch *The Power Elite* eine die USA beherrschende oligarchische Machtelite, bestehend aus den obersten Vertretern von Politik, Militär und Wirtschaft, das so genannte Machtdreieck. Floyd Hunter und Robert Dahl untersuchen in ihren Werken *Community Power Structure* und *Who Governs?* die Machtstrukturen und Eliten auf lokal-kommunaler Ebene und initiierten so einen neuen Forschungszweig der Eliteforschung: die **Community-Power-Forschung**.

4.1 Die Eliteforschung in den 1950er- und 1960er-Jahren

In Deutschland macht sich vor allem die Tübinger Gruppe um Ralf Dahrendorf durch die Untersuchungen und Vergleiche von Eliten in der Weimarer Republik, der Zeit des Nationalsozialismus und im Nachkriegsdeutschland einen Namen. Exemplarisch sollen im Folgenden die vergleichende Elitestudie unter Leitung von Lasswell in den 50ern sowie das Werk von Suzanne Keller als Beispiel für die Eliteforschung der 60er-Jahre genauer vorgestellt werden.

Wenn man Mosca, Pareto und Michels als Pioniere der Elitetheorie bezeichnet, so dürfte Harold D. Lasswell als Pionier der **US-amerikanischen Eliteforschung** sowie als Begründer des funktionalistischen Eliteansatzes gelten. Lasswell initiierte nach Ende des Zweiten Weltkriegs das so genannte Forschungsprojekt *RADIR* (Revolution and the Developement of International Relations) am Hoover Institut der Stanford University, welches sich zur Aufgabe machte, durch eine Reihe von vergleichenden Länderstudien die Haupttrends des sozialen Wandels der letzten fünfzig Jahre zu untersuchen. Die Elitestudien umfassten einen Zeitraum von 60 Jahren (1890 bis 1950). Sie hatten ihren Fokus auf sozial-kulturellen Leitideen wie Symbole, Wertvorstellungen und gesellschaftlichen Regeln, um so ein Kriterium zu schaffen,

---

[8] Ausführlich mit dem Theoriedefizit in der Eliteforschung befassen sich: Burton, Micheal G./Higley, John (1987): Invitation to Elite Theory. The Basic Contention Reconsidered. In: Domhoff, William G./Dye, Thomas R. (Hrsg.) (1987): Power Elites and Organizations. Newsbury Park, S. 219-238.

welche Leitideen in bestimmten Gesellschaften dominierend auftreten. Art und Weise der Eliteselektion, die Tiefen- und Breitengliederung der Auslese sowie die tatsächliche Ausübung der Kontroll- und Entscheidungsfunktionen werden als entscheidend für die gesellschaftliche Struktur angesehen. Das Projekt stellte drei Fragen in den Vordergrund:

1. Welcher Elitewechsel hat stattgefunden?
2. Welche Faktoren erklären diesen Wechsel?
3. Wie wirkt sich der Elitewechsel auf die Gesellschaftsstruktur aus?

Pionierarbeit leistete die RADIR-Studie unter Leitung von Lasswell in zweierlei Hinsicht. Zum einen wurde die Agenda der Eliteforschung, wie sie von den Klassikern vorgegeben wurde, um mehrere Forschungsprobleme ergänzt. Genannt seien hier nur die wichtigsten wie die Frage nach der Flexibilität von Führungsgruppen in gesellschaftlichen Krisen, die Auswirkungen von Positionsverschränkungen, die Frage der Verantwortlichkeit und Kontrolle von politischen Eliten sowie die Funktion von ideologischen Werten und Zielperspektiven von Eliten. Zum anderen wurde erstmals der historische Wandel von Strukturen politischer Eliten mit den strukturellen Veränderungen und spezifischen Krisen in modernen Gesellschaften in Zusammenhang gebracht. Grundlegende Veränderungen in der Ökonomie, Technologie und im Wertesystem bedeuten fundamentale Krisen, zu deren Bewältigungen jeweils neue Führungsgruppen mit neuen Fähigkeiten **funktional** notwendig werden. Elitetransformation erklärt die RADIR-Studie vor allem aus den Funktionsbedürfnissen von soziopolitischen Systemen in spezifischen Krisensituationen heraus (vgl. Lasswell/Lerner 1952: 18f.). Elitetransformation und gesellschaftlicher Wandel werden als interdependent verstanden. Erstere kann, so Lasswell, sowohl als abhängige als auch unabhängige Variable den historischen Prozess beeinflussen. Diese Konzeption hat beispielsweise auch die aus dem RADIR-Projekt entstandene Vorstellung bestimmt, mittels einer durch die Besatzungsmächte gelenkten Elitetransformation die Voraussetzungen für eine demokratische Erneuerung Deutschlands zu schaffen (s. hierzu: Herzog 1982: 21).

Suzanne Keller definiert Eliten in ihrem bekanntesten Buch *Beyond the Ruling Class* als diejenige Minderheit, die sich verantwortlich zeichnet für die effektive Verwirklichung von wesentlichen sozialen Zielen sowie der Beibehaltung der sozialen Ordnung. Sie seien daher die tragende Kraft der Gesellschaft. In Folge einer zunehmenden Differenzierung der modernen Industriegesellschaft erweitere sich auch die Anzahl an Eliten. Diese könne man kaum noch mit den klassischen Konzepten wie *herrschende Klasse* oder *Aristokratie* analytisch fassen, da an die Stelle einer einzigen hierarchischen Pyramide mit einer monolithischen Elite nun eine Vielzahl von parallelen Pyramiden und folglich auch Eliten getreten sei.

Aus dieser Erkenntnis heraus zieht sie die konzeptionelle Konsequenz und führt die *strategischen Eliten* als zentralen Terminus ein. Mit dem Übergang von einer herrschenden Klasse, wie sie noch Mosca beschworen hatte, hin zu den funktionalistisch geprägten strategischen Eliten, gehe, so Keller, auch eine fundamentale Änderung der Elite-Charakteristika einher. Strategische Eliten seien aufgrund ihrer funktionalen Spezialisierung stets kleiner, kurzlebiger, begrenzter in ihrer Autorität und offener, da der Zugang auf fachlicher Qualifikation und individueller Anstrengung beruhe, statt auf Reichtum und Geburt (vgl. Keller 1968: 57f.). Sie unterteilt die strategischen Eliten in vier Grundtypen:

1. Ein Elitetypus, der die Entscheidung fällt, welche gesamtgesellschaftlichen Ziele mit welchen Mitteln, wann und wo erreicht werden sollen: die politische Elite.
2. Ein Elitetypus, der für die Bereitstellung der erforderlichen Mittel zuständig ist: die wirtschaftliche, militärische, diplomatische und wissenschaftliche Elite.
3. Ein Elitetypus, der verantwortlich für die Formulierung von moralischen Standards ist: Klerus, Philosophen, Lehrkräfte.

4. Ein Elitetypus, der für die Aufrechterhaltung der Alltagsmoral der einzelnen Bürger verantwortlich ist: die Elite der Künstler, Schriftsteller, Entertainer, Filmstars, Sportler.

Die beiden erstgenannten Elitetypen werden als **externe Elite** und die anderen als **interne Elite** bezeichnet. Der bedeutendste Unterschied zwischen beiden Gruppen liege in der Beurteilungsgrundlage der Öffentlichkeit für die von ihnen erbrachten Leistungen. Während die externe Elite an ihren real erbrachten Leistungen gemessen wird, wie zum Beispiel der Senkung der Arbeitslosigkeit, um ein aktuell deutsches Beispiel zu nennen, werden die indirekten Eliten anhand von weniger greifbaren Erfolgen, wie z. B. allgemeine Zufriedenheit, gemessen. Der Maßstab ist folglich im ersten Fall die Effizienz und im zweiten der bloße Eindruck, den die Elitegruppe in der Öffentlichkeit hinterlässt (vgl. ebd.: 96f.). Da der Zugang zu beiden Elitearten in ausdifferenzierten Industriegesellschaften nicht vererbt wird, sondern durch die Einzelleistungen von Individuen erworben wird, werde, so Keller in ihrem Schlusskapitel, die Herausbildung einer einzelnen dominanten Elitegruppe langfristig unmöglich gemacht (vgl. ebd.: 262).

4.2 Die Eliteforschung in den 1970er- und 1980er-Jahren

Das theoretische Niveau der ersten beiden Nachkriegsjahrzehnte sollte danach nicht wieder erreicht werden. Es dominierten in der Regel rein empirisch verankerte Vergleichsstudien zu pluralistischen Funktionseliten, deren Sozialstruktur, Konsensfindung, Ausbildung und Reproduktion. Vertiefend soll in diesem Abschnitt auf das Werk von Robert D. Putnam *The Comparative Study of Political Elites* sowie auf Pierre Bourdieus Arbeiten zur Reproduktion und Habitus von Eliten wie *Noblesse d'État* und *La distinction. Critique sociale du jugement* eingegangen werden.

Robert D. Putnam hatte seinen Forschungsfokus in den 70er-Jahren auf die Repräsentativität von politischen Eliten in sozialstruktureller Hinsicht gelegt. Die Ergebnisse seiner internationalen Vergleichsstudien, in denen er die sozialen Hintergründe von Eliten in Bezug auf die Gesamtbevölkerung untersuchte, führten ihn zur Formulierung des von ihm so genannten *Gesetzes der zunehmenden Disproportionalität*. Dieses *Gesetz* besagt in seiner Kernaussage, dass je höher die eingenommene politische Position in Herrschaftsorganisationen, desto höher ist auch der Anteil von statushohen sozialen Gruppen in diesen Positionen und desto geringer fällt der Anteil von Angehörigen unterprivilegierter Bevölkerungsgruppen aus (vgl. Putnam 1976: 33f.). Er vertritt die Ansicht, dass dieses *Gesetz* Anwendung in allen Gesellschaften findet, ergo in den westlichen Demokratien genauso wie in der (damals noch existenten) Zweiten und Dritten Welt. Untersucht wurden die Eliten anhand von Variablen wie *akademischer Ausbildung*, *Ethnizität*, *Geschlecht* sowie dem *soziofamiliären* und *geografischen Hintergrund*.

Putnam kommt in seiner Studie zu dem Ergebnis, dass es eine weitgehende Übereinstimmung von soziostrukturellen Merkmalen zwischen den Eliten in den verschiedenen Gesellschaften gibt. Er fasst diese gemeinsamen sozialen Merkmale in drei Hauptaspekten zusammen:

1. **Geschlechteraspekt**: Die Untersuchungen zeigen auf, dass die Unterrepräsentation von Frauen in politischen Elitepositionen, mit Ausnahme der skandinavischen Länder, in allen Gesellschaften ungefähr gleichgroß ausfällt. Ihr Anteil in den nationalen Legislativen beträgt um die 5 %, im US-Repräsentantenhaus ebenso wie im Zentralkomitee der KPDSU. Putnam spricht, in Anlehnung an Michels, von dem ehernen Gesetz des Patriarchats (ebd.: 34).

2. **Bildungsaspekt**: Der Universitätsabschluss als *Königsweg* zur politischen Spitzenklasse findet sich in Putnams Studie für alle Gesellschaften bestätigt. Von den *Top 88* der politischen Führer Mexikos hatten beispielsweise vier Fünftel einen Universitäts-

abschluss, im Verhältnis zu 0,9 % der Gesamtbevölkerung. Dies bedeutet eine statistische Überrepräsentation von Faktor 100 und mehr. Im Falle von Italien und der BRD betrug der Faktor zur Zeit der Untersuchung immerhin noch 70 (ebd.: 27).

3. **Soziofamiliärer Aspekt**: Putnam weist nach, dass in den meisten Gesellschaften schon qua Geburt die Zugehörigkeit zur Elite bestimmt wird. Als ein Beispiel zieht er die USA heran, die im Vergleich zu allen anderen westlichen Demokratien die geringste soziale Mobilität innerhalb der politischen Elite aufweist. Erklärt wird dies mit der Tatsache, dass es im Gegensatz zu den meisten anderen Ländern nie eine genuin an der Arbeiterklasse orientierte Partei gab, die als Sprungbrett für Personen mit geringerem sozialen Status hätte dienen können (ebd.: 38).

Diesseits des Atlantiks prägte vor allem Pierre Bourdieu mit seinen Studien zu Reproduktion und Habitus[9] von Eliten die Eliteforschung in ganz Europa. In einem Interview anlässlich der Erstauflage von *La Noblesse d'État* nannte Bourdieu als Hauptgrund für das Verfassen seiner Studien, dass man *die herrschenden Eliten* nicht untersuchen könne „ohne die Bedingungen zu erhellen, unter denen sie sich reproduzieren" (zitiert nach Hartmann 2004: 86).

Sein Hauptaugenmerk liegt auf der **Reproduktion** sozialer Macht, der damit verbundenen (ungleichen) Kapitalverteilung sowie dem daraus resultierenden **Habitus**. Für Bourdieu umfasst der Kapitalbegriff nicht nur das ökonomische, sondern auch das kulturelle, soziale und symbolische Kapital.

- **Kulturelles Kapital** manifestiert sich zum einen in der inkorporierten Form von außeruniversitärer Bildung, über die ein Individuum verfügt und die ihre Basis in der familiären Primärsozialisation hat und zum anderen in institutionalisierter Form, im Sinne von offiziellen Bildungstiteln.

- **Soziales Kapital** besteht nach Bourdieu aus etablierten Netzwerken von mehr oder weniger institutionalisierten Beziehungen des gegenseitigen Kennens und Anerkennens, über die ein Individuum verfügt und welche entscheidende Faktoren für den Zugang zu Elitepositionen darstellen. Dies macht zugleich auch die Reproduktionsmechanismen deutlich, denn das Knüpfen von Netzwerken, die Zugang zu Elitepositionen verschaffen, kann nur geschehen, wenn bereits Zugang zu elitären Kreisen gegeben ist.

- **Symbolisches Kapital** definiert sich durch das Renommee, welches man aufgrund der vorher genannten Kapitalarten genießt.

Bedingt durch die ungleiche Verteilung all dieser Kapitalarten ergibt sich, so Bourdieu, eine Struktur sozialer Ungleichheit. Abhängig von dem zur Verfügung stehenden Kapitalvolumen, unterscheidet Bourdieu drei große Klassen: die herrschende Klasse, die Mittelklasse sowie die untere Klasse. Jede dieser Klassen entwickle einen eigenen, klassenspezifischen Habitus (vgl. Bourdieu 1982: 668). Unter Habitus versteht Bourdieu das auf der **inneren Tiefenstruktur** (die Art zu denken und zu fühlen) basierende, äußerlich wahrnehmbare Verhalten und Handeln eines Menschen. Wer in einer Arbeiterfamilie aufwächst, wird beispielsweise in aller Regel über andere kulturelle Kompetenzen, Geschmäcker und Lebensstile verfügen, als derjenige dessen Vater Staatssekretär ist.

Für Bourdieu wird mittels des **klassenspezifischen Habitus** der Elite eine Unterscheidung zu anderen Klassen geschaffen, die als unbewusst wirkender Mechanismus die Rekrutierung und somit Reproduktion von Eliten bestimmt. Die besonders hohe Ausstattung mit ökonomischem, kulturellem, sozialem und symbolischem Kapital formt den speziellen Habitus der Elitemitglieder und erlaubt es ihnen im Umkehrschluss, dank dieses Habitus, die vorhandenen

---

[9] Eine kompakte und inhaltlich gute Zusammenfassung zum Habitusbegriff von Bourdieu findet man bei Krais/Gebauer 2002.

Kapitalressourcen besonders effizient zu nutzen. Ihren Kindern vermitteln (und vererben) sie wiederum neben den verschiedenen Kapitalgütern auch den entsprechenden Habitus. Jener Habitus, der Voraussetzung dafür ist, wieder Elitepositionen in der Gesellschaft einzunehmen. Bourdieu widerspricht folglich den Vertretern des funktionalistischen Eliteansatzes und deren Postulat von der mittels Leistungsprinzip gewährleisteten sozialen Offenheit hinsichtlich des Zugangs zu Elitepositionen.

4.3 Die neueren Entwicklungen in der Eliteforschung: Die 1990er-Jahre

Der Zusammenbruch des so genannten Ostblocks und die ihm folgende demokratische Transition sowie die Konsolidierung von demokratischen Strukturen im lateinamerikanischen Subkontinent, führten in den 90er-Jahren zu einem neuen *Boom* an vergleichenden Länderstudien und wissenschaftlichen Aufsätzen, die die Rolle von Eliten im Demokratisierungsprozess untersuchten. Hervorzuheben wären aus dieser Fülle an Beiträgen vier Werke: Michael Burton, Richard Gunther und John Higley vergleichen in *Elites and Democratic Consolidation in Latin America and Southern Europe* neun lateinamerikanische sowie drei südeuropäische Länder und analysieren die Rolle der jeweiligen Eliten im Demokratisierungsprozess. Aufbauend auf den Ergebnissen dieser und vorangeganger Studien, entwickelten sie eine Elitentypologie sowie ein neues Konzept zur Elitentransformation, welche mittlerweile als feste Bestandteile der Eliteforschung anzusehen sind.

Ruth Berins Collier geht mittels eines komparativen Ansatzes in *Paths Toward Democracy* der Frage nach, ob der Schlüssel zur Demokratisierung in Lateinamerika (und in Westeuropa) in den Händen von Eliten oder der Arbeiterbewegung zu suchen ist. In ihrer Analyse nimmt sie dabei bewusst Distanz zu Burton/Gunther/Higley und deren Postulat, dass die Eliten den entscheidenden Faktor bei Demokratisierungsprozessen darstellen. Collier gelangt in ihrer Untersuchung zu der Ansicht, dass als einer der Schlüsselakteure in diesem Kontext eindeutig die Gewerkschaftsbewegung und damit die Arbeiterbewegung zu identifizieren ist.

Eine der umfassendsten Bestandsaufnahmen und Analysen von postsozialistischen Eliten in Mittel- und Osteuropa, findet sich in *The Second Generation of Democratic Elites in Central an Eastern Europe*, herausgegeben von Janina Zagórska-Frentzel und Jacek Wasilewski. Die Beiträge in diesem Band wurden verfasst von den bekanntesten Vertretern der osteuropäischen Eliteforschung wie Anton Stehen, John Higley, Wlodzimierz Wesolowski, Jacek Wasilewski und Gabriella Ilonszki.

Die erste und bisher einzige gesamtdeutsche Elitestudie wurde von Bürklin/Rebenstorf u. a. 1995 initiiert. Bekannt geworden unter dem Namen *Potsdamer Elitestudie* verglich diese zum ersten Mal ost- und westdeutsche Eliten mit besonderem Forschungsschwerpunkt auf demokratischen Grundeinstellungen sowie Rekrutierungsmustern. Diese Studie baute auf den *Mannheimer Elitestudien* auf, die bis 1990 in unregelmäßigen Abständen die westdeutschen Eliten untersucht hatten.

Aufgrund des nachhaltigen theoretischen Inputs, welcher nach Burton, Gunther und Higley von der aktuellen sozialwissenschaftlichen Eliteforschung ausging, wird im Folgenden detaillierter eingegangen. Burton u. a. stützen ihre Untersuchungen auf eine Elitedefinition, die bereits im Abschnitt 3.2 vorgestellt wurde. Von dieser Definition ausgehend entwickeln sie eine Typologie von nationalen Eliten, welche versucht, Eliten in verschiedenen Regimen zu erfassen. Sie betonen dabei die Relevanz von zwei parallelen Dimensionen in der Struktur und Funktion von Eliten: den Grad an **struktureller Integration** sowie den Grad an **Wertekonsens** innerhalb der jeweiligen nationalen Eliten (vgl. Burton u. a. 1992: 10f.). Strukturelle Integration beinhaltet die eher interaktiv geartete, relative Intensität von formellen wie informellen Kanälen und Netzwerken zwischen den Elitemitgliedern und Elitegruppen, die ihnen sichern Zugang zu zentralen Entscheidungszentren ermöglicht. Eher normativ beschaffen ist die zweite Dimension, der Grad an Wertekonsens. Dies bezieht sich auf das Ausmaß an gemeinsam geteilten Werten, formellen wie informellen Regeln und Grundhaltungen sowie der Anerkennung von politischen Institutionen. Mittels dieser zwei Dimensionen entwickeln sie drei idealtypische Elitetypen:

1. **Die Konsenselite** (*consensually unified elite*): Im Falle der Konsenselite sind die strukturelle Integration und der Wertekonsens weit entwickelt, was ihr erlaubt, unter der Maßgabe gewisser Regeln, Rivalitäten und Streitigkeiten frei auszutragen. Diese Regeln sind bekannt und werden eingehalten. Der inhaltliche Ausgang der Auseinandersetzung ist immer offen. Durch die Dichte der Netzwerke und Kommunikationsstrukturen werden alle Elitegruppen miteinbezogen, sodass keine einzelne Elitegruppe diese Netzwerke dominieren kann. Auch wenn es regelmäßig zu öffentlichen Auseinandersetzungen um ideologische und politische Fragen kommen kann, so teilen doch die wichtigsten Elitegruppen einen gemeinsamen Konsens bezüglich der politischen Spielregeln sowie den Wert der existierenden politischen Institutionen. Diese Aspekte der Konsenselite verleihen den von ihnen gelenkten Regimen Stabilität und geben ihnen, zumindest nominell, demokratischen Charakter. Als Beispiele werden die anglo-amerikanischen sowie die skandinavischen Demokratien aufgeführt (vgl. ebd.: 11f.).

2. **Die uneinige Elite** (*disunified elite*): Im Gegensatz zur Konsenselite ist der Wertekonsens als auch die strukturelle Integration bei den uneinigen Eliten nur minimal ausgeprägt. Konflikte werden oft gewaltsam ausgetragen und finden ohne Kommunikation zwischen den verfeindeten Elitegruppen statt. Folglich ist eine Einigung auf Regeln des politischen Umgangs und der gemeinsamen Entscheidungsfindung nicht möglich. Dies vor allem auch deshalb nicht, da höchst unterschiedliche Wertschätzungen gegenüber den bestehenden politischen Institutionen existieren. Die jeweils sich an der Macht befindliche Elitegruppe wird, bedingt durch fehlende partizipative Netzwerke, nur als Vertreter ihrer jeweiligen Eigeninteressen wahrgenommen. Folgerichtig haben die anderen Elitegruppen ein Interesse daran, das jeweilige, von der dominierenden Elite gelenkte Regime, zu Fall zu bringen, um so ihre eigenen Interessen zu verteidigen. All die genannten Aspekte führen dazu, dass Regime in Ländern mit *disunified elites* grundsätzlich instabil sind, ungeachtet dessen, ob es sich um autoritäre oder formal demokratische Regime handelt. Als Beispiel wird auf die lateinamerikanischen Eliten im 19. Jahrhundert sowie auf die bis in die 80er-Jahre des 20. Jahrhunderts verwiesen, als auch auf einen Großteil der Eliten in Afrika und dem Nahen und Mittleren Osten (vgl. ebd.: 10-12).

3. **Die ideologisch geeinte Elite** (*ideologically unified elite*): Wie schon der Name verrät, handelt es sich hierbei um einen Elitetypus, bei dem sich alle Elitegruppen einer dominanten Ideologie unterwerfen. Die strukturelle Integration sowie der Wertekonsens haben in diesem Elitetypus *monolithische* Ausprägung. Kommunikationsstrukturen und Netzwerke beziehen alle Elitegruppen mit ein, werden allerdings von einer zentralen dominanten Elitegruppe gesteuert und vermittelt. Bedingt durch die hegemoniale Position der zentralen Elitegruppe, können politische Uneinigkeiten innerhalb der Eliten schnell unterbunden werden. Das Regime kann insoweit als stabil gelten, als dass die Existenz einer dominanten und zentralen Elitegruppe die irreguläre Machtergreifung durch andere Elitegruppen verhindert. Politische Institutionen können formell demokratischen Charakter haben, jedoch nicht prozedural. Es handelt sich um den Typus von Eliten totalitärer und autoritärer Regime. Genannt werden in diesem Zusammenhang Nordkorea unter Kim II Sung, Kuba unter Castro sowie die osteuropäischen Staaten von 1949-1989 (vgl. ebd.: 11-12).

Neben dem Ansatz, Eliten theoretisch zu typologisieren, unternehmen Burton u. a. den Versuch, Ausmaß und Stärke des Elitewandels theoretisch zu erfassen. Dazu führen sie ein neues Transitionskonzept ein: *elite settlement* und *elite convergence*. Dieses Konzept bleibt eng gekoppelt an die von ihnen vorgenommene Elitentypologisierung und konzentriert sich hauptsächlich auf die Transition von einer *disunified* zu einer *consensually unified* Elite. Grundlage für jenes Transitionskonzept ist, ähnlich wie bei Mosca und Pareto, eine breit angelegte historische Vergleichsstudie, die die letzten vier Jahrhunderte umfasst.

Elite settlement lässt sich als Eliteübereinkunft umschreiben und entsteht, wenn sich bekriegende Elitegruppen nach einer langen Periode von gewaltsamen Auseinandersetzungen zu einer Kompromisslösung in Bezug auf ihre grundsätzlichen Meinungsverschiedenheiten bereit erklären, da sie sonst Gefahr liefen, ihre Eliteposition gänzlich zu verlieren. Diese Eliteübereinkunft ebnet dann den Weg zu einem offenen und friedlichen Wettbewerb, der die Entstehung einer konsolidierten Demokratie erleichtern kann. Historische Beispiele für *elite settlement* beinhalten England (1688-1689), Schweden (1809), Costa Rica (1929), Kolumbien (1957-1958) sowie die Dominikanische Republik und Spanien in den späten 70er-Jahren des 20. Jahrhunderts (vgl. ebd.: 13f.).

Elite convergence im Sinne einer Annäherung der Eliten tritt dann auf, wenn sich nach abgeschlossenem *elite settlement* eine Gruppe innerhalb der eigentlich uneinigen Elite bewusst macht, dass sie mittels eines breit angelegten Wahlbündnisses ihre Stimmenanzahl maximieren und somit die Wahl gewinnen könnte, was ihr wiederum eine Ausweitung ihrer Macht- und Interessenvertretung gewährleisten würde. Im Zuge des Koalitionsbildungsprozesses kommt es insoweit zu einer Annäherung, als dass die jeweiligen Bündnispartner erstmals die existierenden demokratischen Institutionen anerkennen müssen, deren Wert zuvor stark umstritten war. Bedingt durch den Erfolg des Wahlbündnisses verlassen weitere Elitegruppen ihre antisystemischen Positionen, um nun qua Wahlen die dominante Elitegruppe zu schlagen. Dies führt mittelfristig zur Akzeptanz der demokratischen Spielregeln und somit zur Konsolidierung der Demokratie. Ergänzend kommt es durch den friedlich und offen ausgetragenen Kampf um den Gewinn der Wählermehrheit und den damit einhergehenden Versuch, die Mitte der Gesellschaft zu erreichen, zu einer Entpolarisierung des politischen Spektrums (vgl. ebd. 24f.). Als historisches Paradebeispiel für *elite convergence* wäre Frankreich von der Gründung der Fünften Republik 1958 bis zur erfolgreich verlaufenden Kohabitation von 1986-88 zu nennen. Weitere Beispiele finden sich in Norwegen und Dänemark von 1900 bis 1930 sowie in Italien und Griechenland von den 1970er-Jahren bis zu den 1990er-Jahren.

5. FAZIT

Um den Stand der Eliteforschung in der Vergleichenden Politikwissenschaft zusammenzufassen, wurden die Theorieansätze und deren Vertreter vorgestellt, die im Wesentlichen die wissenschaftliche Diskussion um Eliten prägen oder geprägt haben. Allgemein bleibt festzuhalten, dass die Entwicklung der verschiedenen Eliteansätze immer eng an die politisch-gesellschaftliche Situation ihrer jeweiligen Entstehungszeit gekoppelt war. So entstanden beispielsweise die funktionalistischen Elitetheorien der 1950er- und 1960er-Jahre mit ihrem pluralistischen, antitotalitären Anspruch in einer Zeit der ideologischen Blockkonfrontation sowie die Elitentypologien und Transformationskonzepte von Burton u. a. in einer Zeit der demokratischen Transition in Lateinamerika und dem ehemaligen Ostblock.

Gleich ist fast allen neueren Eliteansätzen, dass sie Eliten ausschließlich in industriell ausdifferenzierten, sozial komplexen Gesellschaften verorten. Die Begrenzung des Eliteansatzes auf Gesellschaften mit extensiven Bürokratien ermöglicht so zwar eine bessere Vergleichsgrundlage, doch werden im Gegenzug eine Reihe von stark agrarisch geprägten Gesellschaften in Ländern der so genannten Dritten Welt vom Eliteansatz ausgenommen. Dasselbe gilt für zivilgesellschaftliche Gruppierungen ohne bürokratischen Unterbau.

Natürlich erscheint eine Abgrenzung des Eliteansatzes zur sinnvollen wissenschaftlichen Handhabe notwendig, doch kommt die Frage auf, wie sinnvoll es ist, einerseits *Elite* als Terminus sehr weit zu definieren mit der Konsequenz, dass man nur sehr schwer definitorische Grenzlinien ziehen kann und gleichzeitig die Existenz von Eliten auf bürokratisierte Gesellschaften zu beschränken. Ein weiteres Manko stellt in diesem Zusammenhang sicherlich die fast ausschließliche Fokussierung von Elitetheorien und empirischen Untersuchungen auf Nordamerika sowie West- und Osteuropa dar. Trotz der erwähnten Defizite, der theoretischen Durststrecken, die der Eliteansatz vor allem im Laufe der 1970er- und 1980er-Jahre durchlebte sowie der immer noch existenten definitorischen Vielfältigkeit, stellt jener Ansatz gerade in der Vergleichenden Politikwissenschaft eine relevante Methode zur Erklärung von soziopolitischen und gesellschaftlichen Veränderungen dar. So ließen sich beispielsweise die politischen Transitionsprozesse Anfang der 90er in Lateinamerika sowie in Mittel- und Osteuropa ohne Rückgriff auf den Eliteansatz kaum wissenschaftlich befriedigend erklären. Einschränkend sollte jedoch darauf verwiesen werden, dass der Eliteansatz zwar ein bereicherndes Analyse- und Erklärungselement innerhalb der Vergleichenden Politikwissenschaft darstellt, allerdings selten alleinige Anwendung finden sollte. Denn die Fokussierung auf eine Schlüsselgruppe, die zudem nur einen marginalen Teil der Gesellschaft repräsentiert, macht es für den Eliteansatz schwierig, soziale und politische Transformationsprozesse zu erklären, die auf Massenpartizipation beruhen. Hier könnte sich eine stärkere Verknüpfung mit anderen Ansätzen aus der Vergleichenden Politikwissenschaft als wissenschaftlich fruchtbar erweisen. Erst in Verbindung mit Ansätzen der Vergleichenden Politikwissenschaft, die die gesamte gesellschaftliche Sphäre erfassen, sind wissenschaftlich fundierte und befriedigende Ergebnisse zu erwarten. Zu nennen sei hier zum Beispiel der politische Kulturansatz. Jener steht einerseits in einer engen Beziehung zum Eliteansatz, bedingt vor allem durch die Ausdifferenzierung von Eliten- und Massenkulturen. Nicht zufällig sind führende Eliteforscher auch gleichzeitig bekannte Vertreter des politischen Kulturansatzes, wie beispielsweise im Falle von Robert D. Putnam. Andererseits beschränkt sich jener Ansatz eben nicht auf einen speziellen Teil der Gesellschaft.

Inwieweit sich der Eliteansatz neuen soziopolitischen Entwicklungen anpassen kann, muss sich noch zeigen. Zurzeit ist jedoch auffällig, dass beispielsweise das Phänomen der Globalisierung und die mit ihr unter Umständen einhergehende Entstehung von transnationalen Eliten – abgesehen von wenigen empirischen Studien – noch kaum Widerhall in der Eliteforschung fand. Von einer theoretischen Weiterentwicklung des Eliteansatzes ist man zumindest noch weit entfernt.

DER STAAT IN DER VERGLEICHENDEN POLITIKWISSENSCHAFT

Christoph H. Stefes

Gliederung

1. Einleitung

2. Der Staat in der Politikwissenschaft: Konzepte und Definitionen

3. Politikwissenschaft ohne Staat: Systemtheorie, Pluralismus, (Neo-)Marxismus

4. Bringing the State Back In

5. Neue Forschungsansätze: Staat-in-Gesellschaft

6. Fazit

---

1. EINLEITUNG

Wenn man Politik als die Auseinandersetzung um die Verteilung öffentlicher Güter in der Gesellschaft versteht, erscheint es nahezu unmöglich, dem Staat keine zentrale Rolle in der Politikwissenschaft einzuräumen. Denn in allen Ländern ist es letztendlich der Staat, der für die Verteilung öffentlicher Güter Verantwortung trägt. Umso erstaunlicher ist es, dass der Staat in der US-amerikanischen Comparative Politics (CP) der Nachkriegsjahre lange Zeit als Variable ignoriert und als analytisches Konzept gemieden wurde. Erst Ende der 70er-Jahre fand der Staat seinen Weg zurück in die CP. Dieser Trend erreichte 1985 seinen Höhepunkt mit der Veröffentlichung einer überaus einflussreichen Aufsatzsammlung mit dem Titel *Bringing the State Back In* (vgl. Evans/Rueschemeyer/Skocpol 1985). Seit Mitte der 90er-Jahre wird der Staat jedoch wieder zunehmend als abhängige denn als unabhängige Variable betrachtet, was vor allem mit der derzeitigen Globalisierungsdebatte in Verbindung gebracht wird.[1]

Im Gegensatz zur amerikanischen CP hat in der europäischen und vor allem in der deutschen Sozialwissenschaft eine gegenläufige Entwicklung stattgefunden. Hier hatte der Staat schon früh eine zentrale Position eingenommen und wurde erst in den 70er- und 80er-Jahren als zentrales Konzept in der Vergleichenden Politikwissenschaft kritisch hinterfragt – also zu einer Zeit, als der Staat als analytisches Konzept zunehmende Bedeutung in der amerikanischen CP gewann. In der deutschen Politikwissenschaft waren es vor allem Hegel, Marx und Weber, die den Staat konzeptionell fest verankerten. Mit Beginn der späten 60er-Jahre des 20. Jahrhunderts wurde die Rolle des Staats in Wirtschaft und Gesellschaft, insbesondere vom europäischen Neo-Marxismus, der Kritischen Theorie und der Systemtheorie thematisiert und der Staat als analytisches Konzept relativiert.

Im nachfolgenden Abschnitt wird der Staat definiert und verwandte Konzepte wie z. B. Regime, staatliche Autonomie etc. erklärt. Im dritten Abschnitt wird das Fehlen des Staatskonzepts in den Anfangsjahren der CP diskutiert. Die Rückkehr des Staats ist Thema des nachfolgenden Teils, in dem auch einige wichtige Werke der staatszentrierten Ansätze besprochen werden. Im letzten Abschnitt werden neuere Studien in der CP vorgestellt, die die Rolle des Staats in der wirtschaftlichen und politischen Entwicklung in der Dritten Welt und der früheren Sowjetunion thematisieren. Hier wird deutlich, dass das Pendel, welches zunächst von der Vernachlässigung zur (Über-)Betonung des Staats geschwungen ist,

---

[1] Für einen gelungenen Überblick siehe: Berger/Dore (1996) und das Symposium in der Fachzeitschrift Governance, Jg. 13, Nr. 2, S. 233-78.

mittlerweile ein Gleichgewicht erreicht hat, indem das Verhältnis zwischen Gesellschaft, Wirtschaft und Staat kritisch problematisiert und empirisch überprüft wird.

2. DER STAAT IN DER POLITIKWISSENSCHAFT: KONZEPTE UND DEFINITIONEN

Der deutsche Soziologe Max Weber hat wesentlich zur Entwicklung des Staatskonzepts beigetragen. Seine Definition wird auch heute, selbst nach fast einem Jahrhundert, von den meisten Politikwissenschaftler/innen auf beiden Seiten des Atlantiks in mehr oder weniger unveränderter Form übernommen. Weber (1922: 30f., 613-15) definiert den Staat als modernen, politischen Verband, der sich von anderen, inkl. politisch-orientierten Verbänden (z. B. Kirche, Familie, Parteien, etc.), durch eine Kombination folgender Merkmale abgrenzt:

- Dauerhafte und geordnete **Beherrschung eines Territoriums** mit relativ festen Grenzen und allen sich auf diesem Gebiet befindlichen Menschen (Bürger und Nicht-Bürger), was die Bereithaltung physischer Gewalt zur Behauptung dieses Territoriums nach innen und außen voraussetzt
- **Gewaltmonopol**, insofern „da[ss] es ‚legitime' Gewaltsamkeit heute nur noch insoweit gibt, als die staatliche Ordnung sie zulä[ss]t oder vorschreibt" (Weber 1922: 30)
- Eine für dieses Gebiet geltende **Verwaltungs- und Rechtsordnung**, die u. a. die Rechtmäßigkeit und damit Legitimität des staatlichen Gewaltmonopols herstellt
- Permanente **Staatsverwaltung**

Zu den Grundfunktionen des Staats gehören „die Setzung des Rechts (Legislative), der Schutz der persönlichen Sicherheit und öffentlichen Ordnung (Polizei), der Schutz der erworbenen Rechte (Justiz), die Pflege von hygienischen, pädagogischen, sozial-politischen und anderen Kulturinteressen (die verschiedenen Zweige der Verwaltung) endlich und namentlich auch der organisierte Schutz nach außen (Militärverwaltung)" (Weber 1922: 615). Die **gleichzeitige** Übernahme all dieser Funktionen unterscheidet den modernen Staat grundsätzlich von anderen Gemeinschaften und Verbänden wie z. B. der katholischen Kirche und den Gewerkschaften (vgl. Breuer 2002).

Webers Definition ist häufig dahingehend kritisiert worden, dass sie die Rolle des Gewaltmonopols als Grundlage staatlicher Herrschaft zu Lasten anderer Quellen (z. B. infrastruktureller und normativer Macht) überbetont (vgl. Levi 2002: 40). Eine sorgfältige Lektüre Webers Schriften lässt diese Kritik jedoch nicht zu, da Weber zweifellos andere Quellen staatlicher Herrschaft thematisiert. Hinzu kommt, dass das Gewaltmonopol für Weber lediglich als Merkmal zur Abgrenzung des Staats von anderen Verbänden dient. Tatsächlich ist das Gewaltmonopol, als letztes Mittel staatlicher Herrschaft, eine besondere Eigenschaft des Staats. Ob und inwieweit der Staat dieses Monopol einsetzen muss oder kann, bedarf einer empirischen Überprüfung, untergräbt aber damit nicht den heuristischen Wert der Weberschen Staatsdefinition.

Webers Definition hat auch weitgehend Eingang in das Völkerrecht gefunden. So definiert die **Konvention von Montevideo** (1933) einen Staat als ein Gebiet mit a) einer permanenten Bevölkerung, b) einem definierten Territorium, c) einer Regierung und d) der Kapazität, Beziehungen mit anderen Staaten aufzunehmen.[2]

---

[2] Dies soll nicht bedeuten, dass das Völkerrecht jedem Gebiet, das diese Kriterien erfüllt, auch das Recht zur staatlichen Unabhängigkeit zubilligt. Die Resolution 1514 (1960) der Generalvollversammlung der Vereinten Nationen erkennt zwar das grundsätzliche Recht der Völker zur Selbstbestimmung an, stellt sich aber deutlich hinter das Prinzip staatlicher Integrität. Dieser Widerspruch hat zur Formierung staatlicher Gebilde geführt, die

In Abgrenzung zur Weberschen Staatsdefinition widersprechen (Neo-)Marxisten der Auffassung, dass der Staat lediglich ein Verbund autonomer Institutionen und Akteure sei. Sie argumentieren, dass der Staat vor allem das institutionelle Abbild gesellschaftlicher Machtverhältnisse darstelle. Das Wesen des Staats bestehe hauptsächlich darin, die Hegemonie über Artikulation und Weiterführung politischer Ordnung, so wie sie sich in den gesellschaftlichen Macht- und Autoritätsstrukturen widerspiegele, zu erhalten. Insofern könne man nicht, so die marxistische Kritik, eindeutig zwischen Gesellschaft und Staat unterscheiden, denn der Staat sei zwar auf der einen Seite ein Akteur, aber auch gleichzeitig der Ort soziopolitischer Auseinandersetzungen. Der Staat geht in der gesellschaftlichen Auseinandersetzung auf und wird (mehr oder weniger) Spielball der verschiedenen Gegenspieler, die die staatlichen Strukturen durchsetzen (vgl. Gramsci 1971; Mann 1993).

An dieser Stelle ist es angebracht, Staat von **Regierung** und **Regime** zu unterscheiden. Die amerikanische Politikwissenschaft bezeichnet Regierung als das Individuum oder die Gruppe von Individuen, die gemeinschaftlich bindende Entscheidungen für die Gesellschaft trifft und verantwortlich für die Umsetzung und Interpretation dieser Entscheidungen ist. Diese Definition ist also weit gefasst, denn sie umfasst alle drei Gewalten: gesetzgebende, vollziehende und rechtsprechende Gewalt. Die deutsche Politikwissenschaft definiert Regierung jedoch lediglich als die vollziehende Gewalt (Bundes- bzw. Landesregierungen). In beiden Definitionen ist Regierung ein Teil des Staats. Aber Staat ist mehr: Er umfasst die gesamte Administration, die mit der Umsetzung von Regierungsentscheidungen betraut ist (z. B. Gerichtswesen, Polizei, Sozialbürokratie usw.).

In Abgrenzung zum Regimekonzept gilt festzuhalten, dass der Staat die Institutionalisierung politischer Macht darstellt, wohingegen ein Regime weniger mit Macht per se zu tun hat, als vielmehr mit der Art und Weise, in welcher Macht benutzt wird. Der Regimetyp bestimmt nicht nur die Art, wie Regierungen gebildet werden und diese ihre Funktionen ausüben, sondern auch die Basis der Regierungslegitimität und die Grenzen, in denen es Regierungen erlaubt ist, ihre Autorität auszuüben (vgl. Lawson 1993: 187). Während also Regierungen kommen und gehen und selbst Regime nicht selten instabil sind und durch neue Regimetypen ersetzt werden, bleibt der Staat meistens in seinen zentralen Aspekten (z. B. Organisation der Bürokratie) über Jahrzehnte erhalten. Diese Beständigkeit hat u. a. einige Politikwissenschaftler/innen dazu bewogen, dem Staat deutliche **Autonomie** gegenüber gesellschaftlichen und wirtschaftlichen Einflüssen einzuräumen.

Staatliche Autonomie oder Unabhängigkeit bedeutet die Fähigkeit staatlicher Akteure, eigene Ziele zu formulieren und diese selbst gegen den Widerstand wirtschaftlicher und gesellschaftlicher Gruppen oder Klassen durchzusetzen (vgl. Przeworski 1990: 31; Skocpol 1985: 9f.). Grundsätzlich lassen sich verschiedene Grade staatlicher Autonomie unterscheiden. Auf dem niedrigsten Grad teilen staatliche und gesellschaftliche Akteure die gleichen Präferenzen und der Staat setzt diese Zielsetzungen um. Auf einem höheren Grad divergieren diese Präferenzen, aber dem Staat gelingt es letztendlich, die nicht-staatlichen Akteure (z. B. Gewerkschaften und Arbeitgeberverbände) von seinen Präferenzen zu überzeugen, sodass der Umsetzung wenig gesellschaftlicher Widerstand entgegengebracht wird (vgl. Krasner 1978: 18, 55). Auf dem höchsten Grad staatlicher Autonomie gelingt es dem Staat nicht, gesellschaftliche Akteure von seinen Präferenzen zu überzeugen. Dennoch setzt der Staat seine Präferenzen gegen gesellschaftlichen Widerstand, selbst wenn dieser erheblich ist, durch (vgl. Nordlinger 1981). Diesem Konzept staatlicher Unabhängigkeit folgend, könnte man zum Beispiel sagen, dass die Europapolitik der Bundesrepublik Deutschland bis in die 80er-Jahre von der staatlichen Elite und von weiten Teilen der Gesellschaft getragen wurde. Der kritische Test

---

zwar keine formelle Souveränität genießen, aber de facto unabhängig sind, wie z. B. Abchasien in Georgien und Berg-Karabach in Aserbaijan.

staatlicher Autonomie kam mit dem Vertrag von Maastricht, den eine breite Mehrheit der deutschen Bevölkerung im Hinblick auf die Wirtschafts- und Währungsunion ablehnte. Die Einführung des Euros wurde jedoch trotzdem von der Bundesregierung durchgesetzt, die damit staatliche Handlungsautonomie bewies.

Staatliche Autonomie ist sicherlich kein Universalprinzip. Sie kann von Land zu Land und von Politikbereich zu Politikbereich unterschiedlich stark ausgeprägt sein und ist ferner zeitlichen Schwankungen unterworfen. Grenzen staatlicher Autonomie sind struktureller, institutioneller und politischer Natur. So können wirtschaftliche und klientelistische Strukturen das Handeln staatlicher Akteure einengen. Eine Marktwirtschaft garantiert z. B. Privatbesitz und schränkt somit staatliche Investitionspolitik ein. Ineffektive und korrupte Bürokratien repräsentieren die institutionellen Grenzen staatlicher Autonomie, denn der Staat kann keine Regierungspolitiken umsetzen, wenn ihm dafür der kompetente, administrative Arm fehlt. Schließlich können gesellschaftliche und wirtschaftliche Akteure versuchen, den Staat in einer Weise zu beeinflussen, dass dieser nur noch als Handlanger dieser Akteure agiert. Sollte es gesellschaftlichen Gruppen oder Klassen gelingen, den Staat für ihre Zwecke zu instrumentalisieren, kann nicht mehr von staatlicher Autonomie gesprochen werden. In diesem Fall ist der Staat **instrumental** aber eben nicht autonom. Falls der Staat jedoch weder die strukturellen noch die institutionellen Hindernisse überwinden kann und dadurch weder seine eigenen noch die Präferenzen gesellschaftlicher Akteure durchsetzen kann, ist er weder autonom noch instrumental, sondern schlicht **irrelevant** (vgl. Przeworski 1990: 31ff.). So galt der russische Staat unter Präsident Jeltsin lange als Instrument der Oligarchen, die den Staat als Mittel zur persönlichen Bereicherung benutzten. In weiten Teilen Afghanistans und Tajikistans hingegen ist der Staat weitgehend irrelevant, da es ihm hier nicht gelingt, seine Grundfunktionen auszuüben.

Aber wann können wir von einem **starken Staat** reden, der so häufig eine prominente Rolle in der Analyse wirtschaftlicher und politischer Entwicklungsprozesse spielt? Joel Migdal definiert als starken Staat einen Staat, der die Kapazität hat, die Gesellschaft zu durchdringen, soziale Beziehungen zu regulieren, Ressourcen zu extrahieren, und diese auf festgelegte Art und Weise einzusetzen (vgl. Migdal 1988: 4). Diese Definition sagt aber wenig darüber aus, ob nur ein autonomer oder auch ein instrumentaler Staat stark sein kann. Migdals weitere Ausführungen verschaffen Deutlichkeit. Er argumentiert, dass staatliche Kapazitäten von vier Faktoren abhängen: Erstens haben die politischen Führer ein Gewaltmonopol, zweitens ist der Staat autonom in Bezug auf in- und ausländische Kräfte, drittens ist die staatliche Bürokratie differenziert und spezialisiert und schließlich ist die Regierung in der Lage, die Arbeit staatlicher Stellen im Hinblick auf festgelegte Ziele zu koordinieren (vgl. Migdal 1988: 18f.). Es gilt also, dass ein starker Staat immer auch autonom (und weder instrumental noch irrelevant) ist, aber ein autonomer Staat nicht immer stark sein muss. Ein unabhängiger Staat ist nur dann stark, wenn noch andere Faktoren vorhanden sind, die es ihm ermöglichen, seine Entscheidungen zu implementieren. Das Problem mit dieser Konzeption des starken Staats ist es, dass staatliche Kapazität oft durch die Zusammenarbeit mit gesellschaftlichen Gruppen gefördert wird, was notwendigerweise seine Autonomie einschränkt. Ein effektiver Staat muss also eine Balance zwischen Kapazität und Autonomie finden. Das hat Konsequenzen für die Form der Staatstätigkeit:

> „In denjenigen Bereichen, in denen der Staat darauf beschränkt ist, Motivationsdaten für gesellschaftliches Verhalten zu setzen, hängt die Erreichung der Staatsziele nicht nur vom effektiven Wirken des Staats selbst, sondern zusätzlich von der Folgebereitschaft nicht-staatlicher Entscheidungsträger ab. Die Angewiesenheit des Staats auf deren Kooperation erschafft ihnen [den nicht-staatlichen Gruppen] eine privilegierte Position, von der aus sie ihre Interessen begünstigt wahrnehmen können." (Grimm 1987: 27)

Die bisherige Diskussion hat – Weber folgend – Staat und Gesellschaft analytisch getrennt betrachtet. Jedoch darf dabei nicht übersehen werden, dass sich Staat und Gesellschaft wechselseitig bedingen. Darum herrscht in der wissenschaftlichen Debatte oft Uneinigkeit darüber, inwiefern der Staat tatsächlich in der Lage ist, seine Autonomie gegenüber nichtstaatlichen Gruppen und Klassen auf Dauer zu bewahren. Auch hat die bisherige Diskussion nicht deutlich gemacht, inwieweit der Staat als einheitlicher Akteur oder als abstrakte Summe seiner Teile betrachtet werden sollte. Die nächsten Abschnitte zeigen, welche Antworten die verschiedenen theoretischen Ansätze der CP auf diese konzeptionellen Fragen geben.

3. POLITIKWISSENSCHAFT OHNE STAAT: SYSTEMTHEORIE, PLURALISMUS, (NEO-)MARXISMUS

Bis in die frühen 70er-Jahre spielte der Staat kaum eine Rolle in der amerikanischen CP. Dafür waren verschiedene Faktoren verantwortlich. Zunächst versuchte die Nachkriegs-CP, sich deutlich von früheren Ansätzen abzugrenzen, die sich vor allem auf die Beschreibung formeller staatlicher Strukturen konzentrierte (siehe den Beitrag *Die Entwicklung der Vergleichenden Politikwissenschaft in den USA seit 1945* in diesem Band; Skocpol 1985: 4). Des Weiteren ist es für die Politikwissenschaft aus verschiedenen Gründen schwierig, den Staat zu konzeptionalisieren. Erstens ist der Staat eine Zusammensetzung verschiedener Entscheidungsträger und Institutionen und kein einheitlicher Akteur. Zweitens stellt der Staat zwar ein relativ abstraktes Konzept dar, Entscheidungen werden aber letztendlich von konkreten Vertretern des Staats getroffen. Drittens steht der Staat mit seiner Umwelt in einer komplexen Wechselbeziehung, die die Identifikation der abhängigen und unabhängigen Variable oft erschwert. Und schließlich ist das Staatskonzept historisch und geografisch gebunden (vgl. Levi 2002: 34).

Anhänger der Systemtheorie und des Strukturellen Funktionalismus gehen sicherlich am weitesten in der analytischen Ausblendung des Staats. In dem Versuch, eine globale Theorie politischer Entwicklung zu formulieren, steht der Staat im Weg, da seine unklare Bedeutung (s. o.) ihn für länderübergreifende Studien kaum operabel macht. In der Systemtheorie ist der Staat entsprechend nur eine Konkretisierung von politischen Strukturen, aber nicht die einzige und wird entsprechend auch nicht weiter konzeptionalisiert. Stattdessen geht der Staat im System auf, wird das Staatskonzept unter das Systemkonzept subsumiert. So geht z. B. Niklas Luhmann davon aus, dass der Staat ein mit spezifischen Funktionen versehenes Teilsystem der Gesellschaft ist, das den anderen gesellschaftlichen Teilsystemen nicht über-, sondern gleichgeordnet ist (vgl. Luhmann 1981).[3] Die Webersche Trennung von Staat und Gesellschaft wird damit aufgegeben und staatliche Institutionen werden anderen politischen, gesellschaftlichen und wirtschaftlichen Institutionen wie Partei, Kirche, Familie etc. gleichgestellt (vgl. Almond/Coleman 1960). Im Extremfall wird der Staat immer und überall als Ausdruck der Gesellschaft verstanden (vgl. Przeworski 1990: 34). Es versteht sich entsprechend von selbst, dass in dem Input-Output-Modell der Systemtheorie der Staat keine weitere Beachtung findet, da staatliche Autonomie negiert wird. Entsprechend macht es wenig Sinn für Funktionalisten und Systemtheoretiker, staatliche Strukturen und ihre Unterschiede im länderübergreifenden Vergleich zu analysieren. Dieser Auffassung schlossen sich auch zahlreiche Pluralisten und (Neo-)Marxisten an.

Trotz ihrer konträren ideologischen Einstellungen teilen Pluralismus und Marxismus (insbesondere in den klassischen, aber auch zum Teil in den neueren Ansätzen) die Auffassung, dass der Staat nur bedingt Autonomie genießt. Staatliche Entscheidungen und staatliches Handeln sind lediglich als zu erklärende Variablen interessant. Für beide Theorien lässt sich Politik (letztendlich) auf gesellschaftliche Konflikte reduzieren. Im Pluralismus sind dies Vertei-

---

[3] Vgl. dazu auch Bußhoff (1993).

lungskonflikte zwischen Interessengruppen. Für (Neo-)Marxisten ist dies der Klassenkampf zwischen der Bourgeoisie und der Arbeiterschaft. Stephen Krasner stellt dies in seiner Kritik treffend fest: Die Theorien des Pluralismus, die sich auf Interessengruppen konzentrieren, ignorieren praktisch öffentliche Akteure und Institutionen. Die Regierung wird als Registrierkasse gesehen, die die Präferenzen und die politische Macht gesellschaftlicher Akteure erst summiert und dann den Durchschnitt ermittelt. Die Hauptfunktion staatlicher Vertreter liegt darin zu garantieren, dass der politische Schlagabtausch fair verläuft. Entsprechend gibt es den Staat als Akteur mit unabhängigen Präferenzen nicht, der in der Lage wäre, seine eigene Gesellschaft zu lenken oder sogar umzustrukturieren (vgl. Krasner 1984: 226).

Dass die amerikanische Politikwissenschaft den Staat oft lediglich als Arena gesellschaftlicher Auseinandersetzungen konzeptionalisiert, ist nicht weiter verwunderlich. Zum einen kann die amerikanische Politikwissenschaft nicht auf eine intellektuelle Tradition wie die deutsche zurückblicken, in der der Staat eine zentrale Rolle einnimmt. Zum anderen ist der amerikanische Staat im Vergleich zu europäischen Staaten aus vielerlei Gründen schwach; diese Feststellung trifft allerdings nur auf die amerikanische Innen- nicht auf die Außenpolitik zu. Erstens fehlt ihm eine professionelle und zentralisierte Bürokratie, deren Vertreter sich als Elite sehen und entsprechend handeln. Zweitens führte der Konflikt zwischen den Föderalisten und ihren Gegenspielern in den Gründerjahren dazu, dass der fragmentierte Aufbau des amerikanischen Staats in der Verfassung als Kompromiss verankert wurde. Und schließlich ist dem amerikanischen Wirtschaftssystem staatliche Kontrolle strategischer Industrien weitgehend fremd, wodurch wirtschaftliche Lenkung durch die Regierung erschwert wird (vgl. Skocpol 1985).

Pluralisten und Funktionalisten wenden ein, dass Kritiker die Vernachlässigung des Staats in ihren Theorien überbetonen (vgl. Almond 1988). Tatsächlich hätten die Arbeiten einiger Pluralisten wie die von Robert Dahl (1961) und David Truman (1951) sehr wohl die wichtige Rolle des Staats in der Politik anerkannt – und dies in deutlicher Abgrenzung zu den klassischen Pluralisten (vgl. Bentley 1908; Latham 1952). Ferner müsse das Adjektiv im Begriff *struktureller Funktionalismus* betont werden, wobei deutlich werde, dass staatlichen Strukturen eine besondere Rolle beigemessen wird (vgl. Almond 1988: 855f.). Tatsächlich erwähnen pluralistische und funktionalistische Analysen den Staat jedoch eher am Rand und behandeln ihn dann häufig als residualen Faktor. Falls staatliches Handeln mit anderen Worten nicht ausschließlich auf gesellschaftliche Präferenzen reduziert werden kann, schleicht sich staatliche Autonomie ad hoc durch die Hintertür ein. Staatliche Autonomie bleibt dabei jedoch untertheoretisiert und ist nicht fester Bestandteil einer kohärenten Theorie.

Für Marxisten ist der Staat lediglich ein System organisierter Gewalt, dessen Hauptfunktion darin besteht, die Hegemonie der dominanten Klasse über die subordinierte(n) Klasse(n) zu verteidigen. Wie schon beim Pluralismus, ist der Staat nicht als autonomer Akteur konzeptionalisiert. Neo-Marxisten weichen von dieser Auffassung des klassischen Marxismus insofern ab, als dass sie die Möglichkeit relativer Staatsautonomie anerkennen. Diese Autonomie ist jedoch stark begrenzt und nur dann gegeben, wenn entweder keine dominante Klasse existiert oder diese sich nicht organisieren kann. Des Weiteren resultiert Staatsautonomie aus einer konfliktären Pattsituation, wenn eine dominante und organisierte Klasse existiert, aber eine andere Klasse Widerstand leistet und der Staat entsprechend diese beiden Klassen gegeneinander ausspielen kann. Eine andere Variante des Neo-Marxismus reduziert den Staat auf seine Grundfunktion, den Kapitalismus zu reproduzieren, indem er Akkumulation und Legitimität für das kapitalistische Wirtschaftssystem sichert. Um diese Funktion ausüben zu können, muss der Staat von Zeit zu Zeit die Interessen einzelner Kapitalisten und u. U. sogar der gesamten Klasse vernachlässigen. Damit dient der Staat jedoch nur dem langfristigen Interesse der kapitalistischen Klasse (vgl. Habermas 1975; Hirsch 2002; Jessop 1982; Miliband 1969; Offe 1975, 1984; Poulantzas 1978). Obwohl der Neo-Marxismus dem Staat relativ wenig Autonomie einräumt, sollte jedoch festgehalten werden, dass der Neo-Marxismus ganz wesentlich zur Rückkehr des Staats als unabhängige Variable in die CP beigetragen hat.

4. BRINGING THE STATE BACK IN

Ende der 60er-Jahre resümiert J. P. Nettl (1968), dass das Staatskonzept in den Sozialwissenschaften zurzeit nicht gefragt sei. Dennoch bewahre der Staat seine skelettartige und geisterhafte Erscheinung, denn trotz aller Veränderungen im Forschungsinteresse, existiere dieses Ding und noch so viel konzeptionelles Umstrukturieren bringe es nicht zum Verschwinden (vgl. Nettl 1968: 559; eigene Übersetzung, C.S.; s. a. Rosenau 1988: 22). In diesem bemerkenswerten Aufsatz ruft Nettl dazu auf, den Staat wieder in den Mittelpunkt der Politikwissenschaft zu stellen. Tatsächlich richten Politikwissenschaftler/innen in den nachfolgenden Jahren zunehmend ihre Aufmerksamkeit auf die Rolle des Staats in den politischen und wirtschaftlichen Entwicklungsprozessen der Industrienationen und der Länder der Dritten Welt. Dieser Trend erreicht 1985 mit der Veröffentlichung der Aufsatzsammlung *Bringing the State Back In* seinen Höhepunkt.

Staatszentrierte Theorien in der Politikwissenschaft drehen das Verhältnis zwischen Gesellschaft und Staat um. Hier bedingt der Staat die Gesellschaft und nicht umkehrt wie im Pluralismus und Marxismus. Staatszentrierte Theorien gehen davon aus, dass gesellschaftliche Strukturen vom Staat ins Leben gerufen, organisiert und reguliert werden. Entsprechend dominiert der Staat alle anderen Organisationen innerhalb eines bestimmten Territoriums. Ferner gestaltet der Staat die Kultur und lenkt die Wirtschaft. Insofern wird staatliche Autonomie nicht weiter problematisiert, da der Staat immer und überall autonom bzw. dominant ist (vgl. Przeworski 1990: 47). Obwohl diese Zusammenfassung staatszentrierter Theorien überspitzt ist, kann man festhalten, dass diese Theorien den Staat in den Mittelpunkt politikwissenschaftlicher Analysen stellen. Ihre grundsätzlichen Annahmen lassen sich wie folgt zusammenfassen (vgl. Krasner 1984; Nordlinger 1988: 881f.; Przeworski 1990: 29):

- Staatliche Akteure bilden ihre eigenen Präferenzen unabhängig von gesellschaftlichen Akteuren. Diese Präferenzen spiegeln dabei entweder das Eigeninteresse staatlicher Akteure, die institutionellen Interessen des Staats oder/und ein bestimmtes Verständnis des Allgemeinguts wider.
- Der Staat handelt seinen eigenen Zielsetzungen folgend auch gegen den Willen mächtiger gesellschaftlicher Akteure.
- Die Formierung staatlicher Zielsetzungen und die Frequenzen und Strategien staatlichen Handelns sind von Staat zu Staat verschieden und lassen sich auf unterschiedliche Institutionen zurückführen.
- Der Staat und sein institutioneller Aufbau haben Einfluss auf gesellschaftliche Entwicklungen und auf die politischen Aktivitäten gesellschaftlicher Gruppen und Klassen.
- Der Staat hat analytische Priorität, denn über die Autonomie des Staats werden einflussreiche gesellschaftliche Gruppen identifiziert.
- Entsprechend betonen staatszentrierte Theorien den Einfluss staatlicher Institutionen auf individuelles Handeln.
- Die Entwicklung staatlicher Institutionen wird dabei oft sequenziell gesehen, wodurch die historische Perspektive in den staatszentrierten Theorien betont wird.

Woher rührt staatliche Autonomie? Welche Faktoren erlauben es staatlichen Akteuren, eine dominante Rolle in gesellschaftlichen und wirtschaftlichen Entwicklungen zu spielen? Zunächst einmal beruht staatliche Macht auf dem Gewaltmonopol. Dieses ist zwar auf lange

Sicht kein effizientes Mittel der Machtsicherung – insbesondere dann nicht, wenn die Regierung nicht in der Lage ist, sich in den Augen der Bürger/innen zu legitimieren –, stellt aber zumindest mittelfristig ein außerordentliches Machtpotenzial dar. Auf lange Sicht sind finanzielle und infrastrukturelle Machtressourcen effektiver, denn Wirtschaft und Gesellschaft brauchen den Staat, um öffentliche Güter bereitzustellen (Verkehrswege, Bildung, Verteidigung etc.). Ferner nimmt der Staat eine zentrale Rolle im politischen Prozess ein. Diese Zentralität erlaubt es staatlichen Akteuren, gesellschaftliche Gruppen zu kooptieren, gegeneinander auszuspielen oder einfach zu ignorieren. Darüber hinaus haben staatliche Akteure die Kapazität, das nationale Interesse zu definieren und zu verfolgen. Der Hinweis auf das nationale Interesse erhöht den Machtanspruch des Staats gegenüber gesellschaftlichen Gruppen, denen oft ein eigeninteressiertes Handeln vorgehalten wird (vgl. Kohli 2002: 104f.; Przeworski 1990: 48; Skocpol 1985: 15ff.). Obwohl staatliche Akteure natürlich auch partikulare und kurzfristige Ziele verfolgen, wie z. B. höhere Budget- und Machtzuteilungen, hat der Staat zumindest das Potenzial, langfristige und dem Allgemeinwohl dienende Ziele durch angemessenes und kohärentes Handeln zu verwirklichen.

Staatszentrierte Studien haben beträchtlich zum Verständnis langfristiger, politischer und wirtschaftlicher Entwicklungsprozesse beigetragen. Hierbei ging es jedoch nicht um die Entwicklung einer Universaltheorie, sondern um die Beantwortung problemorientierter Fragen unter Anwendung konkreter Länderstudien. Was erklärt den Verlauf und die Ergebnisse von politischen Revolutionen? Warum gelingt es einigen Ländern besser als anderen Ländern, wirtschaftlichen Wohlstand zu mehren und soziale Sicherheit zu garantieren? Dies sind nur einige der vielen Fragen, die von Anhängern staatszentrierter Ansätze angesprochen werden. Samuel Huntington (1968) war einer der ersten amerikanischen Politikwissenschaftler, der die Rolle staatlicher, insbesondere bürokratischer Strukturen in politischen Entwicklungsprozessen hervorhob. In deutlicher Abgrenzung zu den Modernisierungstheorien, die gesellschaftliche und wirtschaftliche Faktoren in den Mittelpunkt ihrer Analysen stellen, betont Huntington die Rolle staatlicher Institutionen in der politischen Entwicklung. Er argumentiert, dass die politische Mobilisierung gesellschaftlicher Gruppen ohne die gleichzeitige Entwicklung staatlicher Institutionen zu politischem Chaos und wirtschaftlichem Niedergang führt. Nur wenn staatliche Institutionalisierung dem Grad politischer Partizipation entspricht, können Regierungen stabile Politiken im öffentlichen Interesse formulieren und durchsetzen.

Studien lateinamerikanischer Länder haben besonders auf die kritische Rolle des autoritär-bürokratischen Staats in der Wirtschaftsförderung hingewiesen. Guillermo O'Donnell (1973) stellt fest, dass eine exportorientierte Wirtschaftsstrategie durch die Entstehung gesellschaftlicher Widersprüche behindert wird. Diese Widersprüche können durch autoritäre Regierungen überwunden werden, die mächtige gesellschaftliche Gruppen kooptieren oder unterdrücken. Einer der wichtigen Beiträge zu diesem Themengebiet ist Peter Evans *Embedded Autonomy* (1995). Evans, der die Rolle des Staats in der Entwicklung der koreanischen, brasilianischen und indischen Industrie untersucht hat ist der Ansicht, dass der Staat sowohl autonom von gesellschaftlichen Kräften als auch in sozialen Strukturen eingebettet sein muss, um die Entwicklung wichtiger Industriezweige voranzutreiben. Staatliche Bürokratien müssen professionell und von dem Einfluss spezifischer Gruppen in Wirtschaft und Gesellschaft abgeschirmt sein. Nur dann können staatliche Akteure Entwicklungsziele erfolgreich formulieren und umsetzen. Gleichzeitig darf die staatliche Elite jedoch nicht vom wirtschaftlichen Umfeld isoliert sein, denn dann könnten Industrialisierungsprogramme den Zielen und Interessen wirtschaftlicher Akteure zuwiderlaufen. In ähnlicher Weise haben andere Politikwissenschaftler/innen eine staatszentrierte Antwort auf neoliberale Wirtschaftstheorien formuliert. Während der Neoliberalismus den Staat als Hindernis wirtschaftlicher Entwicklung sieht, betonen staatszentrierte Ansätze, dass nicht der Umfang, sondern die Qualität staatlicher Wirtschaftssteuerung ausschlaggebend ist. So kann z. B. der wirtschaftliche Aufstieg Japans und der der *asiatischen Tiger* auf gezielte Staatsinterventionen zurückgeführt werden und eben nicht auf eine neoliberale Wirtschaftspolitik (vgl. Johnson 1982; Wade 1990). Im Hinblick auf die teilweise katastrophalen Folgen der wirtschaftlichen und politischen Umbrüche in der früheren Sowjetunion haben verschiedene Autoren darauf hingewiesen, dass der plötzliche Verfall staatlicher Kapazität für den dramatischen Niedergang der Wirtschaft und der sozialen Sicherungssysteme verantwortlich sind (vgl. Fish 1994; Holmes 1996; Linz/Stepan 1996). So argumentieren Cynthia Roberts and Thomas Sherlock: Wenn Demokratisierung und wirtschaftliche Liberalisierung effektives Regieren benötigen, dann liegt das grundsätzliche Problem der russischen Tradition in der Existenz eines schwachen und unsäglich unfähigen Staatsapparats (vgl. Roberts/Sherlock 1999: 477f.; eigene Übersetzung, C.S.).

In den 70er-Jahren kehrte der Staat ebenfalls in die vergleichende Analyse politischer Revolutionen zurück. Eine der wegbereitenden Studien dieser Zeit war Theda Skocpols *States and Social Revolutions* (1979). In einer kritischen Auseinandersetzung mit ihrem Doktorvater Barrington Moore argumentiert Skocpol, dass der Staat eine wesentliche Rolle in allen Revolutionen der Neuzeit eingenommen hat. In seiner bahnbrechenden Studie *Social Origins of Dictatorship and Democracy* (1966) betont Moore, dass Staaten verschiedenen Modernisierungspfaden folgen, die entweder im Faschismus (Deutschland und Japan), Kommunismus (China und Russland) oder in der Demokratie (England und Frankreich) enden. Welchen Pfad diese Staaten einschlagen, hängt von der Konstellation der Klassenkonflikte in diesen Gesellschaften ab. So fördert zum Beispiel eine starke Bourgeoisie in Koalition mit einer Aristokratie, die sich der kommerziellen Landwirtschaft zuwendet, die Entwicklung eines demokratischen Herrschaftssystems.

Skocpol lehnt Moores klassenorientierte Analyse nicht grundsätzlich ab, meint aber, dass der Staat ein wesentlicher Faktor ist, der den Erfolg oder Misserfolg sozialer Revolutionen bedingt. Staaten, die sich im militärischen und wirtschaftlichen Wettbewerb mit anderen Staaten befinden, haben keine andere Wahl, als ihre eigenen Ressourcen zu vermehren, um im internationalen Wettbewerb zu bestehen. Mächtige gesellschaftliche Gruppen können diesen staatlichen Zielen im Weg stehen, wenn sie z. B. nicht willens sind, eine höhere Steuerlast zu tragen. Gesellschaftlicher Widerstand zu staatlichen Entscheidungen können politische Krisen oder sogar Revolutionen hervorrufen. Diese Revolutionen, so Skocpol, sind jedoch nur dann erfolgreich, wenn der Staat extrem schwach ist und politische oder wirtschaftliche Eliten den Willen und die Ressourcen haben, diese Schwäche auszunutzen. Darüber hinaus ist es entscheidend, dass politische Organisationen in der Lage sind, die Bauernschaft für revolutionäre Ziele zu mobilisieren. Skocpols wesentlicher Beitrag zur Erforschung politischer Revolutionen besteht zum einen darin, dass diese das internationale Umfeld in den analytischen Rahmen einbaut und zum anderen, dass der Staat in der Lage ist – und im Hinblick auf das internationale Umfeld sein muss – eigene Ziele zu formulieren. Diese Ziele können dann im Konflikt mit mächtigen wirtschaftlichen und gesellschaftlichen Gruppen stehen.[4]

Staatszentrierte Analysen haben ebenfalls zu einem besseren Verständnis der Entstehung und Entwicklung des Wohlfahrtsstaats in westlichen Industrienationen beigetragen. Zahlreiche Studien erklären den Umfang und die Eigenschaften sozialpolitischer Programme mit Hinweis entweder auf demografische Entwicklungen, auf die Interessen und Ressourcen von wirtschaftlichen Gruppen (insbesondere von Gewerkschaften und Arbeitgeberverbänden) und/oder auf die politischen Machtkonstellationen sozialdemokratischer und konservativer Parteien (vgl. Castles 1998: 25-96). Anhänger staatszentrierter und institutioneller Ansätze weisen jedoch darauf hin, dass das Ausmaß und der Erfolg sozialpolitischer Intervention ganz

---

[4] Für eine Weiterentwicklung der Theorien von Moore und Skocpol siehe Rueschemeyer/Huber/Stephens (1992).

wesentlich vom Aufbau staatlicher Strukturen und vom Umfang staatlicher Mittel abhängen (vgl. Heclo 1974; Skocpol 1992; Immergut 1992; Steinmo 1996; Weir/Skocpol 1985). So geben zentralistische Staaten mit finanziellen und bürokratischen Ressourcen mehr für die öffentliche Wohlfahrt aus (z. B. Schweden und Frankreich), als Staaten, die eher dezentralisiert sind und über weniger professionelle Bürokratien und finanzielle Mittel verfügen (z. B. die Vereinigten Staaten).

Die Rückkehr des Staats in die CP hat in den 70er-Jahren begonnen und in den 80er-Jahren ihren Höhepunkt erreicht. Seitdem haben staatszentrierte Ansätze jedoch wieder an Popularität verloren. Der Rückzug dieser Ansätze hat verschiedene Ursachen. Dies kann sicherlich auch auf politische und wirtschaftliche Entwicklungen zurückgeführt werden. In den westlichen Industrienationen hat die neoliberale Revolution der 80er-Jahre zu einer Reduzierung staatlicher Eingriffe in Wirtschaft und Gesellschaft geführt. Dieser Trend wurde durch die Globalisierung wirtschaftlicher Prozesse verstärkt, auf die der Staat oft nur reagieren, sie aber nur selten lenken kann. In Europa ist die Delegierung staatlicher Souveränität durch den wirtschaftlichen und politischen Integrationsprozess im Rahmen der Europäischen Union am weitesten vorangeschritten.

Der Popularitätsverlust staatszentrierter Ansätze kann jedoch auch mit Hinweis auf theoretische Mängel erklärt werden. Erstens ist es bislang nicht gelungen, eine Konzeptionalisierung des Staats zu formulieren, die dem komplexen Charakter dieser Institution gerecht wird. Politikwissenschaftler/innen verstehen den Staat oft immer noch als einheitlichen und rationalen Akteur, obwohl immer deutlicher geworden ist, dass der Staat aus einer Vielzahl miteinander konkurrierender Einheiten besteht, die die Formulierung und Umsetzung einer widerspruchsfreien und damit rationalen Politik behindern. Ferner ist das Zusammenspiel zwischen Gesellschaft, Wirtschaft und Staat untertheoretisiert geblieben. In der gleichen Weise wie Pluralisten, Systemtheoretiker und Marxisten den Staat unterschätzen, werden gesellschaftliche und wirtschaftliche Faktoren in staatszentrierten Ansätzen oft wenig beachtet. Dass Staat, Gesellschaft und Wirtschaft sich wechselseitig bedingen ist jedoch weitgehend unstrittig. Neuere Ansätze innerhalb der Weberschen Tradition sind dieser Erkenntnis gerecht geworden und werden im nächsten Abschnitt besprochen.

5. NEUE FORSCHUNGSANSÄTZE: STAAT-IN-GESELLSCHAFT

Der Staat sieht sich einem grundsätzlichen Widerspruch ausgesetzt (vgl. Breuer 2002; Bunce 2000; Evans 1992; North 1981): Zum einen stellt der Staat eine der größten potenziellen Gefahren für wirtschaftliche und demokratische Entwicklung dar. Zum anderen ist aber auch klar, dass ohne staatliches Handeln weder wirtschaftliches Wachstum noch Demokratie möglich wäre, denn der Staat stellt die öffentlichen Güter zur Verfügung, ohne die eine moderne Wirtschaft und eine demokratische Ordnung nicht auskommen kann (z. B. Rechtsstaatlichkeit, Bildung, Infrastruktur etc.). Gerade im Hinblick auf politische, soziale und wirtschaftliche Entwicklungen in der Dritten Welt und den postsowjetischen Ländern stellen sich deshalb wichtige Forschungsfragen, die die CP beantworten muss: Warum ist es oft so schwierig, eine kohärente Staatsautorität zu etablieren? Inwieweit und warum variieren Staaten in ihrer Kapazität, wirtschaftliche und soziale Entwicklung zu fördern? Inwieweit stellt der Staat eher ein Hindernis dar oder ist Förderer demokratischer Entwicklung? Weder staats- noch gesellschaftszentrierte Theorien haben hierfür überzeugende Antworten gefunden.

In einem ihrer vielzitierten Aufsätze warnt Theda Skocpol (1985) davor, dass das Studium des Staats nicht das Interesse an Klassen und Gruppen ersetzen kann. Des Weiteren sollen staatsdeterministische Argumente nicht **anstelle** von gesellschaftszentrierten Erklärungen angeboten werden. Stattdessen sollte Staatsautonomie und Staatskapazität innerhalb des spezifischen sozioökonomischen und soziokulturellen Rahmens untersucht werden (vgl. Skocpol 1985: 20). Leider haben weder Skocpol noch die meisten ihrer Kollegen/innen diesen Weg eingeschlagen. Neuere Ansätze gehen insofern weiter, als dass sie das sich wechselseitig konstituierende Verhältnis zwischen Staat und Gesellschaft problematisieren. Anhänger dieser Ansätze, die wesentlich vom sozialen Konstruktivismus beeinflusst sind, meinen, dass eine analytische Isolation des Staats und seiner Gliederungen von anderen gesellschaftlichen und wirtschaftlichen Strukturen zu einer Mystifizierung des Staats und seiner Kapazitäten geführt habe. Es sei ein Fehler, so Joel Migdal (vgl. Migdal 1997: 211, 222; Migdal 2001), den Staat als alleinstehende Organisation mit festen Grenzen zu verstehen. Auch dürfte ein analytischer Fokus auf formelle staatliche Institutionen nur begrenzte Erkenntnisse generieren. Migdal schlägt stattdessen einen Staat-in-Gesellschaft-Ansatz (statt den bisherigen Staat-vs.-Gesellschaft- oder Gesellschaft-vs.-Staat-Ansätzen) vor, der sich nicht auf die Analyse von Strukturen, sondern auf Prozesse konzentriert. Hierbei geht es insbesondere um die Analyse solcher Prozesse, in denen der Staat mit sozialen Gruppen interagiert, wobei sich der Staat und soziale Gruppen wechselseitig transformieren. Der moderne Staat ist geschaffen worden, um eine Uniformität und Universalität des Lebens innerhalb bestimmter Grenzen zu kreieren. Im Mittelpunkt der Fehler und Erfolge des modernen Staats, insbesondere was seine Fähigkeit angeht, Gehorsam zu erlangen, steht deshalb die Beschaffenheit seiner Beziehung zu denen, die er versucht zu beherrschen (vgl. Migdal 1997: 209, 211).

Wie Atuhl Kohli (2002) richtig feststellt, basiert dieser Staat-in-Gesellschaft-Ansatz auf Webers Postulat, dass Gesellschaft und Staat zwar analytisch getrennt, dennoch aber als wechselseitig konstituierend betrachtet werden sollten. Dieser theoretische Rahmen ist relativ flexibel und lässt offen, welche Seite – Staat oder Gesellschaft, Elite oder Masse – die Politik entscheidend beeinflusst. Tatsächlich wird dies von Fall zu Fall, Land zu Land, Politikfeld zu Politikfeld und über einen bestimmten Zeitraum hinweg unterschiedlich beantwortet werden müssen (so z. B. Katzenstein 1978). Joel Migdal (1988) nimmt beispielsweise an, dass die meisten Staaten in Schwarzafrika und dem Mittleren Osten relativ uneffizient sind, was auf die Existenz starker sozialer Akteure zurückzuführen ist. Auf der anderen Seite verweist Migdal auf Israel und begründet Israels starken Staat mit Hinweis auf die prekäre Sicherheitslage dieses Landes. Ähnlich argumentiert auch Christoph Stefes (2006), der Armeniens relativ nicht-korrupte und effiziente Bürokratie mit dem ineffizienten und korrupten Staatsapparat Georgiens unter dem früheren Präsident Schewardnadze vergleicht. Stefes zeigt, dass der Grad der Effizienz und Korruption in den Nachfolgestaaten der Sowjetunion wesentlich von der Art und Weise der politischen Transition und der inneren und äußeren Sicherheitslage bestimmt worden ist. Migdals theoretischer Rahmen wird in einer weiteren Studie fruchtbar auf andere Länder angewandt, inkl. Brasilien, China und Indien (vgl. Migdal/Kohli/Shue 1994).

In *Democracy and Discontent* nimmt Kohli (1990) an, dass die Schwächung politischer Institutionen, insbesondere nationaler politischer Parteien, dazu geführt hat, dass populistische, regionale Eliten Macht in ihren Händen konzentrieren konnten. Diese regionale Dispersion politischer Macht in Indien hat zur weiteren Schwächung staatlicher Strukturen beigetragen, wodurch das Land teilweise unregierbar wurde. In ähnlicher Weise zeigt Stefes (2003), dass die informellen Institutionen der Korruption und des Klientelismus in der südlichen Kaukasusregion die Klanstrukturen im Staatsapparat gestärkt und damit auch die Entwicklung formeller Institutionen der Marktwirtschaft und Demokratie behindert haben. Unter diesen Umständen hat sich die soziale, wirtschaftliche und rechtliche Situation der Bürger/innen gegenüber Sowjetzeiten kaum gebessert und in manchen Fällen sogar deutlich verschlechtert.

Abschließend soll festgehalten werden, dass der Staat-in-Gesellschaft-Ansatz zu einer deutlichen Weiterentwicklung bisheriger staats- bzw. gesellschaftszentrierter Theorien geführt hat. Dieser Ansatz wird sicherlich die CP bereichern und zur Entwicklung fruchtbarer Theorien und Modelle führen.

6. FAZIT

Zu Beginn des neuen Milleniums steht fest, dass der Staat als unabhängige Variable in der amerikanischen CP nur für einen kurzen Zeitraum eine prominente Stellung eingenommen hat (ungefähr von Anfang der 80er- bis Mitte der 90er-Jahre). Gleichzeitig hat der Staat seine zentrale Rolle in der Vergleichenden Politikwissenschaft Deutschlands seit den 70er-Jahren weitgehend verloren. Damit sei aber nicht gesagt, dass der Staat heute uninteressant für die Politikwissenschaft dies- und jenseits des Atlantiks geworden ist. Im Gegenteil, in den letzten zehn Jahren haben sich zahlreiche Politikwissenschaftler/innen mit der Beschaffenheit und der Leistungsfähigkeit von Staaten unter dem Einfluss der Globalisierung befasst. Eine weitere Gruppe von Kollegen/innen hat die Aufmerksamkeit auf bestimmte Staaten in Afrika, in der früheren Sowjetunion und des Balkans gelenkt, von denen einige als **failed states** gelten und andere als **de-facto states**. Diese stellen eine besondere Herausforderung für das internationale Recht und die Friedens- und Entwicklungspolitik dar. Der letzte Abschnitt dieses Kapitels wird einige dieser neuen Studien in der CP behandeln.

Globalisierung hat sich zu einem der wichtigsten Schlagwörter in der heutigen Politikwissenschaft entwickelt. Was sich hinter diesem Konzept verbirgt ist nicht immer eindeutig, da verschiedene Autoren/innen verschiedene, teilweise sich widersprechende Definitionen benutzen (wenn sie sich überhaupt die Mühe machen, Globalisierung zu definieren). Als gemeinsamer Nenner gilt jedoch, dass es sich bei der Globalisierung um einen Prozess handelt, der sich durch den rasant vermehrenden Austausch von Waren, Finanzen, Ideen und Menschen über nationale Grenzen hinaus auszeichnet und damit staatliche Herrschaft schon jetzt teilweise eingeschränkt hat. Und genau um diese Feststellung dreht sich die politikwissenschaftliche Debatte, wenn es um die Beschaffenheit und Leistungsfähigkeit der Staaten vor dem Hintergrund der Globalisierung geht. Inwieweit haben Regierungen überhaupt noch politische Spielräume, um Wirtschaft und Gesellschaft zu lenken und zu gestalten? Müssen sie sich nicht den Zwängen der Weltwirtschaft unterordnen, wenn sie die Wettbewerbsfähigkeit ihrer Volkswirtschaften erhalten wollen? Welche Ressourcen hat der Staat überhaupt noch, um seine Grundfunktionen – wie z. B. Ordnung und Wohlfahrt – auszuüben? Verblassen diese Ressourcen nicht angesichts des gigantischen Waren- und Finanztransfers weltweit? Kann es sich Deutschland zum Beispiel leisten, den Wohlfahrtsstaat in diesem Umfang zu erhalten, oder muss Deutschland ein neoliberales Modell übernehmen?

Diese und andere Fragen sind von verschieden Autoren/innen recht unterschiedlich beantwortet worden. Eine eher pessimistische Perspektive geht davon aus, dass der moderne Staat in seiner jetzigen Form ausgedient hat. Die Menschen werden deshalb zunehmend den Kräften der Globalisierung unterworfen werden. Es sei denn, es gelänge ihnen, eine supranationale politische Ordnung zu entwickeln, die entweder als Ergänzung zu den bisherigen Staaten tritt oder diese ersetzt. Jedenfalls können sich einzelne Nationalstaaten kaum der Globalisierung entziehen und mögliche Nachteile (Umweltverschmutzung, internationaler Terrorismus, Wirtschaftskrisen etc.) von ihren Bürger/innen abwenden. Für diese eher pessimistische Perspektive stehen zum Beispiel Autoren/innen wie Richard Falk (1999), James Mittelman (2000) und Susan Strange (1996). Auf der anderen Seite wenden Autoren wie Peter Evans (1997) und Martin Wolf (2005) ein, dass Globalisierung den Staat nicht unterminiert. Im Gegenteil, die Weltwirtschaft braucht einen effektiven Staat, weil nur dieser in der Lage ist, die Rahmenbedingungen für die weltweiten Ströme von Waren, Finanzen und Menschen zu setzen. Dieser Staat wird zwar „schlanker und gemeiner" sein (vgl. Evans 1997; eigene Übersetzung, C.S.), aber immer noch eine bedeutende Rolle für die Wohlfahrt seiner Bürger/innen übernehmen.

Eine weiterführende Debatte zur Globalisierung soll aber an dieser Stelle nicht stattfinden. Folgende Publikationen können jedoch zum Thema *Staat und Globalisierung* empfohlen werden: Beck (2003), Giddens (2001), Held/McGrew (2003), Lechner/Boli (2003) und Scholte (2000).

Eine weitere Forschungsrichtung der CP befasst sich mit solchen Staaten, denen die Kapazität fehlt, die Grundfunktionen moderner Staaten auf Dauer und über das gesamte Staatsgebiet auszuüben. Der Staat ist also mehr oder weniger *irrelevant* geworden (s. Abschnitt 2). **State failure** ist oft Folge langjähriger Bürgerkriege. Ein Beispiel ist Somalien und der Sudan in Afrika sowie Georgien und Tajikistan in der früheren Sowjetunion. *State failure* ist nicht unbedingt ein neues Konzept. Bereits 1990 stellte Robert Jackson in seinem umstrittenen Buch fest, dass viele Entwicklungsländer lediglich *Quasi-Staaten* seien, die zwar de jure Souveränität genießen, aber nur durch die Nachsicht und Unterstützung der Völkergemeinschaft existieren, da sie weder nach innen noch nach außen Ordnung und Sicherheit garantieren könnten. Diese Auffassung wird von neueren Studien, die sich mit *failed states* befassen, unterstrichen. Das erneute Interesse an den *schwachen* bzw. *irrelevanten* Staaten entspringt vor allem der Einsicht, dass wirtschaftliche Entwicklung ohne gefestigte staatliche Strukturen unmöglich ist. Hinzu kommt, dass das Machtvakuum, welches durch die Abwesenheit staatlicher Herrschaft entsteht, in zweierlei Hinsicht eine Gefährdung für den internationalen Frieden darstellt. Zum einen bieten *failed states* dem internationalen Terrorismus geeignete Rückzugs- und Rekrutierungsräume (Beispiel Afghanistan). Zum anderen versuchen umliegende Staaten, das Machtvakuum durch territoriale Expansion zu füllen, was zu kriegerischen Auseinandersetzungen führen kann und in Ländern wie Mosambik und dem Kongo bereits zu regionalen Konflikten geführt hat (vgl. Crocker 2003; Fukuyama 2004; Rotberg 2003). Bedeutende Fragen sind deshalb für die Politikwissenschaft, wie *state failure* verhindert werden kann und wie *failed states* wieder aufgebaut werden können (vgl. Krasner/Pascual 2005).

Eine andere Gruppe von Staaten, die man als *De-facto-Staaten* bezeichnet, hat in den letzten Jahren ebenfalls einige Aufmerksamkeit in der CP erlangt. Beispiele sind Südossetien im Norden von Georgien und Transdniester im Osten von Moldawien. *De-facto-Staaten* könnte man als das Gegenteil von *failed states* bezeichnen. Während *failed states* nur de jure aber nicht de facto souverän sind – also vom Völkerrecht anerkannt sind, aber keine Herrschaft etablieren können –, handelt es sich bei *De-facto-Staaten* um solche, die von der Völkergemeinschaft nicht als unabhängige Staaten anerkannt werden, aber grundsätzliche Funktionen moderner Staaten ausüben wie z. B. den Schutz der Grenzen und die Etablierung innerer Ordnung. Da sie allerdings keine de jure Souveränität genießen, ist ihre Existenz immer auch provisorisch, was sie grundsätzlich zu regionalen Spannungsherden macht (vgl. King 2001; Lynch 2004). Tatsächlich hat das internationale Recht auf diese Form von Staatlichkeit noch keine angemessene Antwort gefunden. Für Politikwissenschaftler/innen gilt zudem, passende analytische Modelle zu entwickeln, die der Beschaffenheit und dem Handeln dieser *De-facto-Staaten* gerecht wird – dies gilt sowohl für den Bereich der Vergleichenden Politikwissenschaft als auch dem der Internationalen Beziehungen.

INSTITUTIONEN UND NEO-INSTITUTIONALISMUS

Thorsten Spehn

1. EINLEITUNG

Eine der zentralen Fragestellungen in der Politikwissenschaft bleibt die Suche nach den Ursachen für die Divergenz nationaler Entwicklungswege und gesellschaftlicher Leistungen angesichts relativ konstanter externer Rahmenbedingungen. Zunehmend wird dies als eine Frage von Institutionen betrachtet. Formelle und informelle Regelwerke beinhalten eine Schlüsselstellung im nationalen Entwicklungsprozess, da sie unter anderem die kollektiven Interessen ihrer Gesellschaft strukturieren und gemeinsames Handeln ermöglichen. Aus diesem Grund zählen politische Institutionen seit vielen Jahren zu den Kerninhalten politik-wissenschaftlicher Untersuchungen, auch wenn sie unter sich verändernden Gesichtspunkten berücksichtigt wurden.

In den klassischen Werken der Antike wurden politische Institutionen bereits von Plato und Aristoteles untersucht. Plato verglich unterschiedliche Regierungsformen und beschäftigte sich mit der Rolle von Verfassungen, während Aristoteles ideale Regimeformen sowie die Notwendigkeit und Rolle von legislativen, exekutiven und judikativen Autoritäten innerhalb des Staats untersuchte (vgl. Rothstein 1998: 136f.; Magstadt 1994: 27f.). Machiavelli, Montesquieu, Locke, Rousseau, Hobbes und andere folgten in dieser Tradition, die sich hauptsächlich mit der Suche nach den optimalen politischen Institutionen sowie dem Einfluss dieser Strukturen auf die Bildung von idealen Gesellschaften und Individuen befasste.[1]

Dieser vorwiegend normative Ansatz bildete die Basis für das Studium von Institutionen im Rahmen der Etablierung der politischen Wissenschaft als moderne akademische Disziplin im späten 19. Jahrhundert. In dieser *klassischen Tradition* wurden Ursprünge und Aufbau von staatlichen Institutionen wie legislative, exekutive und judikative Organe, Verfassungen und Bürokratien erforscht (vgl. z. B. Garner 1910; Laski 1940). Es galt im Sinne einer Weberschen Tradition des Verstehens und der Interpretation, die vorhandenen Strukturen zu beschreiben und mit den Mitteln juristischer und historischer Analyse auf ihre Eigenarten und Qualitäten hin zu untersuchen. Das Resultat war die *Allgemeine Staatslehre*, in der ausführliche Be-schreibungen von politischen Institutionen besonders in Deutschland stark von dem Einfluss der Verfassungslehre geprägt waren (vgl. Rothstein 1998: 137). Aufgrund ihres normativen, deskriptiven und unpositivistischen Charakters, wurden diese traditionellen Ansätze nach Ende des Zweiten Weltkriegs von einer neuen Generation positivistisch-empiristisch orientier-

---

[1] Bei Rousseau findet sich bereits wegweisend ein zentraler Punkt der modernen Institutionenforschung: Dass Gesellschaften die Präferenzen von Menschen verändern und empirisch aufgezeigtes Verhalten nicht als Grundlage dienen kann, die wahre Natur von sozialen Akteuren zu definieren (vgl. Rousseau 1987: 33f.).

ter Sozialwissenschaftler/innen kritisiert und abgelehnt. Diese setzten neue Prioritäten, da normative Ansätze mit dem neu formulierten Ziel des systematischen Aufbaus einer erklärenden, prognostizierenden und überprüfbaren politischen Theorie nicht vereinbar waren.

Eine neue Denkweise setzte ein. Unter dem Einfluss des Behaviorismus, strukturfunktionalistischer Systemansätze, pluralistischer Gruppentheorie und marxistischen Ansätzen wurden politische Institutionen als von der Gesellschaft abhängige Strukturen betrachtet. Behaviorale Ansätze konzentrierten sich auf die Erkundung von Meinungen, Werten, Motivationen und dem Verhalten von Individuen. Für die einflussreichen, von Parsons und Almond entwickelten strukturellen Funktionalismustheorien waren die funktionalen Notwendigkeiten des sozialen Systems für die Form politischer Institutionen verantwortlich (vgl. Parsons 1964; Almond/Powell 1978; Easton 1965). Pluralistische Gruppentheorien konzipierten Institutionen als Arenen, in denen einflussreiche gesellschaftliche Gruppen ihre Interessenskämpfe austragen (vgl. z. B. Dahl 1961). In marxistischen Theorien, die vom Primat der Ökonomie ausgingen, hatten politische Institutionen prinzipiell keine kausale Relevanz, da sie allenfalls das Resultat der wirtschaftlichen Machtverhältnisse und nationalen Entwicklungsstufen waren. In der politischen Modernisierungstheorie war die Transformierung von individuellen Werten und traditionellen Denkweisen für die erwartete Entwicklung zur modernen und demokratischen Industriegesellschaft maßgebend. In den ersten rationalen Entscheidungs- und Spieltheorien schließlich, in der die Welt aus autonomen Akteuren und deren Selbstinteressen bestehend konzipiert wurde, spielten Institutionen fast keine Rolle (vgl. Levi 1991: 132; Rothstein 1998: 140).

Die Wiederentdeckung von Institutionen ergab sich im Zuge einer allgemeinen Ernüchterung über die relativ geringen Erkenntnisse der großflächigen behavioralen, strukturalen und marxistischen Theorien (vgl. Rothstein 1998: 141). Die erwartete politisch-ökonomische Konvergenz nationaler Systeme blieb aus. Demokratien wurden in vielen Ländern zunehmend von autoritären Regimen abgelöst; zudem verstärkte sich das Nord-Süd-Gefälle, während gleichzeitig eine kleine Gruppe asiatischer Staaten in ihrer Entwicklung außergewöhnlich erfolgreich war. Modernisierungstheorien und ihre Stufenmodelle der progressiven Entwicklung erwiesen sich empirisch als unzutreffend und die erstellten Hypothesen als ideologisch fragwürdig. Gleichzeitig boten neomarxistische Alternativtheorien wie Dependenz- und Weltsystemtheorie wissenschaftlich unbefriedigende Erklärungen für die beobachteten Differenzierungsformen verschiedener politischer Systeme. Huntington und Nettl analysierten bereits in den sechziger Jahren die Verbindung zwischen staatlicher Kapazität und politischer Stabilität (vgl. Huntington 1965; Nettl 1968). Sie maßen politischen Institutionen substanziellen Einfluss auf den politischen Entwicklungsweg eines Landes bei. Ferner wiesen strukturelle Marxisten dem Staat eine partielle Autonomie zu, um so die empirisch aufgezeigten Differenzen zwischen Staatszielen und dominanten kapitalistischen Interessen erklären zu können (vgl. Poulantzas 1969; Althusser 1971).

Die allgemeine Wende, die sich synchron in vielen Teilbereichen der Disziplin vollzog, fand jedoch erst Anfang der achtziger Jahre statt. Eine ganze Reihe von Wissenschaftlern/innen begann nun, politische Institutionen als unabhängige Variable bei der Politikformulierung konsequent wieder mit einzubeziehen (vgl. Krasner 1978; Nordlinger 1981; Evans/Rueschemeyer/Skocpol 1985). Auch bei dem Einsatz von rationalen Entscheidungstheorien traten Widersprüche zwischen Theorie und Empirie – wie zum Beispiel die Persistenz ineffizienter Strukturen und den unerwartet hohen Grad der Kooperation zwischen nutzenmaximierenden Individuen – auf, die unter Zuhilfenahme von Institutionen erklärt werden sollten (vgl. z. B. North 1990; Bates 1981, 1989; Bates u. a. 1998). Unterschiede in der Organisationsfähigkeit von Klassen und dem Grad der politischen Mobilisierung hatten für lange Zeit als behaviorale Erklärung für das Ausbleiben einer zunehmenden Konvergenz zwischen Nationen gedient (vgl. Esping-Andersen 1990). Gesellschaftliche Mobilisierungsdifferenzen konnten aber besser durch Unterschiede in politischen Institutionen erklärt werden, wenn man formelle und informelle Institutionen als soziale Kräfte mit eigenständigen Interessen betrachtet (vgl. Rothstein 1998: 141f.).

In der Vergleichenden Politikwissenschaft werden Relevanz und Einfluss von Institutionen auf politische Entscheidungen und gesellschaftliche Prozesse seit dieser Zeit, Anfang der achtziger Jahre, unter dem von March und Olsen geprägten Begriff *Neo-Institutionalismus* diskutiert (vgl. March/Olsen 1983, 1989). Im Gegensatz zu den von universellen Ansprüchen gekennzeichneten Metatheorien der sechziger Jahre, sind die neuen Ansätze eher als Theorien mittlerer Reichweite zu bezeichnen. Institutionalismustheorien beschäftigen sich mit dem Einfluss institutioneller Faktoren auf präzise formulierte politische Teilbereiche der Gesellschaft, soziale Gruppierungen sowie auf die folgende Politikfeldanalyse und vergleichen diesen gezielt mit anderen Fällen. Hierbei handelt es sich nicht um ein einheitliches Forschungsprogramm mit konsistenter Theorienbildung, sondern um unterschiedliche analytische Denkansätze. Diese haben sich aus verschiedenen Traditionen und Bereichen unabhängig voneinander entwickelt und weisen bis dato in Bezug auf Forschungsziele, Erkenntnisse, Begriffsdefinitionen und Methodologie relativ geringe Übereinstimmung oder Konvergenz auf (vgl. Immergut 1998; Hall/Taylor 1996: 955).

Im Wesentlichen lassen sich drei Gruppen von Ansätzen zum Studium von Institutionen erkennen (vgl. Hall/Taylor 1996; Koelble 1995):

1. **Der rationale Ansatz zu Institutionen**, der vorwiegend in der Neuen Politischen Ökonomie (institutional economics) auftaucht. Dieser hat sich aus der rationalen Entscheidungstheorie entwickelt und ist daher eng mit deren Axiomen und Annahmen über ein rationales, nutzenmaximierendes Individuum – dem so genannten Homo Oeconomicus – verwandt. Institutionen sind von rationalen Akteuren entworfene Handlungsbeschränkungen, die der Vereinfachung und erhöhten Effizienz menschlicher Entscheidungen durch die Reduzierung von Transaktionskosten dienen (vgl. North 1990). Obgleich ihre Entstehung als Resultat der Aggregation individueller Entscheidungen verstanden wird, sind Institutionen nicht beliebig veränderbar, da einstmalig geschaffene Strukturen den Gestaltungsspielraum von nachfolgenden Akteuren verengen (path dependency) und Innovationskosten (sunk costs) verursachen. Dies erklärt sowohl die Beständigkeit als auch die inkrementale Entwicklung von Institutionen.

2. **Der soziologische Denkansatz**, der besonders im wirtschaftssoziologischen Institutionalismus stark vertreten ist. Dieser geht davon aus, dass ökonomisches Verhalten, welches auf der Formulierung von Präferenzen und individuellen Entscheidungen basiert, nicht ex ante postuliert werden kann, da Individuen in institutionelle Kontexte wie Kulturen, Gesellschaften, Organisationen, Firmen oder industrielle Sektoren eingebettet sind. Diese sozialen Felder bestimmen individuelle Identitäten, auf deren Basis wiederum Konzepte wie Interessen, Kosten und Nutzen erst definiert werden können. In diesem Ansatz werden Institutionen als unabhängige Variable angesehen. Nicht Individuen und deren Interessen führen zur Bildung von Institutionen, sondern individuelles, rationales Handeln wird erst dann als solches erkenntlich, wenn man die von existierenden Institutionen geschaffenen spezifischen Rahmenbedingungen menschlichen Handelns voranstellt.

3. **Der historisch-institutionelle Ansatz**, der aufgrund seiner Charakteristiken zwischen den beiden anderen Gruppen einzuordnen ist. Hier sind die Präferenzen des Individuums wie im soziologischen Ansatz nicht vorgegeben, sondern entstehen im Zusammenspiel zwischen gesellschaftlichen Gruppen, Interessen, Ideen und institutionellen

Strukturen. Institutionelle Kontexte beeinflussen nicht nur die gesellschaftliche Machtverteilung und die politischen Strategien von Individuen und Gruppen, sondern auch den Prozess, in dem Menschen lernen, ihre Interessen und Präferenzen zu definieren.

Aufgrund dieser Aufteilung sind Institutionen als Variablen zu bezeichnen, die zwischen Akteurspräferenzen entweder intervenieren (HI-Ansatz), diese als unabhängige Variable determinieren (SI-Ansatz) oder aber als abhängige Variable Ausdruck von Präferenzen werden (RCI-Ansatz). Gemein haben die verschiedenen Forschungsansätze, dass sie Institutionen zu einem unterschiedlichen Grad in die Erklärung von menschlichen Handlungen und der resultierenden Formulierung politischer Entscheidungen einfließen lassen.

2. THEORIEN UND ANSÄTZE

Nach Immergut lassen sich drei spezifische Aspekte identifizieren, die die verschiedenen institutionellen Ansätze von anderen Theorien unterscheiden bzw. in denen sie weitgehend übereinstimmen. Erstens, in Abgrenzung zu den Grundannahmen behavioristischer Theorien, in denen die Präferenzen von Akteuren durch deren Handlungen offenkundig werden und als reale Präferenzen verstanden werden, unterscheiden institutionelle Ansätze zwischen *gezeigten* und *wahren* Präferenzen (vgl. Immergut 1998: 6f.). So scheinen von Akteuren aus unterschiedlichen Gründen verschiedene Entscheidungen unter den gleichen Rahmenbedingungen möglich. Zweitens bestreiten institutionelle Ansätze die Möglichkeit einer Aggregation von individuellen Entscheidungen zur Erklärung von politischen Kollektiventscheidungen, da dieser Vorgang in Wirklichkeit keine Summierung von individuellen Entscheidungen, sondern einen Prozess darstellt. Darin werden Präferenzen durch strategisches Kalkül und Verhandlungen zwischen Akteuren unter Berücksichtigung institutioneller Rahmenbedingungen verändert (vgl. ebd.). Institutionen sind Mechanismen, die nicht nur individuelle Präferenzen zu Kollektiventscheidungen zusammenfassen, sondern diese auch mitgestalten. Schließlich lässt sich der prägende Einfluss von Institutionen auf politisches Verhalten nicht ohne kritische Diskussion normativer Fragen über die Gerechtigkeit institutioneller Strukturen und Empfehlungen zu deren Verbesserung bewerkstelligen. Die Charakteristika und Forschungsschwerpunkte der verschiedenen Ansätze werden im Folgenden erläutert.

2.1 Rational-Choice-Institutionalismus (RCI-Ansatz)

Im Mittelpunkt der Forschungen der rationalen Entscheidungstheorie stehen die persönlichen Interessen und strategischen Entscheidungen von Individuen, der so genannten Akteure. Der rational-institutionelle Ansatz, der sich Mitte der siebziger Jahre aus der rationalen Entscheidungstheorie entwickelte, bleibt im Gegensatz zu den anderen Schulen sehr stark mit deren Annahmen verbunden und kann daher auch als **akteurszentrierter Institutionalismus** bezeichnet werden. Wie die rationale Entscheidungstheorie, beruht der rationale Institutionenansatz auf den Postulaten des methodologischen Individualismus. Dabei wird versucht, anhand des Ausgangspunkts der Untersuchung und einer Aggregation von mikrostrukturellen Faktoren, d. h. individuellen menschlichen Entscheidungen, generell zutreffende Aussagen über gesellschaftliche Makrostrukturen zu formulieren. Rationale Modelle im Bereich der Politik und Ökonomie begründen sich auf Annahmen der individuellen Rationalität, der strategischen Interaktion, der Tendenz zum Systemequilibrium (equilibrium analysis) und dem Einfluss institutioneller Rahmenbedingungen auf die individuelle Entscheidungsbildung.

Modelle rationaler Wahl gehen davon aus, dass Individuen je nach Situation bewusst ihre Interessen definieren und ihre Präferenzen transitiv ordnen, um sie dann planmäßig zu verfolgen.[2] In der Regel werden diese Interessen in der Theorie als Kostenminimierung und Nutzenmaximierung verstanden und die Formulierung von Präferenzen im Sinne des nutzenmaximierenden Homo Oeconomicus ex ante konstatiert. Erwartete Kosten und Nutzen werden den eigenen Präferenzen gemäß abgeschätzt und situativ konstant gehalten. Die folgenden Entscheidungen des Individuums sind dann das Resultat einer vorhergehenden Interessendefinition unter strategischer Berücksichtigung (strategic interaction) der angenommenen Entscheidungen anderer Akteure (vgl. Olson 1965). Auf diese Weise reagieren Handelnde auf das Verhalten anderer, bis sich jeder Akteur in einer situativ angepassten, nutzenoptimierenden Position befindet.

An dem Rationalitätsideal des wohlinformierten, logisch wählenden und lernenden Individuums ist wiederholt Kritik geübt worden. So wurde auf mangelnden persönlichen Informationszugang, differenzierte Lernfähigkeit, kognitive Probleme und Unterschiede bei der menschlichen Informationsverarbeitung hingewiesen (vgl. Uhlen 1990; Green/Shapiro 1994). Rational-Choice-Wissenschaftler/innen erwiderten, dass die Annahme einer allgemein zutreffenden Rationalität eines jeden Individuums für die Operation rationaler Modelle nicht notwendig ist. Sie avancierten evolutionäre Prozesse als Erklärung, laut denen individuelle Informationsdefizite durch Lernschleifen auf Dauer ausgeglichen und falsche Annahmen angepasst werden. Nicht lernfähigen oder irrationalen Akteuren entstehen höhere Kosten als rationalen Individuen, was dazu führt, dass sie durch natürliche Selektion aus dem System ausscheiden (vgl. Tsebelis 1990; North 1990).

Wesentliche Probleme hingegen ergaben sich in Bezug auf die Prognosen des rationalen Modells, welche relativ selten durch empirische Evidenz affirmiert werden konnten. Laut rationalen Annahmen waren nämlich zielgerichtete Kollektivhandlungen (collective action) zwischen unabhängigen und nutzenmaximierenden Individuen in der Regel nicht zu erwarten (vgl. Olson 1965). In der sozialen und politischen Umwelt kam menschliche Kooperation zur Vermeidung suboptimaler gesellschaftlicher Ergebnisse aber häufig vor. Durch spieltheoretische Analysen versuchten Rational-Choice-Wissenschaftler/innen, dieses Paradox zunächst durch die beziehungsstabilisierende Wirkung von wiederholten Interaktionen zwischen Akteuren zu erklären (vgl. Coleman 1973; Axelrod 1984). Dauerhafte menschliche Interaktionsprozesse können aber sowohl zu kooperativen als auch zu unkooperativen Verhaltensstrukturen führen: Dauerhaftes kooperatives Verhalten in komplexen Situationen konnte ohne Zuhilfenahme institutioneller Rahmenbedingungen nicht erläutert werden (vgl. Weingast 2002: 691). Diese Problematik erklärt die Entstehung des rational-institutionellen Ansatzes, der sich zunächst der Untersuchung des politischen Verhaltens der Abgeordneten im amerikanischen Kongress widmete.

Wenn sich laut konventioneller Entscheidungstheorien die Präferenzstrukturen von Akteuren je nach politischer Streitfrage neu gestalten, um sich so den Interessen des Individuums anzupassen, hätten im amerikanischen Kongress die ständig wechselnden Präferenzstrukturen der Abgeordneten im Zusammenhang mit dem multidimensionalen Charakter vieler politischer Streitfragen zu unstabilen Mehrheitsentscheidungen führen müssen (vgl. Rothstein 1998: 143). Verabschiedete Gesetze hätten dann von folgenden Mehrheiten revidiert werden müssen. Das Resultat wäre eine unbeständige Politik mit vielen ideologischen Schwankungen. Tatsächlich aber waren die politischen Mehrheitsentscheidungen der USA von einem relativ hohen Ausmaß der Kontinuität gekennzeichnet. Die Erklärung für die scheinbar paradoxe Beobachtung, dass das Zusammenspiel von nutzenmaximierenden Interessenträgern zu einer bedeutenden Kontinuität in der amerikanischen Politik führen konnte, suchten Politikwissen-

---

[2] Unter transitiver Präferenzordung wird verstanden, dass Akteure sowohl Intensität als auch Rangfolge ihrer Präferenzen situativ konstant halten.

schaftler/innen Ende der siebziger Jahre in dem Einfluss von legislativen Regeln (vgl. Riker 1980). Diese reduzieren die situativen Unklarheiten in reinen Majoritätswahlsystemen dramatisch, indem sie sowohl den Spielraum als auch die Reihenfolge der möglichen Wahloptionen der Abgeordneten regulieren. Zwar sind Abgeordnete nutzenmaximierende Individuen, sie respektieren aber normative Einschränkungen, weil diese ihre Entscheidungen vereinfachen. In der rational-entscheidungstheoretischen Perspektive reduzieren institutionelle Regeln die Transaktionskosten von politischen Vereinbarungen zwischen den Abgeordneten, was wiederum die Gestaltung kontinuierlicher Politikprogramme möglich macht. Am Beispiel des amerikanischen Kongresses wird deutlich, dass Institutionen eine wichtige Rolle bei der Lösung von Kollektivproblemen moderner Demokratien spielen.

Laut rationalem Ansatz entstehen Institutionen durch die wiederholten Transaktionen zwischen nutzenmaximierenden Individuen. Sie stellen eine Verbesserung einer ungeordneten Situation dar, indem sie Austauschbeziehungen stabilisieren, kooperatives Verhalten zwischen egoistischen Akteuren animieren und forcieren sowie Transaktionskosten minimieren (vgl. Koelble 1995; Goodin 1996: 9). Durch die Schaffung von verlässlichen und effizienten Rahmenbedingungen für zwischenmenschliche Interaktionen reduzieren Institutionen die Undurchschaubarkeit und Unsicherheit im täglichen Leben, die zwangsläufig durch das Agieren zwischen nutzenmaximierenden Individuen auftreten (vgl. North 1990). Die Etablierung, Unterhaltung und Veränderung bestimmter Institutionsformen kann somit als Resultat des Versuchs der Reduktion von Transaktionskosten im Vergleich zum Fall derselben Tätigkeit ohne Strukturierung gesehen werden (vgl. Williamson 1985). Institutionen verbessern individuelles Agieren und passen sich den kontinuierlich ändernden Interessen der Akteure an. Formelle und informelle Institutionen sind damit nicht das Produkt von irrationalen oder identitätsbezogenen Erwägungen, sondern entwickeln sich durch die zielgerichteten und strategischen Entscheidungen nutzenmaximierender Akteure. Sie entstehen als effiziente oder ineffiziente Lösung kollektiver Probleme. Damit wird ihre Rolle als primär funktionell verstanden (vgl. Hall/Taylor 1996: 952).

In der rational-institutionellen Literatur sind Studien über den amerikanischen Kongress weiterhin stark vertreten. Untersuchungsobjekte waren z. B. formelle und informelle Regeln und deren Einfluss auf das Wahlverhalten der Abgeordneten (vgl. McCubbins/Sullivan 1987), das parlamentarische Komiteesystem (vgl. Shepsle/Weingast 1987) und die Beziehungen zwischen Kongress und regulierenden Dienststellen (vgl. Ferejohn/Shipan 1990). Zudem sind demokratische Übergänge und Konsolidierungen untersucht worden (vgl. Przeworski 1991; Geddes 1996, 1999; Marks 1992). Studien über die institutionellen Einflüsse der Europäischen Union (vgl. Tsebelis 1994), ethnische Konflikte (vgl. Fearon 1998; Weingast 1998) und sogar den Nationalismus (vgl. Breton/Galeotti/Salmon/Wintrobe 1995) belegen die wachsende Diversität innerhalb der rational-institutionellen Forschungsrichtung. Zur Frage des institutionellen Wandels und der Persistenz ineffizienter institutioneller Konstruktionen sind besonders die Beiträge von North und Bates hervorzuheben (vgl. North 1981, 1990; Bates 1981, 89). Das verwendete Konzept der Pfadabhängigkeit lässt zunehmend kulturelle und geschichtliche Faktoren in die Theoriengestaltung mit einfließen, sodass sich der rational-institutionelle Ansatz verstärkt den anderen Perspektiven annähert. So plädiert Bates, der sich mit der Untersuchung des negativen Einflusses von Institutionen auf afrikanische Wirtschaftsentwicklungen beschäftigt hat, für die Anwendung von so genannten *analytic narratives*, wobei es sich um ein Gerüst von rationalen Grundprinzipien handelt, in das institutionelle Faktoren je nach Bedarf eingesetzt werden können, um so den spezifischen kulturellen Gegebenheiten gerecht werden zu können (vgl. Bates 1991; zur Anwendung siehe Bates u. a. 1998).

Die Stärke rational-institutioneller Ansätze liegt in der Möglichkeit einer präzisen Formulierung der Beziehung zwischen menschlichem Verhalten und Institutionen anhand weniger, klar definierter Annahmen und Axiome. Dies vereinfacht die Formulierung von generellen, systemübergreifenden Theorien und ermöglicht eine systematische Forschungsentwicklung im Sinne des Falsifikationsaxioms des Popperischen Modells der wissenschaftlichen Erkenntnis. Die Schwäche des Modells bleibt die stark vereinfachte Konzeption individueller Präferenzen (vgl. Levi/Cook/O'Brien/Faye 1990: 2f.) sowie die mangelhafte Beschäftigung mit prägenden institutionellen Einflüssen auf die menschliche Interessenformulierung, die grundsätzlich zu Verzerrungen der Einzelentscheidungen führt (vgl. Immergut 1998: 6f.). Des Weiteren leidet die rationale Perspektive unter den inhärenten Problemen des methodischen Individualismus, indem die Formulierung von allgemeingültigen Makrotheorien in der Regel an der Empirie der spezifischen Eigenarten und diversen Entwicklungsgeschichten menschlicher Gesellschaften scheitert.

2.2 Soziologischer Institutionalismus (SI-Ansatz)

Soziologisch-institutionelle Ansätze suchen nach Erklärungen für die Entstehung und Verbreitung spezifischer institutioneller Strukturen, Verhaltensabläufe, Symbole und Denkweisen in Kulturräumen und Organisationen. Im Gegensatz zur Annahme exogen vorgegebener Akteurspräferenzen des rational-institutionellen Ansatzes geht die soziologische Perspektive davon aus, dass die Handlungen von Akteuren nicht durch individuelle Motivationen erklärt werden können, weil die Akteure selbst in bestehende Netzwerke sozialer Beziehungen eingebettet sind (vgl. Swedberg/Granovetter 1992: 9). Gesellschaftliche, kulturelle und organisatorische Bereiche bestimmen die geteilte gedankliche Realitätsauffassung der Akteure und determinieren, was Bedeutung besitzt und welche Handlungen möglich, statthaft oder rechtmäßig sind (vgl. Walgenbach 1999: 321).

Die soziologische Begriffsdefinition von Institutionen ist wesentlich weiter gesteckt als die der anderen Perspektiven. Als Institutionen gelten nicht nur Regeln, Handlungsweisen, organisatorische Standards und Regierungsstrukturen, sondern auch Konventionen, Bräuche und Gewohnheiten (vgl. Koelble 1995: 234). Damit wird die konzeptionelle Trennung zwischen den Begriffen *Institution* und *Kultur* aufgehoben (vgl. Hall/Taylor 1996: 947). Institutionen, in diesem weiteren Sinne definiert, können nicht durch die nutzenmaximierenden Handlungen von Individuen zu Stande kommen, da sie der menschlichen Interessenformulierung logisch vorangehen. Die rational-institutionelle Ansicht, nach welcher freie Akteure zwischen Institutionsformen, Normen oder Regeln wählen und diese ihren Interessen gerecht verändern können, halten Wissenschaftler/innen der soziologischen Forschungsrichtung deswegen nicht für vertretbar (vgl. Powell/DiMaggio 1991).

In der soziologischen Perspektive entscheidet nicht individuelles, rationales Handeln die Struktur von Institutionen, sondern – im Gegenteil – institutionalisierte Regeln werden als von den Akteuren unabhängige Variable verstanden, weil sie Sinn, Zweck und Inhalt des rationalen Denkens erst definieren. Das Bezugssystem einer Organisation bestimmt die Denkweise der Mitglieder, aus welcher sich sowohl persönliche Zielsetzungen als auch Handlungsweisen ergeben. Akteure wählen zwischen vorgegebenen gesellschaftlichen oder kulturellen Optionen. Sie unterwerfen sich einer Logik der Angemessenheit, indem sie sich unter Berücksichtigung von relevanten sozialen Verhaltensmustern und Konventionen entscheiden (vgl. March/Olsen 1983: 741). Die notwendige Interpretation der Wirklichkeit wird für Akteure erst durch die von Institutionen vorgegebenen kognitiven Denkmuster, Kategorien und Modelle des Handelns ermöglicht. Der Einfluss von Institutionen ist daher sowohl offensichtlich als auch untergründig, da diese nicht nur soziale Optionen bestimmen, sondern auch menschliche Vorstellungen der Realität beeinflussen. Wie in dem in der internationalen politischen Theorie vertretenen Begriff des Konstruktivismus, existieren interaktive und beidseitig transformierende Beziehungen zwischen Institutionen und individuellem Handeln (vgl. Hall/Taylor 1996: 948). Institutionen beeinflussen menschliches Handeln durch die Bildung menschlicher Identitäten und sozialer Rollen, von denen wiederum Interessen erst abgeleitet werden können. Gleichzeitig führen menschliche Interaktionen im Laufe der Zeit zu einer stetigen Veränderung institutioneller Strukturen.

Soziologische Perspektiven benutzen das Konzept der sozialen Einbettung menschlicher Handlungen nicht nur im Sinne der Etablierung des Primats institutioneller Strukturen, sondern auch, um damit ihre Ablehnung der bestehenden interdisziplinären Trennung zwischen Ökonomie und Soziologie innerhalb der Sozialwissenschaften zu unterstreichen. Mit der Tendenz, ökonomische und soziale Faktoren gemeinsam zu untersuchen, berufen sich soziologisch-institutionelle Autoren/innen auf die klassischen Werke von Weber und Polanyi. Beide Autoren untersuchten die Interdependenzen im Bereich der Beziehungen zwischen Ökonomie, Gesellschaft und Staat, die sich im Zuge der Entwicklung zur modernen Industriegesellschaft veränderten (vgl. Polanyi 1944). Das rationale und nutzenmaximierende Verhalten des modernen Homo Oeconomicus, das heute in rational-ökonomischen Ansätzen für selbstverständlich betrachtet wird, entstand erst durch die soziale Entwicklung zur modernen Gesellschaft (vgl. Gellner 1983). Institutionen und – für Weber besonders – kulturelle Faktoren spielten eine führende Rolle bei der Transformierung der traditionellen Gesellschaft in die moderne Industrienation (vgl. Weber 1978). Das menschliche Streben nach Status, Anerkennung und Macht war prinzipiell nicht von anderen Teilbereichen des Handelns zu trennen, da diese durch die sozialen Werte erst Bedeutung gewannen (vgl. Swedberg/Granovetter 1992: 7). Rationales, selbst-bezogenes Handeln war damit nicht von kulturell-normativen Erwägungen zu trennen. Allerdings postulierte Weber eine zunehmende Angleichung gesellschaftlicher Strukturen mit fortgeschrittenem Entwicklungsgrad, aufgrund des universellen Einflusses des rationalen, zielgerechten Denkens und moderner bürokratischer Strukturen.

Die modernen soziologischen Institutionalisten, die vorwiegend in der Organisationstheorie vertreten sind, halten weniger die Rationalität, sondern mehr den Einfluss von kulturspezifischen Faktoren für die Institutionsbildung ausschlaggebend, was die ausbleibende strukturale Konvergenz zwischen Nationalstaaten erklärt. Institutioneller Wandel ist somit nicht das Resultat rationaler und effizienter Anpassung an neue Rahmenbedingungen, sondern ist auf die sozialen Legitimationsbestrebungen der Organisation oder ihrer Mitarbeiter zurückzuführen. Hieraus ergibt sich, dass soziale Beziehungen zwischen Institutionen, wie z. B. Unternehmen, mitunter wichtiger sind als hierarchische Autoritätsstrukturen innerhalb dieser, was wiederum die Existenz gemeinsam verbreiteter sozialer Handlungsmuster innerhalb wirtschaftlicher Sektoren und auch zwischen Nationen erklärt. Das ökonomische Verhalten von Menschen und Märkten ist daher nicht nur Gesetzen der Effizienz und der Profitsuche unterworfen, sondern wird auch sozial strukturiert, indem sich Unternehmen und Organisation gesellschaftlich akzeptablen Mustern anpassen. So erklärte Fligstein die wirtschaftliche Diversifizierung amerikanischer Unternehmen nicht durch funktionale Anpassung an wirtschaftlich-technologische Faktoren, sondern durch die sozialen Rollen und Weltauffassungen von Wirtschaftsführern (vgl. Fligstein 1990). Soysal untersuchte die Immigrationspraktiken verschiedener Staaten und führte Konvergenz in diesem Politikfeld auf die Verbreitung von internationalen Menschenrechtskonventionen zurück (vgl. Soysal 1995).

Ein einflussreiches Beispiel des soziologischen Ansatzes ist die makrosoziologische These der weltweiten Diffusion von Fortschrittsglauben, Säkularisierung und Zweckrationalität von Meyer und Rowan, die im **World-Polity-Ansatz** zusammengefasst werden. Diese effizienzbetonenden Grundprinzipien der modern Gesellschaft, als Mythen oder kulturspezifische, kognitive Skripte verstanden, haben nahezu den Charakter einer weltgesellschaftlichen

Zwangsvorgabe eingenommen. Diese Werte konstruieren ein subjektives Realitätsverständnis, welches sich einer kritischen Hinterfragung durch menschliche oder organisatorische Akteure entzieht und deren Handlungen zugleich entlastet und ermöglicht (vgl. Meyer/Rowan 1991; Meyer 2001). Aus soziologischer Sicht sind existierende Akteurspräferenzen und Handlungen somit das Resultat von Institutionalisierungsprozessen, die durch vorherrschende gesellschaftliche Rahmenbedingungen erklärt werden können.

Abschließend kann angemerkt werden, dass die Stärken soziologisch-institutioneller Ansätze in ihrer Erklärung von kultureller Isomorphie und institutioneller Persistenz im Angesicht der Veränderung externer Umweltbedingungen zu suchen sind. Nachteile des strukturell-deterministischen Forschungsschwerpunkts entstehen durch das Verständnis von Institutionen als unabhängige Variablen, was zur mangelhaften Erklärung strukturellen Wandels und abweichenden Akteurverhaltens führt. Auch die Entwicklung von universell anwendbaren Erkenntnissen und prognostizierenden Theorien bereitet Schwierigkeiten. Da sich soziologische Wissenschaftler/innen primär in der Tradition des Verstehens, d. h. der Beschreibung und Interpretation spezifischer, institutionell-kultureller Faktoren befinden, können diesbezügliche Erkenntnisse selten übergreifend angewandt werden.

2.3 Historischer Institutionalismus (HI-Ansatz)

Das zentrale Forschungsobjekt historischer Ansätze ist das geschichtliche Milieu, in dem interaktive Prozesse sowie strategische Aktionen von individuellen Akteuren die Entstehung und Entwicklung von Institutionen gestalten. Mit dem vorausgesetzten, breiten Verständnis der Beziehungen zwischen Institutionen und individuellem Verhalten, indem sich individuelle Interessen und institutionelle Strukturen gegenseitig beeinflussen, sind HI-Ansätze zwischen den anderen Varianten institutioneller Ansätze einzuordnen. Hier wird postuliert, dass der Handlungs- und Gestaltungsspielraum politischer Akteure von bezeichnenden geschichtlichen Rahmenbedingungen wie z. B. aktuellen Technologien, Ideen, Auffassungen und Wissensbeständen etc. eingeschränkt wird. Gleichermaßen beeinflussen die folgenden strategischen Einzelentscheidungen der handelnden Individuen oder Gruppen die langzeitige Entwicklung von Institutionen.

Institutionen werden als formelle oder informelle Prozeduren, Routinen, Normen und Konventionen verstanden, die in eine organisatorische Struktur der politischen oder wirtschaftlichen Ordnung eingebettet sind (vgl. Hall/Taylor 1996: 938). Mit dieser breit gefächerten Definition, die auch die Beobachtung des Einflusses von Ideen zulässt, sind HI-Ansätze in der Lage, akteurspezifische mit institutionellen Einflüssen zu verknüpfen, die Art und Weise zu erkennen, in der Institutionen erscheinen und wie sie in konkrete temporale Prozesse eingebettet sind (vgl. Thelen 1999). Dabei spielt die Analyse von historischen Regierungsformen, Prozessen, Sequenzen und Entscheidungen eine entscheidende Rolle, da diese die Anzahl der Beobachtungen erhöht und die Variationsbreite der zugänglichen Untersuchungen erweitert (vgl. Pierson/Skocpol 2002: 698).[3] Allerdings dient die Definition des historischen Kontextes, z. B. Regimeformen, Epochen, Regionen und Kulturen, auch einer Spezifizierung der theoretischen Anwendbarkeit von Argumenten in diesem Ansatz (vgl. Pierson/Skocpol 2002: 711f.). Die Erkenntnisse von HI-Ansätzen sind nur bedingt auf andere historische Situationen anwendbar und dienen primär der Erklärung von spezifischen historischen Entwicklungen und Zusammenhängen.

---

[3] Die Anzahl politischer Institutionen und Vorgänge in der Welt ist begrenzt und für Forschungszwecke relativ gering. Diese Problematik wird als *small-N problem* bezeichnet, das in dem Methoden-Abschnitt näher behandelt wird.

Im Mittelpunkt der Untersuchung von HI-Ansätzen stehen Regierungsstrukturen, politische Prozesse und deren Beziehungen bei der Formulierung von Politikinhalten (vgl. Schulze 1997: 19). Spezifische Charakteristika von Gesetzen können die zur Verfügung stehenden Ressourcen von Akteuren innerhalb bestimmter Politikfelder entscheidend beeinflussen. Die Auswirkungen von Gesetzen können damit so entscheidend sein wie die von formellen Institutionen (z. B. Organisationen oder Bürokratien) (vgl. Pierson/Skocpol 2002: 710). Gesetze beeinflussen die Interaktionen zwischen Institutionen und Organisationen, indem sie nicht nur die Politikinhalte von Regierungen, sondern auch die Strategien und Bündnisentscheidungen von Interessengruppen und Meinungsvertretern bestimmen (vgl. Hall 1986). Die Voraussetzung eines breiten Verständnisses von Institutionen ermöglicht letzthin eine Methodologie, in der Institutionen in eine kausale historische Sequenz unter Berücksichtigung von sozioökonomischen Entwicklungen sowie der Verbreitung von Ideen verortet werden (vgl. Hall/Taylor 1996: 938ff.). So werden sowohl die historisch-spezifischen Kontexte als auch die interaktiven Prozesse offenbart, die Staaten, Politik und Politikformulierung nachträglich beeinflussen (vgl. Pierson/Skocpol 2002: 693).

Ein wichtiges Anliegen des HI-Ansatzes ist die Untersuchung der Themen *Macht* und *Interesse*. Ausgehend von der Annahme, dass „der Konflikt um knappe Ressourcen zwischen rivalisierenden Gruppen den Kern politischer Prozesse beinhaltet" (vgl. Hall/Taylor 1996: 937; eigene Übersetzung, T.S.), betont dieser Ansatz die Asymmetrien in den Machtbeziehungen zwischen Gruppen und erforscht, inwieweit existierende Institutionen Kräfteverhältnisse unterhalten oder verstärken bzw. die Veränderung dieser überdauern. So wird die differenzierte Entwicklung von staatlichen Krankenversicherungsgesetzen in Europa durch die Tätigkeiten von organisierten Interessen erklärt, welche aber erst durch bestehende bzw. fehlende legislative Einflussmöglichkeiten (veto points) treibende Kraft gewinnen (vgl. Immergut 1992b). Steuergesetzgebung wird als Resultat der Art und Weise verstanden, in der spezifische politische Institutionen die Teilnahme sozialer Gruppen bei der Formulierung von Politikinhalten strukturieren (vgl. Steinmo 1993). Geschichte beinhaltet in der Regel keine progressiv-effiziente Lösung von Problemen, sondern unterstreicht die Existenz und Kontinuität von Machtasymmetrien, die durch komplexe institutionelle Zusammenhänge und die zum Teil unbeabsichtigten Folgen innergesellschaftlicher Machtkämpfe entstehen (vgl. Immergut 1998: 25f.). Die Erkenntnisse von HI-Ansätzen belegen die Präsenz dieser Machtasymmetrien zwischen gesellschaftlichen Institutionen und Gruppen und weisen zudem auf die vielfältigen Variationen nationaler Konfliktlösungen hin (vgl. Schulze 1997: 15). Des Weiteren wird die Rolle von historischen Pfadabhängigkeiten spezifischer institutionaler Entwicklungen erforscht. Hierbei handelt es sich um die Erkundung von geschichtlich bedingten Eigenarten des institutionellen Kontextes zusammen mit deren Einfluss auf moderne gesellschaftliche Verhältnisse und Vorgänge.

In signifikanten historischen Zeitabschnitten führen einstmalige politische Entscheidungen und gesellschaftliche Entwicklungsprozesse zur Einschränkung des Handlungs- und Gestaltungsspielraums für nachfolgende Akteure. Positive Rückkopplungsprozesse innerhalb des politischen Systems erschweren die Umkehrung oder Reform des gesellschaftlichen Entwicklungswegs (vgl. Pierson/Skocpol 2002: 699). Eine Wiederholung vorangegangener Entscheidungen wird dann wahrscheinlich und führt zu gesellschaftlichen Pfadabhängigkeiten, welche differenzierte nationalstaatliche Institutionen in Wirtschaft oder Politik erklären. Diese beeinflussen dann nachträglich moderne Prozesse wie Wirtschaftswachstum, Staatsentwicklung, Gewerkschaftsbildung, Demokratisierung oder Grad der politischen Mobilisierung (vgl. z. B. Gerschenkron 1962; Moore 1966; Immergut 1992a; Waldner 1999). Langzeitliche Unterschiede zwischen politischen Systemen und das Beharrungsvermögen von Institutionen werden durch Pfadabhängigkeiten erklärbar. Die mangelnde Reformbereitschaft oder Fähigkeit politischer Gruppen, wie z. B. im Bereich der Sozialstaatssanierung, lassen sich so erläutern (vgl. Pierson 1994; Torfing 2001). Das Konzept kann außerdem dazu verwendet werden, die Zunahme von gesellschaftlichen Machtasymmetrien durch Vorgänge institutioneller Verhärtung in wichtigen Organisationen, politischen Werten oder Gesetzgebung zu explizieren.

Das Konzept der Pfadabhängigkeit, gekoppelt mit der Langzeitbeobachtung von politischen Prozessen, historischen Sequenzen und Gruppenkonflikten, ermöglicht die Erklärung von disfunktionalen oder minderwertigen Organisationsformen sowie ungeplante Konsequenzen von Institutionen. Damit unterscheidet sich der historische Institutionalismus wesentlich vom RCI-Ansatz, in welchem die Entstehung von Institutionen hauptsächlich als Resultat rationaler, problemlösender Prozesse verstanden wird. Zugleich wird die vor allem im SI-Ansatz verbreitete Annahme des strukturellen Determinismus abgelehnt, in dem gleiche operationale Bedingungen in allen Fällen zu identischen nationalstaatlichen Resultaten führen müssen.

Der Tradition des historischen Institutionalismus können viele der klassischen Werke der neueren Politikwissenschaft, die sich mit Prozessen der Staatsbildung, Politik und der Formulierung von Politikinhalten beschäftigt haben, zugerechnet werden (vgl. z. B. Gerchenkron 1962; Moore 1966; Skocpol 1979; Evans 1995). In den letzten Jahren fand der historische Institutionalismus seine Anwendung in der demokratischen Transformationsforschung, speziell im Hinblick auf Osteuropa (vgl. Stark/Bruszt 1998), die Entstehung und dem Untergang von autoritären Regimen, die Entwicklung von Sozialstaaten, soziale Identitäten in der Politik, die politische Dynamik von Geschlechterrollen, die Entwicklung von wirtschaftlichen Regimen und die Gründe und Konsequenzen von sozialen Bewegungen und Revolutionen (vgl. Pierson/Skocpol 2002: 694). Zusätzlich wurden internationale Einflüsse auf die politischen Ökonomien entwickelter, industrieller Demokratien (vgl. Hall 1999) und Sozialstaatsreformen untersucht (vgl. Pierson 1994; Torfing 2001).

Bei HI-Ansätzen werden die Entwicklung und der Wandel von Institutionen als Konsequenz der strategischen Interaktionen rational handelnder Akteure in Verbindung mit institutionellen Einflüssen gesehen. Auf intentionale oder unabsichtliche Handlungen folgt eine strategische Interaktion, die sowohl intuitiv als auch instrumentaler Natur sein kann. Menschliche Handlungen und Interaktionen werden jedoch durch informierte oder uninformierte Anschauungen bezüglich wichtiger institutioneller Regeln beeinflusst. Individuelle Handlungen werden im Zusammenhang mit einem institutionellen Kontext verstanden, der gewisse Strategien, Akteure und Ansichten bevorteilt (vgl. Hay/Wincott 1998: 954). Hierbei wird dem Zusammenkommen (conjunctures) von geschichtlichen Ereignissen eine besondere Rolle beigemessen.

Kritische Entwicklungspunkte oder Schocks entstehen durch das Zusammentreffen von spezifischen kausalen Faktoren wie z. B. historischen Besonderheiten, institutionellen Rahmenbedingungen, die Rolle von Individuen und Gruppeninteressen usw. So stellte Moore einen Zusammenhang zwischen dem Zeitpunkt der Bauernbefreiung und der Form des politischen Systems (z. B. Demokratie, Faschismus, Kommunismus) her, während Gerchenkron vom Zeitpunkt der Industrialisierung auf die Rolle des Staats sowie seiner Verflechtungen mit der Industrie schließt (vgl. Moore 1966; Gerschenkron 1962). In wichtigen Studien der Gegenwart erklären Skocpol und Goldstone soziale Revolutionen durch das Zusammentreffen von nationalen und internationalen Faktoren (vgl. Skocpol 1979; Goldstone 1991). Für Evans ist zielgerichtete Industrieentwicklung durch Bürokratieautonomien in Asien als Resultat von Sicherheitsbestrebungen und internen Eliteübereinstimmungen zu verstehen (vgl. Evans 1995). Putnam erklärt die Variationen der Regierungsfähigkeit von regionalen Regierungen in Italien u. a. durch historische Wendepunkte (vgl. Putnam 1993). Kritische

Entwicklungen schaffen Situationen, die spezifische Handlungsoptionen ermöglichen und andere dabei ausschließen.

Anzulasten ist einem Forschungsschwerpunkt von prägnanten Entwicklungen, Schocks oder Schwelleneffekten jedoch, dass sich Institutionen auch ohne erkennbare Wendepunkte langzeitlich und graduell erneuern bzw. verändern (vgl. Pierson/Skocpol 2002: 703). Zudem wird bei der Suche von Pfadabhängigkeiten und kritischen Wendepunkten zu oft die Unveränderbarkeit (lock-in) dieser Verhältnisse betont (vgl. Thelen 1999: 385). Tatsächlich sind politische Prozesse nicht mit technischen Entwicklungsabläufen oder wirtschaftlichen Wettbewerbsbeziehungen gleichzusetzen: Die Etablierung von gesellschaftlichen Regelwerken führt nicht automatisch zu Pfadabhängigkeiten, da politische Verlierergruppen entweder auf ihre Chance zur Revision warten oder sich mit den neuen Institutionen zwar vertraut machen, ohne sich aber diesen Standards vollständig zu unterwerfen (vgl. ebd.). In Zukunft sollten HI-Wissenschaftler/innen weniger auf die historischen Gegebenheiten, die gewisse Pfadabhängigkeiten zuließen, eingehen und mehr Zeit auf die machtpolitischen Mechanismen der Pfadreproduktion verwenden, um so erklären zu können, warum gewisse Schemata überdauern und wie sie in der Lage sind, die politische Umwelt zu dominieren (vgl. ebd. 391).

Abschließend kann über den historischen Institutionalismus resümiert werden, dass dieser Ansatz – vielleicht mehr als die anderen – der normativen Forderung des Neo-Institutionalismus, den institutionellen Einfluss auf reale Akteurspräferenzen nicht nur zu explizieren, sondern auch die ethische Problematik dieser Regelwerke zu diskutieren, gerecht wird. Dies wird durch eine rückblickende Analyse erzielt, ohne der Notwendigkeit zu unterliegen, eine Theorie der *wahren* (endogen oder exogen vorgegebenen) Präferenzen erfinden zu müssen (vgl. Immergut 1998: 25). Die besondere Behandlung von Machtdifferenzialen zwischen Akteuren wird einer objektiv-realistischen Auffassung von politischen Prozessen gerecht und erklärt die Persistenz von scheinbar ineffizienten Institutionen. Ferner leistet, methodologisch gesehen, das Bestreben einer systematischen Aufzeichnung des Ablaufs von sozialen Prozessen einen wichtigen Beitrag zur rigorosen Einschätzung von Ansprüchen sozialer Kausalität (vgl. Bennett/George 1997; Hall 2002).[4] Allerdings bleibt bei Konstrukten kontextabhängiger Kausalität das Doppelproblem einer geringen Falsifizierbarkeit sowie Übertragbarkeit der gewonnenen Einsichten weiterhin bestehen und die Möglichkeit einer Formulierung positiver Evaluierungsstandards erscheint eher als unwahrscheinlich.

3. DIE SIGNIFIKANZ POLITISCHER INSTITUTIONEN ALS UNABHÄNGIGE VARIABLE

Obgleich Institutionen zunehmendes Interesse im Bereich der Comparative Politics erwecken, bleibt die Frage nach der Signifikanz politischer Institutionen als Erklärungsvariable weitgehend ungeklärt, da der Institutionenbegriff mit einer Reihe von erkenntnistheoretischen Problemen belastet ist, die den Wert von Institutionen als unabhängige Variable vermindern. Hierbei sind anzumerken: Die mangelhafte Präzisierung des Institutionenbegriffs an sich sowie die Abgrenzung zur politischen Kultur (dieses Verhältnis bleibt weiterhin theoretisch zu wenig unterfüttert und führt damit zur Überdeterminierung der Variablen *Institution*), das so genannte Akteur-Struktur-Problem sowie die Rolle von formellen und informellen Institutionen und das Problem des Institutionenwandels.

Der Soziologe Luhmann moniert die mangelnde Präzisierung des Institutionenbegriffs mit den Worten: „Eine begriffliche Ausarbeitung ist [...] nicht gelungen, und alle Erläuterungen

---

[4] Nach Pierson and Skocpol sollten optimale Kausalitätsbehauptungen nicht nur von einer Korrelation zwischen zwei Variablen getragen, sondern auch von einer erklärenden Theorie begleitet werden, die diese logische Beziehung durch die Verwendung von Nachweisen belegt (vgl. Pierson/Skocpol 2002: 699).

machen es nur noch schlimmer." (Luhmann 2000: 36) Je nach Ansatz werden Institutionen z. B. als Ansammlung von assoziierten Verhaltensregeln und Routinen verstanden, die statthafte Handlungen in Bezug auf Beziehungen zwischen Rollen und Institutionen definieren (vgl. March/Olsen 1989: 160), als die in die organisatorische Struktur des Staats eingebetteten Symbolsysteme, Konventionen und Sitten, die Bezugsrahmen für menschliches Verhalten bilden (vgl. Powell/DiMaggio 1991: 10). Ebenso werden sie als formelle und informelle Regeln betrachtet, die Interaktionen von Akteuren (Individuen oder Organisationen) durch die Einschränkung von Handlungsoptionen strukturieren (vgl. North 1990: 4f.; Carey 2000: 735). Die diversen Definitionen lassen den unzulänglichen Schluss zu, dass im Endeffekt fast jede relativ beständige, menschliche Umgangsform als Institution bezeichnet werden kann.

Ein zentrales Problem bei der Begriffsdefinition ist die durch den veränderbaren Forschungsschwerpunkt entstehende Unterscheidung zwischen formellen und informellen Institutionen. Institutionen im Sinne von Regelwerken können sowohl formgebunden als auch formlos sein. Unter formgebundenen Regeln werden schriftlich niedergelegte Regelwerke wie z. B. Gesetze oder Verfassungen sowie organisatorische Entitäten wie Parlamente, Bürokratien und Staaten verstanden. Zusätzlich werden in der Literatur aber auch informelle Institutionen berücksichtigt, hinter denen sich ungeschriebene Verhaltensnormen verbergen, wie z. B. Traditionen, Tabus und Sitten, die sich etwa in den Formen von Klientelismus (vgl. Eisenstadt/Lemarchand 1981), Widerstandsideologie (vgl. Scott 1990), Korruption (Stefes 2006), Vertrauen (vgl. Fukuyama 1995) oder Staatssouveränität (vgl. Krasner 1999) zeigen. Die Definition von Institutionen als entweder formelle oder informelle Strukturen ist auch an methodische Fragen gekoppelt, da verschiedene Institutionen mit unterschiedlichen Methoden und theoretischen Ansätzen erfasst werden müssen. So erscheinen zum Beispiel quantitative Methoden als ungeeignet, informelle oder illegale Institutionen zu erforschen und gegebenenfalls die Überprüfung der gewonnenen Erkenntnisse zu ermöglichen.

Die Abgrenzung zur politischen Kultur stellt ein weiteres Problem der Institutionsvariablen dar. Institutionen wie Akteure existieren innerhalb von einem kulturellen Umfeld. Wie ist es demnach möglich, zwischen den Einflüssen von Kultur und Institutionen auf die Präferenzen von Akteuren zu unterscheiden? Sind Institutionen mit unabhängigen Variablen gleichzusetzen oder mehr einem Zwischenbereich wie z. B. Organisationen zuzuordnen? Diese Beziehung muss klar hergestellt werden, da sonst eine vorrangige Berücksichtigung von Institutionen keine wissenschaftlichen Vorteile oder Innovationen darstellt. Die Notwendigkeit einer verbesserten Eindeutigkeit bezieht sich auch auf das Verhältnis von Institutionen und Akteuren.

Fragen nach der Beziehung von Institutionen bzw. Strukturen auf der einen und handelnden Akteuren auf der anderen Seite gehören zum Kernbestand sozialwissenschaftlicher Debatten und sind auch für die Evaluierung der Rolle politischer Institutionen als unabhängige Variable unerlässlich. Als Methode verstanden, stellt die Debatte die Vor- und Nachteile des methodologischen Individualismus denen des strukturellen Determinismus gegenüber. Im ersten Fall können pauschale Rationalitätsannahmen menschliches Verhalten und die Entwicklung von bestehenden Gesellschaftsstrukturen durch individuelle Entscheidungen erläutern. Der Nachteil von Behaviorismus und Theorien rationaler Wahl in der Institutionsforschung ist die empirische Tatsache, dass individuelles Verhalten durch Aggregation oder theoretische Pauschalannahmen relativ selten mit der Existenz von spezifischen Strukturen verbunden werden kann. Strukturelle Ansätze können zwar verbreitete Präferenzen und Handlungen von Akteuren durch vorhandene Gesellschaftskontexte erklären, sind aber schlecht für die Erläuterung von normabweichendem Verhalten sowie kulturellem Wandel ausgestattet. Weiterhin besteht die Frage, inwieweit Institutionen determinierende Wirkungen auf Handlungen haben, da letztendlich die Handelnden selbst entscheiden, ob sie die Regeln einer Institution befolgen werden (vgl. Ostrom 1990; Peters 1998: 213f.).

Im Neo-Institutionalismus ist bei der Bestimmung der Akteur-Institutions-Beziehung zwischen uni- und bidirektionalen Ansätzen zu unterscheiden. Rational-Choice- und Soziologischer Institutionalismus verweisen auf ein unidirektionales Verhältnis zwischen Akteur und Institution, in denen Institutionen die Rolle von abhängiger bzw. unabhängiger Variable spielen. Die historische Variante betont hingegen eine Wechselwirkung (siehe Abbildung 1).

Abbildung 1: Akteur-Institutions-Beziehung der Ansätze im Vergleich

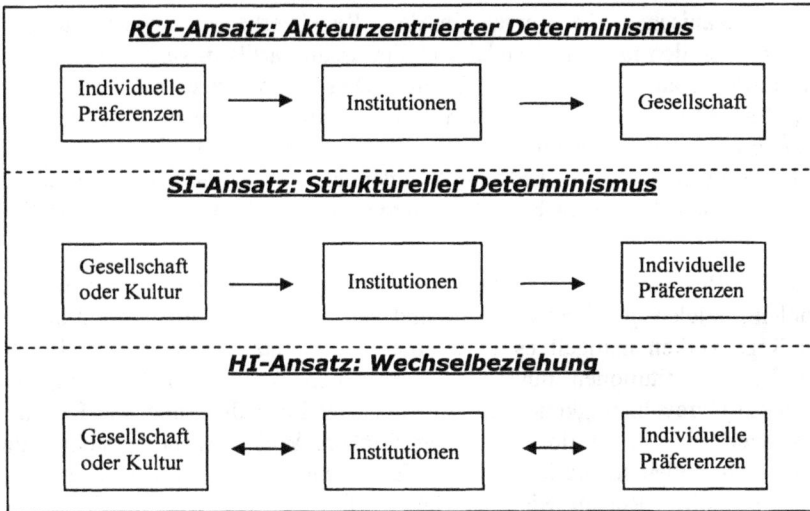

Die Voraussetzung einer wechselseitigen Akteur-Institutions-Beziehung liegt ein der Realität näher kommendes Verständnis politischer Prozesse zugrunde: Institutionen beeinflussen das Verhalten von Akteuren, aber eine Veränderung der institutionellen Rahmenbedingungen wird als Ergebnis von individuellen Handlungen und Interaktionen begriffen. Je nach historischer Fallstudie können Institutionen die Rolle von sowohl abhängiger als auch unabhängiger Variable spielen. Somit könnte der historische Institutionalismus als theoretischer Vermittler zwischen den idealtypischen Positionen ökonomischer und soziologischer Ansätze fungieren (vgl. Hall/Taylor 1996: 957). Dann könnte z. B. durch eine historische Analyse aufgezeigt werden, wie sich politische Akteure innerhalb eines kulturellen oder organisatorischen Bereichs bei der Wahl zwischen vorgegebenen Institutionsoptionen einer instrumentalen Logik bedienen (vgl. ebd.). Die Flexibilität des Ansatzes kann allerdings auch als mangelnde theoretische Rigorosität ausgelegt werden (vgl. Hay/Wincott 1998). Gemessen an den klarer definierten Positionen der anderen Ansätze, könnte das Forschungsprogramm des historischen Institutionalismus unter Umständen abwertend betrachtet werden. Das Problem des Institutionenwandels ist hier von fundamentaler Bedeutung.

Mit der Konzeption von Institutionen als unabhängiger Variablen werden in der Regel deren Beharrungsvermögen und die daraus entstehenden Pfadabhängigkeiten betont. Der Nachteil von Institutionen als entscheidender Erklärungsvariablen ist die Tatsache, dass Veränderungen in der unabhängigen Variable *Institution* dann aber schwer zu erklären sind. Dementsprechend sind die Erklärungen für Institutionenwandel sehr unterschiedlich. Während North von einem inkrementalen Prozess ausgeht (vgl. North 1990: 83), betonen andere den Einfluss von Krisen und kritischen Wendepunkten. So schreibt Krasner: „In Krisenzeiten kommt es in der Politik zum Kampf um grundsätzliche Spielregeln [...], neue Strukturen entstehen [...]" (vgl. Krasner 1984: 234-240; eigene Übersetzung, T.S.). Für Thelen ist die Evolution von Institutionen insbesondere auf Veränderungen in der Natur der sozialen Reproduktionsmechanismen von Institutionen zurückzuführen (vgl. Thelen 1999: 400). Bei der Erklärung des Institutionenwandels spielt auch die ungenügend spezifizierte Beziehung zwischen formellen und informellen Institutionen eine Rolle. So wird in der Regel angenommen, dass sich formelle Regeln wie beispielsweise Gesetze einfacher und damit schneller verändern lassen als informelle Verhaltensvorgaben. Dem widerspricht allerdings die Beständigkeit des Prozesses der Gesetzgebung vieler legislativer Institutionen. Zusätzlich belegt das bereits angeführte Beispiel des amerikanischen Kongresses, in dem Regelwerke wie Wahlordnungen und Aufteilung in Gremien den raschen Wandel von Verfassungsartikeln verhindern, die Vernetzung von Institutionen auf verschiedenen Ebenen. Dies erschwert eine Identifizierung der unabhängigen Variablen bei institutionellen Veränderungsvorgängen. Die ausbleibende Übereinstimmung bezüglich der Faktoren des Institutionenwandels lässt den Schluss zu, dass die diversen Erklärungen wie z. B. kritische Wendepunkte, Pfadabhängigkeiten oder Ideenwechsel mit erheblichem Vorbehalt betrachtet werden müssen (vgl. Gorges 2001; Hira/Hira 2000).

Mit Fokus auf die Beständigkeit und Pfadabhängigkeiten von Institutionen ergibt sich ein weiteres Problem. Vielen gesellschaftlichen und besonders informellen, kulturellen und traditionellen Regelwerken mangelt es an interner Konsistenz. Bei genauerer Betrachtung weisen viele dieser Institutionen inhärente Widersprüche auf. Zwar kann angenommen werden, dass diese Unregelmäßigkeiten mit zunehmender Formalisierung und Kodifizierung der Verhaltensregeln einer Institution abnehmen. Größere Widersprüche entstehen hingegen im Bereich der informellen Institutionen wie z. B. Normen, Sitten oder Konventionen, die zudem oftmals formellen Regeln widersprechen (vgl. z. B. Helmke/Levitsky 2004). Die ausbleibende interne Konsistenz von institutionellen Kontexten kann zwar die Divergenz von Akteurshandlungen erklären, aber erschwert die Definition der Institutionenvariablen. Welche existierende Variante einer Norm hat letztendlich auf die Entscheidungen einzelner Akteure oder Organisationen den entscheidenden Einfluss?

Trotz der angeführten Probleme bei der Verwendung der Variablen sollte abschließend angemerkt werden, dass die Vorteile einer Miteinbeziehung des institutionellen Bezugsrahmens die Nachteile aufwiegen. Politische Theorien ohne sozialen oder historischen Kontext erscheinen abstrakt und realitätsfremd und führen selten zu empirischen Erkenntnissen oder pragmatischen Lösungsverschlägen für konkrete politische Problemstellungen.

4. FAZIT UND BEURTEILUNG

Mittlerweile zählt die Suche nach institutionellen Kontexten politischer Entscheidungen zu den wichtigsten Forschungsobjekten in der Politikwissenschaft. Neben anderen Forschungstraditionen, wie Behaviorismus und rationale Wahl, entwickeln sich die diversen Ansätze zunehmend zum eigenständigen Zweig innerhalb der Comparative Politics. Neo-institutionale Ansätze kritisieren die Schwerpunktsetzung anderer gegenwärtiger Theorien und fordern eine Erweiterung des Blickwinkels durch die konsequente Miteinbeziehung institutioneller Rahmenbedingungen. Dabei werden, je nach Ansatz, verschiedene Definitionen und Auswirkungen von Institutionen betont. RCI-Forscher/innen beschäftigen sich mit Spielregeln, die Gleichgewichtslösungen für Probleme kollektiver Handlungen bereitstellen, während im HI-Zweig die Suche nach Macht und Ressourcendifferenzialen und deren Einfluss auf institutionelle Entwicklung in spezifischen historischen Kontexten vorrangig ist. Im SI-Ansatz dominiert hingegen die Aufzeichnung von informellen, kulturellen Ideenmustern, so genannten *kognitiven Skripten*, und deren untergründiger, aber determinierender Einfluss auf das Selbstverständnis von Akteuren und den sich daraus ergebenden Handlungen. In vielen neueren Studien werden die Schwerpunkte und die sich daraus ergebenen Methodologien dieser Ansätze allerdings geschickt miteinander verknüpft. So verbinden z. B. Bates u. a. in ihren *analytic narratives* rationale Wahl mit spezifischen historisch-kulturellen Kontexten, während Katzenstein und Berger in ihren Studien über die deutsche Außenpolitik einen soziologischen Institutionalismus und deren Wirkung auf Institutionsformation bevorzugen (vgl. Bates 1998 u. a.; Katzenstein 1996; Berger 1998).

In der Gesamtbilanz sind institutionelle Ansätze und deren Einbeziehung von Institutionen in die Analyse von Akteursentscheidungen weniger als eigenständige Methodologie und mehr als Korrektiv für gegenwärtige Theorien in der Vergleichenden Politikwissenschaft zu beurteilen. Da diese Ansätze bis dato nicht in der Lage sind, die Summe der Differenzen aus institutionellen Einflüssen und realen Akteurspräferenzen aufzuzeigen, ist es ebenfalls noch nicht gelungen, den anderen vorrangigen Forschungsprogrammen alternative, positive Evaluationsstandards entgegenzusetzen. In Zukunft wird es notwendig sein, Standards zur Evaluierung von politischen Prozessen wie z. B. Akteursentscheidungen und die Veränderungen von Normen im Zeitverlauf zu setzen. Die weiterhin verbreitete Betonung der Aspekte der Ordnung und Stabilität von Regelwerken muss mit einer konsequenten Forschung nach den Gründen institutionellen Wandels komplementiert werden. Allerdings hat das letzte Jahrzehnt, besonders durch Kritik an Institutionalismustheorien bedingt, zu einer zunehmenden Verbesserung des methodologischen und theoretischen Unterbaus institutioneller Ansätze geführt (vgl. Pierson/Skocpol 2002: 718). Institutionalismus-Forscher/innen sind sich zunehmend der oben angeführten Probleme bei der Verwendung der Institutionsvariablen bewusst. Die praktische Ausrichtung und Anwendbarkeit aller institutionellen Ansätze sollte hierbei hervorgehoben werden. Der Institutionalismus beschäftigt sich mit relevanten Problemen der Gegenwart, die sowohl in anderen Forschungszweigen als auch bei der politischen Fachgemeinde reges Interesse erwecken. So hilft die Forschungsrichtung durch die Suche nach gesellschaftlich adäquaten Institutionenmustern z. B. zur Gewährleistung der nationalen Entwicklung (vgl. Evans 1995), der Vermeidung von internen Gruppenkonflikten (vgl. Varshney 2002) oder der Reform des Sozialstaats (vgl. Campbell 2005; Pierson 1994) bei der Formulierung von umsetzbaren Lösungen für aktuelle politische und sozialökonomische Probleme. Pragmatische Anwendbarkeit wird besonders im HI-Ansatz mit Fragen nach machtpolitischen Faktoren und damit der moralischen Vertretbarkeit der anvisierten Lösungen verbunden. Die Verknüpfung von sowohl pragmatischen als auch ethischen Erwägungen der Auswirkungen von politischen Strukturen bindet an die ältesten Traditionen in der Politikwissenschaft. Die Suche nach pragmatisch-funktionalen Institutionenmustern wirkt der Tendenz, zunehmend Faktoren politischer Kultur heranzuziehen, entgegen. Dies ist insofern positiv zu bewerten, da diese deterministische Forschungsrichtung keine Lösungsvorschläge bereitstellen kann.

Letztendlich bleiben die zentralen Fragen nach der Klarstellung von unabhängigen und abhängigen Variablen *Gesellschaft*, *Institutionen* und *politische Akteure* weiterhin unbeantwortet: Formen Institutionen ihre Umwelt oder werden sie hauptsächlich von ihrer Umwelt und den strategischen Akteursinteressen geprägt? Unter welchen Bedingungen wandeln sich bzw. passen sich Institutionen an und wie ist dies mit den Annahmen einer Unabhängigkeit der Institutionsvariable vereinbar? Obgleich es eher unwahrscheinlich ist, dass dieses zentrale Problem in naher Zukunft gelöst werden kann, zählt die Präzisierung der Akteur-Institutions-Beziehung und ihre Rolle bei der Erklärung des Institutionenwandels sowie eine verbesserte Ausarbeitung von deren spezifischen Prozessen im Allgemeinen zu den notwendigen Verbesserungen des Forschungsprogramms.

VERGLEICHENDE POLITISCHE ÖKONOMIE

Susanne Blancke

Gliederung

1. **Einleitung**

2. **Theorien und Ansätze**
   2.1 Vom Primat der Ökonomie – Marxistische Ansätze und Neue Politische Ökonomie
   2.2 Vom Primat der Politik – Ansätze der international vergleichenden Policy-Analyse
   2.3 Die gesellschaftliche Einbettung der Ökonomie: Wirtschaftssoziologischer Institutionalismus

3. **Fazit und Ausblick**

---

1. EINLEITUNG

Als Disziplin etablierte sich die Politische Ökonomie im 18. Jahrhundert, als Adam Smith, David Ricardo, John Stuart Mill und andere Nationalökonomen die Interdependenz zwischen ökonomischen Prozessen und Institutionen auf der einen und gesellschaftlichen und politischen Prozessen und Institutionen auf der anderen Seite – eben die Politische Ökonomie von Gesellschaften – in den Mittelpunkt ihrer Werke stellten. Das Interesse der Nationalökonomen ging weit über das Verstehen ökonomischer Grundprinzipien hinaus, sie orientierten sich an der Gesellschaft und suchten nach den Ursachen und Bedingungen allgemeiner Wohlfahrt, individueller Freiheit und Gerechtigkeit. Die Politische Ökonomie ist damit ein Kind der Aufklärung, des Liberalismus, der mit dem aufstrebenden Bürgertum politische und ökonomische Bedeutung erlangte. Es liegt in der Natur eines solch breit angelegten Erkenntnisinteresses, dass sich kein kohärentes Theorienbündel herausgebildet hat. Vielmehr verbergen sich hinter dem Begriff eine Vielzahl von Perspektiven, die seit dem 18. Jahrhundert eine kontinuierliche Ausweitung erfahren haben und oftmals quer zu anderen Disziplinen und Teildisziplinen liegen (für Überblicke vgl. Holzinger 1998; Kosta 1995; Caporaso/Levine 1992; Realfonzo 1999). Gemein ist den Analysen aber die Überzeugung, dass Politik, Gesellschaft und Ökonomie eine untrennbare Einheit bilden und gemein ist ihnen auch die Frage nach den Bedingungen zur Herstellung größtmöglicher allgemeiner Wohlfahrt und ökonomischer Prosperität (vgl. Pressman/Neill 1999).

Dimensionen der Politischen Ökonomie

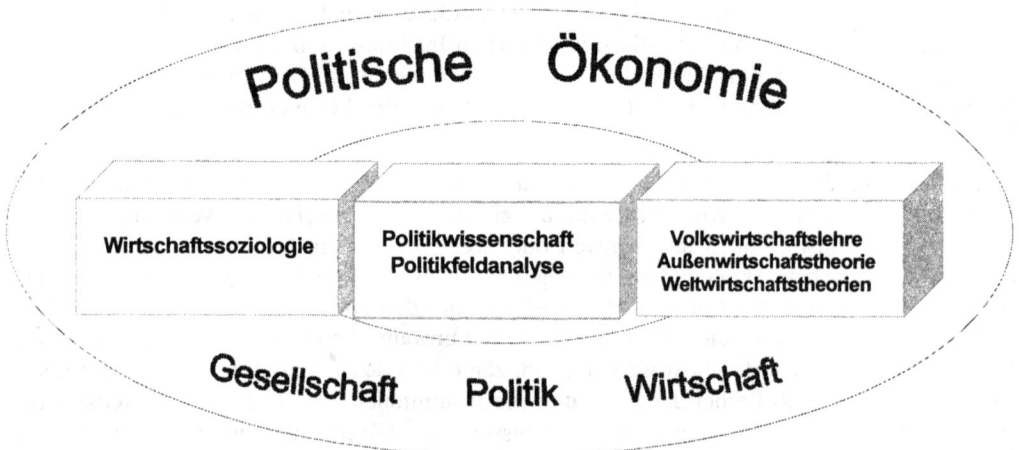

Eine *Vergleichende Politische Ökonomie* hat sich erst in den 50er-Jahren des 20. Jahrhunderts, fast ausschließlich in Form synchron vergleichender Untersuchungen herausgebildet, als das Interesse an den Ursachen für Unterschiede zwischen den Nationen erwachte. Zum einen erregte der große Entwicklungsabstand zwischen den Ländern der Dritten Welt und den modernen westlichen Demokratien, zum anderen die Divergenzen zwischen den einzelnen Industrienationen Aufmerksamkeit in der Wissenschaft: Warum klaffte eine solch große, dauerhafte Lücke zwischen den Entwicklungsländern und den modernen Industriegesellschaften? Warum wurden einige Länder der westlichen Welt besser mit ökonomischen und sozialen Problemen fertig, reagierten erfolgreicher auf gleiche Probleme und Herausforderungen als andere? Warum divergierten die institutionellen Arrangements in Politik und Ökonomie, wie etwa das Parteiensystem oder die Arbeitsbeziehungen aber auch das System der wohlfahrtsstaatlichen Leistungen, zwischen den modernen Gesellschaften so auffallend? Im Grunde wurde erwartet, dass moderne Gesellschaften sich aus der Notwendigkeit heraus, rationale Lösungen für die gleichen Problemlagen zu finden, sukzessive angleichen würden (vgl. Kerr/Dunlop/Harbison/Myers 1960; Pryor 1968; Wilensky 1975). Die Empirie, die eine Persistenz der Unterschiede zwischen den Staaten aufzeigte, widersprach jedoch allen Erwartungen über die zunehmende Konvergenz. Die technologische Entwicklung und Internationalisierung der Märkte zeigen sich weit davon entfernt, das ökonomische, soziale und politische Leben von Gesellschaften zu determinieren und ihren Gestaltungsspielraum auf ein Minimum zu reduzieren, vielmehr blieben Unterschiede bestehen und reagierten die Länder auf gleiche Herausforderungen sehr verschiedenartig (zur aktuellen Debatte vgl. Boyer 1996). Bis heute sind die Politikwissenschaft und die Soziologie, die sich dieser Fragen annahmen, weit entfernt davon, endgültige Erklärungen für die Unterschiede gefunden zu haben. Mehr noch, je nach Analyseperspektive wurden und werden sehr unterschiedliche Antworten für die Frage nach den Ursachen der Divergenz gefunden.

Kategorisiert man die verschiedenen Ansätze entlang der primären Analyseperspektiven, so lassen sich drei Gruppen von vergleichend angelegten Theorien und Arbeiten identifizieren[1], welche gleichwohl einige Überschneidungen aufweisen:

1. Arbeiten in deren Verständnis Politik und Gesellschaft **durch die Ökonomie dominiert** werden. Obwohl in ihren Aussagen und Empfehlungen fundamental unterschiedlich, gehören hierzu der (Neo-)Marxismus sowie die Neue Politische Ökonomie. Unterschiede zwischen den Politischen Ökonomien von Nationalstaaten werden bei diesen Ansätzen aus der Funktionslogik ökonomischer Prozesse und Strukturen erklärt. (Abschnitt 2.1)

2. Von der Policy-Analyse wird eine umgekehrte Perspektive gewählt. Sie hat ein vorrangiges Interesse an der **Staatstätigkeit** und ihrer Auswirkungen auf die Gesellschaften sowie an den Determinanten des staatlichen Handelns. Aus dieser Perspektive ist es die Steuerung der Gesellschaft durch die Politik, die divergierende ökonomische und gesellschaftliche Ergebnisse zwischen den Nationalstaaten hervorbringt. (Abschnitt 2.2)

3. Die **Einbettung der Ökonomie in Politik und Gesellschaft** wird von Arbeiten betrachtet, die grob als Wirtschaftssoziologischer Institutionalismus bezeichnet werden können. Ihr Fokus ist weniger staatszentriert als die Policy-Analyse, auch geht es ihr nicht vorrangig um die Auswirkungen ökonomischer Mechanismen auf die Politik, vielmehr untersucht sie den gemeinsamen Beitrag der politischen, gesellschaftlichen

---

[1] Für andere Einteilungen vgl. z. B. Kosta 1995; Caporaso/Levine 1992; Holzinger 1998; verschiedene Beiträge in O'Hara 1999.

und ökonomischen Institutionen und sozialer Mechanismen bei der Regulierung und Organisation kapitalistischer Demokratien. (Abschnitt 2.3; siehe auch den Beitrag von Thorsten Spehn in diesem Band)

2. THEORIEN UND ANSÄTZE

Die in den folgenden Abschnitten behandelten Ansätze der Politischen Ökonomie stellen die Ökonomie und die Marktmechanismen, die in modernen kapitalistischen Gesellschaften wirken, in den Vordergrund ihrer Überlegungen. Sie gehen von der Annahme aus, dass wirtschaftlichen Prozessen, namentlich den Tauschprinzipien und dem Gewinnstreben, eine Funktionslogik innewohnt, die auf das politische und gesellschaftliche Leben, den Wohlstand von Nationen einwirkt oder diese sogar bestimmt. Schon die klassischen Nationalökonomen Adam Smith und seine Zeitgenossen, legten diese Hypothesen über die Natur Politischer Ökonomien ihren Theorien zugrunde, waren jedoch weniger am Vergleich, als an den Funktionsmechanismen dieser ökonomischen Prinzipien interessiert. Erst seit der Mitte des 20. Jahrhunderts wurde diese Perspektive für den Vergleich und die Erklärung von Unterschieden zwischen Gesellschaften nutzbar gemacht. Eine solche Perspektive nehmen sowohl der (Neo-)Marxismus als auch die Neue Politische Ökonomie ein, unterscheiden sich dabei jedoch fundamental hinsichtlich ihrer Axiome und Aussagen über das Funktionieren von Politischen Ökonomien.

2.1 Vom Primat der Ökonomie – Marxistische Ansätze und Neue Politische Ökonomie

Karl Marx entwickelte seine Theorie aus der Kritik an der klassischen Schule, knüpfte gleichwohl an deren Vorstellungen und Begrifflichkeiten, insbesondere der Lehre von Adam Smith und David Ricardo an.[2] Betrachtete die Klassik die Gesellschaft als Produkt der freien Tauschbeziehungen von Individuen, trieben Marx und später die Neomarxisten diese Idee weiter und nahmen eine holistische, d. h. vom individuellen Verhalten unabhängige, auf die gesamtgesellschaftlichen Prozesse bezogene Perspektive ein: Gesellschaften sind der marxistischen Lehre zufolge geprägt von den herrschenden Produktions- und Eigentumsverhältnissen des Systems. In Abhängigkeit von diesen Verhältnissen durchlaufen Gesellschaften verschiedene historische Phasen, die jeweils geprägt sind vom Gegensatz zwischen *Unterdrückern* und *Unterdrückten*: Freie versus Sklaven, Patrizier versus Plebejer in Gesellschaften mit Stammeigentum sowie der antiken Form des Gemeinde- und Staatseigentums; Barone versus Leibeigene, Zunftbürger versus Gesellen in Gesellschaften mit Feudal- oder ständischem Eigentum, Bourgeoisie versus Proletarier schließlich in kapitalistischen Gesellschaften (vgl. Marx/Engels 1845/46: 20-28).

Das kapitalistische System moderner Gesellschaften – also die Phase vor dem Sozialismus und Kommunismus – garantiert nicht, wie in der Klassik angenommen, eine Gleichverteilung von Freiheit und allgemeinen Wohlstand, sondern ist im Gegenteil ein System der Ungleichheit, das aus der Existenz des Privateigentums an Produktionsmitteln erklärt wird und die Gesellschaft spaltet: in die herrschende bürgerliche Klasse einerseits und die unterdrückte Proletarierklasse andererseits. Der Staat ist bei Marx ein Organ der dominierenden Klasse: Indem er für den Erhalt der sozialen Ordnung sorgt, festigt er die bestehenden Verhältnisse, die durch unversöhnbare Klassenkonflikte und die Unterdrückung der Interessen einer Klasse durch eine andere gekennzeichnet sind.

---

[2] Seine Wirtschaftslehre entwickelte Marx insbesondere in seinem politisch-ökonomischen Hauptwerk *Das Kapital – Kritik der Politischen Ökonomie*.

Ein zentraler Aspekt der marxistischen Theorien ist die Mehrwerttheorie, die auf der Arbeitswertlehre von Adam Smith und David Ricardo aufbaut: Der Großteil des Mehrwerts, der durch den Verkauf der Güter auf den Märkten erzielt wird und über den *Reproduktionskosten der Arbeit* (dem Arbeitswert) liegt, fällt nicht den Arbeitern, sondern alleine den Kapitalisten zu, die ihn in zusätzliches Kapital umwandeln und akkumulieren. Aus der Mehrwerttheorie leitet Marx seine Gesellschaftstheorie ab: Die Kapitalisten setzen Kapitalgüter (Maschinen) zur Steigerung des relativen Mehrwerts ein und begeben sich in einen Rationalisierungswettlauf mit ihren Konkurrenten – in der Folge boomt die Kapitalgüterindustrie. Bei einer nun folgenden Sättigung der Kapitalgüterindustrie kommt es zu Überkapazitäten und damit zu Preiskrisen und Massenentlassungen, schwächere Unternehmen gehen Konkurs und die Monopolisierung des Kapitals nimmt zu. Mit dem Einsatz neuer Kapitalgüter kann der Mehrwert nur zeitweilig wieder gesteigert werden und der Prozess beginnt von neuem, jedoch werden die Aufschwünge sukzessive schwächer und die Krisen länger. Der hohe Leidensdruck der Arbeiterklasse lässt diese schließlich zur revolutionären Macht werden, die das Privateigentum an den Produktionsmitteln abschafft und die dem Kapitalismus inhärenten Produktionsgesetze (und so auch die Ausbeutungsverhältnisse) außer Kraft setzt. Damit ist das historische Endstadium, der Kommunismus erreicht, in dem die Bedürfnisbefriedigung und Freiheit aller ihre Vollendung findet (zur Einführung vgl. Caporaso/Levine: 55-78).

Unterschiede zwischen Nationalstaaten erklären sich unter dieser **orthodox-marxistischen** Sicht aus den unterschiedlichen Entwicklungsstufen der Produktion, in denen sich Staaten im historischen Verlauf befinden. Letztlich jedoch wird angenommen, dass alle Staaten, eben nur zeitlich versetzt, die gleichen Entwicklungsstufen durchlaufen, wodurch langfristig Konvergenz entstehen muss. Der Versuch, die Kernaussagen des Marxismus an die mittlerweile veränderten sozialen und ökonomischen Bedingungen anzupassen, führte im Verlauf des 20. Jahrhunderts zur Herausbildung eines sehr breiten, heterogenen Spektrums **neomarxistischer Theorien** (für Überblicke vgl. Göhler/Roth 1995; Fetscher 1976). Für die Vergleichende Politikwissenschaft sind besonders die imperialismustheoretisch inspirierten Ansätze relevant. Sie gehen, vereinfacht formuliert, davon aus, dass Kapital international expandieren muss, um Profitansprüche zu befriedigen oder wenn die nationalen Märkte zu eng geworden sind. In dem hierdurch entstehenden *Weltkapitalismus* nehmen die einzelnen Staaten unterschiedliche Positionen ein. Hiermit werden Entwicklungsunterschiede, Divergenzen in Wohlstand und ökonomischer Performanz zwischen verschiedenen Nationalstaaten, insbesondere zwischen den reichen, westlichen Industrienationen (Zentrum) und den Staaten der Dritten Welt (Peripherie) erklärt.

Besondere Bedeutung erlangten in diesem Zusammenhang die **Dependenztheorien** (Dependencia) und die **Theorie des kapitalistischen Weltsystems** Immanuel Wallersteins (ausführlich vgl. Shannon 1996). Die Vertreter/innen der Dependenztheorien (vgl. z. B. Cockroft/Frank/Johnson 1972; Frank 1979) führen die Probleme der Unterentwicklung und die spezifischen periphär-kapitalistischen Strukturen verschiedener Regionen der Welt nicht auf die jeweiligen innerstaatlichen Politiken und ökonomischen Verhältnisse zurück, sondern auf die Ausdehnung des kapitalistischen Wirtschaftssystems und die internationale Arbeitsteilung. Unterentwicklung, so konstatieren die Autoren (vorrangig am Beispiel Lateinamerikas), ist genau in jenen Regionen ein Problem, in denen enge Verbindungen mit den Weltmetropolen bestehen, welche die Regionen und ihr ökonomisches Potenzial ausbeuten. International agierendes Monopolkapital, welches die Peripherien durch Handel und Gewinntransfer ausbeutet, durchdringt dabei die Ökonomien und die Gesellschaften der Peripherie. Die Bourgeoisie der Metropolen sowie jene (gegenüber der metropolitanen schwächere) Bourgeoisie der Satelliten können ihre jeweilige ökonomische und soziale Position nur dann aufrechterhalten, wenn sie die ausbeuterischen und unterdrückenden Strukturen, welche die Unterentwicklung der Regionen charakterisieren, konservieren. Die Peripherie kann sich unter diesen Bedingungen vom Zentrum nicht zu einer eigenständigen, sich selbst reproduzierenden, selbstgenerierenden Wirtschaftskraft entwickeln, sondern verharrt in ihrer Abhängigkeit von den Metropolen.

Der Weltsystem-Ansatz, wie von Wallerstein (1975, 1984) vertreten, führt die Ursachen für Entwicklungsunterschiede ebenfalls auf die Funktionsmechanismen des kapitalistischen Weltsystems zurück. Nationalstaaten sind der Annahme zufolge keine Gesellschaften, die eigenständige, historische Entwicklungen aufweisen, sondern sind Teil eines Ganzen und reflektieren dieses. Wenn das Weltsystem also eine einzige Einheit darstellt, dann übernehmen die einzelnen Nationalstaaten unterschiedliche ökonomische Aufgaben und verfügen über unterschiedliche Macht und Stärke innerhalb dieser einen kapitalistischen Weltwirtschaft. Wie bei Marx das nationale kapitalistische Wirtschaftssystem durch ungleiche Herrschaftsverhältnisse zwischen den Klassen charakterisiert ist, so ist das internationale kapitalistische Wirtschaftssystem im Weltsystem-Ansatz durch ungleiche Produktions- und Herrschaftsverhältnisse zwischen den Ländern charakterisiert. Entwicklungsunterschiede zwischen Ländern sind also keine Anomalie, sondern das Wesen des kapitalistischen Weltsystems. Die Positionen der Länder untereinander mögen sich im historischen Verlauf verändern, das Gesamtsystem bleibt aber, solange es kapitalistisch strukturiert ist, von Ungleichheit gekennzeichnet, von Staaten, die das Zentrum (industrieller Aktivitäten) und solchen, welche die Peripherie bilden. Die staatlichen Strukturen dienen dabei bestimmten Gruppen der Beeinflussung der internationalen Märkte. Je stärker die Staatsmaschinerie, desto größer ihre Fähigkeit, den Weltmarkt in die gewünschte Richtung zu lenken; wobei Staaten des Zentrums über eine stärkere Staatsmaschinerie verfügen als solche der Peripherie und Semiperipherie.

Kritik an diesen Ansätzen wird hinsichtlich ihrer Vernachlässigung wirtschaftshistorischer und entwicklungsgeschichtlicher Aspekte geübt. So sei das, was als typische (und persistente) peripher-kapitalistische Phänomene betrachtet würde, früher auch in den europäischen kapitalistischen *Metropolen* zu beobachten gewesen, spräche also einer Herausbildung *metropolitaner* kapitalistischer Strukturen in den Entwicklungsländern nicht grundsätzlich entgegen. Zudem würden die Ansätze den Blick verengen, da die spezifischen vorkolonialen und kolonialen Entwicklungen der einzelnen Länder und ihre Bedeutung für die nachkoloniale Situation keine Berücksichtigung finden. Eben diese aber seien für die Entwicklung und Entwicklungsfähigkeit eines Landes von besonderer Bedeutung. Damit verbunden ist auch die Kritik daran, dass die *Peripherie* in den Ansätzen mit einheitlichen Kategorien analysiert wird, die zum Teil sehr unterschiedlichen Entwicklungsdynamiken in der Dritten Welt hiermit der Analyse entzogen werden. Insgesamt stellen die genannten Defizite die Prämissen der Dependenz- und Weltkapitalismus-Ansätze grundsätzlich in Frage, da sie die Entwicklungsfähigkeit und die unterschiedliche Entwicklung von Ländern der Peripherie nicht zu erklären vermögen. (für einen Überblick vgl. Boeckh 1995)

Um sich vom Marxismus bzw. Neo-Marxismus, der lange Zeit als **die** Politische Ökonomie galt, abzugrenzen, wählte eine andere Strömung in der Politischen Ökonomie den Ausdruck **Neue Politische Ökonomie**[3] für ihre Ansätze. Auch die Neue Politische Ökonomie konstatiert ein Primat der Ökonomie über die Politik – tut dies jedoch mit gänzlich anderer Zielrichtung, Methode und theoretischen Prämissen als der Marxismus/Neomarxismus. Nehmen die marxistischen Ansätze eine holistische Perspektive ein, bedient sich die Neue Politische Ökonomie der wirtschaftswissenschaftlichen Erkenntnisse und Modelle der Neoklassik, indem sie wie diese das Axiom des rationalen, nutzenmaximierenden Individuums (homo oeconomicus) postuliert und auf dieser Basis allgemeine Verhaltensprinzipien formuliert (methodologischer Individualismus). Diese Verhaltensannahmen werden in der Neuen Politischen Ökonomie nicht nur auf ökonomische, sondern auf

---

[3] Synonym wird auch von *Ökonomischen Theorien der Politik* und oftmals auch von *Public Choice* gesprochen.

sämtliche soziale Beziehungen übertragen. Soziale Beziehungen sind demnach, wie die ökonomischen auch, durch den Austausch materieller und immaterieller Güter und Dienstleistungen gekennzeichnet (einführend vgl. Lehner 1981; Becker 1982). Da sich die Individuen in der Interaktion mit ihrem sozialen Umwelt befinden, sind ihnen Rahmenbedingungen (constraints) für ihr Handeln gesetzt, die ihr Verhalten beeinflussen. In die Analyse oder Prognose individuellen Verhaltens – und deren Übertragung auf die Gesamtstrukturen und Prozesse in Gesellschaften – wird dementsprechend immer auch die Analyse des Handlungskontextes als intervenierende Variable einbezogen. Aus dieser Verbindung von rational nutzenmaximierendem Verhalten und Restriktionen durch die Umfeldeinflüsse erklärt die Neue Politische Ökonomie dann auch Unterschiede im internationalen oder intertemporalen Vergleich von Gesellschaften: Divergenzen werden als Resultate identischer Handlungsrationalität der Akteure unter variierenden Strukturbedingungen betrachtet. Die Neue Politische Ökonomie ist damit den Rationalitätsmodellen unter den Handlungstheorien zuzuordnen (siehe den Beitrag von Martin Beck in diesem Band).

Zu den ersten und wichtigsten Theorien, die in diesem Zusammenhang entstanden, gehört die **Ökonomische Theorie der Demokratie.** Mit dem gleichnamigen Werk versuchte Anthony Downs (1968) das Wählerverhalten und die Parteienkonkurrenz in unterschiedlichen Ländern zu analysieren. Er unterstellt, dass sich sowohl Wähler als auch die Parteien nutzenmaximierend verhalten: Das Ziel der Parteien ist der Wahlgewinn, das der Wähler der Nutzengewinn (aus dem Regierungshandeln). Je nach gesellschaftlichen Bedingungen, womit hier der Grad der Segmentierung oder der Polarisierung der Gesellschaft gemeint ist, ergeben sich auf der Grundlage des Wähler- und Parteienverhaltens unterschiedliche Parteiensysteme. So gleichen sich nach Downs die Parteienprofile in Gesellschaften mit einer starken Mittelschicht zunehmend an – im Kampf um die Wählerpositionen in der Mitte. Je mehr unterschiedliche Wählerpräferenzen vorhanden sind, desto mehr Parteien werden sich im System dagegen etablieren können, was das Entstehen unterschiedlicher Parteiensysteme (Ein-, Zwei-, Mehrparteiensysteme) erklärt. Erweiterungen und Modifikationen des Modells wurden insbesondere von Bruno Frey (1976) und Friedrich Schneider (1978) vorgenommen. Mit Hilfe ökonometrischer Interaktionsmodelle wird der Einfluss der wirtschaftlichen Situation auf das Wählerverhalten und die hieraus resultierenden Reaktionen der Regierungen analysiert. Hieraus werden *politische Konjunkturzyklen* abgeleitet: Während direkt nach den Wahlen die Regierungen eher für Preisstabilität sorgen und dabei eine Erhöhung der Arbeitslosigkeit in Kauf nehmen, suchen sie gegen Ende der Wahlperiode, die Arbeitslosigkeit zur Not auf Kosten der Preisstabilität zu senken. Obwohl es für diese politischen Konjunkturzyklen durchaus einige Belege gibt, bleibt den Modellen doch eine große Ungenauigkeit in der Prognose und Analyse. Der Grund hierfür wird in der mangelnden Berücksichtigung unterschiedlicher wirtschaftspolitischer Instrumentarien, den Einflüssen von Interessengruppen und Institutionen (z. B. der Rolle der Notenbanken; Interessen der Bürokratie etc.) sowie anderen ökonomischen Einflüssen (z. B. internationalen Einflüssen) gesehen (vgl. Lehner 1981: 41).

Ebenfalls wegweisend für die Neue Politische Ökonomie war die *Logik des kollektiven Handelns* von Mancur Olson (1968), mit der nun eine **Ökonomische Theorie der politischen Organisationen** entwickelt wurde. Olson konstatiert eine andere Verhaltensweise der Individuen gegenüber kollektiven als gegenüber individuellen Interessen: Während rationale Individuen in der Regel große Anstrengungen unternehmen, um ihre individuellen Interessen durchzusetzen, tun sie dies weitaus weniger, wenn es um kollektive Ziele geht. Den Grund hierfür sieht Olson darin, dass das Kollektivgut allen Mitgliedern des Kollektivs Nutzen bringt, ungeachtet ihres Engagements bei seiner Herstellung. Je größer das Kollektiv (die Organisation), desto geringer ist für das Individuum der Anteil am Gesamtnutzen, für den die Anstrengungen unternommen wurden – der Anreiz zum Engagement sinkt. Dies hat zur Folge, dass große Gruppen weniger gut als kleine zur Organisation ihrer Interessen fähig sind. Dieser *Logik* mangelnder Organisierbarkeit großer Kollektive kann allenfalls durch die Setzung selektiver (positiver oder negativer) Anreize entgegengewirkt werden, etwa durch den Erwerb von Vorteilen durch Mitgliedschaft, durch Strafen oder soziale Ausgrenzung. Dennoch sind die Interessen kleiner Gruppen im Allgemeinen besser und schneller organisierbar. Dies wiederum birgt die Gefahr, dass die Politik durch diese kleinen, gut organisierten Sonderinteressen beeinflusst und das Interesse großer Gruppen tendenziell vernachlässigt wird:[4] Bei dem staatlichen Bestreben, öffentliche Güter für die Partialinteressen zu beschaffen, geraten das Wohl der Gesamtgesellschaft und der Volkswirtschaft ins Hintertreffen. Hieraus folgert Olson in seinem Werk *Aufstieg und Niedergang von Nationen* (1985), dass Länder, in denen (z. B. durch ein totalitäres Regime) *Verteilungskoalitionen* zerschlagen wurden, sobald sie eine freie und stabile Rechtsordnung wiedergewonnen haben, eine höhere ökonomische Wachstumsdynamik aufweisen als solche Länder, in denen diese Koalitionen schon lange bestehen, sich verfestigt haben und auf die Politik einwirken.

Die **Ökonomischen Theorien der Bürokratie** untersuchen das Verhalten der Bürokratie in modernen politischen Systemen. In diesem Zusammenhang entwirft Anthony Downs (1966) ein komplexes Interpretationsschema, mit dem er die Wachstumsdynamik und internen Probleme bei der Koordination, Kommunikation und Kontrolle der Bürokratie analysiert. Er konstatiert, dass die Verhaltensweisen und Strategien der Bürokraten durch ein breites Zielbündel (insbesondere Bestandssicherung, Macht, Prestige, Einkommen etc.) und Aufgaben bestimmt sind. Bürokratien versuchen dabei, ihre Aufgabenbereiche und Funktionen auszuweiten.[5] Je größer sie werden, desto stärker rücken Bestandssicherung und hierfür die Formalisierung der internen Strukturen in den Vordergrund der bürokratischen Aktivitäten. Dabei entstehen in wachsendem Maße Kontrollprobleme und ein zunehmender Anteil der Kapazitäten wird für die interne Kontrolle und Organisation aufgewandt. Ähnlich, jedoch weniger komplex sieht Niskanen (1971) die Tendenz zur Ausweitung der Bürokratie. Ihm zufolge ist die Bürokratie in der Hauptsache an der Budgetmaximierung interessiert, die sich positiv zu den individuellen Interessen der Bürokraten (Gehalt, Beförderungschancen etc.) verhält. Da das Budget an die Leistungserbringung gekoppelt ist, dehnen sie ihren Leistungskatalog kontinuierlich aus. Aus beiden Theorien folgt, dass die Ausweitung des öffentlichen Sektors primär auf Faktoren innerhalb der Bürokratie zurückgeführt werden kann. Externe Faktoren bilden jedoch die Handlungs- und Rahmenbedingungen für Bürokraten.

2. 2 Vom Primat der Politik – Ansätze der international vergleichenden Policy-Analyse

Nach dem Zweiten Weltkrieg waren die modernen kapitalistischen Staaten von einer starken Regierungsintervention in die wirtschaftlichen Prozesse geprägt (Wohlfahrtsstaat; *Mixed Economy*). Parallel zeigten sich im internationalen Vergleich westlicher Industriegesellschaften erhebliche Unterschiede: Obwohl die meisten westlichen Volkswirtschaften den gleichen internationalen Entwicklungstendenzen und Problemen ausgesetzt waren (z. B. der Ölkrise in den 70er-Jahren), wiesen sie eine deutlich variierende ökonomische und wohlfahrtsstaatliche Performanz auf. Diese divergente Entwicklung auf der einen und die erhebliche Staatsintervention auf der anderen Seite legten es nahe, anzunehmen, dass rein volkswirtschaftliche Erklärungen ökonomischer Performanz zu kurz griffen und andere, nämlich politische Determinanten wirtschaftlicher Entwicklungen und gesellschaftlichen Wohlstands Berücksichtigung finden mussten. Daher nahm sich in den 60er-Jahren des 20. Jahrhunderts die Politikwissenschaft dieses Themas an und stellte in ihren **Policy-Analysen**[6] die systematische Untersuchung staatlicher Steuerung und ihrer Wirkungen in den analytischen Fokus. Ökono-

---

[4] Claus Offe (1972) setzt jedoch gegen die Grundannahmen Olsons, dass Interessen nicht nur organisations-, sondern vor allem auch konfliktfähig sein müssen, um sich durchsetzen zu können; d. h. sie müssen in der Lage sein, systemrelevante Leistungen zu verweigern.

[5] In diesem Sinne ist die Ausweitung des staatlichen Aufgabenbereichs entkoppelt von der Aufgabe der Herstellung von Gemeinwohl und primär auf Eigeninteressen des Staatsapparats zurückzuführen.

[6] Die Begriffe Politikfeldanalyse, Staatstätigkeitsforschung und Public Policy werden synonym verwandt.

mische Performanz, z. B. hohe oder niedrige Arbeitslosigkeit, ökonomische Krisen oder Phasen der Prosperität sind aus dem Verständnis der Politikfeldanalyse die Folge staatlicher Steuerung und ihrer Restriktionen. Anders also als der Weltsystemansatz Wallersteins und anderer Wissenschaftler/innen in der marxistischen Tradition, werden Unterschiede nicht auf die *Logik* des internationalen Wirtschaftssystems zurückgeführt, sondern auf die internen Steuerungsprozesse der Nationalstaaten. Und ungleich den Ansätzen der Neuen Politischen Ökonomie versteht die Policy-Analyse staatliches Handeln nicht unbedingt als Ergebnis rational nutzenmaximierenden Handelns, sondern auch als Folge unterschiedlicher Machtstrukturen und Ideologien, sozioökonomischer oder politisch-institutioneller Bedingungen.[7] Die Politikfeldanalyse verfügt über ein breites Spektrum analytischer Ansätze und Instrumentarien (für Überblicke siehe z. B. Parsons 1997; Héritier 1993; Hartwich 1985; Schubert 1994; Schmidt 1988; Castles 1998); im Rahmen der Vergleichenden Politischen Ökonomie sind hauptsächlich drei Ansätze von besonderer Relevanz: (1) Die Parteienherrschaftstheorie, (2) die Theorie der Machtressourcen organisierter Interessen und (3) die politisch-institutionalistische Theorie (vgl. Schmidt 1993).

Ausgehend von der Annahme, dass (Regierungs-)Parteien in erster Linie ihre eigenen Klientel *bedienen* und deren Erwartungen in die Regierungspolitik umzusetzen versuchen, um ihre Wahl- bzw. Wiederwahlchancen zu erhöhen, sieht die **Parteienherrschaftstheorie** einen engen Zusammenhang zwischen dem Politikergebnis und der parteipolitischen Zusammensetzung der Regierung. Die zentrale Fragestellung des Ansatzes – *do parties matter?* – konnte zunächst von Douglas Hibbs in seiner vielbeachteten Arbeit zu politischen Parteien und makroökonomischer Politik (1977) positiv beantwortet werden. Er konnte für die Nachkriegszeit bis Ende der 60er-Jahre zeigen, dass Regierungen ihr Handeln weitgehend entlang der Interessen ihrer Wählerbasis orientierten: Links-Regierungen maßen der Senkung der Arbeitslosigkeit höhere Priorität bei als konservative Regierungen, die – unter Inkaufnahme höherer Arbeitslosigkeit – insbesondere das Ziel der Preisstabilität verfolgten. Hierin liegen dann auch die Ursachen für verschieden hohe Arbeitslosigkeit und Inflationsraten. Die Erklärungskraft dieses Ansatzes erwies sich jedoch bei der Wahl anderer Fälle und Zeitreihen als weniger tragfähig; und auch andere Studien konnten die Deutlichkeit der vermuteten Zusammenhänge nicht erkennen. Zwar bedeutet dies nicht, dass (partei)politische Bestimmungsfaktoren unbedeutend sind, ungewiss ist jedoch das Ausmaß, mit dem sie Unterschiede des Regierungshandelns erklären können (vgl. Schmidt 1993: 375). Insgesamt wird der Theorie dabei unterstellt, dass sie dem Handlungs- und Gestaltungsspielraum von Regierungsparteien zu großes Gewicht beimisst und institutionelle, politische und ökonomische Restriktionen unterbewertet (vgl. ebd.).

Die **Theorie der Machtressourcen organisierter Interessen** führt Staatstätigkeit und deren Ergebnisse primär auf die Interessen sozialer Klassen und deren Organisations- und Konfliktfähigkeit zurück (vgl. z. B. Cameron 1984). Im Vergleich zwischen Ländern mit unterschiedlichen Machtressourcen der sozialen Klassen – wie z. B. zwischen den beiden *extremen* Fällen Schweden und USA[8] – konnten erhebliche Unterschiede in der wohlfahrtsstaatlichen Absicherung konstatiert werden. Vornehmlich im Hinblick auf historisch *offene* Situationen, in denen die Kräfteverhältnisse zwischen den sozialen Klassen noch nicht zementiert, Strukturen und Institutionen noch geschaffen werden müssen, kann der Ansatz gute Erklärungen liefern. Aber auch im Hinblick auf von Klassenkonflikten geprägte Politikfelder (wie z. B. der wohlfahrts-

---

[7] Damit verschließt sich die Policy-Analyse jedoch nicht zwangsläufig den Theorien der Neuen Politischen Ökonomie, sondern diese sind hier durchaus anwendbar.

[8] Schweden als sozialdemokratisch geprägtes Land mit hohem parlamentarischem und außerparlamentarischem Gewerkschaftseinfluss – USA als liberaler Staat mit scheinbar schwachem Einfluss der organisierten Interessen, insbesondere der Gewerkschaften.

staatlichen Politik oder der Beschäftigungspolitik) zeigt sich, dass die Betrachtung des Einflusses organisierter Interessen durchaus erklärende Relevanz besitzt. Allerdings, so die Kritiker, vernachlässigt der Ansatz die institutionellen Rahmenbedingungen des Politikprozesses, die letztlich das Kräftespiel der Interessengruppen und das Regierungshandeln *bändigen* (vgl. Schmid 1993: 377f.; 1997: 212ff.)

Die Kritik der drei vorangestellten Ansätze stellte insbesondere die mangelnde Berücksichtigung institutioneller Faktoren heraus. Institutionen werden als informelle und formelle Normen, Verfahrensregeln oder „anerkannte Regelsysteme politischer Willensbildung und Willensumsetzung" (Prittwitz 1994: 82) verstanden. Hierzu gehören z. B. die Struktur der Staatsordnung (föderale Verflechtung), das Wahlsystem, die Rechte der Notenbanken im politischen System oder auch die Beziehungen zwischen Staat und organisierten Interessen. Sie beschränken den Gestaltungsspielraum der Regierungspolitik und modellieren staatliches Handeln. Mit dieser Thematik setzen sich **politisch-institutionalistische Ansätze** auseinander, welche Institutionen als Kontext verstehen, der Bedingungen für das strategische Handeln der individuellen und kollektiven Akteure setzt und hierdurch Staatstätigkeit erheblich beeinflusst (vgl. z. B. March/Olsen 1989; Hall/Taylor 1996; Czada/Windoff-Héritier 1991; Steinmo/Tolbert 1998; Scharpf 2000; siehe auch den Beitrag von Thorsten Spehn in diesem Band). Sowohl Unterschiede zwischen dem Regierungshandeln und den hierdurch hervorgebrachten Politikergebnissen von Staaten als auch der Wandel oder die Kontinuität innerhalb eines Nationalstaats im Längsschnittvergleich wird entlang dieser Argumentation erklärt. Hohe Aufmerksamkeit ist in diesem Zusammenhang z. B. der Arbeit von Scharpf (1987) beigemessen worden, der die Restriktionen einer sozialdemokratischen Vollbeschäftigungspolitik in Österreich, Großbritannien, Schweden und der Bundesrepublik vergleichend untersucht: Eine keynesianische Nachfragesteuerung scheiterte in Großbritannien, der Bundesrepublik und später auch in Schweden aus unterschiedlichen institutionellen Gründen, wie in Deutschland z. B. an der Eigenständigkeit der Bundesbank und in Großbritannien an einem Mangel kooperativer Dauerbeziehungen der organisierten Interessen zum Staat.

2. 3 Die gesellschaftliche Einbettung der Ökonomie – Wirtschaftssoziologischer Institutionalismus

Zwischen den bisher vorgestellten Perspektiven kann eine dritte, seit den 70er-Jahren Bedeutung gewinnende Gruppe von Arbeiten zur Politischen Ökonomie angesiedelt werden, die als **Wirtschaftssoziologischer Institutionalismus** bezeichnet werden kann: Weniger das Interesse an den ökonomischen Wirkungsprinzipien und ihre Beeinflussung von Politik und Gesellschaft, oder das Interesse an der staatlichen Steuerung der Ökonomie und Gesellschaft stehen im Mittelpunkt der Arbeiten, sondern vielmehr die Einbettung der Ökonomie (vgl. Polanyi 1944; Granovetter 1990) in die modernen, westlichen Industriegesellschaften und deren Institutionen sowie die sich daraus ergebenden Konsequenzen für die nationale Wirtschaftsordnung und (sozio)ökonomische Leistungsfähigkeit der Länder.

Die Persistenz nationaler Unterschiede wird seitens der Institutionalisten als Folge der Verwobenheit der Ökonomie mit den spezifischen institutionellen Strukturen der Gesellschaften interpretiert (zu den ersten Ansätzen Shonfield 1964; vgl. auch Hollingsworth/Schmitter/Streeck 1994; Beiträge in Kitschelt/Lange/Marks/Stephens 1999). Zentrale Aspekte dieser Strukturen sind die Tradition staatlicher Intervention in die Ökonomie, die Produktionsregime, die Einbindung von Organisationen (insbesondere Gewerkschaften und Unternehmerverbände aber auch Wohlfahrtsverbände, Banken, Kammern und andere) in die nationale Marktordnung sowie die Konfliktregelungsmechanismen zwischen den Interessen von Kapital und Arbeit und schließlich auch informelle Netzwerke, z. B. zwischen Unternehmen oder zwischen Staat, Gesellschaft und Wirtschaft. Eine Betrachtungsweise, die fließende Übergänge zur und breite Überschneidungen mit der politisch-institutionalistischen Theorie der Policy-Analyse und der Korporatismusforschung aufweist (siehe auch den Beitrag von Patricia Graf in diesem Band). Die gesellschaftlichen und ökonomischen Institutionen greifen ineinander und formen der Auffassung des institutionalistischen Ansatzes zufolge die Modi Operandi der nationalen Politischen Ökonomien und damit letztlich auch ihre Ergebnisse. Mehr noch, bestimmte sozial-institutionelle Strukturen können sich je nach ökonomischer Herausforderung als vor- oder nachteilig für die ökonomische Performanz und den Wohlstand eines Landes erweisen (zur Einführung vgl. Beiträge in Crouch/Streeck 1997; Crouch/Streeck 1997a; Goldthorpe 1984; Brunetta/Dell' Aringa 1990).

Bis in die 80er-Jahre herrschte unter den Vertretern/innen des institutionalistischen Ansatzes weitgehend Einigkeit darüber, dass jene modernen Kapitalismen besonders erfolgreich waren, die über ein relativ stark institutionalisiertes sozioökonomisches System verfügten, d. h., die in Gesellschaft und Politik, zumeist in Form verschiedener korporatistischer Arrangements, integriert waren (vgl. Goldthorpe 1984, Katzenstein 1984). Ökonomien also, deren Charakteristika eben nicht dem Paradigma der Neoklassik entsprachen und sich durch ein Höchstmaß ökonomischen Liberalismus auszeichneten. Hierzu gehörte z. B. der *Rheinische Kapitalismus* Deutschlands mit seiner kooperativen Sozialpartnerschaft, der betrieblichen Mitbestimmung, der dualen Berufsausbildung und hohen wohlfahrtsstaatlichen Leistungen (für einen Überblick vgl. Streeck 1997), aber auch die kleinen Länder, etwa die skandinavischen, die Schweiz und Österreich, in denen starke korporatistische Strukturen bestehen (vgl. z. B. Katzenstein 1984, 1985). Solcherart *institutionalisierte* oder *koordinierte* Kapitalismen brachten in den 1970er-Jahren einen breiteren gesellschaftlichen Wohlstand, eine geringere Arbeitslosigkeit, oftmals ein stärkeres Wirtschaftswachstum und größere ökonomische Stabilität als die liberalen (unkoordinierten, auf das Steuerungsmedium *Markt* vertrauenden) Wirtschaftsordnungen Großbritanniens oder der USA hervor.

Dieses Bild wandelte sich in den 90er-Jahren fundamental: Nicht mehr die stark integrierten, sondern im Gegenteil, die liberalen, flexiblen Ökonomien zeigen sich nun ökonomisch und insbesondere beschäftigungspolitisch erfolgreich. Sie scheinen sich besser an die Bedingungen einer globalisierten Wirtschaft anpassen zu können als die trägeren, da auf Konsens und Aushandlung angewiesenen institutionalisierten Ökonomien. Letztere scheinen nun unter Anpassungsdruck zu geraten, der umfassende Flexibilisierungen und Deregulierungen verlangt (vgl. z. B. Streeck 1997). Vor dem Hintergrund dieser Situation wird von mancher Seite nun auch das Paradigma der nationalen Souveränität wieder in Zweifel gezogen. Es wird die Frage aufgeworfen, ob nicht doch das ökonomische Geschehen das gesellschaftliche und politische determiniert, wie schon seitens der Konvergenztheorien der 50er-Jahre behauptet wurde. Der internationale ökonomische Wettbewerb, so wird angenommen, lassen den Nationalstaaten nur wenige Optionen für unterschiedliche politische und gesellschaftliche Marktordnungen, sodass zunehmend mehr Staaten gezwungen sind, gleiche haushalts-, wirtschafts- und sozialpolitische Politiken zu übernehmen und gleiche institutionelle Arrangements aufzubauen. Die Globalisierung, so die Annahme, wird damit Souveränitätsverlust und Konvergenz zur Folge haben (vgl. Forrester 1997; Koch 1997).

Die Vertreter/innen des institutionalistischen Ansatzes argumentieren jedoch gegen diese neue Konvergenzthese: Zwar mag sich die Weltordnung verändern, die Reaktion der Nationalstaaten auf diese Veränderungen bleibt jedoch unterschiedlich. Für die Persistenz nationaler Unterschiede sprechen nicht alleine die empirischen Tatsachen – bisher sind noch wenig Angleichungen festzustellen – auch theoretische Argumente werden ins Feld geführt: Die Globalisierung und damit einhergehende Zwänge zu Anpassungen der Institutionen und der Staatätigkeit sind durchaus vorhanden. Diese finden aber im Rahmen der schon bestehenden und verschiedenartigen institutionellen Strukturen nationaler Polit-Ökonomien statt und unterliegen damit einer gewissen Pfadabhängigkeit, die zur Folge hat, dass nationalspezifische Charakteristika bewahrt bleiben (vgl. Kitschelt/Lange/Marks/Stephens 1999a; Soskice 1999; Boyer 1996; Weiss 1999; Berger/Dore 1996).

Ein weniger an den nationalspezifischen *Regimes* des Kapitalismus denn an denen des Wohlfahrts-staats ausgerichteten Erkenntnisinteresses liegt der Arbeit von Gøsta Esping-Andersen (1990) zugrunde. In seinem einflussreichen Band *Three Worlds of Welfare Capitalism* untersucht er die Ursachen von Unterschieden in den wohlfahrtsstaatlichen Leistungen (z. B. Höhe und Verteilung der Ausgaben) und Ergebnissen (wie z. B. das Ausmaß sozialer Ungleichheit). Wie schon die in diesem Abschnitt behandelten Ansätze der Wirtschaftssoziologen, geht auch Esping-Andersen (aus stärker politikwissenschaftlicher Sicht) davon aus, dass Staat, Ökonomie und Gesellschaft stark miteinander verwoben sind und relativ stabile institutionelle Arrangements bilden. Er identifiziert drei unterschiedliche wohlfahrtsstaatliche Typen, die sich im historischen Prozess der Wohlfahrts-staatsentwicklung herausgebildet haben. Den Typen liegen jeweils spezifische Logiken der Organisation von Sozialpolitik (wie etwa Eintrittsbarrieren, Höhe und Art der Leistungen etc.) zugrunde, aus deren Zusammenwirken sich dann auch die verschiedenen Leistungen und Ergebnis-se interpretieren lassen.

3. FAZIT UND AUSBLICK

Die Vergleichende Politische Ökonomie beschäftigt sich seit gut 50 Jahren mit den Unter-schieden zwischen den kapitalistischen Wirtschaftsordnungen und dem Wohlstand von Nationen. Gemein ist den zum Teil äußerst verschiedenen Ansätzen das Verständnis, dass Politik, Gesellschaft und Ökonomie in Wechselbeziehung zueinander stehen; alle Arbeiten versuchen die konkreten Funktionsmechanismen dieser Interdependenz zu erfassen und hieraus die Unterschiede zwischen den Nationalstaaten zu erfassen. Der *Wohlstand der Nationen* stellt das übergeordnete Erkenntnisinteresse der Politischen Ökonomie dar. Gewiss werden hier Differenzierungen vorgenommen und oftmals wird das Ganze zugunsten von Einzelaspekten aus den Augen verloren. Jedoch können diese als Bausteine für eine überge-ordnete Erklärung der Ursachen von Wohlstand oder seinem Gegenteil dienen.

Die vorgestellten Arbeiten zur Vergleichenden Politischen Ökonomie repräsentieren Arbeiten, die drei unterschiedliche Schwerpunkte bei der Interpretation dieser Unterschiede setzen. Die marxistischen Ansätze und die der Neuen Politischen Ökonomie gehen vom Primat der Ökonomie über Politik und Gesellschaft aus und analysieren ausgehend von dieser Annahme die ökonomischen Funktionsmechanismen und ihre Wirkung auf Gesellschaft, Staat und Politik. Dennoch unterscheiden sie sich fundamental. Die neomarxistischen Dependenz- und Weltsystem-Ansätze interpretieren die Ursache von (Entwicklungs-)Unterschieden als Folge der kapitalistischen Wirtschaftsordnung des Weltsystems. Der Auffassung entsprechend sind große Entwicklungsunterschiede dem Kapitalismus inhärent und Folge der kapitalistischen Funktionslogik, die auf Ausbeutung, Abhängigkeit, Kapitalakkumulation und Monopolbil-dung basiert. Es ist eine holistische Perspektive, die von ihren Vertretern/innen eingenommen wird und die im krassen Gegensatz zum methodologischen Individualismus der Neuen Politischen Ökonomie steht. Letztgenannte interpretiert das Primat der Ökonomie aus dem individuellen, rational nutzenmaximierenden Verhalten von Akteuren. Unterschiede zwischen Nationalstaaten ergeben sich aus dem Handeln der politischen und gesellschaftlichen Akteure unter divergierenden Umfeldbedingungen. Anders als die marxistischen Ansätze wird dabei der Fokus zudem auf die Unterschiede zwischen westlichen Industriegesellschaften, weniger auf große Entwicklungsunterschiede zwischen der Dritten Welt und den traditionellen Industrienationen gelegt.

Die zweite Gruppe bilden Arbeiten, die vom Primat der Politik über die Ökonomie ausgehen und folglich die Ursachen und Wirkungen der staatlichen Steuerung der Ökonomie ins Zentrum ihrer Analyse stellen. In Vergleichen (zumeist auch hier zwischen westlichen Industrienationen) werden Unterschiede zwischen dem Wohlstand der Nationen entsprechend interpretiert, nämlich als Ergebnis divergierender staatlicher Steuerung, wobei der Staat verschiedenen (macht-)politischen, sozioökonomischen oder institutionellen Einflüssen unterliegt.

Eine dritte Gruppe schließlich bilden jene Arbeiten, welche die gesellschaftliche Einbettung der Ökonomie in den Vordergrund ihrer Untersuchungen stellen. Weder allein ökonomische Strukturen oder ökonomisches Handeln noch staatliches Handeln (und seine Bedingungen) sind die zentralen unabhängigen Variablen. Vielmehr ist es das Zusammenwirken spezifischer institutioneller Arrangements in den Politischen Ökonomien von (westlichen Industrie-)Gesellschaften, welche diese Unterschiede in der Leistungsfähigkeit kapitalistischer Marktwirtschaften begründen.

Wo auch immer die wesentlichen Determinanten der Unterschiede zwischen den Politischen Ökonomien und ihrer Leistungsfähigkeit angesiedelt werden, fest scheint zu stehen, dass Divergenzen in weiten Bereichen bestehen bleiben. Auch wenn die Leistungsfähigkeit der Nationalstaaten im Zeitverlauf variiert, sich die Strukturen der nationalen Politischen Ökonomien wandeln und das (internationale) ökonomische Umfeld verändert – es gibt nur wenig Anzeichen dafür, dass sich nationale Politikmuster und politökonomische Strukturen vollständig angleichen.

LITERATUR: ANSÄTZE

Alemann, Ulrich von (1989): Organisierte Interessen in der Bundesrepublik. Opladen.

Alemann, Ulrich von (2000): Vom Korporatismus zum Lobbyismus? Die Zukunft der Verbände zwischen Globalisierung, Europäisierung und Berlinisierung. In: Aus Politik und Zeitgeschichte, Jg. 26/27, S. 3-6.

Alemann, Ulrich von/Heinze, Rolf (1979) (Hrsg.): Verbände und Staat: Vom Pluralismus zum Korporatismus; Analysen, Positionen, Dokumente. Opladen.

Almond, Gabriel A. (1956): Comparative Political Systems. In: Journal of Politics, Nr. 18, S. 391-409.

Almond, Gabriel A. (1958): A Comparative Study of Interest Groups and the Political Process. In: American Political Science Review, Jg. 52, S. 270-282.

Almond, Gabriel/Powell, G. (1978): Comparative Politics. Boston.

Almond, Gabriel A. (1988): The Return to the State. In: American Political Science Review, Jg. 82, Nr. 3, S. 853-74.

Almond, Gabriel A./Coleman, James S. (1960): The Politics of Developing Areas. Princeton.

Almond, Gabriel A./Verba, Sidney (1963): The Civic Culture: Political Attitudes and Democracy in Five Nations. Princeton.

Almond, Gabriel A./Powell, Bingham,G. Jr./Ström Kaare/Dalton, Russel J. (Hrsg.) (2000): Comparative Politics Today. A World View. New York, S. 23-29.

Althusser, Louis (1971): Ideology and Ideological State Apparatuses. In: Althusser, Louis (Hrsg): Lenin and Philosophy and Other Essays. London.

Axelrod, Robert (1984): The Evolution of Cooperation. New York.

Axelrod, Robert (1988): Die Evolution der Kooperation. München.

Bachrach, Peter (1970): Die Theorie demokratischer Elitenherrschaft. Eine kritische Analyse. Frankfurt a. M.

Bates, Robert (1981): Markets and States in Tropical Africa: The Political Basis of Agricultural Policies. Berkeley.

Bates, Robert (1989): Beyond the Miracle of the Market. New York.

Bates, Robert/Greif, Avner/Levi, Margaret u. a. (Hrsg.) (1998): Analytic Narratives. Princeton.

Beck, Martin (1994): Die Iranische Revolution und das Pahlavi-Regime. In: Asien, Afrika, Lateinamerika, Jg. 22, Nr. 1, S. 1-16.

Beck, Ulrich (Hrsg.) (2003): Politik der Globalisierung. Frankfurt a. M.

Becker, Gerry S. (1982): Der ökonomische Ansatz zur Erklärung menschlichen Verhaltens. Tübingen.

Bennett, Andrew/George, Alexander (1997): Process Tracing in Case Study Methods. Arbeitspapier, MacArthur Workshop (Oktober). Cambridge.

Bentley, Arthur F. (1908): The Process of Government. Chicago.

Bentley, Arthur (1949): The Process of Government. 3 Aufl. Evanston, Originalausgabe: 1908.

Berg-Schlosser, Dirk (1972): Politische Kultur: Eine neue Dimension politikwissenschaftlicher Analyse. München.

Berger, Suzanne/Dore, Ronald (Hrsg.) (1996): National Diversity and Global Capitalism. Ithaca.

Berger, Thomas (1998): Cultures of Antimilitarism: National Security in Germany and Japan. Baltimore.

Beyme, Klaus (1974): Die politische Elite in der Bundesrepublik Deutschland. München.

Bill, James A./Hardgrave, Robert L., Jr. (1973): Political Culture and Socialization. In: Bill, James A./Hardgrave, Robert L., Jr. (Hrsg.): Comparative Politics: The Quest for Theory. Columbus, S. 85-116.

Bill, James A./Hardgrave, Robert L. Jr. (1973): The Political Elite Approach. In: Bill, James A./Hardgrave, Robert L., Jr. (Hrsg.): Comparative Politics. The Quest for Theory. Columbus, S. 143-173.

Boeckh, Andreas (1995): Entwicklungstheorien. In: Nohlen, Dieter/Schultze, Rainer-Olaf (Hrsg.): Politische Theorien. Lexikon der Politik. Bd. 1. München, S. 69-80.

Boli, John/Thomas, George (Hrsg.) (1998): World Polity Formation since 1875. Stanford.

Bottomore, Thomas (1964): Elite and Society. London.

Bourdieu, Pierre (1987): Die feinen Unterschiede. Kritik der gesellschaftlichen Urteilskraft. Frankfurt a. M.

Bourdieu, Pierre (1989): La Noblesse d'État. Grandes Ecoles et Esprit de Corps. Paris.

Boyer, Robert (1996): The Convergence Hypothesis Revisited: Globalization but Still the Century of Nations? In: Berger, Suzanne/Dore, Ronald (Hrsg.): National Diversity and Global Capitalism. Ithaca/London, S. 29-59.

Breton, Albert/Galeotti, Gianluigi/Salmon, Pierre/Wintrobe, Ronald (Hrsg.) (1995): Nationalism and Rationality. Cambridge.

Breuer, Stefan (2002): Der Staat: Entstehung, Typen, Organisationsstadien. Hamburg.

Brockhaus (1997): Brockhaus – Die Enzyklopädie. Bd. 6. Mannheim.

Brunetta, Renato/Dell' Aringa, Carlo (Hrsg.) (1990): Labour Relations and Economic Performance. Houndsmills.

Bunce, Valerie (2000): Comparative Democratization: Big and Bounded Generalizations. In: Comparative Political Studies, Jg. 33, Nr. 4, S. 703-34.

Bürklin, Wilhelm/Rebenstorf, Hilke (Hrsg.) (1997): Eliten in Deutschland. Rekrutierung und Integration. Opladen.

Burton, Michel/Higley, John (1987): Invitation to Elite Theory. The Basic Contention Reconsidered. In: Domhoff, William G./Dye, Thomas R. (Hrsg.) (1987): Power Elites and Organizations. Newsbury Park, S. 219-238.

Burton, Michael/Richard, Gunther/Higley John (1992): Introduction: Elite Transformation and Democratic Regimes. In: Higley, John/Gunther, Richard (Hrsg.): Elites and Democratic Consolidation in Latin America and Southern Europe. Cambridge, S. 1-37.

Bußhoff, Heinrich (1993): Der Staat als politisches System – Überlegungen zu einem (möglichen) Testfall für die Systemtheorie. In: Voigt, Rüdiger (Hrsg.): Abschied vom Staat – Rückkehr vom Staat? Baden-Baden, S. 121-145.

Calvert, Randall (1995): The Rational Choice Theory of Social Institutions. In: Banks, Jeffrey/Hanushek, Eric (Hrsg.): Modern Political Economy: Old Topics, New Directions. New York, S. 216-266.

Cameron, David (1984): Social Democracy, Corporatism, Labour Quiescence, and the Representation of Economic Interest in Advanced Capitalist Society. In: Goldthorpe, John T. (Hrsg.): Order and Conflict in Contemporary Capitalism. Oxford, S. 143-178.

Campbell, Andrea (2005): How Policies Make Citizens: Senior Political Activism and the American Welfare State. Princeton.

Caporaso, James A./Levine, David P. (1992): Theories of Political Economy. Cambridge.

Cardoso, Fernando H./Faletto, Enzo (1976): Abhängigkeit und Entwicklung in Lateinamerika. Frankfurt a. M.

Carey, John (2000): Parchment, Equilibria, and Institutions: In: Comparative Political Studies, Jg. 33, S. 735-761.

Castles, Francis G. (1998): Comparative Public Policy. Patterns of Post-war Transformation. Cheltenham.

Cockcroft, James D./Frank, André Gunder/Johnson, Dale L. (1972): Dependence and Underdevelopment: Latin America's Political Economy. Garden City.

Coleman, James (1973): The Mathematics of Collective Action. Chicago.

Coleman, J.S. (1988): Social Capital in the Creation of Human Capital. In: American Journal of Sociology, Jg. 94, S. 95-120.

Collier, David/Berins Collier, Ruth (1991): Shaping the Political Arena. Princeton.

Collier, Ruth Berins (1999): Paths toward Democracy. The Working Class and Elites in Western Europe and South America. Cambridge.

Connolly, William E. (1969): The Bias of Pluralism. 1. Aufl. New York.

Cook, Karen/Levi, Margaret (Hrsg.) (1990): The Limits of Rationality. Chicago.

Crocker, Chester A. (2003): Engaging Failing States. In: Foreign Affairs, Jg. 82, Nr. 5, S. 32-44.

Crouch, Colin/Streeck, Wolfgang (Hrsg.) (1997): Political Economy of Modern Capitalism. Mapping Convergence and Diversity. London.

Crouch, Colin/Streeck, Wolfgang (1997a): Introduction: The Future of Capitalist Diversity. In: Crouch, Colin/Streeck, Wolfgang (Hrsg.): Political Economy of Modern Capitalism. Mapping Convergence and Diversity. London, S. 1-18.

Czada, Roland/Windhoff-Héritier (Hrsg.) (1991): Political Choice. Institutions, Rules, and the Limits of Rationality. Frankfurt a. M./Boulder.

Czada, Roland (1994): Konjunkturen des Korporatismus: Zur Geschichte eines Paradigmenwechsels in der Verbändeforschung. In: PVS Sonderheft, Jg. 25, S. 37-64.

Czada, Roland (1995): Korporatismus. In: Nohlen, Dieter (Hrsg.): Lexikon der Politik. S. 218-224.

Dahl, Robert A. (1961): Who Governs? Democracy and Power in an American City. New Haven.

Dahl, Robert A. (1967): Pluralist democracy in the United States: conflict and consent. Chicago.

Dahl, Robert A. (1989): Democracy and its critics. New Haven.

Dahl, Robert A./Lindblom, Charles (1953): Politics, Economics and Welfare. New York.

DeMartino, George F. (2000): Global Economy, Global Justice: Theoretical Objections and Policy Alternatives to Neoliberalism. London/New York.

Dixit, Avinash K./Nalebuff, Barry K. (1995): Spieltheorie für Einsteiger. Strategisches Know-how für Gewinner. Stuttgart.

Döhler, Marian (1991): Policy Networks, Opportunity Structures and Neo-conservative Reform Strategies in Health Policy. In: Marin, Bernd/Mayntz, Renate (Hrsg.): Policy Networks. Empirical Evidence and Theoretical Considerations. Frankfurt a. M./Boulder, S. 235-296.

Domhoff, William G./Dye, Thomas R. (Hrsg.) (1987): Power Elites and Organizations. Newsbury Park.

Dörner, Andreas (2003): Politische Kulturforschung. In: Münkler, Herfried (Hrsg.): Politikwissenschaft – Ein Grundkurs. Reinbeck bei Hamburg, S. 587-619.

Downs, Anthony (1966): Inside Bureaucracy. Boston.

Downs, Anthony (1968): Ökonomische Theorie der Demokratie. Tübingen.

Druwe, Ulrich/Kunz Volker (Hrsg.) (1996): Handlungs- und Entscheidungstheorie in der Politikwissenschaft. Eine Einführung in Konzepte und Forschungsstand. Opladen.

Easton, David (1965): A Systems Analysis of Political Life. New York.

Eckstein, Harry (1988): A Culturalist Theory of Political Change. In: American Political Science Review, Jg. 82, Nr. 3, S. 789-804.

Ehrlich, Avishai (2004): On the Right of Return. Demography and Ethnic-Cleansing in the Present Phase of the Israeli-Palestinian Conflict. In: Orient, Jg. 45, Nr. 4, S. 549-563.

Eisenstadt, S./Lemarchand, R. (Hrsg.) (1981): Political Clientism, Patronage and Development. London.

Elkins, David J./Simeon, E.B. (1979): A Cause in Search of Its Effect, or What Does Political Culture Explain? In: Comparative Politics, Jg. 11, Nr. 2, S. 127-145.

Elster, Jon (1986): Introduction. In: Elster, Jon (Hrsg.): Rational Choice. New York, S. 1-33.

Elster, Jon (1987): Subversion der Rationalität. Frankfurt a. M.

Esping-Andersen, Gøsta (1990): Three Worlds of Welfare Capitalism. Princeton.

Evans, Peter B. (1995): Embedded Autonomy: States and Industrial Transformation. Princton, NJ.

Evans, Peter B. (1997): The Eclipse of the State? Reflections on Stateness in an Era of Globalization. In: World Politics, Jg. 50, Nr. 1, S. 62-87.

Evans, Peter B. (1992): The State as Problem and Solution: Predation, Embedded Autonomy, and Structural Change. In: Haggard, Stephen/Kaufman, Robert (Hrsg.): The Politics of Economic Adjustment. Princeton, NJ.

Evans, Peter/Rueschemeyer, Dietrich/Skocpol, Theda (Hrsg.) (1985): Bringing the State Back in. New York.

Falk, Richard (1999): Predatory Globalization: A Critique. Malden.

Fearon, James (1998): Commitment Problems and the Spread of Ethnic Conflict. In: Lake, David/Rothchild, Donald (Hrsg.): The International Spread of Ethnic Conflict. Princeton.

Ferejohn, John/Shipan, Charles (1990): Congressional Influence on Bureaucracy. In: Journal of Law, Economics and Organization, Jg. 6, S. 1-20.

Fetscher, Iring (Hrsg.) (1976): Grundbegriffe des Marxismus: eine lexikalische Einführung. Hamburg.

Fish, Steven M. (1994): Russia's Fourth Transition. In: Journal of Democracy, Jg. 5 (Juli), S. 31-42.

Fligstein, Neil (1990): The Transformation of Corporate Control. Cambridge.

Føllesdal, Dagfinn/Walløe, Lars/Elster, Jon (1988): Rationale Argumentation. Ein Grundkurs in Argumentations- und Wissenschaftstheorie. Berlin.

Forrester, Viviane (1997): Der Terror der Ökonomie. Wien.

Fraenkel, Ernst (1991): Deutschland und die westlichen Demokratien. Frankfurt a. M.

Frank, André Gunder (1979): Dependent Accumulation and Underdevelopment. New York u. a.

Frey, Bruno S. (1976): Theorie und Empirie politischer Konjunkturzyklen. In: Zeitschrift für Nationalökonomie.

Fukuyama, Francis (1995): Trust. New York.

Fukuyama, Francis (2004): The Imperative of State-Building. In: Journal of Democracy, Jg. 15, Nr. 2, S. 17-31.

Gabriel, Oscar W. (1986): Politische Kultur, Postmaterialismus und Materialismus in der Bundesrepublik Deutschland. Beiträge zur sozialwissenschaftlichen Forschung, Jg. 76. Opladen.

Galbraith, John Kenneth (1952): American Capitalism – The Concept of Countervailing Power. Boston.

Garner, James (1910): Introduction to Political Science. A Treatise on the Origin, Nature, Functions and Organization of the State. New York.

Geddes, Barbara (1996): The Initiation of New Democratic Institutions in Eastern Europe and Latin America. In: Lijphart, Arend/Waisman, Carlos (Hrsg.): Institutional Design in New Democracies. Boulder, S. 15-41.

Geddes, Barbara (1999): The Effect of Regime Type on Authoritarian Breakdown: Empirical Test of a Game Theoretical Argument. Paper presented at American Political Science Association Meetings.

Gellner, Ernest (1983): Nations and Nationalism. Oxford.

Gerschenkron, Alexander (1962): Economic Backwardness in Historical Perspective. Cambridge.

Giddens, Anthony (2001): Die entfesselte Welt. Frankfurt a. M.

Göhler, Gerhard/Klein, Ansgar (1993): Politische Theorien des 19. Jahrhunderts. In: Lieber, Hans-Joachim (Hrsg.): Politische Theorien von der Antike bis zur Gegenwart (= Schriftenreihe Bd. 299). Bonn, S. 259-656.

Göhler, Gerhard/Roth, Klaus (1995): Marxismus. In: Nohlen, Dieter/Schultze, Rainer-Olaf (Hrsg.): Politische Theorien. Lexikon der Politik. Bd. 1. München, S. 321-331.

Goldstone, Jack (1991): Revolution and Rebellion in the Early Modern World. Berkeley.

Goldthorpe, John G. (Hrsg.) (1984): Order and Conflict in Contemporary Capitalism. Studies in the Political Economy of West European Nations. Oxford.

Goodin, Robert (Hrsg.) (1996): The Theory of Institutional Design. Cambridge.

Goodin, Robert (1996): Institutions and Their Design. In: Goodin, Robert (Hrsg.): The Theory of Institutional Design. Cambridge, S. 1-54.

Goodin, Robert/Klingemann, Hans-Dieter (Hrsg.) (1998): A New Handbook of Political Science. Oxford.

Gorges, Michael (2001): New Institutional Explanations for Institutional Change: A Note of Caution. In: Politics, Jg. 21, S. 137-145.

Grafstein, R. (1992): Institutional Realism: Social and Political Constraints on Rational Actors. New Haven.

Gramsci, Antonio (1971): Selections from the Prison Notebooks of Antonia Gramsci. New York.

Granovetter, Mark (1973): The Strength of Weak Ties. In: American Journal of Sociology, Jg. 78, Nr. 6, S. 1360-1380.

Granovetter, Mark S. (1990): The Old and the New Economic Sociology – A History and Agenda. In: Friedland, Roger/Robertson, A.F. (Hrsg.): Beyond the Marketplace. Rethinking Economy and Society. New York, S. 89-112.

Granovetter, Mark/Swedberg, Richard (Hrsg.) (1992): The Sociology of Economic Life. Boulder.

Green, Donald/Shapiro, Ian (1994): Pathologies of Rational Choice Theory: A Critique of Applications in Political Science. New Haven.

Greenstone, David J. (1975): Group Theories. In: Greenstein, Fred. J./Polsby, Nelson W. (Hrsg.): Handbook of Political Science. S. 243-318.

Grimm, Dieter (1987): Der Staat in der kontinentaleuropäischen Tradition. In: Grimm, Dieter (Hrsg.): Recht und Staat der bürgerlichen Gesellschaft. Frankfurt a. M., S. 23-48.

Habermas, Jürgen (1975): Legitimation Crisis. Boston.

Hagopian, Frances (2000): Political Development, Revisited. In: Comparative Political Studies, Jg. 33, S. 880-911.

Hall, Peter (1986): Governing the Economy: The Politics of State Intervention in Britain and France. New York.

Hall, Peter (1999): The Political Economy of Europe in an Era of Independence. In: Kitschelt, Herbert u. a. (Hrsg.): Continuity and Change in Contemporary Capitalism. New York, S. 135-163.

Hall, Peter (2002): Aligning Ontology and Methodology in Comparative Politics. In: Mahoney, James/Rueschemeyer, Dietrich (Hrsg.): Comparative-Historical Analysis: Achievements and Agendas, S. 373-406.

Hall, Peter A./Taylor, Rosemary C.R. (1996): Political Science and the Three New Institutionalisms. In: Political Studies, Jg. 44, S. 936-957.

Hall, Peter/Taylor, Rosemary C.R. (1998): The Potential of Historical Institutionalism. In: Political Studies, Jg. 46, S. 958-962.

Hamann, Rudolf (1964): Paretos Elitentheorie und ihre Stellung in der neueren Soziologie. Stuttgart.

Hartmann, Michael (2004): Elitesoziologie. Frankfurt a. M.

Hartwich, Hans-Herrmann (1985): Policy-Forschung in der Bundesrepublik Deutschland. Opladen.

Hay, Colin/Wincott, Daniel (1998): Structure, Agency and Historical Institutionalism. In: Political Studies, Jg. 46, S. 951-957.

Heclo, Hugh (1974): Modern Social Politics in Britain and Sweden. New Haven, CT.

Heinze, Rolf (1981): Verbändepolitik und Neokorporatismus: Zur politischen Soziologie organisierter Interessen. Opladen.

Held, David/McGrew, Anthony G. (Hrsg.) (2003): Global Transformations Reader: An Introduction to the Globalization Debate. Cambridge.

Hellmer, Friedhelm/Friese, Christian/Kollros, Heike/Krumbein, Wolfgang (1999): Mythos Netzwerke. Regionale Innovationsprozesse zwischen Kontinuität und Wandel. Berlin.

Helmke, Gretchen/Levitsky, Steven (2004): Informal Institutions and Comparative Politics: A Research Agenda. In: Perspectives on Politics, Jg. 2, S. 725-740.

Héritier, Adrienne (Hrsg.) (1993): Policy-Analyse. Elemente der Kritik und Perspektiven der Neuorientierung. In: PVS Sonderheft, Jg. 34, Nr. 24, Opladen, S. 9-38.

Hertz, Rossana/Imber, Jonathan B. (Hrsg.) (1995): Studying Elites using Qualitative Methods. Thousand Oaks.

Herzog, Dietrich (1982): Politische Führungsgruppen. Probleme und Ergebnisse der modernen Elitenforschung. Darmstadt.

Hibbs, Douglas (1977): Political Parties and Macroeconomic Policy. In: The American Political Science Review, Jg. 71, Nr. 4, S. 1467-1487.

Hibbs, Douglas (1987): The Political Economy of Industrialized Democracies. Cambridge/London.

Higley, John/Gunther, Richard (Hrsg.) (1992): Elites and Democratic Consolidation in Latin America and Southern Europe. Cambridge.

Hira, Anil/Hira, Ron (2000): The New Institutionalism: Contradictory Notions of Change. In: American Journal of Economics and Sociology, Jg. 59, S. 267-282.

Hirsch, Joachim (2002): Herrschaft, Hegemonie und politische Alternativen. Hamburg.

Hitzler, Roland/Hornbostel, Stefan/Mohr, Cornelia (Hrsg.) (2004): Elitenmacht. Wiesbaden.

Hollingsworth, J. Rogers/Boyer, Robert (Hrsg.) (1997): Contemporary Capitalism. The Embeddedness of Institutions. Cambridge.

Hollingsworth, J. Rogers/Schmitter, Philippe C./Streeck, Wolfgang (Hrsg.) (1994): Governing Capitalist Economies. Performance and Control of Economic Sectors. New York/Oxford.

Holmes, Stephen (1996): Cultural Legacies or State Collapse? Probing the Postcommunist Dilemma. In: Mandelbaum, Michael (Hrsg.): Postcommunism: Four Perspectives. New York, S. 22-76.

Holzinger, Katharina (1995): Ökonomische Theorien der Politik. In: Nohlen, Dieter/Schultze, Rainer-Olaf (Hrsg.): Lexikon der Politik. Bd. 1 – Politische Theorien. München, S. 383-391.

Holzinger, Katharina (1998): Politische Ökonomie. In: Nohlen, Dieter/Schultze, Rainer-Olaf/Schüttemeyer, Suzanne S. (Hrsg.): Politische Begriffe. Lexikon der Politik. Bd. 7. München, S. 501-502.

Hunter, Floyd (1953): Community Power Structure. A Study of Decision Makers. Chapel Hill.

Huntington, Samuel P. (1965): Political Development and Political Decay. In: World Politics, Jg. 17, Nr. 3, S. 386-430.

Immergut, Ellen (1992a): Health Politics: Interests and Institutions in Western Europe. Cambridge.

Immergut, Ellen (1992b): The Rules of the Game: The Logic of Health Policy-Making in France, Switzerland, and Sweden. In: Steinmo, Sven/Thelen, Kathleen/Longstreth, Frank (Hrsg): Structuring Politics: Historical Institutionalism in Comparative Analysis. New York, S. 57-89.

Immergut, Ellen (1998): The Theoretical Core of the New Institutionalism. In: Politics & Society, Jg. 26, S. 5-34.

Inglehart, Ronald (1971): The Silent Revolution in Europe: Intergenerational Change in Post-Industrial Societies. In: The American Political Science Review, Jg. 65, S. 991-1017.

Inglehart, Ronald (1988): The Renaissance of Political Culture. In: American Political Science Review, Jg. 82, Nr. 4, S. 1203-1230.

Inglehart, Ronald/Abramson, Paul R. (1994): Economic Security and Value Change. In: American Political Science Review, Jg. 88, Nr. 2, S. 336-354.

Iwand, Wolf Michael (1985): Paradigma Politische Kultur: Konzepte, Methoden, Ergebnisse der Political-Culture Forschung in der Bundesrepublik. Ein Forschungsbericht. Opladen.

Jackson, Robert H. (1990) Quasi-States: Sovereignty, International Relations and the Third World. New York.

Jäggi, Urs (1960): Die gesellschaftliche Elite. Eine Studie zum Problem der sozialen Macht. Bern.

James, William (1977): A Pluralistic Universe. Cambridge.

Jansen, Dorothea/Schubert, Klaus (1995): Netzwerkanalyse, Netzwerkforschung und Politikproduktion: Ansätze zur 'cross-fertilization'. In: Jansen, Dorothea/Schubert, Klaus (Hrsg.): Netzwerke und Politikproduktion. Konzepte, Methoden, Perspektiven. Marburg, S. 9-23.

Jepperson, Ronald (2000): The Development and Application of Sociological Neo-Institutionalism. Department of Sociology, University of Tulsa.

Jessop, Bob (1982): The Capitalist State: Marxist Theories and Methods. New York.

Jordan, Grant/Schubert, Klaus (1992): Pluralism, Corporatism and Policy Networks. In: European Journal of Political Research, Jg. 21, S. 7-27.

Jurt, Joseph (Hrsg.) (2004): Intelllektuelle-Elite-Führungskräfte und Bildungswesen in Frankreich und Deutschland. Freiburg i. Br.

Katzenstein, Peter J. (Hrsg.) (1978): Between Power and Plenty: Foreign Economic Policies of Advanced Industrial States. Madison.

Katzenstein, Peter J. (1984): Corporatism and Change. Austria, Switzerland, and the Politics of Industry. Ithaca/London.

Katzenstein, Peter J. (1985): Small States in World Markets. Industrial Policy in Europe. Ithaca/London.

Katzenstein, Peter J. (1996): Cultural Norms and National Security. Ithaca.

Katznelson, Ira/Milner, Helen (Hrsg.) (2002): Political Science: State of the Discipline. New York.

Keller, Suzanne (1968): Beyond the Ruling Class. Strategic Elites in Modern Society. New York.

Kelso, William Alton (1978): American Democratic Theory: Pluralism and Its Critics. Contributions in political science. Westport.

Kenis, Patrick/Schneider, Volker (1991): Policy Networks and Policy Analysis: Scrutinizing a New Analytical Toolbox. In: Marin, Bernd/Mayntz, Renate (Hrsg.): Policy Networks. Empirical Evidence and Theoretical Considerations. Frankfurt a. M./Boulder, S. 25-59.

Kerr, Clark/Dunlop, John T./Harbison, Frederic H/Myers, Charles A. (1960): Industrialism and Industrial Men. Cambridge.

Kieser, Alfred (Hrsg.) (1999): Organisationstheorien. 3. Auflage. Stuttgart.

King, Charles (2001): The Benefits of Ethnic War: Understanding Eurasia's Unrecognized States. In: World Politics, Jg. 53, Nr. 4, S. 524-52.

Kitschelt, Herbert/Lange, Peter/Marks, Gary/Stephens, John D. (Hrsg.) (1999): Continuity and Change in Contemporary Capitalism. Cambridge.

Kitschelt, Herbert/Lange, Peter/Marks, Gary/Stephens, John D. (Hrsg.) (1999a): Convergence and Divergence in Advanced Capitalist Economies. In: Kitschelt, Herbert/Lange, Peter/Marks, Gary/Stephens, John D. (Hrsg.): Continuity and Change in Contemporary Capitalism. Cambridge, S. 427-460.

Knoke, David u. a. (Hrsg.) 1996: Comparing Policy Networks. Labor Politics in the U.S., Germany, and Japan, Cambridge.

Koch, Claus (1997): Im Diesseits des Kapitalismus. In: Merkur, Jg. 51, Nr. 9/10, S. 763-777.

Koelble, Thomas (1995): The New Institutionalism in Political Science and Sociology. In: Comparative Politics, Jg. 27, S. 231-243.

Kohli, Atul (2002): State, Society, and Development. In: Katznelson, Ira/Milner Helen V. (Hrsg.): Political Science. State of the Discipline. London, S. 84-117.

König, Thomas/Bräuninger, Thomas (1998): The Formation of Policy Networks. In: Journal of Theoretical Politics, Jg. 10, Nr. 4, S. 445-471.

Kosta, Jiří (1995): Politische Ökonomie. In: Nohlen, Dieter (Hrsg.): Wörterbuch Staat und Politik, München, S. 575-581.

Krais, Beate/Gebauer, Gunter (2002): Habitus. Bielefeld.

Krasner, Stephen (1978): Defending the National Interest: Raw Materials Investments and U.S. Foreign Policy. Princeton.

Krasner, Stephen (1984): Approaches to the State: Alternative Conceptions and Historical Dynamics. In: Comparative Politics, Jg. 16, Nr. 2, S. 223-46.

Krasner, Stephen (1999): Sovereignty: Organized Hypocrisy. Princeton.

Krasner, Stephen D./Pascual, Carlos (2005): Addressing State Failure. In: Foreign Affairs, Jg. 84, Nr. 4, S. 153-63.

Kremendahl, Hans (1977): Pluralismustheorie in Deutschland. Leverkusen.

Krippendorff, Ekkehart (1993): Polit-ökonomische Schule. In: Boeckh, Andreas (Hrsg.): Internationale Beziehungen. Lexikon der Politik. Bd. 6. S. 416-422.

Kunz, Volker (2004): Rational Choice. Frankfurt a. M.

Laitin, David D. (1995): The Civic Culture at 30. In: American Political Science Review, Jg. 89, Nr. 1, S. 168-173.

Landman, Todd (2003): Issues and Methods in Comparative Politics. An Introduction. New York, S. 149-162.

Laski, Harold (1940): The American Presidency. An Interpretation. New York.

Lasswell, Harold D./Lerner, Daniel (1952): The Comparative Study of Elites. An Introduction and Bibliography. Stanford.

Lasswell, Harold D./Lerner, Daniel (Hrsg.) (1965): World Revolutionary Elites. Cambridge.

Latham, Earl (1952): The Group Basis of Politics: Notes for a Theory. In: American Political Science Review, Jg. 46, Nr. 2, S. 376-397.

Lawson, Stephanie (1993): Conceptual Issues in the Comparative Study of Regime Change and Democratization. In: Comparative Politics, Jg. 25, Nr. 1, S. 183-205.

Lechner, Frank J./Boli, John (Hrsg.) (o. J.): The Globalization Reader. Malden.

Lecours, André (Hrsg.) (2005): New Institutionalism: Theory and Analysis. Toronto.

Lehmbruch, Gerhard (1983): Interest Intermediation in Capitalist and Socialist Systems. Some Structural and Functional Perspectives in Comparative Research. In: International Political Science Review, Jg. 14, Nr. 2, S. 153-172.

Lehmbruch, Gerhard/Schmitter, Philippe C. (1982): Patterns of Corporatist Policy-making. London.

Lehner, Franz (1981): Einführung in die Neue Politische Ökonomie. Königstein, Ts.

Lerner, Daniel/Gordon, Morton (1969): Euroatlantica. Changing Perspectives of the European Elites. Cambridge.

Levi, Margaret (1991): Are There Limits to Rationality. In: Archives Européenne de Sociologie, Jg. 32, S. 130-141.

Levi, Margaret (1997): A Model, a Method, and a Map: Rational Choice in Comparative and Historical Analysis. In: Lichbach, Mark/Zuckerman, Alan (Hrsg.): Comparative Politics: Rationality, Culture, and Structure. Cambridge, S. 19-41.

Levi, Margaret (2002): The State of the Study of the State. In: Katznelson, Ira/Milner Helen V. (Hrsg.): Political Science. State of the Discipline. London, S. 33-55.

Levi, Margaret/Cook, Karen/O'Brien, Jodi/Faye, Howard (1990): The Limits of Rationality. In: Cook, Karen/Levi, Margaret (Hrsg.): The Limits of Rationality. Chicago, S. 1-16.

Linz, Juan J./Stepan, Alfred (1996): Problems of Democratic Transition and Consolidation. Southern Europe, South America, and Post-Communist Europe. Baltimore.

Lowi, Theodore J. (1969): The End of Liberalism: Ideology, Policy, and the Crisis of Public Authority. 1. Aufl. New York.

Luhmann, Niklas (1984): Soziale Systeme. Grundriss einer allgemeinen Theorie. Frankfurt a. M.

Luhmann, Niklas (2000): Organisation und Entscheidung. Opladen.

Luther, Richard K./Deschouwer, Kris (Hrsg.) (1999): Party Elites in Divided Societies. Political Parties in Consociational Democracy. London.

Lynch, Dov (2004): Engaging Eurasia's Separatist States. Unresolved Conflicts and De Facto States. Washington, D.C.

Magstadt, Thomas (1994): Nations and Governments: Comparative Politics in Regional Perspective. New York.

Mahoney, James/Rueschemeyer, Dietrich (Hrsg.) (2002): Comparative-Historical Analysis: Achievements and Agendas. Cambridge.

Mann, Michael (1993): The Sources of Social Power. Volume II: The Rise of Classes and Nation-States 1760-1914. Cambridge.

March, James/Olsen, Johan (1983): The New Institutionalism: Organizational Factors in Political Life. In: American Political Science Review, Jg. 78, S. 734-749.

March, James P./Olsen, Johan P. (1989): Rediscovering Institutions. The Organizational Basis of Politics. New York.

Marks, Gary (1992): Rational Sources of Chaos in Democratic Transitions. In: American Behavioral Scientist, Jg. 33, S. 397-421.

Marx, Karl/Engels, Friedrich (1845-1846): Deutsche Ideologie – I. Feuerbach. In: Marx, Karl/Engels Friedrich (Hrsg.): Bd. 3. Berlin (Ost), S. 20-28.

Marx, Karl (1971): Zur Kritik der Politischen Ökonomie. In: Institut für Marxismus-Leninismus beim ZK der SED (Hrsg.): Karl Marx/Friedrich Engels – Werke. Bd. 13. 7. Aufl. Berlin, S. 7-160.

Mayntz, Renate (1993): Policy-Netzwerke und die Logik von Verhandlungssystemen. In: PVS Sonderheft, Jg. 34, Nr. 24, S. 39-56.

Mayntz, Renate/Marin, Bernd (Hrsg.) (1991): Policy Networks. Empirical Evidence and Theoretical Considerations. Boulder/Frankfurt a. M.

McConnell, Grant (1966): Private Power and American Democracy. 1. Aufl. New York.

McCubbins, Mathew/Sullivan, Terry (Hrsg.) (1987): Congress: Structure and Policy. New York.

Merton, Robert K. (1995): Soziologische Theorie und soziale Struktur. Berlin.

Meyer, John (2001): Globalization, National Culture and the Future of the World Polity. Wei Lun Lecture. The Chinese University of Hong Kong. 28. November.

Meyer, John/Rowan, Brian (1991): Institutionalized Organizations: Formal Structure as Myth and Ceremony. In: Powell, Walter/DiMaggio, Paul (Hrsg): The New Institutionalism in Organizational Analysis. Chicago, S. 41-62.

Michels, Robert (1989): Zur Soziologie des Parteiwesens in der modernen Demokratie. Untersuchungen über die oligarchischen Tendenzen des Gruppenlebens. Stuttgart.

Middleman, James H. (2000): The Globalization Syndrome: Transformation and Resistance. Princeton.

Migdal, Joel (1988): Strong Societies and Weak States. State-Society Relations and State Capabilities in the Third World. Princeton.

Migdal, Joel S./Kohli, Atul/Shue, Vivienne (Hrsg.) (1994): State Power and Social Forces: Domination and Transformation in the Third World. New York.

Migdal, Joel S. (1997): Studying the State. In: Lichbach, Mark Irving/Zuckerman Alan S. (Hrsg.): Comparative Politics: Rationality, Culture, and Structure. New York, S. 208-35.

Migdal, Joel S. (2001): State in Society: Studying How States and Societies Transform and Constitute One Another. New York.

Miliband, Ralph (1969): The State in Capitalist Society. New York.

Mills, Wright C. (1958): The Power Elite. New York.

Moore, Barrington (1966): The Social Origins of Dictatorship and Democracy: Lord and Peasant in the Making of the Modern World. Boston.

Moreno, Jacob (1934): Who Shall Survive? A New Approach to the Problem of Human Interrelations. Washington, D.C.

Morris, Benny (1987): The Birth of the Palestinian Refugee Problem, 1947-1949. Cambridge.

Mosca, Gaetano (1950): Die herrschende Klasse. München.

Nettl, J. P. (1968): The State as a Conceptual Variable. In: World Politics, Jg. 20, Nr. 4, S. 559-592.

Niskanen, William A. (1971): Bureaucracy and Representative Government. Chicago.

Nohlen, Dieter (2000): Autoritäre Regime. In: Nohlen, Dieter (Hrsg.): Lexikon Dritte Welt: Länder, Organisationen, Theorien, Begriffe, Personen. Reinbeck bei Hamburg, S. 79f.

Nordlinger, Eric A. (1981): On the Autonomy of the Democratic State. Cambridge.

Nordlinger, Eric A. (1988): The Return to the State: Critiques. In: American Political Science Review, Jg. 82, Nr. 3, S. 875-85.

North, Douglass C. (1981): Structure and Change in Economic History. New York.

North, Douglass C. (1990): Institutions, Institutional Change and Economic Performance. Cambridge.

O'Donnell, Guillermo O. (1973): Modernization and Bureaucratic-Authoritarianism: Studies in South American Politics. Berkeley.

Offe, Claus (1972): Politische Herrschaft und Klassenstrukturen. In: Kress, Gisela/Senghaas, Dieter (Hrsg.): Politikwissenschaft: Eine Einführung in ihre Probleme. Frankfurt.

Offe, Claus (1975): The Theory of the Capitalist State and the Problem of Policy Formation. In: Lindberg, Leon N. u. a. (Hrsg.): Stress and Contradiction in Modern Capitalism. Public Policy and the Theory of the State. Lexington.

Offe, Claus/Ronger, Volker (1975): Theses on the Theory of the State. In: New German Critique. Bd. 6, S. 137-47.

Offe, Claus (1984): Contradictions of the Welfare State. Cambridge.

Olson, Mancur (1965): The Logic of Collective Action. Cambridge.

Olson, Mancur (1968): Die Logik des kollektiven Handelns. Tübingen.

Olson, Mancur (1985): Aufstieg und Niedergang von Nationen. Tübingen.

Olson, Mancur (1991): Aufstieg und Niedergang von Nationen. Ökonomisches Wachstum, Stagflation und soziale Sicherheit. 2. Aufl. Tübingen.

Olson, Mancur (1992): Die Logik des kollektiven Handelns. Tübingen.

Ostrom, Elinor (1990): Governing the Commons. The Evolution of Institutions for Collective Action. Cambridge.

Page, Edward C./Wright, Vincent (Hrsg.) (1999): Bureaucratic Elites in Western European States. A Comparative Analysis of Top Officials. Oxford.

Pappi, Franz Urban/Henning, Christian (1998): Policy Networks: More than a Metaphor? In: Journal of Theoretical Politics, Jg. 10, Nr. 4, S. 553-575.

Pappi, Franz Urban/König, Thomas/Knoke, David (1995): Entscheidungsprozesse in der Arbeits- und Sozialpolitik. Der Zugang der Interessengruppen zum Regierungssystem über Politikfeldnetze. Ein deutsch-amerikanischer Vergleich. Frankfurt a. M.

Pareto, Vilfredo (1955): Allgemeine Soziologie. Tübingen.

Pareto, Vilfredo (1975): Ausgewählte Werke. Herausgegeben von Morgadini Carlo. Frankfurt a. M.

Parsons, Talcott (1964): The Social System. London.

Parsons, Wayne (1995): Public Policy. An Introduction to the Theory and Practice of Policy Analysis. Cheltenham.

Peters, Guy (1998): Political Institutions, Old and New. In: Goodin, Robert/Klingemann, Hans-Dieter (Hrsg.): A New Handbook of Political Science. Oxford, S. 205-220.

Pierson, Paul (1994): Dismantling the Welfare State? Cambridge.

Pierson, Paul (2000): Increasing Returns, Path Dependence, and the Study of Politics. In: American Political Science Review, Jg. 94, S. 251-267.

Pierson, Paul (2004): Politics in Time: History, Institutions, and Social Analysis. Princeton.

Pierson, Paul/Skocpol, Theda (2002): Historical Institutionalism in Contemporary Political Science. In: Katznelson, Ira/Milner, Helen (Hrsg): Political Science: State of the Discipline. New York, S. 693-721.

Platon (2000): Der Staat. Düsseldorf.

Polanyi, Karl (1944): The Great Transformation. New York.

Polanyi, Karl (1978) (Original 1944): The Great Transformation: Politische und ökonomische Ursprünge von Gesellschaften und Wirtschaftssystemen. Frankfurt a. M.

Poulantzas, Nicos (1969): The Problem of the Capitalist State. New Left Review, Jg. 58, S. 67-78.

Poulantzas, Nicos (1978): State, Power, Socialism. London.

Powell, Walter (1990): Neither Market nor Hierarchy: Network Forms of Organization. In: Research in Organizational Behavior, Jg. 12, S. 295-336.

Powell, Walter/DiMaggio, Paul (Hrsg.) (1991): The New Institutionalism in Organizational Analysis. Chicago.

Powell, Walter/Smith-Doerr, Laurel (1994): Networks and Economic Life. In: Smelser, Neil/Swedberg, Richard (Hrsg.): The Handbook of Economic Sociology. Princeton, S. 368- 402.

Powell, Walter/Jones, D. (Hrsg.) (1997): Remaking the Iron Cage: Institutional Dynamics and Processes. Chicago.

Pressman, Steven/Neill, Robin (1999): Political Economy. In: O'Hara, Phillip Anthony (Hrsg.): Encyclopedia of Political Economy. London/New York, S. 853-856.

Prittwitz, Volker von (1994): Politikanalyse, Opladen.

Pryor, Frederic L. (1968): Public Expenditures in Communist and Capitalist Nations. London.

Przeworski, Adam (1985): Capitalism and Social Democracy. New York.

Przeworski, Adam (1990): The State and the Economy under Capitalism. Chur, Schweiz.

Przeworski, Adam (1991): Democracy and the Market. Political and Economic Reforms in Eastern Europe and Latin America. Cambridge.

Putnam, Robert D. (1976): The Comparative Study of Political Elites. Engelwoods.

Putnam, Robert D. (1993): Making Democracy Work: Civic Traditions in Modern Italy. Princeton.

Pye, Lucian W. (1965): Chapter 1: Introduction: Political Culture and Political Development. In: Pye, Lucian W./Verba, Sidney (Hrsg.): Political Culture and Political Development. Princeton, S. 3-26.

Pye, Lucian W./Verba, Sidney (Hrsg.) (1965): Political Culture and Political Development. Princeton.

Rawls, John (1979): Eine Theorie der Gerechtigkeit. Frankfurt a. M.

Realfonzo, Riccardo (1999): Political Economy: History. In: O'Hara, Phillip Anthony (Hrsg.): Encyclopedia of Political Economy. London/New York, S. 856-861.

Rebensdorf, Hilke (1995): Die politische Klasse. Zur Reproduktion einer Funktionselite. Frankfurt a. M.

Remmer, Karen (1997): Theoretical Decay and Theoretical Development; The Resurgence of Institutional Analysis. In: World Politics, Jg. 50, S. 34-61.

Reutter, Werner (1991): Korporatismustheorien. Frankfurt a. M.

Riker, William (1980): Implications from the Dis-equilibrium of Majority Rule for the Study of Institutions. In: American Political Science Review, Jg. 74, Nr. 2, S. 432-447.

Roberts, Cynthia/Sherlock, Thomas (1999): Bringing the Russian State Back In: Explanations of Derailed Transitions to Market Democracy. In: Comparative Politics, Jg. 31, Nr. 4, S. 477-98.

Röhrich, Wilfried (1991): Eliten und das Ethos der Demokratie. München.

Rosenau, James N. (1988): The State in an Era of Cascading Politics. In: Comparative Political Studies, Jg. 21, Nr. 1, S. 13-44.

Rotberg, Robert I. (2003): State Failure and State Weakness in a Time of Terror. Washington, D.C.

Rothstein, Bo (1998): Political Institutions: An Overview. In: Goodin, Robert/Klingemann, Hans-Dieter (Hrsg.): A New Handbook of Political Science. Oxford, S. 133-166.

Rousseau, Jean-Jacques (1987): Discourse on the Origin of Inequality. In: Cress, Donald (Hrsg.): Jean-Jacques Rousseau: The Basic Political Writings. Indianapolis/Cambridge.

Royo, Sebastián (2002): A New Century of Corporatism? Corporatism in Southern Europe – Spain and Portugal in Comparative Perspective. London.

Rueschemeyer, Dietrich/Huber Stephens, Evelyn/Stephens, John D. (1992): Capitalist Development and Democracy. Chicago.

Scharpf, Fritz W. (1987): Sozialdemokratische Krisenpolitik in Europa. Frankfurt a. M./New York.

Scharpf, Fritz W. (1988): Inflation und Arbeitslosigkeit in Westeuropa. Eine spieltheoretische Interpretation. In: Politische Vierteljahresschrift, Jg. 29, Nr. 1, S. 6-41.

Scharpf, Fritz W. (2000): Interaktionsformen: Akteurzentrierter Institutionalismus in der Politikforschung. Opladen.

Schattschneider, E. E. (1960): The Semi Sovereign People: A Realist's View of Democracy in America. New York.

Schmid, Josef (1993): Parteien und Verbände – Probleme der Konstitution, Kontingenz und Koevolution im System der Interessenvermittlung. In: Schmidt, Manfred G./Czada, Roland (Hrsg.): Verhandlungsdemokratie, Interessenvermittlung, Regierbarkeit (Festschrift für G. Lehmbruch). Opladen.

Schmid, Josef (Hrsg.) (1998): Verbände: Interessenvermittlung und Interessenorganisationen. Lehr- und Arbeitsbuch. Opladen.

Schmidt, Manfred G. (1993): Theorien der international vergleichenden Staatstätigkeitsforschung. In: Héritier, Adrienne (Hrsg.): Policy-Analyse. Kritik und Neuorientierung. PVS Sonderheft, Jg. 34, Nr. 24, Opladen, S. 371-393.

Schmidt, Manfred G. (1997): Vergleichende Policy-Forschung. In: Berg-Schlosser, Dirk/Müller-Rommel, Ferdinand (Hrsg.): Vergleichende Politikwissenschaft. 3. Aufl. Opladen, S. 207-221.

Schmitt, Carl (1928): Verfassungslehre. München.

Schmitter, Philippe (1974): Still the Century of Corporatism? In: Pike, F.B./Stritch, T. (Hrsg.): The New Corporatism: Social Political Structure in the Iberian World. Paris, S. 85-131.

Schmitter, Philippe (1977): Modes of Interest Intermediation and Models of Societal Change in Western Europe. In: Comparative Political Studies, Jg. 10, Nr. 1, S. 7-38.

Schmitter, Philippe/Lehmbruch, Gerhard (1979): Trends toward Corporatist Intermediation. London/Beverly Hills.

Schmitter, Philippe (1999): Critical Reflections on the "Functions" of Political Parties and their Performance in Neo-Democracies. In: Merkel, Wolfgang/Busch, Andreas (Hrsg.): Demokratie in Ost und West. Opladen, S. 475-495.

Schneider, Friedrich (1978): Politisch-ökonomische Modelle: Ein theoretischer und empirischer Ansatz. Königstein, Ts.

Scholte, Jan Aart (2000): Globalization: A Critical Introduction. New York.

Schubert, Klaus (1991): Politikfeldanalyse. Eine Einführung. Reihe Grundwissen Politik. Bd. 6. Opladen.

Schubert, Klaus (1995): Pluralismus versus Korporatismus. In: Nohlen, Dieter (Hrsg.): Lexikon der Politik. S. 407-423.

Schulze, Holger (1997): Neo-Institutionalismus. Ein analytisches Instrument zur Erklärung gesellschaftlicher Transformationsprozesse. Arbeitspapiere des Bereichs Politik und Gesellschaft. Osteuropa-Institut der Freien Universität Berlin. Online-Quelle: http://userpage.fu-berlin.de/~segbers/working_papers/AP04.pdf

Scott, James (1990): Domination and the Arts of Resistance. New Haven.

Sebaldt, Martin (1997): Organisierter Pluralismus: Kräftefeld, Selbstverständnis und politische Arbeit deutscher Interessengruppen. Opladen.

Shannon, Thomas R. (1996): An Introduction to the World-System Perspective. 2. Aufl. Boulder.

Shepsle, Kenneth (1986): Institutional Equilibrium and Equilibrium Institutions. In: Weisberg, Herbert (Hrsg.): Political Science: The Science of Politics. Cambridge.

Shepsle, Kenneth/Weingast, Barry (1987): The Institutional Foundations of Committee Power. In: American Political Science Review, Jg. 81, S. 85-104.

Shonfield, Andrew (1964): Modern Capitalism. Oxford.

Skocpol, Theda (1979): States and Social Revolutions. A Comparative Analysis of France, Russia, and China. New York.

Skocpol, Theda (1985): Bringing the State Back In: Strategies of Analysis in Current Research. In: Evans, Peter B./Rueschemeyer, Dietrich/Skocpol, Theda (Hrsg.): Bringing the State Back In. New York, S. 3-38.

Skocpol, Theda (1992): Protecting Soldiers and Mothers: The Political Origins of Social Policy in the United States. Cambridge.

Smith, Michael (2004): Europe's Foreign and Security Policy: The Institutionalization of Cooperation. Cambridge/New York.

Soskice, David (1999): Divergent Production Regimes: Coordinated and Uncoordinated Market Economies in the 1980s and 1990s. In: Kitschelt, Herbert/Lange, Peter/Marks, Gary/Stephens, John D. (Hrsg.): Continuity and Change in Contemporary Capitalism. Cambridge, S. 101-134.

Soysal, Yasemin (1995): Limits of Citizenship. Chicago.

Stark, David/Bruszt, Laszlo (1998): Post Socialist Pathways: Transforming Politics and Property in East Central Europe. Cambridge.

Stefes, Christoph H. (2003): Kampf der Institutionen – Korruption, Rechtsstaatlichkeit und Marktwirtschaft in den kaukasischen Nachfolgestaaten der SU. In: Bendel, Petra/Croissant, Aurel/Rüb, Friebert W. (Hrsg.): Demokratie und Staatlichkeit: Systemwechsel zwischen Staatsreform und Staatskollaps. Opladen, S. 119-38.

Stefes, Christoph H. (2006): Understanding Post-Soviet Transitions: Corruption, Collusion and Clientelism. Basingstoke/New York.

Steffani, Winfried (1980): Pluralistische Demokratie. Opladen.

Steinmo, Sven (1993): Taxation and Democracy: Swedish, British and American Approaches to Financing the Modern State. New Haven.

Steinmo, Sven/Thelen, Kathleen/Longstreth, Frank (Hrsg.) (1992): Structuring Politics: Historical Institutionalism in Comparative Analysis. New York.

Steinmo, Sven/Tolbert, Caroline (1998): Do Institutions Really Matter? Taxation in Industrialized Democracies. In: Comparative Political Studies, Jg. 2, S. 165-187.

Strange, Susan (1996): The Retreat of the State: The Diffusion of Power in the World Economy. New York.

Streek, Wolfgang (1994): Staat und Verbände: Neue Fragen. Neue Antworten? In: PVS Sonderheft, Jg. 25, S. 7-36.

Streek, Wolfgang (1997): German Capitalism: Does It Exist? Can It Survive? In: Crouch, Colin/Streeck, Wolfgang (Hrsg.): Political Economy of Modern Capitalism. Mapping Convergence and Diversity. London, S. 33-54.

Suleiman, Ezra/Mendras, Henri (Hrsg.) (1995): Le recrutement des élites en Europe. Paris.

Swedberg, Richard/Granovetter, Mark (1992): Introduction. In: Granovetter, Mark/Swedberg, Richard (Hrsg.): The Sociology of Economic Life. Boulder, S. 1-26.

Thelen, Kathleen (1999): Historical Institutionalism in Comparative Politics. In: Annual Review of Political Science, Jg. 2, S. 369-404.

Thelen, Kathleen (2002): How Institutions Evolve: Insights from Comparative Historical Analysis. In: Mahoney, James/Rueschemeyer, Dietrich (Hrsg.): Comparative Historical Analysis: Achievements and Agendas. Cambridge, S. 208-240.

Thelen, Kathleen/Steinmo, Sven (1992): Historical Institutionalism in Comparative Politics. In: Steinmo, Sven/Thelen, Kathleen/Longstreth, Frank (Hrsg): Structuring Politics: Historical Institutionalism in Comparative Analysis. New York, S. 1-32.

Thesing, Josef (1994): Politische Kultur in Lateinamerika: Einführung. In: Thesing, Josef (Hrsg.): Politische Kultur in Lateinamerika. Mainz, S. 11-23.

Tocqueville, Alexis de (1835/40): Über die Demokratie in Amerika. Herausgegeben von J.P. Mayer 1956. Frankfurt a. M.

Torfing, Jacob (2001): Path-Dependent Danish Welfare Reforms: The Contribution of the New Institutionalisms to Understanding Evolutionary Change. In: Scandinavian Political Studies, Jg. 24, S. 277-309.

Truman, David (1951): The Government Process. Political Interests and Public Opinion. 1. Aufl. New York.

Tsebelis, George (1990): Nested Games. Rational Choice in Comparative Politics. Berkeley.

Tsebelis, George (1994): The Power of the European Parliament as a Conditional Agenda Setter. In: American Political Science Review, Jg. 88, S. 795-815.

Ulen, Thomas (1990): The Theory of Rational Choice, Its Shortcomings, and the Implications for Public Policy Decision Making. In: Knowledge: Creation, Diffusion, Utilization, Jg. 12, S. 170-198.

Varshney, Ashutosh (2002): Ethnic Conflict and Civic Life: Hindus and Muslims in India. New Haven.

Veen, Hans-Joachim (Hrsg.) (2004): Alte Eliten in jungen Demokratien? Wechsel, Wandel und Kontinuität in Mittel- und Osteuropa. Köln.

Verba, Sidney (1965a): Chapter 4: Germany: The Remaking of Political Culture. In: Pye, Lucian W./Verba, Sidney (Hrsg.): Political Culture and Political Development. Princeton, S. 130-170.

Verba, Sidney (1965b): Chapter 12: Conclusion: Comparative Political Culture. In: Pye, Lucian W./Verba, Sidney (Hrsg.): Political Culture and Political Development. Princeton, S. 512-560.

Voelzkow, Helmut (2003): Neokorporatismus. In: Andersen, Uwe/Woyke, Wichard (Hrsg.): Handwörterbuch des politischen Systems der Bundesrepublik Deutschland. Opladen, S. 425-428.

Waarden, Frans van (1992): Dimensions and Types of Policy Networks. In: European Journal of Political Research, J. 21, S. 29-52.

Waarden, Frans van/Lehmbruch, Gerhard (2003): Renegotiating the Welfare State. London.

Walden, George (2000): The New Elites. Allen Lane.

Waldner, David (1999): State Building and Late Development. Ithaca.

Walgenbach, Peter (1999): Institutionalistische Ansätze in der Organisationstheorie. In: Kieser, Alfred (Hrsg.): Organisationstheorien. 3. Aufl. Stuttgart, S. 319-353.

Wallerstein, Immanuel (1975): The Present State of the Debate on World Inequality. In: Wallerstein, Immanuel (Hrsg.): World Inequality, Origins and Perspectives on the World System. Montréal, S. 12-28.

Wallerstein, Immanuel (1984): The Politics of the World-Economy. Cambridge.

Wasserman, S./Faust, K. (1994): Social Network Analysis: Methods and Applications. Cambridge.

Watkins, Frederick (1968): International Encyclopedia of the Social Sciences. New York.

Weaver, Kent/Rockman, Bert (1993): Do Institutions Matter? Government Capabilities in the United States and Abroad. Washington, D.C.

Weber, Max (1922): Grundriss der Sozialökonomie. Tübingen.

Weber, Max (1978): Economy and Society. Herausgegeben von Roth, Guenther/Wittich, Claus. Berkeley.

Weber, Max (2000): Die Protestantische Ethik I. Eine Aufsatzsammlung. Herausgegeben von Johannes Winckelmann. 9. Aufl. Gütersloh.

Weber, Max (2002): Wirtschaft und Gesellschaft: Grundriss der verstehenden Soziologie. 5., rev. Aufl. Tübingen. Originalausgabe: 1921. Tübingen.

Weede, Erich (1997): Verteilungskoalitionen, Rent-Seeking und ordnungspolitischer Verfall. In: Boeckh, Andreas/Pawelka, Peter (Hrsg.): Staat, Markt und Rente in der internationalen Politik. Opladen, S. 51-63.

Weingast, Barry (1998): Constructing Trust: The Politics and Economics of Ethnic and Regional Conflict. In: Soltan, Karol/Uslaner, Eric/Haufler, Virgina (Hrsg.): Institutions and Social Order. Ann Arbor, S. 163-200.

Weingast, Barry (2002): Rational-Choice Institutionalism. In: Katznelson, Ira/Milner, Helen (Hrsg.): Political Science: State of the Discipline. New York, S. 660-692.

Weir, Margaret/Skocpol, Theda (1985): State Structures and the Possibilities for 'Keynesian' Responses to the Great Depression in Sweden, Britain, and the United States. In: Evans, Peter B./Rueschemeyer, Dietrich/Skocpol, Theda (Hrsg.): Bringing the State Back In. New York, S. 107-63.

Weiss, Linda (1999): The Myth of the Powerless State: Governing the Economy in a Global Era. Cambridge.

Wilensky, Harold (1975): The Welfare State and Equality. Berkeley.

Williamson, Oliver (1985): The Economic Institutions of Capitalism. New York.

Williamson, Peter (1991): Corporatism in Perspective. London.

Windeler, Arnold/Sydow, Jörg (Hrsg.) (2000): Steuerung von Netzwerken. Opladen.

Wolf, Martin (2005): Why Globalization Works. London.

Zagórska-Frentzel, J./Wasilewski, Jacek (2000): The Second Generation of Democratic Elites in Central and Eastern Europe. Warschau.

Zauels, Günther (1967): Paretos Theorie der sozialen Heterogenität und Zirkulation der Eliten. Stuttgart.

Zürn, Michael (1993): Interessen und Institutionen in der internationalen Politik. Grundlegung und Anwendungen des situationsstrukturellen Ansatzes. Opladen.

Zysman, John (1994): How Institutions Create Historically Rooted Trajectories of Growth. In: Industrial and Corporate Change, Jg. 3, S. 243-83.

KAPITEL IV: ANWENDUNGEN

DEMOKRATISIERUNG UND TRANSITIONSFORSCHUNG

Oliver Schlumberger und Roy Karadag

1. EINLEITUNG

Dieser Beitrag behandelt Ansätze und Konzepte, die sich zum Ziel setzen, politische System-wechsel zu erklären: Wann, unter welchen Bedingungen und weshalb bricht ein Typus von politischer Herrschaft (Demokratie, Autoritarismus, Totalitarismus) zusammen und geht in einen anderen über? Nach welchen Mustern verlaufen solche Übergänge? Gibt es besondere Entwicklungspfade, die zur Demokratisierung führen? Was bestimmt die Ergebnisse und Resultate von systemischen Wechseln?

Die verhältnismäßig junge Teildisziplin der Vergleichenden Politikwissenschaft, die sich diesen und ähnlichen Fragen widmet, wird meist als **Transitionsforschung (transitology)** bezeichnet. Im Hintergrund steht dabei implizit oftmals die normative Frage nach den Voraussetzungen und Erfolgsbedingungen der Demokratie, sodass Transitionsforschung in den bisherigen Arbeiten nicht ausschließlich, aber doch meistens eine *Demokratisierungsfor-schung* war.

Samuel Huntington (1991) stellt drei globale, historisch nachzuzeichnende *Wellen* von Demokratisierungsprozessen vor, wobei die Transitionsforschung erst nach Einsetzen der *Dritten Welle* Mitte der 1970er-Jahre mit den Demokratisierungen Portugals, Spaniens und Griechenlands ihren eigentlichen Aufschwung als eigenständige Subdisziplin erlebte.[1] Die Anfänge dieses Forschungsstrangs liegen jedoch bereits in den späten 1950er-Jahren. Nach der hier anschließenden knappen Klärung von Kernbegriffen wird der zweite Teil des Kapitels daher die vier Hauptströmungen der Forschung zu politischen Systemwechseln und Demokra-tisierung der letzten fünf Jahrzehnte vorstellen und kritisch diskutieren. Im daran anschließen-den vierten Abschnitt gehen wir auf neuere Entwicklungen der Transitionsforschung ein und

---

[1] Die erste Welle wird hier von 1828 bis 1926 angesetzt (u. a. USA, Frankreich, Großbritannien, Schweiz). Als zweite globale Demokratisierungswelle wird die Zeit zwischen 1943 und 1962 betrachtet (u. a. Deutschland, Österreich, Japan, Italien). Jede dieser Wellen, so Huntington, ist auch dadurch gekennzeichnet, dass sich ihr eine gegenläufige Welle von (re-)autoritarisierenden Systemwechseln anschließt.

wollen damit einen Überblick über den gegenwärtigen Stand der Debatte zu zentralen Dimensionen des Themas geben. Diese Vorgehensweise erlaubt eine abschließende Würdigung der Leistungen, aber auch kritische Einschätzungen der (bisherigen) Schwächen der Transitionsforschung im Fazit.

2. BEGRIFFE UND KATEGORIEN

Zentrale und daher zu definierende Begriffe der Transitionsforschung sind – neben dem der Transition, des Systemwechsels und der Demokratisierung selbst – Demokratie, autoritäres Regime, totalitäres Regime für die klassisch-taxonomische Darstellung der so genannten Trias politischer Systeme.[2] Sie sollen im Folgenden definitorisch geklärt werden, um ein gemeinsames Verständnis des Gegenstands zu erreichen.

Systemwechsel/Transition/Demokratisierung: Systemwechsel, oder synonym dazu aus dem Englischen: Transition, bezeichnet den Wechsel von einer Form der politischen Herrschaft hin zu einer anderen (im Sinne der drei Grundtypen politischer Herrschaft). Die Zielrichtung des Transitionsprozesses bleibt dabei zunächst offen. So gibt es bspw. wichtige Studien zum systemischen Wechsel von Demokratien zu autoritären oder totalitären Regimen (vgl. Linz/Stepan 1978; Linz 1978). Allerdings beschäftigt sich die zeitgenössische Transitionsforschung angesichts der jüngsten Demokratisierungswelle(n) nahezu ausschließlich mit den oft normativ erwarteten und erwünschten Systemwechseln von autoritären zu demokratischen Regimen. Letztere, in ihrer Richtung feststehende Systemwechsel, bezeichnen wir als Demokratisierung.[3] Andere Termini wie Systemtransformation (vgl. Merkel 1999) werden ebenfalls synonym zur Beschreibung und Analyse desselben Phänomens verwandt. Zu unterscheiden hiervon ist im Deutschen jedoch der umfassendere Begriff des **Systemwandels,** der im Gegensatz zum **-wechsel** jede Art der Reform (also auch subsystemischen Veränderungen) beinhalten kann.

Demokratie: Selbst 30 Jahre nach dem Einsetzen der Dritten Demokratisierungswelle bleibt der Begriff der Demokratie innerhalb der Forschungsgemeinschaft ein "essentially contested concept" (Whitehead 2002: 7), über das kein allgemein gültiger Konsens existiert. Dieser Umstand ist mitunter darauf zurückzuführen, dass der Begriff im Rahmen der Demokratietheorie stets doppelter Natur war, da er sowohl normativ (politische Ideengeschichte) als auch empirisch (Beschreibung eines realen politischen Systems) verwendet werden konnte. Diese normativ-empirische Dichotomie spiegelt sich insofern auch in der Transitionsforschung wider, als eine lebhafte Debatte um Vor- und Nachteile minimalistischer vs. maximalistischer Demokratiedefinitionen geführt wurde. So sind minimalistische Konzeptualisierungen eher durch die pluralistische bzw. elitäre Demokratietheorie bestimmt, wohingegen partizipatorische, kritische und sozialdemokratische Demokratietheorien in maximalistischen Demokratieverständnissen ihren Ausdruck finden (vgl. Lauga 1999: Kap. 3; Schmidt 2000).

Doch auch ohne einen solchen Konsens zeigt sich, dass prozedurale Demokratiedefinitionen für die Belange der Transitionsforschung aus praxiologischen Gründen (bessere Operationalisierungsmöglichkeit) besser als substanzielle Definitionen anwendbar sind: In diesem Rahmen ist es von zentraler Notwendigkeit, die Grenze zwischen autoritären/totalitären Regimen und Demokratien eindeutig zu bestimmen.

---

[2] Dieser Schritt ist deshalb unverzichtbar, da die in der Transitionsforschung verwendete Terminologie Eingang in die Alltagssprache gefunden hat, dort jedoch häufig nicht entsprechend ihres wissenschaftlich festgelegten Bedeutungsgehaltes gebraucht wird.

[3] Im Kontrast zur Alltagssprache und zum populärwissenschaftlichen Bereich, wo mit *Demokratisierung* oftmals zunehmende Grade an Liberalität politischer Systeme bezeichnet werden. Der wissenschaftliche Terminus für diesen Prozess ist jedoch *Liberalisierung*. Vgl. dazu auch Abschnitt 3.3 dieses Kapitels.

Klassischer Vertreter dieser prozeduralen Definition ist Robert Dahl (1971) mit seiner Konzeptualisierung von Polyarchie.[4] Auch Diamond, Linz und Lipset (1988) orientieren sich mit ihrer Demokratiedefinition an Dahl, indem sie auf drei essenzielle Bedingungen verweisen: den regelmäßigen und gewaltfreien **Wettbewerb** zwischen Individuen oder organisierten Gruppen um Regierungspositionen, einen hohen Grad an politischer **Partizipation** bei der Auswahl von politischen Entscheidungsträgern und **policies** sowie einen zur Garantie von Wettbewerb und Partizipation hinreichenden Grad an **bürgerlichen** und **politischen Freiheiten**.

Totalitäres Regime: Das totalitäre Regime zeichnet sich nach Friedrich/Brzezinski (1956) durch sechs allgemeine Merkmale aus, nämlich durch (1) eine allumfassende Ideologie, (2) eine hierarchische Massenpartei, (3) eine institutionalisierte Umsetzung von Terror, (4) ein Nachrichtenmonopol und eine umfassende Kontrolle des Regimes über Massenkommunikationsmittel, (5) das Kampfwaffenmonopol und (6) die Lenkung von Wirtschaft und sozialen Gruppen. Dadurch ist die Grenze zwischen Staat und Gesellschaft aufgehoben, die Freiheit der Staatsbürger ist nicht existent. Auch in diesem Fall spiegelt diese Definition eher einen Idealtypus wider, der in dieser Form als reales politisches System nicht anzutreffen ist. Vielmehr sind gradualistische Variationen (Ausmaß an Terror, Massenmobilisierung etc.) und vor allem auch Überschneidungen zum autoritären Regime (s. u.) möglich (siehe z. B. das faschistische Spanien des 20. Jahrhunderts).

Autoritäres Regime: Im Gegensatz zum demokratischen Regime ist die Konzeptualisierung des autoritären Regimes kaum umstritten, da sich eigentlich nur eine Definition von autoritären Regimen durchsetzen konnte: die zunächst für das autoritäre Spanien vorgesehene Konzeptualisierung von Juan Linz (1964; 1975; 2000). Danach zählt zu den definitorischen Merkmalen der **eingeschränkte politische Pluralismus**, das Vorherrschen spezieller **Mentalitäten** statt Ideologien wie im Totalitarismus, das **Fehlen der extensiven bzw. intensiven Mobilisierung** der Bevölkerung und die **schwach definierten formalen Grenzen** für die Ausübung der politischen Macht durch einen Herrscher oder eine kleine herrschende Gruppe. Aber auch diese Definition lässt noch vieles offen, da autoritäre Regime in ihrer Mittelstellung zwischen demokratischen und totalitären Regimen vielfältige Formen annehmen können (vgl. Linz 2000) und weil eingeschränkte Formen von Pluralismus demokratieähnliche Institutionen (Wahlen, Parlamente, Interessenvertretungen) nicht ausschließen. So ist vor allem im Verhältnis zur Demokratie eine wichtige Funktion der Typenbildung, nämlich die gegenseitige Ausschlussfähigkeit (**mutual exclusiveness**; Sartori 1991), nicht explizit gegeben.[5]

---

[4] Den Konflikt zwischen der normativen und der empirischen Ebene des Demokratiebegriffs löst Dahl dadurch, dass Demokratie als Idealtypus unerreichbar bleibt, während er die realen politischen Systeme Polyarchien nennt, die sich durch eine Kombination aus möglichst großer Inklusion/Partizipation und politischem Wettbewerb auszeichnen und durch sieben bzw. acht institutionelle Garantien charakterisiert sind: 1. die Freiheit, Organisationen zu gründen und ihnen beizutreten, 2. die Freiheit der Meinungsäußerung, 3. das Recht zu wählen, 4. das Recht, für ein öffentliches Amt zu kandidieren, 5. das Recht politischer Führer, für Unterstützung (Wählerstimmen) zu streiten, 6. die Existenz alternativer Informationsquellen, 7. freie und faire Wahlen, 8. Institutionen, welche Regierungspolitiken vom Wählerwillen abhängig machen. Nicht enthalten sind hierin Elemente wie Rechtsstaatlichkeit oder Gewaltenteilung (**hoizontal control**), die herkömmlicher Weise ebenfalls mit Demokratie assoziiert werden. Die *acht Garantien* sind ohne diese Elemente jedoch nicht erfüllbar, sodass sich ein expliziter Rekurs darauf erübrigt.

[5] Zu den hieraus entstehenden methodologischen Streitfragen siehe Abschnitt 4.4 in diesem Kapitel.

3. THEORIEN UND ANSÄTZE DER TRANSITIONSFORSCHUNG

Die unterschiedlichen Ansätze innerhalb des weiten Feldes der Transitionsforschung lassen sich nach den verschiedenen Analyseebenen strukturieren, auf die sie ihr Hauptaugenmerk richten. Aufgrund ihrer holistischen Herangehensweise werden daher modernisierungstheoretisch inspirierte und systemtheoretisch argumentierende sowie kulturalistische Ansätze auf der Makroebene (3.1), strukturalistisch-soziologische Ansätze auf der Mesoebene (3.2) und akteurszentrierte Ansätze auf der Mikroebene der Analyse (3.3) verortet. Davon gesondert betrachtet werden die Untersuchungen zu internationalen Einflussfaktoren auf Prozesse des politischen Systemwechsels (3.4).

3.1 Makroanalytische Ansätze

Modernisierungs- und Systemtheorien

Frühe Ansätze zur Demokratisierung gingen davon aus, dass demokratische Herrschaftsformen in einem bestimmten Stadium sozioökonomischer Entwicklung auftreten.[6] Grundlegend hierfür ist der modernisierungstheoretisch angenommene Zusammenhang zwischen sozioökonomischer Modernisierung und wirtschaftlicher Entwicklung einerseits und demokratischer Partizipation andererseits (vgl. Lerner 1958: 63), wie ihn am prägnantesten Seymour Martin Lipset (1959; s. auch ders. 1960) beschrieben hat: "The more well-to-do a nation, the greater the chances it will sustain democracy" (1959: 75). Argumentativ leitet sich diese Behauptung daraus ab, dass durch einsetzende Modernisierungsprozesse agrarische Subsistenzwirtschaft durch industrielle Lohnarbeit ersetzt wird, Urbanisierung beschleunigt wird und somit eine städtische Mittelschicht von Unternehmern sowie Freiberuflern und mittleren Angestellten entsteht. Dies wiederum verbessert für breite Schichten den Zugang zu Bildung, sodass der Alphabetisierungsgrad (als womöglich wichtigste Voraussetzung zur politischen Teilhabe über Wahlen) anwächst. Bei höherem Bildungsstand wiederum sind vermehrt Chancen für die Aggregation und Artikulation von Interessen durch bürgerliche Schichten gegeben, da hierdurch, so die Annahme, eine demokratische politische Kultur gefördert wird, sich rationale, moderatere und tolerantere Einstellungen verbreiten. Diese münden letztlich darin, dass breite gesellschaftliche Gruppen Forderungen nach demokratischer Partizipation stellen. In der Antwort auf die Leitfrage modernisierungstheoretischer Ansätze in der Transitionsforschung (Warum sind manche Länder demokratisch und andere nicht?) wird die Ursache im sozioökonomischen Entwicklungsniveau von Gesellschaften gesehen.

Lipset und viele andere nach ihm versuchten, diesen Zusammenhang statistisch nachzuweisen (in neuerer Zeit bspw. Moore 1995; Przeworski/Limongi 1997). In der Tat ist heute weitgehend unumstritten, dass ein statistisch robuster Zusammenhang zwischen wirtschaftlicher Entwicklung und dem Vorhandensein von Demokratie besteht, weshalb auch neuere Beiträge der grundlegenden These zustimmen: "The future of democracy depends on the future of economic development. Obstacles to economic development are obstacles to the expansion of democracy." (Huntington 1991: 311; vgl. auch Diamond 1993)

Doch wie Rustow bereits 1970 kritisierte, ist keineswegs geklärt, in welche Richtung die Kausalität verläuft. Rustow sprach sich für ein **dynamisches** Modell der Transition aus, das über das Aufstellen von Korrelationen hinausreichen sollte, da es sich bei dem modernisierungstheoretischen Zusammenhang zwischen wirtschaftlicher und politischer Entwicklung um eine statisch betrachtete Korrelation handelt. Sie kann im Sinne von „sozioökonomischen Funktionsvoraussetzungen der Demokratie" (Schmidt 2000: 462) interpretiert werden, weniger dagegen als Ursache der Demokratisierung als Prozess des Systemwechsels. Rustow

---

[6] Siehe hierzu auch den Beitrag *Die Entwicklung der Vergleichenden Politikwissenschaft in den USA seit 1945* von Christoph Stefes in diesem Band.

(1970) präsentierte als erster Wissenschaftler ein Modell, das den Blickpunkt mehr auf die Genese (genetisches Modell) von Demokratien als auf die Korrelation bestehender Demokratien mit wirtschaftlichen Kennzahlen legte. Zweitens ist aufgrund zahlreicher empirischer Beispiele klar, dass ein erhöhter wirtschaftlicher Entwicklungsstand weder automatisch zu demokratischer Herrschaft führt (die ölreichen Monarchien im persischen Golf oder Deutschland und Italien unter faschistischer Herrschaft sind gern zitierte Gegenbeispiele[7]), noch dass Armut und Unterentwicklung Demokratien zwangsläufig verhindern können (Indien ist ein seit vielen Jahrzehnten angeführtes Gegenbeispiel). Die Literatur des entwicklungspolitischen **Mainstream** nimmt heute eine – statistisch gesehen – Demokratie unterstützende Wirkung von guter wirtschaftlicher Performanz an, muss jedoch anerkennen, dass dies weder eine hinreichende noch eine notwendige Variable zur Erklärung des Auftretens von Demokratien darstellt. Obwohl Lipset sorgfältig Formulierungen vermeidet, die einen direkten Kausalzusammenhang zwischen wirtschaftlicher Entwicklung und Demokratisierung behaupten, insinuiert seine Position genau dieses und wurde auch meist so interpretiert. Wirtschaftsförderung war nach dieser Lesart gleichzeitig die beste Demokratieförderung, was jedoch die kulturellen, sozialen und politisch-wirtschaftlichen strukturellen Eigenheiten vieler Entwicklungsländer sowie die Interessen und Strategien politischer Akteure ausgeblendet ließ. Faktoren, welche die Stabilität von Demokratien fördern, lassen sich kaum mit Ursachen oder Katalysatoren des politischen Systemwechsels gleichsetzen.

Talcott Parsons, Soziologe und Übersetzer Max Webers, ging in den 1960er-Jahren gar noch weiter: Nach ihm sind jegliche menschlichen Gemeinwesen durch so genannte *evolutionäre Universalien* (*evolutionary universals*) gekennzeichnet. Neben der Herausbildung von universellen Normen, einem Geldsystem, einer modernen Form der Staatlichkeit inklusive Bürokratien sei auf einer letzten (und damit vorläufig höchsten) Entwicklungsstufe der Menschheit die Demokratie eine solche Universalie. Sie ist seiner Meinung nach dadurch gekennzeichnet, dass in ihr die Teilsysteme der Gesellschaft und der Wirtschaft Funktionen erfüllen können, die für den Erhalt des Gemeinwesens unabdingbar sind. Auf einer gedachten menscheitsgeschichtlichen Zeitachse differenzierten sich gesellschaftliche Systeme demnach immer weiter aus und bildeten Strukturen von Teil- oder Subsystemen, die ihrerseits essenzielle Funktionen für das Gesamtsystem autonom erfüllten (**Strukturfunktionalismus**). In Diktaturen dagegen, so Parsons, werde diese **funktionale Differenzierung** be- oder gar verhindert. Auf der Basis dieser Annahmen konnte Parsons bereits in den frühen 1960er-Jahren den Untergang der Sowjetunion prognostizieren, denn seiner Ansicht nach konnte die zentrale Planwirtschaft nicht dauerhaft die ökonomischen Leistungen erbringen, die zum Erhalt des Gemeinwesens und somit des Gesamtsystems notwendig waren.

Noch deutlicher äußerte sich Niklas Luhmann, der gar die angenommene Überordnung eines der Teilsysteme (Politik) für *obsolet* (1986: 203) erklärte. Vielmehr bilden die Teilsysteme eigene *Kommunikations-Codes* aus, die ihnen Autonomie verschaffen. Nach Luhmann (1986: 207; vgl. auch Luhmann 1984) kann somit „kein Funktionssystem [...] für ein anderes einspringen; keines kann ein anderes ersetzen oder auch nur entlasten". Übergriffe eines Teilsystems auf die funktionalen Kompetenzen eines anderen (in unserem Kontext bspw. des politischen Systems auf die wirtschaftliche Organisation [Priorität des Machterhalts eines autokratischen Regimes]) resultieren daher in einer *Entdifferenzierung*, die zu Effizienzverlus-

---

[7] Warum, so ließe sich zudem fragen, demokratisierte das deutsche Kaiserreich später als Frankreich, obwohl die Voraussetzungen (**functional requisites** wie ökonomische Reife, Bildungsgrad, Mobilisierungsbereitschaft gesellschaftlicher Gruppen) im zweiten Fall klar ungünstiger waren als in Deutschland? Weshalb schafften Portugal und Griechenland den Übergang zur Demokratie quasi zeitgleich mit Spanien, obwohl ihre Funktionsvoraussetzungen deutlich schlechter waren, als modernisierungstheoretische Argumente für die Etablierung der Demokratie es erfordern würden? Ähnliche Fragen lassen sich problemlos für alle Weltregionen stellen.

ten und in der Folge zu Legimitationsverlusten führe, was langfristig die Stabilität des Gesamtsystems unterminiere.

Allerdings wurde dieses Modell auch vehement kritisiert, denn es nahm eine zwangsläufig unilineare Entwicklung der Menschheit an (ähnlich wie später Fukuyama [1992] mit der These vom *Ende der Geschichte*), nach der letzten Endes das Schicksal aller politischen Systeme deterministisch auf demokratische Herrschaft hinausliefe, sodass alle anderen Herrschaftsformen lediglich als Verzögerungen auf einem menschheitsgeschichtlich vorherbestimmten Entwicklungsweg interpretiert werden konnten. Diese Annahme jedoch war wissenschaftlich nicht weiter belegt als durch den Eindruck der *Dritten Welle* und wurde daher rasch zum Gegenstand der Kritik.

Alle makrostrukturellen Ansätze weisen – neben dem erwähnten Problem, dass statistische Korrelationen keine Aussagen über Kausalitäten erlauben – die Schwierigkeit auf, dass sie aufgrund der eingenommenen Vogelperspektive weder der Rolle von Akteuren in politischen Prozessen Tribut zollen noch den unterschiedlichen geografischen, kulturellen und soziopolitischen Charakteristika einzelner Länder und Regionen Beachtung schenken.

Zweitens handelt es sich bei diesem Literaturstrang um verhältnismäßig statische Betrachtungen. Konstatiert werden einerseits Korrelationen unklarer Kausalität, sodass gesetzmäßige Aussagen über den Prozess der Demokratisierung oder, allgemeiner, des politischen Systemwechsels kaum zu treffen sind, oder aber Entwicklungen, die sich nicht im Laufe weniger Generationen vollziehen, sondern phylogenetische Langzeitentwicklungen menschlicher Assoziationsformen postulieren. Solche Hypothesen aber entziehen sich modernen Methoden des empirischen Tests, sodass fraglich bleibt, ob sie den methodischen Anforderungen einer empirischen Sozialwissenschaft gerecht werden. Die Bedeutung von systemtheoretisch und modernisierungstheoretisch inspirierten Untersuchungen zu Demokratie und Demokratisierung liegt in ihrem starken Einbezug struktureller Faktoren auf die Frage nach der Existenz von Demokratien; gleichzeitig liegt hierin jedoch auch ihre größte Schwäche, nämlich die Ignorierung kurz- und mittelfristig wirksamer Variablen wie Akteursverhalten und Akteruskonstellationen oder auch aus dem internationalen bzw. regionalen System einwirkende Faktoren, deren Einfluss auf Prozesse des politischen Systemwechsels heute unumstritten ist.

Kulturalistische Ansätze[8]

Ein weiterer Versuch der Erklärung stattfindender und – anderswo – ausbleibender Demokratisierungsprozesse, der auf einer makro-analytischen Ebene argumentiert, hebt weniger auf sozioökonomische Funktionsvoraussetzungen der Demokratie ab, sondern betont stattdessen kulturelle, religiöse und zivilisatorische Faktoren als Erklärung für die Demokratisierung mancher Weltregionen (Westeuropa, Nordamerika) und ihr Ausbleiben in anderen (Naher und Mittlerer Osten, große Teile Asiens). Gemein ist diesen Konzepten mit den bisher besprochenen Ansätzen, dass sie auf langfristig wirksame Variablen abzielen, die sich einer raschen Veränderung oder gar einem gesteuerten *engineering* entziehen.[9] Zentraler Vertreter solcher so genannter kulturalistischer Thesen ist seit über 20 Jahren Samuel Huntington (1984; 1993; 1996).

Sein Erklärungsversuch beruht im Kern auf den entwicklungstheoretischen Prämissen der Modernisierungstheorie. So geht er davon aus, dass ein bestimmtes Maß an Entwicklung erreicht sein müsse, um Länder *reif* für die Demokratie zu machen. Ob aber diese sozioökonomische Entwicklung stattfinde oder nicht, so Huntington, sei eine Frage nicht der geografi-

---

[8] Siehe auch den Beitrag von Steffen Mohrenberg in diesem Band.
[9] Dies im Gegensatz zu Akteursverhalten, das sich kurzfristig je nach bestehenden Anreizstrukturen ändern kann, krisenhaften Situationen, die auf der Basis von *guten* Politiken gesteuert und behoben werden können, oder formalen Institutionen wie Gesetzen oder Verfassungen, die sich buchstäblich über Nacht reformieren und ändern lassen.

schen Ressourcenverteilung von sozialen Schichten oder Akteuren, sondern sei zuvorderst bestimmt durch den Kulturkreis, die Religion und Weltanschauung, kurzum: die *Zivilisation*, der eine Gesellschaft zuzurechnen sei und welche die in ihr vorherrschenden Werte und Normen, die Kultur, prägten. Dabei begünstigten einige Kulturkreise eher demokratiefreundliche Einstellungen und seien mit demokratischer politischer Herrschaft eher kompatibel als andere. In einer Art *ranking* der (auf religiöser Basis identifizierten) Zivilisationen, stellt Huntington (1984; 1996) dann folgende Liste von Zivilisationen, absteigend nach ihrer Demokratieverträglichkeit, auf:

1. Westliche Kultur (Liberalismus, Protestantismus)
2. Lateinamerika (Katholizismus)
3. Japanische Kultur
4. Slawisch-orthodoxe Kultur
5. Hinduistische Kultur
6. Afrikanische Kulturen
7. Konfuzianische Kultur
8. Islamische Kultur

Przeworski und Limongi (1998) untersuchten den Einfluss solcher religiös geprägten Zivilisationstypen mit dem Ergebnis, dass in der Tat ein statistischer Zusammenhang zwischen Kultur und Demokratie besteht. Allerdings beruhten ihre Ergebnisse auf einer sehr holzschnittartigen Einteilung in lediglich drei Kulturen (protestantisch, katholisch und muslimisch), sodass die Aussagekraft der Analyse als fragwürdig eingeschätzt werden muss. Es wird nicht berücksichtigt, wie stark der religiös-kulturelle Faktor tatsächlich für Gesamtgesellschaften prägend ist; auch intra-zivilisatorische Unterschiede bspw. innerhalb des Protestantismus oder der muslimischen Welt (nach Konfessionen, Strömungen, Dogmen) bleiben außer Acht. Ebenso die Frage, wie stark die Bevölkerungen (und welcher Anteil von ihnen) ihre Religionen tatsächlich praktizieren bzw. welchen Einfluss dies auf das jeweilige politische Geschehen im Land hat. Deshalb kommt Seligman (2000) zu dem Schluss: "The evidence offered by the Przeworski study is of little or no utility in examining the impact of culture on democracy."

So verwundert es nicht, dass gerade dieser Ansatz den prominentesten seiner Vertreter bereits in den 1980er-Jahren zu – aus heutiger Sicht – geradezu absurd anmutenden Argumentationen angeregt hatte. Die Chancen auf Demokratisierung, so Huntington noch 1984, seien in Lateinamerika aufgrund des dort verbreiteten Katholizismus und dessen inhärenter Demokratiefeindlichkeit als äußerst gering einzuschätzen – nur wenige Jahre später hatte nahezu der gesamte Kontinent einen quasi kollektiven Systemwechsel zur Demokratie durchlaufen!

Darüber hinaus leiden solche Untersuchungen unter einer ähnlichen Schwäche wie modernisierungstheoretisch basierte Ansätze: In quantitativen Hypothesentests können lediglich Korrelationen zwischen bestehenden politischen Systemen und einzelnen Zivilisationstypen als mögliche unabhängige Variable festgestellt werden, nicht aber der kausale Einfluss letzterer auf die Wahrscheinlichkeit oder Möglichkeit von politischen Systemwechseln. Zweitens bestehen signifikante Gegenbeispiele von Demokratisierung in mehrheitlich islamischen Gesellschaften (Türkei, Indonesien). Darüber hinaus steht die demokratiefördernde Rolle der katholischen Kirche gerade in lateinamerikanischen Transitionen, ebenso aber im polnischen und deutschen Übergang zur Demokratie, außer Frage. Viertens verlässt die Argumentation à la Huntington den Pfad wissenschaftlich haltbarer Argumentation, wenn sie etwa aus den Aussagen des Korans deren Unverträglichkeit mit demokratischen Werten ableitet: Aussagen, die nicht kompatibel mit einer liberal-demokratischen Ordnung sind, finden sich in den Heiligen Schriften aller monotheistischen Religionen, inklusive des Christentums, und sind darauf zurückzuführen, dass sie die Normen und Werte der Zeit ihrer Niederschrift spiegeln, die in moderner Zeit der Exegese bedürfen. Diese wiederum ist in allen Religionen diversifiziert. Fünftens schließlich gelangen Regionalspezialisten für islamische und arabische Länder übereinstimmend zu dem Schluss, dass das Phänomen des im Nahen Osten und Nordafrika außergewöhnlich dauerhaften Autoritarismus eindeutig **nicht** auf kulturelle oder religiöse Faktoren zurückzuführen ist, sondern auf einer spezifischen Kombination von politischen, sozialen und ökonomischen Variablen beruht (vgl. z. B. Weltbank 2003; UNDP 2005; Schlumberger 2001; Ross 2001). Sechstens widerspricht die These eines *Kampfes der Kulturen* völlig den bisherigen Erfahrungen einer sich globalisierenden Welt: Internationale ökonomische Abhängigkeiten erzwingen eine Annäherung von ursprünglich kulturell geprägten Verhaltensweisen der Menschen. Zwar ergeben sich hieraus auch neue Konflikte, doch ist wahrscheinlich, dass parallel dazu auch neue Mechanismen der gewaltfreien Konfliktverregelung geschaffen werden, wie das in der bisherigen Menschheitsgeschichte stets der Fall war. Kultur- und religions-zivilisatorische Ansätze zur *Erklärung* des Vorhandenseins oder Ausbleibens von demokratischer Herrschaft sind also ganz prinzipiell, sowohl aus empirischen als auch aus methodischen Gründen, mit höchster Vorsicht zu genießen. Oft verbergen sich dahinter diffuse Ängste vor kultureller Konkurrenz, was der wissenschaftlichen Tauglichkeit solcher Konzepte kein gutes Zeugnis ausstellt.

Eine zweite Strömung, innerhalb der auf politische Kultur(en) fokussierenden Ansätze der Demokratie- und Demokratisierungsforschung, argumentiert seriöser: Sie richtet ihr Augenmerk in der Nachfolge von Tocqueville (1835) vor allem auf die Frage nach in einer gegebenen Gesellschaft vorhandenem *sozialen Kapital*. Der Kern des Ansatzes "can be summed up in two words: relationships matter" (Field 2003: 1). Es handelt sich dabei um ein seinem Ursprung nach soziologisches Konzept (vgl. bspw. Bourdieu 1980; ders./Coleman 1991; Coleman 1994; zur Einführung: Field 2003). Mit *sozialem Kapital* sind ganz allgemein innergesellschaftliche Bindungen formeller, aber gerade auch informeller Art gemeint, die als *sozialer Kitt* dazu beitragen, das Gemeinwesen zu stabilisieren.

Innerhalb der Politikwissenschaft gilt Robert Putnam (1993; 2000) als Hauptvertreter; er untersuchte zunächst am italienischen Fall, welche Art von sozialen Beziehungen innerhalb gesellschaftlicher Gruppen demokratischer Herrschaft zuträglich ist. Er betrachtet die freiwillige Assoziation von Bürgern und das öffentliche (zivil-)gesellschaftliche Leben als eine der Hauptstützen, welche die Demokratie mit Leben erfüllen: "making democracy work" (Putnam 1993).[10] In der Transitionsforschung wurde diese Erkenntnis, etwas reduziert, folgendermaßen aufgenommen: „Je mehr **social capital** in einer Gesellschaft angesammelt wurde, um so eher kann, ceteris paribus, erwartet werden, dass autokratische Systeme nicht überleben." (Merkel/Puhle 1999: 44)

Allerdings übersieht diese Behauptung, dass es nicht soziales Kapital als solches ist, das demokratieförderlich wirkt; wie jüngere Beiträge zur Diskussion um soziales Kapital betonen, leistet die Existenz desselben nicht automatisch einen Beitrag zur Demokratisierung. Vielmehr hängt es von der Natur der sozialen Beziehungen sowie dem politisch-systemischen Kontext, in dem sie verortet sind, ab, ob sie demokratieförderlich oder ihr abträglich sind. "Social relationships can sometimes serve to exclude and deny as well as include and enable." (Field 2003: 3)[11] Insofern ist der Euphemismus, mit dem das Konzept unlängst von der Transitionsforschung und der praktischen Demokratieförderung aufgenommen wurde, als vorläufig einzustufen. Erstens wurde bislang nicht untersucht, ob und wie soziales Kapital generell (also nicht nur in demokratischen, sondern auch in nicht-demokratischen Regimen!) systemstabilisierend wirken kann. Zweitens vermag das Konzept in seiner gegenwärtigen

---

[10] Seine Folgestudie (vgl. Putnam 2000) zur gesellschaftlichen Entwicklung eines zunehmenden Individualismus in den USA (und damit einhergehend eines Verlusts von sozialen Bindungen) ist denn mit dem ebenso bezeichnenden Titel *Bowling Alone* überschrieben.

[11] Einen ähnlichen Akzent setzt Coleman (1994: 302), wenn er betont, dass "a given form of social capital that is valuable in facilitating certain actions may be useless or even harmful for others".

Ausarbeitung und Anwendungsform nicht zu erklären, was einen Systemwechsel auslöst und welche Ergebnisse er hervorbringt. Das Konzept ist somit eher für die Diskussion um die Konsolidierung von politischen Systemen denn für ihren Wechsel erklärungskräftig; dann aber stellt sich die Frage, welchen Mehrwert an Erklärungskraft der Sozialkapital-Ansatz gegenüber älteren Forschungsansätzen zur politischen Kultur bergen mag (vgl. bspw. Almond/Verba 1963). Selbst Merkel und Puhle schränken die Gültigkeit ihrer oben zitierten Aussage über die Wirkung von sozialem Kapital ein, indem sie sagen, dass sie „zumindest für prinzipiell demokratische Ordnungen gilt" (Merkel/Puhle 1999: 44). In prinzipiell demokratischen Ordnungen aber stellt sich kaum die Frage nach dem *Überleben autokratischer Systeme*, sodass die Argumentation hier tautologische Züge annimmt. Dessen ungeachtet stellt jedoch die weitere Forschung zur generellen Bedeutung von sozialem Kapital für die Stabilität politischer Ordnungen, gerade in nicht-demokratischen Kontexten, einen lohnenden Untersuchungsgegenstand dar.

3.2 Mesoebene – Historische Soziologen/Strukturalisten

Anders als modernisierungstheoretische Annahmen, behandelt der strukturalistische Ansatz die aus sozioökonomischen Modernisierungsprozessen resultierenden Konflikte zwischen kollektiven Akteuren (Klassen) als erklärende Variable für die Entstehung eines gewissen politischen Regimes.

So identifiziert Moore (1966) in seinem Erklärungsversuch der Etablierung der ersten demokratischen Regime (USA, Großbritannien, Frankreich) zwar unterschiedlich mögliche Wege zur **Moderne**, aber nur einen Entwicklungspfad zur Demokratie und zwar die **Bürgerliche Revolution**. Dagegen erfolgte die kapitalistische Entwicklung in Deutschland und Japan unter der Voraussetzung eines starken, zentralisierten Staats und mündete in die **Revolution von oben**. **Revolutionen von unten** (Russland, China) hingegen waren die Folge des Überlebens der Bauernschaft, der schwachen Entwicklung des Agrarkapitals und eines absolutistischen Staats. Demokratien können sich demnach nur dann herausbilden, wenn die Bauernschaft relativ klein ist, sie nicht mehr in Abhängigkeit von Großgrundbesitzern lebt und wenn in den oberen Unternehmerschichten eine Umstrukturierung weg vom Agrarkapital hin zu Handels- und Industrieinteressen stattgefunden hat. So gelangt Moore zu dem knappen Schluss "no bourgeoisie, no democracy" (1966: 418).

Diese Erkenntnisse wurden mit dem Aufleben der so genannten *Bringing the State Back In*-Debatte der 1980er-Jahre (vgl. Evans u. a. 1985)[12] durch Rueschemeyer/Stephens/Stephens (1992) erweitert. Sie unterstrichen die demokratiehinderliche Wirkung von Großgrundbesitzern[13]; darüber hinaus galt diesen Autoren die Existenz und machtpolitische Etablierung des kapitalistischen Bürgertums allein jedoch noch nicht als hinreichende Bedingung für die Errichtung eines demokratischen Regimes. Das Bürgertum kann nämlich je nach Interessenlage mit dem repressiven Staat oder Teilen der agrarischen Oberschicht kooperieren oder die Ausweitung von Partizipationsrechten verhindern. Vielmehr ist Demokratisierung das Ergebnis spezifischer Veränderungen in der Macht- und Ressourcenverteilung, die auf veränderte Klassenkonstellationen zurückzuführen sind. Somit resultiert nach diesem "relative class power model of democratization" (Rueschemeyer u. a. 1992: 47) die demokratische Transition aus der effektiven Eingliederung der Arbeiterklasse in den politischen Prozess. Da die kapitalistische Entwicklung Bourgeoisie und städtische Arbeiter gleichermaßen zulasten der Großgrundbesitzerschicht stärkt, hängt die Demokratisierung davon ab, dass eine

---

[12] Siehe auch den Beitrag *Der Staat in der Vergleichenden Politikwissenschaft* von Christoph Stefes in diesem Band.

[13] "Democracy could only be established if (1) landlords were an insignificant force, or (2) they were not dependent on a large supply of cheap labor, or (3) they did not control the state." (Rueschemeyer u. a. 1992: 270)

unabhängig organisierte Arbeiterklasse Allianzen mit anderen, vorher ebenso ausgeschlossenen Gruppen schmiedet (Kleinbürgertum, Handwerk, weitere Arbeitnehmergruppen). Solche Koalitionen können allerdings nur dann die Demokratie hervorbringen, wenn der Staat ein gewisses Maß an Autonomie besitzt[14] und wenn die Stellung des Landes im kapitalistischen Weltmarkt nicht den Interessen von Bürgertum und Großgrundbesitz zugute kommt.

In seiner Unzufriedenheit über die verschiedenen Ansätze und angewandten erklärenden Variablen, bemüht sich Tatu Vanhanen (1990; 1997) um die Operationalisierung einer einzigen gemeinsamen unabhängigen Variablen für die Erklärung von Demokratisierungsprozessen.[15] Der von ihm entwickelte Ansatz der Machtressourcenstreuung zeigt sich weitaus differenzierter als die oben genannten Ansätze. In seinen makro-quantitativen Studien versucht er einen statistischen Zusammenhang zwischen der wirtschaftlichen und gesellschaftlichen Machtstreuung und dem Demokratisierungsgrad bzw. der Wahrscheinlichkeit eines demokratischen Regimes nachzuweisen. Je breiter die gesamtgesellschaftlichen Ressourcen verteilt sind, für deren Messung er den **Index of Power Resources (IPR)**[16] entwickelt hat, desto höher ist der Demokratisierungsgrad eines Landes. Mit diesem Index gelingt Vanhanen eine relativ klare Abgrenzung vor allem der westlichen Demokratien, die relativ stabile Werte auf hohem Niveau aufweisen. Aber in den mittleren Bereich können demokratische und nichtdemokratische Regime fallen, sodass zwischen höheren IPR-Werten und Demokratisierung keine deterministische Beziehung besteht. Auch wenn Vanhanen daher stets probabilistisch argumentiert, wird die Erklärungskraft seines Ansatzes doch erheblich eingeschränkt, da er die unterstellten Kausalmechanismen nicht überzeugend nachweisen kann.

Im Gegensatz zu den Modernisierungstheoretikern versuchen Vertreter dieser Ansätze also, anspruchsvollere Zusammenhänge zwischen kapitalistischer Entwicklung und Demokratisierung aufzustellen, die über einfache Korrelationen hinausgehen. Anstelle Prognosen über zukünftige Demokratisierungen abzugeben, versuchen sie zu erklären, unter welchen sozioökonomischen Konstellationen Demokratien entstehen. Aber ähnlich wie die Makroansätze bleiben ihre Erkenntnisse für die Erklärung der jüngsten Demokratisierungswelle unzureichend, da vor allem die Transitionen in den sozialistischen Ländern, in denen die Konflikte zwischen Staat und gesellschaftlichen Akteuren nicht nach den typischen klassenorientierten **Cleavages** (Unternehmer vs. Arbeiter) verliefen, mit diesem Ansatz nicht erklärt werden können.[17] Zudem bleibt aufgrund der langfristigen Perspektive der Ansätze unklar, warum – innerhalb kurzer Zeit – Systemwechsel stattfinden, die nicht aus der abrupten Veränderung von Klassenstrukturen resultieren können.

---

[14] Sowohl zu wenig als auch zu viel staatliche Autonomie kann sich hinderlich für die Demokratisierung auswirken. Bei einem niedrigen Grad an Autonomie droht der Staatsapparat lediglich zu einem Manipulationsinstrument für die dominanten Gruppen zu werden, wohingegen eine zu autonome Staatsbürokratie aus Eigeninteresse sämtliche gesellschaftliche Gruppen an der machtpolitischen Etablierung hindern kann. (vgl. Rueschemeyer u. a. 1992: 66)

[15] Im Gegensatz zur weit verbreiteten Haltung, dass Demokratisierung kein monokausaler Prozess ist (vgl. z. B. Rueschemeyer u. a. 1992: 76), behauptet Vanhanen (1990: 47): "That there is and there must be a common factor able to account for the major part of the variation of political systems from the aspect of democratization and that a scientific understanding of democracy could be based on this common factor."

[16] Dieser setzt sich zusammen aus drei Indizes, welche die Verteilung ökonomischer (Größe der Landbevölkerung, Landbesitz, Dezentralisierung) und Wissensressourcen (Alphabetisierungsgrad, Anteil der Studierenden an Gesamtbevölkerung) sowie die berufliche Verteilung (Urbanisierungsgrad, Anteil der Erwerbstätigen im Nicht-Agrarsektor an der Gesamtbevölkerung) messen.

[17] Daher erkennen Rueschemeyer u. a. im osteuropäischen Kontext allein die mangelnde Interventionsbereitschaft der Sowjetunion als gültige unabhängige Variable an. (1992: 294)

3.3 Mikroebene: Akteurszentrierte Ansätze

Seit Mitte der 1980er-Jahre fokussierten Ansätze der Transitionsforschung verstärkt auf die Mikroebene des Verhaltens kollektiver und individueller politischer Akteure, auf ihre Interessen, Präferenzen, Strategien und Ziele als erklärende Variablen für politische System-wechsel (vgl. zur Einführung Bos 1996). Im Vergleich zu früheren Ansätzen der makro-analytischen Großtheorien (siehe Abschnitt 3.1, Modernisierungs- und Systemtheorien) ist es wichtig zu erkennen, dass die erkenntnisleitende Fragestellung der frühen Demokratisierungs-forschung (Warum sind einige Länder demokratisch und andere nicht?) nicht identisch ist mit denjenigen späterer Ansätze (Was **verursacht** den systemischen Wechsel von einer Herr-schaftsform zu einer anderen? Welche sozialen Kräfte **bewirken** politische Systemwechsel? Sind Transitionsverläufe und **Outcomes** gesetzmäßig erfassbar, prognostizierbar oder modellierbar?). Innerhalb der mikro-politischen Ansätze der Transitionsforschung lässt sich grob eine empirisch-deskriptiv vorgehende Strömung von eher analytisch-deduktiv orientier-ten Ansätzen unterscheiden.

Vertreter der ersten Richtung haben zumeist reale Transitionsfälle zum Ausgangspunkt der Untersuchung genommen und analysieren dabei das spezifische Verhalten von Akteuren in unterschiedlichen Phasen von Transitionsprozessen. Auffällig hierbei ist, dass es sich bei den Vertretern dieser Strömung in ihrer überwiegenden Mehrheit um Lateinamerika-Spezialisten handelt. So verwundert es nicht, dass die Entstehungszeit des Ansatzes in auffälliger Weise mit den (Re-)Demokratisierungsprozessen zusammenfällt, die dieser Kontinent während der 1980er-Jahre durchlief (vgl. O'Donnell/Schmitter 1986; Karl 1990; Karl/Schmitter 1991). Nur wenige Jahre später folgte mit dem Zusammenbruch der Sowjetunion und des Warschauer Pakts eine Reihe von ähnlich orientierten Studien (vgl. Offe 1991, 1994; Beyme 1994; Linz/Stepan 1996). Innerhalb dieser wurde u. a. die Rolle von kollektiven Akteuren wie Gewerkschaften oder der katholischen Kirche in Polen oder der Bürgerbewegungen der ehemaligen DDR als erklärender Faktor für den Verlauf von Systemwechseln ins Zentrum der Analyse gerückt. Einer der wichtigsten Befunde dieser Forschungen war die Entdeckung, dass so genannte **paktierte Transitionen (pacted transition)**, also Systemwechsel, bei denen Demokratie nicht das Ergebnis einer konfrontativen oder revolutionären Begegnung von pro-demokratischen gesellschaftlichen Kräften mit dem alten Regime ist, sondern eines Aushand-lungsprozesses zwischen autokratischem Regime und seinen Gegnern, eine höhere Wahr-scheinlichkeit aufweisen, sich demokratisch auch zu konsolidieren. Mehrere lateinamerikani-sche und ostmitteleuropäische Beispiele (Chile, Polen, Brasilien) untermauern diese These; ihr Beweis in anderen Weltregionen steht allerdings in vielen Fällen noch aus, sodass daraus kein universelles Gesetz ableitbar ist. Die Anzahl der verfügbaren Fälle erfolgreicher Demokratisierungen mit hernach erfolgreicher Konsolidierung lässt eine Quantifizierung, die stochastische Gesetze aufstellen könnte, nicht zu (Small-N-Problem).

Ein zweiter Strang innerhalb der akteursorientierten Transitionsforschung geht dagegen – obschon häufig unter Verwendung ähnlicher Fallbeispiele – stärker generalisierend und explizit deduktiv vor. Den Hintergrund dieser Richtung bilden die theoretischen Prämissen rational handelnder Akteure (**Rational-Choice-Schule**) sowie die des methodologischen Individualismus (siehe den Beitrag von Martin Beck in diesem Band). Akteure handeln demnach stets so, dass sie unter wahrgenommenen Alternativen die als beste perzipierte Handlungsoption auswählen (vgl. etwa Przeworski 1986). Diese Annahmen erlauben die spieltheoretische Modellierung von als typisch betrachteten Konstellationen von Akteuren, was die Möglichkeit bietet, typische Interaktionsmuster herauszukristallisieren. Damit kann diese Richtung der akteursorientierten Transitionsforschung eher als die oben besprochene empirische Variante ein theoriegeleitetes, auch prognostisches Potenzial beanspruchen (vgl. Przeworski 1991, Colomer 2001).

Demnach existieren idealtypische Verlaufsmuster, die durch aufeinander folgende Situationen, in denen sich Akteure je spezifisch gegenüberstehen, gekennzeichnet sind. Transition beginnt meistens mit politischer Liberalisierung, die wiederum von einem reformbereiten Teil der herrschenden Eliten eingeleitet wird. Am Anfang jeder Transition steht somit eine Spaltung des autokratischen Regimes in **hardliner** und **softliner**. Ihnen steht, wiederum idealtypisch modelliert, eine sich in Radikale und Moderate teilende Opposition gegenüber. Demokratisierung ist nach Przeworski (1991) das Ergebnis einer doppelten Fehlwahrnehmung: Die **softliner** des Regimes glauben, sie könnten den Verlauf einer – prinzipiell reversiblen – Liberalisierung kontrollieren. Diese entfaltet jedoch häufig eine unkontrollierbare Eigendynamik, die vielleicht am besten in den Worten des ehemaligen Stasi-Chefs Mielke an den damaligen DDR-Staatsratsvorsitzenden Honnecker zum Ausdruck kommt: „Erich, wir können nicht 100.000 Leute erschießen." Mit anderen Worten: Die Kosten der Repression steigen mit zunehmender Bereitschaft der Opposition, sich einer Massenbewegung gegen das Regime anzuschließen. Zweitens jedoch hält die moderate Opposition die Reformer innerhalb des Regimes irrtümlich für **Demokratisierer**, was diese jedoch in Wahrheit zu Beginn der Liberalisierung nicht sind. Vielmehr wollen sie lediglich die soziale Basis des Regimes und damit dessen Legitimität erweitern. Erst im Verlauf der Transition ändern sich die Präferenzen der **softliner**, die angesichts wachsender Repressionskosten zunächst bereit sind, mit Oppositionellen zu verhandeln und schließlich durch Lernprozesse während solcher Interaktionen zu *Demokratisierern* werden. Entscheidend für den Eintritt von Demokratie als Ergebnis eines solchen Prozesses ist nach Przeworski, dass die moderate Opposition sich gegenüber der radikalen Fraktion durchsetzt und die **softliner** innerhalb des Regimes die Oberhand über die **hardliner** behalten. Dann nämlich gelingt es letzteren nicht, den einmal in Gang gesetzten Prozess aufzuhalten. Entscheidende kollektive Akteure sind damit in diesem Modell nur die moderate Opposition sowie die Reformfraktion innerhalb des alten Regimes.

Kritisiert wurde an diesem Ansatz vor allem, dass die hier skizzierte Konstellation eine höchst seltene Ausnahmesituation darstelle; Demokratie benötige auch Träger, welche diese Herrschaftsform explizit befürworteten und sei nicht automatisch das Ergebnis von Aushandlungsprozessen zwischen **irgendwelchen** Oppositionellen und reformbereiten Regimekräften (vgl. bspw. Stepan 1997).

Das vielleicht größte Verdienst der akteursorientierten Forschung zu Demokratisierungsprozessen aber mag die Einteilung von Transitionsprozessen in drei idealtypisch voneinander unterscheidbare einzelne Phasen sein (vgl. Przeworski 1991: Kap.2). Diese analytische Strukturierung von Transitionen ist deshalb erwähnenswert, weil es mittlerweile von nahezu allen Vertretern ansonsten unterschiedlicher Ansätze zur Demokratisierung anerkannt wird und somit ein breiter Konsens geschaffen werden konnte:

- Die **Liberalisierung** bezeichnet eine Modifikation des autoritären Regimes, in dem sich die Spielräume für gesellschaftliche und oppositionelle Akteure außerhalb des Regimes erweitern (vgl. Bos 1996). Sie bringt noch keine Veränderung der realen Machtverhältnisse im politischen System, doch geht sie häufig – wenngleich nicht zwangsläufig – der **Demokratisierung** als zweiter Phase voran. Beide können empirisch überlappen, lassen sich aber zumindest auf analytischer Ebene voneinander unterscheiden.

- **Demokratisierung** im engeren Sinne meint, im Gegensatz zur Alltagssprache, den Abschnitt des Systemwechsels, der den tatsächlichen Übergang vom autokratischen zum demokratischen Regime markiert. Sie weist, wiederum idealtypisch, zwei notwendige Schritte auf, nämlich die Absetzung des alten Regimes einerseits und die Installation der ersten demokratisch legitimierten Regierung andererseits.[18] Dementsprechend wird Demokratisierung im engeren, hier verwandten Sinne mit der erfolgreichen Abhaltung der ersten freien und fairen Wahlen als abgeschlossen betrachtet.

- Hieran schließt sich – wiederum nicht zwangsläufig, sondern im Idealfall – die demokratische **Konsolidierung** als dritte Phase des Transitionsprozesses an, die mit der Erreichung des so genannten **point of no return** abgeschlossen ist (siehe Abschnitt 4.1).

In einer bisweilen populärwissenschaftlichen Fortführung akteurszentrierter Ansätze versuchten schließlich einige Autoren, praktisch anwendbare Empfehlungen in Form von *Handreichungen für Demokratisierer* (also für Reformfraktionen autoritärer Regime und demokratische Opponenten von autoritären Regimen) aufzustellen (vgl. Di Palma 1990; Huntington 1992; ders. 1991; Sharp 1993). Allerdings kranken solche Versuche zumeist daran, dass sie die Bedeutung struktureller Einflussfaktoren übersehen oder unterschätzen. Generalisierte Forderungen an das Verhalten politischer Akteure, die in einem Kontext wie z. B. Uruguay funktionierten, werden nicht zwangsläufig auch in China zum Erfolg führen. Faktoren wie ethnische, religiöse oder kulturelle Heterogenität, die Struktur der Wirtschaftsordnung sowie die ökonomische Performanz und unterschiedliche Akteurskonstellationen machen den Nutzen solcher Generalisierungsversuche in hohem Maße fragwürdig. So bemerkt Schmidt (2000: 486) in Bezug auf Huntingtons Ratschläge an potenzielle Demokratisierer treffend: „Der Leser darf die sonstigen Zutaten beim Kochen nach Huntingtons Rezepten nicht vergessen. Die Speise könnte sonst übel bekommen!" Dies verdeutlicht: Auch die oft verführerisch nah an der praktischen Tagespolitik befindlichen Erkenntnisse akteursorientierter Forschung sind zunächst wissenschaftlicher Natur und erlauben nicht die direkte Umformung in universell gültige Handlungsanleitungen oder Empfehlungen für am politischen Prozess beteiligte Akteure. Strukturelle Variablen werden die Entscheidungen politischer Akteure auch künftig beeinflussen (müssen), und diese Variablen unterscheiden sich je nach Kontext ganz erheblich.

3.4 Die internationale Ebene: Kapitalistischer Weltmarkt, Hegemonie und demokratische Diffusion

Abgesehen von Versuchen, die entwicklungstheoretischen Ansätze der **Dependencia** und der Weltsystemtheorie in den Kontext der Demokratisierung zu stellen, blieben internationale Variablen in der Transitionsforschung lange ausgeblendet. Die südeuropäischen Transitionen lösten zwar die Beschäftigung mit Hegemonien und ihres demokratieförderlichen Einflusses (vgl. Huntington 1984; Whitehead 1986) aus, aber erst im Kontext der mittel- und osteuropäischen Systemwechsel sowie globaler Prozesse[19] hat die systematische Analyse dieser Ebene Fuß fassen können.

Die Vertreter von **Dependencia-Ansätzen** haben sich ebenso wie die Modernisierungstheoretiker mit der Frage beschäftigt, inwiefern ein Zusammenhang zwischen ökonomischer Entwicklung und politischem System erkennbar ist. Da sie jedoch die für Entwicklungsländer nachteilige Stellung in der internationalen Arbeitsteilung als erklärende Variable benutzen,

---

[18] Aus diesem Grund verwendet Merkel alternativ den Begriff der Institutionalisierung. Er hat den Vorteil, dass er keine Missverständnisse aufgrund wortgleicher Terminologie zwischen Wissenschafts- und Alltagssprache zulässt, verleitet jedoch dazu, den ersten notwendigen Schritt der Demokratisierung aus dem Blick zu verlieren, nämlich die Tatsache, dass der Systemwechsel kein gradueller, sondern ein qualitativer und in jedem Fall durch den Einschnitt der Ablösung des alten Regimes gekennzeichneter Prozess ist (vgl. Merkel 1999).

[19] Zusammenbruch der Sowjetunion als Stabilitätsgarant der kommunistischen Länder und Gegenmodell zum kapitalistischen Westen, Ausbreitung des neoliberalen Paradigmas, Stärkung internationaler Organisationen (UNO, IWF, Weltbank, WTO), informationstechnologischer Fortschritt und zunehmende Dichte globaler Kommunikationsnetzwerke.

kommen frühe Vertreter zu dem Schluss, dass internationale Abhängigkeitsstrukturen als Entwicklungs- und damit auch generell als Demokratisierungshemmnisse wirken. Demnach erweist sich ökonomische Modernisierung nicht als demokratieförderlich, wie Modernisierungstheoretiker postulieren. Später kommen moderatere Ansätze (v. a. Cardoso 1973) zwar zu dem Ergebnis, dass trotz der Abhängigkeitsstrukturen dynamisches Wachstum entstehen kann (abhängige kapitalistische Entwicklung). Mit den sozioökonomischen Veränderungen (Entstehung einer Mittelschicht) geht aber nicht die Demokratisierung, sondern viel wahrscheinlicher die Persistenz autoritärer Herrschaftsformen einher:

> „In spätentwickelten Ländern erhöhten sozioökonomische Fortschritte und politische Pluralisierung nicht die Chancen der politischen Demokratie; vielmehr korreliere dort die Vertiefung des Industrialisierungsprozesses mit dem Zusammenruch der Demokratie, einer zunehmenden gesellschaftlichen Ungleichheit und der Etablierung eines besonderen Typs autoritären Regimes ,bürokratisch-autoritären' Charakters." (Lauga 1999: 92; vgl. auch O'Donnell 1979)

Somit nahm die Beziehung zwischen Entwicklung und autoritärem Regime einen deterministischen Charakter an, auch wenn „die empirische Analyse der Erfahrungen in den südamerikanischen Ländern [...] die Thesen über das Verhältnis zwischen wirtschaftlicher Entwicklung und Entstehung des bürokratischen Autoritarismus nicht bestätigten" (Lauga 1999: 94).

Auch wenn die Stellung von Entwicklungsländern im Weltsystemansatz (vgl. Wallerstein 1979) durch die tripolare Aufteilung in Zentrum, Semiperipherie und Peripherie differenzierter dargestellt wird, kommt Bollen (1983) in seiner empirischen Analyse bei der Anwendung der Variablen **ökonomische, politische** und **militärische Unterstützung durch die Länder des Zentrums** zu einem ähnlichen Schluss wie die **Dependencia-Ansätze**: In den Ländern des Südens ist Demokratie weniger wahrscheinlich als im Zentrum, da die Mittelschichten angesichts der Koalition zwischen Großgrundbesitz, Handelskapital und den Eliten des Zentrums nicht über ausreichend Kapazitäten für einen Systemwechsel verfügen, sodass kein hinreichender gesellschaftlicher Druck für eine breitere Machtverteilung entsteht.

Dependencia- und Weltsystemansätzen ist zugute zu halten, dass sie die Zusammenbrüche der lateinamerikanischen Demokratien in den 1960er- und 1970er-Jahren problematisieren und die modernisierungstheoretischen Prämissen in Frage stellen können. Aber die demokratischen Transitionen der frühen 1980er-Jahre können nicht erklärt werden, da keine vorigen Veränderungen in den Strukturen des kapitalistischen Weltmarkts zu erkennen sind. Dagegen waren für die Belange der durch die Akteurszentrierung dominierten Transitionsforschung der frühen 1990er-Jahre die Faktoren relevant, deren direkte bzw. indirekte Folgen für mögliche Transitionen wahrzunehmen sind. In diesem Forschungsstrang wurden mehrere Faktoren der extern bedingten Demokratisierung identifiziert und zwar Kontrolle, Übereinstimmung, Konditionalität und Ansteckung/Diffusion (vgl. Whitehead 2001; Schmitter 2001).

Demokratisierung als Kontrollinstrument hegemonialer Mächte ist im Kontext des frühen Kalten Kriegs zu verorten. Als westliche Hegemonie haben die USA in den besiegten Ländern (Deutschland, Japan) demokratische Regime eingerichtet, um die geostrategischen Interessen (Eindämmung des Kommunismus) geltend zu machen. Zudem werden die kontrollierten Länder auch militärisch (NATO) und ökonomisch (Marshall-Plan) unterstützt, um den Ausgang interner Konflikte zu beeinflussen (Griechenland, Türkei).[20]

In Fällen von Demokratisierungen als Folge von Übereinstimmung und Konditionalität erklären die Interaktionen zwischen internationaler und nationaler Ebene die Transition. In beiden Fällen entsteht Demokratie als Folge der Anerkennung und Übernahme demokrati-

---

[20] Weitere Beispiele sind die britische Einflussnahme bei der Gestaltung der im Zuge der Dekolonialisierung neuen politischen Systeme sowie die frühe Einbindung der südeuropäischen Transitionsländer durch die EG.

scher Normen durch Bevölkerungen bzw. Eliten, die von westlichen Akteuren gefördert werden. Demokratisierung durch Konditionalität zielt auf effektive finanzielle Sanktionierungsmöglichkeiten ab, mit denen nicht-kooperative aber kapitalabhängige Eliten durch externen Druck zur Einhaltung demokratischer Standards gebracht werden sollen. Neben der bilateralen staatlichen Entwicklungshilfe haben sich in den letzten Jahren vor allem die internationalen Finanzinstitutionen (Weltbank, IWF) vorgenommen, ihre finanziellen Leistungen an die Einhaltung bzw. Förderung *guter* Regierungsführung (**Good Governance**) zu binden, nachdem zunehmend interne politische Faktoren als Entwicklungshemmnisse anerkannt wurden (zuerst: Weltbank 1989). Mit weitaus weniger finanziellen und politischen Ressourcen sind der Europarat und die OSZE ausgestattet, die mithilfe der ihnen verfügbaren Instrumente (Wahlbeobachtung, Expertenmissionen) dort diplomatischen Druck auf Regierungen ausüben, wo exzessive Menschenrechtsverletzungen auftreten. Die bisher anspruchvollste Umsetzung politischer Konditionalität stellt der Prozess der Anbindung der jungen mittel- und osteuropäischen Demokratien in die EU dar. Neben europäischen Unterstützungsprogrammen und -institutionen (vgl. Smith 2001), bot die EU die Aufnahme der Länder an, soweit diese zu einem jahrelangen politischen und ökonomischen Anpassungsprozess an EU-Standards bereit waren. Diese Tatsache spielt aber für Fragen der Transition selbst kaum eine Rolle, da diese in den Beitrittsländern schon zu Beginn der Verhandlungen abgeschlossen war. Relevanter scheinen dagegen die Anpassungsprozesse in der zweiten Gruppe potenzieller Beitrittskandidaten (Kroatien, Rumänien, Bulgarien, Mazedonien) zu sein, die auch nach der Demokratisierungsphase vor größeren Herausforderungen standen als die neuen EU-Mitgliedsländer.

Demokratisierung qua *Überzeugung* betrifft das langfristig ausgelegte Projekt einer Demokratisierung von unten. Dazu sind auf westlicher Seite nicht allein staatliche, sondern auch private (Verbände, NGOs) oder halbstaatliche (politische Parteien, Stiftungen) Akteure maßgeblich in der Zusammenarbeit mit einheimischen zivilgesellschaftlichen Akteuren für die Forcierung demokratischer Normen verantwortlich. Diese Normen sollen sich aus der lokalen Ebene heraus auf möglichst viele gesellschaftliche Gruppen ausbreiten, bis am Ende das gesamte politische System demokratisiert ist. Die andere Variante der Beeinflussung des politischen Prozesses ergibt sich aus der Nutzung der modernen Massenmedien: Über die internationale Kooperation von NGOs und ihrer Verflechtung zu einer transnationalen Zivilgesellschaft, die dauerhafte Interaktionen aufrechterhalten kann, konnte in den letzten Jahren zunehmend Druck auf Regierungen ausgeübt werden, indem Fragen der Menschenrechte, der Rechtsstaatlichkeit, der Korruption und anderer Missstände in die Weltöffentlichkeit gerückt wurden.[21]

Im Gegensatz zu den bisher angeführten extern bedingten Formen von Demokratisierung, fokussiert das neutrale Konzept der demokratischen Diffusion bzw. Ansteckung (vgl. Whitehead 2001; Doorenspleet 2001) unter Berufung auf die weit verbreitete Darstellung des Wellencharakters von Transitionen (vgl. Huntington 1991) auf die regionale Dimension, die sich in Lateinamerika und Mittel- und Osteuropa widergespiegelt hat. Eine Transition wird umso wahrscheinlicher, je mehr Transitionen in den direkten Nachbarländern stattgefunden haben, sodass sich schließlich die Demokratie in allen einzelnen Mitgliedsländern geografischer Regionen durchsetzen kann. Obwohl diese Faktoren in einer kombinierten Form in zahlreichen Transitionsfällen gegeben sein können, stellen sich kritische Fragen bezüglich ihrer allgemeinen Erklärungskraft. So spielt Demokratisierung als Form der Kontrolle trotz der Darstellung Whiteheads (2001) nur in der Frühphase des Kalten Kriegs eine bedeutende

---

[21] Zielonka weist auch auf den negativen Aspekt der westlichen staatlichen und privaten Unterstützung lokaler NGOs hin: "However, aid has also stalled the spontaneous emergence of indigenous NGOs in these countries [Bulgarien, Rumänien, Ungarn; Anmerkung der Autoren]. NGOs have thus become a symbol of foreign dependence rather than of grassroots initiative." (2001: 524)

Rolle. Später wurde die Regimefrage völlig durch geostrategische Interessen der Supermächte überlagert. Schließlich setzten die USA ihre Ressourcen je nach Bedrohungswahrnehmung zur Unterstützung autoritärer Regime (darunter Irak unter Saddam Hussein bis Ende der 1980er-Jahre) und zur direkten Intervention gegen demokratisch legitimierte Regierungen ein (z. B. Iran 1953, Chile 1973, Indonesien 1974).[22] Auch konfligiert die politische Konditionalität der demokratischen Geberländer mit deren meist prioritären geostrategischen und ökonomischen Interessen. Infolge dieses Gegensatzes fließen offiziell konditionalisierte Finanzhilfen, die für die realen politischen Herrschaftsverhältnisse aber keine demokratieförderlichen Folgen haben (z. B. Ägypten: rd. 1 Mrd. Militärhilfe jährlich). Neben der für westliche Demokratieförderer ernüchternden Tatsache, dass keiner der bisherigen Systemwechsel unmittelbar auf westliche Demokratieförderungsmaßnahmen zurückgeführt werden kann, bleibt die Frage nach der Widersprüchlichkeit der Ziele, die den Demokratisierungsdiskurs der politischen Praxis **ad absurdum** führt.

Angesichts des offensichtlichen regionalen Charakters demokratischer Transitionen sollte es möglich sein, regionale Prozesse in die Transitionsforschung mit einzubeziehen. Allerdings ist zunächst die Region als Variable zu operationalisieren (vgl. Bunce 2000). Dies ist mit Bezug auf die historischen Gemeinsamkeiten (Sozialstruktur und politökonomische Entwicklungspfade; internationale Verflechtungen; externe Schocks) und den Grad an zwischenstaatlichen Interaktionen (politisch, ökonomisch, gesellschaftlich) zu erreichen. Dadurch wird erkennbar, dass der Wellencharakter in Lateinamerika als Region auf anderen Variablen basiert als in Mittel- und Osteuropa oder Südostasien.

Auch wenn im letzten Jahrzehnt die internationale Ebene von Demokratisierungen an Relevanz gewonnen hat, so generiert sie ebenso wenig wie die anderen Ansätze allgemein gültige Aussagen. Vielmehr sind die Wirkungen externer Faktoren auf interne Strukturen und Akteure genauer zu analysieren. Denn obwohl das internationale Umfeld für die Phase der Konsolidierung zweifelsfrei förderlich sein kann, so erfüllte es vor der Transition bislang hauptsächlich die Funktion der Stabilisierung von autoritären Regimen. Obwohl die westlichen Demokratien inzwischen über eine umfassende *international infrastructure* (vgl. Schmitter 2001: 38) verfügen, mangelt es weiterhin an konsistenten, auf den Erkenntnissen der Transitionsforschung basierenden Strategien der Demokratieförderung (vgl. Burnell 2003).

4. NEUERE ENTWICKLUNGEN UND HERAUSFORDERUNGEN

Seit etwa zwei Jahrzehnten stehen Transitologen vor der Aufgabe, die dritte Transitionsphase zu untersuchen. Dazu bediente man sich zunächst des Konsolidierungskonzepts (4.1), um in vergleichenden Analysen verschiedene Grade demokratischer Konsolidierung herauszuarbeiten. Doch seither wurde klar, dass nur eine Minderheit der jungen Demokratien dem vorgezeichneten Idealweg folgen würde und dass sogar gegensätzliche Entwicklungen zu beobachten waren, die dem liberaldemokratischen Zeitgeist der Transitionsforschung widersprachen (Re-Autoritarisierung). Hiermit einher ging ein Rückgriff auf die während der 1990er-Jahre in den Hintergrund getretenen Ansätze, die stärker strukturelle Faktoren und soziale wie ökonomische Rahmenbedingungen in das Zentrum der Analyse stellen. Denn anders als der seit Ende der 1980er-Jahre dominante mikro-analytische handlungsorientierte Ansatz, der für die Phase nach der Institutionalisierung der Demokratie kaum über Erklärungskraft verfügt, können mithilfe der strukturellen Ansätze die Herausforderungen junger Demokratien klar

---

[22] Zudem verweist Schmitter im Gegensatz zur Argumentation Huntingtons (1984) darauf, dass die globale Ausbreitung der Demokratie in keinem Zusammenhang zur Macht der USA steht, sondern "it was the decline not the rise in US power that seemed to open up spaces for political change" und "it was precisely in those countries where the influence of the United States remained the greatest [...] that the progress towards democracy was the least advanced" (2001: 33).

veranschaulicht werden. Außerdem ermöglicht letzterer einen überregionalen Vergleich mit großer Fallzahl. Drei relevante Bereiche haben sich hierbei als besonders relevant herauskristallisiert, die in Abschnitt (4.2) problematisiert werden sollen: die **Verflechtung ökonomischer und politischer Transformationen**, die **Persistenz informeller Machtstrukturen** und die **Kapazitäten des modernen Staats** in Entwicklungsländern.

4.1 Das Phänomen der unvollendeten Demokratisierung und die Konsolidierungsdebatte

In Analysen postautoritärer bzw. posttotalitärer politischer Prozesse, stellte sich vor allem die normativ inspirierte Leitfrage, welche Eigenschaften junge Demokratien besitzen müssen, damit ein autoritärer Rückfall ausgeschlossen werden kann. Infolge der dominanten Stellung des akteurszentrierten Ansatzes entwickelte sich zunächst eine Debatte um das angemessene *institutional engineering* (vgl. Nohlen 1992; Stepan/Skach 1993), welches von allen Akteuren als effektives Mittel der gewaltsamen Konfliktlösung anerkannt würde. Von einer erheblichen Bedrohungssituation ausgehend, behandelte dieser Diskurs hauptsächlich Fragen der positiven bzw. negativen Folgen der vereinbarten **polities** für die Stabilität der neuen demokratischen Regime. Transitologen der frühen 1990er-Jahre beschäftigten sich also damit, welches Regierungssystem (parlamentarisch, präsidentiell, semipräsidentiell), Wahlsystem (Verhältnis- vs. Mehrheitswahlrecht, Kombinierung beider Typen) und Parteiensystem (Zwei- vs. Mehrparteiensysteme) die demokratischen **politics** am effektivsten garantieren könnten.[23]

Nach der institutionentheoretischen Analyse von Regierungssystemen behandelte die Konsolidierungsdebatte vor allem Probleme der Operationalisierung des Begriffs der Konsolidierung selbst. Neben der essenziellen Frage, was Konsolidierung bedeute, herrschten divergierende Vorstellungen darüber, wann die Phase der demokratischen Konsolidierung abgeschlossen und die junge Demokratie den **point of no return** erreicht habe, ab dem ein Zusammenbruch des demokratischen Regimes explizit ausgeschlossen werden könne. Die Vorschläge einer genaueren Bestimmung konsolidierter Demokratien betrafen beispielsweise den gewaltlosen einfachen oder doppelten Machtwechsel[24] zwischen politischen Gegnern, das Überstehen ökonomischer Krisen, die Regimestabilität während der Umstrukturierung des Parteiensystems sowie die Abwesenheit politisch bedeutsamer antisystemisch ausgerichteter Gruppen (vgl. O'Donnell 1996a). Als erklärende Variablen wurden häufig sozioökonomische Faktoren, Fragen der politischen Kultur oder demokratische Erfahrungen vor der autoritären Phase bzw. die Anzahl bisheriger Transitionen eines Landes herangezogen (vgl. Gasiorowski/Power 1998). Unabhängig von der Frage, ob ein Rückfall konsolidierter Demokratien in autoritäre Regime per se ausgeschlossen werden kann, lässt sich je nach Anzahl und Gewichtung der für die Konsolidierung als relevant erachteten Variablen und den konsolidierten Teilbereichen[25] eine Unterteilung in **negative** und **positive Konsolidierung** (vgl. Pridham 1995) ausmachen.[26]

---

[23] Für Überblicke dieser Teildebatte vgl. Barrios 1999 und Lauga 1999: 242-248. In ihrer empirischen Evaluierung dieses Teilaspekts demokratischer Konsolidierung kommen Power/Gasiorowski zu dem Schluss "that institutional variables may have a weaker impact on democratic **survival** than is commonly imagined" (1997: 151; Hervorhebung im Original).

[24] Einige Bekanntheit erlangte Huntingtons (1968) früher Definitionsversuch eines *two-turnover tests*. Danach ist eine Demokratie dann konsolidiert, wenn alle wesentlichen politischen Akteure die demokratischen Spielregeln zu akzeptieren bereit sind. Dieser Operationalisierungsvorschlag sieht die Demokratie dann als konsolidiert an, wenn eine Regierung abgewählt wird und bereit ist, die Oppositionsrolle zu übernehmen (erster *turnover*), und auch ihre Nachfolgerin dann dieselbe Akzeptanz bei ihrer eigenen Abwahl (zweiter *turnover*) bewiesen hat.

[25] In diesem Aspekt ist das Mehrebenenmodell von Merkel (1996), das auf Linz/Stepan (1996) basiert, der anspruchsvollste Versuch, demokratische Konsolidierung in idealtypisch voneinander abzugrenzende Phasen zu unterteilen. Diese Phasen werden so operationalisiert, dass sie eine vergleichende Analyse ermöglichen

Die methodologischen Mängel des Konsolidierungskonzepts sind nicht zu übersehen: Der Forschung liegt implizit eine teleologische Grundhaltung zugrunde, welche die jungen Demokratien im negativen Sinn aus der Sicht der konsolidierten Demokratie heraus analysierte und bislang „eine permanente Reproduktion von Defizitanalysen" (Barrios 1999: 28) hervorbrachte. Noch problematischer erscheint aber die mangelhafte Operationalisierung des Begriffs *Konsolidierung*, da nicht eindeutig ist, wann eine Demokratie **ausreichend** konsolidiert ist, um einen autoritären Rückfall ausschließen zu können.[27] Die Tatsache, dass solch eine klare Zuordnung nicht mehr möglich ist, führt Schedler (1998) darauf zurück, dass das Konsolidierungskonzept mit der Zeit mit mehreren Perspektiven überlastet wurde. Es blieb nämlich nicht auf Fragen der Vermeidung des Regimekollapses beschränkt, sondern wurde auch auf Probleme der Erfüllung, Vertiefung und Organisierung von Demokratien ausgerichtet. Daher sei die Analyse demokratischer Konsolidierung "condemned to stagnation" (Schedler 1998: 92); aufgrund der konzeptionellen Unklarheit seien vergleichende Studien, in denen verschiedene Transitionsländer nach ihrem Grad an Konsolidierung unterteilt würden, nicht möglich.

Trotz dieser Mängel muss das Konzept per se nicht ausgeschlossen werden, da eine klare Definition des Begriffs (was **heißt** demokratische Konsolidierung?) und insbesondere seine striktere Anwendung in Bezug auf die tatsächlichen Herrschaftsformen (**welcher** Regimetyp konsolidiert sich?) für einen größeren Erkenntnisgewinn ausreichend sind. Die Anerkennung, dass sich nicht nur demokratische, sondern auch andere nicht-demokratische Herrschaftsformen (z. B. die zentralasiatischen patrimonialen Regime) bilden, ermöglicht deswegen einen objektiveren Blick auf Transitionsprozesse, da vor der quantitativen Messung des Konsolidierungsgrads zunächst zu klären ist, um was für ein Regime es sich handelt.

4.2 Politökonomische Entwicklungen, informelle Machtstrukturen und Staatlichkeit

Im Zusammenhang mit der Konsolidierungsdebatte hat die systematische Suche nach Faktoren eingesetzt, welche die verschiedenen politischen **Outcomes** von Systemwechseln erklären können.

Ein Strang behandelt etwa die spezifischen Übergangsprozesse (Gründe für Krise und Zusammenbruch der Regime; Transitionsmodus) und das aus Pakten resultierende autoritäre Erbe junger Demokratien (Prärogativen nichtdemokratischer Akteure), um Transitionsprozesse detaillierter zu analysieren und jedem Transitionspfad ein gewisses **Outcome** zuzuordnen (vgl. Bratton/Walle 1994 und 1997; Geddes 1999; Haggard/Kaufman 1995; Karl 1990; Linz/Stepan 1996: Kap. 4.).

In dieser Phase fanden vor allem die relevanten Faktoren der strukturalistischen Ansätze zurück in die Transitionsforschung: Variablen wie staatliche Autonomie, politische Macht organisierter Gruppen und Veränderungen auf dem Weltmarkt wurden in den 1990er-Jahren explizit in die Problematik von Transitionsprozessen eingebunden. An dieser Stelle sollen vor

---

sollen. Zur Anwendung des Modells auf die mittel- und osteuropäischen Transitionen siehe Merkel/Puhle 1999: Kap. 6.

[26] Ein demokratisches Regime ist negativ konsolidiert, wenn die politisch relevanten Akteure den demokratischen Entscheidungsprozess nur aufgrund der Abwesenheit einer realistischen Regimealternative anerkennen. Der Zustand der positiven Konsolidierung hingegen ist dann erreicht, wenn neben den politischen Eliten die überwiegende Mehrheit der Bevölkerung in einer Demokratie diese aus eigener Überzeugung als legitim erachtet und autoritäre Alternativen nicht gutheißt.

[27] Auf die begriffliche Verwirrung, die durch die genauere Spezifizierung von Konsolidierungsabschnitten (**fully consolidated, sufficiently consolidated, substantially consolidated, partially consolidated, unconsolidated**) entsteht, verweist O'Donnell (1996b).

allem die Faktoren *Informalität* und *mangelnde Staatlichkeit* als erklärende Variablen für unvollendete Transitionen dargestellt werden.

Die Verflechtung politischer und ökonomischer Transitionen

Die Relevanz dieser politökonomischen Variablen ist insbesondere auf den Siegeszug des "Washington Consensus" (Williamson 1990) zurückzuführen, den die westlichen Industriestaaten mithilfe der internationalen Finanzinstitutionen IWF und Weltbank im globalen Rahmen voranbringen konnten. Zur dritten bzw. vierten Demokratisierungswelle gesellte sich eine Liberalisierungs- und Privatisierungswelle auf ökonomischer Ebene, die junge Demokratien der Dritten Welt bis heute vor große Herausforderungen stellt. Zu diesem Feld haben sich seit 1990 mehrere Fragestellungen herausgebildet: Kann den Transitionsländern die gleichzeitige Transformation des politischen und ökonomischen Systems angesichts der dafür erforderlichen Regulierungskapazitäten überhaupt gelingen? Wie sind die politökonomischen Strukturen beschaffen, in denen die politische Transition stattfindet? Welches politische **Outcome** ergibt sich aus diesen Strukturen?

Schon früh wurde auf das „Dilemma der Gleichzeitigkeit" (Offe 1991) hingewiesen, das anfangs im postkommunistischen Kontext Osteuropas problematisiert wurde: Das Scheitern des sozialistischen Gesellschaftsmodells zwingt die betroffenen Länder nicht nur zu einem Reformkurs wie in Lateinamerika, sondern zu einer tief greifenden Transformation des gesamten Wirtschaftssystems. Diese überfordert oftmals die Reformeliten, weil einerseits politische und ökonomische Reformen einander behindern, während andererseits die Demokratisierung als Voraussetzung für die Schaffung einer neuen Unternehmerklasse gilt, da die neue politische Führung das Kapitalismusprojekt demokratisch abzusichern hat. Das größte Problem wird jedoch darin gesehen, dass Marktreformen aufgrund der hohen sozialen Kosten sehr unpopulär sind und daher von breiten Bevölkerungsschichten nicht genügend Unterstützung zu erwarten ist, auch wenn der Reformprozess zeitlich gestreckt und durch Wohlfahrtsleistungen sozial abgefedert wird.[28] Obwohl die postkommunistischen Länder angesichts der Radikalität des Umbruchs enorme Reformanstrengungen zu leisten hatten und sich mit einem bis dato ungekannten Maß an Arbeitslosigkeit und sozialer Ungleichheit konfrontiert sahen, hat sich im Laufe der 1990er-Jahre die politische und ökonomische Transition in den ostmitteleuropäischen Ländern als Erfolg herausgestellt.

Informalität und Rent-Seeking-Strukturen im Transitionsprozess

Als Beispiele für Misserfolge sind aber die meisten Entwicklungsländer zu nennen, die seit dem Scheitern des Entwicklungsmodells der importsubstituierenden Industrialisierung (ISI)[29] ihre Volkswirtschaften wieder auf dem kapitalistischen Weltmarkt auszurichten hatten und die noch heute mit den Folgen dieser Strukturanpassung zu kämpfen haben. In diesem Kontext spielt die im ökonomischen Anpassungsprozess veränderte Rolle des **developmental state** (vgl. Evans 1995) eine nicht zu unterschätzende Rolle für das Transitionsergebnis. Über Erfolg oder Misserfolg der politischen Transitionen, die aufgrund der Schuldenkrise der frühen 1980er-Jahre teilweise zeitlich zusammenfielen (Lateinamerika), entscheiden nämlich der Grad an Autonomie und die Kapazitäten des Staats im Privatisierungsprozess. Bereits in der ISI-Phase konnten sich über informelle Klientelstrukturen Netzwerke zwischen Bürokraten und Unternehmern herausbilden, innerhalb derer die Allokation staatlicher Leistungen erfolgte und die der Minderung von Unsicherheit und Transaktionskosten dienten. In der Phase der Privatisierung verfügen diese Gruppen aufgrund ihres Informationsvorsprungs über

---

[28] Aber auch ohne so genannte Schocktherapien bleibt das Problem bestehen, dass einerseits die wirtschaftliche Entwicklung nicht sehr dynamisch ablaufen wird und dass sich andererseits Rent-Seeking-Strukturen etablieren können, die den ökonomischen Wettbewerb dauerhaft einschränken können (vgl. Bunce 1999: 49-50).

[29] Siehe Waterbury (1999).

erhebliche Rent-Seeking-Möglichkeiten[30], mit denen sie die staatlichen Kapazitäten unterwandern und für sich ausnutzen können.[31] Indem sie ihre Stellung über die Durchdringung des politischen Institutionengefüges absichern können, verhindern solche Verteilungskoalitionen langfristig Wettbewerbsstrukturen, die für ökonomische Entwicklung und politische Partizipation gleichermaßen notwendig wären. Für den politischen Prozess sind zwei Folgen auszumachen: erstens bewirkt die systemische bzw. endemische Korruption einen erheblichen Legitimitätsverlust der staatlichen Autorität, den die politische Elite aufgrund ihrer Beziehungen zu partikularistischen Netzwerken nicht beheben kann[32]; zweitens haben sich junge Demokratien, welche die Vermachtung solcher Netzwerke nicht eindämmen können, als sehr anfällig für Finanzkrisen erwiesen, die sich schnell zu Systemkrisen ausweiten können (vgl. Faust 2004).

Selbst die regelmäßige Durchführung von Wahlen rührt diese soziopolitischen Konstellationen nicht an. Diese erwerben sich sogar einen gewissen Grad an demokratischer Legitimität (vgl. Lauth/Liebert 1999), da politisch-ökonomische Eliten mit ihren Zugängen zu den staatlichen Kanälen lediglich darauf abzielen, mithilfe der Parteiorganisationen genügend Wähler bzw. Wählergruppen qua Patronage für den Machterhalt einzubinden bzw. bei einem Regierungswechsel die neuen Entscheidungsträger ausreichend zu beeinflussen. Im herrschaftsneutralen Sinn, nämlich zur Bereitstellung kollektiver Güter, wird der Staatsapparat dagegen kaum genutzt. An dieser Stelle zeigt sich, dass der Teufelskreis, der bei Offe auf die postkommunistischen Länder beschränkt bleibt, sich auf einen viel weiteren geografischen Raum erstreckt: Je niedriger die wirtschaftliche Entwicklung ausfällt, desto eher sind Bürger bereit, für zusätzliche soziale Leistungen mittels Parteipatronage ihre Stimme an etablierte Parteien abzugeben, sodass selbst in Krisenzeiten ein effektiver demokratischer Führungswechsel nicht zu erwarten ist.[33] Gegen solche verfestigten Strukturen gibt es bereits seit längerem Versuche des **empowerment** zivilgesellschaftlicher Akteure (vgl. z. B. Fox 1994), sodass zwar vielfach ein Bewusstsein in den benachteiligten Bevölkerungsschichten über deren politische Marginalisierung besteht. Doch ohne eine systemische Veränderung von Anreizstrukturen sind solche auf Kooperation weiter Bevölkerungsteile angewiesene Projekte zum Scheitern verurteilt.

Neopatrimonialismus und fragile Staatlichkeit

Diese Verflechtung zwischen politischen und ökonomischen Reformen stellt nur eine Variante des Verlusts staatlicher Autonomie und Kapazitäten dar. Zwar haben viele afrikanische Länder vergleichbare Herausforderungen zu bestehen (vgl. Bienen/Herbst 1996), aber der Mangel an effizienter Staatlichkeit ist im afrikanischen Kontext eher durch die vorherrschenden neopatrimonialen Herrschaftstypen bedingt. Diese zeichnen sich durch eine systemimmanente Instabilität aus, da die Personalisierung des gesamten Staatsapparats und die Einschränkung politischer und ökonomischer Partizipationsrechte für breite Teile der Bevölkerung regelmäßig zu sozialen Unruhen führen (vgl. Bratton/Walle 1994; dies. 1997; Erdmann 2003). Die zunehmenden Forderungen ausgeschlossener Gruppen bewirken Reaktionen der herrschenden Elite, innerhalb derer Konflikte hauptsächlich um den Zugang zu Ressourcen kreisen. Gewinner solcher Machtkämpfe nutzen ihre Ressourcen, um den

---

[30] Zu Rent-Seeking-Prozessen und -Strukturen und deren machtpolitischen Implikationen siehe Khan (2000), Hutchcroft (1997) und Pritzl (1997).

[31] So zeigt Ledeneva (1998) eindrucksvoll im Fall Russlands, wie sich informelle Unterstützungsnetzwerke in der Privatisierungsphase gewandelt und in neuen ökonomischen Strukturen als funktional erwiesen haben, um an relevante Ressourcen zu gelangen (Kapital, Informationen), die im sozialistischen System noch eher unbedeutend waren.

[32] Siehe am Beispiel Brasiliens Barrios/Röder (2000) sowie Armeniens und Georgiens Stefes (2006).

[33] Somit kann der Prozess nicht den Anforderungen einer demokratischen Transition entsprechen, wenn man davon ausgeht, dass "democracy takes on a realistic character only if it is based on significant changes in the overall distribution of power" (Rueschemeyer u. a. 1992 : 41).

gesellschaftlichen Druck abzufedern, sodass ein effektiver herrschaftsrelevanter Diskurs bzw. Machtkampf mit regimefremden Akteuren nicht entstehen kann. Zu dieser herrschaftsbedingten schwachen Staatlichkeit kommen im afrikanischen Kontext weitere Faktoren hinzu, die diese Instabilität verschärfen (politisierte Multiethnizität im **nation-building-Prozess**; Stammesstrukturen) und friedliche Austragungen von Verteilungskonflikten unmöglich machen. Als Folge können private Akteure mit Zugang zu ökonomischen Ressourcen (Kongo, Sierra Leone, Liberia etc.) das Gewaltmonopol des Staats herausfordern und längerfristig teilweise rechtlose para-staatliche Gebilde konstruieren, in denen bürgerliche Rechte und politische Freiheiten nicht durchzusetzen sind.

Empirisch ergibt sich aus der Vielzahl der *unvollendeten* Transitionen oder besser: der Transitionen, die nicht den vielfach erwarteten liberaldemokratischen Zielpunkt erreichten, ein nummerisches Anwachsen von politischen Systemen, die zwischen den Polen von Demokratie und Diktatur in einer *Grauzone* liegen (vgl. zuerst: Krennerich 1999; Maćkow 1999; zur Einführung: Bendel u. a. 2002). Zwei relevante, jedoch weitgehend unabhängig voneinander geführte Debatten haben sich aus dieser Beobachtung unvollständiger, abgebrochener oder nicht-demokratischer Systemwechsel ergeben. Die erste dreht sich vorrangig um die praktischen Folgen, die sich hieraus für die Politik und besonders für die internationale Entwicklungszusammenarbeit ergeben, während die zweite als Methodenproblem eine akademische Debatte um Kategorien und Typen darstellt.

4.3 Das Ende des *Transitions-Paradigmas*?

Die erste Debatte beschäftigt sich, ihrem Ursprung nach, mit den praktischen politischen Konsequenzen aus *fehlgeschlagenen* Demokratisierungen (wie etwa Weißrussland, Russland, Sambia, Usbekistan, Malaysia und vielen anderen mehr), die sich für westliche Industrienationen in der Demokratieförderung ergeben, welche diese im Rahmen ihrer Entwicklungspolitik weltweit betreiben. Die von Carothers (2002) vorgebrachte provokante These lautet, die Transitionsforschung selbst sei am Ende, denn sie habe die Politik insofern auf eine falsche Fährte geleitet, als Grundannahmen des Transitionsparadigmas falsch seien und daher aufgegeben werden sollten. Korrekt beobachtet er, dass viele der von westlichen Administrationen als *Transitionsländer* eingestuften Staaten nicht als Fälle von Demokratisierung gelten können, weil sich das System nach dem Wechsel nicht demokratisch konsolidiert. Das Problem dabei ist: "Once so labelled [als Transitionsstaaten; O.S.&R.K.], their political life was automatically analyzed in terms of their movement toward or away from democracy, and they were held up to the implicit expectations of the paradigm" (Carothers 2002: 7). Nach Carothers basiert das *Transitionsparadigma* auf fünf Grundannahmen:

1. der Erwartung, dass politischer Wandel und Systemwechsel sich stets weg von autoritärer Herrschaft und hin zu demokratischen Regimen vollzögen
2. dass Demokratisierung stets entlang einer festgelegten Sequenz von Liberalisierung, Demokratisierung und (demokratischer) Konsolidierung stattfinde
3. dass Wahlen die entscheidende Rolle im Prozess des Systemwechsels zukomme, die dann ihrerseits mit der Zeit weitere demokratische Reformen generierten
4. dass strukturelle Faktoren wie sozioökonomischer Entwicklungsstand, vorheriges politisches System, soziokulturelle Traditionen oder das institutionelle Erbe für Beginn und Ergebnisse von Transitionen keine wesentliche Rolle spielten, sondern dass letztere im Wesentlichen durch das Verhalten und die Sachkompetenz von Eliten beeinflusst würden
5. dass demokratische Transitionen auf kohärenten, gut funktionierenden Staaten aufbauten

All diese Annahmen sind, wie Carothers auf der Basis eines globalen empirischen Überblicks aufzeigt, nicht länger haltbar. Folglich sei das Transitions-Paradigma am Ende und solle über Bord geworfen werden. Die internationale Demokratieförderung solle anerkennen, dass die Grauzone zwischen Demokratie und Diktatur nicht auf der Basis dessen definiert werden könne, was ihr zum Erreichen der einen oder anderen Herrschaftsform *fehle*, da diese Zone keine Ausnahme- oder Einzelfälle abbilde, sondern für Dutzende von Staaten einen relativ dauerhaften Zustand darstelle.

Carothers' korrekter empirischer Befund wurde von einer Reihe anderer Autoren seit Mitte der 1990er-Jahre ebenfalls konstatiert (vgl. Zakaria 1997; Collier/Levitsky 1997; Schubert/Tetzlaff 1998; Merkel 1999). Neu aber ist die Deutlichkeit, in der Carothers zu Recht die Unangemessenheit der in der praktischen Demokratieförderung häufig getroffenen stereotypen Annahmen über Transitionsauslöser, -verläufe und -ergebnisse kritisiert. Allerdings bleibt hieran problematisch, dass die Stoßrichtung seiner Kritik die Transitionsforschung nicht wirklich treffen kann: Die von Carothers als Basis des *Transitionsparadigmas* kritisierten Grundannahmen (s. o.) wurden in dieser Form nicht von der Forschung getroffen, sondern stellen eine verkürzte und popularisierte, dabei oft bruchstückhafte und unzulässig vereinfachte Fassung von Versatzstücken einzelner Ansätze der Forschung dar, die bei den Entwicklungsbürokratien ankamen. Sie können schwerlich mit der Transitionsforschung als solcher gleichgesetzt werden. Somit trifft Carothers' Kritik zwar sehr wohl die Praxis der Demokratieförderung westlicher Geberländer und ihrer Durchführungsorganisationen, nicht aber den wissenschaftlichen Forschungsstrang (vgl. O'Donnell 2002).

4.4 Die Grauzonen-Problematik

Allerdings bleibt das Problem bestehen, dass die rapide Zunahme von politischen Regimen in der Grauzone zwischen eindeutig demokratischen und eindeutig autoritären Regimen klassifikatorische Probleme aufwirft, die auch nach mehr als einem Jahrzehnt der methodischen Diskussion weit von einer Klärung entfernt sind. Dieses Problem ist Gegenstand einer zweiten Debatte. Direkt aus der Transitionsforschung ergibt sich eine zentrale Herausforderung, die in der Lösung von taxonomischen Problemen der Bildung von analytischen Klassen, Typen und Subtypen besteht. Ihre konsensuale Klärung ist gerade in der Politikwissenschaft eine notwendige Voraussetzung wissenschaftlichen Erkenntnisfortschritts, denn hier, wo experimentelle Methoden unter Laborbedingungen nicht zur Verfügung stehen, ist der Vergleich unterschiedlicher Fälle die wichtigste Methode, um Erkenntnisse zu erzielen. Hierfür jedoch ist es notwendig zu wissen, welche Untersuchungsgegenstände in welcher Hinsicht miteinander vergleichbar sind, da ansonsten die Fähigkeit der Disziplin zum Auffinden von wissenschaftlichen Gesetzen verloren geht.[34]

Die diskutierten Wege, das klassifikatorische Problem einer nummerisch angewachsenen Grauzone zu lösen, gliedern sich in zwei methodisch voneinander zu unterscheidende Vorschläge:

(a) Die Einführung einer (vierten) Klasse politischer Systeme zwischen Demokratie und Autoritarismus, sodass die klassische Trias von Demokratie, Autoritarismus und Totalitarismus um eine Grundform erweitert würde. Die Vorschläge der Literatur, welche diese Richtung befürworten, benennen die Form zwischen Demokratie und Autoritarismus meist als *Hybride Regime* (vgl. zuerst: Karl 1995; vgl. auch Diamond 2002; Rüb 2002).

---

[34] Und damit auch zur Prognose wird. Dies ist deshalb der Fall, weil Definitionsmerkmale einer Klasse darüber Aufschluss geben, welche Exemplare einer Kategorie zuzuordnen sind, und v. a. auch welche ihr nicht angehören.

(b) Die Schaffung von Subtypen der Demokratie, die nicht alle Merkmale von Demokratien aufweisen, sondern in einigen Merkmalen *Defekte* (vgl. Merkel 1999) aufweisen.
Sie können dann je nachdem, welches spezifische Merkmal der Kerndefinition von
Demokratien sie nicht erfüllen, durch attribuierte Adjektive weiter spezifiziert werden,
sodass *Demokratien mit Adjektiven* entstehen (vgl. Collier/Levitsky 1997).

Wenngleich es sich bei diesen Vorschlägen zur Auflösung der Grauzonen-Problematik auf
den ersten Blick um ähnliche Vorgehensweisen handelt, sind sie doch methodisch grundlegend verschieden: Im einen Fall wird auf der Ebene der Klassen oder Typen eine neue
Kategorie eingeführt (Hybride Regime), im anderen Fall setzt die konzeptuelle Neuerung auf
der darunter liegenden Abstraktionsebene an: Bei der Bildung von Subtypen werden von der
Definition des übergeordneten Typus Abstriche gemacht. Es herrscht keine Einigkeit darüber,
ob das Aufstellen solchermaßen *verminderter Subtypen* (diminished subtypes) methodisch
zulässig ist. Dagegen argumentiert Sartori (1991; vgl. auch ders. 1970; Rüb 2002), nach
dessen Position Subtypen sämtliche Merkmale der übergeordneten Klasse aufweisen müssen
(classical subtypes). Unter Berufung auf linguistische und kognitionswissenschaftliche
Untersuchungen der Alltagssprache argumentieren andere Wissenschaftler/innen dafür (vgl.
Collier/Mahon 1993).

Demokratien mit Adjektiven sind heute im Vergleich zum Ansatz der Hybridregime wesentlich häufiger in der Literatur anzutreffen.[35] Bei der Frage der empirischen Zuordnung
einzelner Länder zeigte es sich allerdings, dass das Konzept der Demokratie durch Hinzufü-
gen von vermindernden Adjektiven bisweilen soweit überspannt wurde, dass auch politische
Systeme als *Demokratien* gefasst wurden, die eher dem autoritären Typus zuzurechnen waren.
Daher halten manche Autoren die Zurechnung von Grauzonenregimen zur Klasse der
Demokratien für fragwürdig (vgl. Maćkow 1999). In den frühen 2000er-Jahren rückten dann
vermehrt Fälle *gescheiterter* Transitionsprozesse ins Zentrum der Aufmerksamkeit der
Forschung, in denen entweder demokratische Transitionen blockiert waren oder gar Systeme
sich klar im autoritären Bereich (re-)konsolidierten. So erhielten *Demokratien mit Adjektiven*
ihr Gegenstück, indem Beiträge nun auch *Autoritarismen mit Adjektiven* ausmachten (kompe-
titiv, liberalisiert, liberal, etc. – vgl. bspw. Levitsky/Way 2002; Brownlee 2001). Damit
dominiert gegenwärtig, trotz der methodischen Vorbehalte einiger Autoren und ungelöster
Abgrenzungsschwierigkeiten, die Praxis der Bildung verminderter Subtypen.

Damit jedoch steht die Grenze zwischen den Grundtypen politischer Herrschaft, wie sie über
die vergangenen Jahrzehnte Bestand hatte, auf dem Prüfstand, ohne dass eine allgemein
anerkannte Alternative zur klassischen Trias gefunden wäre. Die Transformationsforschung
sieht sich somit von Fragen der Prozessanalyse zurückgeworfen auf die viel grundlegenderen
Fragen der Klassenbildung und Typologie.

---

[35] Das im deutschsprachigen Raum bei weitem dominierende und auch von der politischen Praxis der Demokratieförderung übernommene Verfahren (und damit einhergehend auch die zugrundeliegende Vorstellung) ist
das der *defekten Demokratien* (vgl. Merkel 1999; ders. u. a. 2003). Hierbei stellt sich allerdings eine methodische Frage: Merkel postuliert zunächst die Unzulänglichkeit der Dahl'schen Demokratie-Definition, da ihr die
horizontale Komponente fehle und betrachtet diese als zu minimalistisch. Die Einführung von Operationalisie-
rungskriterien dieser Dimension führt jedoch dazu, dass er Systeme als demokratisch bezeichnet, die dann
nicht mehr die Dahl'schen Kriterien erfüllen (vor allem die Garantien 1, 2, 4, 5, 6 und 7). Damit ist die
Minimal-Definition weiter reduziert und ausgehöhlt, woraus sich genannte Abgrenzungsprobleme zu anderen
Herrschaftsformen erst ergeben. Vgl. auch Croissant (2002), der explizit auf die Einschränkung der Freiheit
und Fairness von Wahlen eingeht, die aus *Defekten* in anderen Bereichen (Garantien 1, 2, 4, 5 und 6) resultieren und der dennoch die besprochenen Systeme als *demokratisch* wertet.

5. FAZIT

Auf der Basis der bisher angestellten Diskussion lassen sich einige zentrale Punkte der Transitionsforschung herauskristallisieren: Unterschiedliche Ansätze legen jeweils unterschiedliches Gewicht auf unterschiedliche Faktoren. Sie alle vermögen in einzelnen Fällen eine oder mehrere der Dimensionen von politischen Systemwechseln zu erklären. So konnten akteursorientierte Ansätze die Transition um eine idealtypische Phaseneinteilung des Transitionsprozesses bereichern oder feststellen, dass zwischen altem Regime und demokratischen Kräften ausgehandelte Übergänge zur Demokratie höhere Erfolgsaussichten haben als solche, die auf der Basis eines gewaltsamen Umsturzes geschehen. Sozioökonomische Erklärungsansätze zeigen die Relevanz von ökonomischen Faktoren für die Erfolgschancen der Demokratie auf und verweisen darauf, dass sich das Handeln von politischen Akteuren stets in einem *Handlungskorridor* abspielt, dem durch kulturelle, ökonomische oder soziale Rahmenbedingungen Grenzen gesetzt sind, die Akteure auch beim besten Willen nicht zu durchbrechen vermögen. Strukturalistische Ansätze verweisen auf die Bedeutung von Machtverteilung und von Konstellationen und Kräfteverhältnissen zwischen sozialen Schichten und schließlich wird zunehmend auch die Relevanz demokratieförderlicher wie auch demokratieabträglicher internationaler Einflussfaktoren anerkannt. Allerdings ist all diesen Vorgehensweisen erstens gemein, dass keiner der Ansätze eine vollständige Erfassung **aller** relevanten Variablen leistet, nicht einmal für einen einzigen realen Fall. Zweitens vermag keiner der Ansätze all die Fälle befriedigend zu erklären, die im Groben die Relevanz und Bedeutung der jeweils im Mittelpunkt der Analyse stehenden Variablen bestätigen (so genannte **easy cases**). Systemtransformation ist ein so komplexer Vorgang, dass allenfalls eine Synthese unterschiedlicher Ansätze individuelle Fälle zu erklären vermag, doch selbst dies gelingt in den seltensten Fällen. Daraus folgt, dass keine universell gültigen Blaupausen existieren, nach denen man Auslöser, Verlauf und Ergebnisse von politischen Systemwechseln erklären könnte.

Das Fehlen solcher universell gültiger Gesetze zur Erklärung von Systemwechseln bedeutet gleichzeitig natürlich auch, dass kohärente Handlungsempfehlungen für Demokratisierer oder, problematischer noch, für die externe Demokratieförderung, nicht zu geben sind. Alle bisherigen Versuche, solche Handlungsanleitungen zu erstellen, sind höchst defizitär. Intime Kenntnisse des sozialen, ökonomischen und politisch-systemischen Kontextes des Einzelfalles, gepaart mit einer diesem Kontext angemessenen Synthese unterschiedlicher theoretischer Ansätze scheinen die einzige praktikable Möglichkeit, um zu auch nur einigermaßen befriedigenden Erklärungen zu gelangen. Die Auswahl von zur Erklärung jeweils herangezogenen theoretischen Konzepten (und die Auslassung oder Vernachlässigung anderer) muss freilich in solchen Einzelfallanalysen angemessen begründet werden. Die **Vergleichende** Systemwechselforschung gestaltet sich noch komplizierter. Hier sind Wissenschaftler/innen aufgrund der Komplexität der Vorgänge zur Reduktion gezwungen und können allenfalls einzelne Erklärungsvariablen vergleichend untersuchen, um dadurch festzustellen, welche Faktoren in welchen Fällen der Transition welches Gewicht hatten. Prognostische Fähigkeiten, wiewohl von der Disziplin angestrebt, können ihr bislang kaum bescheinigt werden.

Vielmehr scheint die Transitionsforschung gegenwärtig vor allem deshalb zu stagnieren, weil sie sich von ihren ursprünglichen Fragestellungen notgedrungen entfernen musste. Der Grund hierfür liegt darin, dass sie gerade seit Mitte der 1990er-Jahre verstärkt von Fragen einer konzeptionell-taxonomischen Art überlagert wurde (Typenbildung, Regimetypen, Abgrenzung theoretischer Kategorien voneinander), deren Klärung weiterhin aussteht. Die Klärung dieser viel grundsätzlicheren Fragen aber kann als Voraussetzung für weitere Erkenntnisfortschritte der Transitionsforschung selbst betrachtet werden. Insofern steht die Transitionsforschung heute an einer entscheidenden Zäsur, deren Überwindung noch einige Jahre in Anspruch nehmen wird und eine zentrale Aufgabe für die Vergleichende Politikwissenschaft insgesamt darstellt.

VERGLEICHENDE AUSSENPOLITIKANALYSE

Wolfgang Wagner

Gliederung

1. Einleitung

2. Die Vernunft der Nationen: Der Neorealismus

3. Gesellschaftszentrierte Außenpolitikanalyse
3.1 Die Forschung zu Staatenmerkmalen: Sind Demokratien friedlicher?
3.2 Pluralistische Ansätze

4. Die konstruktivistische Herausforderung

5. Fazit

---

1. EINLEITUNG[1]

Außenpolitik befindet sich an der Schnittstelle von innerstaatlicher und internationaler Politik. Dementsprechend treffen in der (Vergleichenden) Außenpolitikforschung Theorien zweier politikwissenschaftlicher Teildisziplinen aufeinander: die der Vergleichenden Systemforschung einerseits und die der Internationalen Beziehungen andererseits. Bis zum heutigen Tag wird die Debatte darüber geführt, ob Außenpolitik besser mit Imperativen des internationalen Systems oder aber mit den politischen Verhältnissen innerhalb von Staaten erklärt werden kann. Im Mittelpunkt dieser Debatte steht die Frage, inwieweit man die innere Beschaffenheit eines Staats, also sein Herrschaftssystem, seine Wirtschaftsstruktur oder die Kräfteverhältnisse zwischen konkurrierenden Interessengruppen überhaupt kennen muss, um seine Außenpolitik erklären zu können. Unter den Ansätzen, die die innere Beschaffenheit von Staaten bewusst ausblenden und den Einfluss von Faktoren im internationalen System auf die Außenpolitik hervorheben, ist der Neorealismus zweifellos der einflussreichste. Mit dieser Extremposition, die die Analyse der internationalen Beziehungen über lange Zeit dominiert hat, beginnt dieser Überblick über die Vergleichende Außenpolitikanalyse.[2] Dabei dient die neorealistische Forschung zur Allianzbildung als Illustration (Abschnitt 2).

Das Ausblenden von innerstaatlichen Merkmalen, wie es insbesondere von Neorealisten vorgenommen wird, ist von zahllosen Autor/innen kritisiert worden. Ihnen ist die Auffassung gemein, dass die Außenpolitikanalyse Staaten nicht als *black boxes* behandeln darf, sondern sich deren inneren Verhältnissen widmen muss. Sie plädieren daher für *subsystemische Ansätze*, für welche bestimmte Faktoren unterhalb der Ebene des internationalen Systems erklärungsrelevant sind. Dabei dringen die verschiedenen Ansätze unterschiedlich weit unter die Ebene des internationalen Systems und in die inneren Verhältnisse von Staaten vor. Die Forschung zu bürokratischen Aushandlungsprozessen (bureaucratic politics) etwa interessiert sich für das Innere einer Administration. Auch für diese Forschungsrichtung bleibt Außenpolitik jedoch weitgehend isoliert von gesellschaftlichen Einflüssen; ihr Hauptaugenmerk gilt den außenpolitischen Entscheidungsprozessen und den Interessen der daran beteiligten Ministerien und Verwaltungen (vgl. grundlegend Allison/Zelikow 1999).

Gesellschaftszentrierte Ansätze dagegen dringen weiter in das Innere von Staaten vor (Abschnitt 3). Diese gehen davon aus, dass die Interessen einer Gesellschaft die Außenpolitik eines Staats prägen. Für eine Variante gesellschaftszentrierter Ansätze ist das Ausmaß

---

[1] Für hilfreiche Anmerkungen und Kommentare danke ich Claudia Baumgart.
[2] Gute Übersichten finden sich darüber hinaus bei Carlsnaes 2002; Harnisch 2003 und Peters i. E.

gesellschaftlichen Einflusses interessant, das beispielsweise zwischen Demokratien und Autokratien variiert (Abschnitt 3.1). Die pluralistische Variante gesellschaftszentrierter Ansätze hingegen ist auf die Außenpolitik moderner Demokratien spezialisiert, die durch miteinander konkurrierende Interessengruppen geprägt ist. Unterschiedliche Außenpoltiken resultieren hier aus unterschiedlichen Kräftekonstellationen zwischen konkurrierenden Interessengruppen (Abschnitt 3.2).

Neben der Debatte um die angemessene Analysebene ist im vergangenen Jahrzehnt eine weitere Diskussion darüber entstanden, ob Außenpolitik mit materiellen Faktoren (vor allem dem Streben nach Macht und Wohlstand) oder aber mit ideellen Faktoren (beispielsweise mit der politischen Kultur oder Identität einer Gesellschaft) zu erklären ist. Abschnitt 4 stellt die Ansätze, die unter dem Überbegriff der konstruktivistischen Außenpolitikanalyse zusammengefasst werden können, vor.

2. DIE VERNUNFT DER NATIONEN: DER NEOREALISMUS

Der Ausgangspunkt der neorealistischen Außenpolitikanalyse[3] ist die Annahme, dass alle Staaten, unabhängig von ihrer jeweiligen Regierung oder ihrem Wirtschafts- und Gesellschaftssystem, in erster Linie das Ziel verfolgen, ihr eigenes Überleben, d. h. ihre eigene Sicherheit zu gewährleisten.[4] Alle anderen Ziele, die Staaten gegenüber ihrer Umwelt verfolgen, sind diesem Sicherheitsinteresse nachgeordnet, weil sie nur auf der Grundlage ausreichender Sicherheit möglich sind. Die Sicherheit von Staaten ist stets bedroht, denn im internationalen System gibt es – im Unterschied zu einem innerstaatlichen Herrschaftssystem – keine übergeordnete Autorität, die einen Staat vor der Gewaltanwendung durch einen anderen Staat schützen könnte. Somit zwingt die Struktur des internationalen Systems die Staaten dazu, selbst für ihre Sicherheit Sorge zu tragen:

> "Structures encourage certain behaviors and penalize those who do not respond to the encouragement. [...] Internationally, many lament the resources states spend unproductively for their own defense and the opportunities they miss to enhance the welfare of their people through cooperation with other states. And yet the ways of states change little. In an unorganized realm each unit´s incentive is to put itself in a position to be able to take care of itself since no one else can be counted on to do so. The international imperative is 'take care of yourself'!" (Waltz 1979: 106f.)"

Um selbst für ausreichend eigene Sicherheit sorgen zu können, streben Staaten zunächst nach möglichst großer Autonomie, d. h. nach weitestmöglicher faktischer Unabhängigkeit von anderen Staaten. Aus diesem Grund sind Staaten stets darauf bedacht, ihre Souveränität nicht dadurch einzuschränken, dass Kompetenzen auf internationale Organisationen übertragen werden und ihre Handlungsfreiheit nicht dadurch zu limitieren, dass sie sich internationalen Vereinbarungen unterwerfen. Hinsichtlich der Bereitschaft von Staaten zur Kooperation ist die neorealistische Außenpolitikanalyse daher äußerst skeptisch. Über Autonomie hinaus streben Staaten nach möglichst großem Einfluss, d. h. nach größtmöglicher Kontrolle über ihre eigene

---

[3] Der Neorealismus versteht sich in erster Linie als Theorie der internationalen Politik, die Ereignisse im internationalen System erklären kann und nicht als Außenpolitiktheorie, die das Verhalten bestimmter Staaten prognostizieren kann. Kenneth Waltz etwa bestreitet, dass der Neorealismus überhaupt Aussagen über das Verhalten von Staaten machen könnte (vgl. Waltz 1996). Allerdings verstoßen neorealistische Autoren/innen in aller Regel selbst gegen diese Selbstbeschränkung und betreiben ausgiebig Außenpolitikanalyse (so auch Waltz 1993). Darüber hinaus ist in jüngster Zeit die Stichhaltigkeit der von Neorealisten vorgebrachten Argumente, keine Außenpolitikanalyse betreiben zu können, in Zweifel gezogen worden (vgl. Elman 1996).

[4] Vgl. Baumann/Rittberger/Wagner 1999: 249ff.; Grieco 1995: 27; Mearsheimer 1994/95; Elman 1996: 19; Frankel 1996.

Umwelt. Die Instrumente, die Staaten dabei einsetzen können, umfassen sowohl die Vergabe von Entwicklungshilfe als auch die militärische Intervention in anderen Staaten.

Zwar streben alle Staaten gleichermaßen nach Sicherheit, Autonomie und Einfluss. Sie unterscheiden sich allerdings dabei erheblich in ihren Fähigkeiten dies zu tun. Die entscheidende Determinante ihres außenpolitischen Verhaltens ist ihre Machtposition, die sich vor allem aus ihrem Anteil an einigen wichtigen Machtressourcen wie Bevölkerung, Territorium, Ressourcenausstattung und Wirtschaftskraft ergibt (vgl. Waltz 1979: 131). Je größer der Anteil an diesen Machtressourcen, über den ein Staat verfügt, desto besser kann er seine Autonomie verteidigen, desto mehr Einfluss kann er ausüben und desto besser kann er seine Unabhängigkeit und Sicherheit selbst gewährleisten.

Besondere Aufmerksamkeit hat die neorealistische Außenpolitikanalyse der Frage gewidmet, welche Sicherheitspolitik Staaten betreiben und dabei wiederum die Bündnispolitik von Staaten in den Mittelpunkt gerückt. Da Staaten in aller Regel nicht mächtig genug sind, um sich allein gegen einen möglichen Angriff zu verteidigen, schließen sie häufig Bündnisse mit anderen Staaten, sofern sie sich nicht aus einem Konflikt herauszuhalten versuchen und neutral bleiben. Beim Eingehen von Bündnissen unterscheiden Neorealisten zwei grundlegende außenpolitische Verhaltensweisen bzw. Strategien, nämlich **balancing** einerseits und **bandwagoning** andererseits. Unter **bandwagoning** versteht man das außenpolitische Verhalten von Staaten, ein Bündnis mit der stärkeren von zwei Seiten in einem Konflikt einzugehen (vgl. Walt 1985: 213). **Balancing** dagegen besteht darin, sich der schwächeren Seite anzuschließen und so auf ein Gleichgewicht der Kräfte hinzuarbeiten.

Für beide Verhaltensweisen haben Neorealisten eine Reihe von Gründen angeführt: Die Entscheidung, ein Bündnis mit der stärkeren Seite einzugehen, kann eine Form von **appeasement** sein, also ein Versuch, einen Angriff dadurch zu verhindern, dass man mit dem potenziellen Aggressor ein Bündnis eingeht (vgl. Walt 1987: 21). Durch **bandwagoning** kann ein Staat außerdem seine Chancen erhöhen, zu den Gewinnern eines Konflikts zu gehören und an der *Beute* beteiligt zu werden (vgl. Walt 1987: 21; Schweller 1994). Durch **bandwagoning** erhöht ein Staat jedoch seine Abhängigkeit von den Siegern. Gerade weil Staaten in erster Linie ihre Unabhängigkeit und Sicherheit bewahren wollen, haben sie ein starkes Interesse daran zu verhindern, dass (irgend)ein Staat eine Vormachtstellung erreicht und das gesamte internationale System dominiert. Denn dann lägen Sicherheit und Unabhängigkeit in der Hand dieses Staats und hingen von dessen Wohlwollen (bzw. seinen jeweiligen Interessen) ab (vgl. Waltz 1979: 126). Aus dem Interesse, seine Unabhängigkeit zu erhalten, ergibt sich somit ein Interesse an **balancing**.

Allerdings können bei dem Versuch, den Aufstieg eines Staats (bzw. einer Allianz) durch die Stärkung der Gegenkoalition zu verhindern, nur Großmächte einen entscheidenden Beitrag leisten. Für mächtige Staaten gibt es daher besondere Anreize, balancing zu betreiben:

> "Secondary states, if they are free to choose, flock to the weaker side; for it is the stronger side that threatens them. On the weaker side, they are both more appreciated and safer, provided, of course, that the coalition they join achieves enough defensive or deterrent strength to dissuade adversaries from attacking." (Waltz 1979: 127)

Zwar behaupten wichtige Vertreter/innen der neorealistischen Allianztheorie, dass selbst schwächere Staaten, deren Bündnisentscheidung in einem Großmachtkonflikt nur wenig ins Gewicht fällt, balancing gegenüber bandwagoning bevorzugen (vgl. Labs 1992; Walt 1992: 470). Allerdings sehen sie die ideale Strategie für schwächere Staaten in einer Politik der Bündnislosigkeit (non-alignment) (vgl. Labs 1992: 391ff.). Durch diese Politik versucht ein Staat, sich das Wohlwollen beider Konfliktparteien zu erhalten, während er gleichzeitig als Trittbrettfahrer die Abschreckung aufstrebender Mächte Dritten überlässt. Während sich nach neorealistischer Auffassung somit alle Staaten starken Anreizen für eine balancing-Politik gegenüber sehen, hängt die Wahrscheinlichkeit, dass Staaten dennoch bandwagoning betreiben wiederum von ihrer Machtposition ab, denn je schwächer ein Staat ist, desto größer ist das Risiko, das mit einer erfolglosen balancing-Strategie einhergeht: "The weaker the state, the more likely it is to bandwagoning rather than balance." (Walt 1987: 29).

Aus der Perspektive der neorealistischen Außenpolitiktheorie bietet die Geschichte des modernen Staatensystems eine Fülle von Beispielen für das balancing-Verhalten von Staaten. Christopher Layne (1993) verweist auf die Politik Englands und Österreichs zur Zeit der Vormachtstellung Frankreichs nach 1660 sowie auf die Politik des deutschen Kaiserreichs gegen Ende des 19. Jahrhunderts, die sich gegen die Vormachtstellung Großbritanniens richtete. Infolgedessen erwartet Layne, dass sich auch nach dem Ende des Ost-West-Konflikts Gegenmachtbildungen gegen die USA als alleinige Supermacht beobachten werden lassen, weil Staaten ihre Sicherheit und Unabhängigkeit durch die USA gefährdet sehen und daher balancing betreiben werden (vgl. auch Waltz 2000). Die verstärkten Bemühungen der EU-Staaten, die gemeinsame Außen- und Sicherheitspolitik zu vertiefen, um eine Sicherheits- und Verteidigungspolitik zu erweitern, werden aus neorealistischer Perspektive in diesem Sinne interpretiert (vgl. Posen 2004).

3. GESELLSCHAFTSZENTRIERTE AUSSENPOLITIKANALYSE

Eine Vielzahl von (vergleichenden) Außenpolitikanalysen hat ihren Ausgangspunkt nicht auf der Ebene des internationalen Systems, sondern im Inneren der untersuchten Staaten. Die institutionelle Ordnung eines Staats, die Interessen einer Gesellschaft oder wichtiger Interessengruppen werden zu Erklärungsfaktoren für außenpolitisches Verhalten. Zu den Ahnen dieser Forschungsrichtung gehören Immanuel Kant, der Republiken eine größere Friedfertigkeit zuschreibt als Monarchien, John A. Hobson, der zu Beginn des Jahrhunderts die imperialistische Eroberungspolitik auf die Interessen bestimmter Gesellschaftsschichten zurückführte sowie Joseph Schumpeter, der Staaten mit einer kapitalistischen Wirtschaftsform außenpolitisch für besonders friedfertig hielt. Nicht zuletzt aufgrund dieser Ahnenreihe ist diese Forschungsrichtung als *Liberalismus* bezeichnet worden (vgl. Moravcsik 1997). Weil mit dieser Bezeichnung jedoch vor allem eine politische Richtung und eine normative Sozialtheorie assoziiert wird, soll hier die Bezeichnung *gesellschaftszentriert* verwendet werden (so auch Ikenberry/Lake/Mastanduno 1988; Skidmore/Hudson 1993).

Innerhalb der gesellschaftszentrierten Außenpolitikanalyse, der die Abgrenzung von systemischen, insbesondere neorealistischen Erklärungen gemein ist, lassen sich wiederum zwei Richtungen unterscheiden. Die Forschung zu *Staatenmerkmalen*[5] (Kittel/Rittberger/Schimmelfennig 1995: 54; Neack 1995) rückt institutionelle bzw. strukturelle Merkmale eines Staats wie sein Herrschaftssystem oder seinen Modernisierungsgrad in den Mittelpunkt. Dabei werden Typologien entwickelt und einzelnen Typen unterschiedliches außenpolitisches Verhalten zugeordnet. So hat beispielsweise Richard Rosecrance (1986) Handelsstaaten und Machtstaaten unterschieden und jedem dieser Typen eine charakteristische Art der Außenpolitik zugeordnet (3.1).

Im Gegensatz zur Staatenmerkmalsforschung leiten pluralistische Ansätze gesellschaftliche Interessen nicht aus bestimmten strukturellen bzw. institutionellen Charakteristika eines Staats ab. Wie die Bezeichnung *pluralistisch* bereits andeutet, geht diese Forschungsrichtung nicht

---

[5] Auch für diese Forschungsrichtung gibt es unterschiedliche Bezeichnungen. Bienen/Freund/Rittberger (1999) sprechen von strukturellen Erklärungen, die sie akteursorientierten Erklärungen gegenüberstellen. Ikenberry/Lake/Mastanduno (1988) wählen die Bezeichnungen *institutional approach* bzw. *domestic structure approach*, die sie von einem *state-as-an-actor approach* abgrenzen.

von einem einheitlichen gesellschaftlichen Interesse (das sich aus der Herrschaftsordnung oder dem Modernisierungsgrad ergibt) aus, sondern nimmt an, dass es auch in außenpolitischen Fragen mehrere, miteinander konkurrierende Interessen innerhalb einer Gesellschaft gibt. Aus dieser Perspektive ist Außenpolitik wie andere staatliche Politiken auch unter gesellschaftlichen Gruppen umstritten und Gegenstand innerstaatlicher Interessenvermittlung (3.2).

3.1 Die Forschung zu Staatenmerkmalen: Sind Demokratien friedlicher?

Die Forschungen zum Zusammenhang zwischen Staatenmerkmalen und Außenpolitik lassen sich am Beispiel des so genannten demokratischen Friedens illustrieren.[6] Republiken, so behauptete 1795 Immanuel Kant in seinem Traktat *Zum ewigen Frieden*, betreiben eine friedlichere Außenpolitik als Staaten mit einer *despotischen Regierungsform*, in denen die Interessen der Bürger/innen unberücksichtigt bleiben. Mit dieser These ist Kant zu einem der wichtigsten Vertreter der gesellschaftszentrierten Außenpolitikforschung avanciert, die die Bedeutung innerstaatlicher Institutionen und gesellschaftlicher Interessen hervorhebt. Kant zufolge sind Republiken deshalb friedfertiger, weil die von Kriegen am meisten Betroffenen in Republiken mehr Mitsprachemöglichkeiten besitzen und über Krieg und Frieden mitentscheiden können:

> „Wenn [...] die Beistimmung der Staatsbürger dazu erforderlich wird, um zu beschließen, ob Krieg sein solle, oder nicht, so ist nichts natürlicher, als dass, da sie alle Drangsale des Krieges über sich selbst beschließen müssten [...] sie sich sehr bedenken werden, ein so schlimmes Spiel anzufangen." (Kant 1984 [1795]: 12f.)

Kants These ist bis heute aktuell geblieben und hat in der Vergleichenden Außenpolitikforschung eine umfassende Debatte ausgelöst. Dabei wird das eigentliche Argument Kants, dass die Bevölkerung grundsätzlich friedliebend sei und demokratische Mitsprache deshalb pazifierend auf die Außenpolitik wirke, nur von wenigen Autoren/innen vertreten (vgl. Czempiel 1996). Schließlich kann eine Bevölkerung von Kriegen auch profitieren (man denke nur an die imperialistischen Eroberungskriege). Außerdem können die Kosten eines Krieges auf eine gesellschaftliche Minderheit abgewälzt werden. Für die These der Friedfertigkeit von Demokratien sind vielmehr eine institutionalistische und eine normativ-kulturelle Erklärung angeführt worden. Während die normativ-kulturelle Erklärung der konstruktivistischen Außenpolitikanalyse zuzurechnen ist (vgl. unten), kann die institutionalistische Erklärung die Argumentation der Staatenmerkmalsforschung illustrieren.

Demokratien unterscheiden sich von Autokratien demnach durch die Besonderheiten ihres politischen Systems. Zunächst standen dabei die **checks and balances** im Zentrum der Argumentation: Keine demokratische Regierung kann bedeutende Entscheidungen (wie über Krieg und Frieden) autonom treffen, sondern muss die Zustimmung weiterer Verfassungsorgane einholen, insbesondere die des Parlaments. Darüber hinaus muss die Regierung die öffentliche Meinung mobilisieren und sich ihrer Zustimmung vergewissern. Mit der größeren Zahl zustimmungspflichtiger Akteure wird eine Entscheidung zum Krieg unwahrscheinlicher. Darüber hinaus benötigt der Prozess der Mobilisierung Zeit. Diese Zeit steht für diplomatische Verhandlungen zur Verfügung (vgl. Maoz/Russett 1993: 626; Russett 1993: 39). In Autokratien hingegen ist die Macht der Regierung vergleichsweise ungezügelt; die Entscheidung über

---

[6] Für einen Überblick siehe Geis 2001 und Hasenclever 2003 sowie die Beiträge in Brown/Lynn-Jones/Miller 1996. Einschränkend muss darauf verwiesen werden, dass der größte Teil der Diskussion um den so genannten Demokratischen Frieden nicht der Außenpolitikanalyse im engeren Sinne zuzurechnen ist, weil sich die abhängige Variable (Frieden) nicht auf das Verhalten eines Staats, sondern das Ergebnis einer Interaktion bezieht. Nichtsdestotrotz spielt das unterschiedliche Verhalten von Demokratien und Autokratien in Krisen eine zentrale Rolle und rechtfertigt so die Auswahl dieses Beispiels.

Krieg und Frieden*wird nicht durch verfassungsrechtliche Vorgaben kompliziert und in die Länge gezogen. Darüber hinaus können autokratische Regierungen für ihre Entscheidungen nicht abgewählt werden. Zusammengenommen gibt es in Autokratien viel weniger institutionelle Hürden, die einer Kriegsentscheidung entgegenstehen. Eine genauere Untersuchung der Entscheidungsprozesse in Demokratien zeigt allerdings, dass Bevölkerungen Regierungen gerade in Krisen häufig unterstützen (so genannter *rally-around-the-flag-Effekt*), insbesondere dann, wenn Kriege mit *liberalen* Beweggründen legitimiert werden (vgl. Müller 2004).

Eine Forschergruppe um Bruce Bueno de Mesquita schreibt die Besonderheiten demokratischer Außenpolitik weniger dem System der **checks and balances** als vielmehr der unterschiedlichen Größe so genannter Gewinnkoalitionen (**winning coalitions**) zu (vgl. Bueno de Mesquita u. a. 1999). Eine Gewinnkoalition bezeichnet den Anteil einer Bürgerschaft, auf dessen Unterstützung eine Regierung für ihren Machterhalt angewiesen ist und deren Interessen sie daher berücksichtigen muss. In Demokratien umfassen Gewinnkoalitionen stets einen deutlich höheren Prozentsatz der Bürgerschaft als in Autokratien. Regierungen besitzen daher weniger die Möglichkeit, ihre Macht durch klientelistische Politik zu erhalten, sondern sind stärker dazu gezwungen, öffentliche Güter bereitzustellen. Kriege, deren Kosten nicht auf eine Minderheit abgewälzt werden können, erscheinen daher in Demokratien irrational, da sie die Wiederwahl der Regierung gefährden. Gleichzeitig lässt sich mit Hilfe dieses Modells erklären, warum Demokratien durchaus Kriege führen: Wenn nämlich Regierungen sicher sein können, einen Krieg zu gewinnen und die Kosten dafür in Grenzen zu halten, rückt eine militärische Konfrontation in den Bereich des Möglichen. Demokratien sind aus dieser Perspektive also nicht prinzipiell pazifistisch; sie wägen Kosten und Nutzen eines möglichen Kriegseintritts nur sehr sorgfältig ab und führen nur Kriege, die sie auch sicher gewinnen können. In Auseinandersetzungen mit militärisch überlegenen Staaten suchen sie hingegen nach einer Vehandlungslösung.

Eine weitere Variante der institutionalistischen Erklärung argumentiert, dass die Besonderheiten demokratischer Regierungssysteme die Übermittlung besonders zuverlässiger Informationen bzw. glaubwürdiger Signale ermöglichen (vgl. Fearon 1994; Schultz 1998). Kriege entstehen aus dieser Perspektive häufig, weil sich Regierungen über die Entschlossenheit anderer Regierungen täuschen bzw. keine Möglichkeit besitzen, zwischen glaubhaften Drohungen und bloßen Irreführungen zu unterscheiden. Wüssten Regierungen über die tatsächlichen Absichten ihrer Gegenüber Bescheid, so die Ausgangsüberlegung, ließen sich Kriege vermeiden, weil Verhandlungslösungen für alle Beteiligten immer kostengünstiger sind. In Demokratien haben Regierungen allerdings die Möglichkeit, ihr politisches Schicksal an den Erfolg oder Misserfolg internationaler Krisen zu binden und auf diese Weise Drohungen Glaubwürdigkeit zu verleihen (vgl. Fearon 1994). Außerdem gibt das Verhalten der Opposition Außenstehenden Aufschluss über die tatsächliche Entschlossenheit eines Landes, für bestimmte Ziele auch militärische Gewalt einzusetzen (vgl. Schultz 1998). Diese Besonderheiten ihres Regierungssystems macht Demokratien darüber hinaus zu besonders verlässlichen Kooperationspartnern (vgl. Lipson 2003).

Die verschiedenen hier vorgestellten Varianten der institutionalistischen Erklärung des Demokratischen Friedens machen deutlich, dass ganz unterschiedliche Eigenschaften demokratischer Regierungssysteme für die Besonderheiten demokratischer Sicherheitspolitik verantwortlich gemacht werden. Allerdings teilen die Vertreter der verschiedenen Varianten die gemeinsame Überzeugung, dass in einem bedeutenden Bereich der Vergleichenden Außenpolitikforschung das Staatenmerkmal *Herrschaftssystem* der entscheidende Erklärungsfaktor ist.

3.2 Pluralistische Ansätze

Aus der Perspektive pluralistischer Außenpolitiktheorie unterscheidet sich Außenpolitik nicht wesentlich von anderen Politikbereichen, in denen unterschiedliche gesellschaftliche Gruppen mit unterschiedlichen Interessen um Einfluss auf staatliche Entscheidungen konkurrieren. Wie die Forschung zum Demokratischen Frieden gezeigt hat, sind die Möglichkeiten gesellschaftlicher Einflussnahme auf Außenpolitik jedoch nicht in allen Staaten gleichermaßen gegeben. Nur in Staaten mit einem demokratischen Herrschaftssystem können unterschiedliche gesellschaftliche Gruppen friedlich um Einfluss auf staatliche Entscheidungen rivalisieren. Damit wird klar, dass die pluralistische Außenpolitikanalyse in erster Linie zur Untersuchung der Außenpolitik von Demokratien geeignet ist. Hinzu kommt eine weitere Einschränkung: Die pluralistische Außenpolitikanalyse kann nur dann zu einer Erklärung von Außenpolitik beitragen, wenn der entsprechende Bereich der Außenpolitik gesellschaftliche Gruppen mobilisiert. Dies wird vor allem in Politikbereichen zu beobachten sein, in denen gesellschaftliche Gruppen direkt und umfassend von außenpolitischen Entscheidungen betroffen sind. Zwar mehren sich Untersuchungen über gesellschaftliche Einflüsse auf die Sicherheitspolitik, die Umweltaußenpolitik, die auswärtige Menschenrechtspolitik u. Ä. Der *homeground* der pluralistischen Ansätze liegt jedoch im Bereich der Außenwirtschaftspolitik, vor allem der Außenhandelspolitik und – mit verstärktem Interesse nach der Schaffung der Europäischen Währungsunion – der Währungspolitik.

In der (vergleichenden) Forschung zur Außenhandelspolitik steht die Frage im Mittelpunkt, unter welchen Umständen Staaten sich für Freihandel einsetzen und wann sie ihren heimatlichen Markt durch protektionistische Maßnahmen vor ausländischer Konkurrenz schützen. Die pluralistisch-liberale Analyse geht dabei davon aus, dass außenwirtschaftliche Entscheidungen innerhalb einer Gesellschaft sowohl Gewinner als auch Verlierer zur Folge haben. Die Außenwirtschaftspolitik wird dabei die innerstaatlichen Kräfteverhältnisse zwischen Liberalisierungsbefürwortern und -gegnern widerspiegeln. (Der Einfachheit halber nehmen einige Autoren/innen an, dass "those who enjoy a sudden increase in wealth and income will thereby be enabled to expand their political influence as well" (Rogowski 1989: 5).)

Von offenen Märkten profitieren zunächst diejenigen Unternehmen, die auf den internationalen Märkten konkurrenzfähig sind und viel ins Ausland exportieren. Um ihre Gewinne zu steigern, werden sie die Regierung zu einer Freihandelspolitik drängen. Darüber hinaus sind international verflochtene Unternehmen gegen protektionistische Maßnahmen eingestellt. Sie fürchten Vergeltungsmaßnahmen der benachteiligten Staaten und Nachteile gegenüber der heimischen Konkurrenz (vgl. Milner 1987: 645). Umgekehrt antizipieren diejenigen Unternehmen, deren Produkte im Ausland billiger hergestellt werden können, einen Verlust ihrer Marktanteile und setzen sich deshalb für protektionistische Maßnahmen ein.

Unternehmen sind nicht nur von der Außenhandelspolitik ihrer Regierung direkt und umfassend betroffen. Auch die Währungspolitik wirkt sich auf Exportchancen u. Ä. aus. Die Entscheidung einer Regierung über den Wechselkurs gegenüber anderen Währungen ist dabei ebenso bedeutsam wie ihre Entscheidung darüber, ob sie einem System fester Wechselkurse oder gar einer Währungsunion beitritt.

Jeffrey Frieden (1991) hat die Auswirkungen der Währungspolitik auf unterschiedliche gesellschaftliche Gruppen analysiert und dabei Gewinner und Verlierer politischer Entscheidungen identifiziert. Nach den Annahmen der pluralistisch-liberalen Außenpolitikanalyse werden Gewinner und Verlierer die Regierungspolitik zu beeinflussen suchen. Wiederum erklären sich die unterschiedlichen Währungspolitiken aus den unterschiedlichen innerstaatlichen Kräfteverhältnissen.

Wie im Bereich der Außenhandelspolitik stehen sich die Interessen von exportabhängigen Unternehmen bzw. Industrien einerseits und international weniger konkurrenzfähigen, für den heimischen Markt produzierenden Unternehmen gegenüber. Die Exportwirtschaft bevorzugt einen niedrigen und stabilen Wechselkurs, weil dieser ihre Produkte im Ausland verbilligt und so die Absatzchancen erhöht. Die Stabilität des Wechselkurses wiederum erleichtert die Kalkulation von Kosten und reduziert so das Risiko. Unternehmen, die mit ausländischen Importen konkurrieren, bevorzugen dagegen einen hohen Wechselkurs, der die ausländischen Konkurrenzprodukte auf dem heimischen Markt verteuert. Einen flexiblen Wechselkurs unterstützen sie deshalb, weil die Regierung damit die Möglichkeit zu Abwertungen behält. Eine dritte gesellschaftliche Gruppe bleibt vom internationalen Handel unberührt. Zu ihr zählen die Produzenten von nicht-handelbaren Gütern und Dienstleistungen sowie Konsumenten. Diese Gruppe profitiert von einem hohen Wechselkurs, weil er ihnen ermöglicht, mehr ausländische Waren zu kaufen. Frieden zufolge ist diese Gruppe gegenüber der Stabilität des Wechselkurses eher indifferent. Die international ausgerichtete Finanzwirtschaft bildet eine vierte Interessengruppe. Für sie bedeutet ein stabiler Wechselkurs vor allem ein geringeres Risiko bei Auslandsinvestitionen und wird deshalb befürwortet.

Andrew Moravcsik (1998) hat die deutsche, britische und französische Währungspolitik im Rahmen der Europäischen Union miteinander verglichen und die Unterschiede auf andersartige innerstaatliche Interessenkonstellationen zurückgeführt. Moravcsik untersuchte die Währungspolitiken der drei Staaten gegenüber dem Europäischen Währungssystem (EWS), das 1978 von Deutschland und Frankreich aus der Taufe gehoben wurde und dem Großbritannien nur von 1990 bis 1992 beigetreten war. Außerdem ging es um die Verhandlungen über die Europäische Währungsunion (EWU), bei denen sich Großbritannien ein *opt-out* aushandelte, während sich Deutschland und Frankreich für die EWU einsetzten.

Seitdem das in Bretton Woods begründete System fester Wechselkurse Anfang der 1970er-Jahre durch flexible Wechselkurse abgelöst worden war, entsprach die währungspolitische Position der Bundesrepublik einem Kompromiss zwischen den an Preisstabilität interessierten (darunter auch die Bundesbank und zahlreiche Ökonomen) und den an einem niedrigen Wechselkurs interessierten gesellschaftlichen Gruppen (v. a. die Exportwirtschaft). Diese *ökonomistische* Position erhob die Konvergenz der Volkswirtschaften zur Voraussetzung eines Systems fester Wechselkurse. Das bedeutete, dass Deutschland nicht bereit war, für ein System fester Wechselkurse höhere Inflationsraten in Kauf zu nehmen (*Inflation zu importieren*). Das Europäische Währungssystem, in dem die Deutsche Mark (DM) als Ankerwährung fungierte, entsprach weitgehend der ökonomistischen deutschen Position, weil es Währungsstabilität zu Bedingungen erzielte, die die Inflationsrate in Deutschland gering hielt und den Schwachwährungsländern die Anpassungskosten aufbürdete. Da der Aufwertungsdruck auf die D-Mark allerdings weiter anhielt, begannen große Teile der deutschen Wirtschaft für die Schaffung einer Währungsunion (nach vorheriger Konvergenz der Volkswirtschaften) einzutreten. Dabei wurden sie von den Großbanken unterstützt, die sich von einer Währungsunion offene Märkte und Expansionsmöglichkeiten versprachen.

Im Verlauf der achtziger Jahre hatte in Frankreich der Druck wirtschaftlicher Interessenverbände zu einem wirtschaftspolitischen Kurswechsel geführt. Bis dahin hatten französische Regierungen eine nachfrageorientierte Politik betrieben und die Wettbewerbsfähigkeit der französischen Wirtschaft durch einen unterbewerteten Franc erhöht (vgl. Moravcsik 1998: 264). Durch die Liberalisierung der Kapitalmärkte und die erhöhte Mobilität von Kapital erwies sich dieses wirtschaftspolitische Instrumentarium als zunehmend ineffizient. Die nachfrageorientierte Politik brachte steigende Inflationsraten mit sich und Abwertungen hatten Kapitalflucht zur Folge. Nachdem die bürgerlichen Politiker diese Politik bereits in den späten siebziger Jahren zunehmend für gescheitert hielten, sahen nach dem Scheitern des *sozialisti-*

schen Experiments 1983 auch sozialistische Politiker keine Alternative zu einer Politik der Desinflation und makroökonomischen Stabilität (ebd.: 260, 263). Unter den Unternehmern mehrte sich in den späten achtziger Jahren die Unterstützung für eine anti-inflationäre Politik, wie sie durch eine engere europäische währungspolitische Zusammenarbeit erreicht werden konnte. Die Zielsetzungen der französischen Wirtschaftspolitik näherten sich damit denen von Hartwährungsländern wie der Bundesrepublik an.

Seit den späten fünfziger Jahren war auch Großbritannien ein "weak-currency country increasingly employing depreciation as a tool of policy" (ebd.: 279). Allerdings kam es auch in Großbritannien im Verlauf der achtziger Jahre zu einer Annäherung an die Präferenzen von Hartwährungsländern. Die erhöhte Kapitalmobilität hatte die makroökonomischen Kontrollmöglichkeiten unterlaufen und eine Überbewertung des Pfunds hatte den britischen Export vermindert. Die Confederation of British Industry (CBI) hatte bis 1984 einen Beitritt zum EWS strikt abgelehnt, begann aber danach eben diesen zu fordern (ebd.: 274, 277) und setzte sich 1990 mit dieser Forderung durch. Die Präferenzen der britischen Wirtschaft näherten sich denen der meisten anderen EG-Staaten jedoch nicht so weit an, dass sie über den EWS-Beitritt hinaus auch die Schaffung einer Währungsunion befürwortet hätten. Dem standen zum einen die Interessen von Teilen des Finanzsektors entgegen, deren Geschäfte ohne Wechselkursschwankungen nicht möglich waren (ebd.: 441). Zum anderen führte die deutlich höhere britische Inflationsrate in der Industrie zu der Befürchtung, dass ihre Wettbewerbsfähigkeit bei einem Beitritt zur EWU geschmälert würde.

4. DIE KONSTRUKTIVISTISCHE HERAUSFORDERUNG

Seit den achtziger Jahren lässt sich auch in der Vergleichenden Außenpolitikforschung ein wieder erwachtes Interesse an nicht-materiellen Einflussfaktoren wie den Überzeugungen von Entscheidungsträgern oder den Werten, Normen und der politischen Kultur einer Gesellschaft u. Ä. beobachten. Innerhalb dieser Forschungsrichtung herrscht die überwiegende Ansicht, dass die politische Wirklichkeit sozial konstruiert ist und dass das Verhalten von Akteuren ohne die Kenntnis dieser sozialen Konstruktionen nicht verstanden bzw. erklärt werden kann (vgl. u. a. Risse 1999; Ruggie 1998). Als Bezeichnung für diese Forschungsrichtung hat sich mittlerweile der Begriff *Konstruktivismus*[7] durchgesetzt.

Konstruktivisten kritisieren, dass in zahlreichen Außenpolitikanalysen die Interessen bzw. Präferenzen der Handelnden als gegeben vorausgesetzt werden und nicht selbst problematsiert werden. In der konstruktivistischen Außenpolitikanalyse hingegen steht die Frage **wie** Interessen überhaupt entstehen im Mittelpunkt. Dabei wird nicht-materiellen Einflussfaktoren eine besondere Bedeutung beigemessen. Konstruktivistische Außenpolitikanalysen haben für ihre unabhängige Variable, die Konstruktion von Wirklichkeit, verschiedene Bezeichnungen – Werte, Normen, (politische) Kultur, Identität, Ideen, Weltbilder u. Ä. m. – gewählt, die bei verschiedenen Autor/innen wiederum auf sehr unterschiedliche Weise konzeptualisiert und definiert werden. Bei aller Schwierigkeit, die Konzepte klar voneinander zu trennen, werden mit dem jeweiligen Begriff bestimmte Dimensionen von Wirklichkeitskonstruktionen herausgehoben. So werden *Ideen* in der Regel als **individuelle** Überzeugungen konzeptualisiert (vgl. bspw. Goldstein/Keohane 1993). *Normen* hingegen werden als Erwartungen angemessenen Verhaltens verstanden, die innerhalb einer sozialen Gruppe geteilt werden und sich an Akteure mit einer bestimmten Identität richten (vgl. Jepperson/Wendt/Katzenstein 1996: 54). *Identität* wiederum bezeichnet "images of individuality and distinctiveness ('selfhood') held and projected by an actor and formed (and modified over time) through

---

[7] Als alternative Bezeichnungen kursierten *reflexiv* (vgl. Keohane 1989; Schaber/Ulbert 1994) und *interpretativ* (vgl. Klotz 1996).

relations with significant 'others'" (Jepperson/Wendt/Katzenstein 1996: 59). *Identität* ist damit eng verwandt mit dem Konzept der *(politischen) Kultur*, das Risse-Kappen definiert als "those worldviews and principled ideas – values and norms – that are stable over long periods of time and are taken for granted by the vast majority of the population. Thus, the political culture as a part of the domestic structure contains only those ideas that do not change often and about which there is societal consensus" (1994: 209). Die konstruktivistische Außenpolitikanalyse umfasst damit Wirklichkeitskonstruktionen unterschiedlicher Typen von Akteuren, verschiedener Abstraktionsniveaus, unterschiedlicher Stabilität und natürlich unterschiedlicher Inhalte. Aus konstruktivistischer Perspektive sind Wirklichkeitskonstruktionen für die Außenpolitikanalyse deshalb von Bedeutung, weil sie die Interessen und Identitäten von Akteuren prägen. Sie definieren Ziele und legitimieren Mittel (vgl. Klotz 1996: 26). Konstruktivisten halten es nicht für plausibel, dass Akteure (bspw. Staaten) vor jeder Entscheidung Kosten und Nutzen verschiedener Handlungsoptionen abwägen. Angesichts begrenzter Informationen, begrenzter Kapazitäten der Informationsverarbeitung und begrenzter Zeit erscheint Konstruktivisten diese Annahme der Kosten-Nutzen-Kalkulation unrealistisch. Wirklichkeitskonstruktionen übernehmen hier die Funktion von **road maps** (vgl. Goldstein/Keohane 1993).

Zur Vergleichenden Außenpolitikanalyse tragen konstruktivistische Ansätze auf zweierlei Weise bei. Eine Gruppe von Ansätzen untersucht vor allem außenpolitischen Wandel und vergleicht somit das Verhalten von Staaten zu verschiedenen Zeitpunkten[8]. Außenpolitischer Wandel wird dabei auf die sich ändernden Prinzipen und Normen im internationalen System zurückgeführt. Eine andere Gruppe widmet sich in erster Linie der Erklärung von Unterschieden zwischen Staaten zu einem gegebenen Zeitpunkt, wobei dafür häufig auf unterschiedliche staatliche Identitäten und politische Kulturen als Erklärungsfaktoren zurückgegriffen wird. In diese Gruppe gehören auch die normativ-kulturellen Erklärungen für den demokratischen Frieden. Aus dieser Perspektive ist die Außenpolitik von Demokratien entscheidend davon geprägt, dass demokratische Regierungen die Normen friedlicher Konfliktlösung, die in der politischen Kultur und Identität von Demokratien institutionalisiert sind, zu externalisieren versuchen und sich auch in den internationalen Beziehungen an ihnen orientieren. Während sie sich im Umgang mit Autokratien allerdings durch Drohungen oder sogar den Einsatz von Militär schützen müssen, kommt ihre Präferenz für Verhandlungslösungen im Umgang mit anderen Demokratien voll und ganz zur Geltung (vgl. Russett 1993: 35).

Zu dieser zweiten Gruppe von Ansätzen gehört auch die Forschungsgruppe um Thomas Risse, die sich der Erklärung der unterschiedlichen Einstellungen zur Europäischen Währungsunion in Deutschland, Frankreich und Großbritannien widmet. Risse u. a. verweisen darauf, dass das Projekt der Europäischen Währungsunion unter Ökonomen äußerst umstritten ist. Damit scheide eine Erklärung, die die EWU als rationale Antwort auf ökonomische Erfordernisse begreift, von vorneherein aus. Risse u. a. zufolge sind die unterschiedlichen Einstellungen zur EWU "deeply influenced by [...] visions of European political order. Thus, the Euro is about European union and political order rather than only lowering transaction costs or creating exchange-rate stability" (1999:148). Risse u. a. konzeptualisieren ihre unabhängige Variable als kollektive Identität. Identitäten "define and shape in the first place how actors view their perceived instrumental and material interests and which preferences are regarded as legitimate and appropriate for enacting given identities" (Risse u. a. 1999: 157).

Mit dem Konzept der kollkektiven Identität geben Risse u. a. eine Erklärung für die sehr unterschiedlichen Einstellungen zur Währungsunion in Großbritannien und Deutschland, die

---

[8] Vgl. die Arbeiten von Audie Klotz (1995; 1996) zur Menschenrechtspolitik, von Martha Finnemore (1996) zu militärischen Interventionen u. v. m.

sich in der britischen Nichtteilnahme einerseits und in der kontinuierlichen deutschen Unterstützung des Projekts andererseits bemerkbar machten. In beiden Fällen ist das Projekt der Währungsunion mit dem politischen Projekt einer vertieften europäischen Integration verknüpft. Da sich beide Staaten hinsichtlich der Entscheidung zur Teilnahme widersprüchlichen ökonomischen Anreizen ausgesetzt sehen, ist es umso plausibler, dass politische Erwägungen in den Vordergrund treten. Das politische Projekt einer vertieften europäischen Integration wird in den beiden Staaten auf äußerst unterschiedliche Weise mit der eigenen kollektiven Identität verknüpft. Im britischen Diskurs wird *Europa* vor allem mit dem Kontinent (und damit als *das andere*) identifiziert und in Opposition zu *Englishness*[9] gesehen. Kernstücke der britischen kollektiven Identität – wie die Parlamentssouveränität – sind kaum mit dem Fortschreiten der europäischen Integration über eine bloße intergouvernementale Zusammenarbeit hinaus zu vereinbaren.

Die kollektitve Identität der Deutschen hingegen ist so eng mit der europäischen Integration verbunden, dass verschiedene Autoren/innen von einer *Europäisierung* der deutschen Identität sprechen (vgl. Katzenstein 1997; Goetz 1996). Der Selbstbeschreibung und -wahrnehmung als *europäisch* wird die eigene nationalistische und militaristische Vergangenheit gegenübergestellt, die in den Zweiten Weltkrieg mündete. Die Plausibilität einer konstruktivistischen Erklärung wird in beiden Fällen durch das Ausmaß an Konsens innerhalb der beiden Staaten untermauert. In beiden Fällen teilen die Oppositionsparteien im Wesentlichen die Einstellung der Regierungsparteien, obwohl gerade deren Wähler von den Konvergenzbemühungen am stärksten negativ betroffen sind. Vergleichende Forschungsarbeiten, die unterschiedliche Außenpolitiken auf Unterschiede in den ideellen Grundlagen außenpolitischen Handelns zurückführen, haben sich in der Vergleichenden Außenpolitikanalyse fest etablieren können und finden sich unter anderem auch in den Bereichen Entwicklungspolitik (vgl. Lumsdaine 1993; Noel/Therien 1995; Breuning 1995), Umweltpolitik (vgl. Ulbert 1997) und Rüstungspolitik (vgl.Wisotzki 2002).

5. FAZIT

Außenpolitik, so wurde eingangs festgestellt, befindet sich an der Schnittstelle von innerstaatlicher und internationaler Politik. Allerdings wird es zunehmend schwerer, Innenpolitik und internationale Politik strikt voneinander zu trennen. Denn im Zeitalter von *Interdependenz*, *Globalisierung* und *Denationalisierung* verschwimmt die Grenze von innerstaatlicher und internationaler Politik. Dies hat zur Folge, dass die Bandbreite der Themen und Problemfelder, die gegenüber anderen Staaten und in internationalen Verhandlungen behandelt werden, ständig zugenommen hat. Im Bereich der Europäischen Union ist dieser Prozess besonders weit vorangeschritten (vgl. White 1999). Auf der einen Seite haben in den europäischen Außenbeziehungen supranationale Akteure wie der Kommisar für auswärtige Beziehungen oder der Hohe Vertreter für die Gemeinsame Außen- und Sicherheitspolitik an Bedeutung gewonnen. Auf der anderen Seite müssen sich die Außenminister im Rat der EU mit Themen wie der Milchquote beschäftigen. Oft ist es dann zutreffender, von europäischer Innenpolitik als von Außenpolitik zu sprechen. Für die Außenpolitikforschung bedeutet dies zum einen, dass sie die Voraussetzungen ihres Forschungsgegenstandes kritisch reflektieren muss und zum anderen, dass Theorien aus dem Bereich der Vergleichenden Politikwissenschaft gegenüber den Theorien aus dem Bereich der Internationalen Beziehungen weiter an Bedeutung gewinnen werden.

---

[9] Im britischen Diskurs wird britische Identität mit englischer Identität weitgehend gleichgesetzt (vgl. Risse u. a. 1999: 179)

POWER SHARING

Timothy D. Sisk, übersetzt aus dem Englischen von Harald Barrios

1. EINLEITUNG

Wenn in den Kriegen von heute die Gegner ihrer Feindseligkeiten müde werden und einen Friedensschluss anstreben, so versuchen sie am Verhandlungstisch nicht selten eine Kompromisslösung zu finden, die man mit dem Begriff *Power Sharing* bezeichnet, für den es bisher keine adäquate deutsche Übersetzung gibt. Dabei handelt es sich darum, politische Institutionen zu schaffen, die sicherstellen, dass alle wichtigen gesellschaftlichen Interessen, z. B. solche, die sich an ethnischen, nationalen oder religiösen Gruppen festmachen lassen, innerhalb der Strukturen und der Entscheidungsprozesse des Regierens einen Platz finden. Diese Lösungsvorschläge zielen darauf ab, die demokratischen Prinzipien mit den Erfordernissen des Konfliktmanagements in tief zerklüfteten Gesellschaften zu verbinden. Power Sharing umfasst ein weites Spektrum verschiedener politischer Arrangements, die den wichtigsten Segmenten der Gesellschaft eine Vertretung und einen Einfluss bezüglich des Regierens sichern. Üblicherweise werden diese in Verfassungsregelungen festgeschrieben.

Ob Mazedonien oder Sri Lanka, Bosnien oder Burundi, Kambodscha oder Kongo – es ist schwer vorstellbar, dass eine Nachkriegsregelung nicht allen wichtigeren Konfliktgegnern eine dauerhafte politische Vertretung garantiert sowie gewisse Entscheidungsbefugnisse und ein autonomes Territorium einräumt. Warum auch sollten die Konfliktparteien am Verhandlungstisch Positionen aufgeben, die ihnen auf dem Schlachtfeld nicht zu entreißen waren? Tatsächlich besteht die Erfolgsformel internationaler Konfliktmediation in diesen Fällen eben darin, die Konfliktparteien zu ermutigen, Power Sharing an die Stelle des Kriegs zu setzen.

Das Problem ist, dass (wie wir im Folgenden noch sehen werden) Systeme des Power Sharings mitunter versagen. Wenn Power Sharing-Regelungen zwar notwendig sind, ihre Überlebensdauer sich aber gleichwohl als begrenzt herausstellen kann, wie lässt sich dann ein nachhaltiger Friede in Nachkriegssituationen aufbauen? Das folgende Kapitel versucht, vor dem Hintergrund der jüngsten Erfahrungen die Erfolgsaussichten von Power Sharing-Arrangements als Möglichkeit des friedlichen Zusammenlebens nach todbringenden ethnischen Konflikten einzuschätzen.

2. DIE ENTSTEHUNG VON POWER SHARING-ARRANGEMENTS

Die Konfliktparteien in Bürgerkriegen stehen im Wesentlichen vor zwei Entscheidungsmöglichkeiten, wenn es darum geht, die dem Konflikt zugrunde liegenden Auseinandersetzungen beizulegen. Zum einen *Separation*, also Aufteilung des bis dahin zusammengehörenden Territoriums, oder Power Sharing, also die Schaffung von Strukturen des Zusammenlebens. Nur unter spezifischen und seltenen Umständen kommt es vor, dass Bürgerkriege in einer territorialen Neuaufteilung enden, welche die bis dahin international gültige Grenzziehung ändert (vgl. Chesterman/Farer/Sisk 2001). Fast alle Beispiele vollständiger politischer Separation sind letztlich als Sonderfälle zu betrachten: In jüngster Zeit sind solche Prozesse kompletter staatlicher Abtrennung nur in den Fällen Eritrea und Ost-Timor vorgekommen. In beiden Fällen spielten historische Ansprüche auf nationale Selbstbestimmung eine Rolle, die im Zusammenhang mit Dekolonisierungsversuchen entstanden waren (vgl. Chesterman/Farer/Sisk 2001). Bei der sich auflösenden Sowjetunion und Jugoslawien handelte es sich um Bundesstaaten und der israelisch-palästinensische Konflikt geht letzten Endes auch auf ungelöste Forderungen nach Selbstbestimmung im Kontext eines Dekolonisierungsprozesses zurück.

Diejenigen, die gegen solche Aufteilungsvorgänge eintreten, begründen dies mit dem Prinzip toleranter, mulitethnischer Diversität. Zudem warnen sie davor, Konfliktparteien, die territoriale Ambitionen verfolgen und möglicherweise Kriegsverbrechen begangen haben, durch eine solche Separationsregelung nachträglich zu belohnen. Dies waren die wichtigsten Gründe, weshalb die internationale Gemeinschaft in den Friedensverhandlungen von Dayton auf der fortgesetzten territorialen Integrität Bosniens bestand (vgl. Burg 1995).

Aus diesen grundlegenden Realitäten des internationalen Systems ergibt sich eine schlichte Einsicht: die Konfliktbeilegung wird in den meisten Bürgerkriegsfällen Regelungen des weiteren Zusammenlebens beinhalten und somit auch irgendwelche Arrangements der Teilung von Macht. Selbst nach einem Bürgerkrieg sind die Gegner also gezwungen, miteinander zu leben. Die Aufgabe einer substanziellen Friedensregelung liegt zum einen in der Wiederherstellung *normaler* Politik in einer Nachkriegsgesellschaft und zum anderen auch in der Schaffung neuer Spielregeln der Politik, die für alle Beteiligten akzeptabel sind. Letztendlich landen die miteinander verhandelnden Konfliktparteien bei ihrem Versuch, die tief sitzenden Konflikte beizulegen, bei institutionellen Lösungen: nämlich bei Regeln und Mechanismen, mit deren Hilfe ihre Meinungsverschiedenheiten friedlich im Parlament entschieden werden können, statt sie gewaltsam auf der Straße oder auf dem Schlachtfeld auszutragen. Diese institutionellen Lösungen können durch weitere Übereinkünfte flankiert werden, die z. B. sozioökonomischen Wandel in Aussicht stellen, wie dies in Südafrika und El Salvador der Fall war.

2.1 Entscheidungsoptionen: Power Sharing oder Teilung?

Der Begriff *Separation* bezieht sich hier auf den Vorgang, ein völlig neues staatliches Gebilde zu schaffen, das über volle Souveränität und internationale Anerkennung verfügt. Wie oben angemerkt, stellt eine Separation einzelner Landesteile im internationalen System weiterhin ein strenges Tabu dar. Mitunter wird übrigens diese vorherrschende Politik, problematische Staaten unbedingt zusammenhalten zu wollen, durchaus kritisch hinterfragt. So formuliert beispielsweise Chaim Kaufman:

> „Stabile Beilegungen ethnischer Bürgerkriege sind möglich, wenn die sich feindlich gegenüberstehenden Gruppen so getrennt werden, dass sie in Enklaven leben, die auch zu verteidigen sind. Separation vermindert die Anreize und die Gelegenheiten für weitere gewaltsame Auseinandersetzungen und beendet die Möglichkeit so genannter ethnischer Säuberungen. Zwar können die ethnischen Kriege auch durch andere Mittel

gestoppt werden, etwa durch Friedenserzwingung mittels Intervention von außen. Ein solcher Friede aber hält letztlich nur solange, wie sich die entsprechenden internationalen Erzwingungskräfte auch im Land aufhalten. Mit anderen Worten: Sollen Menschenleben gerettet werden, dann muss die internationale Gemeinschaft u. U. Versuche unterlassen, multi-ethnische Staaten zu bewahren." (Kaufman 1996: 137) Andere widersprechen der These Kaufmans und führen die Notwendigkeit an, das Prinzip toleranter, multiethnischer Diversität zu verteidigen.

In allen anderen heute vorkommenden Typen von Kriegen ist das Ergebnis einer Aufteilung des Territoriums, auch wenn eine solche mitunter von sezessionistischen Kräften gefordert wird, schlicht und einfach nicht wahrscheinlich. Die bei allen Weltmächten, insbesondere bei den fünf ständigen Mitgliedern des UN-Sicherheitsrats, feststellbare Abneigung gegen solche territorialen Aufteilungen bzw. Abspaltungen bleibt weiterhin stark. Die Konsequenz dieser nicht zu leugnenden Realitäten des internationalen Systems liegt auf der Hand: In den meisten Fällen werden Vereinbarungen zur Beilegung von Bürgerkriegen vorsehen, dass die Konfliktparteien weiter zusammenleben und sich auf irgendeine Regelung zur Machtverteilung verständigen.

2.2 Grundlegende Charakteristika

Ausgehandelte Konfliktbeilegungen weisen bestimmte Gemeinsamkeiten hinsichtlich einiger grundlegender Charakteristika auf:

- **Verhandlungen im Rahmen des Konflikt-Managements.** Beendigungen innerstaatlicher Kriege stellen den Konvergenzpunkt zwischen den Präferenzen der Parteien am Verhandlungstisch für neue Regeln und Institutionen dar, die einen Nachkriegsfrieden konstituieren können (vgl. Waterman 1993: 292). Wichtig ist, an dieser Stelle zu begreifen, dass solche Vereinbarungen nicht etwa den Konflikt als solchen beenden, sondern einfach Vereinbarungen darstellen, um das Ringen um Vorteile nunmehr unter konsensual definierten Interaktionsregeln statt gewaltsam auszutragen. Das Ziel von Power Sharing in Friedensvereinbarungen ist eindeutig in der Einigung auf ein bestimmtes **Konfliktmanagement** zu suchen, nicht in der letztendlichen **Konfliktlösung**. Die Vereinbarung spiegelt daher die neue Kräftekonstellation wider und kodifiziert und institutionalisiert die relative Durchsetzungskraft der Konfliktparteien.

- **Interessen und Erwartungen.** Vereinbarungen über Power Sharing reflektieren die Interessen und Erwartungen der Konfliktparteien. In formellen, substanziellen Verhandlungen formulieren die Parteien ihre Positionen basierend auf ihren Erwartungen darüber, wie die Struktur der neuen Institutionen ihren Interessen künftig dienen wird. Sie üben also gewissermaßen *analytische Imagination* im Hinblick auf Kosten und Nutzen alternativer Institutionalisierungsmöglichkeiten (vgl. Sisk 1995), etwa bezüglich des Wahlsystems. Eben deshalb beenden solche Vereinbarungen die Konflikte nicht. Vielmehr stellen sie ein Versprechen auf eine künftige Beendigung der Konflikte dar, indem sie neue Spielregeln setzen, denen alle Parteien am Verhandlungstisch zustimmen können. Das operative Konzept hierbei ist, dass sich alle Parteien bei der institutionellen Entscheidungsfindung einbringen.

- **Vorübergehender oder dauerhafter Natur?** Regelungen des Power Sharings können endgültig sein oder lediglich einen Interims-Charakter besitzen. Im letzteren Fall sind die Verhandlungsparteien zwar in der Lage, eine Basis für die Wiederaufnahme normaler politischer Auseinandersetzungen im Sinne von politics zu finden, aber sie können sich nicht bezüglich bestimmter sensibler Themen einigen (bzw. ziehen sie es vor, sich zunächst nicht zu einigen). Solche Interims-Vereinbarungen sind üblicherweise Teilabkommen, wogegen endgültige Regelungen zugleich auch inhaltlich umfassend sind. Das beste Beispiel eines solchen partiellen Abkommens mit Interims-Charakter stellt die Übereinkunft von Oslo von 1993 im israelisch-palästinensischen Konflikt dar. Im Gegensatz hierzu ist das 1995 abgeschlossene Dayton-Abkommen für Bosnien wiederum zwar inhaltlich weit reichend, zugleich aber auch so final hinsichtlich der einmal getroffenen Regelungen, dass es verbreitet als zu unflexibel und zu wenig dynamisch kritisiert wurde.

- **Anreizmechanismen.** Institutionen etablieren Anreizmechanismen (vgl. March/Olsen 1989; siehe auch den Beitrag von Thorsten Spehn in diesem Band). Alle Vereinbarungen zur Konfliktbeilegung versuchen, Interaktionsmuster zu formalisieren. Somit konstituieren sie für sich genommen bereits neue Anreizstrukturen, da sie die vorherige Unsicherheit über die neuen Spielregeln reduzieren, welche die früheren Verhandlungsphasen des Friedensprozesses geprägt hatte. In vielen Fällen handelt es sich dabei um Paketvorschläge, die eine Vielzahl von Fragen lösen sollen, indem sie diese miteinander verknüpfen. Daher haben viele derjenigen Konfliktbeilegungsabkommen, die sich einen besseren Ruf erworben haben, auf *Demokratisierung als Konfliktlösung* gesetzt und dabei explizit die Ziele der Konfliktmilderung und der Einführung eines Mehrparteienwettbewerbs miteinander verbunden.

Konfliktbeilegungsabkommen werden dann für alle Parteien attraktiv, wenn der durch sie in Aussicht gestellte Nutzen höher ist, als der durch den Abbruch der Verhandlungen und die Rückkehr zum Kampf für die Parteien zu erzielende. Erfolgreiche Abkommen zur Konfliktbeilegung entsprechen einer Formel eines Positivsummenspiels für alle Parteien. Viele Beobachter sind sich z. B. einig darin, dass der springende Punkt des so genannten Karfreitagsabkommens von Nordirland vom April 1998 darin lag, dass alle Parteien für diese Vereinbarung mit der Begründung eintreten konnten, es enthalte Elemente dessen, wofür sie von jeher gekämpft hatten. Moderate Republikaner konnten behaupten, das Abkommen stelle den ersten Schritt in Richtung einer Angliederung Nordirlands an die Republik Irland dar. Moderate Loyalisten konnten ihrerseits behaupten, das Abkommen wahre die britische Souveränität. An dieser Stelle können wir festhalten, dass die durch verhandelte Konfliktbeilegungen geschaffenen Institutionen des Power Sharings breite inklusive Wirkung zu entfalten vermögen, indem sie alle größeren mobilisierten Akteure der betreffenden Gesellschaft einbeziehen, wobei die Entscheidungen durch Verhandlungen, einen Ausgleich von Interessen und die Suche nach einem Konsens oder einem Fast-Konsens herbeigeführt werden. Die Schlüsselelemente dieser Institutionen sind folgende:

1. Einfluss aller bedeutenden Akteure auf die Entscheidungsfindung und nicht allein deren bloße Repräsentation in den Regierungsinstitutionen
2. Moderation und Streben nach einem gemeinsamen Nenner
3. Fortgesetztes Verhandeln gemäß den neuen Spielregeln, die das Friedensabkommen festgeschrieben hat

3. PROBLEME DES POWER SHARINGS

Leider stößt das Power Sharing als Folge tödlicher ethnischer Auseinandersetzungen teilweise auch auf ernste Probleme. Kurz gesagt, tragen die langfristigen politischen Garantien, die Teil vieler Systeme des Power Sharings sind, mitunter den Keim des eigenen Untergangs bereits in sich. Sie stellen also nicht gerade dauerhafte Lösungen dar.[1] Eine Schlüsselkomponente des Power Sharings – das wechselseitige Vetorecht, wodurch Entscheidungen überhaupt nur bei der breitest möglichen Zustimmung gefällt werden – führt nicht selten zum Einsatz von *politischer Erpressung*. Im Falle, dass ein solcher Konsens oder Fast-Konsens nicht erreicht wird, wird das Regieren blockiert und das **policy-making** gerät ins Stocken. Das Ergebnis ist eine Art *kalter Frieden*, in dem die Parteien zwar keine Gewalt mehr anwenden, gleichwohl aber keinen Prozess einer echten Versöhnung eingeleitet haben. Wenn Power Sharing zu einem derartigen politischen Immobilismus führt, also zu der durch die fortgesetzte Uneinigkeit verursachten Unfähigkeit, Sachpolitiken zu implementieren, entstehen Frustrationen und die Spannungen steigen erneut. Schließlich verabschiedet sich eine Partei oder auch mehrere Parteien aus der Vereinbarung. Die in Angola, in Zypern, im Libanon, in Sierra Leone und im Sudan ausgebrochenen Bürgerkriege waren allesamt das Ergebnis gebrochener Power Sharing-Vereinbarungen, die zu der erneuten Gewalt führten.

Power Sharing stellt zwar ein gutes Transitionsinstrument dar, aber auf lange Sicht könnte der beste Outcome eine wesentlich fluidere Form von Demokratie sein, welche die Schaffung flexibler Koalitionen ermöglicht, die über die ethnischen Gräben hinwegreichen. Von zentraler Bedeutung scheint dabei eine Frage zu sein, die noch nicht vollständig ausgelotet ist: Nämlich diejenige nach den Bedingungen, unter denen sich konsensorientierte, durch Power Sharing geprägte Demokratieformen allmählich zu flexibleren Institutionen wandeln, die in der Lage sind, echte Versöhnung und die Entstehung einer breiteren nationalen Identität zu fördern. Wenn es zutrifft, dass ein nachhaltiger Friede durch *Konflikttransformation* herbeigeführt wird (so John Paul Lederach 1997), dann ist Power Sharing wohl tatsächlich des Öfteren ein zu rigides System des Regierens, um die sozialen und politischen Veränderungen zu ermöglichen, die notwendig sind, um die grundlegenden Konfliktursachen anzugehen, welche erneut zum Kriegsgrund werden können (vgl. Brown 1996).

Wie können sich die rigiden Strukturen des Power Sharings im Zeitablauf bis zu dem Punkt abschwächen, dass die Garantien für die Sicherheit der beteiligten Gruppen, die sie beinhalten, nicht mehr notwendig sind? Dies ist keineswegs eine rein akademische Frage. In Bosnien beispielsweise hängt die Möglichkeit der internationalen NATO-Truppen, ihren Auftrag des Peace-keeping und damit ihre Präsenz zu beenden, von der Fähigkeit der dortigen Institutionen des Power Sharings ab (die mit dem Dayton-Abkommen von 1995 geschaffen wurden und die heute von nationalistischen Kräften dominiert sind), sich zu moderateren und überdies ethnisch gemischten politischen Institutionen zu wandeln (vgl. International Crisis Group Report vom 15. März 2001).

Wenn Power Sharing im besten Fall ein Instrument für eine erfolgreiche Transition darstellt, dann zieht dieser Befund folgende Fragen nach sich: Wie müssen eigentlich die politischen Institutionen beschaffen sein, um berechtigte Hoffnung hegen zu können, dass in einem Nachkriegsumfeld, in dem das politische Kräftespiel weiterhin durch tiefe Gräben gekennzeichnet ist, demokratische Entscheidungsprozesse aufleben? Wie lassen sich Probleme lösen,

---

[1] Es gibt Anhaltspunkte dafür, dass militärische Siege (als hier aus einsichtigen Gründen nicht näher behandelter Sonderfall von Konfliktbeilegung) weniger dauerhaft (im Sinne der Schaffung einer stabilen Situation) sind als Verhandlungslösungen, da sie die Verluste und Verletzungen der Unterlegenen unverarbeitet lassen, sodass diese bei der ersten sich bietenden Gelegenheit wieder aufleben. Freilich wird nach wie vor auch die gegenteilige Sichtweise vertreten, nämlich dass militärische Siege haltbarer sind als Friedensvereinbarungen, siehe z. B. Wagner 1993.

die bestimmten Typen von Bürgerkriegssituationen einfach inhärent sind? Der restliche Teil des vorliegenden Buchkapitels beleuchtet ein breites Feld an möglichen politischen Institutionen, die – sofern sie situationsadäquat zugeschnitten werden – geeignet sind, formalisierte Strukturen des Power Sharings zu transzendieren, um inklusive multiethnische Koalitionen zu fördern, die zu einem informellen System des Power Sharings werden können und überdies sozialen Ausgleich und Verteilungsgerechtigkeit zwischen den rivalisierenden Gruppen fördern können. Wie kann sich Power Sharing allmählich abschwächen und dabei einem normaleren System liberaler Demokratie Platz machen?

4. MODELLE DES POWER SHARINGS

Ein seit langem bestehendes Missverständnis bezüglich von Institutionen des Power Sharings besteht darin, dass angenommen wird, sie entsprächen alle demselben Typus, nämlich demjenigen, der über viele Jahre hinweg als *Konkordanzdemokratie* bzw. **consociational democracy** (vgl. Lijphart 1977) bezeichnet wurde. Die Elemente dieses Ansatzes von Power Sharing sind sattsam bekannt: Große Koalitionen, Verhältniswahl, Gewährung kultureller Autonomie oder Föderalismus sowie ein wechselseitiges Vetorecht. Dieser Prototyp des Power Sharings stellt jedoch nur eine Variante aus einem recht breiten Feld von möglichen Optionen der Konfliktbeilegung dar. Diese Optionen weisen im Kern deutliche Unterschiede auf, was ihre Ziele, Strukturen und Wirkungen hinsichtlich der Förderung von Mäßigung und Kompromissbereitschaft zwischen den Gruppen betrifft (vgl. Sisk 1995; Harris/Reilly 1998). Welche sind nun die wichtigsten dieser Optionen des Power Sharings?

4.1 Autonomie

Für eine Reihe heutiger Konflikte, wie etwa in Aserbaidschan (Region Berg-Karabach), im Sudan oder in Sri Lanka, wird Autonomie als ein vernünftiger Weg gesehen, um die Ansprüche von Staaten auf territoriale Integrität einerseits und die Forderungen der Rebellen nach Sezession andererseits ins Gleichgewicht zu bringen. Autonomie allerdings ist ein Begriff, für den es bislang keine verbindliche Definition gibt (vgl. Hannum 1990; Lapidoth 1997). Ein Definitionsvorschlag, der von Yash Ghai formuliert wurde, hat sich allerdings als brauchbar erwiesen:

> „Autonomie ist ein Instrument, um einer ethnischen Gruppe oder anderen Gruppen, die eine eigene Identität für sich in Anspruch nehmen, eine direkte Kontrolle wichtiger Angelegenheiten zu gestatten, die für sie von erheblicher Bedeutung sind, und zugleich der größeren Einheit zu ermöglichen, diejenigen Vollmachten auszuüben, die im Interesse beider Teile, der kleineren, wie der übergeordneten, liegen." (Ghai o. J.: o. S.)

Die verschiedenen Formen von Autonomie umfassen dabei sowohl den symmetrischen Föderalismus, in dem alle Einheiten dieselben Kompetenzen besitzen, als auch den asymmetrischen Föderalismus, der einer Region ein erweitertes Set von Vollmachten, das über das der anderen Regionen hinausgeht, zugesteht (vgl. Coakley 1993).

Die deutlichste Anwärterin auf eine Autonomielösung dürfte die Gemengelage im Kosovo sein. Die Vorschläge von UNO und OSZE zur Lösung der Kosovo-Problematik sind ein Beispiel für mögliche Autonomieregelungen in denjenigen Fällen ethnischer Konflikte, in denen Territorium und Bevölkerungsverteilung weitgehend kongruent sind. Resolution 1244 des UN-Sicherheitsrats vom 10. Juni 1999 verpflichtet das Mandat der UN-Mission zur Interimsverwaltung im Kosovo (UNMIK) eindeutig auf die Förderung von Autonomie und Selbstverwaltung **innerhalb** der territorialen Integrität Rest-Jugoslawiens. Die Resolution autorisiert die UN-Mission UNMIK,

„eine internationale zivile Präsenz im Kosovo einzurichten, um eine Interimsverwaltung für den Kosovo zu ermöglichen, unter der die Bevölkerung des Kosovo in den Genuss substanzieller Autonomierechte innerhalb der Bundesrepublik Jugoslawien gelangt, und die für eine Übergangszeit administrative Dienstleistungen bereitstellt und zugleich die Entwicklung provisorischer demokratischer Selbstverwaltungsinstitutionen ermöglicht und beaufsichtigt, um die Bedingungen für ein friedliches und normales Leben für alle Einwohner Kosovos sicherzustellen" (aus der Resolution 1244 des UN-Sicherheitsrats vom 10. Juni 1999).

Aber wie die andauernden Spannungen und auch der weiterhin ungeklärte Status des Kosovo zeigen, findet die Konfliktlösung per Autonomisierung als Idee weitaus mehr Anklang, als dass sie von Seiten der Konfliktparteien praktische Akzeptanz fände. Autonomie ist eine schwierige Option des Power Sharings und zwar gerade deshalb, weil sie weder den Präferenzen der einen, noch denjenigen der anderen Seite voll entspricht: Die betroffenen Staaten fürchten, auf eine abschüssige Bahn Richtung Desintegration ihres Territoriums zu geraten, während die sezessionistischen Kräfte sich mit nichts weniger als mit Souveränität und eigener Staatlichkeit zufrieden geben. Während zweifelsohne die Option *Autonomie* am Verhandlungstisch im Spiel gehalten werden muss, lässt sich nicht leugnen, dass sie in der Praxis wenig Erfolge hinsichtlich der Beilegung der am Verhandlungstisch verhandelten Fragen vorzuweisen hat.

4.2 Der Konkordanz-Ansatz

Eine weitere mögliche Option ist eine lockerere Form der Autonomie, die nicht immer territorialer Natur sein muss und zumeist als Konkordanzdemokratie oder **consociationalism** bezeichnet wird (siehe oben). Dabei handelt es sich im Wesentlichen um einen Konkordanz-Ansatz, der auf dem Ausgleich zwischen den Führungen der ethnischen Gruppen um die politische Mitte herum beruht und zugleich garantierte Autonomie- und Minderheitenrechte umfasst. Dieser Ansatz zielt insofern auf Konkordanz, als er eine kooperative Entscheidungsfindung durch die miteinander in Konflikt stehenden Parteien vorsieht. Die Schlüsselinstitutionen sind dabei Föderalismus und Devolution zentraler Macht zugunsten von ethnischen Gruppen in Territorien, die von diesen kontrolliert werden; Vetorechte für Minderheiten bei Fragen, die für sie von besonderer Bedeutung sind; Kabinette, die sich im Parlament auf eine große Koalition stützen können und jeweils proportionale Beteiligung aller politischen Kräfte an allen Sphären des öffentlichen Lebens (z. B. die Ernennung von Beamten, die Erstellung des staatlichen Budgets etc., vgl. Schneckener 2000).

Wie Bosnien, so besitzt auch der Libanon ein politisches System, in dem Repräsentation und Autonomie für die wichtigsten Gruppen des Landes in der Verfassung verankert sind. Systeme kommunaler Repräsentation sind in vielen verschiedenen Settings über viele Jahre hinweg ausprobiert worden, gemäß der Beschreibung durch Arend Lijphart, einem Vertreter dieses Ansatzes, in seinem grundlegenden Werk *Democracy in Plural Societies* (1977). Kritiker bemängeln an dem Ansatz, der das politische System anhand von ethnischen Identitäten strukturiert, dass er z. B. durch bestimmte Mechanismen kommunaler Repräsentation die Gegensätze zwischen den ethnischen Gruppen eher verhärtet und der Gebrauch wechselseitiger Vetorechte zu Entscheidungsblockaden führt.

Consociational Power Sharing

Prinzipien	Mechanismen	Probleme
Breite Koalitionen zwischen ethnisch basierten Parteien.	Regierungen, die auf großen Koalitionen beruhen.	Anreiz für die Eliten, Konflikte einzuleiten, um ihre eigene Macht im Zentrum zu festigen.
Minderheiten- oder wechselseitiges Veto bezüglich für die jeweilige Gruppe relevanter Fragen.	In der Verfassung verankerte Gruppenrechte für bestimmte ethnische, religiöse oder kulturelle Gruppen.	Verstärkt möglicherweise die gesellschaftlichen Gräben eher, als interkulturelle Verständigung zu fördern.
Proportionalität	Verhältniswahlsysteme und proportionale Verteilung.	Proportionale Repräsentation kann die Zerklüftung einer Gesellschaft widerspiegeln, aber bietet keine Anreize, die Gräben zwischen den Gemeinschaften zu überbrücken.
Autonomie für Gruppen	Territorialer oder korporativer Föderalismus.	Entfaltet möglicherweise negative Anreize, die verhindern, dass die Gruppen friedlich zusammenleben.

4.3 Der integrative Ansatz

Im Kontrast hierzu setzt der integrative Ansatz auf die ethnischen Gruppen als Bausteine einer **gemeinschaftlichen** Gesellschaft und sucht, die Gesellschaft zielstrebig über die Trennungslinien hinweg zu integrieren. In Südafrikas Interims-Verfassung von 1993 beispielsweise, war die Vertretung ethnischer Gruppen explizit zu Gunsten von Institutionen und Politiken verworfen worden, die ganz bewusst soziale Integration über Gruppengrenzen hinweg betrieben. Wahlgesetze (in Verbindung mit einer Transzendierung der Provinzgrenzen) ermutigten die politischen Parteien, Kandidatenlisten aufzustellen, die, um ihr Stimmenpotenzial auszuschöpfen, Südafrikas hochgradig diverse Gesellschaft widerspiegelten. Und die Provinzen des Bundesstaats wurden territorial so gestaltet, dass sie nicht mit ethnischen Siedlungsgrenzen zusammenfielen (die südafrikanischen Gruppen sind ohnehin weiträumig verstreut). Ben Reilly und Andrew Reynolds (1999) arbeiteten heraus, wie der Schlüssel zu solchen integrativen Ansätzen (mit einer **zentripetalen** Wirkungsweise, d. h. dass sie eine zur Mitte hin orientierte Dynamik des politischen Wettbewerbs erzielen wollen) das Wahlsystem ist. Sein stärkst möglicher Effekt ist, dem Entstehen multiethnischer politischer Parteien das Terrain zu bereiten.

Der integrative Ansatz sucht multiethnische politische Koalitionen (zumeist in der Form politischer Parteien) aufzubauen, um Anreize für politische Führungspersönlichkeiten bereitzustellen, sich moderat bezüglich brisanter ethnischer Fragen zu verhalten und den Einfluss von Minderheiten in Prozessen mehrheitlicher Entscheidung zu erhöhen (vgl. Horowitz 1985). Die Elemente eines integrativen Ansatzes umfassen also a) Wahlsysteme, die präelektorale Pakte ermutigen, die ethnische Trennungslinien übersteigen; b) einen nicht-ethnischen Föderalismus, der Machtballungen auflöst und diffundiert; c) **Public Policies**, die politische Loyalitäten und Verbindungen fördern, welche die Grenzen zwischen den Gruppen transzendieren. Mitunter wird suggeriert, dass diese integrative Form des Power Sharings anderen Varianten theoretisch überlegen sei, da sie ethnische Akkommodierung durch die Förderung grenzüberschreitender Interessenbildung und -artikulation zu erleichtern suche. Eine andere Sichtweise dagegen argumentiert, dass der Einsatz von Anreizen sich festfährt, wenn er auf tief sitzende Feindschaften stößt, die ethnische Auseinandersetzungen grundieren und die sich im Verlauf eines brutalen Bürgerkriegs verhärten.

Integratives Power Sharing

Prinzipien	Mechanismen	Probleme
Anreize für Mäßigung von Eliten und Massen bezüglich polarisierender ethnischer Fragen.	Ein Präsident, der für alle Gruppen steht und Mäßigung und Versöhnung betont (wie z. B. Nelson Mandela).	Führungspersönlichkeiten, die sich über die Niederungen der Feindseligkeit zwischen den Gruppen zu erheben vermögen, sind schwer zu finden.
Wettbewerb innerhalb der Gruppen und Mäßigung zwischen den Gruppen in Wahlvorgängen.	Der Einsatz von Wahlsystemen, welche zu einem Pooling von Stimmen führen, wie z. B. Single Transferable Vote oder Alternative Vote.	Wähler sind möglicherweise nicht willens, für Kandidaten zu stimmen, die nicht ihrer Ethnie angehören.
Minderheiteneinfluss, nicht bloß Minderheitenrepräsentation.	Föderalismus ist ein Weg, allen Minderheitengruppen einen Zugang zur Macht in verschiedenen Regionen zu verschaffen.	Politische Führungspersönlichkeiten und Schlüsselfiguren sind möglicherweise nicht bereit, den Anreizen für Mäßigung zu folgen und ziehen eine symbolische Minderheitenrepräsentation vor.

Der Konkordanz- und der integrative Ansatz können sinnvollerweise als entgegengesetzte Pole eines Kontinuums von Institutionen und Mechanismen des Power Sharings betrachtet werden. Welcher Ansatz ist der geeignetste? Um eine solche Festlegung zu treffen, ist es sinnvoll, die Mechanismen des Power Sharings in Bezug auf drei Dimensionen zu betrachten, die auf beide Ansätze anzuwenden sind: Territoriale Machtverteilung, Entscheidungsregeln und **Public Policies**, welche die Beziehungen zwischen Regierung und ethnischen Gruppen gestalten.

4.4 Überblick über die Mechanismen des Power Sharings

A. Konkordanz-Ansatz

1. Zugeständnis territorialer Autonomie an ethnische Gruppen und Schaffung von konföderalen Arrangements.
2. Verfassungsvorschriften, die ein Minimum an Gruppenrepräsentation (Quoten) auf allen Ebenen des Regierens vorsehen.
3. Proportionale Repräsentation der Gruppen bei administrativen Personalentscheidungen, verbunden mit konsensorientierten Entscheidungsregeln in der Exekutive.
4. Stark ausgeprägte Verhältniswahl (im Gegensatz zur gemäßigten Verhältniswahl wie etwa in der Bundesrepublik Deutschland) im Rahmen eines parlamentarischen Systems.
5. Anerkennung von Gruppenrechten oder Einführung eines korporativen (also nicht-territorialen) Föderalismus (z. B. muttersprachliche Schulen) (vgl. Sisk 1996: 34-40).

B. Integrativer Ansatz

1. Schaffung einer gemischten bzw. nicht ethnisch basierten föderalen Struktur mit innerstaatlichen Grenzziehungen, die anderen Kriterien als den ethnischen folgen, also beispielsweise geografischen Gegebenheiten oder der regionalen Verteilung wirtschaftlicher Entwicklung.

2. Einrichtung eines inklusiven, zentralisierten, unitarischen Staats ohne weitere territoriale Untergliederung.

3. Übernahme des Winner-takes-all-Prinzips bei gleichzeitiger ethnischer Diversität in exekutiven, legislativen und administrativen Entscheidungsinstanzen (beispielsweise ein bewusst aus Vertretern der verschiedenen Sprachgemeinschaften zusammengesetztes Gremium, das über die Regelungen des Sprachgebrauchs zu entscheiden hat).

4. Übernahme von abgeschwächten Varianten der Mehrheits- oder Verhältnis-Wahl, welche die Bildung von prä-elektoralen Koalitionen (vote pooling) anregen, die über ethnische Grenzen hinwegreichen.

5. Gesetzgebung und **Policy-making**, die ethnisch neutral gehalten sind, um einer Diskriminierung auf der Basis ethnischer Identität oder Zugehörigkeit zu Religionsgemeinschaften entgegenzuwirken (vgl. Sisk 1996: 40-45).

Obwohl diese Typologie zwei konzeptuell eigenständige Ansätze anführt, liegt es doch auf der Hand, dass Optionen des Power Sharings untereinander kombinierbar sind. Wie auf einer Menükarte, können unterschiedliche Hebelwirkungen demokratischen Einflusses je nach individuellem Geschmack zusammengestellt werden. Bezüglich der Entscheidung, welche Institutionen und Mechanismen des Power Sharings in einem bestimmten Fall am wirksamsten sind, kann nichts die vertiefte Kenntnis des betreffenden Landes ersetzen.

Im multiethnischen Land Fidschi beispielsweise, brachte eine vierjährige Untersuchung des politischen Systems durch Experten ein Set von Empfehlungen für die kürzlich angenommene Verfassung hervor. Darin geht es um eine Kombination von Maßnahmen für eine Minimalvertretung der traditionellen Fidschi (im Gegensatz zu den Indo-Fidschi) im Parlament (eine Option entsprechend dem Konkordanz-Ansatz) mit Maßnahmen, welche die Bildung politischer Allianzen über die Gruppengrenzen hinweg anregen (also eine integrative Option). Die Erfahrung des Falls Fidschi lehrt, dass ein gut konzipierter Prozess, in dem ein ausgewogenes Panel von Experten mit festem politischen Rückhalt eine Hauptrolle spielt, kreative Lösungen bereitstellen kann, die auf ein ganz spezifisches Problemfeld passen (Constitutional Review Commission 1996). Der Fall Fidschi ist nicht zuletzt deshalb so instruktiv, weil destruktive Kräfte, die versuchten, die Integration entlang der Grenzen zwischen den ethnischen Gruppen aufzubrechen, nur zeitweise und vorübergehend Erfolg hatten. Indem sich Fidschi allmählich von dem Staatsstreich des Jahres 2000 erholt, ist es zu einer integrationistischen Formel für die Lösung seiner ethnischen Spannungen zurückgekehrt.

5. FAZIT

Die praktischen Unterschiede zwischen den verschiedenen Typen von Power Sharing-Systemen und ihre Implikationen für das Konfliktmanagement in gespaltenen Gesellschaften können selbst dem aufmerksamsten Beobachter entgehen. Äußerst komplex stellt sich vor allem die Thematik der Entscheidung für ein bestimmtes Wahlsystem dar. Ähnlich schwierig ist die Frage, welche Wirkungen die verschiedenen Alternativen mit sich bringen und zwar im Hinblick auf ein Nachlassen ethnischer Spannungen sowie auf die Stärkung moderater Kräfte gegenüber den Hardlinern, die unweigerlich den angeblichen Verrat an der Solidarität gegenüber der betreffenden ethnischen Gruppe denunzieren werden (vgl. Reilly/Reynolds 1999). Aber die Unterschiede sind bedeutsam, ja sogar entscheidend dafür, ob eine Gesellschaft über eine verhandelte Konfliktbeilegung hinaus zu einem nachhaltigen Frieden voranschreiten kann.

Die grundlegenden Unterschiede zwischen dem Konkordanz-Ansatz und dem integrativen Ansatz sind von essenzieller Bedeutung für den Frieden, der nach der vereinbarten Beilegung des Konflikts erreichbar ist. Diese Unterschiede drehen sich um folgende Fragen:

- Welche sind die fundamentalen Bausteine des politischen Systems? Homogene, mächtige, ethnische Parteien oder fluide, **issue**-basierte politische Parteien und Bewegungen, die ethnische Trennungslinien überschreiten?

- Bezüglich des Regierens stellt sich die Frage nach der Art und Weise, wie Koalitionen entstehen. Werden Koalitionen zwischen den ethnischen Parteien nach den Wahlen gebildet oder koalieren verschiedene ethnische Kräfte vor den Wahlen miteinander, sodass es zu mulitethnischen Parteien kommt?

- Und am wichtigsten: Ist es möglich, dauerhafte politische Institutionen zu schaffen, die zu Mäßigung führen und tolerante politische Führungspersonen stärken und somit effektiv ethnonationalistische Politiker dadurch bestrafen, dass sie in ihrem Machtstreben marginalisiert werden.

Zusammenfassend lässt sich sagen, dass der Konkordanz-Ansatz die ethnischen Gruppen als Bausteine einer Gesellschaft betrachtet. In integrativen Systemen dagegen wird Ethnizität zwar anerkannt, aber sie stellt nicht die Basis des politischen Wettbewerbs der Nachkriegsphase dar.

Es gibt keine Möglichkeit, auf den ersten Blick festzustellen, welcher Typ des Power Sharings – Konkordanz oder Integration – der an sich geeignetere ist. Überdies sollte akzeptiert werden, dass in den hoffnungslosesten Fällen auch die Aufteilung des staatlichen Territoriums bzw. eine Sezession nicht von vornherein als mögliche Option ausgeschlossen wird, um die Gewalt eines ethnischen Bürgerkriegs zu beenden (wie z. B. im Sudan). Die Herausforderung für alle Beobachter eines bestimmten Konflikts besteht darin, Probleme und Lösungen in eine Übereinstimmung zu bringen. Was in Südafrika als eine Regelung der Transition dieses Landes von der Apartheid zur Demokratie (die ethnische Repräsentation seitens des Staats gestattete sowie rassistische Differenzierung und ethnische Ansprüche auf Territorien abschaffte) möglich gewesen sein mag, kann nicht in eine komplexe Arena wie die Bosniens transplantiert werden, in der es einfach nicht möglich war, die Parteien dazu zu bewegen, einen integrativen Ansatz zu akzeptieren.

Bei dem Versuch, passende Lösungen zu finden, hängt viel von dem Grad an Feindschaft ab, der zwischen den gegnerischen Gruppen besteht, ebenso vom Verlauf des Kriegs (z. B. vom Ausmaß an ethnischer Separierung, die bereits vollzogen ist) und ob die Gruppen sich in den Verhandlungen mit einem gewissen Grad an Unsicherheit oder Verwundbarkeit bezüglich einem möglichen politischen Unterliegen abfinden können. Entscheidend für die Analyse der Probleme ist eine kohärente Einschätzung der Rolle, welche Ethnizität bei dem Rückgriff auf Gewalt gespielt hat und der Bedeutung von Identität als einer Konfliktursache (vgl. Esman 1994). Ab einem gewissen Punkt wird es unmöglich, in breiten, toleranten und multiethnischen Koalitionen zusammenzuleben. In solchen Fällen ist möglicherweise eine Konkordanzdemokratie die beste Alternative zur Gewalt. Wenn konkordanzdemokratische Mechanismen nicht funktionieren, dann könnten Autonomieregelungen eine Lösung sein. Wenn sogar Autonomie nicht möglich ist, dann könnte die Zeit gekommen sein, eine territoriale Aufteilung des Landes in Erwägung zu ziehen.

Wie bereits ausgeführt, schwächen sich im Idealfall Regelungen des Power Sharings im Zeitverlauf ab. Ob in Südafrika, Nordirland, Bosnien oder Libanon, kurzfristig war überall eine formelle Machtteilung ein notwendiges vertrauensbildendes Instrument, um sicherzustellen, dass alle Gruppen mit einem gewissen Störpotenzial bezüglich eines auszuhandelnden Friedensabkommens in die Institutionen einbezogen werden und eine Einflussmöglichkeit in der Entscheidungsfindung erhalten. Über die Zeit aber müssen Nachkriegsgesellschaften über die Phase der wechselseitigen Geiselnahme hinauswachsen, die der garantierte Platz am Tisch der Entscheidungsfindung mit sich bringt, über den Immobilismus, den er unweigerlich zur Folge hat und über die Konstruktion von Nachkriegsgesellschaften um fixe und unnachgiebige soziale Grenzen der Ethnizität herum. Wenn integrative Lösungen des Power Sharings erreicht werden können, so bringen sie einen inhärenten Vorteil. Einfach gesagt, wenn sie erfolgreich sind, verleihen sie dem politischen System eine zentripetale, nach Mäßigung strebende Dynamik, die ethnische Identität ermöglicht, aber fluide Koalitionen fördert, welche die Konfliktlinien kriegsgeschädigter Gesellschaften transzendieren (vgl. Sisk/Stefes 2005).

Eine Methode, einen allmählichen, aber stetigen Wandel zu einem integrativeren Power Sharing herbeizuführen, besteht darin, den Prozess der Verfassungsgebung noch bis weit in die Phase der Nachkriegsordnung andauern zu lassen. Auf diese Weise können die Friedensvereinbarungen nicht die Bedingungen einfrieren, die am Ende des Kriegs herrschen. Friedensabkommen müssen sicherlich den Krieg resolut und nachhaltig beenden, aber sie müssen zugleich auch von einem Geist der Flexibilität, des fortgesetzten **bargaining** und der Möglichkeit von Änderungen durchdrungen sein. Sie benötigen eine Anreizstruktur, die Verhandlung sowie Mäßigung und ethnisches Konfliktmanagement ermöglicht (vgl. Rothchild 1997). Ein praktikabler Weg, um in dieser Richtung anzufangen, ist, ganz bewusst das Wahlsystem so zu manipulieren, dass neue Anreize zu moderaterem Verhalten und zur Koalitionsbildung über die Gruppengrenzen hinweg geschaffen werden. Wahlsysteme sollten so angelegt sein, dass sie Politikern reelle Anreize bieten, ihren möglicherweise natürlichen Instinkt, die Karte ihrer jeweiligen Gruppenzugehörigkeit zu spielen, um mehr Macht zu erlangen, hinter sich lassen (vgl. Human Rights Watch 1995). Eine dritte Methode ist, Kooperation dadurch anzuregen, dass man eine multiethnische territoriale Machtverteilung innerhalb eines Landes vornimmt, sodass ein *ethnischer Föderalismus* vermieden wird.

Keine dieser Methoden kann für sich eine Erfolgsgarantie in Anspruch nehmen. So umsichtig Auswahl und Design institutioneller Arrangements auch sein mögen, so können sie doch nicht einige der inhärenten Probleme von **commitment** lösen, das Nachkriegsgesellschaften aufweisen. Regeln, die auf dem Papier stehen, können die tief sitzende Furcht davor nicht restlos zerstreuen, dass die Gegner die nächsten Wahlen gewinnen könnten oder im Parlament möglicherweise das durchzusetzen vermögen, was sie auf dem Schlachtfeld oder auf der Straße nicht erreichen konnten. Aber mit einer gewissen Willensanstrengung der Gewalt zu entkommen, kann das richtige Set von Institutionen des Power Sharings – eines das in einfühlsamer Weise Probleme und Lösungen zusammenführt – Anreize zur Verfügung stellen, um die Waage von Krieg zu Frieden kippen zu lassen, von rigidem ethnischen bargaining zu einer fluideren Demokratie führen, in der Mäßigung den Extremismus in die Schranken weisen.

LITERATUR: ANWENDUNGEN

Allison, Graham/Zelikow, Philip (1999): Essence of Decision. Explaining the Cuban Missile Crisis. 2. Aufl. New York.

Almond, Gabriel/ Verba, Sidney (1963): The Civic Culture. Princeton.

Barrios, Harald (1999): Konsolidierung der Demokratie: Zur Substanz eines strapazierten Konzeptes. In: Bodemer, Klaus u. a. (Hrsg.): Lateinamerika Jahrbuch 1999. Frankfurt a. M., S. 9-32.

Barrios, Harald/Röder, Jörg (2000): Entwicklungsfortschritte und Entwicklungsblockaden in Brasilien – Fragen der Regierbarkeit, der Systemeffizienz und der Legitimität. In: Dosch, Jörn/Faust, Jörg (Hrsg.): Die ökonomische Dynamik politischer Herrschaft. Das pazifische Asien und Lateinamerika. Opladen, S. 49-72.

Baumann, Rainer/Rittberger, Volker/Wagner, Wolfgang (1999): Macht und Machtpolitik. Neorealistische Außenpolitiktheorie und Prognosen über die deutsche Außenpolitik nach der Vereinigung. In: Zeitschrift für Internationale Beziehungen, Jg. 6, Nr. 2, S. 245-286.

Bendel, Petra/Croissant, Aurel/Rüb, Friedbert (Hrsg.) (2002): Zwischen Demokratie und Diktatur. Zur Konzeption und Empirie demokratischer Grauzonen. Opladen.

Beyme, Klaus von (1994): Systemwechsel in Osteuropa. Frankfurt a. M.

Bienen, Derk/Freund, Corinna/Rittberger, Volker (1999): Gesellschaftliche Interessen und Außenpolitik: Die Außenpolitiktheorie des utilitaristischen Liberalismus (Tübinger Arbeitspapiere zur Internationalen Politik und Friedensforschung 33). Tübingen.

Bienen, Henry/Herbst, Jeffrey (1996): The Relationship between Political and Economic Reform in Africa. In: Comparative Politics, Jg. 29, Nr. 1, S. 23-42.

Bollen, K.A. (1983): World System Position, Dependency, and Democracy: The Cross-National Evidence. In: American Sociological Review, Jg. 45, Nr. 3, S. 468-479.

Bos, Ellen (1994): Die Rolle von Eliten und kollektiven Akteuren im Transformationsprozess. In: Merkel, W. (Hrsg.): Systemwechsel. Bd. 1: Theorien, Ansätze und Konzeptionen. Opladen, S. 81-110.

Bourdieu, Pierre (1980): Le capital social. Notes provisoires. In: Actes de la recherche en sciences sociales, S. 2-3.

Bourdieu, Pierre und James Coleman (Hrsg.) (1991): Social Theory for a Changing Society. Boulder.

Bratton, Michael/Walle, Nicolas Van de (1994): Neopatrimonial Regimes and Political Transitions in Africa. In: World Politics, Jg. 46, Nr. 4, S. 453-489.

Bratton, Michael/Walle, Nicolas Van de (1997): Democratic Experiments in Africa. Regime Transitions in Comparative Perspective. Cambridge.

Breuning, Marijke (1995): Words and Deeds: Foreign Assistance Rhetoric and Policy Behavior in the Netherlands, Belgium, and the United Kingdom. In: International Studies Quarterly Jg. 39, Nr. 2, S. 235-254.

Brown, Michael E. (1996): "Internal Conflict and International Action." In: Michael E. Brown (Hrsg.): The International Dimensions of Internal Conflict. Cambridge.

Brown, Michael E./Lynn-Jones, Sean/Miller, Steven E. (Hrsg.) (1996): Debating the Democratic Peace. London.

Brownlee, Jason (2001): Double-Edged Institutions: Electoral Authoritarianism in Egypt and Iran. Paper prepared for Presentation at the annual meeting of the American Political Science Association. San Francisco, September 2001.

Brumberg, Daniel (2002): The Trap of Liberalized Autocracy. In: Journal of Democracy, Jg. 13, Nr. 4, S. 56-67.

Bueno de Mesquita, Bruce/Morrow, James/Siverson, Randolph/Smith, Alastair (1999): An Institutional Explanation of the Democratic Peace. In: American Political Science Review, Jg. 93, Nr. 4, S. 791-807.

Bunce, Valerie (2000): Comparative Democratization: Big and Bounded Generalizations. In: Comparative Political Studies, Jg. 33, Nr. 6/7, S. 703-734.

Bunce, Valerie (2001): Democratization and Economic Reform. In: Annual Review of Political Science, Jg. 4, S. 43-65.

Burg, Steven (1995): "The International Community and the Yugoslav Crisis." In: Milton Esman/Telhami, Shibley (Hrsg.): International Organizations and Ethnic Conflict. Ithaca.

Burnell, Peter (2003): Democracy Assistance: The State of the Art. In: Ders. (Hrsg.): Democracy Assistance: International Cooperation for Democratization. London, S. 339-360.

Cardoso, Fernando (1973): Associated-Dependent Development: Theoretical and Practical Implications. In: Stepan, Alfred (Hrsg.): Authoritarian Brazil. New Haven, S. 142-176.

Carlsnaes, Walter (2002): Foreign Policy. In: Carlesnaes, Walter/Risse, Thomas/Simmons, Beth (Hrsg.): Handbook of International Relations. London, S. 331-349.

Carothers, Thomas (2002): The End of the Transition Paradigm. In: Journal of Democracy, Jg. 13, Nr. 1, S. 5-21.

Chesterman, Simon/Farer, Tom/Sisk, Timothy (2001): Competing Claims: Self Determination and Security at the United Nations (International Peace Academy Policy Brief). New York.

Coakley, John (Hrsg.) (1993): The Territorial Management of Ethnic Conflict. London.

Coleman, James (1994): Foundations of Social Theory. Cambridge.

Collier, David/Mahon, James (1993): Conceptual 'Stretching' Revisited: Adapting Categories in Comparative Analysis. In: American Political Science Review, Jg. 87, Nr. 4, S. 845-855.

Collier, David/Levitsky, Steven (1997): Democracy with Adjectives. Conceptual Innovation in Comparative Research. In: World Politics, Jg. 49 (April 1997), S. 430-451.

Colomer, Josep (1991): Transitions by Agreement: Modeling the Spanish Way. In: American Political Science Review, Jg. 85, Nr. 4, S. 1283-1302.

Colomer, Josep (1995): Game Theory and the Transition to Democracy: The Spanish Model. Aldershot.

Colomer, Josep (2000): Strategic Transitions: Game Theory and Democratization. Baltimore.

Constitutional Review Commission (1996).

Croissant, Aurel (2002): Von der Transition zur defekten Demokratie. Demokatische Entwicklung in den Philippinen, Südkorea und Thailand. Opladen.

Cutright, Philips (1963): National Political Development. Its Measurement and Analysis. In: American Sociological Review, Jg. 28, S. 253-264.

Czempiel, Enst-Otto (1996): Kants Theorem. Oder: Warum sind die Demokratien (noch immer) nicht friedlich. In: Zeitschrift für Internationale Beziehungen, Jg. 3, Nr. 1, S. 79-101.

Dahl, Robert (1971): Polyarchy. Participation and Opposition. New Haven.

Darby, John/MacGinty, Roger (Hrsg.) (2000): The Management of Peace Processes. New York.

Diamond, Larry/Linz, Juan/Lipset, Seymour M. (1988): Democracy in Developing Countries. Bd. 2: Africa. Baltimore.

Diamond, Larry (1993): The Globalization of Democracy. In: Slater, Robert u. a. (Hrsg.): Global Transformation and the Third World. Boulder, S. 31-70.

Diamond, Larry (2002): Thinking About Hybrid Regimes. In: Journal of Democracy, Jg. 13, Nr. 2, S. 21-35.

Di Palma, Giuseppe (1990): To Craft Democracies. An Essay in Democratic Transitions, Berkeley.

Doorenspleet, Renske (2001): The Fourth Wave of Democratization. Identification and Explanation. Leiden.

Du Toit, Pierre (2001): South Africa's Brittle Peace: The Problem of Post-Settlement Violence. New York.

Elman, Colin (1996): Horses for Courses. Why not Neo-realist Theories of Foreign Policy? In: Security Studies, Jg. 6, Nr. 1, S. 7-53.

Erdmann, Gero (2003): Apokalyptische Trias: Staatsversagen, Staatsverfall und Staatszerfall – strukturelle Probleme der Demokratie in Afrika. In: Bendel, Petra/Croissant, Aurel/Rüb, Friedbert W. (Hrsg.): Demokratie und Staatlichkeit: Systemwechsel zwischen Staatsreform und Staatskollaps. Opladen, S. 267-292.

Esman, Milton J. (1994): Ethnic Politics. Ithaca.

Evans, Peter (1995): Embedded Autonomy. States and Industrial Transformation. Princeton.

Faust, Jörg (2002): Marktkonstruktion und politische Transformation. Politökonomische Ursachen defizitärer Demokratisierung. In: Bendel, Petra u. a. (Hrsg.): Zwischen Demokratie und Diktatur: Zur Konzeption und Empirie demokratischer Grauzonen. Opladen, S. 139-160.

Faust, Jörg (2004): Finanzkrisen in jungen Demokratien. In: Zeitschrift für Politikwissenschaft, Jg. 14, Nr. 3, S. 853-879.

Field, John (2003): Social Capital. London/New York.

Finnemore, Martha (1996): Constructing Norms of Humanitarian Intervention. In: Katzenstein, Peter (Hrsg.): The Culture of National Security. Norms and Identity in World Politics. New York, S. 153-185.

Fox, Jonathan (1994): The Difficult Transition from Clientelism to Citizenship. Lessons from Mexico. In: World Politics, Jg. 46, Nr. 2, S. 151-184.

Frankel, Benjamin (1996): Restating the Realist Case: An Introduction. In: Frankel, Benjamin (Hrsg.): Realism. Restatements and Renewal. London, S. ix-xx.

Frieden, Jeffry A. (1991): Invested Interests: the politics of national economic policies in a world of global finance. In: International Organization, Jg. 45, Nr. 4, S. 423-451.

Friedrich, Carl/Brzezinski, Zbigniew (1956): The General Characteristics of Totalitarian Dictatorship. In: Friedrich,Carl/Brzezinski Zbigniew (Hrsg.): Totalitarian Dictatorship and Autocracy. Cambridge, MA, S. 15-27.

Fukuyama, Francis (1992): The End of History and the Last Man. New York.

Gasiorowski, Mark J./Power, Timothy J. (1998): The Structural Determinants of Democratic Consolidation. Evidence from the Third World. In: Comparative Political Studies, Jg. 31, Nr. 6, S. 740-771.

Geddes, Barbara (1999): What Do We Know about Democratization after Twenty Years? In: Annual Review of Political Science, Jg. 2, S. 115-144.

Geis, Anna (2001): Diagnose: Doppelbefund – Ursache: ungeklärt? Die Kontroversen um den „demokratischen Frieden". In: Politische Vierteljahresschrift, Jg. 42, Nr. 2, S. 282-298.

Ghai, Yash (o. J.): Forthcoming. "Autonomy Regimes and Conflict Resolution." Washington, D.C.

Goetz, Klaus H. (1996): Integration Policy in a Europeanized State: Germany and the Intergovernmental Conference. In: Journal of European Public Policy, Jg. 3, S. 23-44.

Goldstein, Judith/Keohane, Robert O. (1993): Ideas and Foreign Policy. An Analytical Framework. In: Goldstein, Judith/Keohane, Robert O. (Hrsg.): Ideas and Foreign Policy. Beliefs, Institutions, and Political Change. Ithaca, S. 3-30.

Grieco, Joseph M. (1995): The Maastricht Treaty, Economic and Monetary Union and the Neo-Realist Research Program. In: Review of International Studies, Jg. 21, Nr. 1, S. 21-40.

Gunther, Richard/Diamandouros, Nikiforos/Puhle, Hans-Jürgen (1996): O'Donnell's "Illusions": A Rejoinder. In: Journal of Democracy, Jg. 7, Nr. 4, S. 151-159.

Haggard, Stephan/Kaufman, Robert (1995): The Political Economy of Democratic Transitions. Princeton.

Hannum, Hurst (1990): Autonomy, Sovereignty and Self-Determination: The Accommodation of Conflicting Rights. Philadelphia.

Harnisch, Sebastian (2003): Theoriegeleitete Außenpolitikforschung in einer Ära des Wandels. In: Hellmann, Gunther/Wolf, Klaus-Dieter/Zürn, Michael (Hrsg.): Die neuen Internationalen Beziehungen. Forschungsstand und Perspektiven der Internationalen Beziehungen in Deutschland. Baden-Baden, S. 313-360.

Harris, Peter/Reilly, Ben (Hrsg.) (1998): Democracy and Deep-Rooted Conflict: Options for Negotiators. Stockholm.

Hasenclever, Andreas (2003): Liberale Ansätze zum „demokratischen Frieden". In: Schieder, Siegfried/Spindler, Manuela (Hrsg.): Theorien der Internationalen Beziehungen. Opladen, S. 199-226.

Horowitz, Donald (1985): Ethnic Groups in Conflict. Los Angeles/Berkeley.

Human Rights Watch (1995): Playing the Communal Card: Communal Violence and Human Rights. New York.

Huntington, Samuel (1968): Political Order in Changing Societies. New Haven.

Huntington, Samuel (1984): Will More Countries Become Democratic? In: Political Science Quarterly, Jg. 99, Nr. 2, S. 193-218.

Huntington, Samuel (1991): The Third Wave. Democratization in the Late 20th Century. Norman.

Huntington, Samuel (1992): How Countries Democratize. In: Political Science Quarterly, Jg. 106, Nr. 4, S. 579-615.

Huntington, Samuel (1993): A Clash of Civilizations? In: Foreign Affairs, Jg. 72, Nr. 3, S. 22-49.

Huntington, Samuel (1996): The Clash of Civilizations and the Re-Making of World Order. New York.

Hutchcroft, Paul (1997): The Politics of Privilege: Assessing the Impact of Rents, Corruption, and Clientelism on Third World Development. In: Political Studies, Jg. 45, Nr. 3, S. 639-658.

Ikenberry, John/Lake, David/Mastanduno, Michhael (1988): Introduction: approaches to explaining American foreign economic policy. In: Ikenberry, John/Lake, David/Mastanduno, Michael (Hrsg.): The State and American Foreign Economic Policy. Ithaca/London, S. 1-14.

International Crisis Group Report vom 15. März 2001.

Jepperson, Ronald/Wendt, Alexander/Katzenstein, Peter (1996): Norms, Identity, and Culture in National Security. In: Katzenstein, Peter (Hrsg.): The Culture of National Security. New York, S. 33-75.

Karl, Terry Lynn (1990): Dilemmas of Democratization in Latin America. In: Comparative Politics, Jg. 23, Nr. 1, S. 1-23.

Karl, Terry Lynn/Schmitter, Philippe (1991): Modes of Transition in Latin America, Southern and Eastern Europe. In: International Social Science Journal, Jg. 43, Nr. 128, S. 269-284.

Karl, Terry Lynn (1995): The Hybrid Regimes of Central America. In: Journal of Democracy, Jg. 6 (Juli), S. 72-86.

Katzenstein, Peter J. (1997): United Germany in an Integrating Europe. In: Katzenstein, Peter J. (Hrsg.): Tamed Power. Germany in Europe. Ithaca, S. 1-48.

Kaufman, Chaim (1996): Possible and Impossible Solutions to Ethnic Civil Wars. In: International Security, Jg. 20, Nr. 4, S. 136-175.

Keohane, Robert O. (1989): International Institutions. Two Approaches. In: Keohane, Robert O. (Hrsg.): International Institutions and State Power. Essays in International Relations Theory. Boulder, S. 158-179.

Khan, Mushtaq (2000): Rent-seeking as Process. In: Khan, Mushtaq/Sundaram, Jomo Kwame (Hrsg.): Rents, Rent-Seeking and Economic Development. Theory and Evidence in Asia. Cambridge, S. 70-144.

Kittel, Gabriele/Rittberger, Volker/Schimmelfennig, Frank (1995): Staatenmerkmale und Außenpolitik: Untersuchungsdesign und Hypothesen. In: Rittberger, Volker (Hrsg.): Anpassung oder Austritt: Industriestaaten in der UNESCO-Krise. Ein Beitrag zur vergleichenden Außenpolitikforschung. Berlin, S. 53-82.

Klotz, Audie (1995): Norms Reconstituting Interests: Global Racial Equality and U.S. Sanctions Against South Africa. In: International Organization, Jg. 49, Nr. 3, S. 451-478.

Klotz, Audie (1996): Norms in International Relations. The Struggle against Apartheid. Ithaca.

Krennerich, Michael (1999): Im Graubereich zwischen Demokratie und Diktatur. Methodische Ansätze und Probleme. In: Nord-Süd Aktuell, Jg. 13, Nr. 2, S. 229-237.

Labs, Eric J. (1992): Do Weak States Bandwagon? In: Security Studies, Jg. 1, Nr. 3, S. 383-416.

Lapidoth, Ruth (1997): Autonomy: Flexible Solutions to Ethnic Conflicts. Washington, D.C.

Lauga, Martin (1999): Demokratietheorie in Lateinamerika: Die Debatte in den Sozialwissenschaften. Opladen.

Lauth, Hans-Joachim (1995): Autoritäre versus totalitäre Regime. In: Nohlen, Dieter/Schultze, Rainer-Olaf (Hrsg.): Politische Theorien. Lexikon der Politik. Bd. 1. München, S. 27-32.

Lauth, Hans-Joachim/Liebert, Ulrike (Hrsg.) (1999): Im Schatten demokratischer Legitimität: Informelle Institutionen und politische Partizipation im interkulturellen Demokratienvergleich. Opladen.

Layne, Christopher (1993): The Unipolar Illusion: Why New Great Powers Will Rise. In: International Security, Jg. 17, Nr. 4, S. 5-51.

Ledeneva, Alena (1998): Russia's Economy of Favours: Blat, Networking and Informal Exchange. Cambridge.

Lederach, John Paul (1997): Building Peace: Sustainable Reconciliation in Divided Societies. Washington, D.C.

Lerner, Daniel (1958): The Passing of Traditional Society. Glencoe.

Levitsky, Steven/Way, Lucan (2002): The Rise of Competitive Authoritarianism. In: Journal of Democracy, Jg. 13, Nr. 2, S. 51-65.

Lijphart, Arend (1977): Democracy in Plural Societies. New Haven.

Linz, Juan (1964): An Authoritarian Regime: Spain. In: Allardt, Erik/Littunen, Yrjö (Hrsg.): Cleavages, Ideologies and Party Systems – Contributions to Comparative Political Sociology. Helsinki, S. 291-341.

Linz, Juan (1975): Authoritarianism and Totalitarian Regimes. In: Polsby, N./Greenstein, F. (Hrsg.): Handbook of Political Science. Bd. 3: Macro-Political Theory, Reading. MA, S. 175-411.

Linz, Juan/Stepan, Alfred (Hrsg.) (1978): The Breakdown of Democratic Regimes. Baltimore.

Linz, Juan/Stepan, Alfred (1996): Problems of Democratic Transition and Consolidation. Southern Europe, Latin America and Post-Communist Europe. Baltimore.

Linz, Juan (2000): Totalitäre und autoritäre Regime. Berlin.

Linz, Juan/Stepan, Alfred (1996): Toward Consolidated Democracies. In: Journal of Democracy, Jg. 7, Nr. 2, S. 14-33.

Lipset, Seymour M. (1959): Some Social Requisites of Democracy: Economic Development and Political Legitimacy. In: American Political Science Review, Nr. 53, S. 69-105.

Lipset, Seymour M. (1960): Political Man: The Social Base of Politics. London.

Lipset, Seymour M. (1994): The Social Requisites of Democracy Revisited. In: American Sociological Review, Nr. 59, S. 1-22.

Lipson, Charles (2003): Reliable Partners. How Democracies Have Made a Separate Peace. Princeton.

Luhmann, Niklas (1986): Ökologische Kommunikation: Kann die moderne Gesellschaft sich auf ökologische Gefährdungen einstellen? Opladen.

Luhmann, Niklas (1986): Soziale Systeme: Grundriss einer allgemeinen Theorie. Frankfurt a. M.

Lumsdaine, David Halloran (1993): Moral Vision in International Politics. The Foreign Aid Regime, 1949-1989. Princeton.

Maoz, Zeev/Russett, Bruce M. (1993): Normative and Structural Causes of Democratic Peace, 1946-1986. In: American Political Science Review, Jg. 87, Nr. 3, S. 624-638.

March, James G./Olsen, Johan P. (1989): Rediscovering Institutions. The Organizational Basis of Politics. New York.

Mearsheimer, John J. (1994): The False Promise of International Institutions. In: International Security, Jg. 19, Nr. 3, S. 5-49.

Merkel, Wolfgang (1994): Struktur oder Akteur, System oder Handlung: Gibt es einen Königsweg in der Transformationsforschung? In: Ders. (Hrsg.): Systemwechsel. Bd. 1: Theorien, Ansätze und Konzeptionen. Opladen, S. 303-331.

Merkel, Wolfgang (1996): Institutionalisierung und Konsolidierung der Demokratie in Ostmitteleuropa. In: Ders. u. a. (Hrsg.): Systemwechsel. Bd. 2: Die Institutionalisierung der Demokratie. Opladen, S. 73-112.

Merkel, Wolfgang (1999): Defekte Demokratie. In: Merkel, Wolfgang/Busch, W. (Hrsg.): Demokratie in Ost und West. Festschrift für Klaus von Beyme. Frankfurt a. M., S. 361-381.

Merkel, Wolfgang/Puhle, Hans-Jürgen (1999): Von der Diktatur zur Demokratie. Transformationen, Erfolgsbedingungen, Entwicklungspfade. Opladen.

Merkel, Wolfgang u. a. (2003): Defekte Demokratie. Bd. 1: Theorie. Opladen.

Milner, Helen (1987): Resisting the Protectionist Temptation: Industry and the Making of Trade Policy in France and the United States during the 1970s. In: International Organization, Jg. 41, Nr. 4, S. 639-666.

Moore, Barrington (1966): The Social Origins of Dictatorship and Democracy: Lord and Peasant in the Making of the Modern World. Boston.

Moore, Mick (1995): Democracy and Development in Cross-National Perspective: A New Look at the Statistics. In: Democratization, Jg. 2, Nr. 2, S. 1-19.

Moravcsik, Andrew (1997): Taking Preferences Seriously: A Liberal Theory of International Politics. In: International Organization, Jg. 51, Nr. 4, S. 513-553.

Moravcsik, Andrew (1998): The Choice for Europe: Social Purpose and State Power from Messina to Maastricht. Ithaca.

Müller, Harald (2004): The Antinomy of the Democratic Peace. In: Hasenclever, Andreas/Wagner, Wolfgang (Hrsg.): The Dynamics of the Democratic Peace (Sonderheft der Zeitschrift *International Politics*). Basingstoke, S. 494-520.

Neack, Laura (1995): Linking State Type with Foreign Policy Behavior. In: Neack, Laura/Hey, Jeanne A. K./Haney, Patrick J. (Hrsg.): Foreign Policy Analysis. Continuity and Change in its Second Generation. Englewood Cliffs, S. 215-228.

Nielebock, Thomas (1993): Frieden zwischen Demokratien. Ein empirisches Gesetz der internationalen Beziehungen auf der Suche nach seiner Erklärung. In: Österreichische Zeitschrift für Politikwissenschaft, Jg. 22, S. 179-193.

Noel, Alain/Thérien, Jean-Philippe (1995): From Domestic to International Justice: The Welfare State and Foreign Aid. In: International Organization, Jg. 49, Nr. 3, S. 523-553.

Nohlen, Dieter (1992): Präsidentialismus und Parlamentarismus in Lateinamerika. In: Gleich, Albrecht u. a. (Hrsg.): Lateinamerika Jahrbuch 1992. Frankfurt a. M., S. 86-99.

Nohlen, Dieter (2000): Wahlrecht und Parteiensystem. Über die politischen Auswirkungen von Wahlsystemen. Opladen.

O'Donnell, Guillermo [1973] 1979: Modernization and Bureaucratic-Authoritarianism. Studies in South American Politics. Berkeley.

O'Donnell, Guillermo/Schmitter, Philippe (1986): Tentative Conclusions about Uncertain Democracies. Transition from Authoritarian Rule. Bd. 4. Baltimore.

O'Donnell, Guillermo (1994): Delegative Democracy. In: Journal of Democracy, Jg. 5, Nr. 1, S. 55-69.

O'Donnell, Guillermo (1996a): Illusions about Consolidation. In: Journal of Democracy, Jg. 7, Nr. 2, S. 34-51.

O'Donnell, Guillermo (1996b): Illusions and Conceptual Flaws. In: Journal of Democracy, Jg. 7, Nr. 4, S. 160-168.

O'Donnell, Guillermo (2002): In Partial Defense of an Evanescent Paradigm. In: Journal of Democracy, Jg. 13, Nr. 3, S. 6-12.

Offe, Claus (1991): Das Dilemma der Gleichzeitigkeit. Demokratisierung und Marktwirtschaft in Osteuropa. In: Merkur, Jg. 45, Nr. 4, S. 279-292.

Offe, Claus (1994): Der Tunnel am Ende des Lichts. Frankfurt a. M.

Parsons, Talcott (1964): Evolutionary Universals of Society. Deutsche Fassung (1969): Evolutionäre Universalien der Gesellschaft. In: Zapf, W. (Hrsg.): Theorien des sozialen Wandels. Köln, S. 55-74.

Peters, Dirk (i. E.): Ansätze und Methoden der Außenpolitikanalyse. In: Hellmann, Gunther/Schmidt, Siegmar/Wolf, Reinhard (Hrsg.): Handbuch zur deutschen Außenpolitik. Wiesbaden.

Posen, Barry R. (2004): ESDP and the structure of world power. In: The International Spectator, Jg. 39 (Januar-März 2004), Nr. 1, S. 5-17.

Power, Timothy/Gasiorowski, Mark (1997): Institutional Design and Democratic Consolidation in the Third World. In: Comparative Political Studies, Jg. 30, Nr. 30, S. 123-155.

Pridham, Geoffrey (1995): The International Context of Democratic Consolidation: Southern Europe in Comparative Perspective. In: Gunther, Richard/Diamandouros, Nikiforos/Puhle Hans-Jürgen (Hrsg.): The Politics of Democratic Consolidation. Southern Europe in Comparative Perspective. Baltimore, S. 166-203.

Pritzl, Rupert (1997): Korruption und Rent-Seeking in Lateinamerika: Zur Politischen Ökonomie autoritärer politischer Systeme. Baden-Baden.

Przeworski, Adam (1986): Some Problems in the Study of Transition to Democracy. In: O'Donnell, G./Schmitter, Ph./Whitehead L. (Hrsg.): Transitions From Authoritarian Rule. Bd. 3. Comparative Perspectives. Baltimore, S. 47-63.

Przeworski, Adam (1991): Democracy and the Market. Political and Economic Reforms in Eastern Europe and Latin America. Cambridge.

Przeworski, Adam/Limongi, Fernando (1997): Modernization. Theory and Facts. In: World Politics, Jg. 49 (Jan.), S. 155-183.

Przeworski, Adam/Cheibub, José A./Limongi, Fernando (1998): Culture and Democracy. In: UNESCO (Hrsg.): World Culture Report 1998: Culture, Creativity and Markets. Paris, S. 125-46.

Putnam, Robert (1993): Making Democracy Work. Civic Traditions in Modern Italy. Princeton.

Putnam, Robert (2000): Bowling Alone. The Collapse and Revival of American Community. New York.

Rabushka, Alvin/Shepsle, Kenneth A. (1972): Politics in Plural Societies: A Theory of Democratic Instability. Columbus.

Reilly, Ben/Reynolds, Andrew (1999): Electoral Systems and Conflict in Divided Societies (Papers on International Conflict Resolution). Washington, D.C.

Risse, Thomas (1999): Identitäten und Kommunikationsprozesse in der internationalen Politik – Sozialkonstruktivistische Perspektiven zum Wandel in der Außenpolitik. In: Medick-Krakau, Monika (Hrsg.): Außenpolitischer Wandel in theoretischer und vergleichender Perspektive – die USA und die Bundesrepublik Deutschland. Baden-Baden.

Risse, Thomas/Engelmann, Daniela/Knopf, Hans-Joachim/Roscher, Klaus (1999): To Euro or Not to Euro? The EMU and Identity Politics in the European Union. In: European Journal of International Relations, Jg. 5, Nr. 2, S. 147-187.

Risse-Kappen, Thomas (1994): Ideas Do Not Float Freely. Transnational Coalitions, Domestic Structures, and the End of the Cold War. In: International Organization, Jg. 48, Nr. 2, S. 185-214.

Rogowski, Ronald (1989): Commerce and Coalitions. How Trade Affects Domestic Realignments. Princeton.

Rosecrance, Richard (1986): The Rise of the Trading State. Commerce and Conquest in the Modern World. New York.

Ross, Michael (2001): Does Oil Hinder Democracy? In: World Politics, Jg. 53, Nr. 3, S. 325-361.

Rothchild, Donald (1997): Managing Ethnic Conflict in Africa: Pressures and Incentives for Cooperation. Washington, D.C.

Rüb, Friedbert W. (2002): Hybride Regime – Politikwissenschaftliches Chamäleon oder neuer Regimetypus? In: Bendel, P. u. a. (Hrsg.): Zwischen Demokratie und Diktatur. Zur Konzeption und Empirie demokratischer Grauzonen. Opladen, S. 93-118.

Rüb, Friedbert W. (2003): Staat, Staatsbildung und Staatszerfall. Dimensionen und Perspektiven einer politikwissenschaftlichen Debatte. In: Bendel, Petra/Croissant, Aurel/Rüb, Friedbert W. (Hrsg.): Demokratie und Staatlichkeit: Systemwechsel zwischen Staatsreform und Staatskollaps. Opladen, S. 57-80.

Rueschemeyer, Dietrich/Huber Stephens, Evelyne/Stephens, John (1992): Capitalist Development and Democracy. Cambridge.

Ruggie, John Gerald (1998): Introduction: What Makes the World Hang Together? Neo-Utilitarian and the Social Constructivist Challenge. In: Ruggie, John Gerard (Hrsg.): Constructing the World Polity. Essays on International Relations. London/New York, S. 1-44.

Russett, Bruce (1993): Grasping the Democratic Peace. Principles for a Post-Cold War World. Princeton.

Rustow, Dankwart (1970): Transition to Democracy. Towards a Dynamic Model. In: Comparative Politics, Jg. 3, Nr. 3, S. 337-363.

Sandschneider, Eberhard (1994): Systemtheoretische Perspektiven politikwissenschaftlicher Transitionsforschung. In: Merkel, Wolfgang u. a. (Hrsg.): Systemwechsel. Bd. 1: Theorien, Ansätze und Konzeptionen. Opladen, S. 23-47.

Sartori, Giovanni (1991): Comparing and Miscomparing. In: Journal of Theoretical Politics. Jg. 3, Nr.3, S. 243-257.

Schaber, Thomas/Ulbert, Cornelia (1994): Reflexivität in den Internationalen Beziehungen. Literaturbericht zum Beitrag kognitiver, reflexiver und interpretativer Ansätze zur dritten Theoriedebatte. In: Zeitschrift für Internationale Beziehungen, Jg. 1, Nr. 1, S. 139-169.

Schedler, Andreas (1998): What is Democratic Consolidation? In: Journal of Democracy, Jg. 9, Nr. 2, S. 91-107.

Schedler, Andreas (2002): The Menu of Manipulation. In: Journal of Democracy, Jg. 13, Nr. 2, S. 36-50.

Schlumberger, Oliver (2001): Sind Islam und Demokratie vereinbar? Das schwierige Verhältnis von Religion und Staat. In: Der Bürger im Staat, Jg. 51, Nr. 4, S. 205-211.

Schmidt, Manfred G. (2000): Demokratietheorien. Opladen.

Schmitter, Philippe (2001): The Influence of the International Context upon the Choice of National Institutions and Policies in Neo-Democracies. In: Whitehead, Laurence (Hrsg.): The International Dimensions of Democratization. Europe and the Americas, Expanded Edition. Oxford, S. 26-54.

Schneckener, Ulrich (2000): Making Power Sharing Work: Lessons from Successes and Failures in Ethnic Conflict Regulation (Working Paper 19, Institut für Interkulturelle und Internationale Studien der Universität Bremen). Bremen.

Schubert, Gunter/Tetzlaff, Rainer (Hrsg.) (1998): Blockierte Demokratien in der Dritten Welt. Opladen.

Schultz, Kenneth A. (1998): Domestic Opposition and Signaling in International Crises. In: American Political Science Review, Jg. 92, Nr. 4, S. 829-844.

Schweller, Randall L. (1994): Bandwagoning for Profit. Bringing the Revisionist State Back In. In: International Security, Jg. 19, Nr. 1, S. 72-107.

Seligson, Mitchell (2000): Toward a Model of Democratic Stability: Political Culture in Central America. In: Estudios Interdisciplinarios de America Latina y el Caribe, Jg. 11, Nr. 2, Julio-Diciembre. Online-Quelle: http://www.tau.ac.il/eial/XI_2/seligson.html

Sharp, Gene (1993): From Dictatorship to Democracy. A Conceptual Framework for Liberation. Cambridge, MA. Online Quelle: The Albert Einstein Institution: http://www.hermanos.org/nonviolence/dictodem.html

Sisk, Timothy D. (1995): Democratization in South Africa: The Elusive Social Contract. Princeton.

Sisk, Timothy D. (1996): Power Sharing and International Mediation in Ethnic Conflicts. Washington, D.C.

Sisk, Timothy D./Stefes, Christoph H. (2005): Power Sharing as an Interim Step in Peace Building: Lessons from South Africa. In: Philip G. Roeder/Rothchild, Donald (Hrsg): Sustainable Peace. Power and Democracy after Civil Wars. Ithaca, S. 293-316.

Skidmore, David/Hudson, Valerie M. (1993): Establishing the Limits of State Autonomy. Contending Approaches to the Study of State-Society Relations and Foreign Policy-Making. In: Skidmore, David/Hudson, Valerie M. (Hrsg.): The Limits of State Autonomy. Societal Groups and Foreign Policy Formulation. Oxford, S. 1-22.

Smith, Karen (2001): Western Actors and the Promotion of Democracy. In: Zielonka, Jan/Pravda, Alex (Hrsg.): Democratic Consolidation in Eastern Europe. Bd. 2. Oxford, S. 31-57.

Stefes, Christoph H. (2006): Understanding Post-Soviet Transitions: Corruption, Collusion and Clientelism. Basingstoke/New York.

Stepan, Alfred/Skach, Cindy (1993): Constitutional Frameworks and Democratic Consolidation: Parliamentarism versus Presidentialism. In: World Politics, Jg. 46, Nr. 1, S. 1-22.

Stepan, Alfred (1997): Democratic Opposition and Democratization Theory. In: Government & Opposition, Jg. 32, Nr. 4, S. 657-673.

Tocqueville, Alexis de [1832-35] (1981): Über die amerikanische Demokratie. Stuttgart.

Ulbert, Cornelia (1997): Ideen, Institutionen und Kultur. Die Konstruktion (inter-)nationaler Klimapolitik in der BRD und in den USA. In: Zeitschrift für Internationale Beziehungen, Jg. 4, Nr. 1, S. 9-40.

United Nations Development Program (UNDP) und Arab Fund for Economic and Social Development (AFESD) (2005): Arab Human Development Report 2004. New York.

Vanhanen, Tatu (1990): The Process of Democratization: A Comparative Study of 147 States, 1980-1988. New York.

Vanhanen, Tatu (1997): Prospects of Democracy. A Study of 172 Countries. London.

Wagner, R. Harrison (1993): The Causes of Peace. In: Licklider, Roy (Hrsg.): Stopping the Killing: How Civil Wars End. New York.

Wallerstein, Immanuel (1979): The Capitalist World-Economy: Essays. Cambridge.

Walt, Stephen M. (1985): Alliance Formation and the Balance of World Power. In: International Security, Jg. 9, Nr. 4, S. 3-43.

Walt, Stephen M. (1987): The Origins of Alliances. Ithaca [u. a.].

Walt, Stephen M. (1992): Alliance, Threats, and U.S. Grand Strategy: a Reply to Kaufman and Lab. In: Security Studies, Jg. 1, Nr. 3, S. 448-482.

Waltz, Kenneth N. (1979): Theory of International Politics. New York.

Waltz, Kenneth N. (1993): The Emerging Structure of International Politics. In: International Security, Jg. 18, Nr. 2, S. 44-79.

Waltz, Kenneth N. (1996): International Politics is not Foreign Policy. In: Security Studies, Jg. 6, S. 52-55.

Waltz, Kenneth N. (2000): Structural Realism after the Cold War. In: International Security, Jg. 25, Nr. 1, S. 5-41.

Waterbury, John (1999): The Long Gestation and Brief Triumph of Import-Substituting Industrialization. In: World Development, Jg. 27, S. 323-341.

Waterman, Harvey (1993). "Political Order and the 'Settlement' of Civil Wars." Roy Licklider (Hrsg.): Stopping the Killing: How Civil Wars End. New York, S. 292-302.

Weltbank (1989): Sub-Sahara Africa. From Crisis to Sustainable Growth. A Long-Term Perspective Study. Washington, D.C.

Weltbank (2003): Better Governance for the Middle East and North Africa. MENA Development Report. Washington, D.C.

White, Brian (1999): The European Challenge to Foreign Policy Analysis. In: European Journal of International Relations, Jg. 5, Nr. 1, S. 37-66.

Whitehead, Laurence (1986): International Aspects of Democratization. In: O'Donnell, G./Schmitter, Ph./Whitehead L. (Hrsg.): Transitions From Authoritarian Rule. Bd. 3: Comparative Perspectives. Baltimore, S. 3-46.

Whitehead, Laurence (2001): Three International Dimensions of Democratization. In: Whitehead, Laurence (Hrsg.): The International Dimensions of Democratization. Europe and the Americas. Expanded Edition. Oxford, S. 3-25.

Whitehead, Laurence (2002): Democratization: Theory and Experience. Oxford.

Williamson, John (1990): What Washington Means by Policy Reform. In: Williamson, John (Hrsg.): Latin American Adjustment: How Much Has Happened? Washington, DC.

Wisotzki, Simone (2002): Die Nuklearwaffenpolitik Großbritanniens und Frankreichs. Eine konstruktivistische Analyse. Frankfurt a. M.

Zakaria, Fareed (1997): The Rise of Illiberal Democracy. In: Foreign Affairs, Jg. 76 (Nov./Dez.), S. 22-43.

Zielonka, Jan (2001): Conclusions: Foreign Made Democracy. In: Zielonka, Jan/Pravda, Alex (Hrsg.): Democratic Consolidation in Eastern Europe. Bd. 2. Oxford, S. 511-532.

PERSONEN- UND SACHREGISTER

Ragin, Charles, 44, 47, 50, 53, 60-61, 64, 66-68, 70
Rational Choice/Rational-Choice-(Ansatz, Konzept,
Theorie), 13, 22, 44, 80, 98-101, 103, 104, 106,
107-113, 132-133, 135, 185, 186, 194, 236
Regime, 11-12, 21, 33, 36, 39, 40, 47-48, 62, 79-81,
123, 124, 139, 142, 144, 165-166, 169, 171, 182,
183, 190, 191, 208
Rent-Seeking, 22, 244-245

Schmitter, Phillipe, 10, 12, 14, 21, 143-146, 206,
236, 239, 241
Silent Revolution, 129-131
Skocpol, Theda, 10, 14, 48, 103-105, 107, 169, 171,
173, 174, 176, 177-178, 183, 190-192, 196
Small-N-(Studie, Problem), 43, 45, 47-50, 60, 69,
190, 236
Sozialkapital/social capital, 33, 125-127, 146, 148,
233, 234
Spieltheorie, 13, 104-106, 108, 110, 112, 150, 183
Steffani, Winfried, 19, 137-141
Strukturfunktionalismus/struktureller Funktiona-
lismus, 13, 174, 230
Subjektiver Zweckrationalismus, 99
Systemtheorie, 6-11, 17, 42, 169, 173, 183, 229,
236, 238
Systemwechsel, 21-22, 226-227, 229-232, 234-239,
241, 243, 246, 249

Theorien mittlerer Reichweite/middle-range
theories, 1, 2, 9
Tocqueville, Alexis de, 117, 139, 233
Totalitäres Regime/Totalitarismus, 3, 140, 204,
226, 228, 247
Travelling problem, 90
Tsebelis, George, 101, 111, 186, 187

Variable (nominal-skalierte, ordinal-skalierte,
metrisch-skalierte), 72-74
Verba, Sydney, 3, 7, 50, 72, 90, 115, 117-124, 126-
128, 131-135, 234

Wallerstein, Immanuel, 8, 201-202, 205, 239
Weber, Max, 7, 73, 116, 127-130, 132, 135, 169-
171, 173, 178, 179, 188-189, 230